李鸿章传

苑书义 ◎著

生活在「四海变秋气」的王朝末世，沉浮在腐朽与神奇、黑暗与光明激烈搏斗的漩涡中，他到底是东方俾斯麦、还是汉奸、乱世之奸雄？他在晚清政坛上究竟扮演了什么角色，起了什么作用？来，一起审视他奇幻般的一生吧……

人民出版社

目　录

引　言

人事有代谢，
往来成古今。
　　　　——孟浩然

有人说："路是脚踏出来的，历史是人写出来的。"然而，在书写历史的成千上万、多姿多彩的人群中，真正能够在绚丽的历史画卷上留下个人印记的为数是多么的少啊！李鸿章生活在"四海变秋气"的封建末世，长期沉浮在腐朽与神奇、黑暗与光明、封建主义和资本主义激烈搏斗的漩涡之中。他在生前和死后，人们始终对之褒贬不一，毁誉参半。有的给他戴上"东方俾斯麦"、"地主阶级改革派"的桂冠，有的则斥之曰"李二先生是汉奸"、"乱世之奸雄"。他在晚清政坛上究竟扮演了什么角色，起了什么作用呢？溢美违背历史真实，因义愤而贬损不能推进科学。那就让我们遵循实事求是的原则，多层次、多角度地审视一下他那奇幻般的生涯吧。

一 "读书但愿登科第"

"庐郡望族"

按照传统习俗,过了阴历年初一,初五便是新春里最重要的日子,因为正月初五是"财神"生日,人们一年的财运似乎都是由"财神"决定的。清道光三年正月初五,即公历1823年2月15日,正当人们忙着置酒席、接"财神"、欢庆"财神"生日的时候,安徽省庐州府合肥县磨店乡(现属肥东县)李氏宗族更是欢声笑语,沉浸在喜悦的气氛之中,因为又有一个小小的生命呱呱坠地了。这位在"财神"诞辰降临人世的婴儿,就是后来在晚清政治舞台上烜赫一时的李鸿章。

李鸿章先世本姓许,自江右湖口迁至合肥。合肥位于长江、淮河之间,在美丽富饶的巢湖北岸,属于巢芜盆地,土地广沃,潴水停注,旱涝保收,"民物殷富,俗尚勤俭而崇节义"。李鸿章八世祖许迎溪与同庄李心庄既是姻亲,又是好友。心庄无子,请求收养迎溪次子慎所为嗣,迎溪慨然允诺,慎所遂改袭李姓。因而李门祖规:许李二姓不通婚,而与族外之李则不禁。李氏"世耕读以为业",初"清贫无田",至鸿章高祖时,以所谓"勤俭成家,有田二顷"。从"清贫无田"到拥有二百亩土地,表明李氏已经发展成为新兴地主。但因李氏有钱无势,缺少政治靠山,"乡曲豪强屡见欺凌,数起讼端"。鸿章曾祖李椿"和众能言,不畏强御,申辩得直,然后安居焉。"①鸿章祖父名殿华,字庆庵,"肆武游庠",两应乡试落第后,便放弃猎取功名念头,退居乡间课率子孙耕

---

① 李文安:《都门望云思亲赋》,《李光禄公遗集》,卷1,第1、4页。

读,足不入城市几近五十年,"男耕妇织,督课勿懈。"①殿华凭借祖先余荫,虽然继承了一些土地财产,但因李氏宗族繁衍,家大业小,在析居分爨时,殿华一支"推多受寡"②,分得的土地财产不多。所以在现存文献中,往往有殿华役使佃户、雇工和家境穷困的似相牴牾的记载。殿华之子追忆说:"凡田亩近坟冢,春耕〔其父〕必督佃户雇工坟旁多留隙地,无主者亦培土于其冢,使无倾塌。"③殿华之孙却描绘出另一番情景:"前吾祖父穷且困,至年终时,索债者如过江之鲫。祖父无法以偿,唯有支吾以对。支吾终非长久之计,即向亲友商借,借无还期,亦渐为亲友所厌。其时幸有姻太伯父周菊初者,稍有积蓄,时为周济,并劝祖父以勤俭,并亟命儿孙就学,吾祖父从其言,得有今日。"④殿华可能是个小地主。在封建社会中,这种小地主家庭,是典型的所谓"耕读之家"。

殿华生有四子,依次为文煜、文瑜、文球、文安。长子文煜,字晴岚,庠生。据说他"居家孝友,博学能文,……名望重于士林,早有经师宿儒之誉"。他因家贫就馆于外者 6 年,之后"闭门收徒,兼课子弟",对李氏宗族的崛起,作出了重要贡献。沈葆桢说:"李氏书香之盛,英才之多,位业之隆,门闾之大,谓非由公一人创兴而起者欤!"⑤他著有《晴岚文集》20 余卷。次子文瑜,喜好吟咏作赋。三子文球,著有《妙香亭文集》。四子文安,即是鸿章父亲,本名文玕,字式和,号玉泉,别号愚荃,生于 1802 年(嘉庆六年)。文安启蒙后,与其兄一起读书,殿华"时亲督课,每作文脱稿","必先阅,指其瑕疵"。文安兄弟每当"早起问安及夜读归卧",殿华"或为讲书史懿训,或为述先曾祖暨先祖盛德"⑥。文安 8 岁时受业于李龙桥,因"师有家务",而自身"少又多病,至年十三仅读四子书及毛诗,而未能成诵。"殿华忧心如焚,让他回来跟着长兄文煜读书。文煜教授自己的兄弟,自然严格认真,每年从正月初三开学,直至除夕始辍。文安也自知"资性中下",只有勤奋学习才能有所长进,因而摆脱家务,遏制邪欲,专心攻读。他在《寄弟书》中追忆说:

---

① 光绪《续修庐州府志》,卷 50,孝友传一,第 31、30 页。
② 光绪《续修庐州府志》,卷 50,孝友传一,第 31、30 页。
③ 李文安:《都门望云思亲赋》,《李光禄公遗集》,卷 1,第 1、4 页。
④ 李鸿章:《致鹤章弟》,《李鸿章尺牍》,第 34 页。
⑤ 沈葆桢:《李晴岚赠公家传》,《合肥李氏宗谱》,卷 15,第 6 页。
⑥ 李文安:《都门望云思亲赋》,《李光禄公遗集》,卷 1,第 2、4 页。

仆少本慵愚，唯耽章句。米盐烦碎，七字未亲。声色繁华，四魔早却（吃喝嫖赌，仆尝谓之四魔）。虽得天之独厚，家督自有担承。实所见之尚超，细务慨从推脱。是以毕志读书，专攻进取……①

文安除了就学于其兄外，还曾先后拜童培山、杨静闲、汪子庄等为师。庐阳书院山长杨静闲，擅长制艺，文安说自己"制艺得力于〔杨〕师者最多"②。从 1822 年起，文安一面刻苦读书，一面开馆授徒。

殿华督促文安兄弟潜心攻读，企图使他们通过科举途径攀龙附凤，攫取功名。所以当文煜、文安考取秀才时，殿华曾亲自送场。1825 年文安初次参加江南乡试，殿华盼子成龙心切，又亲自将爱子送到南京，并与之一起参观名胜古迹。文安此次南京之游，既开阔了眼界，又因考试落榜而羞愧万分。此后，文安曾多次赴南京应试，结果都名落孙山。这对于一个热衷于功名利禄的士子来说，在精神上的打击是巨大的。深受痛苦折磨的文安，常常借酒消愁，赋诗自嘲：

> 年来落魄多贪酒，
> 老去猖狂半在诗。③

他慨叹自己功名未立，深感负疚多端，因而"暮鼓听以惊心，晨钟动而猛省，追维前事，托诸短吟，自誉自嘲"，写成《自讼十五首》。

> 难得群公盼转青，识韩御李旧恩铭。
> 祗今虚费黉宫粟，潦倒风尘两鬓星。④

他在这首诗的自注中写道："予屡试优等，一膺鹗荐，颇邀诸宗工赏识，山长杨

---

① 《李光禄公遗集》，卷 7，第 19—20 页。
② 李文安：《都门望云思亲赋》，《李光禄公遗集》，卷 1，第 2 页。
③ 李文安：《自讼十五首》，《李光禄公遗集》，卷 5，第 2 页。
④ 李文安：《自讼十五首》，《李光禄公遗集》，卷 5，第 2 页。

静闲、汪子庄二先生极相器重,祗今偃蹇青巾,有负藻鉴多矣。"①这位"双鬓已
皤,一巾仍旧"的李文安,经过锲而不舍的专攻进取,终于在1834年考中举人,
4年后又成了戊戌科进士,朝考入选,分发刑部任职,后官至督捕司郎中,记名
御史。在封建社会里,"权"能转化"钱",政治上得势,同经济上致富是密不可
分的。一向以"力田习武"为业的李氏宗族,由于文安"以科甲奋起,遂为庐郡
望族。"②

李文安是一位遵循儒家道德和治略的官僚士大夫。据说他"内行尤笃,
事亲至孝。……为人刚方厚重,然诺不欺,所至皆敬慕之。"在刑部任职18
年,审理案件认真负责,公正不阿,"庭净面折,人有包老再世之目"。因"倔强
不苟合",得不到上司赏识和提拔。他在掌管提牢厅期间,严禁吏卒虐待囚
犯,"捐置衣被药饵,夏席冬粥,躬自监视,狱无瘐毙"。著有《贯垣纪事诗》一
卷,后为"刑官刊布之以为法。"③他"少喜作赋","性耽章句"。前者殊非所谓
"先正根柢之学",而后者却是带着"圣贤"标记的"科举之学"。

文安夫人李氏,系合肥李洪谟(字腾霄)之女,"秉性淑慎,教子义方",堪
称封建式的贤妻良母。她生6男2女,"尺布寸缕,拮据经营"。有人担心她
家人口众多,生活艰难,而她却坦然以对,声称:"吾教诸子发愤读书,皆巍巍
有立,岂忧贫哉!"她克服经济上的种种困难,让诸子"发愤读书",沿着"学而
优则仕"的道路走下去。

李文安的6个儿子,依次为瀚章、鸿章、鹤章、蕴章、凤章、昭庆,皆用其别
号"愚荃"之"荃"字取号。他的子孙为避亲讳,凡函牍家书,遇请安字样时,皆
以"绥"易安。

瀚章本名章锐,号筱荃,生于1821年(道光元年),文安说他"性本敦笃",
"幼弥精勤"。因父亲在京任职,他作为长子挑起家庭重担,侍奉祖父,照顾弟
妹。他既"百口荷一身","日日役米薪";又秉持庭训,专攻举业。他虽然"斐
流自成章,所富在多文",怎奈科场不顺,乡试受挫。1848年文安还赋诗寄情
说:"愿即策远志,捷足出风尘。"④不料,第二年即获得拔贡,朝考一等,以知县

① 李文安:《自讼十五首》,《李光禄公遗集》,卷5,第2页。
② 《李光禄公遗集》,卷8,第2页。
③ 李鸿章:《葛洲墓志》,《李文忠公遗集》,卷4,第1—2,3页。
④ 李文安:《怀锐儿》,《李光禄公遗集》,卷5,第16,17页。

分发湖南。据说,湖广总督裕泰一见李瀚章,"奇之,曰:'他日继吾位业必李令也。'"①

鹤章排行第三,本名章锬,号季荃,1825年(道光五年)生。廪贡生出身。据说他"生而英毅,自幼读书,颖迈不群",博通经史,有意在科举仕途上与两位兄长一比高低。然而,他志大才疏,屡应乡试不第。在严酷的现实面前,他抱着怀才不遇的悲愤心情,放弃举业,专心"研摩经世致用之学,锐意奋于功名。"②他通过举办团练镇压农民起义的途径,终于挤进了清朝统治阶级行列。

蕴章排行第四,本名章钧,号和荃,1829年(道光九年)生。"年十二病目已而盲",被迫放弃通过科举门径登上仕途的打算,据说,他"性孝友",能够"先意承志",深得双亲的欢心。他"以残废之身"留在家中,照料一切,免除了做官在外的兄弟们的内顾之忧。当然,他因"好谈经世务善理财",也曾外出做过瀚章、鸿章的帮手③。

凤章排行第五,本名章铨,号稚荃,资质中人,个性倔强,落笔潦草,曾随其父入京读书,弱冠南旋应试不果。他"究心于经世有用之书",帮助其父办过团练,总理过霆军营务,还在江南制造总局做过事。他后来"乞假引退,侨居芜湖"④,专心经营土地、商业和高利贷事业,成为鸿章兄弟中的首富。

昭庆排行第六,本名章钊,号幼荃,1835年(道光十五年)生。监生出身。据说,他"少通经史,博学能文,持躬端正,文字得雄直气"⑤,但在科举仕途上却不甚得意,只好花钱买了个员外郎头衔,以求进身。他后因投靠曾国藩,讲求兵法,驰逐军旅,才在政治上崭露头角。

长女生于1828年(道光八年),是一位典型的大家闺秀,"生平静穆专一,居恒默默,不苟訾笑",能承父母,调和兄弟,"患难提携"。鸿章赞扬她"静正有须眉丈夫风"。她嫁给同县张绍棠,张家较富裕,经常在经济上接济鸿章兄弟。后来,鸿章满怀感激之情地回忆道:"吾兄弟宦学,家屡空,奔走称贷。

① 李鸿章:《清故光禄大夫太子少保两广总督李勤恪公墓志》,《合肥李氏宗谱》,卷15,第15页。
② 李国松:《王考季荃府君行状》,《合肥李氏宗谱》,卷15,第20页。
③ 刘秉璋:《清故中宪大夫候选道李公墓志铭》,《合肥李氏宗谱》,卷15,第26页。
④ 徐郙:《李稚荃光禄公家传》,《合肥李氏宗谱》,卷15,第27页。
⑤ 光绪《续修庐州府志》,卷48,武功传三,第3—5页。

妹之舅以妹贤，又伟视吾兄弟，不待求请，辄资给之。吾兄弟婚宦之需，张氏之饮居多。"①

次女玉娥，嫁给同邑费日启。她喜读《纲鉴》，通群书，善吟咏，著有《养性斋全集》。

出生在这样家庭的李鸿章，在生活道路的选择上不能不深深打上家庭的烙印。首先，这个家庭属于官僚地主阶级，但经济状况拮据，政治权势不大，具有较为强烈的提高家庭政治、经济地位的愿望。其次，这个家庭推崇儒家伦理道德和"学而优则仕"的思想，希望子孙"策远志"，"出风尘"，成为清朝统治阶级的忠诚卫士。

"少 年 科 第"

鸿章在文安诸子中，排行第二，本名章铜，字渐甫，号少荃，晚年自号仪叟。他踏上人生旅途之日，正值清王朝面临深刻的政治经济危机、西方殖民主义者把侵略触角伸进神州大地、中国社会从传统向近代、从独立国向半殖民地演化的过渡时代，李鸿章适逢其会，成为"崛起于新旧两界线之中心的过渡时代"的过渡性人物。社会环境的熏陶，家庭出身的影响，封建传统思想的束缚，使少年时期的鸿章把自己的前途寄托于科举功名，期望有朝一日通过科举的门径登上仕途，挤进统治阶级的行列。他的启蒙教育，是由严父兼良师李文安进行的。1828 年，6 岁的鸿章开始在父亲开设的家馆中学习。书房叫棣华书屋，又叫棣萼书屋，是一所方塘花树环绕的水阁："门临方塘，水光照屋。菊花三径，杨柳数株。"过去他的父辈们曾在"水阁谈经，柳堂论艺"②，而今，这个水阁柳堂又成了他们小字辈切磋学问的场所。1834 年当父亲到费氏墨庄就馆时，12 岁的鸿章也陪同前往攻读。1835、1836、1838 年其父连续三年赴京会试，无暇授徒，鸿章便拜堂伯父仿仙为师。此外，鸿章还曾"从徐明经游"③。那时的鸿章，由于将主要精力集中在应付科举考试上，所以目光只局限于应制

① 李鸿章：《诰封一品夫人亡妹张夫人家传》，《李文忠公遗集》，卷4，第31—32页。
② 李文安：《乙巳仲春都门寓宅寄示诸子侄》，《李光禄公遗集》，卷5，第6页。
③ 李鸿章：《致三弟》，《李鸿章尺牍》，第1页。

时文和试帖诗等,还谈不上什么学术性研究。当然,这并不是说他没有受到当时社会上流行的学术思想的影响。鸦片战争前后,作为封建政治、经济反映的文化,主要是汉学、宋学、桐城派古文和与之相对立的今文经学。鸿章的三位导师,无不崇尚宋学,有的还兼治桐城派古文,喜爱诗赋。其父致函仿仙说:

> 第近来学者之弊,舍本逐末,有才无行,举动尽皆浮妄,文章不求根柢,纵能弋获微名,终非令器所成,亦几何矣。足下少有至性,早濡节母之教,沈深经术,发为文章有序有物,砺节砥行,不苟取与,不与外事,早为乡里推重,经师人师,津梁后学,表正里闾,使同里诸子知所宗仰,不至流为外间坏习,幸甚,幸甚。①

这封信中所说的,既是其父的学术见解,又是对仿仙学术观点的首肯。其中有两点值得注意。

首先,文安批评的"舍本逐末,有才无行"的学者,不是别人,正是汉学家。"弃本贵末"②是宋学家方东树对汉学家的评语。宋学家认为,读经应以研寻义理为本,考据名物为末,而汉学家却反其道而行之,毛举细故,埋头考证,"众口一舌,不出于训诂、小学、名物、制度","于圣人躬行求仁,修齐治平之教,一切抹煞"③。

其次,文安赞赏仿仙的,并非是什么别的东西,而恰恰是他崇尚宋学和桐城派古文:"沈深经术,发为文章有序有物"。他认为,要阐发儒家典籍的义理,读书就"先须沈潜体玩,熟读熟思,以求实得要,洞悉古人立心制行,与人经世实在处,断不可诵言忘味,至赏奇析疑时,斯收丽泽之益。"④而仿仙正是这样做的,所以才得到"沈深经术"的定评。他说仿仙"发为文章有序有物",无非是肯定仿仙为文遵循了桐城派的义法说。义法说,是桐城派文论的重心。"义"指"言有物","法"指"言有序"。

---

① 李文安:《寄兄书》,《李光禄公遗集》,卷7,第27页。
② 《汉学商兑》序例。
③ 《汉学商兑》序例。
④ 李文安:《寄玉坪六弟书》,《李光禄公遗集》,卷7,第17页。

宋学家认为"经济之学即在义理之中"①。"经济之学",又称经世致用之学。研寻义理、经济之学,必须著意经史。李文安也正是这样训勉鸿章等人的。他致函玉坪说:

> 我辈经济学问,仍须根柢经史。……读书果能贯通,自能致用,真实见地还须在经史中求之。余阅锐、铜等文赋,气焰尚好,功夫亦熟,只见地未尽高超,未尽踏实。故前书示以用功之法,须著意经史,谅弟早见之矣!②

鸿章的另一位老师徐明经,虽然生平事迹不详,但崇尚宋学却无疑义。鸿章致函鹤章说:

> 兄少时从徐明经游,常告读经之法。穷经必专一经,不可泛骛。读经以研寻义理为本,考据名物为末。读经有一耐字诀,一句不通,不看下句,今日不通,明日再读,今年不精,明年再读,此所谓耐也。弟亦不妨照此行之,经学之道,不患不精焉。③

"读经以研寻义理为本,考据名物为末",这是宋学家的主张,鸿章得之于徐明经,又传之于李鹤章,这表明他对此说深信不疑,并且是身体力行的。

鸿章天资聪颖,加上良师督导,在义理、经济之学和制艺技巧方面进步较快。1840 年考中秀才,岁试时曾被滋园学使拔取第一。1842 年年届 20 的鸿章,长得身躯颀长,精悍之色,露于眉宇。他回首往事,展望未来,百感交集,诗兴泉涌,于是有《二十自述》七言律诗之作。

> 蹉跎往事付东流,弹指光阴二十秋。
> 青眼时邀名士赏,赤心聊为故人酬。

---

① 《曾文正公手书日记》,道光二十一年七月二十一日。
② 《李光禄公遗集》,卷 7,第 17 页。
③ 李鸿章:《致三弟》,《李鸿章尺牍》,第 1 页。

　　　　胸中自命真千古，世外浮沉只一沤。
　　　　久愧蓬莱仙岛客，簪花多在少年头。

　　　　丈夫事业正当时，一误流光悔后迟。
　　　　壮志不消三尺剑，奇才欲试万言诗。
　　　　闻鸡不觉身先舞，对镜方知颊有髭。
　　　　昔日儿童今弱冠，浮生碌碌竟何为。①

　　这是《二十自述》诗中具有代表性的两首，作者孤芳自赏、受宠若惊和追逐功名而仕途蹉跎的悲喜交集的心境，跃然纸上。

　　　　人生唯有青春好，世事须防白首催。
　　　　万里请缨终子少，千秋献策贾生推。②

作者决意克服"因循"积习，珍惜青春年华，"辛勤读五车"，争作像西汉终军、贾谊那样弱冠扬声的人物。

　　1843年李鸿章在庐州府学被选为优贡。时任京官的父亲望子成龙，函催鸿章入都，准备来年顺天乡试。鸿章谨遵父命，毅然北上，并作《入都》诗10首，以抒发胸怀。

　　　　一肩行李又吟囊，检点诗书喜欲狂。
　　　　帆影波痕淮浦月，马蹄草色蓟门霜。
　　　　故人共赠纯仁麦，荆妇同持陆贾装。
　　　　自愧长安居不易，翻教食指累高堂。

　　鸿章首次离开故乡，奔赴首都，欣喜欲狂。夫人周氏（何时结婚待考）帮助打点行装，亲朋挚友馈赠钱行，离思深情，悠然不尽。告别庐阳八景之一的

---

　　① 《李文忠公遗集》，卷6，第1页。
　　② 《李文忠公遗集》，卷6，第1页。

淮浦春融,在满天霜华的季节到达地处华北平原的蓟门,沿途泛舟策马,观赏波光草色,令人心旷神怡。但当发现京中薪桂米珠而家庭经济拮据时,惆怅抑郁之情又油然而生。

《入都》诗其余9首的主题,一是决意争取科举功名,二是希望访求师友。

"丈夫只手把吴钩,意气高于百尺楼。
一万年来谁著史,三千里外欲封侯。"
"出山志在登鳌顶,何日身才入凤池。"
"倘无驷马高车日,誓不重回故里车。"
"即今馆阁须才日,是我文章报国年。"
"马是出群休恋栈,燕辞故垒更图新。
徧交海内知名士,去访京师有道人。"①

据说在李鸿章的存诗中,《入都》10首,"为世所传诵"②。一个行装寒伧而气宇轩昂的弱冠书生,怀着访求师友、猎取功名的强烈愿望,千里迢迢,跋山涉水,奔赴名利之都,其心境,其行踪,正是那些皓首穷经梦想显达的士子们所向往的,因而反映其心境和行踪的诗篇,"为世所传诵",就是不难理解的了。

李鸿章在故乡结识的几位朋友,都是像他那样怀才不遇、困顿场屋的士子,诸如"学宗宋儒"的蒯德模、王学懋、蒯德标等,鸿章因入都而赋诗话别:

共战名场秋月白,联吟旅馆夜灯红。
天涯到处皆倾盖,知己今唯属蒯通。

"读书但愿登科第,得不为荣失便羞。"
"伤心犹未脱蓝袍,空叹吾庐岁月遒。"
"临别一言须郑重,他年唯望蹑金鳌。"

---

① 《李文忠公遗集》,卷6,第1—3页。
② 《清诗汇》,卷149,第1页,李鸿章诗话。

"途穷不用太拘墟,入世原无愤可摅。"

"他日燕台南望处,天涯须报李陵书。"①

　　鸿章的留别诗,以依依惜别的心情,缕述了昔日共战名场的情景,勉励好友立志蹑金鳌夺龙头,期望大家一如既往,心心相印。

　　鸿章这时虽有几位共战名场的朋友,但却没有结交过著名的文人学士,及至从乡野进入作为清朝政治文化中心的北京,才交游渐广,视野开阔,并因得到名师指导,学术水平有了明显提高。

　　鸿章抵京后,先住安徽会馆,后移居狮子胡同马文虎家。鸿章在《禀母》函中说:"马君温厚诚笃,年逾五旬,精神尚矍铄,评阅诗文,则高谈阔论,竟日无倦态,与男意气相投,足堪告慰者也。京中繁华富贵之气,触目皆是。唯男作客此间,万不敢背庭训而稍涉浮华也。"②鸿章抵京不久,便以年家子进谒曾国藩。曾国藩(1811—1872),字伯涵,号涤生,以戊戌翰林供职京师,与鸿章父亲为戊戌同年。1844年鸿章应顺天恩科乡试,"三场文墨,差堪自满"③,结果中试第48名举人。鸿章致函瀚章等说:"北闱中试,蒙曾涤生夫子荐馆于何仲高幕府","居停系初年翰林,学问渊博,晨昏清讲,实获吾心。公子亦少年好学。""安砚此间,差堪告慰。"④鸿章一面教授居停公子,一面准备会试。当时在京"各地应举文人,组织文社于九条胡同三号,慕曾涤生夫子之名,请渠出任社长,社规每月应交文三篇、诗八首。"⑤鸿章通过这个文社既同各地士子交游问学,又经常向曾国藩请教诗文。1845年鸿章参加恩科会试,曾国藩出任本科会试同考官。鸿章虽然会试落第,但诗文却博得曾氏青睐。鸿章在《禀母》函中说:"初次会试,男以诗文受知于曾夫子,因师事之,而朝夕过从,求义理经世之学。"⑥后来曾国藩曾对瀚章说:"令弟少荃,自乙未之际(指1845、1846年),仆即知其才可大用。"⑦

---

① 《李文忠公遗集》,卷6,第3—4页。
② 《李鸿章尺牍》,第13页。
③ 李鸿章:《禀母》,《李鸿章尺牍》,第14页。
④ 李鸿章:《寄瀚章》、《寄弟》,《李鸿章尺牍》,第15页。
⑤ 李鸿章:《禀母》,《李鸿章尺牍》,第13页。
⑥ 《李鸿章尺牍》,第13页。
⑦ 曾国藩:《与李小泉》,《曾文正公书札》,卷3,第35页。

曾国藩曾从理学大师唐鉴、倭仁、吴廷栋等讲习理学,向治古文经学、精通考据的刘传莹请教考据学,并承袭桐城派姚鼐之说而治古文,"务为通儒之学",在士林中颇有名气。他认为"为学之术"有四,即义理、考据、辞章和经济。其中"义理之学"处于首要地位,"经济之学"包括在"义理"之内。"义理之学"讲的是"明礼"、"遵礼"、"守礼","经济之学"则是以礼经世治民,实行"礼治"。"辞章"是用以载道,阐扬"义理"的。"考据之学"即汉学,原本是"义理之学",即宋学的冤家对头。他主张"于汉宋二家构讼之端,皆不能左袒以叩付一哄",应"兼取二者之长",以汉学作为充实宋学的工具,以考据作为"明礼"的手段。鸿章说曾国藩"为学研究义理,精通训诂;为文效法韩、欧,而辅益之以汉赋之气体。其学问宗旨以礼为归。常曰:'古无所谓经世之学也,学礼而已。'"①曾氏"规切友朋,劝诫后进,一以此意竞竞焉。"②由此可见,李鸿章先后就学的四位导师:文安、仿仙、徐明经和曾国藩,学术见解依稀相似,因而他所受教育是一脉相承的。李鸿章受业于曾门后,发愤攻读经史,以"求义理经世之学",并"习制举文"。1847 年(道光二十七年丁未)鸿章再次参加会试,出场后给母亲写信说:"男春闱仍应经试,此番文墨,较上科稍为遂心,不稔能侥幸否? 前日偕诸好友游通州,返京后蒙上皇恩泽赐游北海。通州天然胜景,北海以匠工争巧,眩人耳目,履其地竟流连不忍去也。"③稍为遂心的文墨和赏心悦目的美景,相映成趣,使鸿章飘然若仙了。不出所料,鸿章果然脱颖而出,列为二甲第十三名进士,朝考后改翰林院庶吉士。此次会试正考官潘世恩,副考官杜受田、朱凤标、福济等,座师孙锵鸣。是科状元为张之万。是科同年有不少是曾门弟子,鸿章感叹道:"诸好友均高中,曾夫子门下可谓盛矣。"④曾国藩在丁未科进士中,对李鸿章、郭嵩焘、帅远燡、陈鼐四人非常器重。他致函李瀚章说:"丁未馆选后,仆以少荃及筠仙、帅逸斋、陈作梅四人皆伟器,私目为丁未四君子。"⑤

---

① 李鸿章:《皇清诰授光禄大夫、赠太傅、武英殿大学士、两江总督、一等毅勇侯曾文正公神道碑》,《曾国藩年谱》附荣哀录,神道碑,第 91 页。

② 黎庶昌:《曾文正公年谱》,第 11 页。

③ 李鸿章:《禀母》,《李鸿章尺牍》,第 17—18 页。

④ 李鸿章:《禀母》,《李鸿章尺牍》,第 14—15 页。

⑤ 《曾文正公书札》,卷 3,第 39 页。

鸿章春闱告捷,文安欣喜若狂。1846年因鸿章祖父殿华去世,文安丁忧守制,从京城返回家乡,不久入浙江学政赵光幕。喜讯传来,文安喜而赋诗:

> 年少许交天下士,书香聊慰阿翁期。
> 天恩高厚臣家渥,不愧科名要慎思。①

文安看到丁未会墨后,对鸿章"首艺入选"所表现出来的才华,颇感自豪,并击节赞赏:

> 少年气象自峥嵘,翘秀居然荷匠成。
> 老辈传衣原特识,儒生报国在和声。
> 品题尤重师庭誉,文字先邀海内名。
> 盛世辟门资拜献,要思竹帛有殊荣。②

翌年,文安服丧期满,重返北京,从此约有5年光景,文安与鸿章同在京城做官。1850年庶吉士散馆,鸿章以成绩优异而改授翰林院编修。他在《禀母》函中说:"挂榜之日,男托大人洪福,名列二院编修。男出辞馆席,承何公(仲高)至诚款留。故席虽辞,仍安身幕府。现已入院视事。"③中进士、做翰林,是鸿章"少年科第"的顶峰,在仕途上"一路扶摇"④的起点。翰林院是朝廷储备人材之地,掌管朝廷制诰、文史修撰一类工作。"翰林官七品,甚卑,然为天子文学侍从,故仪制同于大臣。"按清制只有翰林出身的大臣,才能入阁为大学士,死后乃得谥文。"故论者终以翰林为清品云"⑤。从1851年起,鸿章累充武英殿纂修,国史馆协修。

做翰林、纂修等,比较清闲,又能接触宫内藏书。鸿章利用职务之便,潜心

---

① 李文安:《嘉禾幕中得鸿儿春闱捷音喜赋》,《李光禄公遗集》,卷5,第14页。
② 李文安:《阅丁未年会墨见鸿儿首艺入选》,《李光禄公遗集》,卷5,第14页。
③ 《李鸿章尺牍》,第18页。
④ 吴永:《庚子西狩丛谈》,卷4,第107页。
⑤ 朱克敬:《翰林仪品记》,《暝庵二识》,卷2。

经史,曾写成《通鉴》一书①,并以亲身体会谆谆教导兄弟、子侄。

> 朱子家训内有子孙虽愚,经书不可不读。兄意亦然。……读经以研
> 寻义理为本,考据名物为末②。

> (考试)得失常事,不足虑,总以发愤读书为主。史宜日日看,不可间
> 断。读经先穷一经,一经通后,再治他经,不可兼营并骛,一无所得。倕能
> 听余言,毋论考试之得失,他日必能成一有用之人。③

鸿章不仅注意经史,而且喜好艺文。他认为“文墨能定人生夭寿”,关乎
人的寿命长短。“盖长于新奇藻丽,短于含蓄雍容,以之取科第则有余,享天
年则不足。”他反对雕章琢句而内容空虚的文风,赞赏以委曲婉转、平易流畅
的文体宣扬纲常伦理、孔孟程朱之道的唐宋八家和桐城派古文。他把两者比
喻为“出水芙蓉”和“苍松翠柏”。他说:“出水芙蓉,光华夺目,曾几何时,无复
当初颜色。苍松翠柏,视似平常,而百年不谢也。”④他特别推崇唐代古文大家
韩愈的《论佛骨表》和北宋古文大家苏轼的《代张方平谏用兵书》。他曾致函
其弟说:

> 余平生最喜读者,为韩愈《论佛骨表》,取其气盛也。三弟可常常阅
> 之。……苏轼《代张方平谏用兵书》,言之非常痛快,余亦常读。⑤

《论佛骨表》意在“尊儒排佛”。819 年唐宪宗派人把藏在凤翔县法门寺
护国真身塔内的释迦牟尼的指骨迎进长安皇宫供奉三天,韩愈愤然上表,斥责
礼佛求福之虚妄,要求将此骨“投诸水火,永绝根本”。宪宗本想借此祈求长
寿,而韩愈却偏偏说信佛的皇帝都得短命。宪宗一怒之下,将韩愈贬为潮州刺
史。这就是韩愈和着血泪写成的“一封朝奏九重天,夕贬潮州路八千”的绝唱

---

① 《合肥李氏三世遗集》,卷首,张士珩叙。
② 李鸿章:《致三弟》,《李鸿章尺牍》,第 1 页。
③ 李鸿章:《谕侄》,《李鸿章尺牍》,第 1—2 页。
④ 李鸿章:《寄弟》,《李鸿章尺牍》,第 13—14 页。
⑤ 李鸿章:《致三弟》,《李鸿章尺牍》,第 3 页。

的由来。《代张方平谏用兵书》意在宣扬"好兵者必亡"。当时西夏扰边,宋神宗派兵进击。以太子少师致仕的张方平建议神宗"绝意兵革之事,保疆睦邻,安静无为"。李鸿章认为前者"气盛",后者"言之非常痛快",说明他十分欣赏韩、苏的文采和见解。李鸿章既喜欢阅读唐宋古文大家的名著,又热衷于舞文弄墨,宣扬唐宋八家和桐城派古文的理论基石——"文以载道"论。他曾精心写成《文以载道赋》,吹嘘北宋理学家周敦颐"文以载道一言,发前人未传之秘,实圣贤之通矩,记籍之枢辖也。"他认为"六经为载道之书,后世祖述,为文因时递变,而揆道则一"。这就是说,文学是为"道"服务的,是"道"的载体,历代文学虽然文体各异,但是在宣扬封建的伦理纲常、孔孟之道方面却是一致的。

二 "以儒生而起家军旅"

帮办安徽团练

当上令人仰望的翰林院编修以后,李鸿章踌躇满志,意气风发,展望未来,前程似锦。他本想设法接近皇帝,攀附权贵,沿着传统的升官之路走下去,怎奈"生于末世运偏消",一场突发的社会震荡使他不得不以儒生而充军旅。

1851 年 1 月以洪秀全为首的农民群众,在广西桂平紫荆山麓金田村树旗造反,建号太平天国,军曰太平军,只经过两年多的战斗,便从广西一隅跃进到长江流域,奠都南京,建立了一个与清朝封建政权相对峙的农民政权,并开始北伐与西征。随着太平天国的蓬勃发展,大江南北,黄河上下,和边疆各族人民纷纷举起义旗。他们彼此呼应,相互激荡,掀起了声势浩大的反清高潮。

太平天国的兴起和全国范围的反清狂飙①,使以刚刚戴上皇冠的咸丰帝为首的满汉地主阶级统治集团面对着一个风声鹤唳、兵荒马乱的局面。竭尽全力镇压农民造反,保住清王朝的反动统治,成为咸丰一代一切重要措施的出发点。

当时清朝的达官贵人和主要支柱绿营兵腐朽不堪,"文武以避贼为固然,士卒以逃死为长策"②。正当地主阶级现有当权势力无力挽救危局之际,一股新的反动势力却从地主阶级中浮现出来,有些政治地位不高的汉族地主士绅"同仇奋义",举办团练,协助清军镇压群众,屡建奇功。面对这种严酷现实,咸丰一面用高官厚禄和严刑峻法来制止文官武将和绿营兵的溃逃,驱使他们

---

① 清朝官府和地主文人诬蔑反清群众为"贼"、"匪"、"逆"等,以下有关引文中此类字样均应作如是观。

② 《剿平粤匪方略》,卷34,第12页。

继续为清王朝卖命;一面努力争取汉族地主豪绅的支持,动员他们凭借自己在本乡本地的封建的政治、经济和宗族势力,"结寨团练","搜查土匪",配合清军镇压太平军,并为此而在南北众多省份任命了一大批在籍官僚为督办团练大臣。

1853年2月24日从武汉顺江东下的太平军占领安徽省城安庆,杀死巡抚蒋文庆。3月1日尚未接到皖抚毙命奏报的咸丰诏谕工部左侍郎吕贤基前往安徽,会同蒋文庆、周天爵办理团练防剿事宜。吕贤基,字鹤田,安徽旌德人,以翰林院编修改御史,累转工部右侍郎,兼署刑部左侍郎。他是一位"状貌严毅"、力崇程朱理学的封建官僚,深知此次回籍办理团练防剿事宜,艰险异常,性命难保。他"自知不返",告别老母,悲痛欲绝。据说他"别母痛哭不能起"。吕贤基以李鸿章籍隶安徽,熟悉乡情,奏请随营帮办一切。地主阶级的立场和传统的儒家道德观念驱使鸿章遵照清廷意旨,离别翰苑,返回家乡,去扼杀造反的农民。

关于吕贤基奏请李鸿章随营帮办之事,鸿章的学生和部属刘秉璋的儿子有过一段绘声绘色的描述:

> 李文忠为编修时,以文字自喜,恒为吕文节(贤基谥号)草疏言事,时人弗之奇也。洪(秀全)杨(秀清)得武昌,顺流而下,沿江戒严,安庆续陷,闻于朝,文忠方在海王村书肆中,遇同乡某君谓之曰:"尚不知省城失耶,而作此不急之务也?"文忠感念桑梓之祸,过文节怂恿上章,文节即令其代制而允具名焉。文忠归,翻检书籍,审查时势,惨淡经营,而得长篇。书成已深夜,幸居距文节宅不远,使人持往,不致误翌晨封奏。文忠倦卧,迨醒日已过午。当时京朝官不得见本日朝报,心念昨事,驾车往见文节。及门,闻合家哭声如有丧者。登堂,文节自内跳而出曰:"君祸我,上命我往,我亦祸君,奏调偕行。"是日,文节召对,上大哭,文节亦伏地哭。其后,文忠和何莲舫诗中有"追怆同胞烈士魂",指文节也。又曰:"谏草商量扦吾围,伏蒲涕泣感君恩",记是事也。①

---

① 刘体智:《异辞录》,卷1,第6—7页。

不久,李鸿章便遵旨随同吕贤基星夜就道,奔赴安徽,从此开始了"宛转随人盖九年"①的坎坷历程。是时,廷旨周天爵署理皖抚,而周则在宿州疏请迁省治于庐州府,并言军机吏治难以兼顾。于是,咸丰改派李嘉端为巡抚,命周天爵以兵部侍郎衔办理防剿事宜,并命吕贤基会同周天爵、李嘉端练兵团勇。咸丰原想依靠这三位大员以"靖寇氛而固疆圉",稳定安徽局势。但是随同吕贤基赴皖的袁甲三却另有看法,他上疏断言"皖省军务紧要,现办防剿诸臣难持全局。"他认为周、吕、李三人皆属庸庸者流,周天爵是一位体弱多病的八旬老翁,"一遇事急,立时呕血",并且"注意淮北,而于淮南势难兼顾"。吕贤基虽然"一片热肠",但因"书生谈兵,鲜合机宜",对于周天爵的军事布置,"亦断不能赞一辞"。李嘉端"任事太锐,思虑恐难周详",并且与周天爵气机不通,呼应不灵。特别令人忧虑的,是一省之中三帅并立,各争雄长,"事权不一","动多掣肘",加之兵力单薄,而安徽"门户太多,处处空虚",实难抵御造反农民的进攻②。袁甲三的分析,可谓中肯之论。当时安徽外有建都南京的太平天国的威逼;内有风起云涌的以捻党为主体的群众反抗斗争。1853 年 5 月李嘉端向咸丰诉苦说:安徽各地"土匪啸聚,少者数百人,多者数千人,一股甫平,一股又起,几无完善之区。"但全省能够动用的兵额却不过 4 千余人,"加以调遣溃散之余,兵力益形单弱"。像庐州这样的重镇,也只有守兵 50 余名,"其招募之勇一千余名,未经训练,器械不齐,断难任以防剿;又以经费不充,大有欲散之势。"③

安徽也同江南其他某些阶级斗争激烈的省区一样,地主士绅纷纷举办团练,站到反对农民斗争的最前线。其中凶悍著名的有:桐城马三俊、庐江吴廷香、吴长庆(字筱轩,世袭云骑尉出身)父子、合肥张树声(字振轩,廪生)和张树珊(字海珂)兄弟、周盛波(字海舲)和周盛传(字薪如)兄弟、刘铭传(字省三)、潘鼎新(字琴轩,举人)、解光亮、李鹤章等人。据说"庐郡团练整齐",同远在京师的李文安有着密切关系。他基于阶级本能,"寄信回里,劝谕乡人先为思患预防之计"④。团练头子们筑圩练兵,自称圩主,所谓"寇至则相助,寇

---

① 《李鸿章致潘鼎新书札》,第 36 页。

② 袁甲三:《陈明皖省军务情形并请派统领大员折》,《袁端敏公集》,奏议,卷 2,第 15 页。

③ 李嘉端:《请拨饷以济军需》,《皖抚疏稿》,第 2 本,第 1—6 页。

④ 光绪《续修庐州府志》,卷 34,宦绩传二,第 12 页。

去则相攻",有的"借团练之名,擅作威福,甚至草菅人命,抢夺民财,焚掠村庄,无异土匪"①。

抵达庐州的李鸿章,面对这样内外交讧的局面,内心的震动是可想而知的。他虽然血气方刚,有意大显身手,力挽狂澜,但怎奈自己无权、无兵、无饷,又系儒生从戎,对军事一窍不通,因而展望前途,忧心忡忡。他先入周天爵幕。是时太平天国正忙于巩固南京周围的阵地,尚未派兵北伐、西征;而安徽境内的捻军却一跃而起,成为当地抗清的主力。捻军原称捻党,捻党起于清朝初年,本为淮河两岸以穷苦群众为主体的反抗封建压迫的结社,以后逐渐扩展到山东、河南、苏北等地。"河南之归、陈、南、汝、光,江苏之徐,山东之兖、沂、曹所在有之,而安徽之凤、颍、泗为甚,凤、颍所辖蒙、亳、寿为尤。"②成员有农民、盐贩、船夫、渔夫、手工业工人、饥民、流氓无者、裁撤兵勇和知识分子等等。起初主要从事抗粮、抗差、吃大户、杀富济贫等经济斗争,没有明确的政治纲领。活动时往往数十人或数百人为一股,谓之一捻。各部自号为捻,不相统一。各部首领通称捻头或趟主,而捻众"居则为民,出则为捻"③。随着太平军跃进长江流域,安徽、河南等地的贫苦群众纷纷结捻响应,开展反清斗争,从而使捻党迅速地向捻军转化。奉命"专司防剿"的周天爵,便把"剿办"皖北捻军、防止其与太平军联合放在首位。追随周天爵的李鸿章,也自觉地把刀锋指向了皖北捻军。李文安在家书中曾说:"叠接家信,家乡土匪滋扰,幸团练办有眉目,稍得安靖。……鸿儿随敬修(周天爵字敬修)抚军剿办土匪,现未得信,胜负若何,弟甚悬注。"④这表明李文安既站在造反群众的对立面,又担心自己儿子受到造反群众的惩罚。可惜的是,造反群众没能击毙李鸿章,反而被这个刽子手投入血泊之中。

李鸿章随同周天爵主要参与了两次较大的绞杀捻军的战役。一次是镇压定远陆遐龄起义。定远为九省通衢,捻军活跃地区。陆遐龄(约1803—1853)是定远县荒陂桥旗杆村(现属长丰县沛河乡)人,为地主家庭出身的武秀才,因受到某个案件株连被关押在安庆监狱。1853年2月太平军首克安庆,把他

---

① 《福济传》,《清史列传》,卷55,第3页。
② 《剿平捻匪方略》,首卷,序言。
③ 王定安:《求阙斋弟子记》,卷12,剿捻中,第18页。
④ 李文安:《寄运昌、芸农、遐菴诸兄、玉坪六弟书》,《李光禄公遗集》,卷7,第30页。

从监狱中拯救出来,并派他返回定远组织群众起兵响应。约在3月上旬,陆在家乡造反,树立"随天大王百战百胜等旗",聚众万余,打击土豪,抗击清军。据时人记载,定远知县督兵进犯,"两战两败",而城内团练,更"事同儿戏",甚至公然乘机渔利,"有用竹枪一支,开支公项八百文者"。① 是时,合肥夏村夏金书联络陆遐龄"约期大举",南北呼应。李鹤章闻讯,立即率领团练百余人前往围捕,杀害金书父子,解散千余,"增立东北乡团防"②,堵塞了陆遐龄南下的通路。接着李鸿章、李鹤章督团随同周天爵在定远荒陂桥、寿州东乡等地击败陆遐龄起义军。4月中旬周天爵诱捕并杀害了陆遐龄父子。周天爵奏奖李鹤章六品衔。

另一次是镇压多达4千余人、活跃于颍州、蒙城、亳州交界地区的陈学曾、纪黑壮起义。据记载:(咸丰三年三月)有巨捻陈学曾、纪黑壮等啸聚颍州之王市集,官军节次被挫,周天爵率编修李鸿章督团堵剿。③

5月初安徽巡抚李嘉端行抵庐州,不久即将李鸿章从周天爵处调来,协办团练。这位新任皖抚,把"靖内变而御外侮"④作为首要任务。所谓"靖内变",就是镇压境内以捻军为主体的群众斗争。所谓"御外侮",就是堵截太平军进入安徽。其实,本地的造反群众已经搞得他们顾此失彼,疲于奔命,哪还有什么力量阻止太平军破门而入呢? 就在李嘉端行抵庐州不久,太平天国先后派兵大举北伐和西征,而安徽则首当其冲。率先挺进安徽的,是以林凤祥、李开芳为首的北伐军。5月16日北伐军占领滁州,18日北伐军攻克临淮关,直逼凤阳。面对北伐军的凌厉攻势,李嘉端等胆战心惊,寝食难安,哀叹:"现在凤阳以南均无重兵,各城团练亦单,一无足恃。"因而一面吁请咸丰速调江西、湖北官兵赶赴庐州救应,"并堵贼回窜之路"⑤;一面表示要"号召兵勇亲援凤阳"。他令候补直隶州知州李登洲带勇三百先行,继令户部主事王正谊于梁园镇会合李鸿章,"号召练勇,劝借军饷",他随后带兵二百余名陆续进

---

① 耕石老农:《皖碧吟》,其九,《太平天国史料丛编简辑》,第6册,第428页。
② 《李鹤章传》,《清史列传》,卷65,第49—50页。
③ 《重修安徽通志》,卷102,第11页。
④ 李嘉端:《贼扰江北分兵堵御折》,《皖抚疏稿》,第3本,第3页。
⑤ 《皖抚疏稿》,第2本,第14—16页。

发①。5月28日北伐军一举攻下凤阳。刚刚带勇进至定远、凤阳交界的李登洲，忽闻凤阳失守，手下"民夫尽逃"，又怕所带合肥乡勇"思归骤散"②，于是率部慌忙退却。李嘉端"一筹莫展，五内如焚"③，踟蹰于护城驿。他虽然没有勇气率兵直逼凤阳，但又"不能不虚张声势"。他令王正谊、李鸿章"分谕各团首，自店埠至麻布桥排日点验练勇，使枪炮之声联络不绝。"④只是由于北伐军继续北上，并没有挥师南下，李嘉端、李鸿章才得以逃脱灭顶之灾。

正当北伐军挺进豫皖边界之际，胡以晃等统率的西征军又长驱入皖。6月10日北伐军和西征军分别占领亳州和安庆，使李嘉端等陷于两路牵制、腹背受敌、风声鹤唳、远近惶惶的窘境。虽然北伐军不久即弃亳州，攻入河南，但是安庆却变成西征军的大本营。此后一连四个月，西征军采取南攻北守的方针，兵锋直指江西，而在皖北则没有什么大规模军事行动。李嘉端为了阻止西征军北上夺取庐州，进而与北伐军会合，慌忙派遣张印塘、李鸿章分别带勇驻防集贤关和运漕、东关。集贤关系安庆北面的重要战略据点。运漕、东关既是巢湖一带和庐州门户，又是漕粮的集散地和运输孔道。西征军为了取得粮食以接济安庆和南京，进占运漕，迫使李鸿章带勇退防东关。9月李嘉端奏称："编修李鸿章自四月带勇驻守东关，正当炎热之时，弹压巡防不辞况瘁。此番运漕击贼，虽未大挫凶锋，而数月勤劳，亦堪嘉奖。现仍分守要隘，与镇臣玉山互为声援。合无仰恳天恩，赏给六品顶戴、蓝翎，以示鼓励。"⑤其实，李鸿章何尝有什么堪称嘉奖的功绩，有的主要却是怯怯逃跑或"专以浪战为能"⑥的记录。李嘉端此举，纯粹是老官僚讳败为胜、掩人耳目的惯伎。时人赋诗揭露了所谓李鸿章"弹压巡防、不辞况瘁"的真相。

灯花燎乱成三豕（李鸿章守运漕，上流有放河灯者，李惊为贼至，退兵山上），草木惊疑是八公（寿春镇守上窑，有奸民三人伪为贼之谍者以

---

① 李嘉端：《号召兵勇亲援凤阳片》，《皖抚疏稿》，第3本，第1—9页。
② 李嘉端：《凤阳失守待兵恢复折》，《皖抚疏稿》，第3本，第22—25页。
③ 李嘉端：《凤阳失守待兵恢复折》，《皖抚疏稿》，第3本，第22—25页。
④ 李嘉端：《贼北渡淮收复凤阳折》，《皖抚疏稿》，第3本，第29—30页。
⑤ 李嘉端：《剿办股匪文武出力员弁请奖折附片》，《皖抚疏稿》，第6本，第44—47页。
⑥ 刘体智：《异辞录》，卷1，第24页。

恐乡民,总戎见之回寿春)。寇自穷奔官自葸,行辕处处系花骢(大僚多备好马为奔走计)。①

邀功致败沈天险(李鸿章守东关,乃险要之地,其乡勇闻贼至迎击三十里外,败卒冲动本营,遂失巢县),畏死穷奔向坦途(寿春中营同时奔归庐州,遂弃巢县而不顾)。②

就在李嘉端为李鸿章请功后不久,石达开奉命到达安庆,主持西征战事。石达开在皖北改守为攻,派兵进取集贤关、桐城,清兵勇望风而溃。是时吕贤基驻守舒城,"身旁无一兵"③,成了光杆司令。据说李鸿章曾经赶来与吕贤基"议守御",及至太平军兵临城下,他便立即抛下主帅骑马逃之夭夭了。知情人揭露了当时李鸿章惊惶失措的窘相:李文安老仆刘斗斋"时随至舒城",服侍李鸿章,"见事急",密引李鸿章至僻静处,劝告说:"若辈死耳,无可避免。公子何为者,独不念老人倚闾而望乎?"李鸿章惶恐不安,慌忙问计,刘斗斋说:"马已备。"李鸿章喜上眉梢,强烈的求生欲望,使之策马急驰而去④。

11月胡以晃督师攻占舒城,吕贤基走投无路,投水身死。12月胡以晃挥师直取庐州。新任皖抚江忠源固守待援。江忠源,湖南新宁人,字常孺,号岷樵,湘军核心人物,曾国藩的"骨肉至交"。时李鸿章率勇驻扎合肥冈子集。江、李彼此不熟,曾国藩从中撮合,希望他们"铖芥契合"。曾国藩既致书江氏力荐:"李少泉编修大有用之才,阁下若有征伐之事,可携之同往。"⑤又函告鸿章:"岷樵到庐,求贤孔殷。足下及鹤翁(吕贤基)、午翁(袁甲三)如有所知,幸尽告之。"⑥由于江忠源抵庐后两天即被困于孤城,致使曾氏的希望化成泡影。李鸿章本想援救江氏和庐州,但却力不从心。他亲自晋见率军来援的舒兴阿,表示"所有先经团练之壮丁,今愿自备口食,随同官兵击贼自效"。舒兴阿奏称:"臣查该绅士深明大义,当即面为奖励,并令其作速调集壮丁听候,约期随

---

① 耕石老农:《皖碧吟》,其九,《太平天国史料丛编简辑》,第6册,第428页。
② 耕石老农:《皖碧吟》,其十六,《太平天国史料丛编简辑》,第6册,第43页。
③ 戴均衡:《草茅一得》,上卷,《太平天国文献史料集》,第379页。
④ 刘体智:《异辞录》,卷1,第7页。
⑤ 曾国藩:《与江岷樵》,《曾文正公书札》,卷3,第35页。
⑥ 曾国藩:《与李少荃》,《曾文正公书札》,卷4,第20页。

同进剿。"①是时援军麇至,咸丰命和春总统城外援军万余,但因西征军奋勇战斗和清方"将帅不相能","援军远壁且败",翌年1月庐州终于易手。江忠源投水毙命。鸿章北撤,家园被毁。凡此种种,使鸿章耿耿于怀,遗恨难消,直到咸丰九年还写有"当时愧乏蚍蜉救,投阁何须解客嘲"的诗句。②

太平军西征军攻克庐州之后,"以此通北路之援,扼江淮之险,南则联络舒、桐,东则策应和、巢"③,从而巩固了太平天国在皖北的统治地区。咸丰急派福济为安徽巡抚,令其会同和春等力挽皖北危局。福济,满洲镶白旗人,始必禄氏,字元修,道光进士,是个典型的贵族老爷,既缺少应变之才,又不懂用兵之道。他曾任丁未科进士副考官,是李鸿章的座师。福济抵任,召鸿章入幕,对其"训植尤深且厚"。李鸿章因切盼找到新的政治靠山,也一意奉承福济。是时咸丰命令福济、和春尽快设法攻克庐州。但因庐州军民婴城固守和天朝援军、粮饷源源而来,致使清军连连受挫。于是福济、和春改变强攻庐州的做法,决定采取"歼其外援殆尽,然后乘其内蹙而攻之"的战略,分军进犯东南的含山、巢县和西南的舒城。李鸿章"时在庐州戎幕,慷慨请行,福巡抚壮之"④,令其率领千总莫清云会同佐领吉顺统带吉林马队绕道攻取含山。1855年2月鸿章督兵勇侵占含山,残杀太平军总制罗绣光和战士千余人,因功赏知府衔,随即配合副都统忠泰进攻巢县,遭到守军的顽强抵抗。正当双方军队相持不下形成胶着状态的时候,是年7月,李文安突然死于合肥军次。李文安系因户部左侍郎王茂荫奏保,而于1854年回籍督带练勇的,先驻临淮,后转战庐州、巢湖一带。据说李文安"体肥,会当夏令,辄痛饮,且露宿于外,无疾而终。"所以李鸿章"和何莲舫诗有句云:'锦囊未敢忘三矢,苤箧何曾有一钱',盖记实也。"⑤文安临死前,还念念不忘与造反农民为敌,手书训谕鸿章兄弟说:"贼势猖獗,民不聊生。吾父子世受国恩,此贼不灭,何以家为,汝辈努力以成吾志。"⑥鸿章闻讣奔丧,暂离军营。是时巢县太平军万人猛扑焦湖清军

① 《咸丰三年十二月十六日舒兴阿又奏》,《剿平粤匪方略》,卷73,第5页。
② 李鸿章:《仙屏弥之作》,《李文忠公遗集》,卷6,第7页。
③ 李滨:《中兴别记》,卷23,《太平天国资料汇编》,第2册,上,第377页。
④ 杜文澜:《平定粤匪纪略》,卷3,《太平天国资料汇编》,第1册,第50—51页。
⑤ 刘体智:《异辞录》,卷1,第10页。
⑥ 李鸿章:《葛洲墓志》,《李文忠公遗集》,卷4,第2页。

营垒,忠泰全军覆没,仅以身免,李鸿章因不在军中而拣了一条性命。8月进援庐州的太平军与清军在柘皋展开激战。李鸿章惊惶失措,带勇先溃,受到和春的讥讽和谴责。时在和春戎幕的萧盛远记其事说:

> (太平军)直奔柘皋,攻扑官军营垒,为围魏救赵之计。保升以道府用之翰林院编修李鸿章,闻贼大至,带勇先溃,以致官军营垒数十座均被破入,兵勇死者不可胜计,仅存河洲镇总兵吉顺一营。贼众彻夜环攻,……势已危急。和提军闻此警信,即亲带精兵数千,星夜驰往,官军用命,奋力攻击,杀贼多名,吉营重围立解。……次日李鸿章来见,称誉'声威大震,以军门为最',而军门答以'畏葸溃逃,当以阁下为先',赧颜而退,大江南北,至今传为笑谈。①

1855 年 11 月福济、和春等督兵勇攻陷庐州,鸿章从战有功,受到奖赏。福济、和春乘胜分兵两路,西南直指舒城、三河、庐江等地,东南则进犯巢县、和州、东关等地。起初除在舒城得手外,其他各地均因太平军顽抗而受挫。李鸿章参与东南战役,到处碰壁,颇不得志。1856 年夏他路经明光镇感怀赋诗,交织着懊丧和犹斗的心情跃然纸上。诗云:

> 四年牛马走风尘,浩劫茫茫腾此身。
> 怀酒藉浇胸磊块,枕戈试放胆轮囷。
> 愁弹短铗成何事,力挽狂澜定有人。
> 绿鬓渐凋旄节落,关河徒倚独伤神。
> 巢湖看尽又洪湖,乐土东南此一隅。
> 我是无家失群雁,谁能有屋稳栖乌。
> 袖携淮河新诗卷,归访烟波旧钓徒。
> 遍地稿苗待霖雨,闲云欲出又踟蹰。②

---

① 《粤匪纪略》,《太平天国史料丛编简辑》,第 1 册,第 36—37 页。
② 李鸿章:《丙辰夏明光镇旅店题壁》,《李文忠公遗集》,卷 6,第 4 页。

1856 年 9 月太平天国领导集团内讧,韦昌辉在洪秀全的指使或默许下,残杀杨秀清及其部属两万余人,石达开起兵讨韦,从而极大地损伤了革命元气,迫使太平军从战略进攻转向战略防御。福济、和春等乘机督军打通庐州东南和西南通路。李鸿章参与了侵占巢县、和州和东关等战役,因功赏加按察使衔。12 月鉴于皖北战局暂趋稳定,李鸿章回籍葬其父于合肥东南葛洲新茔,服阙守庐。1857 年 2 月太平军两位青年将领陈玉成、李秀成协同作战,在皖北发动了防御中的攻势,连克桐城、舒城等地,大败清军,击溃李鸿章所部团勇,李鸿章奉母仓皇北逃。是年秋,福济奏报李鸿章"丁父忧服阙,俟经手事件料理完竣,给咨回京供职"①。朝旨以李鸿章"叠次剿匪出力",交军机处记名,遇有道员缺出,请旨简放。1858 年 7 月咸丰因福济株守庐州,一筹莫展,将其免职,而以翁同书继任皖抚督办军务。8 月陈玉成率部克复庐州,将李鸿章祖宅"焚毁一空",李鸿章逃经明光镇,赋诗有"国难未除家未复,此身虽去也踟蹰"②之句。

李鸿章回籍督办团练,历时 5 年有余,战场受挫,仕途维艰,"昨梦封侯今已非"。究其原因,一是安徽反清形势高涨,捻军和太平军遥相呼应,使清军和团练陷于四面受敌的困境。二是历任安徽巡抚和统兵将帅多为庸庸者流,使李鸿章得不到有力扶持和启迪,"茫无指归"③,并饱尝了封建官场中互相倾轧之苦;三是李鸿章儒生从戎,既缺少军事知识和实战经验,"好猛进"、"浪战"④;又赤手空拳,"未辖一兵,未携一钱"⑤,只能"号召练勇,劝借军饷",但是,"劝借军饷"却博得"翰林变作绿林"⑥的讥评,而"号召团练"则困难重重。据随昌贤基回籍办团的赵畇说:"细心体察,其故有三:富者明知团练于己有益,而吝惜资费,苟安目前;贪者则百计图谋,厕身其中,一经入局,百端侵渔,居局外者,有求不遂,争相讦讼;又有一种幸灾乐祸,希冀贼至可以肆行,唯恐团练认真,乃造作谣言,或云将征调远出,或云将按籍苛敛,摇惑人心,沮挠大

① 曾国藩:《李鸿章留营襄办片》,《曾文正公全集》,奏稿,卷 2,第 316—317 页。
② 李鸿章:《戊午七月庐垣再陷重过明光次韵吴仲仙》,《李文忠公遗集》,卷 6,第 6 页。
③ 薛福成:《李傅相入曾文正公幕府》,《庸盦笔记》,卷 1,第 12 页。
④ 《李鸿章致潘鼎新书札》,第 13 页。
⑤ 《涡阳县志》,卷 15,第 6 页。
⑥ 刘体智:《异辞录》,卷 1,第 9 页。

计。"①曾国藩写信劝告李鸿章仿效湘军,"束以戚氏之法",精练淮勇:

> 尽募新勇,不杂一兵,不滥收一弁,扫除陈迹,特开生面,赤地新立,庶收寸效。②

但是,李鸿章既没有认清改弦更张之必要,又无力特开生面、赤地新立。

凡此种种,使李鸿章虽然牢记其父遗教,誓与造反农民为敌到底;但却"辗转兵间无所就"③,军事败北,仕途碰壁,同僚侧目,愁绪满怀。时人说:李鸿章"以将兵淮甸遭众忌,无所就,乃弃去。"④

投身湘军幕府

1859 年 1 月,怀着悲凉心情自称"书剑飘零旧酒徒"的李鸿章,终于受到命运之神的惠顾,从一个潦倒失意客一跃而成为湘系首脑曾国藩的幕宾,从此他的宦海生涯又翻开了新的一页。

1853 年曾国藩以在籍侍郎的身份,受命帮办湖南团练事宜。他看出"兵伍不精"是清王朝的大患之一,决心独树一帜,改弦更张,编练一支新式武装,以挽救清朝统治。1854 年 2 月他编成并督率湘军水陆两军,沿湘江北上抗拒太平军。湘军有别于清朝常备军,它是汉族地主武装,"以招募易行伍,尽废官兵,使儒生领农民,各自成营"⑤。曾国藩"在京官时,以程朱为依归,至出而办理团练军务,又变而为申韩。"他采取传统的"以上制下"的战略方针,先清两湖,稳定后方,继而把军锋指向江西和安徽。1858 年 7、8 月间,曾国藩先后奉命驰赴浙、闽,进击分裂出走、放弃江西根据地、盘旋浙闽的石达开部太平军。10 月他率部到达江西建昌(今南城),未及入闽,石达开部即由闽入赣,转

---

① 赵昀:《遂翁自订年谱》,第 26—30 页。
② 曾国藩:《与李少荃》,《曾文正公书札》,卷 4,第 20 页。
③ 李鸿章:《原任安徽按察使司按察使张君墓表》,《李文忠公遗集》,卷 4,第 27 页。
④ 《清史稿》,卷 411,李鸿章传,第 12011 页。
⑤ 王闿运:《湘军志》,卷 15,营制篇,第 1 页。

进湖南,锋锐大挫。是时江南军情渐松,而江北却风云突变。面对江南、江北大营进逼天京、湘军围攻安庆、三河、威逼庐州的严峻形势,陈玉成、李秀成两支主力太平军联合作战,首先摧毁江北大营,解除天京北面威胁,继而在安徽三河全歼李续宾所部湘军精锐 6 千余人,击毙李续宾和曾国藩胞弟曾国华以及文武官员四百多人。包围安庆的湘军,见势不妙,慌忙逃跑,安庆之围不战而解。曾国藩因"江北军情变幻"而惊恐万分,哀嚎"呜呼恸哉!"12 月奉命移师援皖。

李鸿章就是在这种形势下,赶到建昌拜访曾国藩的。为曾、李结合牵线搭桥的是李瀚章,他于 1849 年以拔贡朝考出曾氏门下,1853 年署湖南善化知县,治军衡阳的曾国藩檄调来营,襄办粮台,遇有战阵,亦督队指挥。曾国藩称赞他"内方正而外圆通,办事结实周详,甚属得力。"1857 年 1 月湘军粮台裁撤,归并江西省局,瀚章回籍为其父守制,安徽巡抚福济奏留办理团防捐务。1858 年曾国藩札调瀚章赴江西总理粮台报销,瀚章遂奉母同往。曾国藩十分器重瀚章,而瀚章也把曾国藩倚为靠山。瀚章既经常向曾国藩通报鸿章在皖情况,有时甚至将其弟家书转呈曾国藩过目;又时时向鸿章介绍曾国藩的宦海浮沉和吹捧其道德学问。瀚章在其弟与曾国藩之间起着沟通情感、增进了解的作用。时值鸿章到南昌看望老母,曾国藩便乘机通过瀚章邀请鸿章前来会晤。1858 年 12 月曾国藩函告友人说:"筱泉家被贼焚劫,挈眷至南昌,日内亦即来营,少泉亦约来此一叙。"①曾国藩与李鸿章早就结下了师生之谊,曾国藩称誉弟子为"伟器",李鸿章敬佩其师如"神圣"。他俩既有相似的追求:扑灭太平天国烈火、维护清朝统治以期封侯荫子、光宗耀祖;又有相互利用之必要,曾国藩希望借助李鸿章之才以成"大业",李鸿章企图依靠曾国藩援引以立功名。因而他俩一拍即合。曾国藩把李鸿章留在幕府,"初掌书记,继司批稿奏稿"。李鸿章素有才气,善于握管行文,批阅公文、起草书牍、奏折甚为得体,深受曾的赏识。曾国藩赞扬说:"少荃天资于公牍最相近,所拟奏咨函批,皆有大过人处,将来建树非凡,或竟青出于蓝,亦未可知。"②李鸿章也竭力吹捧其师:"从前历佐诸帅,茫无指归,至此如识南针,获益非浅。"③曾国藩对李鸿

① 曾国藩:《与郭筠仙》,《曾文正公书札》,卷6,第30页。
② 薛福成:《李傅相入曾文正公幕府》,《庸盒笔记》,卷1,第12页。
③ 薛福成:《李傅相入曾文正公幕府》,《庸盒笔记》,卷1,第12页。

章精心训导,尽力雕琢,陶冶其志气,培养其才能。曾国藩日常起居颇有规律而富生趣,每天早起查营,黎明请幕僚一起吃饭。鸿章落拓不羁,贪睡懒散,对于这样严格的生活习惯很不适应,深以为苦。一天,他谎称头疼,卧床不起。曾国藩知道他耍滑装病,大动肝火,接二连三地派人催他起床吃饭,说"必待幕僚到齐乃食"。他见势不妙,披衣"踉跄而往"。曾国藩在吃饭时一言不发,饭后却严肃地教训说:"少荃,既入我幕,我有言相告,此处所尚,唯一诚字而已。"说完拂袖而去,鸿章"为之悚然"。曾国藩因素知李鸿章"才气不羁,故欲折之使就范也。"①这里既有纪律的约束,又有道德的说教,李鸿章深感"受益不尽",从而逐渐养成了"每日起居饮食均有常度"的习惯,并获得不少"学问经济有益实用"的东西。李鸿章后来深情地回忆说:

> 在营中时,我老师总要等我辈大家同时吃饭;饭罢后,即围坐谈论,证经论史,娓娓不倦,都是于学问经济有益实用的话。吃一顿饭,胜过上一回课。②

李鸿章入幕不及一旬,曾国藩就决定请他主持编练皖北马队,附于湘军。编练马队之举,发轫于左宗棠的提议。左宗棠(字季高)是湖南湘阴人,举人出身,时赞湖南巡抚骆秉璋幕,后来成为湘军首领之一。曾国藩就左氏提议同胡林翼协商。胡林翼(字贶生,号润芝,道光进士)时任湖北巡抚,为湘军二号首领。胡氏支持编练马队,曾国藩随即上疏清廷,慨切陈词。曾国藩所以力主编练皖北马队,是鉴于太平军和捻军的骑兵"多而且悍"③,湘军陆军如无马队配合,难以制胜。他通报左宗棠:"阁下去年嘱弟留心马队,弟以调察哈尔之马练淮南之勇入奏。"④他原拟调察哈尔马3千匹,令李鸿章招募亳州一带"善马之勇"千人。清廷支持编练马队,但令"斟酌采买"马匹。曾氏也修改了募勇计划,决定先招500,试行操练,如其可用,再行续招3千。李鸿章虽然承认编练马队确系当务之急,但却深感事体重大,缺少经验,胜败难卜,考虑再三,

---

① 薛福成:《李傅相入曾文正公幕府》,《庸盦笔记》,卷1,第12页。
② 吴永:《庚子西狩丛谈》,卷4,第109页。
③ 曾国藩:《与骆籥门中丞》,《曾文正公书札》,卷7,第11页。
④ 曾国藩:《复左季高》,《曾文正公书札》,卷7,第30页。

未敢轻许。曾国藩认为李鸿章的"才与气,似可统一军",但因长期在吕贤基、福济手下任职,"阅事过多,不敢轻于任事。"李鸿章专程前往南昌,与自己哥哥相商。李瀚章赞成其弟意见,致函曾国藩,代为辞谢。曾国藩坚持既定方针,写信劝勉李氏兄弟说:"此次招勇五百,但试淮南之勇果能操习马队否耳。不特少荃不敢自信,即仆亦茫无把握也。"当年办水师,"亦系冒昧试之",结果大获成功,为"初愿所不及",贤昆仲"不必遽以任事之难为虑"①。话已至此,李鸿章只得应命,派"专人至淮上招募马勇"。然而当时两淮地区太平军和捻军协同作战,声势较壮,清军处于被动挨打的地位。动荡的局势,人心的向背,迫使招勇之人空手而归。这样,曾国藩建立马队的计划就流产了。

6月早已移驻抚州的曾国藩,鉴于太平军猛攻景德镇,担心湘军张运兰部不支,急派曾国荃率部往援,并命李鸿章同往。曾国荃(字沅浦)是曾国藩胞弟,所部为曾国藩嫡系。李鸿章心高气盛,希望独统一军,不愿寄人篱下,心情郁郁,有意他去。曾国藩赏识李鸿章之才而不满其虚骄之气,于是一面借用上方宝剑阻其去路,疏留说:李鸿章"久历戎行,文武兼资,堪以留营襄办"②;一面对其晓之以理,诱之以利,说"阁下闳才远志,自是匡济令器"③,"倘为四方诸侯按图求索,不南之粤,则东之吴,北之齐豫耳。"④李鸿章既不敢抗旨,又感戴其师"荐援"之恩,因而决计前往。致函乃师表示:"鸿章身世出处,本无成见,近来欲从守分知命四字著力,既奉我师疏留,义将焉往。唯志气不振,材力又薄,悠游浮湛,以听命耳。"⑤

就在这个时候,清廷批准湖广总督官文根据胡林翼之请而提出的建议,命曾国藩入川防堵石达开部太平军挺进四川。胡林翼本来打算借此为曾氏谋取川督一职,并确保湖北饷源。不料清廷只令曾氏援川,却不肯授予地方实权。曾国藩自然不愿前往,复奏"兵力太单,难以入蜀,且景镇未克,不可遽行抽动"⑥。李鸿章支持曾国藩,函请督办皖南军务张芾奏留曾国藩守赣。8月由

① 曾国藩:《与李筱泉》,《曾文公正书札》,卷7,第27页。
② 曾国藩:《李鸿章留营襄办片》,《曾文正公全集》,奏稿,卷2,第317页。
③ 曾国藩:《复李少荃》,《曾文正公书札》,卷8,第22页。
④ 曾国藩:《复李少荃》,《曾文正公书札》,卷8,第25页。
⑤ 刘铁冷:《清代二百家军政名牍汇编》,卷11,第8页。
⑥ 曾国藩:《致澄弟》,《曾国藩全集》,家书一,第490页。

于清廷催促,曾国藩只得带领李鸿章等幕僚拟经鄂入川,行至武穴,又接到官文关于"已奏请会剿皖贼"的通报。原来胡林翼鉴于曾国藩没有捞到川督一职和石达开军锋业已南指,"蜀中无事",便说通官文奏准曾氏暂缓入川,全力图皖。9月曾、李先至黄州会晤胡林翼,后抵武昌晋见官文,商讨行止,决定四路进兵安徽的计划,而其中心目标则是夺取安庆。曾国藩负责从宿松、石牌进取安庆一路。11月李鸿章奉旨授福建延建邵遗缺道。曾国藩看到李鸿章"新放福建道,无缺可补,进退颇难自决"①,便以"赞襄需人"为由,奏准把他继续留在戎幕,随即带着他自黄州东下援皖,驻军安徽宿松,与屯军太湖、潜山的陈玉成部太平军相峙。

1860年初,清廷基于"上下夹攻,南北合击"太平天国的战略决策,命令江南大营和湘军分别围困天京和"进攻安庆,分捣桐城"。太平军为了摆脱两面作战的不利局面,采取了先救天京、后保安庆的方针。是年5月李秀成、陈玉成联军一举击溃江南大营,随即挥军东指,挺进苏杭。江南北大营本来是咸丰与曾国藩矛盾的产物。咸丰既要依靠曾国藩对抗太平军,又不肯给他以军政实权。咸丰的计划是湘军出力,江南北大营收功。江南北大营的相继覆灭,使咸丰的如意算盘彻底落空。咸丰不得不全力依靠曾国藩来支撑危局,于6月初给他兵部尚书衔、署理两江总督的军政实权。8月实授两江总督。

曾国藩既然得到清廷在实际权力上如此重大的让步,也就更加"赤胆忠心保皇朝"了。不过,曾国藩与咸丰的战略思想并不一致。咸丰命曾氏督军径赴苏常,"保全东南大局。"但曾氏却认定"安庆一军,目前关系淮南之全局,将来即为克服金陵之张本",拒不撤围东下。他既按照自己原定计划行动,又担心受到抗旨的责难,于是便奏明从皖南进兵入吴,移节祁门,装出左顾南京,右盼苏州的样子,敷衍塞责。值得注意的是,对曾国藩做出不撤摆在安庆及其周围的湘军主力的决策,李鸿章起了极其重要的作用。曾国藩在日记中写道:6月28日与李续宜"熟论安庆、桐城两军应否撤围,约沉吟二时之久不决。中饭后得少荃数言而决。"②李鸿章虽然坚主不撤皖围之兵,但却反对曾国藩移节祁门,断言"祁门地形如釜底,殆兵家之所谓绝地。"③他建议曾国藩将皖南

---

① 《曾文正公手书日记》,咸丰十年三月十九日。

② 《曾文正公手书日记》,咸丰十年五月初十日。

③ 薛福成:《李傅相入曾文正公幕府》,《庸盒笔记》,卷1,第12页。

之事布置稍定，即亲自驰赴淮安，"办一支大水师"，在淮安造船、铸炮、征课"盐利"，"江淮湖海处处可通，而金陵、苏常之贼势可减矣。"曾国藩虽然"甚以其言为然"，但却因皖南局势动荡而一时难以脱身。他特地奏保李鸿章为两淮盐运使、黄翼升为淮扬镇总兵，先行驰往淮扬筹办。他上疏吹捧李鸿章"劲气内敛，才大心细"，"堪膺封疆之寄"。不料，清廷却只任命黄翼升为淮扬镇总兵，没有授予李鸿章两淮盐运使一职。李鸿章吃了一记闷棍，抑郁寡欢，暗自嗟叹，只得继续留在曾氏幕中。

正当李鸿章出任两淮盐运使的美梦破灭之际，太平军对上游的湘军发动了声势浩大的钳形攻势，分兵南北两路，沿江西上，"合取湖北"，会师武汉，以救安庆。这次攻势确实打中了曾国藩的要害。当时曾国藩把湘军主力集结在安庆及其周围地区，以武汉为中心的湖北防务非常空虚。然而湖北却是湘军的战略基地，武汉尤为全局根本。太平军"合取湖北"，把战火引向敌人后方，避敌主力，打其虚弱，攻其必救，既可解安庆之围，又能歼灭湘军主力。曾国藩胆战心惊，立即采取应变之策。他针对太平军西征的战略意图，决意不撤皖围之兵以援鄂，反而督军猛攻安庆，企图迫使太平军尽快地从上游回顾下游，并进行决战。他把所谓旋转乾坤的赌注，全押在安庆围点打援上面了。南路西征太平军路经皖南时，曾经攻占宁国、徽州等地，并"环绕祁门作大围包抄之势"，致使坐困祁门的曾国藩"日在惊涛骇浪之中"。这时曾国藩除了遭到太平军的环攻外，还遇到北上"勤王"和祁门内讧两个棘手的问题。1856年英法联军发动侵华战争，即第二次鸦片战争。1860年9月英法联军攻占天津，直逼北京城下。咸丰在逃往热河途中，命令曾国藩速派湘军悍将鲍超带兵北援。曾国藩一时举棋不定，因为北援事关"勤王"，无可推诿，但又想留下鲍超所部对抗太平军。他召集文武参佐讨论对策，要求每人提出一种方案，结果多数人主张派兵入卫，只有李鸿章力排众议，说"夷氛已迫，入卫实属空言，三国连衡，不过金帛议和，断无他变"，而"楚军关天下安危，举措得失，切宜慎重"，主张"按兵请旨，且无稍动。"①李鸿章认为英法联军业已逼近北京，"入卫实属空言"，英法联军之役必将以"金帛议和"而告终。危及大清社稷的不是英法联军，而是造反的太平军。湘军"关天下安危"，应把刀锋对准太平军。至于

---

① 徐宗亮：《归庐谈往录》，卷1，第20页。

北援,应"按兵请旨",静待时局之变。曾国藩深受启发,一面上疏冠冕堂皇地表示:"鲍超人地生疏,断不能至,请于胡(林翼)、曾(国藩)二人酌派一人进京护卫根本"①;一面在实际行动上采取拖延观变战术。结果不出所料,11月便接到"和议"已成、毋庸北援的廷寄。这表明李鸿章、曾国藩和整个清朝封建统治者在阶级利益和民族利益发生矛盾时,坚持对外妥协、对内镇压的方针,乃是其阶级本性所使然。

李鸿章虽然协助曾国藩度过了北上"勤王"的难关,但却促进了祁门内讧。曾国藩早就指出:"徽畏外寇,祁忧内讧。"②李鸿章对曾国藩驻守祁门一举,向来持有异议。随着太平军环攻不已,祁门形势日益艰险,湘军上下要求曾国藩移师的呼声高涨起来。李鸿章认为"不如及早移军,庶几进退裕如",曾氏不从。李鸿章再三陈说,曾国藩气愤地声称:"诸君如胆怯,可各散去。"③李鸿章主要着眼于军事,断言祁门为"绝地",不宜久留。当然,"胆怯"也确是他劝说曾氏"及早移军"的动因之一。曾国藩并非不懂祁门在战略全局上对湘军毫无特别重要意义,他之所以驻守祁门,主要是做给令其督军径赴苏常的咸丰看的一种姿态。因而"誓死守","诸将皆谏弗听"。一波未平,一波又起。曾、李又因李元度问题发生争执。李元度(字次青)是曾国藩"辛苦久从之将",曾国藩在靖港、九江和樟树镇败绩后的艰难岁月中,曾经得到李元度的有力支持。曾国藩自称与李元度的"情谊之厚始终不渝"。李元度擅长文学而不知兵,只因曾国藩私情荐举,才升任徽宁池太广道,领兵驻防徽州。当太平军李侍贤部来攻时,李元度违反曾国藩坚壁自守的指令,出城接仗,一触即溃,徽州易手。李元度徘徊浙赣边境,经久不归,后来虽然回到祁门,但不久又私自离去。曾国藩悔恨交加,决定具疏劾之,以申军纪。曾国藩此举,本来无可厚非,但文武参佐却群起反对,指责他忘恩负义。李鸿章"乃率一幕人往争",声称"果必奏劾,门生不敢拟稿。"曾国藩说:"我自属稿"。李鸿章表示:"若此则门生亦将告辞,不能留侍矣。"曾国藩生气地说:"听君之便"④。10月25日曾国藩在日记中写道:"日内因徽州之败,深恶次青,而又见同人多不明

---

① 曾国藩:《致澄弟》,《曾国藩全集》,家书一,第583页。
② 曾国藩:《致沅弟季弟》,《曾国藩全集》,家书一,第575页。
③ 薛福成:《李傅相入曾文正公幕府》,《庸盦笔记》,卷1,第12—13页。
④ 薛福成:《李傅相入曾文正公幕府》,《庸盦笔记》,卷1,第13页。

大义,不达事理,抑郁不平,遂不能作一事。"①从曾国藩手书日记原稿看,曾国藩在"而"与"又见"之间,圈掉"少荃"两字,他的原意可能要写"少荃不明大义,不达事理"。其实,曾氏对李鸿章的批评是切中要害的。曾国藩坚持己见,终于将李元度弹劾去职。李鸿章鉴于自己意见被拒和祁门奇险万状形势,便愤然辞幕,离开祁门,打算返回南昌哥哥家中。据说李鸿章途次曾走访胡林翼,说明辞幕原委。胡氏语重心长地劝道:"君必贵,然愿勿离涤生,君非涤生曷以进身?"李鸿章剖露心迹说:"吾始以公为豪杰之士,不待人而兴者,今乃知非也。"②李鸿章此时此地借故他往,使曾国藩极为恼怒,并得出了"此君难与共患难"③的结论。胡林翼写信劝说曾国藩:"李某终有以自见,不若引之前进,犹足以张吾军。"④曾国藩经过冷静思考,认为胡林翼的看法很有道理,便于1861年3、4月间写信给李鸿章,请他出任南昌城守事宜,以抗拒南路西征太平军。李鸿章也未割断与曾国藩的联系,直接写信劝说或请胡林翼代劝曾国藩从祁门"及早移军","先清江西内地"。胡林翼支持李鸿章的主张,特地写信给曾国藩说:李鸿章之议"颇识时务",左宗棠移驻九江之策"亦握形势","然丈未必采纳。能于湖口、东流驻使节,联络南北两岸之兵气,乃合使节之体裁,且功效必大。"他甚至委婉地批评曾国藩因小失大,不顾战略全局。他写道:"使节兼三江非专为宣歙而设也。……握大符当大任以力肩大局为义,二三邑之得失不足较也。"⑤曾国荃也驰书相劝,说"株守偏陬无益,宜出大江规全局"。曾氏喟然从之,移节东流⑥。

　　李鸿章滞留南昌期间,曾给丁未同年沈葆桢(字幼丹)去信询问福建情况,有意去闽任道员之缺。沈葆桢回信劝阻:"闽事糜烂,君至徒自枉才耳!"另一位丁未同年郭嵩焘(字筠仙)也致函李鸿章,"力言此时崛起草茅,必有因依,试念今日之天下,舍曾公谁可因依者,即有拂意,终须赖以立功名,仍劝令

①　《曾文正公手书日记》,咸丰十年九月十二日。
②　刘体智:《异辞录》,卷1,第20页。
③　欧阳兆熊:《水窗春呓》,第2页。
④　刘体智:《异辞录》,卷1,第21页。
⑤　胡林翼:《复曾使相》,《胡文忠公遗集》,卷81,抚鄂书牍,第10页。
⑥　王定安:《湘军记》,卷6,规复安徽篇,第19页。

投曾公。"李鸿章"读之怦然有动于心"①。1861 年 6 月 25 日曾国藩乘机写信给李鸿章,情词恳切地请他回营相助:

> 阁下久不来营,颇不可解。以公事论,业与淮扬水师各营官有堂属之名,岂能无故弃去,起灭不测。以私情论,去年出幕时并无不来之约。今春祁门危险,疑君有曾子避越之情。夏间东流稍安,又疑有穆生去楚之意。鄙人遍身热毒,内外交病,诸事废阁,不奏事者五十日矣。如无醴酒之嫌,则请台旆速来相助为理。②

曾国藩敦促李鸿章出山,意在为自己罗致建功立业的助手。李鸿章环顾左右,也确信当今可资"因依"而"赖以立功名"者只有曾国藩,因此捐弃前嫌,于 7 月 13 日赶至东流,重新投身曾幕。曾国藩"特加青睐,于政治军务悉心训诰,曲尽其熏陶之能事。"③

编 练 淮 军

古人云:"时势造英雄"。重返曾幕的李鸿章虽然算不上什么英雄,但是急剧变化的时势却为他实现梦寐以求的掌握军权、独树一帜的野心提供了良机。

1861 年 9 月湘军攻陷安庆,太平军安庆保卫战的失败,是西征军统帅们对既定的"合取湖北"、以救安庆方略执行不力的结果,既使安徽根据地彻底动摇,又使天京处于湘军威胁之下。曾国藩高兴地说:"今安庆克复,长发始衰,大局似有转机","国家中兴,庶有冀乎?"因攻陷安庆之功,曾国藩被赏加太子少保,曾国荃著加布政使衔,以按察使记名,并赏穿黄马褂。

就在湘军攻陷安庆前后,清廷政局发生剧烈变动。8 月咸丰帝奕詝病逝,

---

① 郭嵩焘:《玉池老人自叙》,第 6—7 页。
② 曾国藩:《复李少荃》,《曾文正公书札》,卷 15,第 39 页。
③ 刘体智:《异辞录》,卷 1,第 21 页。

其子年方 6 岁的载淳即位,以载垣、肃顺等八人为赞襄政务王大臣。11 月载淳生母慈禧太后①勾结恭亲王奕诉②发动宫廷政变,杀害和罢黜赞襄政务王大臣,夺取清朝最高统治权。慈禧为载淳举行登极大典,改明年为同治元年,任命恭亲王奕诉为议政王,主持军机处和总理各国事务衙门(又称总署、译署)。12 月慈禧和慈安太后在养心殿垂帘听政。因这一年为旧历辛酉年,故称此次政变为辛酉政变。慈禧、奕诉为了镇压太平天国,维护清朝统治,进一步依靠汉族地主势力,任命曾国藩统辖江浙皖赣四省军务,并节制自巡抚、提督以下各员。

曾国藩对辛酉政变的态度,是从"忧皇"始而以欣慰终。12 月 15 日曾国藩在日记中写道:"骇悉赞襄政务怡亲王(载垣)等俱已正法,不知是何日事,不知犯何罪戾,罹此大戮也。少荃来道,京城政本之地,不知近有他变否,为之悚仄忧皇!"③及至弄清政变真相和看到慈禧进一步重用自己以后,曾国藩开始称赞慈禧及其发动的政变。12 月 25 日他在家书中说:"京师十月以来,新政大有更张。皇太后垂帘听政,……恭王议政居首,桂、周、宝、曹入军机,中外悚肃。余自(旧历十一月)十五至二十二日连接廷寄谕旨十四件,倚畀太重,权位太尊,虚望太隆,可悚可畏。"④

就在上游军情出现转机、曾国藩权势日益烜赫的时候,下游战局急剧逆转。太平军在"合取湖北"、保卫安庆的战斗失败以后,采取西线防御、东线进攻的方略,击溃东线清军,连克浙东、浙西大部地区,直捣杭州,威逼上海,力图把苏浙变成支撑太平天国的战略基地。上海地处东南前哨,是全国最大的商业城市和中外反动势力蚁聚的巢穴。上海官绅面对太平军的凌厉攻势,惶惶不可终日,一面倡议向英法等国"借师助剿",建立中外会防局,加强华尔常胜军;一面派代表到安庆向曾国藩乞师求援。首倡乞师之议的是湖北盐法道顾文彬。他从湖北途经安庆到达上海,会同冯桂芬、潘曾玮说服苏州知府吴

---

① 慈禧太后(1835—1908),又称西太后、那拉太后。满洲镶黄旗人,叶赫那拉氏。安徽徽宁池广太道惠澂之女。1852 年被选入宫,封兰贵人。1856 年生载淳,封懿妃,次年晋懿贵妃。1861 年咸丰帝死去,载淳即位,被尊为圣母皇太后,徽号慈禧。

② 奕诉(1832—1898),爱新觉罗氏,道光帝第六子,咸丰帝异母弟。1851 年封为恭亲王。

③ 《曾文正公手书日记》,咸丰十一年十一月十四日。

④ 曾国藩:《致澄弟沅弟》,《曾国藩全集》,家书一,第 800 页。

云,并请吴云出面与苏松太道吴煦商议。吴煦表示:"此今日第一策也。派员唯命,具资唯命。"吴煦随即转商江苏巡抚薛焕。薛焕起初担心湘军来沪威胁自身兵权、饷权乃至巡抚桂冠,拒其所请;后因太平军频频进攻,"各界防兵溃者接踵",无计可施,只得允准。一筹莫展的上海团练大臣庞锺璐也深表赞同。当时商定由庞、顾等6人出名,冯桂芬起草公启,请户部主事钱鼎铭专程前往;薛焕委派候补知县厉学潮、候选训导张瑛代表官方持专函偕行。钱、厉等效法春秋时被吴国攻破的楚国贵族申包胥到秦庭痛哭求救故事,于11月18日乘外轮到达安庆,晋见曾国藩,呈递沪绅公启私函,并"缕述上海将怯卒惰、旦夕不可恃状",声泪俱下,叩头乞师。曾国藩既顾虑上海"地僻远,即有急,声援不相达",又深感手下"无兵可分",因而未敢贸然应允。钱鼎铭探知李鸿章是曾国藩亲信幕僚,便登门拜访,并诱之以利曰:"沪滨商货骈集,税厘充羡,饷源之富,虽数千里腴壤财赋所入不足当之,若弃之资贼可惋也。"[1]李鸿章为之所动,帮助钱鼎铭等劝说曾国藩。11月21日曾国藩在日记中写道:"少荃商救援江苏之法,因钱若甫鼎铭来此请兵,情词深痛,不得不思有以应之也。"[2]当然,曾、李之所以决定出兵"救援江苏",并非由于钱氏"情词深痛",而是基于政治、军事、经济等实际利益的考虑。当时湘军正在西线顺江东下,威逼太平天国首都天京,分兵援沪,"由下捣上"[3],就可以造成东西两线互相配合分进合击之势,迫使太平军陷于两面作战的困境。"上海为苏杭及外国财货所聚,每月可得厘捐六十万金,实为天下膏腴"[4]。分兵援沪,既能控制饷源重地上海,保证每月可得白银10万两济军;又能谋取避处海隅、无所作为的薛焕的江苏巡抚桂冠。因此,曾国藩对领兵援沪的人选问题,做了周密安排,起初决定派其弟国荃前往,继而改为以国荃为主帅,辅之以李鸿章、黄翼升。12月25日曾国藩致函返乡募勇的曾国荃,务望乃弟"迅速招勇来皖,替出现防之兵,带赴江苏下游,与少荃、昌岐同去。"不料,12月31日曾国藩接到乃弟拒绝援沪的回信,乃弟表面上说"恐归他人调遣,不能尽合机宜,从违两难",而内心的真实动机却是图谋主攻天京,争夺镇压太平天国首功,并染指

---

① 薛福成:《书合肥伯相李公用沪平吴》,《庸盦文续编》,卷下,第17页。

② 《曾文正公手书日记》,咸丰十一年十月十九日。

③ 《钱农部请师本末》,《太平天国史料专辑》,第96页。

④ 曾国藩:《致澄弟沅弟》,《曾国藩全集》,家书一,第797页。

天京的财富。曾国藩无奈,不得不派李鸿章先行。据说李鸿章"欣然以肃清自任。曾笑曰:'少荃去,我高枕无忧矣。唯此间少一臂助,奈何?'李坚请赴申。"①1862年1月曾国藩致函庞锺璐说:"已函催舍弟,募练成军,迅速东来。倘风波羁滞,至皖稍迟,即令李少荃廉访先挈万人前往。"②不久李鸿章也致函吴煦说:"东下之师早有成约,宫保迭催沅甫方伯添募来营,如沿途风水阻滞未能速到,命弟率水陆万人克期前进。"③由此可见,曾国藩仍然把曾国荃视为援沪主帅,李鸿章只不过是先行官而已。但因乃弟坚持己见,屡催不归,只好默任先行官升任主帅了④。这种变化,为李鸿章创立淮军从而掌握兵权、控制饷源重地上海、登上江苏巡抚宝座开辟了道路。梦寐追逐"驷马高车"的李鸿章自然喜出望外,以为飞黄腾达指日可待。不过,李鸿章一面踌躇满志,一面忧心忡忡。他既深知"此行险阻艰危当备尝之","成否利钝"实难预料⑤;又害怕遭致同僚、尤其是曾国荃的忌恨。他特地致函曾国荃,故作姿态:

> 东吴请兵之使数至,师门始以麾下得胜之师允之。嗣因内举避亲,复以不才应诏。鸿章庸陋,岂知军国大计,近年跧伏幕中,徒党星散,立时募练其何能军?幸叠次寄谕,催令吾丈同赴下游。当代贤豪投契之深,无如麾下,师资得借,懦夫气增。乃窃闻侍坐之言,似我公无意东行。鸿章欲固请之,未知有当于高深否耶?⑥

李鸿章招募淮勇,乃系秉承曾国藩意旨。曾国藩意在"创立淮勇新军","以济湘军之穷"⑦。当时主要是打算解决战线延长和湘军兵力不足的矛盾。早在1860年8月曾国藩在《复奏统筹全局折》中,就提出了编练淮勇问题。因为咸丰命都兴阿督办扬州军务,令湖北派拨精兵即刻驰往。曾国藩认为

---

① 《李文忠轶事》,《清代名人轶事》,第104页。
② 王萃元:《星周纪事》,卷下,第8页。
③ 《吴煦档案中的太平天国史料选辑》,第106页。
④ 参阅王尔敏:《淮军志》,第60—61页。
⑤ 李鸿章:《复姚石樵孙雪筠》,《李文忠公全书》,朋僚函稿,卷1,第4页。
⑥ 李鸿章:《复曾沅甫方伯》,《李文忠公全书》,朋僚函稿,卷1,第3页。
⑦ 曾国藩:《复李宫保》,《曾文正公书札》,卷24,第13页。

"事多窒碍",难以如愿,不如"用楚军之营制,练淮徐之勇丁",切实可行①。这可以说是筹议淮军的先声。1861年12月曾国藩基于同样的考虑,让李鸿章招募淮勇,组建援沪之师②。

李鸿章受命之后,考虑到"徒党星散"、"立时募练"困难重重,而庐州一带旧有团练较为强悍,自己对当地人情也较为熟悉,所以决定罗致并改编庐州一带旧有团练,组建淮军。他并没有返归故里,而是坐镇安庆,通过派人或通信等办法,征召庐州一带旧有团练。12月12日他写信给自己的学生、当地的团首潘鼎新说:

> 帅(曾国藩)意将令阁下照湘军营制募练五百人,其口粮与张山樵(张遇春)之淮勇一律。所虑楚军不用长杆火枪,专用抬炮小枪,轻重大小,毫不参差,步伍连环,须有约束,阁下所部,未必即能降心相从耳。如愿习此间队伍纪律及扎营之神速,请赐回示,再行专札调赴皖省,勤加训练。楚军招募,准领枪炮、器械、帐棚,起程时支小口粮,勇夫每日给钱百文,到营点名后给大口粮。前寄上营制刊本,可覆按照请也。……余属振轩(张树声)详致不一。③

张树声时在安庆,他前往安庆可能与筹议淮军有关。据说,在合肥诸多团练中,张氏之团声势独隆,隐为盟主。一日张树声召集各圩团首密议说:

> 吾皖中诸豪,振臂一呼,举足诚足重轻;但是时曾湘乡开府治军,天下属望,少荃先生佐幕持筹,足为吾辈先容,盍驰书致意,如觇出处乎?④

大家表示赞成,于是张树声致书李鸿章,表达投效之意。曾国藩看到这封信,甚为惊叹,公然把张树声比喻为渡江北伐匈奴的东晋名将祖逖,说"独立江

---

① 《曾文正公全集》,奏稿,卷2,第350页。
② 光绪《续修庐州府志》,卷22,兵事志二,第24—25页。
③ 《李鸿章致潘鼎新书札》,第1页。
④ 转引自罗刚编撰:《刘公铭传年谱初稿》,上册,第18—19页。

北,今祖生也。"①曾、李决定"创立淮勇新军"后,李鸿章特邀张树声前来面商一切,并请他转交致潘鼎新手书。张树声不仅自己募勇相从,而且还左提右挈,动员刘铭传等"各建旗鼓"②。由于曾、李决定招募淮勇和庐州旧有团练上书请缨,双方一拍即合,因而仅仅两月之间,李鸿章就成军数营。1862 年 2 月李鸿章所募淮勇陆续抵达安庆,其中有刘铭传的铭字营,张树声的树字营,潘鼎新的鼎字营,吴长庆的庆字营。铭、鼎两营出于庐州团练,曾随六安绅士李元华转战多年。树字营亦为庐州团练,原系李鸿章父亲旧部,其父死后改隶李元华。庆字营是由合肥西乡解先亮组织的,后为合肥知县英翰所收编,故称官团。英翰"主解圩,李(元华)与诸练首势不能容。英恃官威,李倚练众,日事抄掠。"③李鸿章招募淮勇,采取兼收并蓄方针。据说,曾国藩一见张、潘、刘等人,就非常赏识,吹捧说:"诸君均人杰也,今日之会,天其有意致中兴乎?已饬麾下列几筵,请与诸君聚饮,尽今日欢。"他们在席次"畅谈用兵方略,规复计划,沆瀣相合,有如宿契。"④除上述四营外,还有张遇春统带的春字营。张遇春原是李鸿章在皖北办理团练时的嫡系部将,后改隶湘军,从唐义训转战各地。李鸿章奉命招募淮勇,张遇春重归其节制。

李鸿章所募淮勇到安庆后,曾国藩"为定营伍之法。器械之用、薪粮之数,悉仿湘勇章程,亦用楚军营规以训练之。"⑤2 月 22 日李鸿章移驻安庆北门城外营内,曾国藩亲临祝贺。李鸿章深知淮勇实力单薄,难膺重任。他说:"敝部除张遇春一营外,均系新勇,战守难恃,远征异地,若无精兵宿将,立有覆败之虞"⑥。因此,他恳请曾国藩调拨数营湘勇,以加强战斗力。曾国藩既害怕淮勇不堪一击,又打算凭借湘军榜样"为皖人之倡"⑦,以陶铸淮勇风气,因而允其所请,陆续调拨湘勇八营,归其节制。其中有曾国藩亲兵两营,由韩正国统带,充任李鸿章亲兵;开字两营,借自曾国荃,由程学启统带,程系陈玉

---

①　吴汝纶:《张靖达公神道碑》,《桐城吴先生全书》,文集,卷 2,第 12 页。
②　张之洞:《积劳病故胪陈事绩折》,《张靖达公奏议》,卷首,第 3 页。
③　徐珂:《僧格林沁平苗沛霖》,《清稗类钞》,第 2 册,战事类,第 880 页。
④　曾啸宇:《谈刘铭传》,《国民周报》,第 12 卷,第 36 期。
⑤　黎庶昌:《曾国藩年谱》,卷 8,第 146 页。
⑥　李鸿章:《复曾沅甫方伯》,《李文忠公全书》,朋僚函稿,卷 1,第 3 页。
⑦　李鸿章:《复曾沅甫方伯》,《李文忠公全书》,朋僚函稿,卷 1,第 3 页。

成部太平军叛徒,其部下多籍隶两淮;林字两营,由滕嗣林、滕嗣武统带,乃系江苏巡抚薛焕使之在湖南招募而来,原为4千人,经曾国藩裁汰至千人,编入淮军;熊字营由陈飞熊统带,垣字营由马先槐统带,均系奉曾氏之命在湖南所招,原备湘军部将陈士杰率领,随同鸿章援沪,因陈氏不愿前往,遂拨归淮军。所有这些,就是淮军初创时期的基干队伍,共计13营,6千5百人。3月4日李鸿章陪同曾国藩检阅铭、鼎、树、庆和程学启、滕嗣林等营,标志着淮军正式建成。

李鸿章组建淮军,虽然由于得到曾国藩的支持而较为顺利,但也并非没有遇到困难。其一曰军心不稳。据李鸿章幕僚周馥说:"时人多以江北巢县下抵浦口,数百里皆粤贼,重重守御,南京尚未收复,虑事不济,先许戎者,临时多辞退。"①其二曰缺乏统将。李鸿章供认:"各营官尚有可用之材,但无统将。楚中诸老虽相爱之甚,竟难以偏裨畀我。沅甫方伯终不欲东,俊臣(陈士杰)廉访以母老辞。独立无助,能不愧惧。"②其三曰粮饷不继。李鸿章致函吴煦说:"朝旨叠催起程,唯恐不速。弟亦急欲就道,无如水陆各军丝毫无可指之饷,行装难措,举步维艰。如蒙尊处分惠十余万金,发给弁勇一两月行粮,庶可早抵下游,共维全局。"③他在写给李桓的信中表白自己"不得不专盼上海解济"的苦衷,然而"彼间屡逼寇警,商货顿滞,当事又摇摇欲动,辄无意迎馈我师,帅已两次具奏鸿章二月杪成行,其迟延之咎,固难独任矣。"④

湘淮"本系一家,淮由湘出,尤有水源木本之谊。"⑤因而湘军和淮军有着基本的一致性。其一曰"营制饷糈皆同"⑥。湘淮军改革绿营之制,略仿明代戚继光"束伍"成法,分营立哨。湘淮军均以营为单位,设营官1员,每营分前后左右四哨,每哨设哨官、哨长各1员,每哨正勇分为8队,1、5两队为抬枪队,2、4、6、8各队为刀矛队,3、7两队为小枪队。刀矛小枪每队正勇10名,抬枪每队正勇12名。每队又置什长、伙勇各1名。每一哨官有护勇5名,伙勇1

<hr>

① 《周悫慎公自订年谱》,卷上,第7页。
② 李鸿章:《复李黼堂方伯》,《李文忠公全书》,朋僚函稿,卷1,第9页。
③ 李鸿章:《复吴晓帆方伯》,《李文忠公全书》,朋僚函稿,卷1,第7页。
④ 李鸿章:《复李黼堂护抚》,《李文忠公全书》,朋僚函稿,卷1,第5页。
⑤ 柴萼:《梵天庐丛录》,卷4,第32页。
⑥ 王定安:《湘军记》,谋苏篇,卷10,第138页。

名。合计每哨官兵共有 108 名,四哨官兵共有 432 名。此外营官还有亲兵 6
队,不置哨官、哨长,其中 1、3 两队为劈山炮队,2、4、6 各队为刀矛队,5 队为小
枪队。各队均置什长 1 名,亲兵 10 名,伙勇 1 名,合计 6 队共有 72 名。连亲
兵与 4 哨合计,每一营官统带 504 名。综合一营武力,包括劈山炮 2 队,抬枪 8
队,小枪 9 队,刀矛 19 队,共有 38 队。每营除正勇外,还额设长夫 180 名,使
之分执粗重之役,俾正勇出征则无误战事,平居则致力操防,是谓长夫之制。
此外,淮军还因袭了湘军的薪粮、恤赏、濠垒、营务处、粮台等制度①。其二曰
兵为将有。湘淮军"以召募易行伍",以将帅自招的募兵制代替了兵权归于兵
部的世兵制,从而改变了兵与将、军队与国家的关系。湘淮军以各级将领为中
心,先设官,然后由官召兵。后来,李鸿章对李宗羲说:"涤帅与弟,治军十余
年,皆先选将,而后募营,其营哨须由统将自择,呼应较灵。"②之所以"呼应较
灵",就是因为这种制度使统领、营官、哨官成了大帅的私属,而弁勇也成了营
官、哨官的私兵,"一营之中指臂相联,弁勇视营、哨,营、哨官视统领,统领视
大帅"③,全军只服从曾国藩或李鸿章,完全成了"曾家军"或"李家军"。其他
省区的将帅固然指挥不了,就是清朝中央也休想直接调遣。

当然,淮军从建立之初,就有某些区别于湘军的特质。其一曰兵将冗杂。
湘军的组建原则是"选士人,领山农"。湘军将领主要是一些名利熏心而政治
地位不高的地主阶级知识分子,其中有科名的多达 30 人。曾国藩吹嘘湘军将
领说:"矫矫学徒,相从征讨,朝出鏖兵,暮归讲道。"淮军则有所不同。李鸿章
虽然身为翰林,但却鄙薄那些以科名相标榜的人。他重视的不是门第身世,而
是才能韬略;加之急于成军,饥不择食,广收杂揽,因而在 13 营淮军的 11 位统
领中,只有举人、廪生各 1 人,其余多为地主团首、降将、盐枭、防军等。这表明
淮军将领的知识结构,比之湘军将领要差得多。至于淮勇,也不像湘勇那样主
要是在湖南招募的闭塞无知的"农夫牧竖",而多是团勇、降众。其二曰志在
利禄。曾国藩是一位理学家,特别注意对湘军灌输封建的忠君思想和进行军
事训练。拿他的话说,他的治军要领是"概求吾党质直而晓军事之君子将之,
以忠义之气为主而辅之以训练之勤,相激相劘,以庶几于所谓诸将一心,万众

① 参阅王尔敏:《淮军志》,第 73—87 页。
② 《李文忠公全书》,朋僚函稿,卷 14,第 22 页。
③ 王定安:《湘军记》,卷 20,水陆营制篇,第 337 页。

一气者,或可驰驱中原,渐望澄清。"①李鸿章一面继承了曾国藩的衣钵,"辨等明威";一面以利为义,用功名利禄、子女玉帛诱使将弁为清朝反动统治流血卖命。他认为"天下熙熙攘攘,皆为利耳,我无利于人,谁肯助我。董子正其谊不谋其利语,立论太高。"②因而淮军"自始至终,俱在贪图利禄,以骚扰民间为能事。"

淮军既已组成,进军方式就成了突出的难题。安庆、上海两地不仅相距遥远,而且间隔太平天国控制区,要突破太平军防线,千里跃进上海,其艰险程度是可想而知的。曾国藩原拟水、陆两种方案。1862 年 2 月 24 日曾国藩致函吴煦说:"若尊处能办火轮夹板等船前来迎接,则水路行走较速;若无船来接,则须由陆路穿过贼中,循和州、天(长)、六(合)而达于扬、镇。"③上海吴煦、顾文彬和中外会防局的吴云、应宝时等力主雇赁外国轮船接运淮军,并与英国驻沪领事和有关洋行筹商,最后议定由麦李洋行承运,拟运兵 9 千,骡马军械携同入船,总计运费 18 万两。薛焕以费巨为由,拒绝批准。吴煦也随之动摇,"犹豫未决"。然而顾文彬却坚持定见,通过吴煦游说薛焕。吴煦专程拜访薛焕,转达顾文彬的意见。薛焕问:"资将安出?"吴煦说:"顾某任之。"薛焕非常生气,瞪着眼睛质问道:"顾某有此力耶?"吴煦答道:"贷之洋商得之矣。"薛焕听后,沉默良久,点头应允④。

李鸿章虽然极愿乘船东下,但却因军中有人怀疑"乘夷船越贼境"是否安全,"异论蜂起",加之久久未闻上海官绅"借用何船,解济何数",遂与曾国藩商定"率陆师循北岸逶迤前进"。不料,3 月 28 日钱鼎铭、潘馥自上海乘坐轮船赶到安庆,告以雇妥英轮,拟分 3 班,每班 7 艘,潜载淮军直趋上海。曾国藩起初举棋不定,因原订"由巢县、和含陆路东下,今若遽改为舟行,则大拂兵勇之心;若不由舟行,则大拂江苏绅民之心,踌躇久之,不能自决。"⑤第二天与李鸿章反复筹议,才"决计由水路东下,径赴上海。"⑥曾国藩致函薛焕解释改陆

---

① 曾国藩:《与王璞山》,《曾文正公书札》,卷 2,第 28 页。

② 周馥:《负暄闲语》,卷 1,第 42 页。

③ 《吴煦档案中的太平天国史料选辑》,第 79 页。

④ 冯桂芬:《皖水迎师记》,《太平天国史料丛编简辑》,第 2 册,第 226—227 页。

⑤ 《曾文正公手书日记》,同治元年二月二十八日。

⑥ 《曾文正公手书日记》,同治元年二月二十九日。

为舟的理由说："欲不如所请,则十八万巨款竟付虚掷,而苏绅拳拳属望,亦觉难拂舆情,成事不说,只得因势利导。"①

4月5日首批淮军韩正国、周良才的亲兵营和程学启的开字营各乘一船,鼓轮东下。第二天,李鸿章登舟起行,4月8日抵达上海。此后淮军分批陆续乘船东下,至6月上旬13营淮军全部抵沪。淮军东下,穿越太平天国腹地,太平军并非无力截断江路,炮轰轮船,只因轮船悬挂英国国旗,太平军不愿同英国开战,幻想继续争取其中立,才使淮军顺利通过。不过淮军在乘船途经南京附近时,还是胆战心惊的。李鸿章幕僚周馥供认:"当轮船过金陵时,南岸下关北岸九洑洲,各贼凭垒观望。余与军士六百人,同匿舱中,不敢露面。"钱鼎铭、程学启乘坐的轮船在采石矶搁浅,"南岸金陵北岸和州皆贼巢,楼橹相望",吓得钱、程二人"相顾无色,而暗潮忽长,遇险成夷。"②

李鸿章是在曾国藩训导、提携下发迹的,但曾国藩对李鸿章能否胜任援沪重托仍然心存疑虑,既担心李鸿章因缺乏阅历而摆不正"练兵学战"与"吏治洋务"的位置,又害怕李鸿章因思想个性而莽撞胡为。因此,在李鸿章离开安庆之前,曾国藩"临别赠言,谆谆以练兵学战为性命根本,吏治洋务皆置后图。"③他知道在封建的中国"有军则有权"的道理,告诫李鸿章要把军事放在首位,在他看来,只有练就精兵,学会作战,才能站稳脚跟,飞黄腾达,否则将一事无成,甚至有丧失生命的危险。他还看出李鸿章心高气盛、急躁、傲慢、任性,这些致命弱点如不改正,后患无穷。因而曾国藩"以深沉二字"相劝,其他好友也纷纷提出忠告。李续宜"以从容二字"规之,沈葆桢、李桓"又以勿急相戒"。李鸿章深受教益,在给李桓的复信中表示:"手谕诲爱谆切,感佩无量。鸿章素性激直,从事师友贤豪间,皆深知其戆而曲谅之。自兹以往,不欲蹈习官样,又未便率性而行。"对于师友们的劝诫,"当奉为枕中秘"④。

---

① 汪世荣:《曾国藩未刊信稿》,第35页。
② 《钱农部请师本来》,《太平天国史料专辑》,第96页。
③ 李鸿章:《复吴仲仙漕帅》,《李文忠公全书》,朋僚函稿,卷1,第18页。
④ 李鸿章:《复李黼堂方伯》,《李文忠公全书》,朋僚函稿,卷1,第9页。

就 任 苏 抚

李鸿章抵沪 17 天,即 4 月 25 日就奉命署理江苏巡抚,仅仅过了 7 个月,又由署理而实授江苏巡抚。"从此隆隆直上",几与恩师曾国藩"双峰对峙"。李鸿章所以能够从一个遗缺道而骤膺封疆重寄,主要是由于他手握重兵和曾国藩举荐的缘故。清廷既欲借重李鸿章的淮军绞杀苏南太平军,又要依靠曾国藩集团保全东南大局。早在 1861 年 12 月 26 日曾国藩就在《查复江浙抚臣及金安清参款折》中,指责江苏巡抚薛焕"偷安一隅,物论滋繁","不能胜此重任"①,并附片奏保李鸿章"劲气内敛,才大心细,若蒙圣恩将该员擢署江苏巡抚,臣再拨给陆军,便可驰赴下游,保卫一方。"②清廷自然懂得曾氏用意,而李鸿章也十分清楚个中奥秘,于是致书曾国藩说:

> 十月二十五日(1862 年 12 月 16 日)……戌刻接奉廷寄,十二日(12 月 3 日)奉旨补授苏抚,恩纶奖勖,非分宠荣。自顾何人,愧悚无地。此皆由我中堂夫子积年训植,随事裁成,俾治军临政,修己治人,得以稍有涂辙,不速颠覆,……实不知所以为报,伏乞远赐箴砭,免丛愆咎。③

当时清廷任命薛焕为通商大臣,专办交涉事宜。但只过两月,清廷就调薛焕赴京简候,而令李鸿章署理通商大臣。这样,李鸿章就成为手握重兵、身兼巡抚和通商大臣要职的江苏实权人物。

当时年仅 40、肩负重任的李鸿章,面临着严峻局势,正如他自己所说的那样,"岛人疑谤,属吏蒙混,逆众扑窜,内忧外侮,相逼而来"④。他深知歼灭太平军、保住上海进而夺取苏常,是转危为安的关键所在,而要做到这一点,就必须妥善解决"察吏、整军、筹饷、辑夷各事"。他标榜以"不要钱,不怕死"六字

---

① 《曾文正公全集》,奏稿,卷 2,第 43 页。
② 《清史列传》,卷 45,第 18 页。
③ 李鸿章:《上曾相》,《李文忠公全书》,朋僚函稿,卷 2,第 37 页。
④ 李鸿章:《复李黼堂方伯》,《李文忠公全书》,朋僚函稿,卷 1,第 59 页。

"刻刻自讼",卧薪尝胆,不敢苟慕荣利,少聆逸乐,决心冲破"险阻艰危",闯出一个新局面,以"仰酬君国,远对友朋"①。因此,他"日处营中,自朝至夜,手不停披,口不息办,心不辍息。"几乎无暇与四方友朋交游和书信来往,只同曾国藩保持通讯联系。他使出浑身解数,力图尽快扼杀农民起义。

同全国一样,江苏"吏治浮伪,民生凋瘵,劫运甚重",李鸿章"夙夜兢兢,唯惧颠复。"②他认为曾任江苏按察使、布政使而后升任巡抚的王有龄(字雪轩)是造成江苏吏治败坏的祸首。他说:

> 吴中官场素习浮靡,自王雪轩当事,专用便捷、圆滑、贪利、无耻一流,祸延两省,靦然不知纲常廉节为何物,其宗派至今不绝。③

当时吴煦身为苏松太道④管理海关,并署理江苏布政使。他出身"钱谷猾幕",而其"用人则是王雪轩宗派,沪吏十有七八系浙人勾结把持,直是无从下手。"⑤杨坊"以通事奸商起家",时任苏松粮储道,综理"夷务"。吴、杨沆瀣一气,"挟夷自重",控制上海的人事、财政和外交大权。他们手下有一帮搜括能手,金鸿保、俞斌、闵钊就是三个典型人物。1861年秋在上海道署门前有人画一大龟,以俞斌为首,金鸿保为背,闵钊为心腹。1862年李鸿章也指出:"沪中十年来发公家财,唯吴、杨、俞三人,远近皆知。"⑥他虽然有意"澄清""吏治",但又深感力不从心,无法"另起炉灶",只得采取所谓"节取而惩劝之"法。他上奏说:"苏省吏治凋敝,监司大员必须有文武干济之才、廉正敦恳之品为之表率,庶可渐挽颓风。"⑦他的真实意图是想把那些盘踞要津、控制实权的"贪诈朋比"之辈撤下去,换上所谓"亲近仁贤,匡所不逮",以便把人事、财政和外

---

① 李鸿章:《复孙省斋观察》,《李文忠公全书》,朋僚函稿,卷2,第35页。
② 李鸿章:《致王子怀工侍》,《李文忠公全书》,朋僚函稿,卷2,第28页。
③ 李鸿章:《复吴仲仙漕帅》,《李文忠公全书》,朋僚函稿,卷1,第18页。
④ "苏松太道者,辖苏州、松江、太仓二府一州者也。然于三属公事画诺而已,实专驻松江所属之上海县,而为东西各邦交涉之枢纽。故世俗相呼,辄曰上海道。上海道得人则天下治,不得人则天下不治。"(俞樾:《春在堂杂文六编补遗》,卷3,第14—15页)
⑤ 李鸿章:《上曾相》,《李文忠公全书》,朋僚函稿,卷1,第10—11页。
⑥ 李鸿章:《上曾相》,《李文忠公全书》,朋僚函稿,卷1,第39页。
⑦ 李鸿章:《奏保郭嵩焘片》,《李文忠公全书》,奏稿,卷1,第7页。

交大权抓到自己的手中。因此，吴煦、杨坊之流就成了李鸿章打击的首要目标。早在李鸿章离皖赴沪之时，曾国藩就曾叮嘱说："不去煦，政权不一，沪事未可理也。"①李鸿章抵沪后，便向吴煦及其同党开刀。他首先"疏劾道府数人，去煦羽翼"；接着采取关厘分途、以厘济饷的政策，与吴煦"明定章程"，海关仍由吴氏经理，另派薛书常管理厘捐总局。1862 年 11 月又免去吴的苏松太道（即关道）一职，委派黄芳接替。早在当年 4 月，李鸿章就曾致函曾国藩说："至吏事则无人能帮，吴道屡商请准卸一篆，而求卸海关之意尤切，避富名也。鸿章窃思苏布政专管南岸州县，仅存三数县耳，鸿章尚可提调钤制之。唯关道与洋人交涉，吴挟以自固。莫如因其所请，另简贤员识大体者署授，久习洋情与饷数精微，则吴亦不得深持其柄。"李鸿章原拟奏调郭嵩焘（字筠仙）接替关道一职，在他看来，"当世所识英豪于洋务相近而知政体者，以筠仙为最。"②但郭氏却"不愿海道"，而曾国藩则力荐黄芳任之。黄芳（号鹤汀）是长沙人，当过上海县令，"熟谙夷情，才能肆应，善于筹饷"③。李鸿章在奏准黄芳署理关道的同时，荐举刘郇膏兼理布政使。刘郇膏（字松嵒）是河南太康人，道光进士，以知县分发江苏，初到任时，即对神发誓不苟取一文，绅民呼为"刘青天"。李鸿章抵沪后，鉴于郇膏"诚恳廉正"，并为丁未同年，便从知府相继荐举为署理按察使、布政使。李鸿章对曾国藩说："刘、黄才虽较短而无丝毫欺蒙，沪中吏治渐有返朴还醇之象。"④

李鸿章对杨坊也深恶痛绝，必欲罢之而后快。杨坊效法吴煦玩弄以退为进的伎俩，于 1862 年 5 月"禀请开苏粮道"。李鸿章将计就计，"照例出奏"，并附片密荐郭嵩焘，赞扬他"学识闳通，志行坚卓"，建议擢授江苏司道实缺。他致函曾国藩说："鸿章亟须帮手，冒昧将筠仙附荐，臬司粮道两缺或得其一。敬恳我师切致筠公速来"⑤。李鸿章所以特别推崇郭嵩焘，除了他俩是丁未科同年、政治见解相似外，还由于郭嵩焘能够起到密切曾、李关系的作用。曾国藩与郭嵩焘既是亲密朋友，又是儿女姻亲，曾国藩四女纪纯许配给郭的长子刚

① 薛福成：《书合肥伯相李公用沪平吴》，《庸盦文续编》，卷下，第 18 页。
② 李鸿章：《上曾相》，《李文忠公全书》，朋僚函稿，卷 1，第 11 页。
③ 曾国荃：《与李少泉》，《曾忠襄公书札》，卷 3，第 21 页。
④ 李鸿章：《上曾相》，《李文忠公全书》，朋僚函稿，卷 2，第 36 页。
⑤ 李鸿章：《上曾相》，《李文忠公全书》，朋僚函稿，卷 1，第 25 页。

基。郭嵩焘起初不愿屈就丁未同年的司道属员,后经李鸿章的恳切请求、曾国藩兄弟的再三劝驾,才赴沪接任苏松粮道。按清制,郭嵩焘不能在儿女姻亲曾国藩两江总督辖区任职,例应回避。1862 年 11 月李鸿章以江苏军务正殷、需才孔亟为由,奏准郭嵩焘毋庸回避,即以苏松粮道襄办军务。随后又函告曾国藩:"筠仙到沪后,众望交孚,其才识远过凡庸,运、藩二篆均可见委,唯至亲避嫌,鸿章以襄办营务入告,似尚大方。拟仍令兼管捐厘总局,以资历练。"不到半年,李鸿章就函请曾国藩奏保郭嵩焘为两淮盐运使,还拟荐举他兼任江苏按察使。这样,李鸿章就逐渐以郭嵩焘、刘郇膏和黄芳取代了吴煦、杨坊,并于 1863 年 1 月以常胜军统领白齐文劫饷殴官而吴、杨办理不善的罪名,奏准将吴、杨暂行革职,赶下政治舞台。

李鸿章自从创办淮军和就任江苏巡抚以后,就效法曾国藩开设幕府,延揽人才,救时匡国①。他既是幕府制度的产儿,又是幕府制度的熟练运用者,他个人的职位、财富和品性,成为他的幕府赖以存在的三大支柱。李幕以统帅李鸿章为中心,肩负着军机、刑名、钱谷、文案等重任。幕府人物重要者多由奏调,或从属吏中特委兼办;次要者或函招,或札委,或自来投效,或辗转推荐,均以统帅为礼聘的主人;其工作俱受统帅分配督导,其地位既为私人宾席,又可随时因功奏保升陟,授以实缺;其薪给不尽为修金,大半由所属局所或军营供给,虽非官俸,亦非出自统帅的私囊。李幕虽然效法曾幕,但在幕宾的选择上却有明显区别。"满堂豪翰济时彦,得上龙门价不贱。"②这是李鸿章吹嘘曾幕人才荟萃的诗句。曾幕确实聚集了一大批虽然动机不同但却具有各种才干的人物,其中有精通数学、天文、机器制造的科学家,有谙习律令、会计的刑名、钱谷之士,有崇儒重道的道学先生,有深悉文案之道的文学侍从,有懂得军机韬略的参谋人员。但是,李鸿章用人却"取瑰异俶傥,其拘守文墨无短长者非意。"③他从实际需要出发,把能力置于道德之上,注重罗致经世致用、精明练达之士,而很少聘请道学先生和文学侍从。他对应聘入幕的人员,多能量才而用,发挥专长。比如,他延揽被誉为"操行贞笃,条理精密"的钱鼎铭、"精思卓识,讲求经济"的冯桂芬襄办营务;招致号称"学识轶伦,熟悉洋务"的凌焕、

---

① 参阅王尔敏:《淮军志》,第 311—336 页。
② 李鸿章:《酒体六章》,《李文忠公遗集》,卷 6,第 13 页。
③ 金天翮:《皖志列传稿》,卷 7,第 4 页。

"才识宏远,沈毅有为"的周馥办理文案。值得注意的是,李鸿章由于断定"洋军火及捐厘,尤为敝军命脉所系",因而在征收厘捐和购制洋军火两方面,网罗和动员的幕僚就比其他部门为多,其中著名人物有先后主持江苏牙厘总局和松沪厘局的薛书常、王大经、郭柏荫、陈庆长、王凯泰,主持后路粮台的陈鼐,主持军火购制的丁日昌、冯焌光等。李鸿章对这些幕宾格外器重,赞誉薛书常"廉愨明幹",王大经"操守廉介",郭柏荫"老成雅望",陈庆长"精核廉敏",王凯泰"开明精细",陈鼐"学养深邃",丁日昌"才猷卓特",冯焌光"才气开展"。从李鸿章的评语中,可以看出这些幕宾具有廉洁、精明和干练等特点。其中丁日昌、王凯泰、郭柏荫三人更富于典型性。他们与李鸿章志同道合,声气相求,既依靠李氏而爬上督抚宝座,又凭借个人才智为淮系发展作出重要贡献。丁日昌(字雨生)系贡生出身,作过江西县令和曾国藩幕僚。李鸿章赏识其才,早在援沪之初,就曾"求之幕府相助"而未果。1862 年丁日昌奉命至广东提督昆寿军营"协助筹划战守,督办火器"。但是李鸿章并未气馁,先向粤省咨调被拒,继而于 1863 年专折奏准来沪,经理军械火药购置与制造。从此丁日昌扶摇直上,1864 年升署苏松太道,后历擢两淮盐运使、江苏布政使、江苏巡抚,四年四迁,后曾任福建巡抚、船政大臣。王凯泰(字补帆)是江苏宝应人,道光三十年进士,1863 年经李鸿章奏准襄办营务处、江苏牙厘局,后升任福建巡抚。郭柏荫(字远堂)也是道光进士,1863 年李鸿章以僚属调用,先后署理江苏按察使和布政使,兼办厘务,继而升任湖北巡抚,并一度兼署湖广总督。

李鸿章依靠这个班底,确实基本上解决了购制军火和捐厘助饷问题。先拿捐厘助饷来说,李鸿章自从采取关厘分途、以厘济饷政策以后,就置"商怨沸腾"于不顾,"百计搜剔,无孔不入"。他虽然承认"各省厘捐之重,无如上海",但仍不断下令加征。及至督军挺进苏南以后,每侵占一地,"即酌添卡局,以济军饷",结果"分卡之密,近于烦苛"①。当时江楚各省厘金每年不过百数十万,而苏松 2 百余里内却岁收厘捐近 3 百万。常熟柯悟迟抨击道:"关卡重重,抽厘叠叠","实在有益于军饷者不少,竭膏血于小民者亦多。"②1867年曾国藩供认:"苏南厘金之弊,怨黩繁兴。""饷源所恃,仅在厘金,征敛百端,

---

① 李鸿章:《复薛世香观察》,《李文忠公全书》,朋僚函稿,卷4,第31页。
② 《漏网喁鱼集》,第97页。

民穷财尽,此大乱之道,已在眉睫。"但因苏省厘金皆为李鸿章"之所设施,投鼠忌器,不得不包荒示大"①,徒呼奈何。

李鸿章为了给"怨黩繁兴"的捐厘助饷辩解,公然说"与其病农,莫如病商,犹得古人重本抑末之义。"

当然,李鸿章着眼于"捐厘助饷",并非不想染指关税。江海关关税,循例应解户部。但从太平天国与清朝之间的战火漫延到长江下游以后,就改为"尽所收厘捐关税抵放军需"。及至李鸿章就任苏抚,江海关关税除了按照中英、中法北京条约的规定,扣还英、法两国赔款共计4成外,其余6成主要用于筹还代征的汉口、九江两关税款、支付镇江防军、常胜军、上海中外会防局用款和上海水陆各军购制洋枪火药费用。其中购制洋枪火药一项,淮军因系上海水陆中消费军火的首户,所以受益最大。根据李鸿章"恭呈御览"的清单,可以看出自同治元年四月起至同治三年六月底止(大致是从淮军抵沪到湘军攻陷天京这段时间),苏沪军需款项,入款总数为库平银9,480,207两,其中厘金收入6,439,000余两,占总收入的百分之五十六,为第一位,关税为第二位;支出列为常胜军报销项下的有江海关洋税、捕盗局经费和苏藩库,而列为以淮军为主体的苏沪驻军报销项下的则主要是苏沪厘金和军饷捐,当然常胜军也支用些厘金,苏沪驻军也并非丝毫不支用关税。据推算,"如在全部入款中,剔除常胜军等五项的入款,再在厘金收入总数中,剔除常胜军等所支用的厘金,则厘金所占苏沪诸军用款应为百分之六十四。"②

曾国藩荐举李鸿章率领淮军援沪的目的之一,是守上海以保饷源。李鸿章刚刚抵沪,曾国藩就提出:"上海所出之饷,先尽沪军,其次则解济镇江,又次乃及敝处。"③李鸿章起初采取临时协济方式,抵沪半年,就两次协济湘军9万两。但是曾国藩并不满足,要求"每月酌提四万,万不可减。"李鸿章于1863年春特地为湘军筹定专款,以上海所收九江茶捐指拨金陵大营,以加收上海厘金1成指拨安庆大营,两项合计大约每月3万两,另外加上原有的一些船捐。曾国藩预感到每月从上海酌提4万,"恐不免大有争论"。果然不出所料,李鸿章"意甚不平",在写给曾国荃的书信中"牢骚满纸,至有'东门黄犬,其可得

① 赵烈文:《能静居士日记》,《太平天国史料丛编简辑》,第3册,第412、413页。
② 王尔敏:《淮军志》,第268—269页。
③ 曾国藩:《复李少荃》,《曾文正公书札》,卷18,第16页。

乎'之语"①。李鸿章对曾国荃说:

> 外人谓鸿章为富室大户,若身当其境亦了然矣。自夏以来,因饷巨难断,昼夜焦躁,左耳聋鸣已一月余,非我公孰知鸿章心境者。情急出走,四路冲突,野性顿发。夜梦浮槎巢湖,樵渔之乐,东门黄犬,其可得乎!②

所谓"东门黄犬,岂可得乎!"源自秦丞相李斯因赵高诬以谋反而腰斩,在临刑时与其中子所说的追悔之言:"吾欲与若复牵黄犬,俱出上蔡东门逐狡兔,岂可得乎!"后以"东门黄犬"指做官遭祸,抽身悔迟。

李鸿章凭借手中的军政大权,横征暴敛,既基本上解决了淮军的饷需问题,又以大批金钱和物资支援了湘军在西线进行的战争。

李鸿章在抚苏期间,还与赵家缔姻,完成了再婚这桩终身大事。他的原配夫人周氏,生有二女,名曰镜蓉、琼芝,因膝下无子,其弟昭庆便把经方过继给他。1861年夏李鸿章在重返曾幕路经万年(江西饶州府)时,曾赋诗寄怀,诗云:

> 半生失计从军易,四海为家行路难。
> 唯有娇痴小儿女,几时望月泪能干。
> 阿爷他日卸戎装,围坐灯前问字忙。
> 天使诗人卧泉石,端教道韫胜才郎。③

他以生动的笔触,抒发了投笔从戎、前路崎岖的感慨和思念女儿的骨肉之情,反映了渴望早日结束战乱、重享天伦之乐和娇女成长为像东晋女诗人谢道韫那样"咏絮才"的心声,情真意切,凄楚动人。不料,是年9月周氏去世,两个女儿失去了母亲,爱妻去矣,娇女孤,突如其来的打击,使李鸿章肝肠忧煎,感伤不已。在此后的两年多时间里,由于戎马倥偬,使李鸿章无暇顾及个人婚

---

① 《能静居士日记》,《太平天国史料丛编简辑》,第3册,第293页。
② 李鸿章:《复曾沅帅》,《李文忠公全书》,朋僚函稿,卷4,第4页。
③ 李鸿章:《万年道中寄镜蓉琼芝二女并示静芳侄女》,《李文忠公遗集》,卷6,第11页。

事。1863 年 12 月李鸿章在夺取并移驻苏州之后,认为苏南战事即将胜利结束,重建家庭的时机已经到来,因而便于 1864 年 1 月迎娶赵氏为继室。赵夫人(1838—1892),名莲儿,籍隶安徽太湖县,出身仕宦之家,祖父文楷,嘉庆元年状元,父亲赵昀,道光二十一年进士,官至署广东按察使,是李文安的好友,李鸿章回籍办团练时的同事。李瀚章为之请媒求婚,赵昀欣然许之。李鸿章特地请长妹陪同老母前来主持婚礼,在完婚之后,长妹又调和于婆媳之间。李鸿章说:"继室未谙姑起居,颇虑不得吾母意,妹左右导迎之,妇姑相待尤欢。"①赵夫人比李鸿章小 15 岁,生三男一女,即经述、经远、经迈和菊耦。她是一位深受封建礼教熏陶的贤妻良母型的女性,李鸿章对之宠爱有加,赞扬她"奉侍慈闱,经理家政,礼法秩然,贤明之称,中外无间",使自己"藉免内顾之忧",潜心搏击宦海,一路扶摇。李鸿章风流倜傥,除了正室赵夫人之外,后来又讨了一位如夫人莫氏。侧室莫氏生于 1854 年,比李鸿章年少 31 岁,青春靓丽,老夫少妾,情意绵绵。莫氏为李鸿章生有一子即李经进。经进年仅 14,"气质敦笃,中西文字渐能通晓",不幸夭折。莫氏在赵夫人死后,由侧扶正,诰封为一品夫人。

"练 兵 练 器"

李鸿章抵沪就任苏抚后,遵循"专以练兵学战为性命根本"的师训,积极"练兵练器",大力加强军事实力。

当时李鸿章虽然身为一省之长,但政令却不出上海孤岛。连成一片的太平天国苏浙根据地,沿江连营、深沟高垒、四面包围、待机进取上海的太平军,使李鸿章深感强敌环伺,仅凭原有的 13 营淮军既无法击退太平军、保住上海,更难以歼灭太平军、"规复苏常"。因此,他当机立断,把募勇添兵、扩军备战放在一切工作首位。在 1862—1864 年间,李鸿章就增建淮军营头 30 余个。淮军扩充营伍的方式,与湘军的不尽相同。将帅返湘募勇是湘军采取的主要方式,淮军起初也曾效法过这类作法。1862 年夏李鸿章曾委派张树声、吴长

---

① 李鸿章:《诰封一品夫人亡妹张夫人家传》,《李文忠公遗集》,卷 4,第 32 页。

庆回皖招募树字一营、铭字两营、鼎字两营、庆字两营、开字两营,共计 9 营。但是,对于张、吴返乡招勇一举,社会上留难、嫉忌者所在多有。李鸿章为此曾向曾国藩诉苦说:"新募各营,其有成军起程禀报到辕者,求通行沿途营卡放行,张树声等五营,李世忠来咨,疑为奸细,竟有留难之意。即都(兴阿)黄(彬)各处,嫉忌多端,千里募军,殊为耽心。"①除了李世忠"留难"、都、黄"嫉忌"外,曾国藩甚至一度截留张、吴所募 9 营防守无为、庐江,将其置于无用之地。此后由于时势危迫、需兵孔亟而就地取材较为便捷,所以淮军再无统将返乡招勇之事,而主要采取改编原有防军、借将带兵、收编两淮团练和太平军降众等方式扩充营伍。前江苏巡抚薛焕所部防军不下 5 万,李鸿章根据"就地陶洗"、"择将而使"的原则,将"洋烟油滑之徒"陆续简汰,"遣去三万余人",对于选留的万余人,其中不少是湘淮籍兵勇,则用湘军规制,重新编组,有的以原有之将统领原有之兵,有的另行委派统将,前者如况文榜常字营、梁安邦虎字营、刘士奇奇字营,后者如郭松林松字营。其中奇字营和松字营逐渐成长为淮军主力之一。奇字营是由薛焕派滕嗣林在湘所募抵沪之勇 7 百人组成,以出身防军的刘士奇为统领,后被李鸿章收入淮军。郭松林原为曾国荃部将,以剽悍著称,因遭忌出走,于 1862 年 6 月末只身赴沪投效淮军。李鸿章致函曾国荃说:"郭松林来沪,正值紧急之际,鸿章稔知其打仗奋勇,因调沪中旧营,令其选练五百人,求公赏借,勿苛责之,鸿章当时时箴砭其过。"②

李鸿章收编两淮团练,除附轮抵沪的铭、鼎、树、庆诸营外,还有随后由陆路绕江北而抵沪的亲兵营、盛字营和传字营。亲兵营的统领是李鸿章弟弟李鹤章。1862 年曾国藩让李鹤章带领因"洋船不能尽载"而滞留在安庆的淮军各营马匹 5 百并增募淮勇千人,绕道淮扬里下河,出海门抵上海。随李鹤章带队东下的还有周盛波和周盛传兄弟。周氏兄弟原为合肥西乡团练头子之一,与张树声、刘铭传相为犄角,后曾归隶李元华部,随李鹤章抵沪后,便以所部成立盛字营和传字营。

李鸿章在创建淮军之初,面对"各营官尚有可用之材,但无统将"的现实,不得不借将带兵,著名的除借自曾国荃的郭松林外,还有借自鲍超的覃联陛、

---

① 李鸿章:《上曾相》,《李文忠公全书》,朋僚函稿,卷 2,第 24 页。
② 李鸿章:《复曾沅浦方伯》,《李文忠公全书》,朋僚函稿,卷 1,第 35 页。

宋友胜、杨鼎勋。李鸿章抵沪后,令覃氏立陞字营,杨氏立勋字营,宋氏统带水师。在借将统带的各营中,松、勋两营,后来几乎同铭、盛、树、鼎诸营并驾齐驱。据刘体智说:郭、杨二将先从李鹤章观察"为裨将,既而与淮将铭、盛、树、鼎四军合力排观察去,诸军皆自立,不相统属。论者常哂之曰:铭、盛、树、鼎犹鸟也而无翼,今得郭、杨以为之翼,于是乎飞矣,湘淮蝉蜕之形始此。"①

李鸿章极为重视收编太平军降众的工作。因为这既有利于瓦解太平军、扩大淮军兵员,又能实现所谓"以毒攻毒"的阴谋。李鸿章充分地发挥了皖籍太平军叛徒程学启的带头羊作用,侧重招降皖籍太平军将士。他写信给曾国荃炫耀说:"敝乡人陷在忠党(指李秀成部)最多,来归者相望于路"②。淮军收编太平军降众,在数量上远远超过改编的防军,而其中成为太平军劲敌的则有吴建瀛的建字营、周寿昌(即钱寿仁)的昌字营、骆国忠的忠字营等。

此外,李鸿章还曾采取委托外国军官练军带兵、截留常胜军余众等方式,以扩充淮军营伍。

李鸿章在创立和扩充淮军陆营的同时,也注意组建自己的水师。最早的一支淮军水师,是在安庆组建的善字营,以无为州外委孙善成为统领,拥有五只炮船,随淮军陆营东援上海。李鸿章抵沪后,改编了上海旧有水师防军和苏嘉等地部分枪船。上海旧有水师防军,以江南提督曾秉忠为统领,全系广勇。李鸿章起初将其裁减一半,仍由曾秉忠统领,不久又进行了一次精简整编,改派曾守忠、蔡渭川、曾敏行等分别统领,仍称师船。苏嘉各处枪船,约有万余只。李鸿章认为枪船成员"大都游民土匪,依违两边,用以侦探向导则可,冲锋陷阵则不能"。对于这些枪船,黄翼升与淮军诸将"皆厌弃之",唯有李鸿章力主采取"羁縻"之策,并收编了安徽合肥盐枭出身的郑国魁、郑国榜等人的枪船,立魁字2营。此外,李鸿章还在铭军中设有水师2营,鼎军和春字营中各设有水师1营。

由此可见,李鸿章扩充淮军,同创立淮军时一样,并没有遵循湘军"选士人,领山农"的建军路线,而是以地主团练、太平军降众和旧有防军为主要吸收对象。这种作法,引起了某些卫道者的批评,刘秉璋就曾为此而发过一通

---

① 刘体智:《异辞录》,卷1,第28页。
② 李鸿章:《复曾沅浦方伯》,《李文忠公全书》,朋僚函稿,卷1,第42页。

"愤激之论",据他的儿子回忆说：

> 同治三年甘肃平凉道合肥李季荃观察鹤章,因统领淮军未能大得志,
> 致书先文庄公(刘秉璋)云:恨不能读书成进士,入词馆,为带勇根基云
> 云。先文庄公以书戏之曰:带兵最合法有十等,一为粤捻匪投诚,次为土
> 匪投诚,三为光棍地痞,四为行伍,五为不识文字,六为秀才,七为五贡,八
> 为举人,九为进士,十为翰林。公本为六等,何必羡慕九十等耶? 云云。
> 先文庄公之言,实属愤激之论。①

刘秉璋的这通议论,显然是针对李鸿章轻视门第身世的倾向而发的。刘秉璋
字仲良,安徽庐江人,咸丰十年进士,早年曾师事李鸿章,1862 年 10 月经李鸿
章奏调抵沪襄助军事,统领庆军。他是淮军将领中除李鸿章之外唯一的进士。
李鸿章称誉他"沈毅明决,器识宏深",与之"为道义交十有余年,深知结实可
靠"。李、刘之间虽有师生之谊,但对许多问题的看法却"殊不能相惬",曾国
藩、左宗棠乘机插手,"时露招致之意"②。建军路线就是双方分歧的主要内容
之一。据不完全统计,这个时期淮军核心分子即淮军大枝劲旅的统领共计 15
人,即亲兵营李鹤章为贡生、团首;铭字营刘铭传为团首;开字营程学启为降
将;奇字营刘士奇为防军;鼎字营潘鼎新为举人、团首;盛字营周盛波、周盛传
为团首;树字营张树声为廪生、团首,张树珊、张树屏为团首;庆字营刘秉璋为
进士,吴长庆为世职、团首;松字营郭松林为木工;勋字营杨鼎勋为防军;加上
最高统帅李鸿章为进士;其中有科名的 5 人,余者多为地主团首或团勇以及防
军、世职、木工、降将等。这同重要统领多有科名的湘军形成了鲜明对比。在
淮军统领中,李鸿章特别器重太平军叛徒程学启,将其吹捧成"沪军第一骁
将",自己的"左臂",说什么"此公用兵方略为十余年来罕有之将"。相比之
下,在淮军统领中科甲出身的既少又难得重用,这就不能不引起拥有进士、举
人之类头衔的将领的不满和非议。刘秉璋的"愤激之论",正是这种情绪的
反映。

---

① 刘声木:《苌楚斋三笔》,卷 10,第 3 页。
② 刘体智:《异辞录》,卷 1,第 29 页。

李鸿章轻视门第出身，但却重视以同乡、同事、师生、亲族等封建关系作为维系淮军的纽带，而这是同湘军一脉相承的。即以上述 15 名淮军核心分子为例，同乡关系表现得最为突出，安徽籍者多达 12 名，其他湖南籍 2 名、四川籍 1 名。除了同乡关系之外，还有兄弟关系，包括 3 个家族 7 个兄弟，即李鸿章与李鹤章、周盛波与周盛传、张树声与张树珊与张树屏；师生关系涉及 10 人，即刘秉璋、潘鼎新为李鸿章弟子，周氏兄弟、张氏兄弟和郭松林、杨鼎勋也师事李鸿章；姻亲关系涉及 4 人，即刘铭传与杨鼎勋，刘秉璋与吴长庆。凡此种种，可以说是整个淮军内部封建关系的缩影。

除了淮军陆营和水师之外，李鸿章还统属淮扬水师和太湖水师。

淮扬水师系由曾国藩一手办成，统领黄翼升及营官借自湘军外江水师，饷项分自湘军内江水师，营勇募自湖南，沿袭湘军传统，并无淮军色彩。李鸿章虽然与各营官有堂属之名，但是实际上却只是凭借与黄翼升的个人友谊而维系着。1862 年 7 月黄翼升带领淮扬水师 9 营、战船 200 号，由九洑洲横冲而下，遭到太平军炮火轰击，弁勇死伤近百名，船身多中炮洞穿。黄翼升领 3 营、80 号战船抵沪，分派入营，120 号战船驻守金陵浦口、扬州三江营。李鸿章一面饬令油舱修补中炮战船；一面派人将黄浦旧存炮船修整改造三四十号以充实淮扬水师。

太湖水师是 1862 年由曾国藩经手造船集军而成，战船造于安徽铜陵峡，营伍调自湘军外江、内江水师，并从外江水师借调李朝斌为统领。1863 年 6 月曾国藩决定"调李朝斌领水师赴上海，腾出黄翼升水军溯江入淮，以为临淮官军之助"[1]。曾氏意在以李换黄，但李鸿章却企图控制两支水师以为己用，因而一面奏留黄翼升，一面催调李朝斌。李鸿章的作为，使曾国藩极为不满。据赵烈文透露："揆帅屡调黄军门翼升不至，信札凡十三次，而李少荃径具片奏留，揆帅甚怒，拟参革职褫去黄马褂，不准留苏，来皖察看差遣，已缮稿矣"[2]。后因得知淮军攻陷苏州而作罢。

李鸿章从抵沪到完成"以沪平吴"任务，历经 29 个月，所部兵勇逐渐扩充。1863 年 5 月他函告吴棠："敝军水陆接续召募，现已 4 万人，分布浦东西

① 黎庶昌：《曾国藩年谱》，卷 9，第 172 页。
② 赵烈文：《能静居士日记》，《太平天国史料丛编简辑》，第 3 册，第 298—299 页。

数百里间,犹觉左支右绌。"①及至 1864 年 10 月他再次对吴棠说:"敝部水陆七万人,忙时有益,闲时多愁。"从这两封信中,可以窥出李鸿章扩军的趋势。当然,所说水陆军 4 万或 7 万,并非尽属淮军,而是以淮军为主,兼及其他以巡抚身份统驭的诸军。

李鸿章在扩军的同时,积极引进西方的武器装备和机器生产,以图"自强"。他的这种"自强"活动,是 19 世纪 60 年代初兴起的洋务运动的重要组成部分。洋务运动是由于太平天国运动和第二次鸦片战争沉重地打击了清朝封建统治而引发的,倡导洋务运动的则是一批以洋务派著称的人物。洋务派是由部分王公贵族、地方督抚、买办商人、地主士绅和知识分子组成的政治派别。站在支配这个庞杂派别政策地位、决定洋务运动性质和方向的,是其中的满汉军政要员,如奕䜣、文祥②、曾国藩、左宗棠和李鸿章等。这些军政要员虽然出身、阅历、权势和识见不尽相同,但在阶级立场和政治观点等方面,却是基本上一致的,而正是这些共性使之成为洋务派的主导力量。他们都是从封建顽固派中分化出来的具有深厚的儒学素养和强烈的经世要求的人物,掌握并利用清朝部分中枢和地方政权作为杠杆推行"洋务";他们都坚持"中学为体,西学为用"的指导思想,既保留儒学传统,又引进西学新知,企图借用西方资本主义的甲胄以保护清朝封建主义的躯体;他们都是带有买办倾向的封建官僚,对待外国侵略者既有妥协的一面,又有从封建统治利益出发而抗争的一面。当然,这些作为洋务派主导力量的军政要员,在洋务运动中的地位和作用也并非是等齐划一的。

李鸿章早在安庆时就开始接触洋人和西方的坚船利炮,萌发了"师夷之长技"以"自强"的念头。1862 年 3 月底李鸿章在带领淮军附轮东下前夕,曾致函李桓说:"昨见洋酋,亦颇恭顺,恐有万变,图在后与之为无町畦,而求自强之术耳。"③及至上海,在与洋人的频繁接触中,看到在热武器方面中国远逊于西方的现实,并断言这正是中国军队和国家衰弱的决定性因素,中国只有移植西方的武器装备和机器生产,才能"自强"。他所言的"自强",首先是针对

① 李鸿章:《复吴仲仙漕帅》,《李文忠公全书》,朋僚函稿,卷 3,第 22 页。
② 文祥(1818—1876),满洲正黄旗人,瓜尔佳氏,字博川,号文山。道光进士。1859 年命在军机大臣上行走。1861 年任命为总理衙门大臣。
③ 李鸿章:《复李黼堂方伯》,《李文忠公全书》,朋僚函稿,卷 1,第 9 页。

太平天国的。因为在他看来,借用西方资本主义甲胄,是为了保护清朝封建主义的躯体,而当时对清朝封建统治的威胁主要来自"内寇"。他说:"目前之患在内寇,长久之患在西人。"①这表明李鸿章"自强"的目的,眼前是镇压太平天国,从长远来说也含有抵御外侮之意。不过抵御外侮在当时既不是"自强"的主要出发点,也不具有任何实践意义。因为中外反革命都把太平天国视为大敌,李鸿章执意"借师助剿",英法列强决心进行武力干涉。虽然李鸿章同洋人也不无权益之争,但这是从属于中外勾结共同绞杀太平天国的大局的。

李鸿章在"华洋会剿"镇压太平天国期间,一面震惊于洋枪洋炮的神奇,一面看到李秀成所部"专用洋枪,力可及远",因而得出淮军"唯有多用西洋军火以制之"的结论。他还特别担心"中国残寇未灭,外国不拘官民,窃售利器,傥山陬海隅,有不肖之徒,潜师洋法,独出新意,一旦辍耕太息,出其精能,官兵陈陈相因之兵器,孰与御之?"他每念及此,"不禁瞿然起立,慨然长叹也。"②为了防止所谓"不肖之徒,潜师洋法"和改变清军武器"陈陈相因"的局面,他坚决主张购用西方的武器装备,并将军事工业置于政府控制之下,不准私人染指。

李鸿章"讲求洋器",遇到不少阻力。外则英法列强对先进武器"禁不出售,价值过昂"。内则"部议有阻之者,时论有惑之者,各省疆吏有拘泥苟且而不敢信从者"。特别是乃师曾国藩"始不深信洋枪火药为利器",不大赞成李鸿章的作法。曾国藩对蔡某说:"鄙意攻守之要,在人而不在兵,每戒舍弟不必多用洋枪,而少荃到上海,复盛称洋枪之利,舍弟亦难免习俗之见,开此风气,殊非所欲。洋人号令严明,队伍齐整,实不专以火器取胜。"③曾国藩提出"用兵在人不在器"④的观点,是针对李鸿章的唯武器论的。他肯定人是战争的决定因素,批评李鸿章见物不见人的倾向,这无疑是正确的。但他对先进武器在战争中的作用估计不足,奉行"反己守拙之道",反对"务外取巧之习",结

---

① 李鸿章:《复徐寿蘅侍郎》,《李文忠公全书》,朋僚函稿,卷4,第17页。

② 《同治三年四月二十八日总理各国事务衙门奏折附江苏巡抚李鸿章致总理各国事务衙门函》,《筹办夷务始末》(同治朝),卷25,第4—10页。

③ 曾国藩:《复蔡少彭观察》,《曾国藩未刊信稿》,第127页。

④ 李鸿章:《上曾相》,《李文忠公全书》,朋僚函稿,卷2,第46页。

果又走向另一极端。他主张湘军"仍当以抬、鸟、刀、矛及劈山炮为根本",他"以洋枪比诗赋杂艺,而以劈山、抬、鸟比经书八股","譬之子弟于经书八股之外,兼工诗赋杂艺则佳,若借杂艺以抛弃经书八股则浮矣。"①李鸿章复信曾国藩表示"用兵在人不在器,自是至论。"自己"岂敢崇信邪教,求利益于我。唯深以中国军器远逊于外洋为耻,日戒谕将士虚心忍辱,学得西人一二秘法,期有增益而能战之。"②

在实践中,李鸿章"讲求洋器",从购买洋枪炮开始,渐趋把购买西方枪炮和自己制造、聘请外国军官训练军旅结合起来。

李鸿章购买洋枪洋炮不惜重资,急索"妙品"。他致函潘鼎新说:"英法兵极讲究器械,不似中国兵勇惰窳无择,而其枪炮皆门里出身。我军则但视为洋枪洋炮,即珍重居奇,不知其中等差精微,殊可耻恶。鄙意所以不惜重价,雇一二洋兵为诸军凿此混沌。"③当时淮军所购用的,与洋兵一样,"皆系前门枪炮",其中得力者尤以炸炮为最,他设法弄到了 32 磅、68 磅大炸炮。

李鸿章既然购用洋枪洋炮,就必须雇觅外国军官教习,而英法列强为了控制淮军也主动要求派员教练。淮军雇觅外国军官,教演洋枪,最早始于刘铭传的铭字营。1863 年 1 月李鸿章致函潘鼎新说:"省三请法兵官一名教练洋枪,到营后可借观摩之助。"④其他各营广为聘募,以为教习,当在 1863 年即同治二年初。李鸿章奏报清廷:"臣军由江南剿贼,入手本宜水而不宜陆,嗣因西洋火器精利倍于中国,自同治二年以后,分令各营雇觅洋人教练使用炸炮洋枪之法,传习日久,颇窥奥妙。"⑤他雇觅外国军官教练,但力主"莫专靠洋人做生活",认为"总要我军能自收自放,然后出而攻战,可无敌于天下。"

外国军官教练兵丁,除了雇觅外国军官进营教练外,还有派拨兵丁给外国教练的一种形式。1862 年五六月间,李鸿章应何伯之请,将薛焕旧部千人拨交何伯选派英国军官在松江九亩地训练,练就后改为会字营。继而因法军要求代练,李鸿章就当地练勇拨 600 人,交法国军官庞发在徐家汇(后改为高昌

---

① 曾国藩:《致沅弟》,《曾文正公家书》,卷 8,第 254、259、260、259 页。
② 李鸿章:《上曾相》,《李文忠公全书》,朋僚函稿,卷 2,第 46—47 页。
③ 《李鸿章致潘鼎新书札》,第 5 页。
④ 《李鸿章致潘鼎新书札》,第 3 页。
⑤ 李鸿章:《密陈剿捻事宜片》,《李文忠公全书》奏稿,卷 8,第 35 页。

庙)训练,即为后日的庞字营。不久,恭亲王奕訢秉承英法公使之意,指示李鸿章派拨兵丁与外国教练。但李鸿章复信奕訢,"大意以洋人练兵过费,且征调掣肘,恐将来尾大不掉等因"①,拒绝将淮军拨交外国教练。后来总理衙门又徇法使之请,准令法国达尔第福、庞发为江苏副将参将等官。李鸿章说:"其意不过欲多教练,多发财耳。"他表示"百事皆可遵依,唯教练不能多添,银钱不能多索,听其缠扰,亦不决裂。"②李鸿章不愿将淮军拨交外国教练,主要是因为害怕外国教官"揽权嗜利"。他说:"上海英法教练勇一千数百名,始议中外会带,久则外国多方揽扰,渐侵其权,不容中国管带官自主,亦不肯绳勇丁以中国之法。"③前车之覆,后车之鉴啊!

李鸿章"讲求洋器",以向外国购买为主,辅之以设局仿制。1862年11月清廷指示各省督抚"饬令中国员弁学习洋人制造各项火器之法,务须得其密传,能利攻剿,以为自强之计。"从1863年起,李鸿章遵旨聘请精巧匠人,先后创设"炸弹三局",即马格里④主持的先在松江后迁苏州的洋炮局,韩殿甲、丁日昌分别主持的上海洋炮局。

"炸弹三局"同后来李鸿章创办的江南制造局等比较,具有明显的特点。

第一,淮军附属军械所。

1875年李鸿章在一份奏折中回顾说:"窃自同治初年,臣鸿章孤军入沪,进规苏浙,辄以湘淮纪律参用西洋火器,利赖颇多。念购器甚难,得其用而昧其体,终属挟恃无具,因就军需节省项下,筹办机器,选雇员匠,仿造前膛兵枪、开花炮之属,上海之有制造局自此始。"⑤李鸿章的这段自述表明:"炸弹三局"是李鸿章适应淮军"参用西洋火器"之需要而创办的。因为起初淮军专靠购用外洋枪炮,遇到不少问题,诸如"购器甚难,得其用而昧其体";需用甚多,供不应求。所以李鸿章说:"臣设局仿制,原为军需紧急起见,亦欲中国官弁匠役互相传习,久而愈精。"⑥"炸弹三局"是李鸿章就淮军"军需节省项下,筹

① 《同治元年九月二十六日总理各国事务奕訢等奏》,《洋务运动》(三),第456页。
② 李鸿章:《上曾相》,《李文忠公全书》,朋僚函稿,卷2,第38页。
③ 《李鸿章致总署函》,《海防档》购买船炮,第188页。
④ 马格里原是英军第99团的助理军医,1862年加入常胜军,1863年投效李鸿章,任淮军教练。
⑤ 《光绪元年十月十九日直隶总督李鸿章等奏折》,《洋务运动》(四),第28页。
⑥ 《同治三年十二月二十七日江苏巡抚李鸿章奏》,《洋务运动》(四),第10页。

办机器,选雇员匠"而正式创建的。因此,可以说"炸弹三局"是李鸿章控制的淮军的有机组成部分,是淮军附设的军械所。

第二,土洋并举。

"炸弹三局"分为土洋两种类型。一类是洋字型。李鸿章称之为"西洋机器局",聘请英国人马格里主持,雇觅洋匠照料购自外国的汽炉机器,又派刘佐禹选募各色工匠帮同工作。一类是土字型。李鸿章称之为"韩殿甲之局"、"丁日昌之局",使用内地泥炉,以及锉磨螺旋器皿,"皆不雇用洋人,但选中国工匠仿照外洋做法"①。土洋两种类型同时并存,表明"炸弹三局"还处于"初学入门"的阶段,经费拮据,"机器未能购全,巧匠不可多得"②,是造成这种局面的主因。

第三,规模小,产品差。

1864 年李鸿章对"炸弹三局"作了如下描述:马格里主持的"西洋机器局","其机器仅值万余金"③,有洋匠四五名,中国匠人五六十名。由于"所购机器未齐,洋匠未精,未能制造轮船长炮,仅可锉铸炸弹而已。""所出大小炸弹,每月约可四千余个。"④丁、韩两局均用中国旧式手工方法制造,其设备"每套不过数百金",一局需工匠 300 余人,每月可出大小炸弹六七千个,大小炸炮六七尊,"尚不及洋人之精,略可使用。"⑤及至 1865 年,李鸿章还公开承认"炸弹三局""造成炮弹虽与外洋规模相等,其一切变化新奇之法窃愧未逮。"⑥

创设"炸弹三局",不仅给淮军提供了镇压太平天国所需要的大小炸炮和各色炸弹,以补充从西方购用之不足;而且为日后创办江南制造总局、金陵机器局打下了初步的基础。因此,李鸿章受到总理各国事务衙门的表扬:"阁下莅沪以来,设立军火局,广觅巧匠,讲求制器以及制器之器,击锐摧坚,业已著

---

① 李鸿章:《京营弁兵到苏学制外洋火器折》,《李文忠公全书》奏稿,卷7,第17—18页。
② 《同治三年十二月二十七日江苏巡抚李鸿章奏》,《洋务运动》(四),第10页。
③ 《总署收上海大臣李鸿章函》,《海防档》机器局,第1—2页。
④ 《同治三年四月二十八日总理各国事务衙门奏折附江苏巡抚李鸿章致总理各国事务衙门函》,《筹办夷务始末》(同治朝),卷25,第4—10页。
⑤ 《同治三年四月二十八日总理各国事务衙门奏折附江苏巡抚李鸿章致总理各国事务衙门函》,《筹办夷务始末》(同治朝),卷25,第4—10页。
⑥ 《同治三年十二月二十七日江苏巡抚李鸿章奏》,《洋务运动》(四),第10页。

有成效。"①根据李鸿章当时"恭呈御览"的清单,可看出自 1862 年 5 月起至 1864 年 7 月底止,其财政支出的情况是:(一)支付英法军官教练会字、庞字营洋枪炮队勇粮并湘淮各营聘请外国教官薪工等项,自 1862 年 11 月 27 日起,截至 1864 年 7 月底止,共银 313,390 两。(二)支付购买西方军火,自 1862 年 5 月份起,截至 1864 年 7 月底止,价值共银 911,582 两。(三)支付置买租雇各项轮船,自 1862 年 5 月份起,截至 1864 年 7 月底止,船价等项共银 207,323 余两。(四)支付制造西洋炮火各局,自 1863 年分先后设局起,截至 1864 年 7 月底止,置买器具料物和雇用中外工匠等项共银 177,912 余两。上述四项总共支付银 1,610,210 两。

从这份用款清单可以清楚看出:李氏为了"自强","练军练器",不惜重资聘请外国军官教练兵勇、购买西方军火、置买租雇轮船和设局仿制西方军火,且把主要希望寄托在购买西方军火上(仅此一项,即占总支出的 56%)。他虽然也设局仿制西方军火,但设局仿制费用只占总支出的 11%,仅仅为购买西方军火用款的 1/5 强。

李鸿章坚持"练军练器",必然导致"变易兵制"的结果。

王闿运说:"淮军本仿湘军以兴,未一年尽改旧制,更仿夷军,后之湘军又更效之。"②

李鸿章抵沪之初,还有意推广湘军营制营规、劝诫浅语、爱民歌、解散歌等等。他曾对恩师表示:"此即是不才新政,能为佛门传徒习教之人,附骥尾以成名,则幸甚矣。"③但是,转眼之间,"神奇"的洋枪洋炮就促使他逐渐偏离了其师的轨道,采取了"以湘淮纪律参用西洋火器"的方针。

李鸿章既看到洋枪洋炮的威力,又总结了江南大营"虽有此物,而未操练队伍,故不中用"的教训,因而把使用洋枪洋炮和操练队伍结合起来。及至太平天国失败前后,本为湘军分支的淮军已与湘军各异其趣了。湘军营制每营 500 人,仅用旧式抬枪、小枪 120 余杆,另加旧式劈山炮两小队,而淮军各营皆颇自练洋枪队,每营新式洋枪多达 400 余,少亦 300 余杆,并设有 6 个独立炮

---

① 《同治三年九月十八日总署致上海大臣李鸿章函》,《海防档》机器局,第 6 页。
② 王闿运:《湘军志》第 15,营制篇,第 2 页。
③ 李鸿章:《上曾相》,《李文忠公全书》,朋僚函稿,卷 1,第 12 页。

营,配备新式开花炮即长短炸炮。淮军雇用洋弁改行西洋阵式,"鸣角、出令皆夷语,则湘军所无。"

由于李鸿章坚持"练军练器",使淮军不仅超越湘军而成为清军中最精锐的部队,而且比之太平军在武器装备方面也占着压倒优势。李鸿章得意地说:"苏'贼'无劈山炮,专恃洋枪",而淮军"遇'贼'交锋先以劈山炮拥洋枪而行,屡获倖胜"[1]。时人断言:淮军战胜太平军,夺得苏常地区,"设非借助利器,殆不能若是勃且捷也。"[2]

"抚 用 客 将"

经过两次鸦片战争,资本主义列强用大炮破坏了清朝皇帝的威权,迫使天朝帝国同地上世界接触。清王朝与资本主义列强逐步从对抗走向结合,一个主张"中外同心,以灭贼为志";一个声称"如果不援助这个开明的政府以成全其努力与改进,则在我们方面说,那真是自杀了。"1862年初,中外反动派正式结成军事同盟,把血腥的屠刀一齐指向太平天国。就在这个关节眼儿上,李鸿章率领淮军抵达上海。同年3月李鸿章在安庆"潜师暗渡"之前,曾致书沈葆桢说:"华夷混一局势已成,吾辈岂能强分界画。"[3]这段话虽然不长,但却集中地反映了他对当时业已形成的中外关系的认识及其所持的赞许态度。

前面曾经提到,曾国藩指示李鸿章应"以练兵学战为性命根本,吏治洋务皆置后图。"李鸿章虽然遵循"师训"把练兵学战作为"性命根本",但是对于洋务却并未置之"后图"。他初到上海,深感"孤危"。他鉴于洋人兵强器利"实肯帮我","沪城内外各事实皆洋人主持"和"沪中官民向恃洋人为安危"的现实,意识到只有顺应买办官绅之"人心"、结好"洋人",才能摆脱"孤危"处境,成就绞杀造反农民之"大事"。这不仅关乎他个人的前程,而且也关乎清廷的命运。因而他始终把"洋务"放在重要地位。

李鸿章发觉在诸多事务中,以"洋务"为"最难者",而上海洋务已成尾大

---

① 李鸿章:《复曾沅帅》,《李文忠公全书》,朋僚函稿,卷1,第58页。
② 薛福成:《书合肥伯相李公用沪平吴》,《庸盦文续编》,卷下,第19页。
③ 李鸿章:《复沈幼丹中丞》,《李文忠公全书》,朋僚函稿,卷1,第8—9页。

不掉之势,自己倘若奉命负责上海洋务,实难应付裕如。他恳请曾国藩出面"主持其事",说:"吾师威望为西人所摄,调济于刚柔之间,当能为国家增重,总理衙门似趋柔和,须外有重臣阴持其柄也。"①当时清朝官绅对待洋人的态度,有买办官绅"媚夷"和顽固官绅"抗夷"之分。李鸿章认为,除总理衙门"似趋柔和"外,"沪道媚夷,失之过弱;汉道抗夷,失之过刚"②,而正确的政策则应是"调济于刚柔之间"。所谓"刚"系指抗争性,"柔"系指妥协性。李鸿章对待洋人虽有抗争性,但妥协性大于抗争性。

曾国藩指示李鸿章:(一)"夷务本难措置,然根本不外孔子忠信笃敬四字"③,主张把处理封建统治阶级内部关系的儒家道德规范扩展至外国资本主义列强;(二)与洋人交往应坚持"先疏后亲"的原则。李鸿章虽然对前者始终谨遵不渝,但对后者却有些阳奉阴违。他致函其师表白说:"与洋人交际,以吾师忠信笃敬四字为把握,乃洋人因其忠信日与缠扰,时来亲近,非鸿章肯先亲之也。"④他设法"亲近"的,首先是当时上海的真正统治者英法驻军司令和驻沪领事。他与之经常往还,不时"会商事件,无不择善而从",因而建立起"深相友爱"的关系。李鸿章得意地说:英国驻华海军司令何伯驻兵在此,"与薛吴诸公向不见面,其待鸿章之礼貌情谊,沪人谓得未曾有"⑤。

李鸿章"亲近"洋人,意在"借师助剿"。他在致友人信中说:"西兵助剿,江南官绅皆附合之。鸿章商之大帅,定议不拒绝以伤和好,不忮求以存界限。"⑥洋人既要"会防"上海,又"坚执会剿之说"。当时上海道吴煦与会防局官绅曲从洋人意旨,"阴主中外合剿之议,所以媚洋人者无微不至。"曾国藩的态度略有不同,认为:"会防上海则可,会剿他处则不可。"他指示李鸿章:"阁下只认定会防不会剿五字"⑦在他看来"上海系通商口岸,人民之多,财货之富,中外同其利害,自当共争之而共守之。"但"苏常金陵本非通商子口,借兵助剿,不胜为笑,胜则后患莫测"。李鸿章既不敢抗拒洋人和买办官绅,又不

---

① 李鸿章:《上曾相》,《李文忠公全书》,朋僚函稿,卷1,第35页。
② 李鸿章:《上曾相》,藏于上海图书馆。
③ 曾国藩:《复李少荃》,《曾文正公书札》,卷18,第15页。
④ 李鸿章:《上曾相》,《李文忠公全书》,朋僚函稿,卷1,第25页。
⑤ 李鸿章:《上曾相》,《李文忠公全书》,朋僚函稿,卷1,第20页。
⑥ 李鸿章:《复李黼堂方伯》,《李文忠公全书》,朋僚函稿,卷1,第59页。
⑦ 曾国藩:《复李少荃》,《曾文正公书札》,卷18,第19页。

敢违逆师训,于是便调和于两者之间。他致函曾国藩说:总理各国事务衙门大臣奕䜣、文祥等"以会剿腹地为是,独吾师不谓然。"他认为"与官军同剿,洋兵每任意欺凌,迳自调派,湘淮各勇恐不能受此委曲。"而他个人也"只知有廷旨帅令,不能尽听洋人调度。"他经过仔细斟酌,"拟两全和好之法",即"令会防局官绅将薛公各营挑去二三千人,随同洋兵操练驻扎,专供会剿会防差使,仍由抚藩札调",华尔常胜军亦归并之。而他自己"所带水陆各军,专防一处,专剿一路,力求自强,不与外国人搀杂。"但是,随着时间的推移,李鸿章的态度也发生了明显的变化。他认为"会剿"应限于上海百里以内,但洋人如果硬要深入"腹地"亦无不可:

> "英人又见贼势日穷,不待求助而欲助攻苏州,若拒其所请,既非和好相待之谊,若任其所之,必有太阿倒持之忧。""如英提督必调兵助攻,仍先与要约,克复后立即退出,由臣妥筹布置,不得别有要求。"①

当然,他允许洋兵助攻苏州是无可奈何之举,他抱怨说:"何必倾英法沪上之师以来争此功,喧客夺主,实觉无谓。"②其实,英法并无"会剿"苏州的打算,它们此举的目的只在于挟制淮军而已。

参加"会剿"的除从薛焕各营挑选者外,还有李鸿章所带淮军。

1862年5月淮军程学启等部就同英法联军、常胜军会攻奉贤南桥镇。此后不久,在英军开往嘉定之前,李鸿章曾应邀赴英国领事馆,会晤英国海陆军司令,"商议如何布置对太平军的战争",最后双方签署一项《会议录》,规定李鸿章"应调遣三千军队进驻南桥",并准备三千军队由英国军官加以训练。"任何一方调动军队,必须通知另一方。""双方必须互相供给关于太平军行动的消息"等。同年10月,淮军会同英法联军、常胜军侵占嘉定。李鸿章向清廷报功说:"查嘉城为苏沪门户,我与贼所必争。英国提督何伯与臣再四会商,谋定后动,中外将士同心辑睦,分路进攻,崇朝而下坚城,其神速尤不易得。"③

---

① 李鸿章:《驾驭西兵片》,《李文忠公全书》,朋僚函稿,卷4,第32页。
② 李鸿章:《致薛觐堂侍郎》,《李文忠公全书》,朋僚函稿,卷4,第8—9页。
③ 李鸿章:《克复嘉定县城折》,《李文忠公全书》,奏稿,卷2,第24页。

李鸿章在"亲近"洋人、"借师助剿"的过程中,格外倚重常胜军。

常胜军是买办官绅吴煦、杨坊勾结美国流氓华尔建立的。李鸿章初到上海,华尔拒不参见。李鸿章自我解嘲地说:华尔"总是众中矫矫,虽至今不薙发,并未至敝处一谒,与外国人何暇争此小过节耶?"①及至见过华尔之后,他虽讥之为"蠢然一物",但却决定"全神笼络"之。

李鸿章看到华尔常胜军拥有4000余众,"打仗实系奋勇,洋人利器彼尽有之",是一支不可忽视的武装力量,因而"曲意联络,冀为我用,以助中国兵力所不逮"②。

李鸿章看到华尔"固是壮士战将,然用之之人其心乃不可测。"吴煦、杨坊"挟华自重,欲其取功名以震耀中外,以形官军之短。"③为了剥夺吴、杨兵权、置常胜军于自己节制之下,李鸿章不能不"全神笼络"之。

李鸿章看到华尔常胜军形式上虽属"华夷两商自行经理"性质,但其背后却站着英、法等列强。他认为"该军与洋人是一是二",华尔与何伯等"谊同胶漆",华尔势力"能倾服上海洋人","华尔之向背,于英、法各国略有关系。"他"欲结一人之心以联各国之好",因而"以全神笼络"之。

事实证明,李鸿章"全神笼络"华尔,并没有落空。华尔不仅协助李鸿章镇压太平军,"战功卓著",而且以其独特身份起着密切英、法列强与李鸿章之间关系的作用,这是李鸿章能够得到英、法各国在政治上、军事上、财政上的大力支持的重要因素之一。

当然,李鸿章在"全神笼络"华尔的过程中,也逐渐看出常胜军的某些弊端:一曰"日益骄蹇"。常胜军"人数过重,犷悍难制,其带兵弁目百数十人,皆系外国人",中国官员难以钤制。一曰"费银甚钜"。吴煦、杨坊等企图依靠常胜军对抗太平军,所以在"薪粮夫价及一切军火支应"等方面,对常胜军格外优待,比清军多至数倍,"漫无限制,陆续增至四千五百余人,并长夫炮船轮船经费月需饷银七八万两"。有鉴于此,李鸿章深感常胜军已"渐成尾大不掉之势",这对于他个人的地位和清朝的统治都有可能招来危险。因此,他"久欲稍加裁抑,而事关中外交涉之端,未便轻于发难。"不过,发难的时机很快就到

---

① 李鸿章:《上曾相》,《李文忠公全书》,朋僚函稿,卷1,第29页。
② 李鸿章:《驾驭西兵片》,《李文忠公全书》,奏稿,卷4,第32—33页。
③ 李鸿章:《复曾沅浦方伯》,《李文忠公全书》,朋僚函稿,卷1,第43页。

来了。1862 年 9 月华尔毙命,白齐文继任常胜军统帅。翌年 1 月白齐文殴打杨坊、劫夺饷银四万余元。李鸿章以"不遵调遣,劫饷殴官"的罪名,将白齐文革职,同时又借口"不能实力钤制,办理不善",将吴煦、杨坊暂行革职。他以白齐文事件为契机,着手整顿常胜军。他同英国驻华陆军司令士迪佛立等酌商,由中国和英国各派妥员会同接管,并签订《统带常胜军协议》。

中英《统带常胜军协议》是李鸿章与士迪佛立经过多次辩论所取得的成果。士迪佛立原拟条约 13 款,李鸿章复加勘正,增为 16 款,于 1863 年 1 月 14 日盖印移交分执,并咨明总理衙门备案。

李鸿章与士迪佛立的争论,主要集中在三个问题上。

兵权归属问题。

士迪佛立企图独揽,李鸿章执意分享。士迪佛立"初不愿中国官员会带",提出"现在常胜军暂交哈伦管带,随后奏明交戈登管带,即为中国武官。"清方提出"所荐兵官须与华副将相同,概受中国节制,并受中国官职,如有过失照中国例办理"。经过"切实争闹",双方达成妥协:士迪佛立同意管带官"均应归抚台节制调遣",中国派李恒嵩会同管带;清方放弃英国管带官"如有过失照中国例办理"的要求。

士迪佛立要求"所有营中章程规矩均须听管带官主意",清方反对,最后协议:"所有营中章程规矩均须听会同管带官主意。"

士迪佛立主张"凡常胜军出队须先与英、法两国商定"。李鸿章表示此条"亦断难行,彼此知会则可"。最后协议:"凡常胜军出队,如远在百里以外攻打城池,须预先与英、法两国商量。至临警调度及附近有贼派出队伍,不必拘定。"

兵额问题。

英国希望常胜军是一支庞大的武装力量,以为其用,自不殆言。士迪佛立声言"常胜军五千人不可再少,内有两千人必须驻防松江,不能调往他处。"他说这个军队"是协助防卫〔上海〕三十英里半径的地方实际所必需的。"

李鸿章虽然企图借助常胜军"剿灭"太平军,但既担心常胜军势力膨胀危及切身利益,又害怕常胜军人数过多,费银太钜,影响淮军的扩充。他力主常胜军"裁汰老弱",拒绝对士迪佛立作出让步。他说:"发匪自上海百里以外日见退去,已无需更多兵力保卫上海矣。"经过反复协商,最后双方协议:"常胜军以三千为度,如将来关税短绌,饷银无出,尚可裁减。"

军费问题。

当时军费拮据。吴煦认为"洋人之兵,为贼所畏。与其以饷养兵,不如以饷养夷。"李鸿章却另有打算:一方面他想借用常胜军镇压太平军,"眼前多糟蹋银钱"也在所不惜;另一方面他因感到"孤立无援,不能不陆续添募求自强之术","添募愈多,需饷愈钜"。为了扩充实力以求"自强",李鸿章自然希望减少常胜军的饷银,增加淮军的收入。因此,他在同士迪佛立谈判中,坚持要求裁汰常胜军为3000人,减定长夫额数口粮,删除病房及日用房费种种浮滥之款,以"稍节饷需"。士迪佛立开始拒绝,后来只好妥协。

围绕上述三个问题,李鸿章与士迪佛立的争论十分激烈。李鸿章的目的无非是想"渐收兵权"、"稍节饷需"。通过《统带常胜军协议》,李鸿章把常胜军的饷银从7.8万两减至4万余两,并且取得了对常胜军的"节制调遣"权。不过,这只是问题的一个方面,还有一个更为重要的方面,就是《统带常胜军协议》标志着常胜军从"华夷两商自行经理"一变而成为中、英两国政府军事合作的一种形式。因为这个协议是由清朝巡抚和英国陆军司令签订的;而协议又明确规定常胜军由英国派出正规军官充任管带,清朝派出正规军官会同管带,常胜军出队需预先与英、法两国会商,常胜军军官由清朝巡抚和英军司令任免,常胜军军饷"在海关银号按月支取。"

常胜军从"私营"转化为"公营",说穿了就是英国抛弃"中立"的伪装、公开协助清朝镇压太平军、和清朝统治者捐弃前嫌、公然推行"借师助剿"政策的产物。士迪佛立和李鸿章是这种政策的执行者,是常胜军从"私营"到"公营"的助产婆。

当时,在如何对待常胜军的问题上,清朝统治营垒内部存在着明显的分歧。买办官绅只讲"笼络",顽固官绅只讲"控驭"。李鸿章则调和于两派之间,主张"于笼络之中,仍寓裁制控驭之道"。李鸿章与士迪佛立之间的"往复辩论"和所达成的协议,正是这种态度的反映。

根据《统带常胜军协议》,戈登出任常胜军管带。李鸿章说:"戈登接手似较讲理,其应敌亦较奋迅,如能由我操纵,即月糜四五万金,犹为有辞。"[1]他既

---

[1]　李鸿章:《上曾相》,《李文忠公全书》,朋僚函稿,卷3,第10页。

要借助戈登常胜军镇压太平军,又要防止其危害自身特权。但后来事实证明,李鸿章实难"操纵"常胜军。他供认:"自戈登接带后,尚听调遣,然引用外国弁兵至一百数十人,分领其众,中国会带官李恒嵩名虽会同商量,实不能自行法令,不过调停迁就,使其和合各营,并力剿贼,不致决裂耳。"①正是基于此类教训和其他种种考虑,李鸿章对阿思本舰队采取了抵制态度。

阿思本舰队是英国阴谋控制中国海军的产物。1862年春总理衙门在英国驻华公使普鲁斯的怂恿和曾国藩等地方督抚的支持下,奏准委托代理总税务司赫德向英国购买船炮,赫德转请正在英国休假的总税务司李泰国妥办一切。与此同时,总理衙门"熟商将来轮船到后一切军械经费并外国兵丁水手约束章程,迭经奏请饬交两湖总督官文、两江总督曾国藩妥协办理,并咨商江苏巡抚李鸿章协同筹办。"官文、曾国藩经过往返函商,推荐久隶湘军水师、统带巡湖营提督衔记名总兵蔡国祥充任总统,决定每船酌留洋人三四名司枪司火,其余全部配用湘勇。曾国藩企图把这支新式舰队控制在自己手中,使之成为湘军水师的组成部分。然而英国却力图把这支舰队据为己有,并为此而进行了一系列阴谋活动。1863年5月李泰国由英国返抵北京,声称买定兵船六艘、探报船和趸船各一艘,聘请英国上校阿思本为总司令,在英国招募官兵六百名,并代中国与阿思本订立合同十三条,规定阿思本拥有舰队(包括中国所有购买的外国舰只)的指挥权和用人权,只服从由李泰国传达的中国皇帝的谕旨,而李泰国则有拒绝居间传达"合理程度不为其本人认为满意"的中国皇帝谕旨;"这支海军既系欧洲的,则应悬挂欧洲的旗帜进行活动,不可避免地应该具有一种欧洲的特征。"李泰国公然声称:这支海军是"根据女王陛下枢密院法令的授权而组织起来的";所以订立十三条合同,就是要用"上述这种性质的条件,把皇帝牢牢束缚住"②。总署大臣看穿了李泰国的用心及其所立合同的实质,指出李泰国"所立合同十三条,事事欲由阿思本专主,不肯听命于中国";"其愿望极奢,直欲将中国兵权利权一切揽归伊手";因而断然拒绝,再四驳诘。经过月余谈判,总署与李泰国议定"火轮师船章程"五条:"由中国选派武职大员作为该师船之汉总统,阿思本作为帮同总统,以

① 《李鸿章致总署函》,《海防档》甲,购买船炮(一),第188页。
② 英国蓝皮书:《关于英中联合海军舰队的文书》,第15号文件,第15号文件附件二,第19号文件。

四年为定,用兵地方听督抚节制调遣";"此项兵船,随时挑选中国人上船学习";作为帮同总统的阿思本"专管约束外国兵弁,并教习驾驶轮船枪炮各事";而汉总统蔡国祥"所带之水勇六百余名,仍应配驾驶中国师船,与该轮船同泊一处,使蔡将有所依据,既可观其举动,并可于水浅之处巡护轮船,侦探贼势,以期得力"。此外,总署还与李泰国达成分赃协定:阿思本舰队攻打南京,所得财物"以三分归朝廷充公,以三分半归阿思本分赏外国兵弁,以三分半归中国官兵作赏。"这个章程和协议有损中国的主权并侵害了湘淮集团的利益,因而遭到曾国藩和李鸿章的强烈反对。李鸿章与阿思本舰队的冲突,起初是由李泰国逼索银两引起的。1863年5月李泰国自英抵沪,要求李鸿章由海关提银12万两支付船炮欠款和官兵川资,被李鸿章严辞拒绝。时在李幕的陈锦目睹了李鸿章与李泰国争论的情景,他事后追忆道:

> 太国亦至,请益船价,帅(李鸿章)以无款,坚辞再三。太国怒形于色,直谓此款当索之恭王。帅益厉声言,无款终奈我何,且重兵十万,攻克上江,从未有劳外助。若因此挟制,激怒军情,我两人不免勒兵交战也。太国乃拂衣去,帅不为礼。[①]

李泰国碰了钉子,怏怏离去。李鸿章随即致函总署薛焕,表示"此项兵船若令李泰国一人专主,要求胁制,后患方长",建议"立法定章之始,似须坚明约束,杜渐防微,免其在外饶舌"[②]。7月李鸿章看到《火轮师船章程》后,极为不满,致函曾国藩,斥责总署有意玩弄"掩耳盗铃"的伎俩,并献策说:"中国百余万金已付东流,但能见机退回,似亦幸事。"8月李鸿章写信给总署奕䜣等,剀切陈词,声称南京业已被湘军包围,"可毋庸外国兵船会剿",反对英国人抢夺战功而"擅大利,市大名",并明确地指出"外国人性情揽权嗜利,不约而同",总署试图通过设汉总统、令督抚调度、派人上船学习驾驶等方式以分李泰国、阿思本之权,虽然"名綦正矣,义极严矣",但却阻力重重,难以实现。最后,他语

---

① 陈锦:《松沪从戎纪略》,《太平天国史料丛编简辑》,第2册,第214—215页。
② 李鸿章:《致薛觐堂》,《李文忠公全书》,朋僚函稿,卷3,第17—18页。

重心长地说:

> 鸿章近与若辈交涉军务,悉心体会,微有阅历,又深知李泰国心术险诈,目前不愿中国人专权,即将来不愿中国人接手。愚虑所及,不敢不为殿下切实陈之。①

总署奕䜣等对于李鸿章发自肺腑的呼喊,并不以为然,蛮横地说:

> 来书论及此事共有三难,崇论闳议,令人钦佩。但本处犹望阁下知其难而制之,不愿阁下畏其难而听之。现在轮船奏明归曾帅及阁下节制调遣,应如何设法钤制,收回在我之权,唯望阁下与曾帅图之也。②

总署坚持原议,让李鸿章"知其难而制之",但李鸿章却表示"事势处此,毫无把握,彷徨莫释。"他函告总署奕䜣等说,清廷任命的汉总统蔡国祥鉴于"虚拥会带之名,毫无下手之处",业已从上海返回安徽,蔡某所召募的数百名中国舵勇,曾国藩"已饬令遣散"。他质问道"此事未知作何究竟?"在此之前,曾国藩也写信给总署奕䜣等,公然主张不要介意"区区一百七万之船价",将阿思本舰队遣散了事,或者将该兵船"分赏"各国,使李泰国失其所恃,而折其虚骄之气。

总署与李泰国议定的"章程",不仅受到湘淮军首脑们的抵制,而且遭到阿思本和李泰国的破坏。9月阿思本到达北京,与李泰国沆瀣一气,在英国公使普鲁斯的支持下,否定"章程",要求按照原订13条合同办理,否则就遣散弁兵。总署奕䜣等左右为难,经与普鲁斯反复磋商,终于决定遣散阿思本所募弁兵,将船舰驶回英国变卖,价款归还中国。总计清政府为购买和遣散这些船舰共费银160万两左右,变卖船舰后收回的款项只有51万两,清政府在经济上蒙受了重大损失,而英国企图控制中国新式海军的野心也未得逞。李鸿章闻讯,欣喜异常,致函曾国藩说这是"近来第一快事。"

---

① 《李鸿章致总署函》,《海防档》甲,购买船炮(一),第187—189页。
② 《总署致李鸿章函》,《海防档》甲,购买船炮(一),第203—204页。

"用 沪 平 吴"

李鸿章虽然深受曾国藩的熏陶，但其"用兵方略"却有超越的独到之处。

李鸿章抵沪后，就因淮军驻地问题同曾国藩发生争执。曾国藩在致吴某信中说："少荃驻军之地，奏明本在镇江府城，今先至沪上，俟沪事稍有头绪，再行移驻镇江，或往来镇沪，轮住两处"①。他指示李鸿章移驻镇江，而"诏旨亦屡以为言"。他公开所持之理由，一是"上海僻处东隅，论筹饷为要区，论用兵则为绝地。"而镇江则为"苏省最要之地"，进兵形胜之区，驻之上可以会剿南京，下可以规复苏常。二是上海"业已借助洋人，一时犹可捃注。"若用官兵保守，非二万劲旅不可，但如此"多而强"的清军是"不宜置此无用之地"的。当然，他还有一个秘而不宣的理由，这就是他对湘淮军不无亲疏厚薄之分，力图把上海饷地置于湘军而不是淮军的控制之下。对于曾国藩的指示，李鸿章"心知不可，坚持不动"。他力主以上海为基地，"用沪平吴"。

他认为上海"为中外杂处之区，通省兵饷吏事之枢纽"。驻军上海，既可控制"饷源重地"，攫取关税厘捐以支撑其扑灭太平军的战争，又便于直接勾结外国势力。他不像曾氏那样，满足于借助洋兵保守上海，而是想从英、法列强得到更多的军事援助。因为他在所有的事情当中首先体会到外援的巨大价值。当然，他有时也说些"洋人不可专恃，沪防必须自强"之类的话，这虽然反映了某些真情，但主要还是为了胁迫清廷接受"用沪平吴"方略。其实，所谓"用沪平吴"方略，不仅丝毫无损于洋人，反而正是英、法列强所希冀的。早在李鸿章淮军抵沪之前，何伯就断言："这样一支增援部队，如能迅速得到，将有利于实现拯救上海，使这班讨厌的太平军不再逼进上海的计划"②。

淮军是根据上海官绅买办的乞求而组建，是依靠上海官绅买办的资助而抵沪的。他认为"军事以得人心为本"，"淮军乃上海士夫所请，不可背弃，以孤众望。"他深知上海官绅买办的向背关系着淮军的命运，而淮军的兴衰又决

① 曾国藩：《复吴仲宣漕帅》，《曾国藩未刊信稿》，第38页。
② 英国蓝皮书：《关于中国叛乱的后续文书，补充1862年5月2日的文书》，第2号附件9、10，第8—9页。（据吴乾兑译文）

定着个人的宦海浮沉。

李鸿章驻军上海,"用沪平吴",确实给太平天国造成了严重危害。

淮军抵沪时,敌我双方军事斗争态势大致是:天京上游,曾国藩坐镇安庆,指挥湘军步步进逼天京,陈玉成被俘牺牲,太平军在西线的战斗已经陷入无法挽救的危境之中;天京下游,李秀成率军在克复杭州、解除苏州南面的威胁之后,乘大胜余威进攻上海,清军、英法干涉军和常胜军节节败退。但是,为时不久,东线军事形势就急转直下,向着不利于太平军的方向发展。5月底,湘军主力曾国荃部陆军、彭玉麟部水师进抵天京。6月中旬李鸿章淮军在上海虹桥、徐家汇、新桥等地坚守苦战,连战皆捷,捕杀太平军3000余人,随后自上海进占泗泾,李秀成部太平军不战而退,并放弃广富林等处,松江解围。在这次战役中,李鸿章亲临前敌指挥。当有人以"公重臣当持重,不可亲冒锋镝"相劝时,他回答说:"若不亲自督阵,则士卒必不能如是效命。"由于他"以编修从军,每亲出击贼,军中呼为武翰林。"

虹桥等战役之后,李鸿章陶醉于胜利之中,公然吹嘘淮军在上海"全局安危间不容发"之际,"奋勇击退巨寇,歼渠扫穴,肃清松沪各防"。据徐宗幹记载,经过虹桥等大战,原来被"笑指为乞丐"的淮军"军声彪起,西人相顾,皆以拇指示之。"①这就促进了淮军同英法干涉军、常胜军的军事勾结,巩固了中外反动派在上海的统治地位,从而最终堵塞了太平军夺取上海的通路。太平军如能攻克上海,不仅将沉重打击外来侵略者和中国官绅买办势力,推迟中外反革命军事勾结的进程,而且有可能把上海变成巩固苏浙根据地的屏障、进攻中外反革命的基地,使中外反革命赖以支撑其反革命战争的饷源转归革命战争之用,并打开"通洋门户",发展中外贸易,引进新式武器装备自己。但是,由于李鸿章驻军上海勾结英法干涉军和常胜军负隅顽抗,终于使太平军收复作为"与姑苏唇齿相依,通洋门户"的上海的理想化成泡影。李鸿章依托上海执行其战略任务和实现其战争目的,内靠官绅买办,外靠英法列强,攫取上海关税厘捐以"抚用客将,改练洋枪,并自制开花炮弹",攻打太平军,同时不断协济曾国藩兵饷和洋枪洋炮。

由于湘军和淮军、英法干涉军、常胜军上下呼应,分进合击,以致太平军陷

---

① 徐宗幹:《归庐谈往录》,卷1,第14页。

于东西两面作战的困境,迫使东线太平军转攻为守。当时李秀成既要救援天京,力保天国根本之地,又要固守苏常,不肯放弃自己的分地,因而不得不把太平军主力分割为二,企图在两个战略方向同时求胜,结果使太平军"备多力分,不遑兼顾",失掉自主能力,采取应付主义,被敌人牵着鼻子往返奔波于东西两线,以丧师失地而告终。《钱农部请师本末》说:李鸿章"以奇兵出其后,由下捣上,与'贼'以不可测,而撼帅大营拊其背,九帅雨花台之师拒其吭,镇江之兵截其腹,俾金陵之'贼'不能兼顾下游,而李公悉其精锐,乘破竹之势,尽收所失郡县。"①这段记载,虽然是为了宣扬钱鼎铭"安庆乞师"之"功",但却基本上反映出湘淮军上下呼应、分进合击的用兵方略及其给太平军带来的危害。

湘军兵临天京城下,洪秀全急令李秀成率部回援。8月李秀成决定亲率大军回援天京,并派慕王谭绍光、听王陈炳文等率劲旅留守苏杭,伺机规复上海。针对这种情况,李鸿章采取了所谓"袭忠贼之后而遥为金陵分其势"的战略方针,两眼盯着西线,打算在得知李秀成西线胜败确信后,"再水陆进剿以惊扰之",或"相机进攻以牵制之"。

10月底,正当李秀成督军与曾国荃湘军在天京会战进入紧急阶段,李鸿章淮军勾结英法干涉军、常胜军侵占嘉定,威胁昆山、太仓。李鸿章函告曾国荃说:攻占嘉定后,"各营均移扎前路,声言进图昆太,遥为贵军援应,如忠逆回顾苏巢,则金陵又当轻松。"②留守苏杭的谭绍光、陈炳文等部太平军,采取积极防御方针,以攻为守,分别从昆太和青浦出发,会攻嘉定、南翔,进围四江口。李鸿章看出谭绍光等的战略意图,奏报清廷说:"该逆恐我军深入,纠合苏嘉杭湖数伪王之众,围扑四江口前敌水陆四营,必欲打破此关,窜陷嘉青,复窥淞沪,为先发制人之计。"他赶到前线调集常胜军和淮军各路兵将,亲自督战,终于挫败谭绍光等的攻势,杀害太平军将士2300余人。李鸿章为了邀功请赏,竟然谎报战绩,说"奸捻悍贼至一万数千名之多","获此奇捷,足以寒贼胆而快人心"③。后来江苏巡抚恩寿甚至把四江口之役吹嘘成"东征第一大捷,亦为中兴第一转机"。这虽系别有用心的鼓噪,但此次战役也确实给太平

---

① 《太平天国史料专辑》,第96页。
② 李鸿章:《复曾沅帅》,《李文忠公全书》,朋僚函稿,卷2,第14页。
③ 李鸿章:《四江口解围折》,《李文忠公全书》,奏稿,卷2,第31页。

军造成了无法挽回的损失:淮军巩固了在上海周围的统治地位,太平军再也无力挺进淞沪,并被迫从西线分兵保卫苏昆腹地。

李鸿章利用湘军在西线牵制李秀成使其"奔救不遑"之机,在东线"乘其疲而蹙之",一面调兵遣将攻城夺地,一面施展诡计招降纳叛。拿他自己的话说,就是"抗拒者设法攻打,投诚者乘势招抚"①,双管齐下,既"平吴",又牵制太平军西进之势。四江口战役结束后,清廷指令李鸿章"趁此声威进捣昆山",借以巩固淞沪门户,打通进攻苏州之路,防止太平军"悉众救援金陵"。但是李鸿章却认为这是孤军深入的危道,"不敢轻进"。他复奏说:淞沪防线甚长,而兵力不足,难以攻守兼顾。加之苏常附近州县,"贼皆坚守,崑山、太仓相为犄角,尤为苏州门户,贼所必争必救之地。若我以孤军深入,而贼以四面来抄,坚城阻于前,粮断于后,此危道也。"他打算等待"上游诸军攻剿得手,使该逆奔救不遑,然后乘其敝而蹙之,以收前后夹击之势,庶无进退狼顾之虞。"②他在静观西线战局、窥测时机以求一逞的同时,加紧对东线太平军进行分化瓦解的工作。"剿抚兼施"本来是一切反动势力扑灭革命火焰的惯用伎俩,上海官绅薛焕、吴煦、吴云等早就同暗藏在苏南太平军内部由徐佩瑗(伪降的永昌团练头子)、钱桂仁(常熟守将)、李文炳(昆山守将)、熊万荃(主管苏州政事,后调离)等组成的反革命集团声气相通,妄图里应外合,攻占苏常和嘉兴地区。李鸿章抵沪后,承袭薛焕等人衣钵,乞灵于策反活动;而徐佩瑗、钱桂仁等则改换门庭,投靠李鸿章。1862年底,徐、钱等人遵照李鸿章的指示,密谋叛乱。李鸿章派部将周兴隆潜入常熟,徐佩瑗则赶赴苏州,"暗为要约,以冀连络一气"。幸好谭绍光有所察觉,逮捕徐佩瑗。钱桂仁闻讯赶来救应,并企图把李秀成骗到常熟杀害。不料,钱桂仁的阴谋尚未得逞,而其亲信部将骆国忠就为夺取他的财产和"反正"的"首功",于1863年1月在常熟抢先发动叛乱。谭绍光督兵进剿,永昌团练半途截击,公然叛变。谭绍光派兵扫荡永昌,并杀死徐佩瑗。李秀成调集援军,亲临督战,包围常熟,并夺回福山等沿江口岸,截断了从常熟通向上海的清军水陆交通。骆国忠"死守求救"。李鸿章表示"无法救之。设降众果与力持,以毒攻毒,于我尚无所损。"③后来李

①　李鸿章:《分路规取苏州折》,《李文忠公全书》,奏稿,卷3,第53—54页。
②　李鸿章:《复奏近日军情折》,《李文忠公全书》,卷2,第45—46页。
③　李鸿章:《上曾相》,《李文忠公全书》,朋僚函稿,卷2,第46页。

鸿章虽然调动淮军主力会同常胜军攻占福山,但仍无力解除常熟之围。及至3月以后,由于李秀成遵旨挥军渡江"进北攻南",陈炳文率部回救杭州,致使谭绍光被迫撤军。常熟叛变,福山陷落,大大地改变了苏南战场的形势。李鸿章得意忘形地说:"常熟为苏州饷源,福山为江海门户,易守难得。……吾力能保常、福,即进取苏常根本也。"①原来局处上海一隅仅能自守的淮军和常胜军,从此便得以悬军深入苏南腹地,据常熟以扼苏州之背,并可夹攻昆太了。

太仓、常昭、昆新鼎足而立。太仓位于常昭、上海之间,控制着常昭的后路。太平军坚守太仓,隔断了上海与常昭之间的陆上通道。李鸿章深知只有占领太仓,才能进取昆新,并以常昭为基地,西攻江阴,楔入锡金,对苏州地区形成包围的态势。因此,李鸿章必欲侵占太仓而后快。他起初本想凭借武力强行夺取,但由于连连碰壁,便又重施故伎,策动太平军守将会王蔡元隆叛变。蔡元隆将计就计,枪伤前来受降的李鹤章,毙伤无数淮军官兵。李鸿章恼羞成怒,调集淮军主力和常胜军疯狂进攻。太平军抵死抗拒,屹立不动。5月初太平军主动撤退,太仓终于易手。太仓陷落,成为迫使李秀成放弃原定"进北攻南"计划,从皖北后撤的诱因之一。曾国藩说:"此次忠酋锐意犯鄂,迭扑皖北各城隘,尚能坚守无恙,又因沪军克复太仓,该逆急于回救苏州,皖鄂大局,未至决裂,实属至幸。"②李鸿章得知李秀成回救苏州,就赶紧函嘱曾国荃"猛攻金陵等处,无令忠部得全萃苏沪"。曾国荃随即指挥湘军攻破雨花台石垒及聚宝门外各垒③。李鸿章也指挥淮军乘机滚营前进,侵占昆新和杨舍,从而使苏州暴露在敌人的军锋之下。

1863年6月李鸿章统筹全局,制定攻守战略。他认为"苏常杭嘉为东南财赋最盛之区,逆众占踞四年,微粮收税,取精用宏,且时以财粟接济金陵,转输各路,金陵是其老巢,而苏常杭嘉又为金陵根本,贼必死守而力争之,以成犄角之势,以护粮饷之源"④。淮军由沪进兵,嘉兴在其南,常州居其北,苏州界其中,"面面贼巢,若萃我兵力,专攻一处,各路之贼必包抄而入,不但苏城难克,即已复之城,亦难尽守。"因此"必须分路前进,或犄或角,取远势以制大

---

① 李鸿章:《复曾沅浦》,《李文忠公全书》,朋僚函稿,卷2,第48页。
② 曾国藩:《复黄南坡观察》,《曾国藩未刊信稿》,第158页。
③ 曾国藩:《复严渭春中丞》,《曾国藩未刊信稿》,第165页。
④ 李鸿章:《分路规取苏州折》,《李文忠公全书》,奏稿,卷3,第53页。

敌,我可以抄贼之后,贼不能抄我之后,渐逼渐紧,渐击渐败,使贼大势不振,筋脉不舒,则苏州一城早迟可克,克亦易守。"①他决定采取分兵三路、"以剿为堵"、"规取远势,以剪苏州枝叶,而后图其根本"的战略。中路由昆山进苏州,以程学启所部陆军当之。北路由常熟进江阴、无锡,"为扼吭拊背之计",以李鹤章、刘铭传所部陆军当之。南路由泖淀湖进吴江、平望、太湖,以李朝斌所部太湖水师当之。此外,以黄翼升所部淮扬水师配合中路和北路,相辅并进;以戈登所部常胜军移驻昆山,专备各路游击援应;以潘鼎新所部扼扎金山卫,刘秉璋所部扼扎洙泾,杨鼎勋所部扼扎张堰,以防范杭嘉湖地区太平军进窥淞沪。

面对李鸿章分进合击苏州的阴谋,李秀成自天京匆匆赶到苏州,与谭绍光等研讨应敌方略。李秀成一面调兵屯驻江阴、无锡间进援苏州,一面准备以攻为守,分兵四路进攻上海、昆山、常熟、江阴,打破敌人的围攻,转入外线即敌之内线去作战。李秀成的应敌方略虽然正确,但却因为湘军猛攻天京,迫使李秀成不能坐镇苏州指挥,只得经常奔波于苏州与天京之间,加之洪秀全担心李秀成权重震主,"乃增封多王,以间其党,而内乱猜忌之萌,愈散漫不可制",以致未能付诸实现,苏常太平军终于陷入消极防御、节节败退的困境。7月戈登常胜军和程学启部淮军攻占吴江、震泽,切断苏州与杭州的陆路通道。9月李鹤章、刘铭传部淮军攻陷江阴。程学启部淮军伙同戈登常胜军进逼苏州。太平军在谭绍光的指挥下,决心坚守阵地,誓与苏州共存亡。11月下旬淮军伙同常胜军在苏州娄门外发动猛烈进攻。太平军"勇敢地屹立不动,寸土不退",重创来犯之敌。由于屡攻不下,继续"攻城就要遭到失败",所以李鸿章、戈登等便把希望寄托在苏州太平军内部"骆国忠式"的人物身上,通过淮军副将、太平军叛徒郑国魁策动纳王郜永宽、宁王周文佳、康王汪安钧、比王伍贵文等叛变。纳王郜永宽是个"秉性恶劣、气量狭小、心胸奸诈的人",苏州"守军半数以上均归其节制,虽然他的品级在统帅慕王之下,可是他比慕王掌握了更大的兵权。"他为了"保全自己的性命财产"和从清廷那里"领取重赏",不惜串通狐群狗党,阴谋暗害忠贞不贰的慕王,向敌人献城投降。郜永宽先派汪安钧与程学启会面,洽谈叛降事宜,接着就亲自出马,与程学启、戈登议定降约。郜永

---

① 李鸿章:《驾驭西兵片》,《李文忠公全书》,奏稿,卷4,第32页。

宽答应谋杀谭绍光，以苏州降清。程学启、戈登承诺清廷赏赐郜永宽二品武职。正当这场血腥交易紧锣密鼓进行之际，李秀成自无锡抵达苏州。他除亲临前敌指挥战斗外，还向谭、郜等"倡议放弃苏州和南京，将全部太平军转移至广西"。谭绍光"反对此议，主张坚守，奋战到底。"郜永宽等"因为想要投降，也不同意忠王的意见。"①李秀成虽然发现郜永宽等怀有"他心"，但却"不严其法"。他深知形势不妙，与谭绍光"恸哭而别"，离开苏州出屯金匮县伯渎沿线的茅塘桥。12月4日郜永宽等刺杀谭绍光，献城投敌。叛徒郜永宽等幻想用战友的头颅敲开"幸福之门"，但是李鸿章却踏着他们的尸体而升官晋爵。为了防止"降众复叛"和消除"尾大不掉之虞"，李鸿章和程学启密谋诱杀降将。杀降本为不仁之举，而李鸿章却以杀降"自娱"。据目睹者说：李鸿章在苏州娄门外军营会见并宴请郜永宽等8人，"甫就席，有军官自外入，投谍李公，李公就谍出。酒行，旋有武弁八人，各手一冠，皆红顶花翎，膝席前，请大人升冠。降酋不知是计也，竟扬扬得甚，起立，自解其额上黄巾，手冠者俟其侧，从官尽起，目注之。转瞬间，八降酋之头血淋漓，皆在武弁之手。"②杀了"八降酋"之后，程学启立即派兵汹涌地闯进苏州，"无门不破，无处不搜，无人不魄飞天外"，仅在城内双塔寺庭院就杀害太平军3万人。有些外国人在惨案发生后20天，还"见到庭院地上浸透人的鲜血！""抛满尸体的河道仍旧水带红色"，并"因亲眼目睹了人类屠杀的可怕证据而感到不寒而栗"③。

对于苏州杀降事件，清廷认为李鸿章"所办并无不合"，"甚为允协"。曾国藩也发出"李少荃杀苏州降王八人，……殊为眼明手辣"的感叹！然而，常胜军统帅戈登却极为不满，愤然离开苏州退至昆山，要求李鸿章辞去江苏巡抚，否则就攻击淮军，夺回常胜军所占城镇交还太平军。英国驻华陆军司令柏郎也自沪抵昆，与戈登商定常胜军由其节制，不再受李鸿章调遣。柏郎还赶到苏州，"怒不可撄"，威胁李鸿章"备文认错，方有办法。"李鸿章说："此中国军政，与外国无干，不能为汝认错。"柏郎"一怒而去"。李鸿章弄得焦头烂额，担心总理衙门"无力了此公案"，表示"愿受朝廷之罚，不欲开岛人之衅。"戈登并非是人道主义者，而是一个杀人不眨眼的刽子手。他与其说是痛恨杀降，毋宁

---

① 呤唎：《太平天国革命亲历记》，下册，第568页。
② 王德森：《记程忠烈计诛降酋事》，《岁寒文稿》，卷4，第16—17页。
③ 呤唎：《太平天国革命亲历记》，下册，第579—580页。

说是痛恨杀降不利于进一步诱降;加之李鸿章"先调常胜军回驻昆山,未与入城之功",失去抢掠之机,因而"忽生异议"。李鸿章想方设法消弭衅端,一面搜刮大批银两"犒赏"常胜军,一面乞求赫德出面斡旋,终于了结了此桩公案。

中外反动联军攻陷苏州,对太平天国危害极大。洪仁玕痛心地说:"安庆之失,天京已危,及苏州一陷,得救之望绝少矣。"①苏州失守后一周,无锡亦陷入敌手。李鸿章得意地说:"苏州之捷"杀死慕纳比康五王及四天将,"解散近二十万人。""无锡之捷"杀死潮王父子,"捡斩解散约五万人"。"金陵浙江各军捡杀解散之数更不胜计",忠王"党羽已孤,巢穴已失"②。李秀成也承认"那时兵乱民慌,寻思无计。"他认识到局势的严重性,连夜赶回天京,他对洪秀全说:"京城不能保守,曾帅兵困甚严,濠深垒固,内无粮草,外救不来,让城别走"。这个建议是太平天国处于严重危机关头,保存实力、再展宏图的正确方针,而这又正是为敌人所畏惧的。但是,洪秀全却因昧于大势,信天不信人和丧失了发奋进取精神,断然地拒绝李的合理建议,决定婴城固守,同敌人硬拼到底。从此,李秀成只得留守天京,致使苏浙太平军陷入群龙无首的局面。李鸿章抓住有利时机,兼图常州和嘉兴,以巩固苏州和淞沪门户。他致函曾国藩说:"鸿章于苏锡克后,左右顾盼,不得不兼图常嘉以自固门户。常为苏之门户,嘉为淞沪门户,墨守师门稳慎自立之训,并无人我之见存,亦非敢高谈远略也。"③李鸿章分兵入浙,并奉旨兼管浙西吏事,引起闽浙总督兼署浙江巡抚左宗棠的忌恨,左宗棠愤愤地说:"金丹将成,必有魔扰之",左、李"二人之怨,由此而结。"④李鸿章则抱怨说:"左公嫉忌之深,不以保土相谅,乃以越境为嫌。揆古例今,殊非情理。"⑤1864年3月淮军攻占嘉兴,程学启遭到太平军枪击毙命,李鸿章哀叹:"失此良将,左臂顿折,从此不敢轻议征伐矣。"

5月,淮军会同常胜军攻陷常州,护王陈坤书力战被俘殉国。曾国藩闻讯,欣喜若狂,特地致函李鸿章,吹捧有加,说什么"壮哉! 儒生事业近古未尝

---

① 《洪仁玕自述》,中国近代史资料丛刊《太平天国》(以下简称《太平天国》),第2册,第855页。

② 李鸿章:《筹办大略片》,《李文忠公全书》,奏稿,卷5,第27页。

③ 李鸿章:《上曾相》,《李文忠公全书》,朋僚函稿,卷5,第2页。

④ 赵烈文:《能静居士日记》,《太平天国史料丛编简辑》,第3册,第356—357页。

⑤ 李鸿章:《复孙琴西观察》,《李文忠公全书》,朋僚函稿,卷5,第3—4页。

有之。"他赞扬李鸿章"躬率诸将决战,出死入生"的精神和督军"出奇制胜"侵占苏常嘉地区、牵制消灭大批太平军、减轻上游湘军压力之功。

李鸿章在夺取常州之后,设法解决了遣撤常胜军和会攻天京两个棘手的问题。

由苏州杀降而引起的一场风波,深深地刺痛了李鸿章。他断言"常胜军终无结局,外间不知者以为好帮手,其知者以为磨难星也。"既然是"磨难星",还有什么存在的必要呢? 他"每思乘机善遣,徒以军事方棘,外人把持,未易就理。"①1864 年 5 月淮军和常胜军侵占常州后,遣散常胜军的条件业已成熟。

戈登考虑到太平天国败局已定、淮军逐渐西化和常胜军严重腐化的现实,主动要求遣散常胜军。清廷认为这"实属不可失之机",指示李鸿章"乘势利导,妥为遣散。"李鸿章更为高兴,声称"此是苏省最要关键"。当然,他对常胜军并非全裁,还酌留得力炮队 600 人,枪队 300 人,海生轮船数十人,已及原额 1/3,并留外国军官 12 名,帮同教习,在实际上是李鸿章把常胜军精锐从戈登之手夺归己有,使之成为淮军的有机组成部分,"训练操纵由我"。他这样做,既壮大了淮军的声势,又消除了英国驻沪领事巴夏礼关于遣散常胜军会危及上海安全的担心。

李鸿章自信"笼络""控驭"常胜军是成功的。1864 年他供认"两年来剿贼立功",深赖戈登的"指臂之助"。他依靠常胜军从太平军手中夺得苏常地区,随即遣散了常胜军。曾国藩吹捧李鸿章"驾驭洋将擒纵在手,有鞭挞龙蛇视若婴儿之风,尤以为佩。"②

李鸿章攻陷苏、常诸城之后,作为太平天国首都的天京依然屹立不动,曾国荃督湘军久攻不下,"智力俱穷"。清廷为了早日消灭太平天国,命令李鸿章所部淮军会攻天京。李鸿章深知从清朝统治全局出发,理应挥师赴援;但从个人同曾国藩兄弟的关系考虑,还是以静观待时为佳。曾国藩兄弟虽然一心想独占攻陷天京"首功"和天京财富,反对淮军染指,但在表面上却又装出欢迎淮军会攻的姿态。李鸿章深悉个中奥秘,一面向曾氏兄弟买好,表示"不敢近禁臠而窥卧榻",一面向清廷倾述苦衷,把抗旨的责任推给曾国藩兄弟。赵

---

① 李鸿章:《裁遣常胜军折》,《李文忠公全书》,奏稿,卷 6,第 54 页。
② 曾国藩:《复李少荃中丞》,《曾文正公书札》,卷 23,第 26 页。

烈文在评论6月21日李鸿章所上奏折时说:"按此折明以此间不愿会攻之意入奏,冷眼观定,不至此间地道无成,急迫求助之时,不会来攻。噫! 可谓坚矣。"①曾国藩眼见李鸿章泄露了天机,担心受到清廷的惩罚和舆论谴责其"贪独得之美名,忌同列之分功",特于6月25日上疏恳请"饬催李鸿章速赴金陵。"对于曾李之间围绕会攻天京问题的钩心斗角,赵烈文曾评论道:

> 按少帅(李鸿章)前致中丞(曾国荃)信,力言不来,黄昌歧(翼升)军门至皖为之游说,则告中堂(曾国藩)以苏军炮队之利及口粮亦止半关,无贫富相耀之虑。并言但得中堂一纸书,即无不来。其五月十八日(6月21日)奏片则又明指中丞有信,不须其来。而十八、九日间中旨,忽云饬令李鸿章不分畛域,不避嫌怨,迅速会剿之语。则京都权要处,必先有信,言此间之不愿其来。此一事而机械百出,语言处处不同,其图望大功,日夜计算心计之工,细入毫芒。中堂此疏,不望有功,但求无过,其辞气之卑约,不独自雪无专功之念,而李之骄亢,已隐然言外。处功名之际,固当如此,即论手段,平直无奇,实则高李数倍,不可不细细体味。②

赵烈文站在曾国藩兄弟一边,指责李鸿章"图望大功"而费尽心机。其实曾国藩兄弟又何尝不是如此呢! 曾国藩玩弄权术,"高李数倍"。他以"卑约"的"辞气",掩饰自己的贪婪,暴露"李之骄亢",正是其阴险狡诈的表现。李鸿章有鉴于此,决定派淮军刘士奇炮队及刘铭传、潘鼎新、周盛波等27营会攻天京。7月18日曾国荃收到李鸿章的来信,得知援兵将至的消息。据赵烈文记载:当时曾国荃"在龙脖子行营,接此咨传示众将曰:'他人至矣,艰苦二年以与人耶?'众皆曰:'愿尽死力!'"③第二天,曾国荃督湘军攻陷天京,终于如愿以偿。日后曾国藩特地向李鸿章表示谢意,执其手曰:"愚兄弟薄面,赖子全矣。"

李鸿章虽然没有会攻天京,但却对湘军攻陷天京发挥了重要作用。苏杭是太平天国后期赖以支持战争的战略基地。它既是天京的东南屏障,又是天

---

① 赵烈文:《能静居士日记》,《太平天国史料丛编简辑》,第3册,第361页。
② 赵烈文:《能静居士日记》,《太平天国史料丛编简辑》,第3册,第364、369页。
③ 赵烈文:《能静居士日记》,《太平天国史料丛编简辑》,第3册,第364、369页。

京的物资供应基地。李鸿章说:"苏常杭嘉为东南财赋最盛之区,逆众占据四年,征粮收税,取精用宏,且时以财粟接济金陵,转输各路。金陵是其老巢,而苏常杭嘉又为金陵根本。"李鸿章以上海为依托,逐步夺取了被视为"金陵根本"的苏常嘉等地,不仅使天京东南暴露在敌人兵锋之下,天京陷于湘淮军夹击的危险境地;而且使"东南财赋最盛之区"从天京的物资供应基地一变而为敌人进攻天京的物资供应基地。在那里李鸿章"征粮收税","捐厘助饷","以半省之厘供分防本境及援剿各省之用。"与此相反,天京既丧失了粮饷之源,粮道又被截断。淮军侵占苏常之后,进扼句容、溧水、东坝等处,从而使太平军"由陆运者升斗皆不能入(天京)城"。《钱农部请师本末》说:李鸿章在"尽收所失郡县"之后,"厚集兵力,断绝粮道,专图金陵,金陵之贼如瓮中鳖,无可逃矣。"由此可见,湘军攻陷天京,借助于李鸿章淮军之力大矣。曾国藩函告乃弟:"常杭嘉湖全克,而金陵收功结果,乃正理也。"[1]历史事实正是这样,李鸿章、左宗棠出力侵占苏杭在前,曾氏兄弟夺取天京"收功结果"在后。所以《钱农部请师本末》说:"向使下游未定,贼有外援,官军亦有瞻忌,恐难并力坚城(天京)之下,尅日奏功。"[2]事后清廷"论功行赏",不仅给曾国藩兄弟加官晋爵,而且晋封李鸿章为一等伯爵(伯号肃毅),并赏戴双眼花翎。

"霸术"与"德政"

李鸿章在苏南每从太平军手中夺得一地,就立即重建政权,以"霸术治民"、"恃功朘民",并被迫采取一些以退为进的政策。

所谓"霸术治民",就是在政治上对人民实行专政。

李鸿章在所谓"用沪平吴"时,认为常胜军"往往破贼而不能多杀贼,故须我军俏作以辅其力所不逮也。"[3]淮军侵入太仓后,"为了搜罗人头,屠杀了几万和平居民",并对太平军俘虏施以"最精细的残忍酷刑"。据外国目击者说:

---

① 曾国藩:《致沅弟》,《曾文正公家书》,卷9,第292页。

② 《太平天国史料专辑》,第96页。

③ 李鸿章:《复彭雪琴侍郎》,《李文忠公全书》,朋僚函稿,卷2,第29页。

他们的衣服全被剥光，每个人被绑在一根木桩上面，……他们身体的各个部分全被刺入了箭簇，血流如注。这种酷刑还不能满足那些刑卒的魔鬼般的恶念，于是又换了另种办法。……从这些俘虏身上割下了，或者不如说是砍下了一片片的肉，……这些肉挂着一点点的皮，令人不忍卒睹。……这些可怜的人们在数小时之内都一直痛苦地扭动着。大约在日落时分，他们被一个兽性的刽子手押到刑场上，这些家伙手里拿着刀，急欲把自己的双手染满鲜血，简直像个恶魔的化身。他抓住这些不幸的牺牲者，威风凛凛地把他们拖到前面，嘲笑他们，侮辱他们，然后把他们乱剁乱砍，用刀来回锯着，最后才把他们的头砍断一大部分，总算结束了他们的痛苦。①

李鸿章在会同戈登施展诱降阴谋夺取苏州后，竟然下令："凡是苏属口音者，悉放归，南京以上，不分良莠尽杀。"②当淮军侵占无锡以后，"这批卑劣的家伙本其惯技滥杀无辜的居民，估计惨遭杀戮的达六千人以上，他们唯一的罪名就是居住在太平军的城市里。"淮军对常州也同样进行了烧杀抢掠。赵烈文记载其家乡常州阳湖县被劫惨象时说：

同乡丁听彝来，久谈，饭后去。里中复后，渠从江阴口至家，住七日。城中情形，惨不可闻，尸骸遍地。渠到时为五月底，距城破已五十余日，尚未检拾，臭气四塞。房屋俱被兵占住或毁坏，莫敢一言。守城系张树声所带某字营，分四门，不准乡民入内，每日尚四出往乡村有人处抄扰。……乡间弥望无烟，耕者万分无一。③

据不完全统计，从 1862 年 5 月淮军与英法干涉军、常胜军会攻南桥开始到 1864 年 5 月淮军与常胜军攻陷常州为止，中外反革命联军仅在苏南几次较大的战役中就杀害太平天国军民约达 10 万多人。

李鸿章淮军的残酷屠杀，既是阶级报复，又是为了掠夺财富。据柴萼记载：

---

① 吟唎：《太平天国革命亲历记》，下册，第 488—489、541 页。
② 柯悟迟：《漏网喁鱼集》，第 96 页。
③ 赵烈文：《能静居士日记》，《太平天国史料丛编简辑》，第 3 册，第 383 页。

（淮军）初赴上海时，饷项匮乏，食米而外，仅酌给盐菜资。及接仗克城，人人有获，每向夕无事，各哨聚会，出金钏银宝堆案，高数尺许，遇发饷时，多寡不较也。文忠知之，明订九关，杜营哨虚冒，遂为成例，入于奏案。其时米价极昂，石值银五两，各军克城，辄封存敌所囤米，据为私有，文忠出示收买，定价石银三两，出入一律，亦为成例定案，淮军统将，往往以此致富。①

这清楚地说明，李鸿章是淮军官兵肆意焚杀掳掠的罪魁祸首。当群众抓住为非作歹的兵勇来辕喊冤时，"辄以土棍之罪罪之，民益无聊。"据赵烈文的同乡揭露：

（李鸿章）闻人言兵勇不戢，辄大怒。锡人杨艺芳，其年任，李所〔信〕任，一言及之，遽曰："不必言，吾皖人皆当诛。"杨战栗而出。

正是由于李鸿章的纵容，致使苏南"剽掠无虚日，杀人夺财，视为应然。"②

李鸿章命令各地绅董设立善后局，名曰抚恤民生，实则残民以逞。以常昭为例。李鸿章札委前常熟知县周沐润总办常昭善后事宜，照会富翁赵宗建等设善后局。"自此破靴党已如饿虎出林，挨拥入局办公。巍然董事，扛帮唬诈。"局中"置备刑具，挂牌放告。乡民具禀者接踵而来，或控伪乡官威逼，或控土匪抢夺，一一查拿到案审问。""一切词讼，悉由局董做主，以钱之多寡，定事之曲直。"乡民进城需有局颁路凭，"如出城再需进城，小民俱于臂上印一方图章为记。"局中还遣绅士"清理城邑"，即"分段同该图地方，往各公馆开写姓名男女数目登册送局，由捐分给清户门牌。阅数日一查，照牌点验，人数不得多少，谓之查门牌。各绅称本邑巡查绅士。时官兵去攻打江阴，百姓纷纷回家，其曾为贼而不当兵者，呼之为毛里光，概逐出城，城中渐就肃清。"③

李鸿章还令各乡镇设难民局，"收养流离失所之民"。请看无锡的惨景：

---

① 柴萼：《梵天庐丛录》，卷7，第3页。
② 赵烈文：《能静居士日记》，《太平天国史料丛编简辑》，第3册，第383页。
③ 柯悟迟：《漏网喁鱼集》，第93、137、140页。

　　无锡虽然设了难民局,但因"米珠薪桂,终难周全,冬春之饥寒交迫,夏秋之暑湿熏蒸,病死无数,非独殓无棺木,葬亦开千人坑埋之。且夫役扛尸,尝以两尸为一杠,甚至有未气绝者,夫役曰:'带去。'或能言未死者,则曰:'早晚一样。'竟带去埋之。"①

　　由此可见,所谓难民局,名曰"收养",实则残害"流离失所之民"。常熟东乡柯悟迟说:当时"州县仍如饿虎出林,绅衿如毒蛇发动,差役如恶犬吠村。"②这正是以李鸿章为首的地主政权在苏南复辟后的确切写照。

　　何谓"恃功朘民"? 就是依仗权势横征暴敛。

　　1865 年有人奏参李鸿章说:在苏南"不闻德政,唯闻厚敛"③。真是一语中的。

　　李鸿章在所谓"用沪平吴"的过程中,每侵占一地,"即酌添卡局,以济军饷"。据殷兆镛等揭露,苏南"十里五里设卡重征","十钱抽三",由沪浙至苏,"绸缎须捐八九次,木料须捐五六次","茶棚桌子、赌场桌子、点心剃头担、粪担,日捐数千文至数十文,并有妓女捐名色"④。而"官亲、幕友、游客、劣绅争充委员,擅用令箭旗牌","绅董稍假事权,擅作威福"⑤。

　　以李鸿章为首的在苏南复辟的地主政权,积极维护地主利益,没收所谓"逆产",清查庐舍田地,各还原主,尚未查得业主者,等业主续归,再行给还。因而那些曾在革命风暴打击下一度成为"惊弓之鸟"的大大小小的地主们,现在又依靠封建政权卷土重来,回窜乡里,夺田追租,劫掠农民财产。他们有的自称"原主",随意圈占荒地;有的乘农民"无以自存"之际,趁火打劫,以极低的代价,"购买"农民的大片土地;有的勾串地保、胥吏之类,任意"飞诡侵挪"。

　　1863 年在淮军侵占苏州前夕,苏州地主绅士向局员周椿、绅董吴嘉椿等献议"创设收租局,减租之半,分租为三,一以赡军,一以善后,而自取其一,请

---

①　佚名:《平贼纪略》下,《太平天国史料丛编简辑》,第 1 册,第 304—305 页。
②　柯悟迟:《漏网喁鱼集》,第 95 页。
③　李鸿章:《复奏殷兆镛等条陈江苏厘捐折》,《李文忠公全书》奏稿,卷 9,第 1 页。
④　李鸿章:《复奏殷兆镛等条陈江苏厘捐折》,《李文忠公全书》奏稿,卷 9,第 3、1 页。
⑤　李鸿章:《复奏殷兆镛等条陈江苏厘捐折》,《李文忠公全书》奏稿,卷 9,第 3、1 页。

委多官为之征比。"①周吴等"议拟章程",由总办团练刑部郎中潘曾玮等具禀、经李鸿章"据实奏明开办,并以江震二县情形相同,委员一律办理。"②

李鸿章这样做,具有双重意义。

第一,支持地主盘剥农民。苏州地主士绅鉴于在太平天国治下,苏州"各佃租子或由土豪代收,或由伪职征取,业户则颗粒俱无"的实际,预感到在淮军夺取苏州后"佃者之租必不尽输"的可怕前景,因而迫切希望依靠清朝政权强制收租以实现其土地所有权。李鸿章秉承其意旨,凭借政府权力推行"田归原主"政策,并在此基础上"照田起捐"。因此,"自是厥后,租事皆联官为声气,诉控比责,不必庭质;隶役提摄,不必签票;一任有田者之所欲为而为。"③

第二,搜刮民脂支撑战争。租捐是李鸿章日益增多的军饷的重要来源之一。据时人揭露,苏州在 1863 年亩捐四斗,1864 年民间收租一石捐钱八百余文。借收租捐,常熟"刁劣董事,如蔓草生枝,层层剥削,差役穷思极想,百计搜罗。"④但是,李鸿章却竭力辩解,说苏州在 1863 年"凡成熟田一亩共收佃户租米六斗,以二斗报捐军米,以一斗四升捐办抚恤,以一升充办公经费,余米二斗五升给还业户,计每亩共捐出三斗五升,并无所谓四斗之事。"1864 年"仿上年租捐章程变通办理,计长元吴三县凡收租米一石,捐钱八百文,分上中下计成缴捐,此外各属情形不同,准其酌量增减","虽办理未能划一,总以俯顺舆情为主,并无严酷甚于催科之事。即所收数目,以三年收成及市价核计,每石不过缴捐四分之一,较之完纳地漕钱粮所省实多。"⑤在这里,李鸿章只讲租捐少于地漕钱粮,却矢口不提"照田起捐"是在宣布"钱粮概行豁免"之后干的事实。时人说:"名不起征,实有租捐"⑥。租捐对于解决淮军军饷至关重要。李鸿章供认,从 1863 年 7 月到 1864 年 7 月间,由于夺得苏杭,"商贾四散,厘捐收数渐绌,赖苏属捐租陆续得八十余万两,稍资凑齐。"

李鸿章面对被兵地区"人民稀少,田野荒芜,茕茕孑遗仍多冻馁而死"的

① 陶煦:《租覈》,第 12 页。
② 李鸿章:《陈明租捐丈田清理民房情形片》,《李文忠公全书》奏稿,卷 9,第 8 页。
③ 陶煦:《租覈》,第 12、12—13 页。
④ 柯悟迟:《漏网喁鱼集》,第 97 页。
⑤ 李鸿章:《陈明租捐丈田清理民房情形片》,《李文忠公全书》奏稿,卷 9,第 8—9 页。
⑥ 柯悟迟:《漏网喁鱼集》,第 96 页。

严酷现实,为了尽快地恢复和稳定封建统治秩序,还采取了"招垦升科"和"蠲减钱漕"的措施。

李鸿章深知欲复元气,应首重农功,而要恢复农业生产,就必须招徕农民,垦辟荒田。1863 年 6 月李鸿章奏称:"唯念农田荒废,耕具全无,不特将来开垦倍难,赋税无出,且当此饷绌民穷,捐赈亦不能持久,因议招集流亡,酌给芦席竹苇,俾其各就田庄搭棚捿宿,补种黄豆包谷蔬菜等物,以备秋后糊口之需。其各县稍完善地方,另派员绅设法劝谕,借种催耕,并督饬该州县廉静勿扰,以养民力。"①1863 年 12 月李鸿章攻陷苏州后,采取"招垦抚恤"政策,"资遣难民回籍十余万人,并发牛种,招集流亡垦荒。"他的丁未同年溧阳陈鼐时在幕中,"赞襄其事甚力"。1864 年 10 月李鸿章致函吴棠说:"常镇各属流亡殆尽,遍地汗莱,明春须办招垦,或为劝谕里下河迁民屯耕之说,似亦可采,州县得人方有功效。"②李鸿章虽然"日与官绅谋所以招垦抚恤之方,但苦无款可筹"③,加之没有妥善章程,未能切实筹办,因而成效甚微。

除"招垦抚恤"外,李鸿章还在苏南因地而异地奏准暂行"豁免钱漕"或永久裁减粮赋浮额。1863 年 6 月始而奏准豁免太仓州、镇洋、常熟、昭文、昆山、新阳、嘉定、金山等县本年漕粮,继而奏准裁减苏松太粮赋浮额,1864 年 11 月又奏准豁免江宁府属上元、江宁、六合、句容、江浦、溧水、高淳 7 县钱漕三年。清朝大吏把李鸿章的"蠲减钱漕"吹嘘为"恤民至计",是造福于"遗黎"的"惠政"。其实在阶级社会既无超阶级的"民",又没有代表全民利益的"惠政"。李鸿章的"蠲减钱漕"纯属地主阶级的阶级政策。

据说减赋之议,首倡于冯桂芬,李鸿章遂请郭嵩焘与冯桂芬研究有关事宜。吴云向郭嵩焘进言并著书申述重赋之害和减赋之利。郭嵩焘得吴云书后,携至幕府,与冯桂芬等互相传阅。李鸿章适至,看到是书,赞佩不已,连称"聪明,聪明!是极,是极!"因告郭嵩焘:"可即上详文",并嘱咐冯桂芬:"老前辈即拟奏稿"。李鸿章认为此举事体重大,函请曾国藩主奏。曾国藩复信表示赞同,请李鸿章主稿并挈衔速奏。1863 年 6 月曾、李会奏请旨核减苏松太粮赋浮额,7 月奉旨准行。

---

① 李鸿章:《筹赈收复地方并酌请蠲免漕粮折》,《李文忠公全书》,奏稿,卷 3,第 44 页。
② 李鸿章:《复吴仲仙漕帅》,《李文忠公全书》,朋僚函稿,卷 5,第 32 页。
③ 李鸿章:《陈明苏省兵饷片》,《李文忠公全书》,奏稿,卷 7,第 29 页。

李鸿章认为漕粮乃"天庾正供",而苏松太三属漕粮积弊太深,急需改革,他提出应"以核减浮粮为理漕之纲,即以办理均赋为治漕之用。"①

何谓"核减浮粮"?在李鸿章看来,苏省钱粮甲于天下,而苏松太三属尤甲于通省,比毗连的常州多三倍,比同省之镇江等府多四五倍,比他省多一二十倍。由于"赋重民穷,有不能支持之势",所以出现了极不正常的现象。一曰:"坚持不减之名",而行"暗减之术"。督抚部臣默许州县捏灾,致使"无岁不荒,无县不缓,以国家蠲减旷典,遂为年例。"一曰:"官垫民欠","所谓垫者,岂州县之果能垫哉?不过移杂垫正,移缓垫急,移新垫旧,移银垫米,以官中之钱,完官中之粮,将来或额免,或摊赔,同归无著,犹之未完也。"这就造成了赋额重而征收实少的问题。本来苏属全漕 160 万,但在咸丰朝十年中征收百万以上者仅 1 年,80 万以上者 6 年,而皆有官垫民欠 10 余万在其中,是最多之年民完实数不过 90 万。

苏松太粮漕甚重,平时都难以承担,何况战乱之余,按额征收更是难上加难。经过拉锯战,苏省"一望平芜,荆榛塞路,有数里无居民者,有二三十里无居民者,间有破壁颓垣,孤嫠弱息百存一二,皆面无人色,呻吟垂毙"②,伤心惨目之状,实非郑侠流民图可比。一个常胜军的军官透露:"程〔学启〕和李〔鸿章〕就是最大的破坏者,现在遍地蔓延着的巨大灾难全都得感谢他们两人所赐。"③面对这种残破局面,"欲责以重赋,责以数倍他处之重赋,向来暴敛横征之吏,所谓敲骨吸髓者,至此而亦无骨可敲无髓可吸矣。"

正是基于上述种种,"减赋"就成了历史之必然。李鸿章建议"比较历来征收各数,酌近十年之通,改定赋额,不许捏灾,不许挪垫,于虚额则大减,于实征则无减。"李鸿章的"减赋"实质上是一种以退为进的政策,即所谓"以与为取,以损为益者,方将借减赋之名,为足赋之实。"

减赋乃"转移之善术"。在李鸿章看来,"办灾办缓,权在胥役,防弊虽有百法,舞弊奚止千端,止此民力,止此地产,不减额之弊,在多一分虚数,即多一分浮费,减额之效,在少一分中饱,即多一分上供,减额既定,胥吏无权,民间既沾实惠,公家亦有实济。"

---

① 李鸿章:《清查苏松漕粮积弊片》,《李文忠公全书》,奏稿,卷3,第64页。
② 李鸿章:《筹赈收复地方并酌请蠲免漕粮折》,《李文忠公全书》,奏稿,卷3,第44页。
③ 《致〈中国之友报〉的编辑》,吟唎:《太平天国革命亲历记》,下册,第547页。

减赋乃"劳来之善术"。李鸿章认为,"吴民死亡之外,大半散之四方,故乡赋重,望而生畏,寻常蠲缓,不足去重赋之名,招之不来,荒田愈久愈多,何法以治之? 唯闻减赋之令,必当争先复里。"①

减赋乃"激劝之善术"。在李鸿章看来,减赋令下,各乡"愚贱""有不感生望外,踊跃输将者乎!"②

减赋乃"固结招徕之一法"。李鸿章说:"乡民""一闻减赋之令,必当感激涕零,望风增气,他日军麾所指,弩矢之驱必更奋,箪壶之雅必更诚。"

由此可见,李鸿章奏请减赋,一方面是想"借减赋之名,为足赋之实",使清政府得到"实济";另一方面是想动员"吴民""争先复里"、"踊跃输将"和积极支持反革命战争。

李鸿章笔下之"吴民",从阶级成分来看,主要是指地主而言,同时也包括自耕农和佃农在内。

漕粮是以土地所有者为征收对象,而当时的土地大部分掌握在地主手里,少部分归自耕农所有。因而减赋直接涉及地主和自耕农的利益自不殆言,但同无田而租人之田者也并非毫无关系。因为早在"康熙四十八年,给事中高遐昌奏,遇蠲免钱粮,将佃户田租亦酌捐免,奉旨必得均平,方为有益,寻户部议业主蠲免十分之七,佃户十分之三,永远为例。"③

当时"散之四方"的,如果只有"殷实"地主,而无"绝苦之家",那就绝不会出现"田多佃少"、"土地荒芜"的情况。李鸿章所说的"招抚流亡",显然不限于动员逃亡地主回家,也有争取逃亡农民返乡、借以恢复生产、稳定统治之意。

抵死抗拒太平军的"乡团",是由地主绅士倡率,而以"农夫牧竖"为基本成员的。所谓"农夫牧竖",就是李鸿章所说的"愚贱"者流。李鸿章减赋的目的之一,就是动员从地主阶级中浮现出来的那股反动势力和诱骗闭塞落后的"农夫牧竖"起而对抗农民造反。

何谓"办理均赋"? 在李鸿章看来,苏松漕粮积弊视他省为甚,其最不平者,莫如大小户之分。因有大小户之名,不是根据土地占有情况,而是"以贵

---

① 李鸿章:《裁减苏松太粮赋浮额折》,《李文忠公全书》,奏稿,卷3,第58—60页。
② 李鸿章:《裁减苏松太粮赋浮额折》,《李文忠公全书》,奏稿,卷3,第58—60页。
③ 《光绪七年苏绅公呈》,李文治:《中国近代农业史资料》,第1辑,第288页。

贱强弱定钱粮收数之多寡"。缙绅大户凭借权势"包揽短交",而小户则被官吏任意抑勒,以为挹彼注兹之计。"小户不胜其苦,其黠者又诡寄于大户",结果"大户益多,小户益少,其势遂偏重于一二安分之平民,而催科敲扑之惨,拘系之繁,无一非伤民气者。"

由于苏松征收漕粮,向有大小户名目,轻重不均,不仅使地主阶级内部大地主和中小地主发生利害冲突,而且也使地主和自耕农的矛盾日益激化。李鸿章深感这种局势的危险性,力主采取措施抑制一下"短交钱漕之绅户",缓和地主内部以及地主同自耕农的矛盾,以期巩固清朝统治,更有力地镇压农民造反。他建议在苏松漕粮核减后,应"明立章程,酌定折价,绅衿平民一例完纳,永远革除大小户名目,不使州县陵虐小民敢为暴敛而不顾,亦不使各项陋规困苦州县迫使病民而不辞。"

清廷接受李鸿章关于减赋和革除大小户名目的意见,下令苏松太减 1/3,常州、镇江减 1/10,并严禁大小户,声称"傥仍有大户包揽短交等弊,即著该地方官执法严办,毋稍宽容"。①

苏松太常镇五属减赋后,实际得利的主要是地主,而佃农虽应受益但并未"蒙其惠",因为地主破坏了康熙四十八年有关蠲免钱粮的规定。据 1881 年苏州士绅潘遵祁等披露:"同治三年,恩减漕粮,城中绅业,格外体恤,将业主应免十分之七,尽数蠲入佃户,而乡业将佃户应免十分之三,概行吞没入己"②。这是农村地主公然蔑视国法之一例。有的地主则采取阳奉阴违的态度,"声言减租,以虚额之数,亩减其三斗,故向止一石二斗而无增者,今亦一石二斗。而又将催甲等钱,增入一二升于其外。"因此,时人断言"是赋虽减,而租未减,租之名虽减,而租之实渐增。正如元史成宗纪江浙行省臣所说,恩及富室,而不被及于平民者也。"③

至于大小户名目,虽屡经谕禁,但并未革除,可谓名亡实存。以元和而言,官府公然设立两种征收钱粮的粮柜,"粮柜设于堂,而又有所谓内柜者,则以堂柜为外柜","内柜可减成,犹大户也,外柜则全完,犹小户也,特避其名耳",

① 《谕内阁》,《大清穆宗毅皇帝实录》,卷 146,第 170 页。
② 李文治:《中国近代农业史资料》,第 1 辑,第 288 页。
③ 陶煦:《租覈》,第 1 页。

"内柜皆绅及富室之强者,其费省,外柜则富之懦者与乡里小户属焉。"①据
《申报》揭露:"苏属大户完粮,自三四成至八九成不等,视职之大小、人之强弱
以定等差。偶有完数稍多者,人成非笑之。若自种小户,则一经开征,无不踊
跃输将。……常昭大户完米,类皆不交公费,或以本色折算。……此大小户仍
不能免也。"造成这种情况的根本原因,在于"有势力者莫不以包抗为能事,积
习相延,牢不可破。州县图旦夕之安,唯恐得罪于巨室,因之心存隐忍,莫敢谁
何。"②李鸿章也不得不承认:"苏松钱漕最重,自减赋改章后,大户仍不免包
抗,州县更加苦累,此亦积重难返之势。"③

　　由此可见,李鸿章虽然试图在政治经济领域有所作为,但因限于主客观条
件而成效甚微。1865年统治营垒中间就有人抨击李鸿章"战功虽著,而子惠
未孚,百姓之流离者未尽收恤,地亩之荒芜者未尽开垦,不闻德政,唯闻厚
敛。"④有人拿左宗棠与李鸿章相比,断言"左公吏治实胜李数十倍"⑤。

　　李鸿章为了尽快地恢复和稳定封建统治秩序,除了在政治经济领域采取
了相应的措施之外,还特别注意加强思想文化方面的工作,力图用功名利禄笼
络知识分子,用"尊孔读经""化民成俗"。

　　1864年李鸿章在苏抚任内,根据苏州、太仓诸绅的要求,为便于士子参加
岁考和科考,兴建苏州试院,派冯桂芬负责筹划,并以苏州籍的宋代贤臣范仲
淹勉励诸生,取名景范堂。他还特地撰写《苏州试院记》,以资纪念。他抚今
追昔,称赞吴中"自言子以文学肇启风气,汉晋以来,代有闻人,声明文物照耀
江左"。有清"二百年来,登大魁者一郡二十余人,科第之盛甲于海内"。他认
为"溯其初桄发轫,必自试院始。"而"自来儒者蓄道德能文章驯至功名盖世,
要无不萌柢于诸生中",如范仲淹为秀才,"便以天下为己任"。他希望凭借试
院将有志之士培养成范仲淹式的栋梁之才⑥。

　　同年曾国藩奏准补行乡试,李鸿章作为江苏巡抚,例应轮派监临。李鸿章

①　陶煦:《租覈》,第1、24—25页。
②　《申报》,光绪二年十月初三日。
③　李鸿章:《复何筱宋中丞》,《李文忠公全书》,朋僚函稿,卷11,第29页。
④　李鸿章:《复奏殷兆镛等条陈江苏厘捐折》,《李文忠公全书》奏稿,卷9,第1页。
⑤　赵烈文:《能静居士日记》,卷20,《太平天国史料丛编简辑》,第3册,第383页。
⑥　《李文忠公遗集》,卷5,第1—3页。

虽任翰林多年,"最喜衡文",但却从未得过考差,心中隐痛难以言表。此次他对自己能以皖人而监临江南乡试颇为得意,致函其师说:"监临本无可诿,又蒙殷殷见属,而皖人谓程梓庭、杨安卿两先生后,续成佳话。""科场事宜,承为经画周密,鸿章此行,殆如新妇回娘家之逸乐也。"①他还作了《甲子仲冬监临入闱感赋七律四首》,通过诸如"凤诏抢才下九阍,一星台拱主文昌"、"横戈跃马年来事,重过鏖文古战场"、"异数频年忆屡邀,又持管钥伴星轺"、"文章报国犹余事,物望何因副众翘"等诗句,借以表达其难以抑制的兴奋心情。然而李鸿章乐极生悲,入闱之后便感风寒而一病不起,"多谵语,不可解",弄得曾国藩"忧灼不已"。经过乃师和医生的精心呵护,李鸿章才得以逃过劫难,康复返苏。

除此之外,李鸿章还在苏州建复紫阳书院,改建正谊书院,分别聘请俞樾、冯桂芬主讲席,"课四书文、试帖如旧制"。

① 李鸿章:《复曾相》,《李文忠公全书》,朋僚函稿,卷5,第37—38页。

三 "自强"与"剿捻"

署理江督节制两湖

1864 年 7 月 19 日湘军攻陷天京,标志着以太平天国为中心的农民运动开始退潮,清朝封建统治渡过难关而趋向稳定。南方的太平军余部、北方的捻军以及西北的少数民族起义虽然继续坚持数年之久,但已经无力扭转乾坤了。

经过农民运动风暴的扫荡,爱新觉罗氏皇权趋于衰落,曾国藩、左宗棠、李鸿章等汉族地主官僚崭露头角。汉族地主官僚建立的湘淮军取代了经制军八旗兵和绿营兵的地位,许许多多湘淮军将领一跃而成为督抚、提镇等地方军政大员,中央政府对武装力量和地方政权的控制大大削弱。以慈禧为首的清廷对曾、左、李等汉族地主官僚既不得不依靠之以支撑危局,又鳃鳃然限制其坐大以防范内轻外重之患。

在湘军攻陷天京之后,曾国藩与清廷的关系骤然紧张起来。清廷深切地感到自己统治的最大威胁并不是太平天国余波,而是手握重兵、广揽利权的曾国藩。当时曾国藩总督两江,督办江、浙、皖、赣四省军务。他所创建的湘军已增至 30 万众,他直接指挥的湘军包括其嫡系曾国荃部在内亦多达 12 万人。他还控制着皖、赣等省厘金和数省协饷。他因"用事太久,兵柄过重,利权过广,远者震惊,近者疑忌"①。而权势远在曾氏之下的左宗棠、李鸿章等同清廷的矛盾则降到次要地位。清廷为了防止曾国藩的权势继续膨胀而同自己分庭抗礼,便采取了压抑曾国藩兄弟,扶植左、李等人与之抗衡的分而治之的策略。1864 年 11 月 6 日即在湘军攻陷天京尚不到 4 个月的时候,清廷突然命令曾

---

① 曾国藩:《复郭筠仙中丞》,《曾文正公书札》,卷 23,第 34 页。

国藩前往皖、鄂交界"督兵剿贼,务其迅速前进,勿少延缓",而改派李鸿章署理江督事。曾的幕僚赵烈文为此发出"殊咄咄可怪"的惊呼,曾国藩本人也"意殊寥落"。虽然不及一月清廷就收回了成命,但此举却是明显的扬李抑曾。

长期浮沉宦海的曾国藩,鉴于"自古握兵柄而兼窃利权者无一不凶于国而害于家"的惨痛教训,认识到"远权避谤"的重要和迫切性。他对曾国荃说:"处大位大权而兼享大名,自古曾有几人能善其末路者?总须设法将权位二字推让少许,减去几成,则晚节则渐渐可以收场耳。"①裁湘留淮就是他"以退让二字保全晚节"的主要措施之一。他认为裁湘留淮既可消除清廷疑忌,又能借助淮军"以济湘勇之穷",稳操兵权,从而保住自己在清朝统治集团中的地位。他致书李鸿章说:"唯湘勇强弩之末,锐气全消,力不足以制捻,将来戡定两淮,必须贵部淮勇任之。国藩早持此议,幸阁下为证成此言。兵端未息,自须培养朝气,涤除暮气。淮勇气方强盛,必不宜裁,而湘勇则宜多裁速裁。"②李鸿章既窥见到清廷的用心,说"都中群议,无能谋及远大,但以内轻外重为患,日鳃鳃然欲收将帅疆吏之权,又仅挑剔细故,专采谬悠之浮言"③;又看穿了曾国藩的真实意图,因而决定投双方之所好,坐收渔人之利。他深知在专制制度下"兵制尤关天下大计",淮军兴衰关乎个人宦海浮沉。他致函曾国藩表示支持裁湘留淮的决策,说"吾师暨鸿章当与兵事相终始",淮军"改隶别部,难收速效","唯师门若有征调,威信足以依恃,敬俟卓裁。"④由于曾、李达成默契,所以裁湘留淮便成定局。当时曾国藩直接指挥的12万湘军中,已有4万掌握在闽浙总督左宗棠手中,3万多先后拨归江西巡抚沈葆桢管辖,尚有5万是由曾国荃统带的嫡系部队。曾国藩深知清廷最为疑惧的武装力量,正是曾国荃部湘军。为了清除清廷疑惧,他一面陈请曾国荃因病开缺,回籍调养;一面陆续遣撤曾国荃所部湘军。而拥有7万水陆之众的淮军则在曾国藩的支持下,仅仅裁撤数千了事。所"裁撤数营,皆系湘将,不能剿捻,淮将得力者,尚在营中"。当然,淮军得以保留,还同所谓"粤匪残焰犹张,中土边疆传

---

① 曾国藩:《致沅弟》,《曾国藩全集》,家书二,第926页。
② 曾国藩:《致李宫保》,《曾文正公书札》,卷24,第17页。
③ 李鸿章:《复郭筠仙中丞》,《李文忠公全书》,朋僚函稿,卷6,第1—2页。
④ 李鸿章:《上曾相》,《李文忠公全书》,朋僚函稿,卷5,第35页。

烽正盛"①的国内形势有关。长驱河洛的捻军,于 1865 年 5 月在山东曹州击毙被清廷倚为长城的科尔沁亲王僧格林沁。皇室控制的嫡系精锐武装僧军的覆灭,迫使清廷把绞杀捻军的希望寄托在湘淮军身上。鉴于湘军业已大量裁撤,清廷只得借助淮军以济急,这就给淮军的保存并向北方扩展势力以可乘之机。

5 月 23 日清廷命曾国藩为钦差大臣,赴山东督军"剿捻",以江苏巡抚李鸿章署理两江总督,江苏布政使刘郇膏暂护巡抚。曾国藩接到命令后,"为之咤叹忧愤!"李鸿章却为曾国藩被推上剿捻前线,两江军政实权落到自己手中而拍手称快。他一面致函曾国藩劝慰说:"上意专倚吾师,保障北方,收拾残烬。事机紧迫,物望丛积,自属义无可辞。"②一面冠冕堂皇地向清廷表示"臣籍隶安徽,该省系总督兼辖,例须回避",唯时势危迫,"何敢拘泥常例,引嫌避位,致误事机,拟即料理交卸,驰赴金陵,暂行接任。"③

李鸿章署理江督之后,秉承清廷关于"曾国藩军营调兵、集饷各事宜,该抚并当妥为筹划,不得稍有迟误"的意旨,在调兵、集饷两个方面支持曾国藩剿捻活动。

李鸿章深知湘军"已成强弩之末",曾国藩剿捻必须借助淮军,因而主动提出调拨铭(刘铭传)、树(张树声)、盛(周盛波)3 军共 33 营近 1.7 万人,归曾氏指挥。同时调其弟李鹤章随侍旌麾,"联络诸将"。此外,李鸿章还辗转将潘鼎新鼎军拨归曾国藩指挥。当时清廷命令李鸿章派得力镇将统带劲旅北援,以防范捻军威逼京畿。据悉清廷"盼开花炮及洋枪队甚急",李鸿章遂奏派潘鼎新率鼎军 10 营(包括开花炮队一营)航海赴津,准备转进景州、德州,护卫畿辅。可李鸿章又担心这支"精整可靠"的劲旅落入满洲亲贵之手,因而恳请曾国藩将其调赴前敌,"不令久留直境,致有为难。"④李鸿章称赞刘铭传、潘鼎新两将为上驷之选,并特意向曾国藩表白"以上驷奉吾师,以中下驷留鸿章左右,设有警变,只有自将而已。"⑤曾国藩环顾左右,发现"金陵楚勇裁撤殆

① 李鸿章:《复郭筠仙中丞》,《李文忠公全书》,朋僚函稿,卷 6,第 1—2 页。
② 李鸿章:《上曾相》,《李文忠公全书》,朋僚函稿,卷 6,第 20 页。
③ 李鸿章:《署理总督大概情形折》,《李文忠公全书》,奏稿,卷 2,第 74 页。
④ 《李鸿章致潘鼎新书札》,第 23 页。
⑤ 李鸿章:《上曾相》,《李文忠公全书》,朋僚函稿,卷 6,第 22 页。

尽,仅存三千人,作为护卫亲兵,此外唯调刘松山宁国一军"①,只得借助淮军远征。于是,他一面函告李鸿章,表示将把铭、盛、树、鼎等军"资为干城腹心";一面上奏清廷,说这4军"皆系淮勇,经李鸿章兄弟苦心训练而成者,已调甘凉道李鹤章办理行营营务处,请旨准开甘凉道缺,并令李鸿章之季弟李昭庆赴营差遣。"②曾国藩还设法招致淮将刘秉璋以为己用,他早就看出刘秉璋"与淮军将领气味不投,终不相合",曾设法拉拢未成,及至北上剿捻,需兵孔亟,时值刘秉璋"久驻苏州,郁不自得",因而乘机奏调刘秉璋来营襄办军务。李鸿章虽不情愿,但因无正当理由,只得同意刘秉璋率10营移剿中原。曾国藩"剿捻",先后调集8万湘淮军,其中湘军2万人,是大量裁撤以后留下的精锐;淮军6万人,装备洋枪洋炮,并有独立的炮兵队伍,粗具近代陆军规模。然而湘淮门户甚深。淮军虽由湘出,但却只尊其长李鸿章,而不听曾国藩调度,6万淮军形式上拨归曾国藩指挥,而实权仍操诸李鸿章之手。由于李干预掣肘,贻误战机,曾国藩曾直言批评道:

> 淮军如刘、潘等,气非不盛,而无自开辟乾坤之志,多在台从脚下盘旋,岂阁下善于制驭,不令人有出蓝胜蓝者耶?淮勇自成军后,多遇顺境,未经大挫,未殉奇节,愿阁下愤之激之劳之教之,俾诸将历折稍多,成就更大,而敝人借以少靖捻氛,免于咨责,受惠多矣。③

> 目下淮勇各军既归敝处统辖,则阁下当一切付之不管,凡向尊处私有请求,批令概由敝处核夺,则号令一而驱使较灵。……以后鄙人于淮军,除遣撤营头必须先商左右外,其余或进或止,或分或合,或保或参,或添勇,或休息假归,皆敝处径自主持,如有不妥,请阁下密函见告。④

经此波折,李鸿章虽然有所收敛,但并没有屈服。他在受到曾国藩批评后,致函潘鼎新说:"湘军将帅,藐视一切淮部。如后生小子亦思与先辈争雄,

① 黎庶昌:《曾国藩年谱》,卷10,第202页。
② 黎庶昌:《曾国藩年谱》,卷10,第203页。
③ 《曾文正公书札》,卷25,第36—37页。
④ 《曾文正公书札》,卷25,第37页。

唯有决数死战稍张门户。"①怨恨之情,溢于言表。

李鸿章在调兵的同时,还以后路筹饷自任。自1865年6月起至1867年1月止,督军剿捻的曾国藩实收饷银11069802两,报请核销总数则为11026452两,结余43350两。这笔巨款主要是由李鸿章负责在江苏筹集的。当时兵饷"根本在吴",而厘金为其大宗。李鸿章认为苏省疮痍之后,农田荒废,钱漕多请蠲缓,"正项既不足以养兵,必须厘金济饷"。当时只有商业尚未减色,抽厘助饷,各省皆然,何况江海通衢,"利无钜于此者"。李鸿章依仗权势,横征暴敛,引起江苏士绅的强烈不满和严厉弹劾。1865年7月江苏吴江人、内阁中书殷兆镛和江苏常熟人、给事中王宪成先后上书抨击李鸿章在江苏"霸术治民","恃功脧民","不闻德政,唯闻厚敛",岁入厘捐达4000万两,罪不容诛。清廷据奏谕令"李鸿章将不肖委员严加裁汰,厘卡仍以归并为主,俟军务肃清,再行次第裁撤",并将江苏厘捐收支情况"造册报部覈销"。这可以说是李鸿章跻身封疆之后遇到的第一次政治危机,因而"怆惘"不已。曾国藩也忧心忡忡,致书规劝:"唯末世气象,丑正恶直,波澜撞激,仍有寻隙报复之虑。苟非极有关系,如粪桶捐、四千万之类,断不能不动色相争,此外少有违言,即可置之不问。……总宜处处多留余地,以延无穷之祐。"②但是,李鸿章却深知问题的严重性,决意不顾"含诟忍尤"的师训,以攻为守。他致函友人说:

　　　　自殷兆镛奏稿发钞,知者咸为不平,不知者借以吓制,而吴人或因此造谣抗闹,鄙人别无他计,做一日官,带一日兵,即办一日厘捐,与其病农,不如病商,况非真病也。如有旨离任督剿,必请责成后来者为办厘饷,否则必另拨有著之饷,否则弃军撤官可也。③

李鸿章首先安定僚属,说"我辈所争在是非不在利害,在理不在势",其咎与怨皆鸿章一人任之,唯赖诸公随时确查弊端,就近整顿,以匡不逮。随即复奏辩驳,指责王宪成"不识时务",殷兆镛"意存倾陷",声称"殷兆镛以苏属巨

---

①　《李鸿章致潘鼎新书札》,第33页。

②　曾国藩:《复李宫保》,《曾文正公书札》,卷24,第39页。

③　李鸿章:《复陈子奉观察》,《李文忠公全书》,朋僚函稿,卷6,第27页。

绅,为贵近之臣,不以国家大局为念,乃倡为浮议,肆口诋诬,上以眩惑朝廷之听,下以鼓动愚民之气,远近传播,使有借口,以遂其背公蔑法之私。臣因不能不寒心,以后官斯土者,更无所措手。"①李鸿章所以敢于抗疏辩护,是因为他自信前此有功于清廷,并看准清廷有赖于自己筹划剿捻的调兵、集饷事宜。他抓住时机,全力反击,"聊表心迹,以观上意之从违为进退耳。"②清廷从维护自身统治的大局出发,对于李鸿章及其淮军,既想操纵之以为己用,又要抑制之以防不测,因而敷衍了此公案,虽然诏责殷、王等假公济私,要誉乡党,但又以宏开言路为由,对殷、王等免于严谴。这种结局,李鸿章竟然以为"怨谤""已蒙昭雪",说诏旨"以厘卡断不可裁,殷王腾谤非是公明正大,令人感激涕零"③。然而曾国藩及其机要幕僚赵烈文却认为李鸿章与王宪成、殷兆镛等辩难一折,"虽胜而实受伤"。

李鸿章以江督身份驻节的南京,原为六代繁华的江南名城。湘军攻占南京后,秉承曾国荃意旨,对所谓"从贼者杀无赦","见人即杀,见屋即烧,子女玉帛,扫数悉于湘军"。曾国荃手下干将萧浮泗从天王府"取出金银不赀,即纵火烧屋以灭迹",结果"十年壮丽天王府,化作荒庄野鸽飞。"④移督两江的李鸿章交织着忧愤与悲伤之情供认:

> 金陵一座空城,四围荒田,善后无从著手,节相(曾国藩)以萧〔何〕曹〔参〕清静治之。何贞翁过此云:"宜竟废弃一切,另移督署于扬州。"虽似奇创,实则无屋无人无钱,管(仲)葛(诸葛亮)居此,亦当束手。沅翁(曾国荃)百战艰苦而得此地,乃至妇孺怨诅,当局固无如何,后贤难竟厥施,似须百年方冀复旧也。⑤

面对这种"无屋无人无钱"的惨景和"妇孺怨诅"的局势,李鸿章采取了某些恢复生产和稳定封建统治秩序的措施。诸如"请豁免漕粮三年"、"申估屋之禁

---

① 李鸿章:《复奏殷兆镛等条陈江苏厘捐折》,《李文忠公全书》,奏稿,卷9,第5页。
② 李鸿章:《复刘松崖护抚》,《李文忠公全书》,朋僚函稿,卷6,第32页。
③ 李鸿章:《复刘松崖护抚》,《李文忠公全书》,朋僚函稿,卷6,第32页。
④ 何绍基:《金陵杂述四十绝》,《东州草堂诗钞》,卷26。
⑤ 李鸿章:《复郭筠仙中丞》,《李文忠公全书》,朋僚函稿,卷6,第34页。

以清讼源"、"设劝农之局以贷牛种"、"复清节、普育、崇善诸堂以恤无告"、"振兴学校培植人才"等等。封建士大夫们把这些措施吹嘘成所谓"尊主庇民"的"惠政"。直至李鸿章死后,两江总督刘坤一还在《江宁奏建专祠疏》中进行赞誉。

李鸿章署理江督,虽然励精图治,但因地位不稳,时间较短,成效甚微。他受命刚满 5 个月,就突然奉命赴河洛防剿,兼顾山陕门户,以漕运总督吴棠署理两江总督,李宗羲、丁日昌递署漕督、苏抚。清廷此举,用心险恶。从军事上说,时值捻军主力从安徽转进河南,向西运动,而曾国藩则侧重东路,无力西顾,清廷拟调李鸿章督带号称洋枪精整为淮军之冠的杨鼎勋等部驰往河南、山西、陕西三省边境,"备回剿捻",以防止捻军和西北回民义军联合抗清。从政治上说,"江督天下大缺,枢廷部臣衣食所击(系)",岂能让曾、李久居?清廷阴谋一石二鸟:通过独立于湘淮集团的吴棠夺取李鸿章手中的两江地方实权,利用淮系李鸿章牵制湘系曾国藩,以防"内轻外重"。曾国藩、李鸿章看穿清廷用心,采取坚决抵制的态度。曾国藩接奉廷寄,认为"措置太骤,竟日为之不怡"①。他未经与李鸿章协商,就上疏抗争,声言"目下贼势趋重东路",清军"自当以全力专顾东路","谕旨饬李鸿章视师河洛,该处现无可剿之贼,淮勇亦别无可调之师","臣今所倚以办贼者,全赖淮勇诸军,供其指麾,李鸿章若果入洛,亦岂肯撤臣布置已定之兵,挟以西行,坐视山东、江苏之糜烂而不顾"。认为李宗羲"廉正有余,才略稍短,权领封圻,未免嫌其过骤"。丁日昌"虽称熟习夷务,而资格太浅,物望未浮",难胜其职②。李鸿章接奉廷寄,"反复筹思,似难尽妥"。他在《复方比部》中说:

> 此间叠奉批谕,督师河洛,自为秦晋门户起见,不知捻逆大股尽窜东徐,其张总愚一支留南阳者,尚非悍众,豫楚诸军当足制之。鄙人于西北形势生疏,而所部各军尽调归爵相四镇之内,冒昧前去,非特迁地弗良,岂忍夺爵相已成之局,诸将闻弟视师,必皆舍彼就此,一军两帅,牵制殊多,况饷源全恃吴中,付托非人,转运接济终必匮乏,恐于前敌无甚裨助,而东

---

① 《曾文正公手书日记》,同治四年九月十日。
② 曾国藩:《奉旨复陈近日军情折》,《曾文正公奏稿》,卷 4,第 727 页。

南全局先自动摇。①

由此可见,李鸿章之所以拒绝视师河洛,是因为捻军主力业已挥师东指,同时担心"一军两帅,牵制殊多",而且也害怕失去对饷源重地两江实权的控制。他致函曾国藩,先后提出两种应付方略。11月2日,即在接到清廷命令的第三天,他恳请曾国藩对于两江的人事安排"熟筹密陈"。他认为倘若自己视师河洛,吴棠必争江督一席,而吴棠"满腹牢骚,用人行政必多变局"。吴棠(字仲宣)是安徽盱眙(今属江苏)人,曾任南河、桃源、清河知县,署邳州知州,1861年升江宁布政使,兼署漕运总督。他早年曾有德于贫穷未达的叶赫那拉氏家庭,因而慈禧垂帘听政后,"圣眷颇隆"。李鸿章虽然恭维吴棠为"天子知名淮海吏",是自己的"金石至交",但考虑到吴棠既是慈禧亲信,又被曾国藩贬为"殊愦愦",因而从派系利益出发,反对吴棠署理江督。他借助别人之口,道出自己的心声,建议调李瀚章为苏抚兼通商,而以丁日昌为苏藩,或调李瀚章署江督,而仍以丁日昌兼苏抚通商。李瀚章是他的胞兄,丁日昌"洋务既熟",又与淮军"息息相关"。在他看来,只有他们才能稳定东南大局。他劝告曾国藩在择人问题上,"不可一味隐忍,此尤关系至要者。"11月4日他再次致函曾国藩,表示最好是维持现状,否则就彼此对调。所谓对调之说,是李宗羲提出的。李宗羲(字雨亭)深得曾国藩信赖,1858年调充营务处,1865年荐擢江宁布政使。他从湘系利益出发,提议曾、李对调。李鸿章对曾国藩说:

> 顷于雨亭专差递函,附呈钧察。师门回任,此间亦多此议。鸿章深以为然。唯前次叩送时,奉谕决不回任,故不敢拟议及之。若朝廷即照目前局面,勿急更调最好。而鸿章恐贻贪位避难之讥,必不得已仍照雨亭所拟,请以鸿章代吾师剿贼,如尊意肯俯徇众望,回驻金陵,则后路大局,满盘俱活,不致掣动,此必待请示而后敢行,伏乞明训。②

曾国藩既然早有"决不回任"的表示,至今就只好主张维持现状了。因而,李

---

① 《李文忠公全书》,朋僚函稿,卷6,第48页。
② 李鸿章:《上曾相》,《李文忠公全书》,朋僚函稿,卷6,第47页。

鸿章便于 11 月 25 日复奏,婉转要挟清廷,说视师河洛,"兵难远分,饷难专恃,军火难常接济三端,请旨定夺。"清廷鉴于曾、李的这种态度,不敢强制,只得下谕:"该大臣等均能详察缕陈,使朝廷洞悉此中利害,实为有见,现在贼势趋重禹城,张树珊等攻剿正急,而南阳仅止张总愚一股,自不必再为更张,即著毋庸置议"。①

但是,这场政治风波平息刚满一年,曾国藩就因被捻军打得狼狈不堪,而愧惧交加,称病请求开缺。清廷深知只有换马,才能消灭捻军,因而于 1866 年 12 月 7 日命曾国藩仍回两江总督本任,授李鸿章为钦差大臣,专办"剿捻"事宜。李鸿章对母亲说:"曾夫子自谓剿捻无功,精力太衰,不能当此大任,屡请罢斥,当蒙圣上照准,命曾夫子回两江总督任,授男钦差大臣,专办剿捻事宜。"②李鸿章争权竞势,把接任剿捻帅位视为仕途升迁的一大机遇,因而不屑于"沽谦抑之虚名,拘辞让之末节",毅然出告奋勇,甚至不顾常规礼仪派人到曾国藩处亟索关防。曾国藩说李鸿章"拼命做官",真可谓戏谑中不失真实啊。翌年 2 月 15 日清廷任命李鸿章为湖广总督,仍在军营督办剿捻事宜,调湖南巡抚李瀚章为江苏巡抚,命署理湖广总督,以李鸿章的僚属郭柏荫、丁日昌分别署理江苏巡抚和出任江苏布政使,又以曾国藩的致友刘崐为湖南巡抚。这种人事安排,目的在于安抚湘淮两系,使三江、两湖连为一体,便于筹措剿捻军饷和稳定后方基地的政治军事局面。著名学者俞樾致函李鸿章表示祝贺:"历观载籍,无此遭逢,洵竹帛之美谈,衣冠之盛事。"③而这也正是李鸿章努力筹谋的战略大计。他早就指出,欲图中原,东路以江苏为根本,西路以湘鄂为根本,"庶可大可久之计。"现在由于三江、两湖的地方实权落入湘淮之手,李鸿章终于如愿以偿了。

引进"制器之器"

从 1864 年"用沪平吴"战争结束以后,李鸿章凭借江苏巡抚、署理两江总

---

① 周世澄:《淮军平捻记》,卷 1,第 14 页。

② 《李鸿章尺牍》,第 32 页。

③ 《俞曲园书札》,第 31—32 页。

督的权势,把"自强"活动推进到一个新阶段。

李鸿章留心考察中外国情,逐渐形成了中国封建主义和西方资本主义的优劣观。他对清廷说:

> 中国文武制度,事事远出西人之上,独火器万不能及。①
> 中国文物制度,迥异外洋獉狉之俗,所以郅治保邦、固丕基于勿坏者,固自有在。②

在李鸿章看来,中国的封建政治经济制度和孔孟之道是尽善尽美的,"迥异外洋獉狉之俗",唯有军队的武器装备远逊于外洋,因而造成了"厝火积薪,可危实甚"的局面:"外国利器强兵,百倍中国,内则狎处辇毂之下,外则布满江海之间,实能持我短长,无以扼其气焰。盱衡当时兵将,靖内患或有余,御外侮则不足。"③面对着这种险恶形势,李鸿章依据儒学传统中"穷则变,变则通"的原理,说明了中国因时变通的必要,并阐述了变通的本末观。他说:"顾经国之略,有全体,有偏端,有本有末。"他一面断言中国封建的"文物制度"为"郅治保邦"之本,主张遵循儒家传统治略,内修政事,借以缓和阶级矛盾,巩固封建统治秩序;一面赞赏西方资本主义的"物质文明",主张创办近代军事工业,仿造外洋枪炮,引进"制器之器",并进而造就掌握先进工程技术的人才。他说:"中国欲自强,则莫如学习外国利器。欲学习外国利器,则莫如觅制器之器,师其法而不必尽用其人。欲觅制器之器,与制器之人,则或专设一科取士,士终身悬以为富贵功名之鹄,则业可成,艺可精,而才亦可集。"④"觅制器之器与制器之人",确实抓住了问题的要害,为中国跨过用手工制造机器的阶段、加速实现从手工制造到机器生产的转化开辟了道路。不过,他把西方军事装备、机器生产和工程技术看作"末",认为"取外人之长技,以成中国之长技"仅

---

① 《同治三年四月二十八日总理各国事务衙门奏折附江苏巡抚李鸿章致总理各国事务衙门函》,《筹办夷务始末》(同治朝),卷25,第4—10页。

② 李鸿章:《置办外国铁厂机器折》,《李文忠公全书》,奏稿,卷9,第31—35页。

③ 李鸿章:《复陈筱舫侍御》,《李文忠公全书》,朋僚函稿,卷5,第34页。

④ 《同治三年四月二十八日总理各国事务衙门奏折附江苏巡抚李鸿章致总理各国事务衙门函》,《筹办夷务始末》(同治朝),卷25,第4—10页。

属"治标"性质,目的还在于固本。他向清廷明确表示:"必谓转危为安、转弱为强之道,全由于仿习机器,臣亦不存此方隅之见。……如病方亟,不得不治标,非谓培补修养之方即在是也,如水大至,不得不缮防,非谓濬川浍、经田畴之策可不讲也。"①这表明李鸿章在追求西方文明的后面有一种更为强大的动力,"即对中国文物制度和传统哲学的不可动摇的信念"②。

李鸿章主张"学习外国利器",仿造外洋船炮,创办近代军工企业,实现军队近代化,目的之一是为了缩小中外军事力量对比的差距,抵御外国资本主义的侵略。他声称"机器制造一事,为今日御侮之资、自强之本"。当然,除了"御侮"之外,李鸿章还抱有镇压国内人民、延续清朝寿命的强烈愿望。他对清廷说:中国残寇未灭,"官兵陈陈相因之兵器,孰与御之?鸿章所为每念及此,不禁瞿然起立,慨然长叹"③。李鸿章认为要改变清军武器装备"陈陈相因"的局面,镇压所谓"潜师洋法"的"不肖之徒",维护清朝封建统治,就必须仿造外洋船炮,建立近代军工企业。

李鸿章清醒地认识到,"学习外国利器",阻力重重。列强对先进武器"禁不出售,价值过昂",而中国倘要仿造船炮,"外国疑忌讥嘲,皆所不免"。他对清廷说:

> 中国因循积弱之由,已非一日,忽焉改其故步,从彼问津,发愤自强之一念,岂能瞒过彼人,初或含愠不言,久必借端造衅。然外洋军火机器,运售无禁,彼既恃其擅绝之技,不妨炫奇于中土;其中又有独神之用,不畏盗法之有人。且机器之巧,兼备百工之妙,入门有得,自归一贯之中。在我心摹手追,固专注于军火制造;而向彼开宗明义,当旁参于日用便民。如纺织、刷印、陶埴、代耕、濬河之类,必有机器房可以分往学习,而军火自可类及。善为说词,不见有机心之流露;则相忘无事,不遽启彼族之惊疑。④

李鸿章担心列强"借端造衅",并非杞人忧天;然而他所设计的对策却是幼稚

---

① 李鸿章:《置办外国铁厂机器折》,《李文忠公全书》,奏稿,卷9,第31—35页。
② 濮兰德:《李鸿章传》,第29页。
③ 《筹办夷务始末》(同治朝),卷25,第4—10页。
④ 《海防档》丙,机器局(一),第14页。

的。一靠"盗法",二靠从学习"日用便民"机器入手而"类及"军火制造,固然可能收效于一时,但又怎能长久"瞒过彼人"使之不遽"惊疑"而允许中国掌握其军火制造的"秘法"呢?

"学习外国利器"的阻力,除了列强之外,还来自国内的顽固守旧势力。当时因循守旧的风气弥漫全国,蒙昧无知而又傲然自大的官僚士大夫们盘踞要津。这些顽固派承袭着"神明华胄"的荣光,昏睡于"天朝上国"的迷梦,闭目塞听,不知道世界形势的变化,不承认中国的衰弱,他们站在古旧的封建主义立场上,攻击李鸿章等洋务派"舍己从人,变乱成法","用夷变夏",幻想把中国拖回到闭关自守的一统天下的旧时代里去。李鸿章深知只有取得清廷中枢的支持,才能排除顽固派的干扰,实现"自强"的理想。他把目光投射到奕䜣、陈廷经身上,企图通过他们打通清朝最高统治者慈禧这道关节,开拓"自强"之路。由于"扶倾定危"而烜赫一时的奕䜣,以议政王的名义,掌管军机处和总理衙门,总揽内政外交大权。他辅佐慈禧,倡导"自强",力图使日益衰微的大清王朝得以"中兴"。1864 年 5 月李鸿章致函以奕䜣为首的总理衙门,阐明了关于学习外国利器、引进外国"制器之器"和培养自己"制器之人"的"自强"主张;抨击了顽固守旧势力,论证了"皇然变计"的必要性。他指出:

> 中国士夫沉浸于章句小楷之积习,武夫悍卒又多粗蠢而不加细心,以致所用非所学,所学非所用。无事则嗤外国之利器为奇技淫巧,以为不必学。有事则惊外国之利器为变怪神奇,以为不能学。不知洋人视火器为身心性命之学者已数百年,一旦豁然贯通,参阴阳而配造化,实有指挥如意,从心所欲之快。①

他以海外区区小国日本及时改辙向西方学习而获得成功为例,断言中国一向讲求"穷极而通之故",理应并完全"可以皇然变计"。奕䜣等认为李鸿章"思虑防微",与他们的想法不谋而合,因而于 6 月特地上疏陈言,并"将李鸿章来函录呈御览"。他们指出:"查治国之道,在乎自强,而审时度势,则自强以练

---

① 《同治三年四月二十八日总理各国事务衙门奏折附江苏巡抚李鸿章致总理各国事务衙门函》,《筹办夷务始末》(同治朝),卷 25,第 9、10 页。

兵为要,练兵又以制器为先。"现在应该以"剿贼"为名,"将外洋各种机利火器实力讲求,以期尽窥其中之秘,有事可以御侮,无事可以示威。"他们请饬火器营于曾经学制军火弁兵内拣派武弁 8 名、兵丁 40 名,发往江苏,交李鸿章差委,专令学习外洋炸炮炸弹及各种军火机器与制器之器,"务得西人之秘"。慈禧赞赏奕䜣等人的主张,当即下谕批准奕䜣等人的建议。慈禧的这一举动,固然是出于加强满洲贵族军事力量的需要,但她肯定练兵、制器以图自强的方针,不能不说是一个进步。

同年 10 月李鸿章再次致函以奕䜣为首的总理衙门,交织着忧虑和期望地说:"洋人以船炮为性命",但中国却"素不讲求,一旦改弦更张,智者虑其难成,愚者诧为多事。"然而外国侵略者业已"辏集海口","深入长江",它们"藐视中国,非可以口舌争,稍有衅端,动辄胁制,中国一无足恃,未可轻言抵御,则须以求洋法习洋器为自立张本,或俟经费稍裕,酌择试办,祈王爷大人加意焉。"李鸿章还将上海道丁日昌密禀一件,附抄呈览。丁日昌提议"建设制造夹板火轮船厂"、"并准中国富绅收买轮船夹板,以裕财源而资调遣"。李鸿章推崇丁日昌"识议闳远",并表示要设立制造外国船厂,"须以广购机器为第一义,精求洋匠为第二义。"①奕䜣等人十分欣赏李、丁建议,致函李鸿章说:丁日昌密禀"实能宣本衙门未宣之隐","阁下谓设立外国船厂,以广购机器为第一义,精求洋匠为第二义,下手功夫,有此把握,尤为切中机宜",而"函内求洋法习洋器为自主张本之语,深心已露端倪,仍希随时悉心筹酌,其一切章程及如何筹划经费之处,统由阁下通盘核计入告"。②

李鸿章对待奕䜣,暗中贬之为"庸鄙无远识",明里却邀宠以借重之,因而密切地注视着奕䜣的宦海浮沉。奕䜣支持慈禧垂帘听政,慈禧则授权奕䜣主持中枢。一个外国人描写当时的局势是两个当权者,"在谨慎地互相监督着。"1865 年 3 月 31 日编修蔡寿祺疏劾奕䜣揽权纳贿,词连曾国藩等汉族重臣。慈禧觉得自己脚跟已经站稳,对政务也"渐皆了然",因而决意借机打击奕䜣,压制曾国藩等汉族大臣,以便集权于一身,特于 4 月 2 日诏责奕䜣妄自尊大,目无君上,诸多挟制,取巧妄陈,革去一切差使,不准干预公事。慈禧此

---

① 《海防档》丙,机器局(一),第 3—5 页。
② 《海防档》丙,机器局(一),第 6 页。

举,震惊朝野。大学士倭仁公然出面赞助。曾国藩见到谕旨,读之寒心惴慄之至,竟日忡忡。由于外国公使干预和朝廷戚旧进谏,慈禧被迫让步,命奕䜣仍在内廷行走,掌管军机处和总理衙门,但他的议政王的称号却被永远地剥夺了。李鸿章没有像曾国藩那样"怵然不安"①,而是静观朝局的演变。他两次致函曾国藩说:"恭邸近事,轩然大波,倏忽转幻,朝廷听谗可畏,从谏亦可喜也。""恭邸似可渐复,唯与艮相(倭仁字艮峰)嫌隙日深,仍恐波澜未已。"②

　　除了借重奕䜣外,李鸿章还寄希望于陈廷经。陈廷经(字执夫,号筱舫)系道光二十四年进士,由庶常授编修,累官内阁侍读学士,时任巡视南城掌四川道监察御史,以通洋务、敢直言而名重京师。李鸿章企图要结之,并进而影响清廷。1864年10月他致书陈廷经,从敌国外患和中外军力对比立论,阐明中国"及早自强,变易兵制,讲求军实"的紧迫性及其具体内涵;抨击顽固派抱残守缺,昧于大势。他说:"兵制关立国之根基,驭夷之枢纽,今昔情势不同,岂可狃于祖宗之成法?"然而中国顽固派闭目塞听,不了解敌我强弱之势,一旦有变,曰"吾能御侮而破敌,其谁信之? 狃于目前小胜,谓内贼不足平,外患亦不足虑,其又能自信耶?"他疾首蹙额、深长叹息:"鸿章略知底蕴,每于总理衙门函中稍稍及之。朝廷即欲变计,亦恐部议有阻之者,时论有惑之者,各省疆吏有拘泥苟且而不敢信从者,天下事终不可为矣。吾丈知爱素深,究心机要,附陈一一,伏希心鉴。"③情见乎词,李鸿章这番颇带感情的议论,果真打动了陈廷经。1865年1月,陈廷经奏陈绿营水师废弛,建议"讲求兵制",整顿营伍,筹划海防,置造外洋船炮,"以靖内患、御外侮"。清廷根据陈廷经的请求,让曾国藩、李鸿章会同商酌。李鸿章上疏积极响应。

　　李鸿章鉴于自己"求洋法习洋器为自立张本"的主张,获得清廷赞许,便精心筹划建立起以应用机器为基础的军事工业——江南制造总局和金陵机器局。

　　江南制造总局,又称上海机器局,简称沪局。江南制造总局的创建,和曾国藩有密切关系。1863年盘踞安庆的两江总督曾国藩"拟设立铁厂",特派从美国留学归来、怀有用西方科技文明改造中国愿望的容闳(字醇甫)赴美购买

① 《曾文正公手书日记》,同治四年四月二十二日。
② 李鸿章:《复曾相》,《李文忠公全书》,朋僚函稿,卷6,第17、19页。
③ 李鸿章:《复陈筱舫侍御》,《李文忠公全书》,朋僚函稿,卷5,第34页。

"制器之器"。时任江苏巡抚的李鸿章遵示拨款万两,"交令速往",并复函曾国藩说:"西人制器之器,实为精巧。醇甫此行,当可购到。海疆自强,权舆于是。"①当时李鸿章与上海道丁日昌彼此讲求御侮之策、制器之方。李鸿章认为,先前设立的炸弹三局,"机器仅值万余金,不全之器甚多",急需"买制齐全",若托洋商回国代购,路远价重,毫无把握;不如就近在上海"访有洋人出售铁厂机器,确实查验议价定买,可以立时兴造"。1865 年,李鸿章让丁日昌访求数月,购得设在上海虹口的美商旗昌铁厂,合并原由丁日昌、韩殿甲主持的两个炮局,于 9 月奏准成立江南制造总局。容闳所购机器,亦于是时运到,归并一局。所有局务,责成丁日昌督察筹划,先造枪炮兼造制器之器。1867 年该局迁至上海城南高昌庙,建造机器厂、洋枪楼、汽炉厂、木工厂、铸铜铁厂、熟铁厂、轮船厂等,开始制造兵轮。后来,该局于 1868—1870 年间,陆续设立翻译馆、汽锤厂、枪厂,并在龙华镇建厂制造洋枪细药及铜帽炮引,使之逐渐成为一个以生产枪炮弹药为主、辅之以修造船舰的综合性新式军用企业。

金陵制造局,简称宁局。1865 年,李鸿章升署两江总督后,将马格里主持的苏州洋炮局迁到南京,在雨花台设厂,改称金陵机器局。此后,逐渐扩充规模,改良设备,到 60 年代末,已能制造多种口径的大炮、炮车、炮弹、枪弹和各种军用品。

李鸿章除了创办沪、宁两局外,还参与了天津机器局的筹建工作。1865 年 5 月,清廷在飞谕李鸿章派兵北援的同时,命其派员赴津在崇厚主持下开局铸造炮弹,以资应用。崇厚是满洲镶黄旗人,完颜氏,字地山,时任三口通商大臣。清廷此举,"隐寓防患固本之意"②,企图建立由满洲贵族直接控制的军火工厂,打破汉族官僚对新式军工企业的垄断,借以扭转外重内轻的局面。李鸿章看穿了清廷的真实用心,采取了敷衍态度。6 月,他在复奏后第三天,致函率兵北援的潘鼎新说:"天津设局制造,奏中姑宕一笔。俟弟到直,如再有旨催,容与雨生商办。""崇(厚)等如太外行,或多批斥,即作罢论。"8 月他函询潘鼎新:"天津设局制造一事,崇公如何商议? 彼太外行,或不甚究心,便可从缓。"③"奏中姑宕一笔"、"便可从缓"、"即作罢论"云云表明,只要再无廷旨,

---

① 李鸿章:《复曾相》,《李文忠公全书》,朋僚函稿,卷 4,第 29 页。
② 李鸿章:《筹议天津机器局片》,《李文忠公全书》,奏稿,卷 17,第 16—18 页。
③ 《李鸿章致潘鼎新书札》,第 23、24 页。

就想一推了之。其实,崇厚并非"外行",他早在1862年就在天津小规模试制军用物品和炸弹,加之奕䜣意在必行,所以李鸿章不得不筹商定议。9月20日他上疏表示:"前奉议饬以天津拱卫京畿,宜就厂中机器仿造一分,以备运津,俾京营员弁就近学习,以固根本。现拟督饬匠目随时仿制,一面由外购求添补,但器物繁重,非穷年累月,不能成就,尚须宽以时日,庶免潦草塞责。"①他既答应为天津仿制和购求机器,又要求"宽以时日",为缓办预留地步。崇厚秉承奕䜣等意旨,专函详询李鸿章"何时可以购齐"。李鸿章复信说须到"明年(按指同治五年)夏秋之间,得有眉目,可以筹运"。1866年10月奕䜣等正式奏准在天津设局,专制外洋各种军火机器,由崇厚筹划办理。崇厚一面向香港购买修造枪炮和仿制炸弹、开花炮等机器,一面寄希望于江南制造总局。然而不久即奉命北上"剿捻"的李鸿章,既散布消极情绪,说津局之设,"恐难遽成";又撒手不管,听之任之。于是主持沪局的丁日昌,便负起筹划支援天津设局的重任。丁日昌从上海旗记、旗昌两洋行买到八种机器设备,并令沪局代造"铸炮及铸弹所用器具",分别于1868、1869年解运天津。及至1870年就任直隶总督、北洋大臣的李鸿章,竟然坐享其成,把津局置于自己的控制之下。

沪、宁二局虽然名曰机器局,但实际上却是专门制造军械的兵工厂。它们用蒸汽机作动力,以机器为劳动手段,雇佣了一批残存着封建工役制度遗痕、以商品形式出卖劳动力的产业工人。这表明旧中国出现了一种新的社会生产力,然而这种新的社会生产力,却被纳入封建主义生产关系的框框里。它们不是典型的资本主义企业或封建官府工业,而是封建官府工业向资本主义企业转化的中间形式。

沪、宁二局属于清政府所有,采用官办方式。李鸿章虽然深知"洋机器于耕织、刷印、陶埴诸器皆能制造,有裨民生日用,原不专为军火而设",并且预料到"数十年后,中国富农大贾,必有仿造洋机器制作以自求利益者",凭借政治权力无法阻遏资本主义近代工业的兴起,但却主张"铜钱、火器之类,仍照向例设禁,其善造枪炮在官人役,当随时设法羁縻耳。"②他懂得官府垄断"铜

① 李鸿章:《置办外国铁厂机器折》,《李文忠公全书》,奏稿,卷9,第31—35页。
② 李鸿章:《置办外国铁厂机器折》,《李文忠公全书》,奏稿,卷9,第31—35页。

钱"和"火器"制造,是历代封建王朝统治人民、巩固政权的法宝,清政府为自身安全计,必须沿袭旧制,严禁私人染指。沪、宁二局资金来自清政府的财政调拨,关税、厘金和军需项下的拨款成为它们营运资金的主要来源。它们生产出来的枪炮、弹药和船舰,大部分直接调拨给湘淮军和沿海各省使用,小部分由各省以协饷等名目调换,只作为代办性质收取成本费,不以商品形式参加市场交换,企业本身没有盈亏可言,没有从利润转化来的资本内部积累。企业的繁荣和停滞,不取决于市场需求和企业本身生产,而取决于政府的财政盈绌和拨款多少。先进的技术设备,要求有一个与之相适应的管理体制。沪宁二局虽然是以应用机器为基础的近代军事工业,但却采取了一套封建的管理制度。每个局都不是独立的企业单位,而是政府的分支部门,成为行政系统的一个环节。上面有总署节制、督抚监督,有督抚任命、呈报总署核准或备案的总办主持。襄理局务者为会办,下面有提调、委员、司事等。机构庞杂,冗员充斥,大部分经费用于开支薪水和工食,办事拖拉,效率低下,生产成本高昂,随着岁月的流逝,此类弊端日趋严重。

沪、宁二局创建于经济落后的国度里,从机器设备、原料燃料到技术人员不能不仰赖于外国。李鸿章承认淮军"炮队所用器械子弹,尽仿洋式,所需铜、铁、木、煤各项工料,均来自外国"①。沪局"各船虽系自造,而大宗料物无非购自外洋,制造工作亦系洋匠主持,与购买外洋船只略同。"宁局也不例外。李鸿章非常器重马格里,遇到疑难问题,总是找马格里做顾问。当然,李鸿章并非甘愿长期仰赖外人。他认为起初不得不雇洋人指导,但"经久之道"还在于培养自己的技术人才,希望"内地员匠,学其器而精通其意,久之自能运用,转相传习"。"雇用洋匠"和"定购外国机器",也必须坚持自主之权。他特意向清廷称颂为此而做出贡献的湖北补用道沈保靖,说沈保靖"前经臣委令督办上海机器局,事事皆赖其创制,如雇用洋匠,进退由我,不令领事税务司各洋官经手,以免把持。定购外国机器,货料自择,各洋商评订收货给银,务取该国发货洋文单为凭。委员各有专司,其冗食不究心者汰去之。华匠学徒,按日点工给价,无稍冒混。立法最称精善。"②

---

① 李鸿章:《复陈奉旨督军河洛折》,《李文忠公全书》,奏稿,卷9,第56页。
② 李鸿章:《筹议天津机器局片》,《洋务运动》(四),第244、245页。

李鸿章创设沪、宁二局,制造精利武器,装备清朝军队,虽然具有"靖内患"、"御外侮"的双重意图和作用,但在不同历史时期,由于中国社会主要矛盾的变化,所谓"靖内患"和"御外侮"两者的地位却有所不同。沪、宁二局在创办后的5、6年间,矛头主要是对着国内人民的。当时在共同镇压太平天国的基础上,中国封建统治者和外国侵略势力之间出现了一个暂时的"和好"局面。清政府对外国侵略者采取了"守定和约,绝无更改"、"遇事曲从,故为迁就"的方针,不惜以民族国家主权来换取"大清社稷之安"。外国侵略者则采取了所谓"合作政策",主张各列强在一切有关侵华的重大问题上彼此进行协商合作,不用单独的军事手段而用联合的外交手段来实现其共同的侵略目的;各列强赞助清政府镇压人民革命、维护统治秩序,而清政府则必须忠实履行不平等条约所规定的"义务"。这种"合作政策",对各个列强都是有利的。在中外"和好"之际,清朝封建统治继续受到国内以农民为主体的各族人民反抗斗争的冲击。南方的太平天国余部、北方的捻军、以及西南、西北的少数民族反清斗争,方兴未艾。其中捻军一度掀起强大的风暴,横扫中原、华北各省,威逼京畿重地。基于这样的国际国内形势,清朝统治者深感"心腹之害",并非外国侵略者,而是奋起反抗的各族人民。李鸿章环顾左右,清醒地认识到当务之急是"靖内患",而不是"御外侮"。因此,他在沪局创办伊始,就指令"仍以铸造枪炮、藉充军用为主"①。当时铸造的枪炮,还是旧式的前膛枪、劈山炮和生铜炮。1866年他对总理衙门说:"从前置办机器之议,本为兼造枪炮轮船而设,当时以轮船体大物博,未易挈短较长,而洋枪小炸炮最利陆军攻剿,当务为急,是以开办铁厂,注意学制洋枪炸炮。"②1868年曾国藩回顾说:沪局"始以攻剿方殷,专造枪炮。亦因经费支绌,难兴船工。"及至1867年经奏准"拨留洋税二成,以一成为专造轮船之用",才开始制造船舰③。1870年李鸿章奏报清廷:沪局开设数年,已造成轮船4只,洋枪、大小开花炮、洋火箭等项,接济各军,应用者均不下数千件。宁局也是这样,"制造炮位门火、车轮盘架、子药箱具、开花炸弹、洋枪、抬枪、铜帽等项,解济淮军及本省留防勇营之用。"④一位

① 李鸿章:《置办外国铁厂机器折》,《李文忠公全书》,奏稿,卷9,第31—35页。
② 《总署收上海大臣李鸿章函》,《海防档》丙,机器局(一),第27页。
③ 《总署收军机处交出曾国藩抄折》,《海防档》丙,机器局(一),第40页。
④ 《续纂江宁府志》,卷6,第14页。

外国人说:李鸿章北上"剿捻","带着英国军官在凤凰山给他训练的军队,并且携带了金陵制造局给他制造的大批军用物资和许多门大炮。"

沪、宁二局名为清政府所有,实则控制在李鸿章之手,被视为淮系的私产和政治资本。李鸿章在创办沪、宁二局不久,即奉命北上"剿捻","驰驱在外,未能躬亲督率",因而特地向清廷声明,他所创办的军事工业,乃是淮系的"命脉关系,诚不敢轻以付托"。他继续监督沪局,宁局也"仍听他指挥"。

培养"制器之人"

基于"自强"的需要,李鸿章在引进"制器之器"、创办军事工业的同时,试图推进科举改革,造就掌握科学技术知识的新式人材。

清承明制,取士仍由科举。清以科举为"抡才大典",无论文武,总以科甲为重,谓之正途。"其余虽能学贯天人,道侔伊吕者,皆谓异路。"①文科乡会试皆三场,各场试以四书文、五经文、诏、表、判、策、论,三场中以首场为重,而首场尤以四书文为重。乡会试如此,童生院试与生员的岁、科试亦然。四书文亦称八股文,八股言其形式,四书则言其内容。以八股取士的科举制度,坚持"凭文而取,按格而官"的原则,企图用功名利禄笼络知识分子,用儒家学说"化民成俗",借以巩固封建统治。这种制度在以小农经济为基础的、闭关自守的社会里,"虽未尽足以育才兴学,犹幸以正世道人心焉。"②但是,随着封建制度的愈趋腐朽,科举制度流弊日深,致使士子不读经史,不知世务,学非所用。康熙初年曾一度下诏废除八股,改试策论。乾隆初年兵部侍郎舒赫德曾奏请改科举、废八股,"别思所以遴拔真才实学之道"③。及至鸦片战争前后,由于外国资本主义的崛起,"大地忽通,强敌环逼",促使一批忧国之士认识到八股取士导致士子只知诗文而不通中外,"心术坏而义理锢"。为了遴选真才,以适应时势之变迁、挽救清朝统治的危亡,必须改革科举制度。当时,龚自珍、潘德舆等倡导于下,祁寯、王茂荫等奏请于上,他们相互呼应,要求改善而

---

① 《运会说》,《记闻类编》,卷4,第27页。
② 康有为:《请废八股试帖楷法试士改用策论折》,《戊戌变法》(二),第209页。
③ 《乾隆三年礼部议复》,贺长龄:《皇朝经世文编》,卷57,礼政4:学校。

不是废除科举制度。他们尽管都是封建制度的"补天"者,依然踟蹰于儒家传统的治略轨道,但是他们讥切时弊,呼吁改善八股取士制度,却使"万马齐喑"的黑暗王国透露出一线光明。

太平天国运动和第二次鸦片战争,犹如强烈地震一样,撼动着清朝封建统治。严重的"内忧外患",暴露了科举乏才的危害,推动着晚清科举改革的进程。正像湖广总督官文所说的:"军兴以来,论者多患科举之弊,请筹变通之法"①。从咸同之交开始到中日甲午战争为止,这是中国近代史上以"洋务"为中心的历史时期。由于外国资本主义的刺激和封建经济结构的某些破坏,中国资本主义破土而出,开始冲击着封建经济的一统天下。伴随着洋务运动的兴起和社会经济基础的变化,早期维新志士和某些洋务官僚上承龚自珍、潘德舆、祁堉、王茂荫之余绪,成为推动晚清科举改革的主要力量。

1861年冯桂芬在《校邠庐抗议》一书中,发表了《改科举议》、《制洋器议》等论文,成为60年代思想界倡导科举改革的嚆矢。随后王韬、郑观应等维新志士接踵而起,分别写成《代上苏抚李宫保书》、《上丁中丞》、《变法自强》和《论考试》、《考试》、《西学》等论著,在思想界掀起了一股宣传科举改革的浪潮。

与此相呼应,李鸿章等一批洋务官僚纷纷上疏清廷,企图依靠皇权把变通考选之制的理想付诸实践。据约略统计,从同治三年李鸿章请专设一科取士开始,到光绪十三年陈琇莹请将明习算学之人归入正途考试为止,洋务官僚奏请变通考选之制的,就多达十五六人次,比鸦片战争前后增加了七八倍。

著书立说的早期维新志士和上疏建言的洋务官僚在改革科举问题上,具有某些一致或相似的见解。

他们朦胧地认识到经过两次鸦片战争,资本主义列强纷至沓来,闭关锁国、孤立于世界之外的时代一去不复返了。在中外接触中,中国封建主义暴露了自己的落后,而外国资本主义则显示出自己的先进。中国只有翻然变计,师敌所长以自强自立,才能摆脱落后而跻身于先进之列,免于挨打受辱的命运。新时代要求"洞达时世之英才,研精器数之通才,练习水陆之将才,联络中外

---

① 官文:《请擢用优贡疏》,盛康:《皇朝经世文续编》,卷66,礼政6:贡举,第76页。

之译才。"①然而，八股取士制度却只能引导士子"骛虚而避实"，学用脱节，"汩没性灵，虚费时日，率天下而入于无用之地，而中学日见其荒，西学遂莫窥其蕴矣。"②为了造就新时代所需要的新式人才，必须"推广中西之学，宏开登进之途"③，改革科举，引进西学，以西学之精否为取仕的标准之一。这就突破了封建主义的藩篱，更新了传统的崇尚义理、轻视末技的价值观念，为改变人们对封建文化的盲目追求和在中国广泛传播西学开辟了道路。

他们一般都认为科举制度系"祖宗成法"，难于率议更张，应"寓变通于转移之中"，一面改革科举考试内容，一面于文武正科之外，特设专科以考西学，"可与科目并行不悖，而又不以洋学变科目之名。"④当然，他们之中也有人或者主张废八股、进而"废科第而为荐举"⑤，或者主张兴艺学而反对另立一科。

他们一般都主张把改革科举与兴办学堂联系起来，多设学堂随地教人，多选学生出洋学习西学，以期造就适合于新时代需要的"真才"，并力图使学堂毕业生和留学生皆有出身之正途，齐仕进于科第。当然，他们之中也有人或偏重于改革科举，或只倡导兴办学堂而未涉及科举改革的。

李鸿章早年既业八股以窃科第，又著意通经致用之学，前者使他深知八股之害，后者使他关心"尊主庇民"。1862年他率领淮军抵达上海，开始举办洋务，认识到洋务事业的成败，则系乎于能否改革八股取士制度，造就掌握科学文化知识的新式人才。因此，改革八股取士制度，造就人才，"实为中国自强根本"。他的科举改革思想与实践，经历了一个逐步发展的过程。大约从19世纪60年代初开始，他的侧重点在于变通考试功令，另开洋务进取一格，而不是否定科举制度本身。因此，他一面力争改功令、兴洋学、废弃小楷试帖，一面采取了一些趋就"科目"的措施。

如果说李鸿章的洋务活动是从"师夷长技""练兵练器"开始的话，那么李鸿章推进科举改革的努力则是以创办新式学堂作为突破口的。因为当时科举制度制约着教育制度。正像时人所说的："自明科举之法兴，而学校之教废

---

① 薛福成：《强邻环伺谨陈愚计疏》，《庸盦内外编》，海外文编，卷2，第2页。
② 郑观应：《西学》，《盛世危言》，《郑观应集》上册，第275页。
③ 郑观应：《论考试·附论洋学》，《易言》，《郑观应集》上册，第106页。
④ 郑观应：《考试》上，《盛世危言》，《郑观应集》上册，第296页。
⑤ 王韬：《上郑玉轩观察》，《弢园尺牍》，第156页。

矣。国学、府学、县学徒有学校之名耳。考其学业,科举之法外,无他业也;窥其志虑,求取科名之外,无他志也。"①要改革科举制度,就势必触动旧的教育体制。李鸿章深知办理对外交涉事件,必须有懂得外国语言文字,"通其志,达其意,周知其虚实诚伪"之人,才能"有称物平施之效"②;引进西方近代军事装备、机器生产,只有同造就掌握近代科学技术的人才相结合,才能发挥应有的作用;而所有这类人才都是无法指望科举制度制约下的旧教育所能培养出来的。早在 1863 年江苏巡抚任上李鸿章就根据冯桂芬的建议,奏准在上海设立广方言馆。这个广方言馆虽说是"仿照同文馆之例",但实际上却突破了同文馆的模式。同文馆的学生"系由八旗咨取",实为八旗子弟学校。而上海广方言馆则招收近郡文童,"候补佐杂及绅士中有年及弱冠愿入馆学习者,一体准保进馆学习"③。同文馆是外语学校,而上海广方言馆则不仅培养"精熟西文"的翻译人才,而且学习西方自然科学和制造技术。李鸿章说:"彼西人所擅长者,推算之学,格物之理,制器尚象之法,无不专精务实,渤有成书,经译者十才一二,必能尽阅其未译之书,方可探赜索隐,由浅而入精微。我中华智巧聪明,岂出西人之下。果有精熟西文者转相传习,一切轮船火器等巧技,当可由渐通晓,于中国自强之道似有裨助。"④同文馆学习外语"如能纯熟,即奏请给以优奖,庶不致日久废弛。"上海广方言馆则规定:文童学生"学成之后,送本省督抚考验,作为该县附学生,准其应试"⑤,以便谋取科甲正途出身。上海广方言馆和北京同文馆一样,作为传统教育的对立面,在当时无疑起了开风气之先的作用。1869 年上海广方言馆并入江南制造总局,招收 15—20 岁的学生入学,学习汉文、英文、法文、算学、舆地等课程,4 年毕业。

在创办上海广方言馆的第二年,李鸿章乘答复总署有关学制外国武器问题询问之机,首次向清廷提出变通考试功令、"专设一科取士"的问题。他认为传统的科举制度排斥科学技术教育,是中国人才缺乏和技术落后的原因之一。中国只有"学习外国利器",才能"自强"而与外国并驾齐驱,而"学习外国

① 汤成烈:《学校篇》上,盛康:《皇朝经世文续编》,卷 65,礼政五,学校下。
② 《同治二年二月初十日江苏巡抚李鸿章奏》,《洋务运动》(一),第 139 页。
③ 李鸿章:《请设外国语言文字学馆折》,《李文忠公全书》,奏稿,卷 3,第 12 页。
④ 李鸿章:《请设外国语言文字学馆折》,《李文忠公全书》,奏稿,卷 3,第 12 页。
⑤ 李鸿章:《请设外国语言文字学馆折》,《李文忠公全书》,奏稿,卷 3,第 12 页。

利器"的关键在于引进外国的"制器之器"和培养自己的"制器之人"。他正是从学习西方近代的军事装备和机器生产、造就掌握近代工程技术的人才出发，吁请"专设一科取士"的。他所提出的"专设一科取士"的主张，深受冯桂芬思想的影响，而略胜于同俦。当时冯桂芬正在李鸿章幕府，"有大政或遇事变，得所咨度"，冯桂芬"每一书成，远近学者争快睹焉"①，李鸿章自然也不会例外。冯桂芬在《改科举议》和《制洋器议》两文中，主张"改定科举"与"特设一科""并行不悖"，而"特设一科"的目的则在于引导"聪明智巧之士""以从事于制器尚象之途"，"自造自修自用"西方坚船利炮。很显然，冯、李关于"专设一科取士"的设想如出一辙。似乎可以说，主张把西方近代工程技术引进中国传统科举的，冯氏是思想界的首倡者，而李鸿章则是官僚士大夫在封建庙堂上创议的第一人。在此之前，虽然有粤督祁埙奏开包括"制器通算"在内的奇才异能五科，贡生黎庶昌上疏请将"绝学如历算、乐律、测望、占候、火器、水利之属各设为科，以附于乡会试后"，但是他们所说的"制器通算"和"火器"之类，尚属中国古代科技的范畴，并非是指西方近代科学技术而言。冯、李企图把西方近代工程技术引进科举，无疑是一种历史的进步。当然，李鸿章毕竟不是冯桂芬，他尚未像冯桂芬那样，把"改定科举"与"特设一科"结合起来，而只是主张在原有"科目"之外另立一科罢了。

1867年李鸿章代呈藩司丁日昌条款，主张对"文场科举之制，略为变通"：

> 取士兼求实用之才，戚继光云：所用非所学，所习非所用，最为兵家大害。夫岂独治兵也哉？今之儒者，殚心劳神于八股文字，及出而致用也，闭户造车，或不能出门合辙，似应于文场科举之制，略为变通。拟分为八科，以求实济。一曰忠信笃敬，以觇其品。二曰直言时事，以觇其识。三曰考证经史百家，以觇其学。四曰试帖括诗赋，以觇其才。五曰询刑名钱谷，以觇其长于吏治。六曰询山川形势，军法进退，以觇其能兵。七曰考算数格致，以觇其通，问机器制作，以尽其能。八曰试以外国情势利弊，言语文字，以觇其能否不致辱命。上以实求，下亦必以实应，并特设一馆，延致奇技异能之士，则人才将日出而不竭，即海外华人之抱负绝艺者，亦将

① 李鸿章：《三品衔詹事府右春坊右中允冯君墓志铭》，《李文忠公遗集》，卷3，第1、3页。

返中国以营爵禄。①

这个"条款"实际上是李鸿章借丁日昌之口表达自己"所欲言而未敢尽情吐露者"。因为丁日昌深受李鸿章倚重，丁氏恳祈李鸿章代呈的"条款"内容，事先不征得李鸿章的同意是不可思议的，更何况丁氏"条款"内容还来自早期维新志士王韬的《代上苏抚李宫保书》呢！1864年避居香港的王韬为黄胜代写了上李鸿章书，并"别录副本"送交丁日昌。王韬认为"人材者，国势之所系也，国家之有人材，犹人身之有精神。"为了"振作人材，增重国势"，必须改革取士制度。他写道：

> 江左既已久罢科场，许行荐举，则所以荐举者仍在语言文字乎？抑将在政事军旅乎？或采之虚名试之实效乎？此数者虽足以召才，而但举其所能知，不能及其所未知，则真才仍或不出其中。今请分八科取士，拔其尤者以荐诸上。一曰直言时事以觇其识，二曰考据经史以觇其学，三曰试诗赋以觇其才，四曰询刑名钱谷以觇其长于吏治，五曰询山川形势军法进退以觇其能兵，六曰考历算格致以觇其通，七曰问机器制作以尽其能，八曰试以泰西各国情事利弊语言文字以觇其用心。行之十年，必有效可见。②

把王韬和丁日昌分别提出的八科取士的内容加以比较，就可以发现，丁日昌对王韬的建议采取了基本接受、部分修正的态度。首先，丁日昌增加了"忠信笃敬，以觇其品"一科，并在王韬提出的"试诗赋以觇其才"一科中加上考试"帖括"的内容；其次，丁日昌把王韬提出的"考历算格致以觇其通"和"问机器制作以尽其能"两科合而为一。后者无关宏旨，而前者却显示出维新志士和洋务官僚的歧异。主要来源于王韬、经过李鸿章代呈丁日昌条款而形诸于章奏的主张，堪称当时较为全面、激进的变通科举之制的纲领。它不仅把传统科举中独占鳌头的帖括诗赋考试降格为八科之一，冲击了崇尚时文、小楷之陋习；

---

① 《筹办夷务始末》（同治朝），卷55，第19—20页。
② 王韬：《弢园尺牍》，第82—83页。

而且把中国传统的经世致用之学和内容更加广泛的西学引进科举。1864 年李鸿章还仅仅建议把西方近代工程技术引进科举,而丁氏"条款"却把引进科举的西学内容从近代工程技术扩展为"算学格致"、"机器制造"、"外国情势利弊、语言文字",这就为改变八股士人谫陋空疏、学用脱节的积弊以励实学而拔真才创造了条件。可惜的是,清廷拒绝采纳丁氏"条款",致使八股取士制度依然如故。李鸿章基于"功令所在自应趋就"的考虑,特于 1869、1870 年分别奏请加广安徽省文武乡试永远中额各 1 名,加广合肥县一次文武学额各 3 名;加广江苏省文武乡试永远中额 8 名。

1867 年李鸿章会同曾国藩、丁日昌在江南制造总局附设翻译馆。沪局是一所专门制造军械的兵工厂,而近代军事技术是离不开数学和其他科技知识的。李鸿章等认为,"洋人制器,出于算学,其中奥妙皆有图说可寻,特以彼此文义扞格不通,故虽日习其器,究不明夫用器与制器之所以然",而要弄清其"用器与制器之所以然",就必须翻译西方有关工业制造和与之相关联的实用学科的著作。因此,他们断言"翻译一事,系制造之根本。"他们聘请英国伟烈亚力、美国傅兰雅、玛高温同中国专家李善兰、华蘅芳、徐寿合作,"专择有裨制造之书,详细翻出",业已译成《汽机发轫》、《汽机问答》、《运规约指》、《泰西采煤图说》四种,"拟俟学馆建成,即选聪颖子弟,随同学习,妥立课程,先从图说入手,切实研究,庶几物理融贯,不必假手洋人,亦可引申另勒成书。"[①]这表明李鸿章等倡导围绕军事技术而探索西学,并不重视人文科学和其他基础理论著作的翻译。

督师"剿捻"

从 1866 年底开始,李鸿章在继续推进"自强"活动的同时,披挂上阵,取代曾国藩肩负起督师剿捻的重任,公然把"自强"与"剿捻"紧密地结合起来。

太平天国失败后,捻军成了反抗清朝统治的主力。1864 年 12 月捻军与太平军遵王赖文光部会合,捻军首领张宗禹、任化邦等共推赖文光为统帅,

---

① 《总署收军机处交出曾国藩抄折》,《海防档》丙,机器局(一),第 41—42 页。

"誓同生死,万苦不辞"。赖文光按照太平军的兵制、纪律和训练方法,整编了捻军,并把"披霜蹈雪,以期复国于指日"①作为奋斗目标。赖文光根据捻军精骑善走的特点,创造出一套步骑结合、灵活机动的运动战战术,出奇制胜,击毙僧格林沁,打败曾国藩。但是,由于全国革命形势低落,赖文光深感"独立难持,孤立难久"。1866 年 10 月捻军在河南杞县、陈留附近决定分为东西两支:由赖文光、任化邦率领的一支,继续在山东和中原一带坚持斗争,称为东捻军;由张宗禹率领的一支,"前进甘、陕,往连回众,以为犄角之势",称为西捻军。就是在这种形势下,李鸿章走上了剿捻前线。

曾国藩成了捻军的手下败将,而李鸿章却用了不到两年的时间,就把捻军投入血泊之中,这除了捻军内部的消极因素起着作用之外,主要是因为李鸿章妥善地解决了粮饷供应问题和灵活地实施了"划河圈地"、"以静制动"的战略方针。

李鸿章深知粮饷与用兵的关系。他在奉命督师剿捻之初,就上疏声称:"臣从军十数年,稔知军情利钝之由,其枢纽不在贼之难办,而在粮饷军火之接济。"②他赖以剿捻的粮饷军火,主要是依靠曾国藩在两江筹措的。当时后路有四大粮台,即设于祁州的"山内粮台",设于安庆的"江外粮台",设于南京的"金陵粮台"和"北征粮台",全为两江总督一手统辖。在两江地区,江苏最为重要,"银米器械所自出,楚勇淮勇之根本"③。李鸿章属僚郭柏荫署理江苏巡抚,丁日昌出任布政使专理饷务,颇为得力。从个人关系看,曾国藩并不喜欢丁日昌等人,但他从筹饷以支持剿捻军务着想,对其采取宽容态度,而不加掣肘。至于饷源,除各地厘金为大宗外,江海关税亦属可观要项。原先拨归淮军的江海关洋税为一成,1867 年由曾国藩奏准增至两成(其中一成直接济军,一成拨归江南制造总局专造轮船)。曾国藩向李鸿章报喜说:"两成洋税奉旨谕允,今岁饷事似不至误。"④李鸿章闻讯大为感奋,立即复信道谢,说"前敌淮军月饷,经吾师竭力经营,洋税两成,鸿章上年屡商总署截用,复函动色相戒,

---

① 《赖文光自述》,《太平天国》,第 2 册,第 863 页。
② 周世澄:《淮军平捻记》,卷 3,中国近代史资料丛刊《捻军》(以下简称《捻军》),第 1 册,第 139—142 页。
③ 王定安:《求阙斋弟子记》,卷 11,《捻军》,第 1 册,第 29 页。
④ 曾国藩:《复李宫保》,《曾文正公书札》,卷 26,第 9 页。

兹竟奉旨俞允,固由天鉴忠诚,亦疏稿剀切有以致之也。今岁九关当不甚缺,但望提早赶解。"①当时黄淮地区"枯旱至数十年所未有","淮南稻未浸种,河北麦已干死"。在这种所谓"乱机渐长"的情势下,曾国藩在后方筹措粮饷支援前敌,事体至关紧要。

李鸿章在剿捻中,还根据战争态势的变化,灵活地实施了曾国藩所制定的战略方针。曾国藩剿捻方略的基本原则是"以静制动"。在以前镇压太平天国的战争中,"以静制动"是作为战术原则为"以上制下"的战略方针服务的。及至与捻军作战,情况就有所不同,捻军没有像太平天国那样相对稳定的根据地,单纯的流动的军事斗争,"以走制敌",为捻军的最大特点。李鸿章说"捻逆狡猾善走,我军急进则疲乏,或为所乘,辎重或为所掠。又彼可到处掳粮,而我须裹粮前进。迫交锋一不敌,则转瞬数百里"②。湘淮军恰恰相反。曾国藩尝说:湘军"行兵之例,每日行军支帐埋锅造饭,不向州县索米供应,略师古法,日行仅四十里或二三十里。李鸿章之淮勇亦仿楚师之法,其步步稳妥在此,其行军迟钝亦在此。"③面对这种情况,曾国藩一改僧格林沁"威力追剿"的方针,确定了"以静制动"的战略方针。在具体部署上,有所谓"四镇六游"之说。他以安徽临淮、江苏徐州、山东济宁、河南周家口四处为"老营","各驻大兵,多蓄粮草子药,为四省之重镇,一省有急,三省往援",并增设了六路"游击之师",负责"追剿",所谓"六游分进,梭织不断"。在此基础上,他又东在运河、西在豫东的沙河和贾鲁河设立"河防",力图圈制捻军。在地方上则"查办民圩",加强坚壁清野和治安防范,割断捻军与人民群众的联系,"以清根本"④。曾国藩意在以湘淮军之长,克捻军之短,应该说是极为毒辣的。但是,对于这种部署,特别是沿河堤筑墙设防,"闻者皆笑其迂"⑤。时在后方的李鸿章也不以为然,致书襄办曾国藩军务并建河防之策的刘秉璋讽刺说:"古有万里长城,今有万里长墙,不知秦始皇千年后遇公等知音。"⑥然而,当他挂帅剿

---

① 李鸿章:《上曾相》,《李文忠公全集》,朋僚函稿,卷7,第2页。
② 李鸿章:《复鲍花昙学使》,《李文忠公全集》,朋僚函稿,卷7,第4页。
③ 王定安:《求阙斋弟子记》,卷11,《捻军》,第1册,第15页。
④ 王定安:《求阙斋弟子记》,卷11,《捻军》,第1册,第18—20页。
⑤ 王定安:《湘军记》,平捻篇,第261页。
⑥ 刘体智:《异辞录》,卷1,第45页。

捻后,揆情度势,才体察到曾国藩战略部署的深意。纵观李鸿章剿捻战略的实施,大致经历了三个阶段。

第一阶段从 1866 年 12 月至次年 5 月间实施"臼口之围",主战场在湖北。

李鸿章挂帅剿捻之初,只是提出了"用谋设间,徐图制贼"的原则性设想。而当时东捻军在突破曾国藩的贾鲁河、沙河防线后,迅速进入湖北,企图"长驱西上,一入四川,居巴蜀之利,一上紫荆关,合张宗禹攻陕西"①。东捻军集结在湖北钟祥臼口一带,拥众 10 余万。李鸿章认定这是聚歼捻军的好机会,于是调动湘淮军 7 万余人"分路并进",其中包括湖北巡抚曾国荃的新湘军。1867 年 1 月捻军先在安陆府罗家集击败松字营,重伤统领郭松林。半个月后,又在德安府杨家河歼灭树字营,阵斩悍将张树珊。2 月双方主力在安陆府尹隆河进行决战。清军主力一是刘铭传所部铭字淮军,一是鲍超所部霆字湘军。本来,鲍、刘约定 2 月 19 日(正月十五)辰刻两军发起会攻。但两人向存嫌隙,鲍轻刘后起之辈,刘贱鲍无谋匹夫。刘铭传为了抢夺头功,违约于卯时单独发起进攻。捻军先用流动战术与之周旋,继而在尹隆河设伏败之。刘铭传"衣冠失落",与各营官幕僚被困待死。鲍超部按预定时间从捻军背后发动突然袭击,捻军转胜为败,折损 2 万余人。鲍超救了刘铭传,但刘铭传却以怨报德,反诬鲍超部误期致败。李鸿章一味回护铭军,不顾事实,按刘铭传口径上奏,鲍超被严旨斥责虚冒战功,应负铭军致败之咎。而湘系大员因鲍超并非曾国藩嫡系,不但不为其开脱,反而迎合李鸿章落井下石。曾国荃奏称接战捻军为南北两队,北强南弱,而铭军敌北,霆军敌南,故战绩不同。鲍超忧愤成疾,执意告退,所部 32 营以遣散了之。霆军重要将领唐仁廉,挑其精壮,由李鸿章"酌立营制,重整规模",立仁字营,成为淮军的一支,从而削弱了湘军,增强了淮军的实力。3 月东捻军又在蕲水歼灭湘军彭毓橘所部,阵斩彭毓橘,至此曾国荃新湘军主力全部覆没。这一阶段李鸿章实行的主要是陆路蹙围,但并未能有效地扼制住捻军的流动。

第二阶段从 1867 年 6 月至 1868 年 1 月部署实施运河、胶莱河之防,主战场在鲁东地区。

东捻军乘湘淮军齐集湖北之际,跳出包围圈,进入河南,因鉴于陕西就食

---

① 张仲炘等编:《湖北通志》,《捻军》,第 3 册,第 187 页。

困难,四川路途遥远,遂放弃原定西进川陕的计划,改向山东挺进,于6月在鲁军防守的戴庙附近突破运河防线,直趋胶东半岛。山东巡抚丁宝桢疏于运防,奉旨交部严加议处。一时言路汹汹。曾国藩认定"大局日坏",担心言路不仅纠弹丁宝桢,也可能波及李鸿章,致书劝其忍辱负重,徐图之,"若遇棘手之际,请从耐烦二字痛下功夫"①。

其实,东捻军进入运东,正是一大战略失策,给了李鸿章利用河防蹙之于绝地以良机。刘铭传、潘鼎新等淮军将领,一致提出"倒守运河"(即由原来自东岸设防移至西岸设防)之策,李鸿章经过慎重研究决定采纳。李鸿章鉴于捻军深入胶莱一带,不但部署倒守运河,而且又在胶莱河两岸增设了内层防线,缩小兜剿圈,企图把捻军聚歼于胶莱海隅,万一捻军突破胶莱防线,还有运河防线以资保障。在胶莱河防线上,他安置了刘铭传、沈宏富、董凤高、潘鼎新四军46营和鲁军31营,分段防守,每营防地三里多长。另外还设有机动的后援部队,全部兵力近5万人。运河防线则由淮军周盛波、刘秉璋、杨鼎勋、李昭庆等部和豫军张曜部、皖军黄秉钧、程文炳部负责。为了保障运、胶防线,李鸿章还奏准三口通商大臣崇厚、直隶总督刘长佑率军防守黄河,由漕运总督张之万率军防守苏北六塘河。这样,东西南北四面就各以河为险构成了一个包围圈。但是,东捻军却于8月在胶莱防线北端海神庙一带鲁军防地冲破防线,渡过潍河,使得李鸿章苦心经营的胶莱防线告溃。究其原因,主要是由于山东巡抚丁宝桢不愿其辖境变为战场,对李鸿章的方案虚应故事,甚至蓄意破坏。开始,李鸿章调鲁军31营布防胶莱河,丁宝桢只答应给11营;李鸿章意在严防胶莱河西岸,而丁宝桢却率军深入胶东蓄意驱捻出鲁;同时丁宝桢还对淮军进行粮草封锁,淮军所到之处,"城寨俱闭","办粮不出"。胶莱防溃后,李鸿章和丁宝桢为了推卸责任,"腾章相诋",清廷一面进行调解,一面切责李鸿章"徇私诿咎,倒置是非","意存忌刻,纵贼误事"②,饬令交部议处。是时言路纠弹,清廷惑于群议,认为"河防不可恃",曾国藩也劝李鸿章"早思变计"。凡此种种,使李鸿章陷于颇为困窘的境地。

在这种情况下,李鸿章一面主动致书丁宝桢"讲好",一面坚持既定方略。

---

① 曾国藩:《致李官保》,《曾文正公书札》,卷26,第11页。
② 周世澄:《淮军平捻记》,卷6,《捻军》,第1册,第170页。

他特别加固运防,亲自驻守台儿庄就近督导,并先后设立四支由淮军精锐组成的"游击"之师,计有战马8千匹,以骑敌骑,追击捻军。这样,就使东捻军陷入危殆的处境:它虽然突破了胶莱防线,但仍被困于黄河、运河、六塘河、大海之间的狭窄地带,"以走制敌"的特长无法施展,屡屡受挫。11月任化邦在苏北赣榆战败被杀。12月东捻军在寿光海滨一战折损3万余人,精锐丧失殆尽。1868年1月赖文光虽然率余部突过六塘河,但孤危之中受伤被俘,在扬州被害。东捻军终于被李鸿章镇压下去。这一结局表明,李鸿章的战略指导是基本正确的。

第三阶段是1868年上半年在直东战场与西捻军作最后决战。

东捻军在危厄之际,曾向在陕西与左宗棠部对战的西捻军紧急救援,西捻军闻讯即决定离陕东进。张宗禹等原拟率部南出潼关,由豫入鲁,后来又考虑到清军聚集山东,河北空虚,遂决定进军直隶,威胁京畿,逼迫清军回救根本,从而达到解救东捻军的目的。西捻军经山西、河南进入直隶,于1868年2月抵达保定一带。清廷大震,急忙调兵遣将防卫京畿。时东捻军已经败亡,清军便得以集结直、东(直隶、山东)战场与西捻军展开战略决战。清廷特派恭亲王奕䜣出面节制,调集钦差大臣李鸿章、左宗棠、都兴阿、直隶总督官文、山东巡抚丁宝桢、安徽巡抚英翰、河南巡抚李鹤年所部和京营、天津洋枪队等10余万众。

当时驻在山东济宁的李鸿章,遇到两个棘手问题,一是淮军将领刘铭传、郭松林、潘鼎新、刘秉璋等纷纷求退,"聚讼不休",使李鸿章徒呼"奈何"而无法遵旨北援,因此受到清廷拔去双眼花翎、褫去黄马褂、革去骑都尉世职的处分;二是与左宗棠积不相能,此次受罚不啻火上浇油。李鸿章愤愤不已,声称"左公放贼出山,殃及鄙人。若使办贼者获罪,何以激劝将士?侍心如古井,恨不投劾归去,断不以目前荣辱介怀。"[1]然而,他迫于所谓"大义",从维护清朝统治的大局出发,不惜"吃苦受气","再与左公议和,但勿相犯,决不失敬。"淮军"诸将虽野,尚知尊亲"[2],在严旨催迫和主帅劝勉下,除刘铭传"浩然回里"外,余"皆投袂而起"。2月13日李鸿章自济宁启程,督师北援。

---

① 李鸿章:《复李子和中丞》,《李文忠公全书》,朋僚函稿,卷8,第3页。
② 李鸿章:《上曾相》,《李文忠公全书》,朋僚函稿,卷8,第2页。

李鸿章有了攻灭东捻军的成功经验,在直东战场基本上是"抄袭旧稿",使用"圈制"故伎。但是,在直东战场实施"就地圈制"战略,却遇到了相当严重的困难:第一,西捻军鉴于东捻军的覆辙,有了较高的警惕性,"一闻围扎",立即"死力冲突","飓疾如风,一瞬即失",李鸿章"初意拟蹙之怀、卫之间,继欲扼之卫、黄之交,皆未及谋定而贼已窜逸"①,使得李鸿章无法从容布置。第二,所谓"就地圈制"重在利用地利,但"黄河以北,平坦千里,网罗难使",虽说"就运河一线设防,蹙之海东一隅,较得地势",然而战线漫长,加之河道水位低,"不能以水为险","设防全恃兵力",但就当时直东战场的清军兵力而言,"有守无战",难以攻灭西捻军。面对这种局势,李鸿章认为"即严督诸军日以追剿为事,能胜贼而未足以灭贼,且久有覆军疲师之忧"②,与其这样,还不如暂且以守待变。但左宗棠却不以为然,他力主"追剿"。李鸿章写信给沈葆桢,批评常以诸葛亮自比的左宗棠说:"诸葛公提偏师从诸将后,到处寻贼,吾谓非计","其免于九节度之溃者几希"③。事实上,当时李、左等人的战略都失之偏颇。李鸿章看来"稳慎",而实则陷于消极被动;左宗棠主观上积极主动,但实际上却不免鲁莽操切,这同样是对捻军胸无良策的表现。正当他们一筹莫展的时候,不意天公帮了他们大忙,形势顿现转机。5月上旬,漳、卫上游,山洪暴发,运河水位陡涨至一丈五六尺。这使清军在运河防线北段有了水险可恃,并且通过沧州以南的捷地坝将运河水灌入减河,从而增加了自捷地坝至海滨牧猪港全长百余里的北面一条水上防线。接着5月中旬"黄水陡涨数尺",这既使清军黄河防线得到加强,又使清军得以在张秋开坝引黄入运,使原来自张秋至临清二百余里干涸可涉的河段,大水漫灌,"炮船鼓棹如飞,直逼德、景"。此后,"黄水复暴涨,自运河以洎马颊诸河,无不盈堤拍岸,横溢四出,流潦纵横,于是运河一线,遂为金城巨防"④。这样就形成了南以黄河、西以运河、北以减河为凭借的包围圈,使捻军受到致命的威胁。

这种条件也为李、左二人战略主张趋于统一提供了物质前提。自从5月上旬运水陡涨以后,左宗棠看到"圈制"有了地利保障,就转而表示赞同,他致

---

① 周世澄:《淮军平捻记》,卷8,《捻军》,第1册,第202页。
② 周世澄:《淮军平捻记》,卷9,《捻军》,第1册,第204页。
③ 李鸿章:《复沈幼丹船政》,《李文忠公全集》,朋僚函稿,卷8,第18页。
④ 周世澄:《淮军平捻记》,卷10,《捻军》,第1册,第221页。

函李鸿章解释说:"圈制一策,实制捻良图,唯从前减河未注水时,地段太长,需时又久,弟不能无疑。见(现)在捷地闸开,工程既省,自兴济以南东岸居民均移西岸,正可用民力筑堤自保,而以官军协守,腾出各军剿贼"。左宗棠在同意"圈制"的同时,仍然主张腾出一定的兵力用于"追剿"。李鸿章也凭借地利条件,压缩河防兵力而用之于"追剿"。这样,李、左二人的意见便趋于一致。李鸿章在写给官文的信中说:关于"圈制"之策,今"季帅俯查众议,似亦首肯"。5月21日李、左在德州桑园会见,"晤商甚为投契"。李、左意见的统一,对于直东战场指挥权的统一,具有决定性意义。因为在直东战场的清军中,以李、左所部为两大主力,其他大员实际掌握的兵力都瞠乎其后。李、左二人意见的统一、行动的配合,也就决定了战略大势,其他大员只得附而从之。像官文、丁宝桢、英翰等人都明确表示赞同李鸿章的战略部署。唯有奕譞"力辟长围之说",但清廷却不以为然,上谕明确肯定李、左的意见,令其"酌度筹办"。由于实施了"划河圈地"、"且防且剿"战略,使清军在直东战场取得战略主动。捻军试图突破清军河防不果,而在包围圈内又无法摆脱清军围追堵截,只好被动地奔突,最后进入山东北部。李鸿章不失时机地"缩地围扎",在马颊河与徒骇河布防,把捻军压迫在其间的高唐、商河、惠民一带的狭长地带,并配合地方当局"查圩",致使捻军陷入绝境。8月张宗禹率部突围,南下到达山东茌平境内,不料徒骇河水陡涨,猝遇清军阻击,全军覆没,张宗禹不知去向。清廷论剿捻功,李鸿章赫然居首,赏加太子太保衔,并荣升协办大学士。曾国藩闻讯,颇感自豪和欣慰,特地致函李鸿章,表示热烈祝贺,并大肆吹捧李鸿章的所谓忍性和德力,说"自去秋以来,波澜迭起,疑谤不摇,宠辱不惊,卒能艰难百折,了此一段奇功,固自可喜,德力尤为可敬!"①然而,左宗棠的反应却有所不同。左宗棠本以剿捻之功,赏加太子太保衔,并交部照一等军功议处。但他忌恨李鸿章,"不以淮军歼贼为然,多方搜剔"②,既为从陕西进援京畿的部将刘松山争功,"伸秦师而抑淮勇"③;又怀疑李鸿章关于张宗禹投水自杀的说法,督军四出搜捕。左宗棠的所作所为,触怒了李鸿章,双方关系进一步恶化。李鸿章致函曾国藩,公

---

① 曾国藩:《复李中堂》,《曾文正公书札》,卷26,第38页。
② 李鸿章:《复马谷山制军》,《李文忠公全书》,朋僚函稿,卷8,第50页。
③ 曾国藩:《复郭筠仙中丞》,《曾文正公书札》,卷26,第39页。

然以所谓奸臣曹操影射左宗棠,说"此次张捻之灭,天时地利人和实兼有之,祗一左公龂龂到底。……阿瞒本色,于此毕露,不知胡文忠(胡林翼)当日何以如许推重也。"①

————————

① 李鸿章:《复曾相》,《李文忠公全书》,朋僚函稿,卷8,第48—49页。

四 "疆臣之首"

移 督 直 隶

李鸿章指挥淮军镇压了捻军,用贫苦人民的鲜血换得了太子太保、协办大学士的头衔,按常理,似应感到欣慰,但事实上恰恰相反。他具有丰富的政治经验和历史知识,懂得以慈禧为首的清廷对于自己是既倚重又压制,随着捻军的溃败和淮军的势盛,必将加剧自己同清廷的紧张关系。清廷把直隶和两江这两个关系南北大局的总督桂冠,分别授予"剿捻败将"曾国藩和"威望过轻"的马新贻(字谷山),谕令自诩为"剿捻功臣"的李鸿章来京陛见,并催促因"剿捻"而进入近畿的淮军撤回黄河以南。凡此种种,使李鸿章切实感到清廷疑忌之深和自身处境之险,因而决意仿效湘军攻陷天京后曾国藩的做法,裁兵自敛,持盈保泰。他一面奏请陆续裁撤淮军;一面向朋僚表露"撤军归农"之意。他致函马新贻说:

> 弟为养此军,平中原之贼,而冒中外之不韪,吴人之怨讟,今幸句当已了,撤军归农是吾素志,此后扁舟垂钓,不复与闻军事,可告无罪。或谓宜留骁健,以备后患。滌相亦请留二万余人,未知主人翁能不惮烦否?①

所谓"撤军归农"云云,实际上是李鸿章对清廷玩弄的一种以退为进的策略,他既想保留淮军精锐,又欲巩固已有权势,并没有放弃军权、退隐山林之意。后来他致函挚友郭嵩焘说:"鸿章于捻平时,亦欲抽身,踌躇四顾,无可与言,

---

① 李鸿章:《复马谷山制军》,《李文忠公全书》,朋僚函稿,卷8,第51页。

姑就疆事,与为委蛇。"①

1868 年 10 月 5 日李鸿章抵京入觐。他在北京逗留将近一月,首次拜谒慈禧和同治,被赐予紫禁城内骑马如仪。他还访亲问友,会见军机大臣奕䜣、文祥、宝鋆等权贵。他向当轴陈述了自己对国事的看法,进言"军国以一事权为要",并推崇郭嵩焘"通达夷务治体","请召用京秩为宜"。他还进一步了解了清廷核心人物的心态及其对淮军和曾国藩的意向。他致函丁宝桢说:"内意虑左帅难了西事,欲留敝军以作后劲"②。他通报曾国藩说:"侧闻天语,留待撤军议定再行北上。枢廷自恭邸以次,皆属鸿章赴金陵劝驾,并商筹善后各事。……内意必欲吾师坐镇畿疆,入都后必有不可中止之势,望预为筹备。"③从这些信件中可以看出,清廷决意让曾国藩议定撤军事宜,然后移督直隶,并令李鸿章保留部分淮军,以备"助左平回"。

11 月 1 日李鸿章出京南下,沿途照料各营,直至 12 月 9 日始抵南京,曾国藩亲自出城迎接。李鸿章与曾国藩、马新贻会筹淮军撤留事宜,决定裁遣马步 50 营,借以缓解清廷疑忌;并以"中原甫定,南北尚有伏莽,百战劲旅必须酌留镇压"④为由,奏请保留 75 营,其中铭军 20 余营留防直鲁交界,以备曾国藩履任后调遣,庆、勋两军 20 余营驻防江苏,交马新贻调遣;自带郭松林武毅军、周盛传盛军和亲军枪炮队等 19 营赴鄂,以资钤制。后因潘鼎新回任山东藩司,留鼎军 7 营分防鲁境。经过"剿捻"战役,淮军防区从江苏一省而扩展至苏、鄂、直、鲁四省。直、鲁为畿辅重地,苏、鄂为财富之区。淮军酌留精锐 3万,并获得优厚地理条件,从而为李鸿章淮系政治势力的膨胀奠定了基础。

南京会商之后,曾国藩启程北上,就任直督;李鸿章始则返乡省亲,继而于1869 年 2 月抵达武昌,接任湖广总督。起初他因"诸务生疏","尘牍山积,殊形竭蹶",甚至无暇给"四方旧好""一通尺素"。后来他更为淮军的衰败而焦虑不安。刘铭传、潘鼎新、郭松林及其所部,是淮军的主力。李鸿章说:"吾军唯三君为大枝,诸将以三君为最大且老也"。⑤ 然而除郭松林外,刘、潘二人却

---

① 李鸿章:《复郭筠仙中丞》,《李文忠公全书》,朋僚函稿,卷9,第5页。
② 李鸿章:《复丁稚璜宫保》,《李文忠公全书》,朋僚函稿,卷8,第53页。
③ 李鸿章:《复曾相》,《李文忠公全书》,朋僚函稿,卷8,第53、54页。
④ 李鸿章:《复吴仲仙制军》,《李文忠公全书》,朋僚函稿,卷8,第56页。
⑤ 《李鸿章致潘鼎新书札》,第81页。

相继辞官,刘氏拒赴直隶提督之任,潘氏不愿奉旨赴左宗棠军营差遣。李鸿章致函曾国藩说:"近来淮将暮气颇深,纷纷乞退,鸿章忝窃虚誉,每惧兵事不得脱身,旧部日渐零落,势难再兴,致负期许。"①

正当淮将纷纷乞退之际,李鸿章奉命入川查办四川总督吴棠被参案。云贵总督刘嶽昭参劾吴棠赴任扰索、收受属员规礼、卖缺卖差、调济私人、收受滇抚差官馈贴。李鸿章深知吴棠"圣眷颇隆",查办"殊难下手",因而始则磨磨蹭蹭,6月29日接到命令,8月9日从武昌动身,10月22日才抵达成都;继而草率结案,11月6日就奏上《查复吴棠参案折》,说所参各节,均属空言,在籍绅士佥称吴棠善政宜民。李鸿章曲意包庇吴棠,正中慈禧下怀,致使被告蒙混过关,而原告却受到申斥处分。

1870年2月,李鸿章回到武昌不久,便奉旨督办贵州军务,镇压苗民起义,由李瀚章署理湖广总督。李鸿章对清廷的决策,十分反感,分别致函潘鼎新、曾国藩大发牢骚:"昨奉旨驰赴贵州,督办军务,但令整顿川湘援黔各军,酌调旧部,并未拨给何处实饷。甘军岁得饷九百万,鄙人南征无足重轻之地,乃可不名一钱耶?"②"军兴二十年,尚不知兵饷为何事,若只身前往即可了贼者。"③他上奏清廷,强调饷事、地势军情、采办转运困难,不宜贸然前往,恳请"勿责速效",表示"俟李瀚章到鄂交替,并后路筹有规模,即行启程,由湘赴黔"。

正当李鸿章故作迟回之际,陕西形势发生突变,回民义军击毙湘军悍将刘松山,挺进陕西榆绥延各属,大有同当地所谓"土匪溃勇"联合抗清之势。3月中旬清廷决定移缓就急,饬令李鸿章挥师援陕。其实,李鸿章既不愿"南征",也不愿"北指"。如果说,他不愿"南征",主要是因为视贵州为"无足重轻之地",那么他不愿"北指",就主要是左宗棠的缘故了。左、李各争雄长,左宗棠把西北视作禁脔,以镇压回民义军为己任,对于李鸿章之来,"颇涉惊疑",而李鸿章也不愿跟左宗棠共事,入陕"即觉味如嚼蜡"。李鸿章对待援陕之命,犹如援黔一样,采取了拖延战术,直至7月下旬才到达西安,并且声称"愿借

① 李鸿章:《复曾相》,《李文忠公全书》,朋僚函稿,卷9,第16页。
② 《李鸿章致潘鼎新书札》,第84页。
③ 李鸿章:《上曾相》,《李文忠公全书》,朋僚函稿,卷9,第31页。

防秦养拙,作壁上观耳"。① 李鸿章到达西安仅仅 7 天,就接到"酌带各军克日起程驰赴近畿一带相机驻扎"的密谕,如猿得芋,匆促成行,表示"在陕本为赘疣,借此销差,泯然无迹,壹意驱车渡河"②。8 月末李鸿章在获鹿县行次,接到调补直隶总督的上谕,"当即恭设香案望阙叩头谢恩"。至此,李鸿章结束了在湖广的任职。

李鸿章移督直隶,同两个偶发事件有关。1870 年 6 月 21 日天津发生了火烧望海楼教堂、殴毙法国领事丰大业等人的教案。奉命查办的直隶总督曾国藩"谤议丛积",旧病复发。天津教案尚未了结,江南又起波澜。8 月 22 日两江总督马新贻被张文祥刺杀,震动朝野。此事与裁撤之湘军有关。面对如此严重的"内忧外患",清廷不得不借重李鸿章及其淮军。清廷起初是让李鸿章移师入直,预防法国水师侵扰;继而调李鸿章为直隶总督,以代替调任两江总督的曾国藩,而湖广总督一缺,则令李瀚章调补。这次人事变动,标志着在清朝的政治天平上,李鸿章压倒了曾国藩。清廷让曾国藩从直隶移督两江,显然是为了推卸天津教案办理不善之责和借助其威望镇抚"江表严疆,东南财赋"③。曾国藩辞让不就,李鸿章致函劝慰:"谷山近事奇绝,亦向来所无。两江理大物博,断非师门莫办。"④"若七年秋不妄更动,或谷山僻在海滨,竟免斯厄。每读负乘致寇之语,不禁瞿然。江介伏莽最多,非极威重,不足销无形之隐匿也。"⑤在这里,李鸿章公然把曾国藩、马新贻的厄运,统统归咎于 1868 年清廷人事安排的失误,倾吐了长期郁积于心头的不满情绪。

清廷谕令李鸿章受代畿篆,意甚深远。畿辅为首善之区,清朝统治中心。直隶总督系疆臣之首,肩负拱卫京师、就近顾问之责。清廷让李鸿章移督直隶,首先是想借重由他控制的淮军。1868 年清廷曾因重视练军,不愿勇营参与畿辅防务,而谕令淮军移撤黄河以南。当时让曾国藩移督直隶的目的之一,就是借重其经验,整顿练军。直隶练军,始建于 1863 年直隶总督刘长佑。他用湘军营制办法改造绿营兵勇,使之从绿营营汛中独立出来,单独成军。共设

---

① 李鸿章:《复马谷山制军》,《李文忠公全书》,朋僚函稿,卷 10,第 5 页。
② 李鸿章:《复丁雨生中丞》,《李文忠公全书》,朋僚函稿,卷 10,第 22 页。
③ 李鸿章:《调任直隶谢恩折》,《李文忠公全书》,奏稿,卷 16,第 50 页。
④ 李鸿章:《复曾相》,《李文忠公全书》,朋僚函稿,卷 10,第 23 页。
⑤ 李鸿章:《复曾相》,《李文忠公全书》,朋僚函稿,卷 10,第 23 页。

6 军,每 5 营为 1 军,军有统领,下设文武翼长。每营 500 人,6 军共 15000 人。直隶练军虽经曾国藩进一步用湘军勇营的治军精神加以改造①,取得了一些成效,但仍无力单独保护畿辅。而湘军早已衰败,曾国藩督直时并没有嫡系武装以作后盾,只得依恃淮系铭军,摆脱"孤立无助"的困境。淮军装备和操练的近代化程度,超越所有清军而独占鳌头,是当时最精锐的部队。清廷环顾左右,认识到要确保京师安全,只有借重淮军。李鸿章不仅是淮军的统帅,而且具备外交的经验和才能。正如工部尚书毛昶熙所说:李鸿章"昔在江南,曾能驱策洋将,使为我用。知己知彼,成竹在胸"②。清廷以李代曾总督直隶,就是企图依靠李鸿章及其淮军安内攘外,防患固本。李鸿章深知清廷用意,也就更加"赤胆忠心保皇朝"了。他上疏"恭谢天恩",并陈述施政方略。他说:

> 兹蒙简命,调任畿疆,值海防吃紧之秋,正臣职难宽之日。唯畿辅要区,为皇都拱卫,根本大计,纲纪攸关,稍存瞻顾之心,即昧公忠之义。现在津案未结,河工待修,凡柔远能迩、练军、保民诸事,皆当规划阔远,非老成硕望如曾国藩不足以资镇抚。特以江表岊疆,东南财赋,亟须得人而治。臣虽梼昧,何敢畏难诿卸,上负圣明。唯有勉竭愚忱,一守曾国藩旧章,实力讲求,倍矢兢惕,以图报称而慰宸廑。③

在这里,李鸿章表示决心信守"公忠之义",遵循曾国藩"旧章",兢兢业业地做好外交、练兵、保民等各项工作,以报答清廷知遇之恩。

9 月 20 日李鸿章到达天津。30 日从曾国藩手中接受直隶总督关防印信,从此开始了历时二十五年的直隶总督生涯。

李鸿章上任不久,直隶总督的权势就有所扩大。10 月 10 日工部尚书毛昶熙呈递请撤三口通商大臣条陈一折,认为办理外交通商事务大臣,脱离本省

---

① 曾国藩对刘长佑制定的直隶练军章程进行了改革,简文法,实行湘军那样简单的营规;改变过去上下分权、层层牵制的办法,实行事权专一;改革兵丁选拔办法,练军兵丁不再由底营负责挑选,练军营官有奖拔之权;改变粮饷发放办法,兵丁一旦挑入练营,即将底营饷额裁去,由练营统一发饷;马步分立,马匹一律改为私马;取消 5 营为军的编制,各军所辖营数不等。(参阅皮明勇:《晚清"练军"研究》,《近代史研究》,1988 年第 1 期)

② 《筹办夷务始末》(同治朝),卷 77,第 22 页。

③ 李鸿章:《调任直隶谢恩折》,《李文忠公全书》,奏稿,卷 16,第 50 页。

督抚而设专职，"有绥靖地方之责，无统辖文武之权"，地方官往往"坐视成败"，不肯相助，以致发生严重问题，因而奏请撤销三口通商大臣，所有洋务海防各事宜，著归直隶总督经管，一如南洋通商大臣之例①。奕䜣等总署大臣遵旨议复，支持毛氏建议。11月12日上谕称：

> 总理各国事务衙门奏，遵议毛昶熙请撤三口通商大臣条陈一折，洋务海防，本直隶总督应办之事。前因东豫各省匪纵未靖，总督远驻保定兼顾为难，特设三口通商大臣，驻津筹办，系属因时制宜。而现在情形，则天津洋务海防，较之保定省防，关系尤重，必须专归总督一手经理，以免推诿而责专成。著照所议，三口通商大臣一缺，即行裁撤，所有洋务海防事宜，著归直隶总督经管，照南洋通商大臣之例，颁给钦差大臣关防，以昭信守。其山东登莱青道所管之东海关、奉天奉锡道所管之牛庄关，均归该大臣统辖。通商大臣业已裁撤，总督自当长驻津郡，就近弹压，呼应较灵。并著照所议，将通商大臣衙署，改为直隶总督行馆。每年于海口春融开冻后，移驻天津，至冬令封河，再回省城，如天津遇有要件，亦不必拘定封河回省之制。②

这次"改定章程"，既解决了直隶总督和三口通商大臣各自为政、互相掣肘的矛盾，使李鸿章身兼二职、"权一而责巨"；又解决了"省防"和"洋务海防"的战略地位问题，使李鸿章的工作重心，从传统的"保定省防"转向"天津洋务海防"。清廷的决策，适应了国内外形势的变化，有利于推进"洋务"活动和"海防"建设，防患固本。

对于清廷此次"变计"，李鸿章一则以喜，一则以忧。忧在"事烦责重，深虞丛脞贻误"。他致函曾国藩，倾述"惴惧"之情：

> 通商海防各事归并，权一而责巨，鸿章才力实不克胜，兼之内无代理笺奏之人，外无堪寄兵政之选。津保分驻，必误地方，且亦疲于奔命。至

---

① 《筹办夷务始末》（同治朝），卷77，第30—32页。
② 《大清穆宗毅皇帝实录》，卷293，第8—10页。

三口陵夷已久，振刷为难。思之万分惴惧，丛脞负咎在指顾间。尚求随时教掖之。①

当然，忧虑并非主要倾向。李鸿章清醒地认识到出任内受清廷依寄、外而表率督抚的直隶总督、北洋大臣要职，地位提高了，权势增强了，因而兴奋不已，特地向李鹤章表示"兄以深沐皇恩，遇事必再三慎重。"②他遵旨酌议应办事宜，认为"天下大势，首重畿辅"，清廷此次"变计"，"洵属未雨绸缪之策"。目前最急者，须先添设津海关道一缺，专管中外交涉事件及新、钞两关税务，兼充直隶总督海防行营翼长。至于选将、练兵、筹备海防一节，"尤为目今要务"。畿辅重地，形势严峻，"外人窥伺，内匪窃发，刻刻堪虞"，而绿营官兵腐败不堪，从中挑选加饷操练，"外貌即似整齐，实恐难当大敌"。因此，他一面奏调淮军"为拱卫畿辅之师"，一面整饬练军，装备近代枪炮，增加洋枪教官，努力提高其战斗力。平时以淮军守卫海口，练军镇守内地要冲，一旦外敌入侵，练军也被调往沿海助战。

扩展权力网

直隶总督实乃疆臣之首，"朝廷以拱卫相期，中外以绥怀相属"③。被时人讥为"拼命做官"④、"好结内援，宦术深矣"⑤的李鸿章深知在清朝官僚体制中直隶总督、北洋大臣职位的重要和自己得来之不易，因而如何巩固并扩大既有的权势，就成为自己所面临的重要课题。为了解决这个攸关自己宦海沉浮的问题，他积极扩展自己的权力网。这个权力网"根植直隶，上至朝廷，渗透到帝国的其他省份。"⑥

---

① 李鸿章：《上曾相》，《李文忠公全书》，朋僚函稿，卷10，第26页。
② 李鸿章：《致鹤章》，《李鸿章尺牍》，第58页。
③ 李鸿章：《复郭意城内翰》，《李文忠公全书》，朋僚函稿，卷15，第5页。
④ 曾国藩语，《春在堂随笔》，第10页。
⑤ 黄濬：《花随人圣盦摭忆》，第138页。
⑥ ［美］K.E.福尔索姆著、刘悦斌等译：《朋友·客人·同事：晚清幕府制度的研究》，第152页。

李鸿章扩展的权力网,是以他所担任的直隶总督、北洋大臣为凭借,以他所控制的军队为基石,以他所建立的幕府制度为支柱的。

李鸿章深知军队"关立国之根基",为清朝"国本所系",位高权重的疆臣之首是依靠自己所控制的军队得来的,也必须依靠私属性军队来维持。因此,他凭借直隶总督、北洋大臣的职权,大力增强淮军实力,拓展淮军空间,并进而积极编练北洋海军。

在李鸿章担任直隶总督、北洋大臣的25年间,淮军营伍数量随着国内外局势的变化虽然时有消长,但其基干队伍不仅没有削减,反而有所增加。分防各地淮军,1875年共有95营,1879年裁至79营,1884年中法战起增至132营,战后日趋减少,及至1894年中日战起,又增至146营①。

李鸿章在保持并增加淮军基干队伍的同时,还着力采用新式武器装备淮军。他既指令自己控制的沪、宁、津各局加紧制造林明敦、士乃得、黎意、毛瑟等步枪、长短炸炮、阿姆斯庄山炮、快炮供应淮军使用;又留心外洋武器发展趋势,购买当时最为先进的武器武装淮军,以增强其战斗力。同光之际,他从德国购进克房卜钢炮成立19营炮队。他奏称:

> 再海防铭盛各营及亲军炮队,自同治十年以后,陆续筹款,添购德国克房卜后门四磅钢炮一百四十尊,雇用德国教习,选派炮勇,照该国操炮章程,认真操练。此项炮位,取准及远,精利无匹,在西洋各国最为著名利器。②

李鸿章重视并设法筹措款项,以备淮军购造军械火药之需。据不完全统计,从光绪元年至二十年,淮军购买外洋军火开支4,940,277两,修造外洋军火开支3,001,775两,两项合计7,942,052两③。

李鸿章既着力利用新式武器装备淮军,又注意拓展淮军的防区。随着国内外局势的变化,淮军的防区时大时小:1870年分防直隶、苏、鄂、晋、陕五省;1875年分防直隶、鲁、苏、鄂、晋五省;中法战争期间分防直隶、鲁、鄂、粤、桂、

---

① 王尔敏:《淮军志》,第355、357、360、362页。
② 《李文忠公全书》,奏稿,卷29,第7页。
③ 樊百川:《清季的洋务新政》,第2卷,第905—906页。

闽、台湾、浙、苏、晋、奉和朝鲜;中日甲午战前分防直隶、鲁、晋、苏、浙、鄂、奉和朝鲜等地①。李鸿章得意地说:淮军"分布海疆千余里,内卫京畿门户,外控藩属邻邦,有事得资应援,尚称缓急可恃。"②淮军防区除战时有所拓展外,平时则以直隶与江苏为主。直隶为畿辅重地,布防意在屏蔽京师门户。江苏以"财赋著名",淮军月饷"以沪苏厘税及苏藩月协二万为大宗。"仅以光绪二年淮军入款为例,苏沪厘捐及两淮盐厘占全部入款的47%,江海江汉两关洋税占全部入款的31%,苏藩库款占全部入款的4%。由此可见,"淮军的维持与发展,与江苏饷地关系十分密切。"③

　　李鸿章在牢牢控制淮军的同时,大力举荐亲信将领出任封疆大吏,以期遥相呼应,巩固权势,影响朝局。按清制,各省督抚与提督并称封疆大吏。李鸿章举荐张树声、刘秉璋、潘鼎新、刘铭传为督抚。张树声,字振轩,安徽合肥人,廪生,树军统领。他崇尚实学,"好为沉思",历任漕运总督、署两江总督、两广总督、署直隶总督兼北洋大臣。他在淮军中名列第二,思想趋新。1884年他在临终遗折中明确提出:西方国家立国自有本末,"育才于学堂,议政于议院,君民一体,上下同心,务实而戒虚,谋定而后动,此其体也。轮船、大炮、洋枪、水雷、铁路、电线,此其用也。"他反省自己参与的洋务活动是"遗其体而求其用,无论竭蹶步趋常不相及",恳请清廷"采西人之体以行其用"。刘秉璋,字仲良,安徽庐江人,进士,庆军统领,曾被曾国藩誉为"封疆砥柱之才",先后任江西巡抚、浙江巡抚、四川总督。他与李鸿章不仅"师生至契",而且系姻亲好友,刘氏长女嫁给李经方,次子迎娶李昭庆之女为妻。潘鼎新,字琴轩,安徽庐江人,举人,鼎军统领,历任云南巡抚、署理湖南巡抚和广西巡抚。他和刘秉璋系同乡好友,又均为李鸿章亲传弟子。刘铭传,字省三,安徽合肥人,团首、盐贩,铭军统领。他遵照李鸿章"多读古人书,静思天下事"的教导,"静研中外得失",思想日益趋新,历任台湾巡抚、福建巡抚,在保卫和建设台湾方面成绩斐然,"溯其功业,足与台湾不朽。"

　　经过李鸿章的精心栽培和大力举荐,淮军将领中除了四位出任督抚者之外,还有更多的人被擢为各省提督。提督为各省最高军事长官,管理一省军

①　王尔敏:《淮军志》,第354—362页。
②　李鸿章:《淮军报销折》,《李文忠公全书》,奏稿,卷75,第32页。
③　王尔敏:《淮军志》,第278页。

政,为武职从一品官,比文职巡抚高一级,与加尚书衔的总督同等,可见其职位之尊崇。淮军统领中荣任各省提督的主要有:钱玉兴任四川提督,周盛传、周盛波先后任湖南提督,黄桂兰任广西提督,郭松林任直隶提督、湖北提督,李安堂任福建提督,李长荣任湖南提督、湖北提督、直隶提督,聂士成任直隶提督,潘万才任贵州提督、江北提督,唐仁廉任广东陆路提督,唐定奎任福建陆路提督,丁汝昌任北洋海军提督,吴长庆任广东水师提督、浙江提督,吴凤柱任湖北提督,杨岐珍任福建水师提督,杨鼎勋任湖南提督,叶志超任直隶提督①。这里不包括署理某省提督、无任所提督和记名提督,仅实授各省提督的就多达17人,涉及11个省区,可见淮系势力之大,影响之广。

李鸿章凭借直隶总督、北洋大臣的权势,在增强淮军实力的同时,积极改进和加强幕府制度。

李鸿章幕府的职能,在他移督直隶前后,有了很大变化。之前,主要是围绕镇压太平军与捻军而展开的政务、军务即治军、筹饷诸大端。之后,由于李鸿章"坐镇北洋,遥执朝政",内则倡导"变法",办企业、筹海防、建学校,"易官制",外则倡导"和戎",办外交、订条约、"以夷制夷",因而其幕府的职能便向协助处理政务、军务、洋务、外交等方面转移。随之而来的,便是李鸿章幕府的规模扩大到几百人,成员构成呈现出洋员激增、思想趋新、专才荟萃等特色②。李鸿章所以广泛罗致、悉心护持幕府宾客,"一在使幕府转变为近身得力的干部,一在使幕府向外发展以为政治的奥援,从而以扩大淮系的政治影响力。"③他既借助幕宾控制北洋政务、军务、洋务和外交大权;又举荐幕宾出任各种官职,以期在政治上互相呼应,从而使"幕友与幕主之间的界线,私人聘用和国家录用之间的界线,统统变得模糊了。"④

李鸿章幕府虽然是土生土长的制度,但却不能不打上时代的烙印。李鸿章面对西学东渐,倡导"师夷",举办洋务,主持外交,在在需要具有西学知识与技能的人才。他一面设法自己培养,一面力主"借村异域",以应不时之需。"他任用外国人做顾问、教习、海军军官、舰长、仓库管理员、制造局帮办、军事

① 王尔敏:《淮军志》,第137—176页。
② 有关内容参阅欧阳跃峰:《人才荟萃—李鸿章幕府》三一十二。
③ 王尔敏:《淮军志》,第332页。
④ [美]K.E.福尔索姆著、刘悦斌等译:《朋友·客人·同事:晚清的幕府制度》,第143页。

教习、甚至他的外交谈判代表。不过，有一件事情是确凿无疑的。即凡是不把李鸿章作为主人看待的外国人，没有一个能在他手下长期供职。""然而那些承认李鸿章的地位并忠实地为他服务的外国人都受到他的尊重，并且薪金优厚。"①在他聘用的外国人士中，作用较大、影响显著的有德璀琳、毕德格、琅威理、汉纳根等人。

德璀琳，德国人，1864年进入中国海关，后被委任为天津海关税务司。"虽然严格地说他不是李幕成员，但是在李鸿章直隶总督任期内他几乎自始至终与李鸿章保持着密切的联系。他在各种有关地方、国家乃至国际间事务上为李鸿章出谋划策，与其接触十分频繁"，据说"德璀琳是那些在李鸿章的工商企业中供职的外国人的联络官，也是那些为李鸿章办理外交事务的外国人的联络官。"②李鸿章赞誉他"在津供差十余年，忠于为我。六年俄事，十年法事，彼皆暗中襄助。十一年伊藤来津与鸿章订约，该员与伊藤幕友某英员相识，从旁赞导，颇为得力"，因此他坦言德璀琳"为朝廷及本爵大臣所倚重。"

毕德格，美国人，1874年来华任美国驻天津领事馆副领事和翻译，后"慕文忠之名"而辞领事职，入李鸿章幕府。他曾充任李鸿章的家庭教师，李经方"从之习英文"，李经迈"朝夕与游，亦从问学"，开始获得李鸿章的信任和友谊，成为李鸿章外交事务方面得力谋士和助手。他"担任李鸿章的翻译，负责陪同外宾，为李鸿章读了不下800部英文、法文和德文书籍（用中文翻译），为李鸿章在外国人中寻找能够在他手下供职的人，陪同外国工程师或技术人员进行采矿工作等等。"③他凭借自己的外交历练、语言基础和李鸿章幕宾的身分，经常参与李鸿章主持的外交活动，特别是在1894年为李鸿章提供了日方有关中日议和的态度和条款等重要情报，并于1895年陪同李鸿章赴马关议和。

琅威理，英国人，英国海军军官。李鸿章鉴于北洋海军甫经创办新式人才匮乏的实际，决定聘用洋员，"楚材晋用，取法新式，以略收其效。"在中法战争前后，经总税务司赫德推荐，李鸿章两次聘请琅威理来华担任北洋水师总教习。琅威理具有丰富的航海阅历和勤恳踏实的工作作风，他对北洋海军将士

① ［美］K.E.福尔索姆著、刘悦斌等译：《朋友・客人・同事：晚清的幕府制度》，第146页。
② 前引［美］K.E.福尔索姆所著书，第146、147页。
③ 前引［美］K.E.福尔索姆所著书，第184页。

严格要求,日夜训练,从而提高了北洋海军的战斗力。据时人记载,琅威理"颇勤事,为海军官佐敬惮","士卒欲求离舰甚难,是琅精神所及,人无敢差错者。"

汉纳根,德国人,一个普鲁士将军之子,曾任德国陆军要塞工程师,少尉军衔。1879 年他从德国陆军退役,经德璀琳推荐,被聘来华在天津任军事教官兼充李鸿章副官。他参与了改建大沽炮台、设计修建旅顺口东西两岸炮台、建设威海卫军港、创办旅顺水陆弁兵医院等工作,深得李鸿章赞许:汉纳根"近年监造威海卫日岛炮台、营房、药库等等,依照西洋新式,将一切做法,不惮烦难,逐细讲求,悉心指授,俾在工员弁匠役皆知",成效显著,"于海防颇有裨助"。1894 年汉纳根出任北洋海军总教习,在黄海海战中,积极谋划,"奋勇效力",清廷认为"深堪嘉奖",随即令其进京与总理衙门面商御敌机宜。汉纳根呈上条陈节略,建议清廷仿照德国军制编练十万陆军、成批购买外国新式战舰并聘请洋员为全军水师提督以抵御强敌。光绪认为"其说颇多中肯","实为救时之策"。

除上述诸人之外,李鸿章聘请入幕的著名洋员还有宓吉、敦约翰、金达、穆麟德、沙富尔、式百龄、吉利丰、马士和美国前国务卿科士达等人。李鸿章认为聘请洋员乃"权宜应急之谋,实非经久可恃之道",强调"一切调度事宜,事权悉由中国主持"。他采用给予高额薪金、"中国官号"和"尊重他们的优秀品质"、防范其"恶劣品质"等手段来驾驭洋员,消除隐患,以为我用。对李鸿章而言,这些洋员既是他处理外交、洋务等重大事务的顾问、助手,又是他与外国官商交往、推进中西文化互动的重要桥梁。

李鸿章幕府中虽然洋员激增,但仍以中国人士为主体。李鸿章督直期间的幕府人才济济,由于某些早期维新派和留学归国人员的纷纷加入,促使其思想倾向与时俱进,日益趋新。

作为洋务派的李鸿章与早期维新派虽然属于不同的政治派别,但却因为在是否变法和某些具体的政治主张上相似,所以能够建立起合作关系。李鸿章把早期维新派看做洋务新秀,或设法罗致为幕宾,而参与洋务企业和外交活动,如郑观应、薛福成、马建忠等,或"用其言而弃其人",如王韬。早期维新派也鉴于李鸿章通达时务、权倾举朝而引为同调,企图依靠他的支持来实现"变法自强"的理想。

薛福成,宗叔耘,号庸盒,江苏无锡人,秀才,早年致力于经世实学,"以备国家一日之用"。1865年进入曾国藩幕府,1875年被李鸿章延请入幕,成为李鸿章的重要谋士,被誉为"不可多得之才"。他在李幕十年,既为李鸿章撰写奏稿、函牍,仅代拟关系大局的疏稿就"不下数十篇";又参与李鸿章一系列外交、洋务的谋划,李鸿章"始终言听计从,毫无掣肘"。此间他写成《筹洋刍议》,强调中国处于"剧变之世,亟须变法以应之",主张"诚取西人器数之学,以卫吾尧、舜、禹、汤、文、武、周、孔之道","变古以就今","俾西人不敢蔑视中华"。1890—1894年薛福成出任清政府驻英、法、意、比四国公使,直接受到西方文明的熏陶。经过中西社会的对比考察,薛福成感慨良多,视野开阔,思想发生质的飞跃,开始推崇西方"通君民之情"、"以协民心为本"的议院制度和"无君主、民主偏重之弊,最为斟酌得中"的君主立宪制度。他在出使期间,与李鸿章始终保持着密切联系,往返函商,交流思想,处理要务。李鸿章赞誉他"学识深稳,淹通古今","平日讲求经世之学,于洋务利弊尤为洞彻源流。"他的传世名著有《庸盒文编》、《筹洋刍议》、《出使四国日记》等十余种。

郑观应,字正翔,号陶斋,别号罗浮偫鹤山人,广东香山县人,1858年弃科举到上海学商。他"初则学商战于外人,继则与外人商战"。他先后出任宝顺、太沽洋行买办,并自营商贸,投资工商业。他热衷于周旋官场,攀附权贵,希冀"何时逢知己,乘时荐国宾"。他以自己"深谙洋务""通权达变"的才智,博得李鸿章的青睐,被邀入幕府,经办洋务企业。他自称"涉足孔孟之庭,究心欧美西学",因而形成了"主以中学,辅以西学"的融合中西的思想体系,著有《救时揭要》、《易言》和《盛世危言》等著作。

马建忠,字眉叔,江苏丹徒人,出生在一个信奉天主教的商人家庭,1852年入上海法国天主教徐家汇公学,一面学习英文、法文和西学,一面"执笔学举子业"。经过第二次鸦片战争的刺激,马建忠决心弃"举子业","而学所谓洋务者",1870年投奔李鸿章门下,帮办洋务。李鸿章称赞他"志趣端正,心地明敏,颇堪造就",特于1877年派他前往法国留学。马建忠抵法后进入巴黎政治学院,学习"各国交涉公法律例",并兼任驻英公使翻译。他既"勤学好问""屡试高等";又周历英、德、奥、意、比和瑞士等国,"闻见博洽",思想观念更趋进步。1880年马建忠学成归国,协助李鸿章办理外交和洋务。他办理外交"颇得刚柔操纵之宜","西人多引重之"。1896年他把光绪十三年至二十的论著结集成《适可斋记言记行》一书出版,梁启超为之作序,称赞马建忠"每发一论,动为数十年以前谈洋务者所不能言,每建一议,皆为数十年后治中国者所不能易。"

薛、郑、马三人虽然出身、生活道路和政治经历不尽相同,但他们却具有共同的思想倾向。他们都是早期维新派的代表人物,主张抵御外国资本主义侵略、维护国家主权和民族独立,要求学习西方科学技术,发展民族资本主义工商业,吁请进行政治改革,变君主专制为君主立宪,并不同程度地批评洋务派撷拾西法皮毛,汲流忘源。李鸿章虽然并不赞成早期维新派的某些主张,但是他与早期维新派的某些政见分歧,不仅没有导致他们彼此之间交恶攻讦,反而相互影响了他们彼此思想的演变过程。就李鸿章而言,他对资本主义生产方式从控制到开放绿灯,对西方政治制度从漠视到留心考察,未尝不可以说是同早期维新派的影响有着密切关系。

李鸿章幕府思想趋新的基因,一是早期维新派,二是留学归国人员。"李鸿章幕府中被委以洋务者,'归国学生'人数最多,在当政期间,李鸿章主持派遣了学生赴欧美学习海陆军、开矿、通讯等等。这些学生学成回国后,许多人入了李鸿章的幕府。"①其中堪称代表人物、成为李鸿章得力助手的除了上述马建忠之外,还有罗丰禄等。罗丰禄,福建人,1871年毕业于福州船政学堂,1877年作为翻译随同留欧学生前往英、法。他在做好本职工作的同时,进入伦敦琴士官学深造,学习化学、物理、气象学等。他既熟知欧洲政教风情和自然科学,又精通英语,会讲流利的英语,能写文雅的英文。1880年回国后,进入李鸿章幕府,充当机要秘书和翻译,被李鸿章誉之为"学有根柢,当差甚勤"的难得人才。

李鸿章除了延揽自己派遣的留学归国人员之外,还将自费出国深造的伍廷芳聘请入幕。伍廷芳,字文爵,号秩庸,广东新会人,自幼"爱读书,而弗举业"。他因向往"欧洲之政体文化",亲赴香港求学,先后入圣保罗书院和皇后大书院,1874年自费前往英国留学,进入久负盛名的林肯法律学院学习法律,获得博士学位和大律师资格。他是第一位全面掌握西方法学理论、"得充西国律师"的中国人,深谙西洋诸国立国之本,富强之术,效法西洋以法治国,

---

① 前引[美]K.E.福尔索姆所著书,第131页。

成为矢志不渝的政治理念。1877年他回到香港,出任执业大律师,进而荣任太平绅士和立法局议员。1882年伍廷芳应邀进入李鸿章幕府,被"倚为左右手,凡有新建议,必咨而后行。"李鸿章赏识伍廷芳"精习英国律例及公法""恂恂有儒士风雅",以年薪六千金罗致入幕,意在"遇有疑难案件,俾与洋酋辩论","兼令翻译西例公法,于交涉要件有裨。"因而协助李鸿章从事中外交涉,就成为伍廷芳十四年幕宾生涯的主要活动。此外,伍廷芳对于李鸿章一手经始的"北洋新政,如津沽铁路、北洋大学、北洋武备学堂、电报局等"也"襄赞之力为多"。

李鸿章幕府成员中人数最多的是各种专门人才,可谓专才荟萃,极一时之盛。上述洋员、早期维新派和留学归国人员,无不具有一技之长。其他较为重要的还有企业经理、科学技术、外交和政务等人员。

李鸿章创办的洋务企业的经理人员,军工企业和民用企业有所不同,军工企业大多为淮系官僚,而民用企业则主要是买办商人,当然,总其成者往往是淮系官僚。

军工企业的经理人员具有代表性的是冯焌光、沈保靖和郑藻如等。冯焌光,字竹儒,广东南海人,官僚家庭出身,举人,会试落第,"乃发愤为干济之学,详究中外地理、算学、制船、制炮之法。"1859年入曾国藩幕,被举荐为分发补用知府。1862年进李鸿章幕府,曾长期担任江南制造总局总办,后升任苏松太道道员。沈保靖,字仲维,号品莲,江苏江阴人,官僚家庭出身,早年曾师事李鸿章。1862年入李鸿章幕,经举荐为候选直隶州知州,后因其"熟谙洋军火"而被委令督办江南制造总局。1870年李鸿章移督直隶后,任命沈保靖总理天津机器局。李鸿章对清廷说:"沈保靖与臣交近三十年,坚明耐苦,丝毫不欺苟,实所深信",经李鸿章"叠疏密荐",沈保靖升任江西九江海关道,后历任江西按察使、福建布政使。郑藻如,字玉轩,广东香山县人,出身商人家庭,举人,因军功被奖授内阁中书衔。1865年从曾国藩幕转入李鸿章幕,历任江南制造总局帮办、会办,博得李鸿章"才大心细,洞悉机要"的赞誉,累升至花翎遇缺尽先补用知府,"俟选缺后以道员尽先补用。"1878年奉旨"送部引见","留津差遣"。后经李鸿章力荐升任天津海关道,并负责督办天津机器局,继而于1881年出任驻美、日斯巴尼亚(即西班牙)、秘鲁三国公使。

民用企业的经理人员,具有代表性的是盛宣怀、朱其昂、唐廷枢、徐润、郑观应等。

盛宣怀,字杏荪,号愚斋,晚年自署止叟,江苏武进人,出身官僚家庭,考中秀才,纳赀为主事。乃父盛康历官知府、道员,留心时务,辑有《皇朝经世文续编》,对盛宣怀颇有影响。1870 年盛宣怀经杨宗濂推荐,投入李鸿章幕下,很快获得信任,以行营文案兼充营务处会办开始宦海生涯。李鸿章看出盛宣怀抱有"办大事""做高官"的野心,便投其所好,使之以为己用。李鸿章既先后令其"办大事"——参与创建或经办轮船招商局、中国电报局、上海机器织布局等洋务企业,使之成为自己的洋务总管;又相继举荐他"做高官"——署天津海关道、山东登莱青兵备道和"实掌北洋机要"的天津海关道,使之成为自己的"左右臂"。前者是盛宣怀在仕途上赖以飞黄腾达的经济基础,后者则成为盛宣怀"挟官以凌商"、"尽取天下之利权而归一己"的凭借。盛宣怀不仅协助所谓"生平知己"李鸿章"调济中外之情,运筹帷幄之地",而且以厚利结纳满汉权贵,上及恭亲王奕䜣、醇亲王奕譞,甚至通过李莲英直达慈禧,下及户部尚书翁同龢、两江总督刘坤一、湖广总督张之洞等,因而在甲午战前,盛宣怀就已蜚声朝野,并成了所谓"中外共仰遐迩咸钦"、"疆吏交章奏调"的人物。

朱其昂,字云甫,江苏宝山人,沙船业世家出身,经营南北各口货运,承运海运漕粮业务,曾任浙江漕运局总办、海运委员并拥有候补知府头衔,1872 年进入李鸿章幕府,筹办轮船招商局,并集资商办贻来牟机器磨坊。

唐廷枢,字景星,广东香山县人,乃父曾在香港做过美国医生布朗的听差。唐廷枢早年在香港教会学校读书,受过所谓"彻底的英华教育","精通天文、地理、格致、算数",熟悉中外商情,并通晓英文,先在香港英政府任翻译,后入上海海关,历任"副大写"、"正大写及总翻译",1863 年转任怡和洋行买办,在为怡和拓展业务的同时,自行投资于典当、钱庄、丝茶贸易、棉业、漕米运输、保险业和轮船航运业。1873 年经盛宣怀推荐,脱离怡和,进入李鸿章幕府,先后经办轮船招商局、开平煤矿、北洋铁路等洋务企业,并集资创办天津煤气公司、天津塘沽耕植畜牧公司等商办企业。

徐润,字雨云,别号愚斋,广东香山县人,家境贫寒,1852 年进入上海宝顺洋行,先当学徒,后当买办,不到十年一跃而为总行中"华人的头目"。他一面担任买办职务,一面与人合伙开设商号、钱庄、当铺等,"顷刻间,千金赤手可致"。1868 年徐润脱离宝顺洋行,以独立商人身份经营茶栈、典当和房地产业。1873年经盛宣怀推荐,进入李鸿章幕府,参与经办轮船招商局、开平煤矿等洋务企业,并集资创办广益房产合股公司、天一垦务公司等商办企业。

此外还有买办出身的早期维新派郑观应进入李鸿章幕府后,也参与经办轮船招商局、上海机器织布局、上海电报局等洋务企业。

李鸿章所以需要和罗致以唐、徐、郑为代表的买办,主要是因为买办和洋人关系密切、资力雄厚、富有管理新式工商业的经验。李鸿章企图借助买办引进西方技术、筹集资金和管理新式企业。而李鸿章所创办的民用企业,对于买办来说,既提供了经济上的利益,又准备了政治上的晋身之阶,使之成为"久贾而官"的人物。

李鸿章幕府中的专门人才,除了上述种种之外,还有众多的具有代表性的各类专家。军工方面,有"于外洋制造器械及建置工程均能深研得失"的刘含芳;有"于西洋各国新式枪炮、弹药、器械,均能认真考究,辨别良苦"的张士珩。军工兼外交方面,有"于外洋新式器械究心已久","在外四年,与北洋关涉事件,书牍往返,筹画周密"的刘瑞芬;有驻德四年,"于泰西各邦船炮、机器、军政新法探讨入微,心精力果,一时罕有其匹,即于各国交涉事宜亦能不激不随,洞中肯綮"的李凤苞。外交兼政务方面,有伍廷芳、薛福成、马建忠等。政务方面,有辅佐李鸿章三十载,参与机密,"劳苦功高,未尝求荐拔"的周馥;有"学养深邃,讲求经济,于政治之本源、戎机之枢纽、地舆之形势,无不洞悉要领"的陈鼐;有"俪体文宗初唐四杰,诗法杜牧,散体文亦约洁近古,时称才子",入李鸿章幕府"司笺启","历十余年,奏牍多出其手"的于式枚;有号称"北学大师"、清流"四谏"之一的张佩纶。文教方面,有著名学者黄彭年,张裕钊和吴汝纶等。黄彭年,贵州贵筑人,翰林院编修,应李鸿章之邀,主持修纂《畿辅通志》和出任保定莲池书院山长。《畿辅通志》为雍正年间所修,因时过境迁,李鸿章奏准在保定设局重修,聘请黄彭年为总纂,李鸿章也"常略订改",历经16载,终于1887年重修告成,全书三百卷,订成二百四十本,共二十四函,刻成五百部,分送军机处、国史馆并进呈御览。该书资料完备,考核精详,体例完善,堪称清代名志。黄彭年还遵照李鸿章旨意,将咸丰年间何秋涛所撰八十卷《朔方备乘》底稿"为之补缀排类,复还旧观",予以刊行,从而使这部边疆史地名著得以问世。出任保定莲池书院山长的黄彭年,在李鸿章的支持下,筹银2000两,购书3711卷,并健全学规,严格管理,使学院气象一新。

张裕钊,湖北武昌人,举人,内阁中书,系"曾门四弟子"之一,自视甚高,"私计为古文者,唯文正师吾不敢望",继黄彭年之后,主持莲池书院,"日以高文典册,磨励多士,一时俊杰之辈,奋起明兴,标英声而腾茂实者,先后相继不绝。"吴汝纶,字挚甫,安徽桐城人,进士,"曾门四弟子"之一,与李鸿章有师生之谊。1864 年江南举行乡试,吴汝纶考中举人,时李鸿章以江苏巡抚监临此次乡试,所以吴汝纶师事李鸿章。吴汝纶被誉为桐城学派"后起之英","旧学淹贯而不鄙夷新知"。他虽一人仕途,历任直隶深州、冀州知州,然"淡于宦情","中途毅然告退,辞尊居卑",出任莲池书院山长,"一意昭示后进,视为人间唯一之乐"。他"平生讲学,不专主一家之言,于古今众说无所不采亦无所不归。其教人之法,必使博知世变,易其守旧,谓非举中外学术会于一冶,以陶铸而裁成之,终不能成有用之才。"在黄、张、吴三位著名学者主持下,莲池书院不仅弘扬了以"并中西为一冶"的学术精神和风气,而且培养出一批"卓然不群"的学者和政坛要员,可谓成绩斐然。

李鸿章凭借自己的显赫权势,罗致幕宾,依靠张扬功利主义驱使幕宾以为己用。在他看来,"天下熙熙攘攘,皆为利耳,我无利于人,谁肯助我?董子'正其谊不谋其利'语,立论太高。"[①]他不仅给幕宾支付优厚薪金,使许多人在他手下发了大财,而且对亲信幕宾精心栽培,竭力举荐,力图使之在仕途上飞黄腾达。有的幕宾充任驻外使节,如郭嵩焘、薛福成、李凤苞、刘瑞芬、伍廷芳、李经方等。有的幕宾官至部院大臣,如薛允升任刑部尚书,袁保恒任刑部左侍郎。有的幕宾升任封疆大吏,如郭嵩焘任广东巡抚,丁日昌历任江苏、福建巡抚,钱鼎铭任河南巡抚,王凯泰任福建巡抚,刘瑞芬任广东巡抚,涂宗瀛任湖广总督,郭柏荫任湖北巡抚,倪文蔚任河南巡抚,游智开任广东巡抚,沈秉成任安徽巡抚,刘郇膏署理江苏巡抚,李元华署理山东巡抚等。这些人经由李鸿章幕府进入官场,扶摇直上,虽然取得了独立于李鸿章幕府之外而由朝廷任命的官职,但却仍旧效忠于幕主李鸿章,"个人效忠代替私人聘用成为幕主制度的基础"[②]。李鸿章借助他们扩展自己权力的广度和深度,影响清廷的内政外交,巩固个人权势。

---

① 周馥:《负暄闲语》卷上,第 42 页。
② 前引:[美]K.E.福尔索姆所著书,第 144 页。

关 注 农 功

李鸿章督直期间,直隶社会经济的主体,仍是以自己劳动为基础的小农经济,而小农经济既是封建经济的核心,地主制经济实现生产过程的实体,又是封建专制制度的经济基础。作为疆臣之首的李鸿章,继承江苏巡抚任内首重农功的传统,关注垦荒、植稻、河工和赈务,力求"实惠及民"①,发展农业生产,稳定封建统治秩序。

晚清直隶地区,人口繁衍和耕地不足的矛盾日益突出。李鸿章不得不采取"借地养民"的措施,着力拓垦西北部张家口、独石口和多伦诺尔三厂的"官荒空闲地"。"官荒空闲地"本属"官地",但却被当地蒙古王公们据为私有,擅自租给"地商",收取地租,而"地商"则将所承包的大片土地,转租或兼招佃、雇工耕种,"侵蚀押荒,私抽租税"和"指地诈财",攫取暴利,而"不管什么纳税升科",结果喂肥了蒙古王公和"地商",堵塞了政府的巨大税源,坑害了佃农和雇工。针对这种积弊,李鸿章奏准"报垦章程",申明将蒙古王公和"地商"经理"转归地方官经理",裁革"地商","体恤地户","以广招徕",由官方按章收取租税。"报垦章程"声称将"闲置"的荒地尽辟为"陇亩","不唯有裨库储,且各王公私租所入较平日水草之料计亦倍蓰,升科后粮地鳞次衔接,渐成村落,于边塞防务亦不无稍裨。"②1882 年李鸿章奏报三厂荒地查办完竣,总共查出荒地多达 8968 顷,招佃劝垦统收押荒银 112000 余两,预计每年可收粮银 12000 余两,"洵于额赋民生有裨"。

李鸿章除在口外"官荒厂地招佃劝垦"外,还在津沽一带屯垦戍边。滨临渤海的津沽一带,海滩碱地颇多。李鸿章移督直隶后,"即欲浚治海滩碱地,多方劝谕,一无应者"。驻守津沽一带的盛军统领周盛传主动请缨,上书李鸿章,愿意效法西汉名将赵充国,率部屯田戍边。李鸿章十分赞赏,认为"开办屯田,筹备军粮,无事时借兴称稻之利,有事时可限戎马之足,实为经久良

---

① 李鸿章:《复曾相》,《李文忠公全书》,朋僚函稿,卷 11,第 23 页。
② 李鸿章:《马厂报垦章程折》,《李文忠公全书》,奏稿,卷 37,第 23—27 页。

图"①,即令盛军"弁勇操练之余,兼治营田,筹给牛具农本",每顷先期投入千金②。周盛传先在咸水沽"试垦万亩,稍有收获",继而移驻天津之南潦水套即后来称为新农镇又名小站的地方,一面疏挑减河,一面屯垦,经营六七年,开垦水田一千三百余顷,种植水稻,盛军弁勇"皆江淮习于农事之人",周盛传又从家乡引进稻种,请来有种稻经验的老农进行指导,因而生产出闻名遐迩的小站稻。

李鸿章在垦荒、植稻的同时,尤为"定力所注"者,一曰河工,二曰赈务,"工抚并兴"。

水是农业的命脉,河工是地表径流的治理。直隶全省地表径流属海河水系,主要支流有北运河、永定河、大清河、滹沱河及南运河,成掌状分布,其掌心在天津附近,五大支流于此地汇集成海河,入渤海湾。这些河流,每逢淫雨连绵往往泛滥成灾,一遇干旱季节又常常沙淤水浅。因而治理河道的河工,就成为清代历任直隶总督的大政。道咸以前,虽然"例定岁修之费"比较充裕,"浚筑兼施,节宣备至",取得一定成效,但却无法根治,"旱涝仍不能免"。道咸以后,由于"例定岁修之费""层叠折减"和吏治腐败愈演愈烈,因而"河务废弛日甚"。李鸿章经过亲自或派员实地勘查,发现直隶"河病太深"。就河流本身而言,永定河"河底竟高于堤外民田数丈",犹如"墙上筑夹墙行水";滹沱河"趋向无定",一经改道,"为害较烈";大清河"下游雍淤";东、西淀"宽广百数十里,淤泥厚积,人力难施。"就治河工程而言,凡永定河等五大河及附丽五大河的六十余支流,"原有闸坝堤埝无一不坏,减河引河无一不塞",而修筑"闸坝堤埝",排挖"减河引河","款项无措"难以兴工。面对此情此景,难怪李鸿章发出"北河废坏因循,莫可救药"③的感叹。李鸿章明知直隶河务"莫可救药",但因责之所在又不能不设法救之。他奏报清廷说:"目击时艰,既不敢恳求巨帑于君父,又不忍坐视颠沛民生,只有逐渐设法量力补救。"④在"逐渐设法量力补救"思想指导下,李鸿章对直隶河工始终没有长远的根治规划,一直采取权宜之计,头痛医头脚痛医脚。他调动军队和以工代赈组织民工,疏浚河

① 李鸿章:《防军试垦稻田片》,《李文忠公全书》,卷稿,卷25,第16页。
② 李鸿章:《复王补帆中丞》,《李文忠公全书》,朋僚函稿,卷15,第7页。
③ 李鸿章:《复冯景廷宫允》,《李文忠公全书》,朋僚函稿,卷13,第22页。
④ 李鸿章:《复陈直隶河工情形折》,《李文忠公全书》,奏稿,卷41,第1—4页。

身,加筑堤埝,修复闸坝,挑挖减河、引河。值得一提的是,他对使用西洋水泥筑坝和机器挖泥船甚感兴趣。他认为"洋法每试,辄有奇验,惜中国限于旧法,不能全体竟用耳。"①他派员在修筑永定河减水坝时,就一改"纯沙筑成"旧法,采用新式水泥"勾砌石缝,填筑槽底",致使工程"坚固整齐"。不仅如此,他在派员疏浚西沽韩家树上至东淀水道时,还采用了西洋机器挖泥船,从而加快了工程进度。

由于河务废弛和吏治腐败,直隶成为旱涝多发区,"扶伤救瘝"的赈务就被视为清代历任总督的另一项大政。李鸿章督直期间,可谓"年年饥荒,非涝则旱"②。据不完全统计,期间发生水灾13年,水旱灾9年,水雹等灾3年,不少年份"水旱频仍","灾深民困","为数十年所未有"。洪水泛滥,"庐舍民田尽成泽国,人口牲畜淹毙颇多,满目秋禾悉遭漂没"。一遇旱荒,则赤地千里,颗粒无收,民食维艰。旱涝灾荒使大批灾民或死于非命,或转徙流离,"驯良者沿门告乞,忍饥以全生;桀骜者沿街抢夺,舍命而不悔。"③而旱涝灾荒又往往导致"瘟疫盛行"。直隶作为畿辅重地,旱涝灾荒如此严重,对清王朝不能不构成莫大威胁,清廷和李鸿章震惊不已。清廷饬令李鸿章"查勘情形,量加抚恤"。而要抚恤灾黎,修筑河工,恢复生产,必须拥有雄厚的物力财力作为后盾。李鸿章环顾左右,深感自己"徒张一双空拳,经营补苴","无救于倒悬之急"④。他因"巨款无措"而"仰屋徒嗟,焦灼曷已"⑤。他一面调动军队镇压"桀骜者",以弭"乱源";一面"罗掘告贷"筹集款物以赈济"驯良者"。他筹集款物的途径,一是向清廷求援。清廷除了"恩发内帑部款"外,还允准截留部分漕粮、"淮盐加引筹捐"、挪用练军饷银、"援例开办赈捐"、暂停顺直各属烧锅"以济民食"等等。二是设法自筹。他饬令"津省司道凑拨",吁请他省协济,动员本省外省官绅商贾捐助,向洋行借款等等。李鸿章利用这些款物,因地制宜,赈灾济贫,或分发给灾区嗷嗷待哺的饥民和赈济流民的城乡粥厂,或从外省购运米粮在灾区平粜,或以工代赈修复水毁工程,或资遣流民回籍,或

---

① 李鸿章:《致洪钧函》,《李文忠公尺牍》,第274页。
② 李鸿章:《上曾相》,《李文忠公全书》,朋僚函稿,卷11,第12页。
③ 第一历史档案馆藏:《录副档》,《光绪四年二月三日刘恩溥折》。
④ 李鸿章:《复周筱棠京卿》,《李文忠公全书》,朋僚函稿,卷18,第17页。
⑤ 李鸿章:《复曾相》,《李文忠公全书》,朋僚函稿,卷11,第11页。

购买耕畜、种子资助灾民恢复生产。李鸿章除了多方筹集款物赈灾济贫之外，还在重灾之年，为重灾地区灾民，"援照历届灾重豁免成案"，奏准减免或缓征钱粮。李鸿章采取的这些措施，对于缓解灾情，纾解民困，恢复生产，无疑具有积极作用。但是，由于"吏治废弛"、救灾机制不灵和经费短绌等等因素，导致李鸿章只能补偏救弊，无力筹议"完善之谋"根本解决直隶的灾荒问题。

总而言之，李鸿章对于直隶的河工、赈务是重视的，并做出了一定成绩。李鸿章有关直隶河工、赈务的言行，虽然仍旧属于治标性质，但却受到吴汝纶的高度评价，认为"他人有办不到者"①。

平　息　政　潮

李鸿章深知"备位近畿"，必得"要路之助"，方能立足。然而，他环顾左右，触绪增悲。他师事近三十年、"患难相依最久，艰难时局赖共支持"的曾国藩，不幸于 1872 年 3 月突然病逝，这使他"忧悸欲绝"，"夜阑依斗，辄用愀然"。此时此刻，他只能表示继承乃师衣钵，使"薪尽火传"，却再也得不到"仙逝"者的余荫了。他原先所赖以疏通慈禧的奕䜣，也江河日下，"晃荡不能立足"。慈禧对奕䜣采取两面政策，既让他主持"权而要"的军机处和总理衙门，又利用顽固派奕譞、李鸿藻牵制他。奕譞是道光第七子，奕䜣异母兄弟，慈禧妹夫，1851 年封为醇郡王，1872 年晋封醇亲王。慈禧把他拉过来，使之由奕䜣的支持者变为反对者。奕譞"疾其兄之专权，久有眈眈之意"。李鸿藻（直隶高阳人，字寄云，号兰孙），咸丰进士，1861 年诏为太子载淳师傅，1864 年擢内阁学士，署户部尚书。慈禧于 1865 年底把他派入军机处，使之同奕䜣唱反调。奕䜣"当国，阴行肃顺政策，亲用汉臣"，李鸿章"尤所倚赖"②。然而，奕譞、李鸿藻却秉承慈禧意旨，抑制奕䜣及其所"倚赖"的李鸿章。1875 年 1 月同治载淳病死，慈禧为了继续垂帘听政，独揽大权，强立奕譞之子、年仅四岁的载湉为帝，改元光绪。奕譞"挟太上之尊，树用私人，结党相倾，恭王之势渐孤"③。李

---

① 吴汝纶：《致周馥书》，《吴挚甫尺牍》，第 167—168 页。
② 刘体智：《异辞录》，卷 2，第 22 页。
③ 胡思敬：《审国病书》，近代中国史料丛编，第 445 辑，第 1257 页。

鸿藻也依仗军机大臣的职权和门生故旧众多的条件,"引荐端士",把大批新进的御史、翰林聚结在自己周围,壮大声势。这些人自视甚高,大胆敢言,议论风发,专事搏击,号称"清流",有"四谏"、"十朋"等名称。其中张之洞、张佩纶尤为李鸿藻所器重。张之洞(字孝达,号香涛,晚号抱冰,同治进士)历任翰林院侍讲学士、内阁学士等职。张佩纶(字幼樵,又字篑斋,同治进士)历任侍讲、署都察院左副都御史等职。他们都是直隶人,李鸿藻籍隶高阳,张之洞祖籍南皮,张佩纶家乡丰润,固结门户,相互利用。时人有云:"二张一李,内外唱和,张则挟李以为重,李则饵张以为用,窥探朝旨,广结党援"①,"排斥异己",主张整饬纪纲,反对列强侵凌,但对"师夷长技"则因人而异。清流派的崛起,并不是清政府允许议政的表现,清流派成员也绝不是真能改革朝政、抵抗侵略、打倒权贵的勇士。相反地,清流派是从封建统治阶级内部洋务派与顽固派、湘系集团和淮系集团斗争的夹缝里钻出来的一种舆论力量,实质上是清朝统治者面临危机时进行调节的工具,是掌握最高统治权的慈禧操纵不同政治派系力量天平上的砝码,而其主要倾向则是暗中放任"清流"议论时政,当做"公论"、"清议"来牵制奕䜣、李鸿章等洋务派。因而在同光之际,针对奕䜣、李鸿章的政潮迭起。

1872 年御史李宏谟奏请直隶添设巡抚。11 月 28 日邸钞刊登上谕说:"御史李宏谟奏直隶政务日烦请添设巡抚一折,着军机大臣会同该部议奏"②。按清制,早在乾隆二十八年就裁撤了直隶巡抚,巡抚事务由总督兼任。李鸿章就任直督兼北洋大臣刚刚两年,李宏谟就奏请直隶添设巡抚,显然意在削弱李之权势,牵制李之作为。敏感的李鸿章,一眼就看穿了个中奥秘。他致函友人,大发牢骚:

> 直省添设巡抚,言者三条,细按均未著实。吏治须藩臬帮助,巡抚只多一办例稿之人,即多一意见掣肘之人。军务本总督专责,巡抚无兵亦不知兵,从何策应? 河工虽钦差大臣防护,亦不能不溃决。京官不识外事,偏又喜谈外事,言之娓娓动听,丝毫不关要害。若为复设三口游说,更为

①　李慈铭:《越缦堂日记》,詹詹录,下,第 32 页。
②　李慈铭著、吴语亭编注:《越缦堂国事日记》,第 973—974 页。

诡诈难测,官民皆穷,万万供养不起。曾文正于归并通商时,曾力持不可添巡抚之议。不料旧话重提,新样大翻,潞公识虑迥超庸众,谅能主持一切。鸿章私幸议准,即常驻津门,做一局中闲人,进退绰有余裕矣。①

所谓"私幸议准","做一局中闲人",并非由衷之言,其本意是维持现状,大权独揽。遵旨会同筹议的军机大臣文祥和吏部意见相左,吏部有意批准,文祥坚决反对。文祥是奕䜣的主要帮手,被李鸿章誉为"旗人中麟凤"。1873 年 7 月末李鸿章在写给沈葆桢的信中透露:"添设保定巡抚之议,闻系旁人觊觎添缺,遂不顾事理之当否。吏部尚欲准行,经枢垣文相力持不可,似专为迁就敝人者。其实有两京兆分管二十四州县,热河都统分管承德府,直省何曾仅止一督? 郭筠仙尝谓督抚同城,为我朝弊政,与尊论同,非久为历练者无此卓识也。"②

　　直隶添设巡抚之事刚刚结束,重修圆明园问题又成为政争的中心。圆明园位于北京西郊,是清朝皇帝的一座别宫,规模宏伟,景色秀丽。1860 年圆明园被英法联军烧毁后,慈禧少了一个寻欢作乐的场所,一直悒悒于心。1873 年 8 月慈禧就用亲政只有半年的同治的名义下令重修圆明园,说是以示皇帝对皇太后的"孝养"之意,其实是慈禧企图重圆奢侈豪华的旧梦。当时清王朝刚刚从农民反抗风暴中挣扎过来,百孔千疮,"民穷已极","伏莽遍天下","国家要害尽为西夷盘踞"③。形势严峻,不该也无力修复如许豪华的名园,要修就势必搜刮人民的脂膏和大小官吏的钱袋,此实乃致乱之道。御史沈淮、游百川首先抗疏反对,接着奕䜣出头拦阻。但慈禧一意孤行,照修不误。李鸿章慨叹不已,声称"四方甫定,而土木游观之工,纷然并举,民力几何,徒增忧喟"④。他抓住李光昭报效园工木料结讼之事大做文章,支持奕䜣等人的抗争。原来慈禧派了一个候补知府李光昭向法、美商人购买洋木,以供修复圆明园之用。李光昭财迷心窍,所购洋木值银 5 万余元,但却虚报为 30 万两。法、美两国奸商也存心欺蒙,运来一堆朽木烂材。李光昭认为洋商违背合同规定,不肯给价

① 李鸿章:《复孙竹堂观察》,《李文忠公全书》,朋僚函稿,卷 12,第 33 页。
② 李鸿章:《复沈幼丹船政》,《李文忠公全书》,朋僚函稿,卷 13,第 12—13 页。
③ 李慈铭著:《越缦堂国事日记》,第 1150 页。
④ 李鸿章:《致陕抚邵亨豫》,《李文忠公全书》,朋僚函稿,卷 13,第 23 页。

收货。洋商跑到北洋大臣衙门控告李光昭不履行合同义务,并举出合同内有"圆明园李监督代大清皇帝立约"字句,一口咬定李光昭是太后和皇帝的代表。1874年8月14日李鸿章上疏把这场官司和盘托出,请示清廷处理办法。慈禧和同治尴尬万分,只得拿李光昭开刀,说他"欺罔朝廷,不法已极",著"即行革职,交李鸿章严行审究,照例惩办"①。李光昭后被定为斩监候,秋后处死。慈禧原以为这场风波就此可以平息了,殊不料御史陈彝、孙凤翔纷纷上疏追究主持圆明园工程的内务府大臣欺蒙之责。慈禧无奈,只得将总管内务府大臣崇纶、明善、春佑革职留任,并于9月9日下令停止圆明园工程,酌量修理三海。当然,慈禧决不会善罢甘休,她为自己美梦的破灭而怨恨,在下令停止圆明园工程的第二天,就用皇帝名义,以召对时"语言之间诸多失仪"的罪名,惩办奕訢父子,"革去〔奕訢〕亲王世袭罔替,降为郡王,仍在军机大臣上行走,并载澂革去贝勒郡王衔,以示惩儆。"然而仅仅过了一夜,同治又奉慈禧懿旨赏还了奕訢父子的爵秩。慈禧简直把奕訢玩于股掌之上,谴责之以示威,开复之以示恩,致使王公大臣以下敬畏有加。

光绪初年,在政坛上又发生了"扬左抑李"、"暗倾恭邸"的事件。1880年清流要角、御史邓承修上呈《时局艰危请饬调辅臣入赞枢密折》,指责以奕訢为首的军机大臣泄沓失职,建议饬调远在新疆、"志虑忠纯"的左宗棠进京,"委以军国之大柄,使之内修政事,外揽兵权"。他声称"当今要务,莫逾于此。"②奕譞也"认为左胜于李",主张让左"入赞纶扉"③。在奕譞和清流派看来,左宗棠作为湘系的一个领袖,同淮系首领李鸿章积嫌甚深,加之手握重兵,名动公卿,对外"锋颖廪廪向敌",召之进京,既有利于应付因伊犁交涉而激化了的中俄矛盾,又能借助之以牵制或代替李鸿章和奕訢。所以有人说:"至持清议诸臣以外交事素不惬鸿章所为,知宗棠持议与鸿章左,益扬左以抑李"④。左之入京,"明代沈相,暗倾恭邸,其势其焰,几于桓温。"⑤沈相指军机大臣沈桂芬,时因病故而出缺。1881年2月左宗棠被任命为军机大臣、总理衙门大

---

① 李慈铭著、吴语亭编注:《越缦堂国事日记》,第1147页。
② 邓承修:《语冰阁奏议》,上卷。
③ 刘体智:《异辞录》,卷2,第19页。
④ 秦翰才:《左宗棠逸事汇编》,第78、52页。
⑤ 秦翰才:《左宗棠逸事汇编》,第78、52页。

臣、管理兵部事务。走马上任的左宗棠立意说服清廷"从新鼓铸,一振积弱之势"。他提出了"河道必当修、洋药必当断、洋务必当振作"的施政纲领,并力图付诸实施。然而,事与愿违,"成例具在,丝毫难于展布","有所建白,亦为同僚所尼,多中辍。"①责之专而掣其肘的,内有奕䜣,外有李鸿章。与奕䜣最为接近的宝鋆辱骂左宗棠为"一团茅草"。其他一些官僚也秉承奕䜣意旨,"群相侮弄之"。坐镇北洋的李鸿章考虑到左氏入值枢垣、总署,"彼此商议事件甚多,不容稍有隔膜",于是强作笑颜,主动写信"略叙契阔",并多次晤谈,装出一副与之和衷辅政的样子。但在暗地里却贬斥有加。他说左氏内召,"中朝赞襄未必有益"。"左相精力甚健,于枢廷政务、各省情形不甚了澈,所建练旗兵、借洋债、兴畿辅水利、加洋药税厘诸议,似属救时要政,却近老生常谈,恐有格于时势不能尽行之处。"②由于左宗棠在军国大政上甚少作为,加之官僚习气和傲慢作风,致使原来推重左氏的奕譞和某些清流要员也大失所望。奕譞"见其衰惫,不免爽然"。张佩纶、张之洞则指谪左宗棠"浮夸","行径粗率,任性自便"。左氏发觉自己陷入困境,致函友人说:"前之集矢合肥(李鸿章)者,今又以弟为众射之的矣。"③他清醒地认识到在中枢实难立足,因而屡疏乞退。1881 年 10 月 28 日清廷诏受左宗棠两江总督兼南洋大臣。左宗棠在政坛角逐中的失败,自然使奕䜣、李鸿章弹冠相庆。李鸿章攻击左宗棠"近名而多意气,政府同事,靡不深知。""左相威望才略,自以外任为宜。近因年高,精神似稍散漫。""不但无鞭挞四夷之心,抑且无经营海上之志,外强中干,概可知也。"④

同光之际,李鸿章在"实力足可除清廷自立有余"时,仍"勤勤恳恳服侍皇室,决不另有他图";但是对于慈禧、奕譞的掣肘裁抑却颇为不满,曾一度寄希望于光绪亲政:"但冀因循敷衍十数年,以待嗣皇亲政,未知能否支持,不生他变。焦悚莫名。"⑤

李鸿章对"言路纷庞,风波迭起",也颇为"寒心",抨击"清议之祸,与明季

① 徐珂:《左文襄公见嫉而作》,《清稗类钞》,第 7 册,明智类,第 3358 页。
② 李鸿章:《复丁稚璜宫保》,《李文忠公全集》,朋僚函稿,卷 20,第 10 页。
③ 《左文襄公全集》,书牍,卷 25,第 38 页。
④ 《李文忠公全书》,朋僚函稿,卷 20,第 19、20、22 页。
⑤ 《复鲍华潭中丞》,《李文忠公全书》,朋僚函稿,卷 15,第 10 页。

如出一辙"。他认为那些大言炎炎的清流要角,如张之洞、张佩纶、黄体芳、宝廷等,"皆鲠直敢言,雅负时望,然阅历太少,自命太高。局外执人长短,与局中任事者不同,恐骛虚名而鲜实际"①。他既深恶"清议",又"忧谗畏讥",因而不惜以利禄笼络清流魁首,尤其注意结纳张佩纶、吴大澂。张佩纶的父亲张印塘,督兵抗拒太平军和捻军,官至安徽按察使,李鸿章回皖督办团练,与之成为患难之交,后印塘死在浙江,李鸿章资助佩纶盘灵回籍。张佩纶才华横溢,并与军机大臣李鸿藻有师生之谊。1879 年李鸿章曾通过张裕钊邀请张佩纶入幕,并因其母病故助以白银千两为营葬之需。张佩纶丁忧期间,李鸿章邀其"来幕襄助,亦冀其练习时事,他日可不仅托之空言。"张佩纶在天津督署结识了"在外国读书八年"的曾溥和洋务思想家薛福成,同李鸿章谈论了海军、铁路等问题,并参观了天津海防设施,因而眼界大开。张氏丁忧期满返京复职以后,还与李鸿章函牍往还,通报"当轴消息",并对李氏举措多有劝谏。当时外间有李氏"因彼增重"的讥弹,李鸿章极力辩解,说"幼樵人甚伉直,所言未必能尽行,若谓敝处因彼增重,乃朋党之论,吾亦阅人阅世多矣。"②李鸿章除结纳张佩纶外,还设法笼络吴大澂。吴大澂(江苏吴县人,字清卿,号恒轩,又号愙斋)是同治进士,授翰林院编修。先为其同乡前辈潘祖荫的门客,其后又巴结奕谖。李鸿章知其底蕴,假以词色。翰林清苦,皆思外放。1877 年李鸿章奏调吴大澂赴津会办赈务。翌年吴大澂赈毕返京,经李鸿章论荐堪任监司,蒙恩召对,"奉旨以道员发往山西交曾(国荃)差遣委用",旋授河南河北道。吴大澂以七品编修一跃而为三品道员,同李鸿章的扶持是分不开的。

李鸿章同慈禧、奕谖和清流派的关系,直到"甲申易枢"以后才发生重大变化。

1883 年由于法国侵略越南,中法关系日趋紧张。以奕䜣为首的军机处面对法国侵略,态度软弱,步调纷乱,遭到御史言官的强烈谴责。是年 7 月慈禧指派奕谖"会商越南事宜",直接插手军机处工作,成为恭、醇两王内廷势力消长的先声。12 月中法战争爆发,清军节节败退。翌年 4 月盛昱上了一份《疆事败坏请将军机大臣交部严议》的奏折,意在促使奕䜣等振作精神,力图补

---

① 薛福成:《庸盦文别集》,卷 4,第 150 页。
② 《李鸿章致潘鼎新书札》,第 104—105 页。

救。但慈禧却借机黜退奕䜣,撤去他的一切职务,强迫"家居养疾",并全部改组军机处,以礼亲王世铎等为军机大臣;随即命令"军机处遇重要事会同醇亲王商榷行之",并以乾隆帝第 17 子永璘之孙、庆郡王奕劻主持总理衙门。这次军机大臣全班撤换,是慈禧和奕譞合谋发动的罢斥奕䜣的政变,从而结束了太后垂帘与亲王辅政相制约的局面,使慈禧大权独揽。奕䜣虽然极为不满,但又无可奈何。奕䜣等被逐出军机处后,新的军机处领班大臣世铎无权,而掌权的奕譞又不参加军机处议事,于是奕譞便通过他的心腹、工部侍郎孙毓汶处理军机处各项重大事件。时人评论新旧军机处是"易中驷以驽产,代芦服以柴胡"①。慈禧、奕譞在利用"清议"罢斥奕䜣之后,认为那些专事搏击、好为大言的清流派已经没有什么价值了,加之随着李鸿藻退出军机处,清流派也失去了存在的凭借。慈禧、奕譞便通过孙毓汶设法把一些头角峥嵘的清流派首要,派到地方去担任军职,"使书生典戎,以速其败",因而有陈宝琛、吴大澂分任南北洋会办大臣、张佩纶出任福建海疆会办大臣之举,并对"言事诸臣"横加整治,使之俯首帖耳。

"甲申易枢"犹如"晴天霹雳,不及掩耳",弄得人心惶惶。李鸿章致函新任总署大臣许庚身说:"内外局势屡变,皆出人意料之外。赖公等持危扶颠,幹济艰巨。弟虽谤满天下,他日或犹得为山野之幸民也。"②李鸿章希冀成为"幸民"获得全终,但有人却想把他变为"刀下鬼"。是年 5 月翰林院编修梁鼎芬弹劾李鸿章有六可杀之罪。慈禧、奕譞没有像罢斥奕䜣那样惩处李鸿章,反而以"莠言乱政"的罪名,将梁鼎芬革职了事。这种结局主要是由于李鸿章控制着清军精锐和奕譞向洋务派转化而推行奕䜣政策所致。慈禧、奕譞对李鸿章及其淮系集团仍然采取既倚重又牵制的两面政策,奕譞对军机大臣说:"湘淮素不相能,朝廷驾驭人才正要如此。似宜留双峰插云之势,庶收二难竞爽之功。否则偏重之迹一著,居奇之弊丛生。"③李鸿章面对奕䜣倒台、奕譞"阴握朝纲"的现实,决定趋承慈禧,逢迎奕譞,"以为固宠求容之地"。据时人记载:奕譞"当国十余年,所设施者有三大政,增加旗饷以固本也;兴办园工以希宠

---

① 李慈铭著:《越缦堂国事日记》,第 3026 页。
② 李鸿章:《复许星叔少司寇》,《李文忠公全书》,朋僚函稿,卷 20,第 54 页。
③ 《历史档案》,1982 年第 4 期。

也;大练海军以强国也。"①李鸿章对奕䜣的"三大政",除了"增加旗饷以固本"一项,稍有异议,认为"一时必办不到"外,对"兴办园工"、"大练海军"二项都是支持的,当两者发生矛盾时,李鸿章为了"献媚宫闱",甚至不惜挪用海军经费为慈禧修建颐和园。时人说这种宁肯损害国防建设以博取一人欢心的勾当,"在内醇亲王主之,在外李鸿章主之"②。与此同时,李鸿章对慈禧听政的态度也发生了明显变化。1886 年慈禧假意宣布明年由光绪亲政。原来希望因循敷衍数年"以待嗣皇亲政"的李鸿章,却一改常态,"徙殷杞抱",担心朝局有变,尤恐慈禧撤帘导致奕䜣"引嫌辞逊",使洋务无人主持,自己失去靠山,因而建议奕䜣采取"权宜尽善之方"。奕䜣心领神会,恳请慈禧从缓归政或改为训政。慈禧始则忸怩作态,继而"懿旨俯允训政数年"。这样,慈禧就以训政为名,仍旧垂帘听政;奕䜣也仍"以尊亲参机密",揽权干政。李鸿章致函奕䜣祝贺:"伏读〔六月〕十八日懿旨一道,慨允训政数年,非殿下回天之力,不能有此转圜,远近臣民,额手交庆。鸿章私衷忭慰,更不待言。"③奕䜣没有辜负李鸿章的期望,"弹压浮议,修饬武备,独具心力,他人所难"④。李鸿章与奕䜣的交谊也日深且密。他和其兄瀚章有时进京就住在醇王府,备受奕䜣优礼。

李鸿章自从就任直隶总督兼北洋大臣以后,在仕途上尽管时有波折,但总的趋势却是扶摇直上的。1872 年诏授武英殿大学士,仍留直督任。1874 年晋封文华殿大学士。文华殿大学士位居大学士之首,相当于首席阁揆。这一要缺向为满人专利品,李鸿章以汉员而得补授,实为破例之举。1875 年受命督办北洋海防事宜,所有分洋、分任练军、设局及招致海岛华人诸议,统归筹办。1894 年又赏戴三眼花翎,李鸿章受宠若惊,声称此"实为异数殊恩"。在他看来,清代"定制三眼花翎为贝子、额驸冠饰",前此获此殊荣的只有三、四位满族大员,而"汉臣则未曾有"⑤。正如时人所说:李鸿章"坐镇北洋,遥执朝政,

---

① 刘体智:《异辞录》,卷 3,第 49 页。
② 胡思敬:《国闻备乘》,卷 2,第 3 页。
③ 李鸿章:《请醇邸主持海军》,《李文忠公全书》,海军函稿,卷 1,第 31 页。
④ 李鸿章:《复郭筠仙》,《李文忠公尺牍》,第 20 册。
⑤ 李鸿章:《复俞荫甫》,《李文忠公尺牍》,第 28 册。其实并非所有额驸都能戴三眼花翎。清制,中宫所生的女儿,嫡出也,封固伦公主,她的额驸才有资格赏戴三眼花翎。至于嫔妃所生之女,则为庶出,封和硕公主,她的额驸只赏戴双眼花翎。

凡内政外交,枢府常倚为主,在汉臣中权势为最巨。"①赵烈文经过实地观察,发现这位"坐镇北洋,遥执朝政"的李鸿章,却"专务养尊处优,不为未然之计,而前后左右,无一骨鲠之士,佞谀者进,朴勤者退。"这使赵氏忧心忡忡,发出"当此海疆多事,隐忧甫切,奈之何哉,奈之何哉!"②的哀叹。经元善也说李鸿章前半生建勋业,"后半截世故","未来之事不思,既往之事不追,当境付物"③。随着年龄的增长,权势的烜赫,李鸿章的惰性、耽逸习气和虚荣心越来越厉害。1871年直隶暴雨成灾,河道决口,农田被淹。李鸿章虽然设法筹集了一批粮食和银两赈济灾区,但因杯水车薪,无补大局。就在这种"饥黎满目,生计毫无"的形势下,李鸿章竟然为自己举办了"铺张陈设为一时之盛"的祝寿大典。1872年2月13日是李鸿章的50寿辰。一些文人墨客和亲朋好友纷纷致贺,有的做寿联,有的致颂辞,吹捧他"武功吏治与畿辅澹灾之政,人争道之"④。李鸿章在保定接受属员、亲友"谒贺迎寿",并且筑台演戏、大摆宴席,款待宾客。据目睹祝寿盛况的赵烈文说,当时总督衙门内外"烛爆如山,组绣成队",宾客盈门,有时宾主仆从"无虑千人,人气如烟云,声如闷雷,目为之炫,耳为之震。"他感叹道:"噫! 繁盛至于极矣。"⑤这种穷奢极欲的情景和"饥民蔽野"的惨相形成鲜明对照。

① 刘体智:《异辞录》,卷2,第24页。
② 赵烈文:《能静居士日记》,光绪元年九月初二日。
③ 经元善:《答原口闻一君问》,《居易初集》,卷2,第60页。
④ 黄彭年:《合肥相国五十寿序》,《陶楼文钞》,卷14,第7—9页。
⑤ 赵烈文:《能静居士日记》,同治十一年正月初四、五、八日。

五 "富 强 相 因"

揭示洋务总纲

当历史跨进 70、80 年代以后，国际国内形势发生了巨变。中国国内农民起义逐渐平息，全国革命转入低潮。外国资本主义开始向帝国主义阶段过渡，加紧侵略中国，边疆危机，纷至沓来，所谓"中外和好"的局面已经一去不复返了。"坐镇北洋，遥执朝政"的李鸿章，通过同外国人士、早期维新志士、驻外使节的频繁交往和洋务活动的实践，对中外形势和应付之策，有了更为明确的认识，提出了"数千年未有之变局"和"数千年未有之强敌"的重要命题，揭示了"外须和戎，内须变法"的洋务总纲。

早在 1865 年李鸿章就曾致函朱久香说：

> 外国猖獗至此，不亟亟焉求富强，中国将何以自立耶？千古变局，庸妄人不知，而秉钧执政亦不知，岂甘视其沈胥耶？鄙人一发狂言，为世诟病，所不敢避。①

在这里，李鸿章虽然提出了"千古变局"的命题，但尚无力剖析它的内涵和外延，因而还停留在直感的阶段。1872、1874 年李鸿章两次上奏清廷说：

> 欧洲诸国百十年来，由印度而南洋，由南洋而东北，闯入中国边界腹地，凡前史之所未载，亘古之所未通，无不款关而求互市，我皇上如天之

---

① 李鸿章：《复朱九香学使》，《李文忠公全书》，朋僚函稿，卷6，第37—38页。

度,概与立约通商,以牢笼之,合地球东西南朔九万里之遥,胥聚于中国,此三千余年一大变局也。①

历代备边,多在西北,其强弱之势,客主之形,皆适相埒,且犹有中外界限。今则东南海疆万余里,各国通商传教来往自如,麇集京师及各省腹地,阳托和好之名,阴怀吞噬之计,一国生事,诸国构煽,实为数千年未有之变局。

从"外国猖獗"、"合地球东西南朔九万里之遥,胥聚于中国"到"东南海疆万余里,各国通商传教来往自如,麇集京师及各省腹蒂,阳托和好之名,阴怀吞噬之计,一国生事,诸国构煽"的提法的变化,标志着李鸿章对资本主义列强"协以谋我"的侵略本质和策略的认识的逐渐深化。李鸿章所说的"数千年未有之变局",实际上就是长期停滞于封建社会的中国面临着资本主义列强征服世界和按照自己面貌改造世界的潮流,而资本主义列强之所以能够称雄世界,则导源于资本主义生产方式以及在此基础之上的"轮船电报之速,瞬息千里,军器机事之精,工力百倍,炮弹所到,无坚不摧,水陆关隘不足限制"。因而李鸿章断言掌握着先进的军事装备、机器生产和科学技术的资本主义列强实为中国"数千年未有之强敌"②。李鸿章把当时中外形势的特点概括为"数千年未有之变局"和"数千年未有之强敌",扼要中肯,发人深思。在浑浑噩噩的清朝统治者中,能有这种认识的可谓凤毛麟角,屈指可数。李鸿章从"数千年未有之变局"和"数千年未有之强敌"的认识出发,大声疾呼中国绝不应昏睡于"天朝上国"的迷梦而抱残守阙、不思振作,强调"我朝处数千年未有之奇局,自应建数千年未有之奇业"③。在他看来,举办洋务就是"处奇局建奇业"的必经之路。正是基于这种认识,李鸿章才颇为自负、毫不掩饰地回答那些讥刺他"喜闻谈洋务"的顽固派。1876 年他复信刘秉璋说:

处今日喜谈洋务,乃圣之时。人人怕谈厌谈,事至非张皇即卤莽,甚少不误国。公等可不喜谈,鄙人若亦不谈,天下赖何术以支持耶? 中国日

---

① 李鸿章:《筹议制造轮船未可裁撤折》,《李文忠公全书》,奏稿,卷 19,第 44—45 页。
② 李鸿章:《筹议海防折》,《李文忠公全书》,奏稿,卷 24,第 11—12 页。
③ 李鸿章:《议复张家骧争止铁路片》,《李文忠公全书》,奏稿,卷 39,第 28 页。

弱,外人日骄,此岂一人一事之咎！过此以往,能自强者尽可自立,若不自强则事不可知。①

"喜谈洋务"是时代的需要,"圣人"处于"今日"也势必如此。只有讲求"洋务",才能"自强""自立",而"外须和戎,内须变法"②则是"洋务"所应遵循的原则。

李鸿章主张对外"和戎",导源于他对中外力量对比和列强本性的看法。"彼之军械强于我,技艺精于我"。他正视当时敌强我弱的客观事实,本来无可厚非,问题在于他由此而推衍出一种错误的结论:由于中外实力相距悬殊,中国无法决胜于疆场,"即暂胜必终败"。他公然妄加非议林则徐、僧格林沁的反侵略斗争,斥之为"逞一时之愤,几堕全局,谋国者可不深长思耶?"同时,李鸿章尚未认清列强的侵略本性,误以为列强志在通商,"所图我者利也,势也,非真欲夺我土地也",无意从根本上危及清朝统治。因此,他断言中国对列强不可轻言战争,而应以"羁縻"之策谋求"中外相安"之局。他致函曾国藩,曲解中国历史,否定周秦以来一切抵御外侮的战争,说"自周秦以后,驭外之法,征战者后必不继,羁縻者事必久长。今之各国又岂有异?"③曾国藩击节叹赏,复信说:"承示驭夷之法,以羁縻为上,诚为至理名言。自宋以来,君子好痛诋和局,而轻言战争,至今清议未改此态。"④所谓"羁縻",就是"笼络"。奕䜣说:英法"并不利我土地人民,犹可以信义笼络,驯服其性"⑤。曾国藩、李鸿章也同奕䜣一样,主张把处理封建统治阶级内部关系的儒家道德规范,扩展至西方资本主义列强。曾国藩反复叮嘱李鸿章:"夷务本难措置,然根本不外孔子忠信笃敬四字"⑥,"无论彼之或顺或逆,我常常守此而勿失"。李鸿章心领神会,谨遵师训,他向乃师表示"与洋人交际,以吾师忠信笃敬四字为把

① 李鸿章:《复刘仲良中函》,《李文忠公全书》,朋僚函稿,卷16,第30页。
② 李鸿章:《复王壬秋山长》,《李文忠公全书》,朋僚函稿,卷19,第43页。
③ 李鸿章:《复曾相》,《李文忠公全书》,朋僚函稿,卷10,第27—28页。
④ 曾国藩:《复李中堂》,《曾文正公书札》,卷33,第9页。《咸丰十年十二月初三日恭亲王奕䜣等奏》,《洋务运动》(一),第5页。
⑤ 曾国藩:《复李少荃》,《曾文正公书札》,卷18,第15页。
⑥ 曾国藩:《复李少荃中丞》,《曾文正公书札》,卷18,第27页。

握","委曲周旋,但求外敦和好"①。他在应付列强的侵凌时,往往始则坚守既定的不平等条约,以理折之,进行与虎谋皮式的道德说教;继而曲徇其侵略要求,不惜在权益上做出某种限度的让步,以期"驯服其性",争取实现"守疆土保和局"的目标。当然,"羁縻"既不是予取予求,任人宰割;又必须以实力为基础。在李鸿章看来,"和局"离不开"战备","明是和局而必阴为战备,庶和可速成而经久"②。因为外国侵略者"论势不论理",推行强权政治,中国想要"以笔舌胜之",犹如痴人说梦。中国只有不断增强自己的实力以相抗衡,才能使外国侵略者"阴怀疑惧而不敢遽尔发难",否则平日必为外人所轻,临事只有拱手听命。李鸿章所以主张采取"羁縻"之策,目的之一,就是想争取并利用和平环境"借法自强",预修武备,以期"确有可以自立之基,然后以战则胜,以守则固,以和则久"③。

李鸿章意识到,为了推行"和戎"外交,中国必须改变"天朝上国"观念,打开大门走向世界,向外国派遣常驻使节。他指出"自来备边驭夷,将才、使才二者不可偏废。各国互市遣使,所以联外交,亦可窥敌情",而中国却置之不顾,自外于国际社会,"殊非长驾远驭之道"。中国应该派使节常驻各国,"管束我国商民,借探彼族动静,冀可联络牵制,消弭后患。"他不仅积极倡议遣使,而且积极推荐驻外使节人选,并主张对他们"重其禄赏,而定以年限,以宣威信,通情款"④。

李鸿章认为"和戎"与"变法"息息相关,"盖不变通则战守皆不足恃,而和亦不可久也。"⑤他看出清朝统治危机重重,犹"如败絮塞漏舟,腐木支广厦,稍一倾覆,遂不可知"⑥,若不随时势而变迁,"事事必拘成法,恐日即危弱而终无以自强。"⑦他对那些昧于大势、抱残守阙、徒骛空文的顽固守旧势力,深恶痛绝。1881 年他在写给王闿运的信中,甚至"一发狂言",斥守旧而不避人君:

---

① 李鸿章:《上曾相》,《李文忠公全书》,朋僚函稿,卷 1,第 26 页。
② 李鸿章:《筹议海防折》,《李文忠公全书》,奏稿,卷 24,第 11 页。
③ 李鸿章:《议复梅启照条陈折》,《李文忠公全书》,奏稿,卷 39,第 30 页。
④ 李鸿章:《筹办铁甲兼请遣使片》,《李文忠公全书》,奏稿,卷 24,第 27 页。
⑤ 李鸿章:《筹议海防折》,《李文忠公全书》,奏稿,卷 24,第 12 页。
⑥ 李鸿章:《致何子永中翰》,《李文忠公全书》,朋僚函稿,卷 16,第 2 页。
⑦ 李鸿章:《议复张家骧争止铁路片》,《李文忠公全书》,奏稿,卷 39,第 28 页。

自秦政变法而败亡，后世人君遂以守法为心传。自商鞅、王安石变法
而诛绝，后世人臣遂以守法取容悦。今各国一变再变而蒸蒸日上，独中土
以守法为兢兢，即败亡灭绝而不悔。天耶？人耶？恶得而知其故耶？①

　　李鸿章抨击守旧、倡导变法的言论可谓激进，然而他所要推行的变法内容
却没有完全脱离儒家传统治略轨道，而是企图以儒家治平之道为主，辅之以西
方富强之术。正如他自己所说的："欲求驭外之术，唯有力图自治，修明前圣
制度，勿使有名无实，而于外人所长，亦勿设藩篱以自隘，斯乃道器兼备，不难
合四海为一家。"②《易经·系辞》说："形而上者谓之道，形而下者谓之器。"李
鸿章借用这两句不可分割的权威性古语，来概括和区别中学和西学，主张把
"修明前圣制度"和学习"外人所长"结合起来，做到"道器兼备"。
　　所谓"修明前圣制度"，就是改善封建政治制度。和60年代不同，这时李
鸿章修正了所谓"中国文物制度迥异外洋獉狉之俗"的说法，开始认识到中国
封建政治体制的某些弊端和资本主义政治体制的某些长处。1872年他曾对
中日两国政体做了比较："中国政体，官与民，内与外，故难合一，虑其始必不
能善其后。……但有贝之财无贝之才，不独远逊西洋，抑实不如日本。日本盖
其君主持，而臣民一心并力，则财与才日生而不穷。中土则一二外臣持之，朝
议夕迁，早作晚辍，固不敢量其所终极也"。③ 1878年又在写给驻英、法、德等
国参赞黎庶昌的复信中，批评顽固守旧势力动辄把西方资本主义比拟为古代
匈奴、回纥之虚妄，赞扬了西方资本主义的所谓"善政"："西洋局面宏远，事事
精能，其国中善政，若学馆、监牢、养老、恤孤之属，无不具有三代仁者遗风。所
以勃然兴起，竞富争强，殆非无因。"④他把中国封建政治体制的弊端，归结为
"官与民，内与外，均难合一"，主张借鉴日本和西洋的所谓"善政"，改善或调
整君、臣、民三者的关系，以期实现"庙堂内外，议论人心"趋于统一。他把希
望寄托在清朝最高统治者身上，认为"抚绥之责在疆吏，而振奋之本在朝

---

① 李鸿章：《复王壬秋山长》，《李文忠公全书》，朋僚函稿，卷19，第43页。
② 李鸿章：《答彭孝廉书》，《李文忠公遗集》，卷5，第13页。由幕僚薛福成代笔。
③ 李鸿章：《复曾相》，《李文忠公全书》，朋僚函稿，卷12，第3—4页。
④ 薛福成：《代李伯相复黎参赞书》，《庸盦文别集》，卷3，第115—116页。

廷"①。朝廷应该励精图治,冲破"文法拘束",抓住"官"这个联系君与民的中间环节,着重整顿吏治,裁汰冗员,酌增廉俸,停止捐例,多用"以国事当家事"的"血性人""整顿地方","县令得人,则一县受其益,郡守得人,则一郡受其益。"②在这里,他所强调的依然是儒家传统治略的"人治",而不是"法治",为政在人,人存政举。

及至 80 年代末,李鸿章从整顿吏治进而提出"易官制"的主张,并把"易官制"放到"变法度"的首位。这既是进一步开展洋务运动的需要,又是受到早期维新志士从官制入手改革政治体制的主张和日本明治维新改革政治体制实践启示的结果。

日本于 1885 年实行内阁制,1889 年颁布宪法,1890 年开设国会,从而建立起比较完整的君主立宪制度。李鸿章通过顾厚焜《日本新政考》、黄遵宪《日本国志》和驻日公使黎庶昌寄来的日本改革官制后的"官员录"、新颁布的宪法,对日本明治维新有了比较详细的了解。他写信给黎庶昌说:

> 寄示改正官员录,逐一展悉。名首内阁,似拟中朝官兼爵,实缘唐制。陆军、海军、农商、递信诸省,全用泰西。大抵有一官办一事,大官少,小官多,最为得法。一部廿四史,自汉书百官公卿表后,更不复见此等制度,故西汉最富强而治独近古也。自此以降,日益冗烦,至于今日,高资华选大半养望待迁之官,尤有甚于荀公曾、颜清臣之所议,如此事何由治?③

通过中日两国官制的对比研究,李鸿章认为日本内阁和陆海军、农商等省"大抵有一官办一事,大官少,小官多,最为得法。"然而,中国则官制"冗烦","高资华选大半养望待迁之官","事何由治"? 当然,他对日本的兴革举措也并非全然赞同。他批评日本实行"秦法",认为日本没有处理好君与臣、中央与地方的权力分配关系,权偏于上,犹如秦始皇所实行的绝对君主专制制度。然而,他一面批评日本"尊主卑臣,集权中央",一面鄙视日本议院制度,把日

---

① 李鸿章:《复四品卿衔何子永》,《李文忠公全书》,朋僚函稿,卷 12,第 14 页。
② 薛福成:《代李伯相复任方伯书》,《庸盦文别集》,卷 3,第 114 页。
③ 李鸿章:《复出使日本国大臣黎莼斋》,《李文忠公尺牍》,第 7 册。

本多党制混同于中国的党争,把日本议院混同于中国的都察院。这表明他虽然萌发了削弱君权的意向,但仍旧没有突破君主专制制度的藩篱,而接受西方资产阶级民主制度。他主张中国要"治",就须"变法",而"变法度必先易官制"①。他要求改革腐朽的官僚体制,实质上是为了改善而绝不是要用资产阶级民主制度取代封建君主专制制度。当然,他把"易官制"放在"变法度"的首位,仍不失为一种历史的进步。

值得注意的是,李鸿章"变法度必先易官制"的思想,还仅仅停留在私下议论的阶段,既不敢公开形诸于章奏,又不敢付诸于实践。道理很简单,他环顾左右,发现考求西法、坚持改革的人,寥若晨星,"尝苦有倡无和";而"人君"则"以守法为心传","人臣遂以守法取客悦",充斥朝野的守旧势力"以守法为兢兢,即败亡灭绝而不悔"。他权衡守旧与改革的力量对比,不寒而栗。正像他对黎庶昌所说的:"中国守文千年,谁能骤更,若发大难之端,将环刃者不止一自由党耳。"②所谓"若发大难之端",是指"易官制"、"变法度"而言;所谓"自由党"一词,则系借自日本而实指中国守旧势力③。他深感变法度、易官制犹如触动腐儒和权贵们的心窝,势必遭致他们的拼死反抗,因而阻力重重,动辄得咎,只好搁置不议。

所谓学习"外人所长",与60年代相比,虽然依旧停留在效法西方资本主义"物质文明"层面,主要引进西方的军事装备、机器生产和科学技术,但其广度和深度却有所不同:从购买、仿造西方枪炮武装陆军到购买、仿造西方枪炮轮船武装陆军和编练海军;从仿行西法创办军事工业到仿行西法兴办轮船、铁路、电报、矿务、纺织等民用企业;从仿行西法培养"制器之人"到仿行西法兴学育才;从而把洋务运动从"求强"阶段推进到"富强相因"阶段。李鸿章采用西法,举办洋务,引进属于西方"物质文明"的军事装备、机器生产和科学技术,企图借用西方资本主义甲胄以保护清朝封建主义的躯体。排除仿效西方

① 李鸿章:《复出使日本国大臣黎莼斋》,《李文忠公尺牍》,第7册。

② 李鸿章:《复出使日本国大臣黎莼斋》,《李文忠公尺牍》,第7册。

③ 自由党本是日本自由民权运动的产物,以板垣退助为总理,1881年成立,1884年解散。1887年板垣退助和谷干城分别呈递意见书,反对以伊藤博文为总理大臣的日本政府的某些内外政策。李鸿章研究了驻日公使黎庶昌送来的有关这次事件的情报,同情伊藤,而把板垣复兴民权运动的努力错误地看做反对"新法"的活动。见李鸿章《复出使日本国大臣黎莼斋》,《李文忠公尺牍》,第6册。

"政治文明"的资产阶级民主制度,热衷于引进西方"物质文明",虽然不可能使中国摆脱传统的农业社会,实现资本主义近代化,但却必将导致封建体制的破裂和资本主义的萌生,推动中国社会从传统向近代转轨。

提振军事工业

李鸿章移督直隶初期,就宣称"中国不亟图强兵经武,徒纷纷遇事张皇,事后苟且粉饰,必至失国而后已,可为寒心。"①而"强兵经武"的关键,在于仿造西方船炮。因此,李鸿章特别注意控制和提振军事工业。当时清廷规定沪、宁两局归南洋大臣管辖,而报销、督察各事,仍会同北洋大臣办理。作为北洋大臣的李鸿章虽远在天津,但却以此为凭借,通过自己的旧部和亲信,继续对沪、宁两局进行遥控。早在1870年他就对刚刚移督两江的曾国藩说:"沪、宁两局,敬求倍加提振,鸿章虽远,亦不敢忽视。"②嗣后不管由谁出任江督,他对沪、宁两局都照例"不敢忽视"。不过,由于淮系势力从两江逐渐转移到北洋,李鸿章对沪、宁两局的控制权终究有所削弱,特别是在1882—1884年左宗棠担任两江总督期间尤为明显。左宗棠委派潘露总理沪、宁两局,并派陈鸣志随同潘露赴沪帮同办理,兼顾宁局事务,致使潘、陈一度身兼沪、宁两局总、会办,这表明左宗棠企图把沪、宁两局抓在手中,使之摆脱淮系影响。

津局本属北洋大臣管辖范围,李鸿章认为将其控制在自己手中是"名正言顺"的事。他"常调沪局员匠归津局遣用",任命与之交近30年的沈保靖总理局务,解雇职工中的一些北方旗人和汉人,"另外介绍来许多南方人"。1875年《捷报》评论说:"很显然,李鸿章的这种政策如果继续下去,再过半年机器局里将要连一个北方工人或学徒都留不住了,而机器局将完全由忠于李鸿章的南方人所把持。其结果一定是中央政府在军火和军器的制造与修理方面完全得依靠李鸿章了。"③

李鸿章不仅竭力控制沪、宁、津三局,以为己用;而且设法插手福州船政局

---

① 李鸿章:《复杨礼南学士》,《李文忠公全书》,朋僚函稿,卷10,第25页。
② 李鸿章:《复曾相》,《李文忠公全书》,朋僚函稿,卷10,第27—28页。
③ 《捷报》,卷8,第345页。

即闽局。闽局原系湘系首领左宗棠创办,是湘系集团对抗淮系集团的工具。1866 年左宗棠调任陕甘总督后,推荐沈葆桢担任总理船政大臣,并安排自己的亲信周开锡、胡光墉等充任船政提调。沈葆桢虽属湘系,但对曾国藩不满,反而与丁未同年李鸿章关系较好。1875 年沈氏调任两江总督,经与李鸿章函商,推荐淮系要员丁日昌督办船政。1876 年丁日昌升任福建巡抚,他与李鸿章合谋推荐淮系成员吴赞诚或黎兆棠督办船政,因而清廷先后任命吴、黎为船政大臣。1882 年左宗棠出任两江总督后,设法排除淮系势力,重新控制闽局。1883 年他奏准撤换黎兆棠,任命张梦元继任船政大臣。1885 年左宗棠去世,李鸿章力图卷土重来。1886 年闽局提调出缺,船政大臣裴荫森电商李鸿章,委派当时办理天津水师学堂练船事宜的吴仲翔接任。

当然,李鸿章赖以支撑其海陆军建设的军工企业,主要还是沪、宁、津三局。由于李鸿章的精心提振,沪、宁、津三局的基本建设、机器设备和生产情况均有不同程度的改善。沪局在 70—90 年代,先后设置了火药厂、枪子厂、炮弹厂、水雷厂和生产熟钢与钢材的炼钢厂,并使枪支生产沿着旧式前膛枪、林明敦后膛枪、奥国漫利夏枪和德国新毛瑟枪的顺序逐渐改型,大炮制造也沿着"开花子轻铜炮"、来福子熟大炮、英国阿姆斯特郎新式大炮的顺序逐渐改型。1893 年李鸿章得意地说:"上海机器局为各省制造最大之厂,该局员等苦思力索,不惮繁难,奋勉图功,竟能于数年之间,创造新式枪炮与西洋最精之器无异,为中国向来所未有。"①沪局制造轮船的技术也"渐推渐精",在 1868—1875 年间制成 6 艘木壳兵轮。李鸿章认为,其中 1873、1875 年相继下水的"海安"、"驭远"两轮,"在外国为二等,在内地为巨擘。"及至 1876、1885 年又先后制成铁甲兵轮"金瓯"号和钢甲兵轮"保民"号。从制造木壳兵轮、铁甲兵轮到制造钢甲兵轮的演进,标志着沪局造船技术的不断提高。宁局的情况与此相仿,规模有所扩充,设备有所改进,到 1879 年计有机器厂三,翻沙、熟铁、木作厂各二,还有火箭局、洋药局、水雷局等,能够制造炮位门火、车轮盘架、弹药箱具、开花炮弹、洋枪、抬枪、铜帽、大炮、水雷等。津局也不例外。李鸿章在接办时就认为"该局规模粗具,垣屋尚须加修,机器局尚须添制,火药亦尚未开造,自应就此基绪,逐渐扩充"。在他的经营下,津局分设东西两局,扩建厂

---

① 《光绪十九年六月十六日直隶总督李鸿章等奏》,《洋务运动》(四),第 68 页。

房,添购机器,增设铸铁、熟铁、锯木、洋枪、枪子、炼钢等厂,以制造枪炮、子弹、火药、水雷为主,辅之以修造船舰等。《天津机器局记》描绘当年天津机器局东局的盛况说:"巨栋层栌,广场列厅,迤丽相属,参错相望。东则帆樯沓来,水栅启闭;西则轮车转运,铁辙纵横。与天津郡城遥相对峙,隐然海疆一重镇焉。"①80年代,李鸿章颇为自豪地声称津局为"洋军火之总汇"。据不完全统计,沪、宁、津三局从创办到1894年,消耗资金2454万余两,占清政府投入近代军工企业经费总数5千万两左右的一半。

随着时光的流逝,沪、宁、津三局内部,封建的管理制度同先进的技术设备的矛盾日趋激化。每换一次总办,即添用心腹委员30至40名,陈陈相因,有增无减。其中多系滥竽充数,"或且九九之数未谙,授以矿质而不能辨,叩以机栝而不能名,但求不至偷工减料已属难得,器械利钝,悉听工匠指挥,茫无分晓"②。有些人营私舞弊,"购料则价不实,工作则时废弛,材料则任便作践,成货则或致盗窃,出售则价或分肥,即不然用人或碍于情面而多冗员,办事则狃于请托而多迁就,以乱章为圆到,以姑息市私恩。甚或苞苴公行,干俸累累。……似此种种弊窦,层层朘削,安有不赔累倒闭者哉!"③

沪、宁、津三局仍然坚持"雇洋人,购洋器,用洋法"。宁局的马格里不懂军火制造,1875年由于他所督造的大炮在大沽炮台演放时一再爆炸,变成废物,被李鸿章撤职。此后宁局为节省资金,遂用华员监督,不再雇佣专职外国技师,每年请沪局外国技师前来数次,进行技术指导。津局在崇厚主政期间,"专任领事官英人密妥士,将成尾大不掉之势"。李鸿章接办后,便"精练华工,酌裁洋匠,并将主持局务之洋员密妥士撤退。"④当然,这并不意味着李鸿章从此就再也不仰赖洋匠了。事实上,他在撤掉密妥士之后,就"另募熟手接办"。所谓"熟手",就是指麦伊儿瑞斯、司图诺等人,前者作为工程师曾任津局监督多年,后者曾任津局总工程师。他们不同于密妥士的,是既懂技术,又不揽权。沪、宁、津三局的生产途径,都是先向外国购进机器物件,然后在"洋人指授"下慢慢地学着仿造。这种先"购置",后"学制","事事依样葫芦,一

---

① 重修《天津府志》,卷28,《公廨》。
② 胡燏芬:《上变法自强条陈疏》,《皇朝经世文三编》,卷16,第2页。
③ 《郭春畲对问》,《直隶工艺志初稿》,从录,下,第15页。
④ 《光绪七年八月初二日直隶总督李鸿章奏》,《洋务运动》(四),第261页。

成不变"的作法,结果只能使自己成为长久的落伍者。严酷的现实,使李鸿章逐渐认识到问题的严重性。1876 年他上奏清廷说:

> 窃谓西洋制造之精,实源本于测算、格致之学,奇才迭出,月异日新。即如造船一事,近时轮机铁胁一变前模,船身愈坚,用煤愈省,而驶行愈速。中国仿造皆其初时旧式,良由师资不广,见闻不多,官厂艺徒虽已放手自制,止能循规蹈矩,不能继长增高。即使访询新式,孜孜效法,数年而后,西人别出新奇,中国又成故步,所谓随人作计,终后人也。①

为了改变这种"随人作计,终后人也"的局面,既须培养自己的科技人才,"学其器而精通其意";又须建立自己的重工业基础。李鸿章虽然朝着这个方向做出了努力,但是收效甚微,并没有扭转"随人作计"的局面。1898 年英国人贝斯福参观宁局后写道:

> 厂中机器设备很好;主要购自英国,间或也有德国和瑞士的。没有外国技师或工头。中国总办和官吏们似乎不了解他们在制造什么,为什么制造。机器是现代的、头等的,但用来制造过时的无用的军需品。……看他们高兴而努力地在制造一些浪费钱但又无用的军需物品,使人心中感到悽怆。②

沪、宁、津三局所制造的武器装备,虽然落后于外国资本主义国家,但比之中国传统的"孤矢"、"风篷"却要先进得多。早在 1872 年有人就指出:"由此观之,不数年间,中国陆路之兵,将舍孤矢之戏,而专恃洋枪之威,水师之船,将舍风篷之笨,而独取火轮之速矣。"③历史的进程确乎如此。沪、宁两局"所制军火同为拨解南北洋操防之需",但因"各省闻风,时有托制之件",致使所制军火的供应范围,"东输辽沈,北达畿疆,西抵雍凉,南浮湘桂"。津局本

---

① 《光绪二年十一月二十九日钦差北洋大臣直隶总督李鸿章等奏》,《洋务运动》(五),第187 页。

② 贝斯福:《中国之瓜分》,第 298 页。

③ 丁韪良:《中西见闻录》,第 1 号,第 22 页。

"为北洋水陆各军取给之源,外省又时来请拨,必须筹备",因而"每岁所出军火,除供支本省准练各军、轮炮各船外,加吉林、奉天、察哈尔、热河及江南分防水陆淮军,皆按时拨济;其河南等省需用火药、铜帽,亦向津取给。"①事实证明,沪、宁、津三局直接促进了清军武器装备的近代化。清朝武装力量的加强,意味着反清人民的灾难。张之洞就把太平天国和捻军起义失败之后国内阶级矛盾暂趋缓和的现象,归功于洋枪洋炮的输入和制造。他说:

> 自发捻削平以来,各省遂无大乱;其实陬澨边隅,乱萌时有,即如近年热河教匪,甘肃回匪,亦甚披猖,或兵甫集而众降,或锋一交而乱溃。实由同治初年洋枪洋炮流入中华,渐推渐广,官军所用,无论精粗,总系洋械,火器精利,声威震詟,乱民无抗拒之资,宵小弭萌芽之渐。②

张之洞的供认,说明包括沪、宁、津三局在内的洋务派军事工业,确实起到了镇压人民起义、延长清朝统治寿命的作用。

当然,这并不是说沪、宁、津三局在国防方面没有起过任何积极作用。因为军队是国家机器的重要组成部分,既有对内进行阶级专政的职能,又有对外抵御外侮的职能。李鸿章说:1880年"俄事骤起,边海两防同时吃紧",津局"屹处海滨,谣传不一,仍不动声色,星夜赶造,外以给各军月操之用,内以备有事时攻剿之需,各路军营恃以无恐,洵于大局有裨。"③1884年"法兵构衅,屡次声言北犯,北洋海口林立,逐处戒严,拨用军火繁巨,其各省咨拨者,亦较往年多至数倍,不得不倍数赶造","俾资接济"。及至"马尾开仗,催造调拨益形严紧,各厂皆添做夜工。"④刘坤一也说在中法、中日战争期间,"征调纷繁",沪、宁二局"加工赶造"军火,"昼夜不停,储待未尝缺乏。"⑤

---

① 《光绪七年八月初二日直隶总督李鸿章奏》,《洋务运动》(四),第261页。
② 张之洞:《酌议变通武举新章折》,《张文襄公全集》,奏议,卷48,第12页。
③ 《光绪七年八月初二日直隶总督李鸿章奏》,《洋务运动》(四),第261页。
④ 李鸿章:《机器局报销折》,《李文忠公全书》,奏稿,卷53,第38—39页。
⑤ 刘坤一:《复总署电》,《刘忠诚公遗集》,电奏,卷1,第57—58页。

兴办民用企业

李鸿章除继续经营以"求强"为目的的军工企业外,还开始兴办以"求富"为目的的民用企业。他从所谓"求强"出发,把西方军事工业移植过来,力图加强清王朝的武装力量。然而,军工企业在资本主义国家中是整个政治经济体系中的一个环节,把这个环节孤零零地摘取下来,移植到中国,由于缺乏社会经济发展的稳固基础,结果发生了许多畸形现象和一连串的困难。经费来源枯竭,原料、燃料供不应求,转运维艰,技术落后,人才缺乏,管理制度混乱等等,堵塞了军事工业进一步发展的通道。为了解决这些问题,就必须为军事工业建立完整的近代工交体系。因为"武器的生产""是以整个生产为基础的"①。于是围绕军事工业而兴办民用企业的问题就被提到日程上来。李鸿章经过实践,并考诸"古今国势",发现"必先富而后能强,尤必富在民生,而国本乃可益固"。他说:

> 欲自强必先裕饷,欲浚饷源,莫如振兴商务。
>
> 唯中国积弱由于患贫,西洋方千里数百里之国,岁入财赋动以数万万计,无非取资于煤铁五金之矿、铁路、电报、信局、丁口等税。酌度时势,若不早图变计,择其至要者逐渐仿行,以贫交富,以弱敌强,未有不终受其敝者。②

李鸿章为了"求强"而"求富",企图通过兴办民用企业,解决军事工业的原料、燃料供应、"调兵运饷"的交通运输困难和"练兵练器"的经费问题。当时国内也已具备了发展民用企业的客观条件。自然经济加速解体,城乡个体劳动者和生产资料日益分离,大批农民和手工业者破产失业,劳动力市场和商品市场逐渐扩大。从外国资本的侵略掠夺中,产生了中国的买办和买办资本。从中国的封建压榨中,增加了地主、官僚和商人的财富积累。外商在华投资设

---

① 恩格斯:《反杜林论》,《马克思恩格斯选集》,第 3 卷,第 206 页。
② 李鸿章:《复丁稚璜宫保》,《李文忠公全书》,朋僚函稿,卷 16,第 25 页。

立资本主义企业及其一诺千金、转手致富的现实,刺激着地主、官僚、买办、商人投资新式企业、追逐高额利润的兴趣。

1872年清朝统治层内发生的关于继续造船与否的争论,成为李鸿章等洋务派从"求强"到"求富"、从经营军工企业到兴办民用企业的转折点。这一年内阁学士宋晋上疏,借口制造船舰糜费多而成船少,请旨饬令闽、沪两局暂行停止制造。清廷谕令李鸿章、左宗棠、沈葆桢通盘筹划。左、沈在复奏中,反对宋晋的主张,认为"兵船为御侮之资",不能因惜费而停造,但对于如何解决经费问题,他们没有提出切实可行的办法。左氏只说费用会"日见其少",沈氏则表示"若虑兵船过多,费无从出,则间造商船,未尝不可"。李鸿章的复奏剀切详明。他指出,宋晋的主张代表了顽固守旧势力的迂腐之见,"士大夫囿于章句之学而昧于数千年来一大变局,狃于目前苟安而遂忘前二三十年之何以创巨而痛深,后千百年之何以安内而制外,此停止轮船之议所由起也。"国家诸费皆可节省,唯养兵设防、练习枪炮、制造兵轮之费"万不可省",否则"国无与立,终不得强矣。"他深知国家经费困难,要继续制造轮船,就"必须妥筹善后经久之方"。为此,提出两条具体办法:一是裁撤沿海沿江各省的旧式艇船而代之以兵轮,把修造艇船的费用拨归制造兵轮;二是闽、沪两局兼造商船,供华商领雇,华商为了同垄断中国航运业的洋商竞争,应自立公司,自建行栈,自筹保险。并有"熟悉商情、公廉明干、为众商所深信之员为之领袖担当。"值得注意的是,他还从"筹议制造轮船未可裁撤"出发,进而提出用西法开采煤铁以"与船器相为表里"的主张。他指出:"船炮机器之用,非铁不成,非煤不济,英国所以雄强于西土者,唯借此二端耳。"闽、沪各厂日需外国煤铁极多,一旦中外关系紧张,外国对华采取禁运措施,各铁厂就势必"废工坐困",所有轮船也必将因无煤而寸步难行。中国煤铁矿藏丰富,外商垂涎三尺,处心积虑地攫取中国内地煤铁开采权。他认为中国"诚能设法劝导官督商办,但借用洋器洋法而不准洋人代办,此等日用必需之物,采炼得法,销路必畅,利源自开,榷其余利,且可养船练兵,于富国强兵计,殊有关系。"他还警告说:若不"因时为变通",而"徒墨守旧章,拘牵浮议,则为之而必不成,成之而必不久,坐让洋人专利于中土,后患将何所底止耶!"①经过李鸿章、左宗棠和沈葆桢等的力争,

---

① 李鸿章:《筹议制造轮船未可裁撤折》,《李文忠公全书》,奏稿,卷19,第44—50页。

清廷不仅否定了宋晋的停造轮船的主张,而且为洋务派兴办轮船招商局和用西法采煤炼铁开了绿灯。

轮船招商局是洋务活动由军工企业转向民用企业、由官办转向官督商办的第一个企业。李鸿章奏办的主要目的,在于"无事时可运官粮客货,有事时装载援兵军火,借纾商民之困,而作自强之气"①,为中国数千百年国体、商情、财源、兵势开拓地步。1872 年 10 月在上海开始筹备,翌年 1 月正式成立,决定招商集股,并暂借官款以应急需。起初以浙江海运委员、候补知府朱其昂为总办,半年后重新改组,以唐廷枢为总办,徐润、朱其昂、盛宣怀为会办。经盛宣怀的穿针引线,李鸿章罗致了著名的怡和洋行买办唐廷枢和宝顺洋行买办徐润参加轮船招商局,促进了封建官僚与买办的结合。唐、徐在轮船招商局,既是官方的代表——总办和会办,又是股东的代表——商总和商董,兼有"官"、"商"的双重身份,成为掌握这个企业经营大权的主宰。唐、徐任人唯亲,重用同乡,局中"执事者,尽系粤人",总、分局以及栈、船总管,"非唐即徐"。1880 年湘籍国子监祭酒王先谦奏参盛宣怀、唐廷枢把持局务、贪污盗窃、任意妄为,指名请饬两江总督、南洋大臣刘坤一查办,并以轮船招商范围大多"均南洋所辖地面,事权分属,呼应较灵",应由南洋大臣"专派妥员总理,以便核定章程",饬令详筹妥办。刘坤一复奏,一面为唐廷枢开脱,认为他"功过相抵",应"免其置议,仍令会同徐润将招商局照旧经理";一面痛斥盛宣怀"滥竽仕途",企图驱逐盛宣怀,并化官款为官股。王、刘一唱一和,目的在于向李鸿章夺权。李鸿章深悉个中奥妙,极力庇护盛宣怀,声称盛氏"于大局有功无过",并坚持官本分年拨还,所缓官息,则到官本清还以后再议。清廷为了平息事端,不得不在湘淮两系之间搞些平衡,一面将盛宣怀交李鸿章"严加考察",不准他"再行干预局务";一面申明招商局"应由李鸿章主政",官款处理办法"应如李鸿章所称办理"。盛宣怀虽然离开了招商局,但没过几年就又靠李鸿章"维持斡旋"而卷土重来。李鸿章将唐、徐先后他调,并于 1885 年札委盛宣怀为督办,马建忠、谢家福为会办。经过这次"整旧重新、抽帮换底"的改组,轮船招商局的"商办"大为削弱,"官督"大为加强。李鸿章希望盛宣怀把

---

① 李鸿章:《轮船招商请奖折》,《李文忠公全书》,奏稿,卷 25,第 4 页。

该局办成"铁板模样,使来者确不可移,庶商务蒸蒸日上"①。轮船招商局成立之初,只有轮船 3 只,及至 1877 年收购美商旗昌轮船公司产业后,拥有轮船 33 只,23967 吨。此后始终徘徊在这个水平上,至 1893 年拥有轮船 26 只,24584 吨。这个时期,它主要经营沿海与内河航运,水脚收入每年平均为 2 百万两左右,除去轮船费用、折旧提成等开支外,每年净利达 30 万两左右。李鸿章欣慰地说:"招商轮船实为开办洋务四十年来最得手文字"②。

开平矿务局,是李鸿章奏设的。目的在于使"中国兵商轮船及机器制造各局用煤,不致远购于外洋,一旦有事,庶不致为敌人所把持,亦可免利源之外泄"。在他看来,"富强之基,此为嚆矢"。他于 1876 年派唐廷枢前往开平勘察煤铁矿产资源,翌年批准唐氏提出的开采开平煤铁的计划,并委派他负责该项工作。为了得到地方官吏的配合,还增派前天津道丁寿昌和天津海关道黎兆棠会同督办。1878 年正式成立开平矿务局,官督商办。1881 年李鸿章札委徐润和吴炽昌为会办,以代替他调的黎氏和病逝的丁氏。该局起初煤铁并采,兼炼钢铁,后因经费和技术问题,遂停炼铁,专采煤矿。资本原拟募集 80—100 万两,1899 年增至 120 万两。1881 年开平煤矿投产,1882 年年产量为 38383 吨,1894 年为 250000 吨,1898 年增至 731792 吨,年平均增长达 19.37%。开平煤除一部分供应天津机器局、轮船招商局和其他单位外,大部分则在市场上销售,其主要输出口岸为天津。80 年代以前,天津市场为日本煤所占领。开平出煤以后,天津市场上就出现了激烈的竞争。1882 年日本广岛块煤每吨价在天津约银 7—8 两,而开平块煤每吨只有 4—5 两。开平煤价格低廉,质量较好,逐步取得优势。天津进口的日本煤,1880 年为 19409 吨,1885 年降至 566 吨,到 80 年代末,天津几乎没有日本煤进口了。不过,开平煤大部分是在当地消费,从天津出口的只占 30% 左右,因而抵制洋煤的能力仍属有限。开平煤矿由于经营得法,并得到政府的"维持",生产和利润均呈上升趋势。1885 年获利 7 万两,1886 年获利 15 万两,1888 年开始发放股息 6%,每股 100 两可得 6 两,1892 年增至 15 两。开平煤矿是洋务派创办的采矿业中最著有成绩的大矿。开平煤矿的开办和相关铁路的通车,带动唐山、秦皇岛从"寒村"逐渐成长为

① 《李鸿章致盛宣怀函》,上海图书馆藏盛宣怀档案。
② 李鸿章:《复刘仲良方伯》,《李文忠公全书》,朋僚函稿,卷 13,第 24 页。

冀东工商重镇。

除了开平煤矿外,李鸿章还创办了热河承德府平泉铜矿、热河土槽子、遍山线银铅矿。

1881年李鸿章派道员朱其诏等筹办热河承德府平泉州铜矿。平泉州属铅铜子沟地面本有铜矿,1853年招商采办,"旋以硐老,奏明封闭,实则当时仅用土法,不能抽出硐水。遂遽停歇,并非硐老砂空"。李鸿章鉴于"天津机器各局制造子弹药帽等项,所需铜料购自外洋,转运艰而价值贵,且恐不可常恃,自应就中国自有矿产设法开采,以期费省用便"。因而旧事重提,检取铅铜子沟砂石,"交机器局分化,其中确有铜质,成色尚佳,可合制造之用",于是奏准设局,官督商办,产品"即归机器局收买,以兴地利而济军需"。招股12万两,后又拟续招新股12万两。因"开采之法已得,而熔化之工未精",特聘精于熔化之西人5名,"计正矿司开壳夫、副矿司哈子伯、专司熔化孛来福、专造药水未士活、专司机器士点",并购买各式机器,使用西法。1884年朱其诏聘请德国人德璀琳经管矿务,"朱道台仅负名义,实际上一切工作的进行均由德璀琳主持"。该矿创办初期尚有盈余,1882年"约可得官利一分,余利三四厘"。1888年因疏于防范,"被贼劫去银钱衣物"甚多,后被迫停办。

1887年李鸿章派道员朱其诏创办热河土槽子、遍山线银铅矿。土槽子、遍山线两处银矿,是1853年由某商人禀请热河都统开采的,年纳课银8万两。1882年李文耀承商接办,成立热河三山矿务局。后因李氏赔累,私自回籍,限期未回,经李鸿章聘用外洋矿师,由朱其诏带往各矿勘察。朱其诏发现"各矿铅多银少,土法不能取铅,因而赔累。所出青铅,可令制造枪炮弹子及配铸制钱之用,唯须参用西法,另购镕铅炉方能铅银并取"。于是李鸿章特派朱其诏承办土槽子、遍山线两处银矿,"机器内应用煤铁,即于该矿左近择煤铁矿之合用者,由该道派拨工匠采取供应"。雇用美国矿师哲尔者等15人,购买机器用银3万两,"每日开山炼矿工作者约共千人,而每日经费约需三四百金","购买机器以及开采的用费都是总督(李鸿章)出钱"。因"矿产甚旺,量入为出,颇有赢余。无奈矿师手段阔绰,费用浩繁,时常添购机器,续雇西人,以致入难敷出"。1894年由候补道张翼接办,是时"已借官本银三千余两。数年来矿产不多,加以抽水等工费用繁多,每年产出之银,除遍山线呈纳税银七百九十余两、土槽子呈纳税银三百余两外,收入仅足该厂中经费开支,其所借官本亦未能偿还"。

上海机器机布局,是李鸿章创办的中国第一个棉纺织工厂。早在1876年李鸿章就接受津海关道黎兆棠的建议,派魏纶先"出头承办"织布事宜。魏氏赴沪筹议,集股无着而作罢。两年以后,前四川候补道彭汝琮呈请南北洋大臣代为奏请设立上海机器织布局。李鸿章等鉴于"洋货行销中国,日增月盛,尤以洋布为大宗,是以特令购买机器,设局仿造布匹,所以敌洋产而杜漏卮"①。上海机器织布局为官督商办企业,李鸿章任命彭氏为总办,太古洋行买办、候补郎中郑观应为会办。此后数年,上海机器织布局几易总、会办,惨淡经营,终于1890年开车生产,但不幸在1893年失火焚毁,估计损失不下70余万两。李鸿章派盛宣怀会同上海海关道聂缉椝"一面规复旧局,一面设法扩充"。1894年盛宣怀招集商股100万两,仍就织布局旧址设立华盛纺织总厂,另在上海、宁波、镇江等处"分设十厂"。上海机器织布局中官款的损失,规定"悉归以后商办各厂按每出纱一包提捐银一两,陆续归交"②。

漠河金矿,是李鸿章等奉旨创办的官督商办企业。漠河地处我国东北的极边,北隔黑龙江,同沙俄毗邻。1886年清政府从"杜患防边"出发,决定开采漠河金矿,命令李鸿章与黑龙江将军恭镗遴选"熟悉矿务干员",前往矿区勘察。翌年李鸿章奏准由道员李金镛总办漠河金矿,"除重大事件应禀商黑龙江将军酌夺,其余一切,由该员相机妥办,以专责成"③。漠河金矿开办资本,由官款垫借13万两,募集商股不到三万两。1889年初,正式开采。翌年李金镛病故,李鸿章指定该矿提调袁大化代理局务。袁氏继续招股,赶制机器,扩充生产。1894年产金多达28370两。漠河成了"兵民辐辏"的"边陲重镇"。

中国的电报、铁路,也是由李鸿章最先倡办的。1867年李鸿章曾经断言:电线铁路"此两事大有益于彼(外国),大有害于我"。及至70年代初,李鸿章就改变了态度,历陈"电线、铁路必应仿设"。1879年他鉴于"各国以至上海莫不设立电报,瞬息之间,可以互相问答。独中国文书尚恃驿递,虽日行六百里加紧,亦已迟速悬殊",深感"电报实为防务必需之物",因而饬令在大沽北塘

---

① 《光绪十五年十月十四日两江总督曾国荃等奏》,《洋务运动》(七),第452页。
② 李鸿章:《推广机器织布局折》,《李文忠公全书》,奏稿,卷78,第10页。
③ 《直隶总督李鸿章奏》,《洋务运动》(七),第319页。

海口炮台和天津之间架线试设电报，结果“号令各营顷刻响应”①。1880年他根据盛宣怀的建议，奏请接修天津经镇江至上海电报，以“通南北两洋之气，遏洋线进内之机”；并于津沪电报线路敷设期间，在天津设电报总局，派盛宣怀为总办，郑观应襄理局务。1882年电报局改为官督商办企业，劝集商股接办贯穿苏、浙、闽、粤四省电报，于1884年竣工，因而电报局遂由津迁沪，以盛宣怀为督办，郑观应、谢家福、经元善为会办。在此期间和以后，电报局继续招商集股架设了津京线、长江线、桂滇线、陕甘线等。1892年李鸿章奏报清廷说：“臣查中国陆路电线创自光绪六年，经营十余年，布满各省，瞬息万里，官商称便”②。

李鸿章倡导铁路也经历了坎坷之路。早在1872年他就指出：“但自开煤铁矿与火车路，则万国蹜伏。”1875年他乘赴京叩谒同治梓宫之机，晋见奕䜣，“极陈铁路利益，请先试造清江至京，以便南北转输”。奕䜣“意亦为然，谓天下无人敢主持”。他请奕䜣“乘间为两宫言之”。奕䜣说“两宫亦不能定此大计”。他感慨系之，哀叹“从此遂绝口不谈矣”③。1876年丁日昌受命为福建巡抚之后，秉承李鸿章意旨，上疏建言在台湾修筑铁路以防外安内。李鸿章和沈葆桢一致支持丁氏的主张。李鸿章声称：“丁日昌到台后，叠次函商，该处路远口多，非办铁路、电线不能通血脉而制要害，亦无以息各国之垂涎，洵笃论也。”④1877年清廷采纳丁氏建议，要他“审度地势，妥速筹策”。这是清廷首次批准在台湾修建铁路的命令。修筑台湾铁路的计划，虽经清廷批准，但终因费绌而中止。李鸿章预见到修筑铁路之事，“内地若果议及，必至群起相攻”。1880年李鸿章授意刘铭传请清流干将陈宝琛代拟《筹造铁路以图自强折》上之，力陈“自强之道，练兵、造器固宜次第举行，然其机栝则在于急造铁路”。铁路之利于漕务、赈务、商务、矿务、厘捐、行旅者，不可殚述，而于用兵一道，尤为急不可缓之图，请先造京清铁路（北京清江浦间），以沟通南北。清廷认为刘氏“所奏系为自强起见”，谕令李鸿章、刘坤一“悉心筹商妥议具奏”。不料，李、刘尚未复奏，内阁学士张家骧就抢先上疏力陈开造铁路约有三弊：恐洋人

---

① 《光绪六年八月十二日直隶总督李鸿章片》，《洋务运动》（六），第335—336页。
② 《光绪十八年七月十八日直隶总督李鸿章奏》，《洋务运动》（六），第451页。
③ 李鸿章：《复郭筠仙星使》，《李文忠公全书》，朋僚函稿，卷17，第13页。
④ 《总理衙门奕䜣等奏》，《洋务运动》（二），第355页。

深入内地,借端生事;恐民不乐从,徒滋纷扰;恐虚糜帑项,赔累无穷。他要求"将刘铭传请开铁路一节,置之不议,以防流弊而杜莠言。"刘铭传从北京回到天津,日趋李鸿章"复奏铁路事"。李鸿章在写给张佩纶的信中,说刘氏议论,实"乃鄙意所欲言而久未敢言,幸于吾党发其端。"①李鸿章随即请薛福成代拟《妥筹铁路事宜折》,剀切陈词,断言铁路之兴,大利约有九端,"而国计、军谋两事,尤属富强切要之图",建议任命刘铭传督办铁路公司事宜,并附片议复张家骧争止铁路三弊,据理陈驳。李鸿章在复奏之后,写信开导奕譞,争取支持,说自己历举之铁路九利,"盖皆得诸亲历外洋者之议论,而参合中土之情势,欲使世人略知此中底蕴,庶迂拘之意见渐融,或将来之创办较易耳。"他恳切地表示兴修铁路"于国家远大之图,驭外固本之术,煞有关系,……尚求殿下加意为幸。"②刘坤一在复奏中,一面说"臣欲仿造铁路火车,实与李鸿章、刘铭传有同志";一面说"臣所鳃鳃过虑者,此项铁路火车,有妨民间生计",且恐于税厘有碍③。随后通政使司参议刘锡鸿上疏说什么"火车实西洋利器,而断非中国所能仿行也。臣窃计势之不可行者八,无利者八,有害者九。"④1881年2月14日就在刘锡鸿上疏的这一天,清廷下谕:"叠据廷臣陈奏,金以铁路断不宜开,不为无见。刘铭传所奏,著无庸议。"

李鸿章为了兴修铁路,一面批驳顽固守旧势力的谬论,开导和争取清廷;一面在自己辖区里我行我素,造成既成事实。他支持唐廷枢在开平煤矿修筑唐山至胥各庄铁路以便运煤的主张和实践。唐胥铁路于1880年动工,翌年建成,直到这时李鸿章才正式奏报清廷,并故意把铁路说成"马路"。李鸿章所以有恃无恐,先斩后奏,同奕譞的支持是分不开的。1881年2月初李鸿章在《复醇邸论铁路函》中透露了这个消息。他说:"今蒙详示以试行于煤铁之矿、开垦之地,以及屯军设防之一二口岸,俾见闻习熟,渐推渐广。权衡至当,深协机宜。鸿章亦素有此意,既承明诲,倍豁愚衷。"⑤唐胥路正是一条"试行于煤铁之矿"的铁路,它的建成同奕譞的"详示"不谋而合,因而没有遭到清廷的遣

---

① 李鸿章:《复张幼樵侍讲》,《李文忠公全书》,朋僚函稿,卷19,第36页。
② 李鸿章:《复醇邸论铁路函》,《李文忠公全书》,译署函稿,卷12,第4页。
③ 刘坤一:《议复筹造铁路利弊片》,《刘坤一遗集》,奏疏,第598—600页。
④ 《中国近代铁路史资料》,第1册,第97—102页。
⑤ 《李文忠公全书》,译署函稿,卷12,第2—4页。

责是不难理解的。1883 年李鸿章致函总署说:"火车铁路利益甚大,东西洋均已盛行。中国阻于浮议,至今未能试办,将来欲求富强制敌之策,舍此莫由。"他恳切地希望总署出面"主持大计"。1886 年清政府将铁路事宜划归以奕谵为首、李鸿章掌握实权的海军衙门办理。奕谵到天津视察时,曾与李鸿章谈及铁路一事,"思得一计,曰:'如建造铁路,必须由许郭庄(胥各庄)一路造起,方免从前梗议之辈复滋议论。盖许郭庄建筑铁路系为开平运煤起见,无甚关系,事尚可行'"①。是年开平矿务局在李鸿章的授意下,以"运煤便商"为由,要求修建胥各庄到阎庄的铁路,并将铁路公司与开平矿务局分开。李鸿章据以呈报奕谵,说"察其所拟接修铁路办法,尚属妥洽,遂批准令其试办。拟俟办有成效,再行奏陈。"②于是,开平铁路公司应运而生。是年底,李鸿章又与奕谵来往函商,决定由海军衙门奏明修建阎庄至大沽的铁路,"为调兵运军火之用"。1887 年奕谵奏准由开平铁路公司修建由阎庄至大沽、天津的铁路,开平铁路公司随即公布招股章程,并宣称将开平铁路公司改名为中国铁路公司。翌年津沽铁路告成,李鸿章亲自乘车视察津唐铁路,认为"自天津至唐山铁路一律平稳坚实,桥梁车轨均属合法,除停车查验工程时刻不计外,计程二百六十里,只走一个半时辰,快利为轮船所不及"③。而当时西方人则断言津唐铁路通车,标志着"中国铁路世纪的开始"④。

津沽铁路告成之后,"煤矿商人及铁路各商均以铁路便宜,力求由天津接造至通州"。李鸿章从加强京畿地区防务和巩固自己所控制的北洋地盘出发,力主修建津通铁路。他致函奕谵等,说"查看情形,通州铁路似不能不就势接做,于国计民生,大有裨益,关系非浅。"奕谵等基于调兵征饷、巩固近畿海防考虑,上疏表示"臣等公同商酌,拟请准如所禀办理,仍令津沽铁路公司商人照章承办,以专责成而资熟手。"⑤清廷准其所请,但却遭致翁同龢、孙家鼐、恩承、徐桐、屠仁守、余联沅、洪良品、徐会沣、游百川等数十名京官的激烈反对。他们有的致函奕谵,有的上疏清廷,或谓"铁路有害无利",或"请毋建

① 《中国近代铁路史资料》,第 1 册,第 125 页。
② 李鸿章:《拟复奏底》,《李文忠公全书》,海军函稿,卷 2,第 20 页。
③ 《洋务运动》(六),第 199 页。
④ 《中国时报》,1887 年 4 月 21 日。
⑤ 《交通史路政编》,第 1 册,第 45—46 页。

津通铁路",或"谓铁路宜于边地,不宜于腹地",气势汹汹。李鸿章不畏权势,致函奕谭指名道姓地批驳论辩,淋漓痛快,泼辣透辟。海军衙门也遵旨议复,批驳所谓铁路"资敌、扰民及夺民生计"等"局外浮谈",申明"创兴铁路,本意不在效外洋之到处皆设,而专主利于用兵;不仅修津通之路,而志期应援全局。"①洋务派和顽固派各执一端,清廷难以作出抉择,认为"在廷诸臣,于海防机要,素未究心,语多隔膜";而各省将军督抚"身膺疆寄,办理防务,利害躬亲,自必讲求有素",因此令其"按切时势,各抒所见,迅速复奏"②。结果除两江总督刘坤一、台湾巡抚刘铭传、署江苏巡抚黄彭年表示赞成修建津通铁路外,其余不是反对,便是附有"勿使民有怨咨"等条件,或者宣称"不敢凭空揣摩"。两广总督张之洞则企图限制李鸿章淮系势力的扩张,建议暂停津通,改筑卢汉(卢沟桥至汉口)路。1889年5月清廷作出决断,肯定修筑铁路"为自强要策",宣布"但冀有利于国,无损于民,定一至当不易之策,即可毅然兴办,毋庸筑室道谋";然而又有意扬张抑李,决定搁置津通路,修筑卢汉路。李鸿章为清廷批准兴办铁路而高兴,为其扬张抑李而哀鸣:"鸿章老矣,报国之日短矣! 即使事事顺手,亦复何补涓埃! 所愿当路诸大君子务引君父以洞悉天下中外真情,勿使务虚名而忘实际,狃常见而忽远图,天下幸甚! 大局幸甚!"当然,李鸿章绝不会善罢甘休。他致电乃兄揶揄张之洞"恐难交卷,终要泻底。"适值沙俄加紧修建东方铁路,清廷出于国防考虑,决定立即修建关东铁路以相抗衡,特派李鸿章督办一切事宜。1890年李鸿章会同总署大臣奕劻奏准"缓办卢汉铁路,先办关东铁路","将卢汉铁路拨款,移作关东铁路之用。"关东铁路"由林西造干路出山海关至沈阳达吉林,另由沈阳造支路以至牛庄、营口"。1891年李鸿章在山海关设立北洋官铁路局,翌年动工修建关东铁路,1893年铺轨到山海关,1894年中日战争爆发前,修路至中后所。这段铁路的修建经费全由清政府筹拨,因之称为"官路"。

洋务派在进入70年代以后的二十九年里,先后创办了41个民用企业,至1894年尚存30个,约计共有资本3900万元。其中李鸿章兴办的轮船招商局、开平矿务局、上海机器织布局、华盛纺织总厂、漠河金矿、电报招商局、中国

---

① 《海军衙门议复修造津通铁路疏》,《李文忠公全书》,海军函稿,卷3,第22—27页。
② 《大清德宗景皇帝实录》,卷264,第27页。

铁路公司、北洋官铁路局等几个大的工矿交通运输通讯企业,共有资本 1740余万元,约占当时洋务派民用企业资本总数的 44% 以上。这表明在经营民用企业方面,李鸿章比其他洋务派占有明显的优势。

李鸿章兴办的民用企业,除了北洋官铁路局是官办的以外,其余都采取官督商办的方式。官督商办是李鸿章的创造,是洋务派依靠国家权力"收天下之财为己用"的一种形式。李鸿章虽然早已预料到"数十年后,中国富农大贾必有仿照洋机器制作以自求利益者,官法无从为之区处",但是当社会行程一经使"中国富农大贾""仿照洋机器制作"从可能变成现实的时候,他就既害怕私人资本同洋务派争利,又担心私人资本的发展会侵蚀封建的肌体。所谓归商不归官,"久恐争利滋弊","漫无钤制",正是这种惶惧心理的写照。当时李鸿章感到左右为难。他顾忌私人资本,可又势难禁阻。他急需围绕军事工业和军队建设创办民用企业,可又苦于资金难筹。于是,他就精心设计出一个把资本主义生产方式置于洋务派官僚监督之下,用商资以谋官利的方案,这就是所谓官督商办。正像他在解释电报局转归官督商办时所说的:

> 窃思电局所以必归商办者,总分各局迢迢数千里,常年用费甚繁,未便官为经理。各州县驿站,岁支正饷钱粮已巨,断无余力再筹此费。若酌取商民电资贴补,则以官吏较此锱铢,稍失体统,且出纳之间,稽核难周,弊混滋甚。必改归商办,斯国家收消息灵通之益,则无耗损巨帑之虞。唯是商民势涣力散,非善为倡导,则不能集事。商情见利则趋,非稍予赢余,则无由鼓舞。臣前提拨军饷,创成要务,初不患前款之虚糜而特虑后费之难继。今既有众商承办,若衡情酌理而论,倘该商等能将官款全缴,并自给巡费,则局事应由商主持,官即不能过问,中外官报亦应照章给资,官商转多隔膜。今因所缴官款尚有未足,又暂贴巡费,虽名为商办,仍不啻奉行官事。①

"斯国家收消息灵通之益,而无耗损巨帑之虞"。"虽名为商办,仍不啻奉行官事"。这些话坦率真实,直截了当地道出了李鸿章推行官督商办的用心。

---

① 《光绪九年八月十七日署直隶总督李鸿章奏》,《洋务运动》(六),第 349—350 页。

官督商办企业,形式上模仿西方资本主义股份公司的组织,既招商入股,又设有商总、商董作为入股商人的代表。所不同的是,这些企业都是直接受着"官督"的。李鸿章为官督商办企业规定的经营管理原则是:"由官总其大纲,察其利病,而听该商董等自立条议,悦服众商"①,企业的"所有盈亏,全归商认,与官无涉"②。事实上,凡经李鸿章奏明开设的官督商办企业,其用人、理财和业务经营,均需遵照李鸿章札饬,由督、总、会、帮办经理。而各督、总、会、帮办,又必须经由李鸿章委派,作为政府代表控制企业大权。各企业的资本虽然大部或全部来自私股,但私人资本家除了保留资本所有权和按年领取股息、负担亏抵责任外,既失去了股金的支配权,又不得过问局事。"官有权,商无权","本集自商,利散于官",真实地反映了官督商办企业内部封建大吏控制商人资本、官权控制商利的关系。这说明构成官督商办企业的"官"和"商"并不是平等的,"商民虽经入股,不啻途人",而作为封建国家政权代表的"官"却处于支配地位,从而成为决定企业性质的主要力量。正因为这样,官督商办企业并不是民族资本主义,而是属于同封建国家政权相结合的官僚资本主义范畴。

李鸿章创造的官督商办,是官和商的结合体,商办是实现官督的前提。手握资金的中国商人对官督商办的态度,大致分为拥护、先拥护后反对、抵制三种类型。

拥护官督商办的,主要是那些同官府关系密切的亦官亦商的人物。他们企图在官权的庇护下,冲破封建阻力,投资于新式企业,追逐高额利润。比如,唐廷枢、徐润既是官方的代表——总、会办,又是股东的代表——商总和商董,兼有官商双重身份。据经元善说:"溯招商、开平股分,皆唐、徐诸公因友及友辗转邀集。"③唐、徐的亲友中买办当不在少数。1873年李鸿章在谈到轮船招商局招股时指出:"华商诡寄洋行者,多方忌沮,股份过少,恐致决裂。又招致精习船务生意之粤人唐廷枢为坐局商总,两月间入股近百万,此局似可恢张。"④徐润说轮船招商局到1883年"招足二百万两",其中他自己附股

① 《总署收北洋通商大臣李鸿章函》,《海防档》甲,购买船炮(三),第920页。
② 李鸿章:《试办招商轮船折》,《李文忠公全书》,奏稿,卷20,第33页。
③ 经元善:《居易初集》,卷2,第38页。
④ 李鸿章:《复沈幼丹船政》,《李文忠公全书》,朋僚函稿,卷13,第13页。

"四十八万两,此外设法招来各亲友之入股者,亦不下五六十万两,是招股已经手过半"①。

先拥护而后反对官督商办的。比如郑观应,起初,他虽然对"官督商办之局,权操在上"②有所顾忌,但是不切实际的幻想终于取代了合乎理性的担心。他说:"全恃官力则巨费难筹,兼集商资则众擎易举。然全归商办则士棍或至阻挠,兼倚官威则吏役又多需索。必官督商办,各有责成:商招股以兴工,不得有心隐漏;官稽查以征税,亦不得分外诛求;则上下相维,二弊俱去。"③他不仅赞成官督商办,而且积极地参预官督商办企业的经营。从1878到1902年间,他先后担任上海机器织布局、轮船招商局、上海电报局、汉阳铁厂等重要官督商办企业的帮办、会办、总办等实职,达20年之久。但是官督商办企业内部官权侵害商利的冷酷现实,逐渐地粉碎了他的"上下相维,二弊俱去"的幻想。1893年他写信批评轮船招商局督办盛宣怀"擅拨局款兼办银行,不会商股东,只求直督批准,于商律不合。……若使大权操自直督,无庸商诸股东,日后直督换人,所委总办假公济私者,流害不堪设想。故何沃生律师著书详论官督商办之公司私弊极多。"④及至20世纪初年,他就慨然浩叹"名为保商实剥商,官督商办势如虎,华人因此不如人,为丛驱爵成怨府。"⑤不过,郑观应由于长期处于一些重要官督商办企业总办、会办、帮办的地位,他自身所受到的官权的侵害远不如一般商股那样厉害,所以他的觉悟也远不如一般商股那么早。1887年《北华捷报》说:

中国铁路公司从中国人中得到的反应,对李鸿章和所有官员应该是一个教训。尽管在招股章程中保证公司总办和经理的行动不受官府影响,保证公司纯然是商业性企业,但却没有人认股,实际上没有一个人附股。当问起天津的资本家们何以不愿附股时,他们答道:我们不相信这班官员们。他们谈到招商局。局中有着他们的资产,而处理这些资产,则从

---

① 《徐愚斋自叙年谱》,《洋务运动》(八),第176页。
② 郑观应:《复津海关道郑玉轩观察书》,《盛世危言后编》,卷10,第1页。
③ 《盛世危言·开矿》,《郑观应集》上册,第704页。
④ 郑观应:《致招商局盛督办书》,《盛世危言后编》,卷10,第29页。
⑤ 郑观应:《商务叹》,《罗浮待鹤山人诗草》,宣统元年上海著易堂本,卷2,第29页。

未征询过他们的意见,他们对局中事务已无发言权。他们怕铁路公司也将管理成这个样儿,投资的人对公司事务将无权过问。①

1889年曾国荃也说:"奈(上海机器织布局)开办之始,不得其人,以致股银亏短,日久无功,无怪从前附股之户,谤疑突起。"②

抵制官督商办的,主要有两种人,一是同外国资本关系密切,宁肯托庇于外国资本主义,也不愿投靠封建政权;一是既怕外商倾轧,又怕官府侵渔,主张"商资商办"的。1872年盛宣怀说:"各省在沪股商,或置轮船,或挟资本向各口装载贸易,俱依附洋商名下,如旗昌、金利源等行,华股居其大半,本利暗折,官司不能过问"③。其中不少人在轮船招商局成立后,"多方忌沮",拒绝附股。当时有些中国人的船只,"在香港注册,挂英国旗!"有些"中国人甘心情愿地在香港及马来半岛、新加坡方面向轮船公司投资,并经营自己的轮船"④。1878年《捷报》在评论开平矿务局集股时写道:"我们对于这计划的成功不很乐观,因为它依靠招商集股。从中国人不愿承购轮船招商局的股票看来,他们大约也不愿承购同一帮人主持下的矿务局的股票。"⑤1888年《申报》指出:修筑津沽铁路一事,由于"昔年各局厂所集公司股份有名无实,入股者无不付之东流。此次虽奉谕旨创行,又得傅相为之调度,而覆辙非远,人终栗栗寒心。贫者既无可措资,富者亦观望不前,不乐输将踊跃,是以筹划至数年之久,至今日而始得试行也。"⑥不过,《申报》这篇评论只看到"富者"抵制官督商办铁路的一面,却忽略了有些"富者"要求"允准各商自修铁路"的一面。1886年声称"与各商熟习"的武举李福成上书都察院,指出"若以畿辅之重,防务运道诸大政必须铁路方可迅速,则与其修自洋人,不如修自中国,与其修自官府,不如修自百姓。""就目今情形而论,天津各商,心抱切肤之痛,因势利导,筹措巨亿万金不难,武举所知各家,即可立办。"⑦

---

① 宓汝成编:《中国近代铁路史资料》,第1册,第135页。
② 《光绪十五年十月十四日两江总督曾国荃等奏》,《洋务运动》(七),第452页。
③ 盛同颐:《盛宣怀行述》,《洋务运动》(八),第44页。
④ 干德利:《中国进步的标记》,《洋务运动》(八),第442页。
⑤ 孙毓棠编:《中国近代工业史资料》,第1辑,下册,第635页。
⑥ 宓汝成编:《中国近代铁路史资料》,第1册,第136页。
⑦ 《李福明呈》,《洋务运动》(六),第184页。

上述事实说明,抵制官督商办的力量,不仅同官督商办企业相始终,并且随着官督商办企业"股银亏缺日久无功"而逐渐增强。进入 80 年代,由于商股不易招徕,北洋亦难筹巨款,有不少官督商办企业就不得不靠"暂借洋债"度日了。

李鸿章从兴办官督商办企业开始,就倡言"商为承办,官为维持"之说,而"维持云者,盖恤其隐情,而辅其不逮也。"①李鸿章不仅提出了"官为维持"的方针,而且也确实采取了一些"维持"官督商办企业的措施。其中主要是借垫官款、减免税厘和申请专利特权。

李鸿章认为,创办官督商办企业,为"收回中国利权起见,事体重大,有裨国计民生,故须官为扶持并酌借官帑以助商力之不足。"按规定官督商办企业原无官股,但事实上当时官督商办企业中都有大量官款,这些官款是作为垫借款拨给企业的,所以需要垫借款,是因为招募商股困难,必须用官款挹注。垫借款多数在一定时期后归还,但就它们的来源说,有税款、饷款、部款、报效款等,都不是来自金融机构的借贷资本。这些官款也大多不是用于企业流动资金的周转,而主要用于开办费,尤其是用于购买机器设备和基本建设经费,实际是属于创业资本性质。从当时使用官款的动机说,也含有投资的意义。轮船招商局筹建伊始,李鸿章就奏请户部借垫制钱 20 万串,"以作设局商本,而示信于众商。"其后又屡借官款至 190 余万两。1877 年正当轮船招商局在太古、怡和等外轮公司倾轧下局务难支之际,他又请求总理衙门"将该局承领各省公款,暂行缓缴三年利息,借以休息周转。"②开平矿务局从 1878—1882 年,共用款项 220 万两,其中李鸿章拨借的官款就有 24 万两。根据 1900 年开平矿务总局债欠单,可以看出开平矿务局欠直隶银钱所和海防支应局一项,就多达 50 万两。这项官款是开平设局以后 20 多年"屡受挫跌"的"扶持救急之款"。上海机器织布局虽然一向以不需官款相标榜,但在 1893 年清理局产时却透露所借北洋官款多达 26.5 万余两。电报局成立伊始,就由北洋军饷筹垫湘平银 17.8 万余两,敷设津沪电线。1882 年电报局改官办为官督商办,招集商股,在 5 年之内缴还官款 8 万两,免计利息,其余垫款从政府拍发电报的费

① 《光绪七年二月十一日直隶总督李鸿章片》,《洋务运动》(六),第 61 页。
② 李鸿章:《论维持招商局》,《李文忠公全书》,译署函稿,卷 10,第 21 页。

用划抵;同时由淮军协饷内开支为保护电线而设的各汛弁兵、马乾口粮及汛房修理费用,每年约需湘平银1.1万两,作为政府对电报局的津贴。在李鸿章看来,电报局"线短报稀,取资有限",非官为保护、官为津贴不可。

苛捐杂税以及土洋货税悬殊,是发展民族工业的严重障碍。李鸿章有鉴于此,便设法为官督商办企业争得减免税厘的优待。轮船招商局通过李鸿章先后获得从上海到天津随漕运货免天津进口税2成、卸漕空船载货免除北洋三口出口税2成等优待,从而增加了收入,增强了与外轮公司竞争的能力。当时出口煤每吨征税银6钱7分2厘,而进口洋煤每吨只征税银5分。开平煤矿投产后,唐廷枢向李鸿章叫苦:高昂的成本加上现行重税,使开煤"难敌外洋之煤","其势必不能畅销,而关税亦鲜有实获。"李鸿章深以为然,经奏准援照台湾基隆煤矿成例,开煤出口税每吨减为1钱,致使因税则厚薄不一而造成的"土煤壅滞难销,厚利为洋商所垄断"的状况有所缓解。上海机器织布局在筹建初期,便有"分销内地,免抽厘金"的优待,到了1882年又取得了所产布匹运销内地只在"上海新关完一正税,概免内地沿途税厘"的待遇,从而使该局能够"酌轻成本,俾得踊跃试行,免被洋商排挤"。

除此之外,李鸿章所控制的某些官督商办企业还享有专利特权。轮船招商局拥有运输漕粮的特权。最初几年,海运漕粮"沙八轮二",即沙船承运80%,其余20%归招商局轮船承运。1877年李鸿章奏准招商局轮船承运苏浙海运漕粮的四、五成和由江西、湖北采买的漕米。此后招商局轮船每年承运大约50万石漕粮,水脚收入约为22万至25万两。因此,李鸿章断言"承运各省漕粮,为商局命脉所系,现在局船揽载商货,为洋船挤跌,动辄亏赔,非多运漕粮以羡余补不足,万难持久。"①其实,招商局轮船承运漕粮,不仅为"商局命脉所系",而且支持了李鸿章关于改革漕运旧制即变官办河运为招商海运的努力。李鸿章还"仿照泰西通例",规定"五十年之内只准各处华商附股(轮船招商局),不准另行开设字号,免致互相倾跌,贻误大局。"②李鸿章在奏设上海机器织布局时,就要求清廷允准"十年以内,只准华商附股搭办,不准另行设局"。当上海机器织布局被焚而筹设华盛纺织总厂时,李鸿章又奏请"饬下总

① 李鸿章:《海运官物统归商局片》,《李文忠公全书》,奏稿,卷30,第33页。
② 李鸿章:《创设公司赴英贸易折》,《李文忠公全书》,奏稿,卷41,第35页。

理各国事务衙门立案：合中国各口综计，无论官办商办，即以现办纱机四十万锭子，布机五千张为额，十年之内，不准续添。"①至于电报招商局，原为"独市生意"，拥有架设国内电线的专利权。

上述种种，对官督商办企业来说，特别是在其筹建和开办初期，无疑是一副催生剂，"一种推动力量"②。郑观应说："查中国之所谓大公司者，唯电报局、轮船招商局、开平矿务局，表面观之，畴不谓成效大著，差强人意。"③而这些企业之所以办有成效，是同李鸿章的扶持直接相关的。他对李鸿章推崇备至，说轮船招商局仰赖李鸿章"主持督护，渐有起色"④，"今有南、北洋之督护，海运米之专利，谓上台措置不周、体恤不至，可乎？"⑤

当然，任何事物都是一分为二的，李鸿章对官督商办企业的"维持"也不能例外。

首先，它是洋务派控制和勒索官督商办企业的凭借。

对于官督商办企业来说，"官为维持"成为"官操其权"⑥的依据。奕訢就曾指出："招商局由李鸿章奏设，局务应由李鸿章主政。"⑦李鸿章正是通过所谓"维持"云云而逐渐加强对官督商办企业的控制的。他创办官督商办企业，虽然注意罗致买办商人经理局务，但是被倚为心腹的却是北洋官僚。80年代中期前后，轮船招商局、机器织布局和开平矿务局等企业，都先后经历了重大的改组，从初期"商为承办"过渡到官僚的直接掌握。轮船招商局，1883年李鸿章委派盛宣怀为督办，将徐润撤职，唐廷枢北调专主开平矿务局。上海机器织布局，1887年李鸿章委派龚寿图"总办局务"，龚寿图"收拾残局"，排挤了郑观应、经元善。之后，李鸿章又相继改派马建忠、杨宗濂接办。1893年织布局被焚，李鸿章委派盛宣怀筹建华盛纺织总厂。开平矿务局，1892年唐廷枢

① 李鸿章：《推广机器织布局折》，《李文忠公全书》，奏稿，卷78，第11页。

② 《英领事商务报告》，《中国近代工业史资料》，第1辑，下册，第1053页。

③ 郑观应：《复陈君可良、唐君翘卿、谭君干臣论商务书》，《盛世危言后编》，卷8，第43—44页。

④ 郑观应：《禀北洋通商大臣李傅相再辞轮船招商局总办事》，《盛世危言后编》，卷10，第12页。

⑤ 郑观应：《致津海关道郑玉轩观察书》，《盛世危言后编》，卷10，第3页。

⑥ 郑观应：《创办电报局招商章程》，《盛世危言后编》，卷12。

⑦ 《光绪七年四月十四日总理各国事务奕訢等奏》，《洋务运动》（六），第68页。

死去,李鸿章委派张翼担任总办。此外,电报局从成立之日起,就一直由盛宣怀担任总办。中国铁路公司也由伍廷芳、吴炽昌任正副总办,沈保靖、周馥为督办大员。李鸿章通过这批官僚牢牢地控制了轮船、电报、铁路、纺织、采煤等官督商办企业。

李鸿章既然主张"以官力扶商",就势必要求"以商力助官"。轮船招商局成立后,清政府经常无偿或取价极低的征调船只,如1876、1877年从江南、盛京等地为直隶、山西、河南等灾区运送赈粮,1881年10月间向山海关运兵,1882年9月向朝鲜运兵,1883年8至11月间多次向广州运兵。清政府还经常对轮船招商局进行财政勒索,如1890年李鸿章强令从公积金内提银10万两,专做预备"赈济"的需要;1894年慈禧生日,清政府勒令"报效"5.5万余两。清政府对电报局的朘削也极明显,如规定发报"官先商后"、官报免费,由于"各省官报日繁,动即数百言,均列头等",电报局不得不搁下亟待发出的商人电报,商报减,立即影响到电报局的收入,而商人为迅速传递商情,便将电报交由外国公司水线拍发,结果"乃使可得之利转入洋商之手"①;同时清政府还以各种名义向电报局勒索"报效",据不完全统计,从1884年到1902年电报局先后向清政府"报效"多达142万元,约占资本总额220万元的64%;因此,1885年李鸿章不得不承认:"溯自电报创设以来,实在功效,在官者多,在商者少。"②类似的情况,在其他一些官督商办企业里也是司空见惯的。

官督商办企业的专利权,是束缚民族资本的绳索。

李鸿章在为上海机器织布局等官督商办企业申请专利时,往往援引"泰西通例"作为依据。其实,官督商办企业的专利权同西方资本主义国家的专利制度是形似而质异。本来,专利制度是国家对发明创造的一种法律保护制度。西方许多资本主义国家为了鼓励和保护发明创造,制定了专利法,给予发明人以专利权。发明人只要向主管专利的机关登记、申请,经过批准后,他的发明就成为专利,在法定期限内享有该项发明的独占权,只允许发明人生产、使用、销售此项发明品,其他人使用时,必须得到他的同意,并付给一定的使用费。官督商办企业的专利权却有所不同:(一)官督商办企业只是移植西方先

---

① 《光绪十三年七月初十日直隶总督李鸿章奏》,《洋务运动》(六),第388—389页。
② 《光绪十一年三月初三日直隶总督李鸿章等奏》,《洋务运动》(六),第365页。

进的机器设备和资本主义生产方式,而并非是什么科学技术的发明创造,按照
"泰西通例"是不应享有专利的。正像时人殷之辂在《纺织三要》中所说的:

> 侧闻前此上海布局开办之初,有禁止仿效,准其独行之说,岂狃于泰
> 西有保护创法者独行若干年之例而误会之耶? 夫泰西此例,本为鼓励人
> 才,兼酬其创始之劳,不闻因人之法而复禁仿效者。①

(二)官督商办企业凭借专利权,垄断生产和市场,他人既或经过正式申请并
愿付给一定报酬也不准仿效,这是违反"泰西通例"的。很明显,官督商办企
业的所谓专利权,实际上是依靠封建权势,假"泰西通例"之名,以行封建式垄
断之实。这种防止"他人争衡"②的垄断特权,对于官督商办企业来说,固然是
"一种推动力量",但是推动官督商办企业,并不等于促进民族资本的发展。
正如前述,官督商办企业属于官僚资本范畴,"官"掌握着企业大权,是企业发
展的主要受益者。一般私人资本因为处于无权地位,纵然能够分沾利益,也必
定是微乎其微的。同时,利用垄断特权推动官督商办企业本身就是以侵害社
会上众多私人资本的利益为前提的。当时享有垄断特权的企业部门,均为市
场广阔、利润优厚的部门,如纺织、航运等,许多私人资本渴望投资但因阻于专
利而不可得。拿航运业来说,由于轮船招商局有"五十年内只许华商附股"的
规定,1882 年上海商人叶应忠禀请制造轮船设立航运局,李鸿章就以"不准另
树一帜"③为由加以扼杀。当时英国专栏作家干德利曾经评论说:

> 曾有人试图在海南的一些非开放的埠口与邻近的半岛之间行驶轮
> 船,但因当局反对而不能不遭到失败。这似乎是件小事,但是可以看出当
> 局习惯于干涉私人企业,因而严重地阻碍进步。我们也许可以再指出另
> 外的一件奇异的事情,就是台湾的巡抚为着帮助该岛发展贸易,曾购买了
> 两只火轮船,而招商局的保护者们反对这两只船到北方贸易,认为对招商

---

① 陈忠倚辑:《皇朝经世文三编》,卷 61,第 6 页。
② 郑观应:《禀北洋通商大臣李傅相为织布局请给独造权限并免纳子口税事》,《盛世危言后编》。
③ 《交通史航政篇》(一),第 221 页。

局商场的侵犯！地方分权以及官吏们参混到商务性企业去的事实，产生了一些很奇怪的复杂现象。要等到中国学会把商务性的企业留给私人去经营，学会从全国的观点而不是从私人或地方的观点去对待国家财政的时候，工业运动才有大规模展开的希望。①

正因为这样，在洋务运动期间，中国竟没有一家华商轮船公司出现。刘坤一也不得不认为："外洋轮船，人人可以驾驶，同受商贩之益。今中国轮船非招商局不可，虽许他人合股，其权操之局员，是利在数人，而不在众人，藏富于民之道，亦似不如此。"②纺织业也有类似情况，由于李鸿章为上海机器织布局请得十年专利，所以从1882年到1891年10年间没有出现一家私人资本的棉纺织厂。李鸿章声称给予官督商办企业专利权是为了防止"外人争利"。但是，事实证明，这种垄断特权是"损华益洋"③的。时人在评论上海机器织布局10年专利时说：这种规定"是何异临大敌而反自缚其众将士之手足，仅以一身当关拒守，不以俱乎？"④"十年之内不许他人再设织局，而所设机不过二三百张，每日开织只五六百匹，岁得十八万匹，仅当进口洋布八十分之一耳；则十年之间，所得洋人之利，奚啻九牛之一毛哉？"⑤官督商办企业的垄断特权，只能削弱中国抵制洋商的力量，却无法约束持有坚船利炮和不平等条约的外国侵略者。1882年美商魏特摩在上海集资筹建纱厂，总理各国事务衙门以上海机器织布局享有10年专利为由，"极力辩争"，然而李鸿章却表示"已办者恐难谕禁，但能杜渐防微"⑥就行了。1889年日本大阪纺织会社纠合英、美、德三国商人不顾李鸿章禁阻，在上海建成轧花厂。1894年4月李鸿章还主张"查明禁止""洋商贩运轧花、纺纱、织布及棉子榨油机器进口，自行制造"⑦。但是到了1895年1月，他就因"军务忧愤，神志已懈"，而倾向妥协，主张对怡和洋

---

① 干德利：《中国进步的标记》，《洋务运动》（八），第442页。
② 《光绪七年三月初三日两江总督刘坤一片》，《洋务运动》（六），第66页。
③ 《申报》，1892年12月7日。
④ 陈忠倚辑：《皇朝经世文三编》，卷61，第6页。
⑤ 马建忠：《适可斋记言记行》，卷1，第1—11页。
⑥ 李鸿章：《致左相》，《李文忠公全书》，朋僚函稿，卷20，第36页。
⑦ 李鸿章：《推广机器织局折》，《李文忠公全书》奏稿，卷78，第12页。

行纱机进口"暂予通融"①。同年4月,他在日本刺刀威逼下,亲手签订了《马关条约》,使外国侵略者取得了在中国投资设厂的权力。值得注意的是,官督商办企业的专利权虽然对于抵制外国资本并无实效,但是一旦这种享有专利权的官督商办企业落入外资之手,外国侵略者就获得了来源于中国封建政权的垄断利益。比如,开平矿务局开办时,由李鸿章批准"距唐山十里内不准他人开采"。1900年英法比财团"东方辛迪加"吞并开平矿务局后,就据此"获得了整个开平矿区的独占权"②。

李鸿章明确表示,兴办民用企业,是企图"稍分洋商之利"。在半殖民地的中国,"求富"便不能不和外国侵略者"争利"。当时中国沿海的航运几乎全被外轮霸占,以纱、布为大宗的洋货正以日益增长的势头涌入内地,外国资本家还贪婪地觊觎着在中国开采煤铁矿产、经营铁路电报、兴办纺织等工业的利权。国权不保,利源外泄,是中国日益穷蹙的根本原因。李鸿章有鉴于此,虽然深感忧虑,但却不敢铲除外国在华的经济侵略势力,而仅仅希望通过兴办民用企业从洋商手中分得一些利权。他对同治帝说:中国"既不能禁洋货之不来,又不能禁华民之不用",英国每年运至中国的呢布售银3千余万,铜、铁、铅、锡售银数百万,严重地侵害了"中国女红匠作之利"。中国何不效法英国,"亦设机器自为制造,轮船铁路自为转运","为内地开拓生计"呢?只要能"使货物精美与彼相埒,彼物来自重洋,势不能与内地自产者比较,我利日兴,则彼利自薄,不独有益厘饷也。"③李鸿章创办轮船招商局,原期"使我内江外海之利不致为洋人占尽"④;开采漠河金矿,目的在于"外以折强邻窥伺之渐,内以立百年富庶之基,其有益于国计民生,殊非浅鲜。"⑤他对纺织等轻工业也很重视,明确指出自从中外通商以来,进口洋货日增,出口土货年减一年,贸易逆差越来越大,推原其故,由于外国制造均用机器,比中国用手工劳动生产的土货物美价廉,中国只有引进外国机器,"逐渐设法仿造",才能"分其利权"。"盖土货多销一分,即洋货少销一分,庶漏卮可期渐塞。"为此,他既派人购器设

① 孙毓棠编:《中国近代工业史资料》,第1辑,上册,第169页。
② 《捷报》,1902年8月6日。
③ 李鸿章:《筹议海防折》,《李文忠公全书》,奏稿,卷24,第20页。
④ 李鸿章:《试办招商轮船折》,《李文忠公全书》,奏稿,卷20,第33页。
⑤ 李鸿章:《漠河金矿请奖折》,《李文忠公全书》,奏稿,卷75,第20页。

局,自行制造,以敌洋产;又主张"必须华商资本方准领照购机,择地开办","如果洋商贩运轧花、纺纱、织布及棉子榨油机器进口自行制造",必须"查明禁止","自保利权,断不容外人稍生觊觎"①。事实上,李鸿章为"求富"而"争利"、"保权",在一定程度上限制了外国经济侵略势力的扩张。1878年奕䜣等在评论轮船招商局的作用时说:"从前洋商专擅之利权,中国商人得以分取而尚未能收回也。"②轮船招商局的这种结果,对李鸿章创办的民用企业来说,是具有一定代表性的。因为不摆脱外国资本主义的殖民统治,争得政治经济的独立自主,民用企业纵然有清政府做后盾,也无法"收回"而只能"分取"被"洋商专擅之利权"。

李鸿章兴办民用企业,既企图"稍分洋商之利",又坚持"但用洋器洋法而不准洋人代办",不准洋商入股,这表现了他对外国侵略势力的抗争性。不过,李鸿章对外国侵略势力,不仅有抗争性,而且还有妥协性。他所控制的一些民用企业,或是与外国侵略势力"息争均利",或是靠举借外债度日,就是这种软骨症的重要反映。

轮船招商局开张后,立即遭到外国侵略势力的嫉视和倾轧。美国旗昌、英国太古、怡和轮船公司在运费上削价相争,妄图一举挤垮中国第一家航运公司,继续垄断中国的航运业。轮船招商局奋起应战,跌价抗衡,于1877年归并旗昌轮船公司,获得了第一个回合的胜利,使之大致超过了英国太古、怡和两轮船公司所有船只及吨位的总数。"尽管同太古、怡和经营的轮船航线的竞争升级,招商局由于增加了船只和码头设备以及由于清朝官方的支持,能够获得沿海贸易的较大的份额"③。在这种有利的情况下,李鸿章竟然指使轮船招商局逐步走上了与洋轮勾结的"息争均利"的道路,于1878、1883、1893年三次同英国太古、怡和轮船公司签订了统一运价、联合垄断的"齐价合同"。这个"齐价合同"是以"专为抵制洋轮"而自诩的轮船招商局与英国太古、怡和轮船公司暂时妥协的产物,虽然对于轮船招商局增加水脚收入和企业资本积累不无裨益,但却促进了英国太古、怡和轮船公司在华侵略势力的扩张,钳制了我国民族资本航运业的发展。时人评论说:这个"三家合同,但能压抑华商,

---

① 李鸿章:《推广织布局折》,《李文忠公全书》,奏稿,卷78,第11、12页。
② 《光绪四年六月初三日总理衙门奕䜣等奏折》,《洋务运动》(一),第169页。
③ 费维恺:《中国的早期工业化》,第128页。

不能遏制外人,西人决无此措施,自锄同类,背道而驰。"①

轮船招商局不仅与洋轮签订"齐价合同",而且在乞求外债上也抢先走在最前列。李鸿章兴办民用企业,在 70 年代完全依靠垫借官款和招商集股,及至 80 年代便把借用外债问题提上了议程。1880 年末,淮系将领刘铭传提出暂借洋债修筑铁路的建议,李鸿章立即上疏表示支持,说造路所需经费"自必不赀。现值帑项支绌之时,此宗巨费,欲筹之官则挪凑无从,欲筹之商则散涣难集,刘铭传所拟暂借洋债,亦系不得已之办法。"他认为"借债以兴大利,与借债以济军饷不同。盖铁路既开,则本息有所取偿,而国家所获之利又在久远也。"李鸿章既主张"借洋债以兴大利",企图借助外国贷款兴办民用企业,以便谋取"久远"之利;又担心外国势力凭借贷款侵害中国的财政和民用企业的主权,因而提出了三项防范性的规定:为防止洋人把持铁路,"一切招工、购料和经理铁路事宜,由我自主,借债人不得过问";为防止洋人诡谋占据铁路,"不准洋人附股","不得将铁路抵交洋人";为防止外国势力借铁路债款侵害中国财政,要事先议明借款"由国家指定日后所收铁路之利陆续分还。"他明确表示,"界线既明,弊端自绝,不如是则勿借也。"②李鸿章对举借外债的态度,不能说是错误的,问题在于他在借款的实践中往往屈服于洋人的压力而被迫改变初衷。1883 年上海金融市场由于外国金融势力的干扰,酿成了一场严重的货币危机。是时轮船招商局运营资本周转失灵,加之"商股难招",李鸿章便批准该局从英国资本怡和、天祥两洋行借贷 747 千余两,以码头、仓库作为抵押。这次抵押借款为洋务派民用企业举借外债度日开了一个先例。1884 年轮船招商局为躲避中法战争的破坏,将全部财产以 525 万两代价售与旗昌洋行,约定在战争状态结束后照原价赎回。到了 1885 年,轮船招商局既要偿还怡和、天祥两洋行欠款,又须赎回抵押旗昌的财产,但因"无款可筹",便又以全局轮船、码头作为抵押品,向汇丰银行告贷 30 万镑(合银 1217140 两),年息 7 厘,以金镑计算,由于银价猛跌,汇率剧变,使以白银折算金镑还债的轮船招商局遭到了数十万两的损失。这次贷款不仅是外国资本的高利盘剥,而且是外国资本蓄意侵蚀企业主权的行动。因为汇丰贷款的主要条件是:"合同

---

① 经元善:《居易初集》,卷 2,第 42 页。
② 《光绪六年十二月初一日直隶总督李鸿章奏》,《洋务运动》(六),第 145—146 页。

订立之后,汇丰派一监理之洋人。该洋人可以随时查看局中账簿,并验看各船产业。其人薪水由招商局给发","每年有妥当者二人,估局中各产物轮船(产业价值),俟三十万镑金并利还清为止,此二人由汇丰派往,其薪费等项均由招商局付出";"招商局和汇丰往来银款","均由汇丰经手";"如招商局不能照上列各款依时办理,汇丰可以有权全行收取,或摘取局中船只各物业,可出卖、可出赁、可出典,听凭汇丰主意。"①30 万镑借款,原定分 10 年还清,但直到 1895 年议定续借 20 万镑贷款时,尚未付清,致使轮船招商局产权长期旁落,汇丰驻局代表马士直接操纵局务。马士多次与轮船招商局帮办沈能虎发生争执,并于 1887 年擅自任命璧德生为"保大"号船主,以致造成"保大"号失事的重大事故。马士一面被迫向李鸿章做辞职的表示,一面向汇丰银行经理卡默伦求援,企图赖着不走。卡默伦指使该行天津分行的莱斯就近向李鸿章施加压力,声称如果李鸿章批准马士离局,汇丰就坚持要履行借款合同的有关条款,特别是委派一个监督,代表银行驻局。

李鸿章控制的民用企业,还有电报局同丹麦大北公司、英国大东公司签订过"齐价合同"。铁路公司、开平矿务局向怡和洋行、华泰银行、德华银行、汇丰银行举借过债。据不完全统计,截至 1894 年为止,洋务派举借的外债计有 13 笔,其中李鸿章控制的民用企业举借的就多达 8 笔。事实证明,80 年代中期以后,洋务派民用企业对外资的依赖愈益加强,虽然继续以招集商股相号召,但是实际上一遇资本不足,便乞贷外资,而"洋款一借则权不侵而自侵,利不夺而自夺,是举权与利悉以让人也。"②

官督商办企业虽然在中国资本主义发展史上占有重要地位,但却不是早期民族资本发展的前史和必经之路。

李鸿章创设的官督商办企业,没有从官僚资本转化为民族资本的。它的发展趋势大致有四种类型:被外国资本吞噬的,如开平矿务局于 1900 年被英法比财团"东方辛迪加"攫为己有;改归官办的,如电报局于 1902 年"但改官办,而不还商本",1908 年由邮传部将电报局商股"备价赎收";遵循官督商办成例的,如轮船招商局,直到 1909 年改归邮传部时,仍"诸承旧贯,毫无变

---

① 《招商局向汇丰银行借款合同》(1885 年 7 月 28 日),盛宣怀档案。

② 何启:《新政始基序》,《新政真诠三编》,第 1 页。

更";招商顶替的,如华盛纺织总厂,盛宣怀以"连年亏折"为名,于1901年全盘售与集成公司,改名集成纱厂,其实这种所谓"招商顶替",完全是盛宣怀"把官厂变为私厂的一套诡计,股票始终还是握在盛家手里",因而这个纱厂并没有变成民族资本企业。

李鸿章创设的官督商办企业内部官权侵害商利,压抑了民族资本的生机。掌握用人、理财和业务经营大权的"官",通过贪污盗窃、挪用资金联锁投资、廉价收购股票等各种方式侵吞私人资本,聚集官僚资本。盛宣怀就是这类"官"的典型。他由一个"空心大老"而攀附权贵,在李鸿章提携下,历任署理天津海关道、登莱青道兼烟台海关监督、天津海关道等要职,充当李鸿章的洋务总管,"挟官以凌商,挟商以蒙官",不择手段地聚敛财富,"尽取天下之利权而归一己",成为"财势两足,心敏手辣"的早期官僚资本家。他这个"官"愈富,"而商人愈困矣"。官督商办企业由于"经理归官",入股商人所能遇到的不是"利之无几"的局面,就是"股本耗折"的悲剧,致使"人皆怨悔,深以为惩"。正因为"官"愈富、商人"愈困"和"怨悔",所以在官督商办企业内部就出现了新的动向:有些亦官亦商的人物,开始向民族资本家转化,发展私人企业,但他们发展私人企业的资金往往不是来自官督商办企业的积累;而原先某些附股官督商办企业的民族资本家,虽然有意挣脱官督商办羁绊,发展私人企业,但因"股本亏尽"而力不从心。这种趋势并非是民族资本必须经过官督商办的标志,而是官督商办破产的必然结果。

值得注意的是,当时官督商办与纯粹商办两种方式同时并存,先后间出,并不是先后嬗替,循序渐进的。中国第一家官督商办企业轮船招商局创设于1872年,而1872年又正是中国第一家纯粹商办企业继昌隆缫丝厂出世的年代。据不完全统计,从1872—1894年间,共创办近代民用企业110多家,其中官办、官督商办和官商合办的40多家,商办的60多家;在商办的60多家中,只有湖北荆门煤矿是由官办湖北广济兴国煤矿改归商办的,创办人还是李鸿章的洋务总管盛宣怀①,其余均系商资商办,同官办、官督商办和官商合办没有什么内在联系。这说明,除个别的例外,官办、官督商办、官商合办和商办几种方式并不存在从前者转变为后者的必然规律。

---

① 参阅孙毓棠编:《中国近代工业史资料》,第一辑,下册,附录五、六及其他有关部分。

根据以上分析,可以看出李鸿章创设的官督商办企业,虽然同封建生产方式比较起来是一种进步,但在本质上却与民族资本主义有所不同。早在1901年梁启超就对李鸿章的官督商办做了比较公允的评价。他说:

> 李鸿章所办商务亦无一成效可观者无他,官督商办一语累之而已。中国人最长于商,若天授焉,但使国家为之制定商法,广通道路,保护利权,自能使地无弃财,人无弃力,国之富可立而待也。今每举一商务,辄为之奏请焉,为之派大臣督办焉。即使所用得人,而代大匠斫者固未有不伤其手矣。况乃奸吏舞文,视为利薮,凭挟狐威,把持局务,其已入股者安得不寒心,其未来者安得不裹足耶?故中国商务之不兴,虽谓李鸿章官督商办主义为之厉阶可也。①

正如前述,李鸿章举办洋务,既未创设民族资本性质的企业,又有压抑民族资本的意图。然而,他的主观愿望同客观效果却并非一致。他抱着巩固封建统治的目的而引进西方的军事装备、机器生产和科学技术,但是古老的中国封建社会一经接触这种新兴的西方资本主义"物质文明",就势必加速其自身的解体过程,刺激作为封建主义对立物的民族资本的发展。李鸿章创办军事工业和民用企业,以机器生产取代手工劳动、热兵器取代冷兵器、轮船取代帆船、铁路取代马车、电报取代驿递,促进了华北华东地区自然经济、城市手工业、农民家庭手工业的破坏和城乡商品经济的发展,推动着上海、南京、天津等城市从传统向近代演化,唐山、秦皇岛、漠河等新兴工商城镇的崛起和直隶铁路交通网络的形成及其沿线经济带的出现。李鸿章引进西方的"物质文明",并由此而引发的同顽固派的论争,对于传播资本主义、改变重农抑商故习、转移社会风气起了有益的作用。李鸿章创办新式企业、设立洋学堂和派遣留学生,积累了经营管理经验,产生了一批使用机器的近代产业工人,培养了一批科学技术人才。所有这些,都为民族资本主义的兴起造成了某些客观的条件和可能。

---

① 梁启超:《李鸿章》,《饮冰室文集》,卷40,第30页。

筹建北洋海军

海防问题是近代中国面对资本主义列强的挑战而提出的重要课题。鸦片战争改变了历代备边多在西北的状况,东南海疆成为国防第一线,原来"华洋隔绝之天下",一变而为"中外联属之天下",从而赋予海防问题以近代的意义和全新的内容:防御对象不再是明代那种散股的倭寇和海盗,而是日益向外拓展殖民市场、力图按照自己的面貌改造世界的资本主义列强,其经济发展水平和综合国力远远超过古老的封建主义中国;海防问题不再是只涉及东南沿海安全的局部性问题,而是一个关系到国家独立地位和民族发展前途的全局性问题;海防建设不再是增加旧式"风篷"和"孤矢",而是中国向西方学习、取其长技、实现近代化努力的一个重要组成部分。

70年代以后,由于国内农民起义的逐渐平息和外国资本主义的加紧侵略,内部矛盾趋于缓和,外部矛盾日益激化,边疆危机纷至沓来。是时日本"逼于东南",俄国"环于西北","外警之迭起环生者,几于无岁无之"①,时势迫使清政府不得不把视线转向对外关系,筹办海防,建立新式海军。1874年日本出兵侵略台湾,使清朝有识之士觉察到日本对中国构成了严重威胁。奕䜣说:"日本兵扰台湾,正恃铁甲船为自雄之具。彼时各疆臣因防务未集,骤难用兵,均以彼有此船,中国无此船为可虑之尤。自台事就绪,而揣度日本情势未能一日忘我,不能不豫为之备,于是有海防之议"②。

是年11月5日,总理衙门递呈《海防亟宜切筹武备必求实际疏》,强调筹办海防的必要性和紧迫性,并提出"练兵"、"简器"、"造船"、"筹饷"、"用人"、"持久"等项办法,请交滨江沿海各省督抚、将军讨论。19日正在广东揭阳家居的丁日昌通过广东巡抚张兆栋将其前在江苏巡抚任内、"参以西人筑台练兵之法"而拟订的《海洋水师章程》6条递呈,"以备圣慈采择"。他提出海军统一指挥与分区设防的主张,建议根据中国沿海海域的自然条件与国防需要,

① 薛福成:《强邻环伺谨陈愚计疏》,《庸盒海外文编》,卷2,第6页。
② 《光绪元年六月二十三日总理各国事务衙门奕䜣等奏折》,《洋务运动》(二),第337页。

创立北洋、东洋、南洋三支海军,各设提督一人,北洋提督驻天津,负责直鲁两省沿海防务;东洋提督驻吴淞,负责江浙两省沿海防务;南洋提督驻南澳,负责闽粤两省沿海防务。三支海军各备大兵船 6 艘,炮船 10 艘,每半年会操一次,以期"三洋联为一气"。清廷将总理衙门和丁日昌的条陈交沿江沿海各省督抚详细筹议,限一月内复奏。当时左宗棠在陕甘总督任上,辖境并非沿海沿江地方,但总理衙门认为他"留心洋务",所以也咨请他参加讨论。

有关各省督抚在复奏中,虽然原则上都承认"海防一事,为今日切不可缓之计",总理衙门"原奏六条","亟应筹办",但由于思想认识水平不同和各自处境的差异,所以在具体主张上还存在着很大分歧,而分歧的焦点则在于战略防御重点应该放在什么地方的问题上。

奉命检阅长江水师的彭玉麟、两广总督英翰等认为,与其加强海防,莫如整饬长江防务,可为"东南久远之计"。湖南巡抚王文韶、山东巡抚丁宝桢把俄国看做最大威胁,一个主张注重西北塞防,神速进军收复新疆,一个主张注重东北塞防,保卫清朝"根本重地"。湖广总督李瀚章、福建巡抚王凯泰、钦差办理台湾等处海防兼理各国事务大臣沈葆桢、两江总督李宗羲等则强调海防为当前第一要务,主张优先筹办。

李鸿章是最大的海防论者。他遵旨上了由幕僚薛福成代笔的《筹议海防折》,系统地阐述了自己对海防问题的看法。他认为"总理衙门陈请六条,目前当务之急和日后久远之图,业经综括无遗,洵为救时要策"。明确表示"居今日而欲整顿海防,舍变法与用人别无下手之方。"这里的所谓"变法",主要是指改革军事制度,建立近代海陆军;所谓"用人",主要是指改革科举制度,培养新式人才。他根据中外军备状况和中国地理环境,对海陆军在国防上的地位问题,提出了独到见解:外国侵略者"从海道内犯,自须亟练水师。唯各国皆系岛夷,以水为家,船炮精练已久,非中国水师所能骤及。中土陆多于水,仍以陆军为立国根基,若陆军训练得力,敌兵登岸后尚可鏖战,炮台布置得法,敌船进口时尚可拒守,但用旗绿营弓箭刀矛鸟枪旧法,断不足以制洋人,并不足以灭土寇。"他主张"就现在陆军认真选汰,一律改为洋枪炮队。"关于筹办海防问题,他总结了两次鸦片战争的教训,认为"彼族实能觇我要害,制我命脉;而我所以失事者,由于散漫设防,东援西调,未将全力聚于紧要数处。今议防海,则必鉴前辙,揣敌情,其防之之法,大要分为两端",即"守定不动之法"

和"挪移泛应之法",因此"外海水师铁甲船与守口大炮铁船皆断不可少之物"。他同意设立北、东、南三洋海军,但认为各洋海军均须拥有大铁甲船二艘,"一处有事,六船联络,专为洋面游击之师,而以余船附丽之,声势较壮。"他鉴于筹办海防需款甚巨,与清政府"财用极绌"的矛盾现实,断言"欲图振作,必统天下全局,通盘合筹,而后定计。"他称赞曾国藩"暂弃关外专清关内之议"为"老成谋国之见",认为"新疆不复,于肢体之元气无伤;海疆不防,则腹心之大患愈棘。"他建议停止进兵新疆,改用招抚办法,准阿古柏等或如云、贵、粤属的苗瑶土司,自为部落,或如越南、朝鲜的略奉正朔。"其停撤之饷,即匀做海防之饷,否则只此财力,既备东南万里之海疆,又备西北万里之饷运,有不困穷颠蹶者哉?"他还力主"开源节流","仿行西法"发展民用企业,设厂制造耕织机器,开采煤铁各矿,兴办轮船铁路,榷其余利,养船练兵①。

李鸿章不仅上疏陈词,而且授意丁日昌围绕总理衙门原奏 6 条"筹议切实办法"。丁日昌遵嘱写成《海防条议》,请李鸿章代为上呈。《海防条议》实际上已经超出总理衙门所提练兵、简器、造船、筹饷、用人、持久六条的范围,而是从更广泛的背景上探讨加强海防的途径,涉及经济领域的改革和近代化问题。李鸿章"披读再四",发现丁日昌同自己意见一致,并且讲了自己想到而未敢说出的话,因而非常高兴,特地致函丁日昌说:《海防条议》"逐条皆有切实办法,大意似与拙作一鼻孔出气,而筹饷条内推及陆路电报、公司银行、新疆铁路,用人条内推及农商受害、须停止实职捐输,此皆鸿章意中所欲言而未敢尽情吐露者,今得淋漓大笔发挥尽致,其比喻处、痛快处,绝似坡公来书所谓现出全体怪相,虽令俗士咋舌,稍知洋务者能毋击节叹赏耶!"②

左宗棠的看法有所不同。他称颂总理衙门筹办海防 6 条"闳远精密,无少罅隙",而反对丁日昌、李鸿章、王文韶的某些条陈。他批评丁日昌设立北东南三洋海军的建议,认为"洋防一水可通,有轮船则闻警可赴。北东南三洋只须各驻轮船,常川会哨,自有常山率然之势。若划为三洋,各专责成,则畛域攸分,翻恐因此贻误。分设专阃三提督共办一事,彼此势均力敌,意见难以相同。七省督抚不能置海防于不问,又不能强三提督以同心,则督抚亦成虚设,

① 《李文忠公全书》,奏稿,卷 24,第 19—21 页。
② 李鸿章:《复丁雨生中丞》,《李文忠公全书》,朋僚函稿,卷 15,第 6 页。

议论纷然,难以实效。"①他既反对李鸿章暂缓西征,节饷以备海防的意见,又不赞成王文韶全力注重西征的建议,主张"东则海防,西则塞防,二者并重。"

在上述诸多议论中,李鸿章和左宗棠二人的主张具有代表性,他们虽然都表示支持总理衙门筹办海防六条,但在海军要不要集中领导和统一指挥、如何处理海防与塞防的关系问题上却存在着原则分歧。李鸿章淮系集团的主要地盘在北洋,所以李鸿章极力强调海防的重要,而视西北塞防为可有可无,甚至不惜以"渐弃新疆"为代价,来加强海防建设;同时竭力支持丁日昌建立三洋海军的主张,以便直接控制北洋海军。当然,就中国防御列强侵略的战略需要来说,李鸿章强调海防、建立海军的意向是无可非议的,问题在于不应忽视西北塞防、鼓吹"渐弃新疆"。左宗棠湘系集团的势力先在东南而后移至西北,他既看到日本侵略台湾并窥伺朝鲜、英法两国企图分别由缅甸和越南侵入我国西南诸省的事实,深感沿海防务亟待加强;又目睹阿古柏匪帮盘踞新疆、沙俄强占伊犁的罪行,深感收复新疆乃当务之急。因此,他主张水陆兼顾,一面收复新疆,一面加强海防。他对建立海军一向持积极态度,有人说他奏准设立福州船政局,"是为中国海军萌芽之始"。他认为海军应该集中领导和统一指挥,防止被人"挟以自重",互分畛域,以便在抵御外国侵略的斗争中发挥其应有的作用。

1874年底正当各省督抚复议基本汇齐之际,同治帝病死,光绪帝继立,慈禧再度垂帘听政,因而拖至1875年3月清廷才下令"亲郡王会同大学士、六部、九卿悉心妥议,限一月内复奏。"这样,"海防议"便进入了廷议阶段。醇亲王奕譞支持筹办海防,并认为筹款一事,以"李鸿章之请暂罢西征为最上之策",而"开矿挖煤"只应"试办于一省一地,可则行,不可则止"②。礼亲王世铎指出:"筹办海防一事,实为今日不可再缓之举",但不可通过"增盐厘、借洋债、开矿等"途径筹款,因为这样作,"深恐流弊易滋,诸多窒碍"。通政使于凌辰、大理寺少卿王家璧公然反对发展近代民用企业和建设近代海军,诬蔑丁日昌为"丁鬼奴",攻击李鸿章、丁日昌"直欲不用夷变夏不止"。

以奕䜣为首的总理衙门的结论,既驳斥了于凌辰、王家璧等反对筹办近代

---

① 《洋务运动》(一),第114页。
② 《光绪元年二月二十七日醇亲王奕譞奏折》,《洋务运动》(一),第116页。

海防的谬论,又否定了李鸿章暂缓西征、节饷以备海防的主张,坚持了海防、塞防并重的方针,因而得到慈禧的批准,其要点是:

(一)加强海防,筹建海军,由于"财力未充,势难大举,只可量力择要筹议",拟"先就北洋创设水师一军,俟力渐充,就一化三,择要分布。"请"简派分段督办海防事务大臣两员,专理其事"。

(二)派左宗棠督办新疆军务,"应将此次诸议关系西北防俄诸务者由臣衙门钞录交该大臣阅看,并请旨饬令通盘筹划,力图进取,以固塞防。"

(三)"开办海防以筹饷为第一要事",拟请将粤海、潮州等关四成洋税以及江苏、浙江等省厘金,每年共约四百万两,分解两位督办海防事宜大臣兑收应用①。

1875年5月30日光绪发布上谕,任命李鸿章、沈葆桢二人分别督办北洋、南洋海防事宜,"所有分洋、分任练军、设局及招致海岛华人诸议,统归该大臣等择要筹议。其如何巡历各海口,随宜布置,及提拨饷需,整顿诸税之处,均著悉心经理。"并说"此次议奏,有关西北及防范俄人事务,业由总理各国事务衙门抄寄左宗棠阅看,即著该大臣通盘筹划,以固塞防"②。

由于清廷任命李鸿章督办北洋海防事宜,并决定"先就北洋创设水师一军,俟力渐充,就一划三",所以李鸿章及其北洋海军在清朝的海防、海军建设中一开始就处于举足轻重和优先发展的地位。沈葆桢起初曾自动提出"外海水师宜先尽北洋创办",4百万两海防专款先"统解北洋兑收应用",但过了3年,他又以"南洋税课日绌"为借口,请求将海防专款仍按原来决定分解南北洋使用。1879年冬,沈葆桢去世,从此"海军之规划,遂专属于李鸿章,乃设水师营务处于天津,办理海军事务,以道员马建忠董之。"③1881年李鸿章奏请以提督丁汝昌统领北洋海军,奏改三角形国旗为长方形,以纵3尺横4尺为定制,质地章色如故。1885年由于中法战争失败的教训,清廷下谕宣称:"当此事定之时,惩前毖后,自以大治水师为主。"李鸿章立即表示拥护,说"伏读谕旨,谆谆以大治水师为主,洵为救时急务。"他鉴于海防、海军建设缺乏集中领

① 《光绪元年四月二十六日总理各国事务衙门奕䜣等奏折》、《光绪元年六月初十日总理各国事务衙门奕䜣等奏折》,《洋务运动》(一),第144—150、162—165页。
② 《光绪元年四月二十六日军机大臣密寄》,《洋务运动》(一),第154页。
③ 池仲祜:《海军大事记》,《洋务运动》(八),第484页。

导和统一指挥所造成的种种弊端,建议效法西方,添设海军部或海防衙门。他说:

> 西国设立水师,无不统以海部,即日本亦另设海军卿以总理之,今虽分南北两洋,而各省另有疆臣,迁调不常,意见或异,自开办水师以来,迄无一定准则,任各省历任疆吏意为变易,操法号令参差不齐,南北洋大臣亦无统辖画一之权,遂至师船徒供转运之差,管驾渐染逢迎之习,耗费不赀,终无实效,中外议者多以为訾。或谓宜添设海部,或谓宜设海防衙门,有专办此事之人,有行久之章程,有一定之调度,而散处之势可归联络。若专设有衙门,筹议有成规,应手有用款,则开办后诸事可渐就绪。至办之愈久愈有裨益,一切详细纲目,须参考西国海部成例变通酌定,南北一律永远遵循,斯根柢固而事权一,然后水师可治,是在宸衷独断,破除常格,慎简深明防务之大臣,会筹妥办,自可行之以渐,持之以久。若以素不讲求者滥竽其间,各省意见不一,购造船械不一,未必不虚耗帑金,而水师仍有名无实,恐永无振兴之日矣。①

李鸿章以克服分散主义、实行集中统一领导为由,建议添设海军部或海防衙门,无疑对于海军建设是有益的。这个建议,迎合了清廷收回海军大权的愿望。是年 10 月清政府决定设立海军衙门,任命醇亲王奕譞总理海军事务,庆郡王奕劻和李鸿章为会办。海军衙门虽然名义上以奕譞为首,但实权却操在李鸿章手中。李鸿章利用海军衙门,以整顿海防为名,加速北洋海军建设。1888 年夏,乘直隶按察使周馥入京陛见之机,李鸿章便让周馥留在海军衙门商定水师章程。9 月海军衙门正式奏定《北洋海军章程》,"内多酌用英国法,仍以宪庙军规为依归。"《北洋海军章程》规定,设海军提督一员,统领全军,提督衙门设在威海刘公岛上,总兵两员,分左右两翼,各统带铁甲舰,为领队翼长,副将以下各官员,根据他们所带舰艇的大小,职务的轻重,按品级分别安排。总兵以下的官员,都住在舰上,不另设衙门。12 月清廷明令以丁汝昌为北洋海军提督,林泰曾为左翼总兵,刘步蟾为右翼总兵。至此,北洋舰队正

---

① 《光绪十一年七月初二日直隶总督李鸿章奏》,《洋务运动》(二),第570—571 页。

式成军。

李鸿章说:筹办海防,是"欲与洋人争衡"①,创建海军,是为了抵御从海道内犯的外国侵略势力,特别是近在咫尺的日本侵略者。"日本国小民贫,虚骄喜事。长崎距中国口岸不过三四日程,揆诸远交近攻之义,日本狡焉思逞,更甚于西洋诸国。今之所以谋创水师不遗余力者,大半为制驭日本起见。"②但这种抵御外侮,又具有以下几个特点。第一,它是以承认外国侵略者在中国的存在和特权为前提的。李鸿章认为"各国条约已定,断难更改"。"居今日而曰攘夷,曰驱逐出境",纯属"虚妄之论"。第二,它的真实含义,是"目前固须力保和局,即将来器精防固,亦不宜自我开衅。彼族或以万分无礼相加,不得已而一应之耳。"③这就是说,对待外国侵略,一要"力保和局";二要遵守"国际公法",不准"自我开衅";三要忍辱退让,只有当"彼族或以万分无礼相加"时,才能被迫"一应之",而"一应之"的目的,依然在于"善全和局",并非想要驱逐或消灭外国在华的侵略势力。第三,它采取战略防御方针,把北洋海军建成防御型的而不是进攻型的海上力量。李鸿章说:"中国即不为穷兵海外之计,但期战守可恃,藩篱可固,亦必有铁甲船数只游奕大洋,始足以遮护南北各口,而建威销萌,为国家立不拔之基。"④

李鸿章筹办海防,创建北洋海军,还有两种打算。

第一,"靖内奸"。60年代初,清政府在购置兵船、筹建海军伊始就说:"此项轮船现在自以先剿金陵等处发逆为要,'贼'平之后,即可以为巡缉私贩之用"⑤。后来在筹建三洋海军时,曾国藩又把清朝海军的任务规定为"明靖内奸,暗御外侮"⑥。所谓"明靖内奸",一是巡缉"私贩"、"海盗",二是镇压人民起义。李鸿章在《筹议海防折》中就说:"陆军与水师用法各殊","水师犹可上岸击贼,陆军未便强令操舟"。海军既可"上岸击贼",又能为镇压人民起义而载运军火援兵。

---

① 李鸿章:《湘淮各军少裁长夫折》,《李文忠公全书》,奏稿,卷61,第8页。
② 《光绪六年十二月十一日直隶总督李鸿章奏》,《洋务运动》(二),第49页。
③ 李鸿章:《筹议海防折》,《李文忠公全书》,奏稿,卷24,第1页。
④ 《光绪五年十月二十八日直隶总督李鸿章奏折》,《洋务运动》(二),第421页。
⑤ 《同治二年五月二十三日议政王军机大臣字寄》,《洋务运动》(二),第250页。
⑥ 曾国藩:《复丁雨生中丞》,《曾文正公全集》书札,卷33,第4页。

第二,"挟以自重"。李鸿章说:"兵乃立国之要端,欲舍此别图其大者、远者,亦断不得一行其志"①。他懂得军队的重要性和有军则有权的道理,企图通过筹办海防,创建北洋海军,进一步巩固和扩大自己的权势。他规定的北洋海军领导体制是,名为"统帅"的海军提督"无权"而受制于北洋大臣,"动辄(辄)必禀命而行"②。1886年兵部左侍郎黄体芳就指出李鸿章"拥兵自卫",北洋水师有变成"李鸿章之水师"的危险性,说"再阅数年,〔李鸿章〕兵权益盛,恐用以御敌则不足,挟以自重则有余"③。

要建立近代海军,就必须解决船舰问题。李鸿章起初主张自造船舰。1872年内阁学士宋晋上疏以制造舰船靡费多而成船少,请饬暂行停止。李鸿章、沈葆桢复奏"力陈当日船政缔造艰难,揆以列强形势,造舰培才,万不可缓,得旨从之"。李鸿章还特地"请饬沿江海各省,不得自向外洋购船,如有所需,向闽、沪二厂商拨订制,以节度支。"1874年海防议起,李鸿章转而采取买船为主、造船为辅的方针。他在《筹议海防折》中说:"现计闽厂造成轮船十五号,内有二号已在台湾遭风损坏。沪厂造成轮船六号,内有二号马力五百匹,配炮二十六尊,与外国大兵船相等,其余各船,皆仅与外国小兵船根拨相等,然已费银数百万有奇,物料匠工多自外洋购致,是以中国造船之银,倍于外洋购船之价。今急欲成军,须在外国定造为省便,……而中国船厂仍量加开拓,以备修船地步。"④由此可见,李鸿章所以主张向外国买船,一是"中国造船之银,倍于外洋购船之价";二是"急欲成军,须在外国定造为省便"。1880年内阁学士梅启照奏请饬令闽沪二厂仿造铁甲船。李鸿章复奏说:"中国制造之法宜渐扩充,果使所造,行驶之速、锋棱之利不逊于洋厂,虽需费稍多亦可免洋人之居奇,开华匠之风气。拟请饬下船政大臣详查该厂仿照铁甲,究须添备机器若干,……约需造价若干,详细酌估具复。如能合算,即以应购铁甲之费附入该厂,克期造办。"⑤这表明李鸿章在买船和造船问题上,主要是从船只性能、造船费用方面考虑的。

---

① 李鸿章:《复郭筠仙星使》,《李文忠公全书》,朋僚函稿,卷17,第12页。
② 《张哲溁呈文》,盛宣怀档案资料选辑之三《甲午中日战争》(下),第337页。
③ 《光绪十一年十二月十六日兵部左侍郎黄体芳奏》,《洋务运动》(三),第17、18页。
④ 《李文忠公全书》奏稿,卷24,第17页。
⑤ 《光绪六年十二月十一日直隶总督李鸿章奏》,《洋务运动》(二),第496页。

李鸿章向外国买船,是先从购买炮船入手,尔后发展为购买新式铁甲船的。1875 年他曾经写道:

> 英国……水师如何得力,众人皆知。然内有两家说法。一家说尔之船无论如何坚固,我自有坏船之炮;一家说尔之炮无论如何利害,不能坏我之船。按此两家说法,若能购好船好炮,自系上等办法。然新式铁甲船价银二百余万,若购办数只,似一时不便花此巨款,只得先按照炮家说法,既迅速而且简便,日后再按船家说法,未为晚也。①

李鸿章向外国购买的第一批炮船,是通过赫德在英国定造的蚊子船,又称蚊船。1875 年李鸿章与赫德议定向英国阿摩士庄订购四艘蚊船。这四艘蚊船于 1876 年间先后驶到中国,被李鸿章分别命名为"龙骧"、"虎威"、"飞霆"、"策电"。李鸿章由于缺乏近代船舰知识,被赫德的花言巧语所迷惑,盲目吹嘘蚊船"精致灵捷","堪为海口战守利器"。1878 年李鸿章通过赫德代南洋订购蚊船 4 艘,沈葆桢为其拟名为"镇东"、"镇西"、"镇南"、"镇北"。翌年,这 4 艘蚊船驶抵天津。李鸿章将其留驻北洋,而于 1880 年将原购之"龙骧"等 4 艘蚊船调拨给南洋。不久,他又为山东代购 2 艘蚊船,分别命名为"镇中"、"镇边",在北洋"合队操练"。实践很快就证明,赫德经手购买的 8 艘蚊船,根本不是什么"战守利器"。1879 年李鸿章开始认识到蚊船炮重船小,行驶迟缓,只能在海口及沿岸浅水处驰逐,若持为洋面制敌之具,未必确有把握。翌年,李鸿章在与路过天津的刘坤一论及蚊船时,"闭目摇头,似有悔意"。及至 1886 年初,李鸿章不得不公开承认,这些蚊船"均系钢片镶做","岁需两修",几乎成为废品。

关于购铁甲船的问题,虽然李鸿章早在 1874 年就已提出,但是由于"经费太绌"、"议论不齐"、"将才太少"而迟迟未能购成。1879 年日本武力吞并琉球,清朝上下大受冲击,购置铁甲船之议又起。李鸿章说:"今欲整备海防,力图自强,非有铁甲船数只,认真操练,不足以控制重洋","为北洋捍门户,为京

---

① 李鸿章:《与赫德总税务司议定购办船炮章程》,《李文忠公全书》译署函稿,卷 3,第 10 页。

师固根本"。1880年李鸿章遵照清廷意旨,函令驻德公使李凤苞会同科学家徐建寅等考察欧洲各国军事装备,根据中国国情择优选购,最后决定向德国伏尔铿厂订造两艘铁甲船,并派出洋学习海军学生驻厂监造,以便保证质量。1885年这两艘铁甲船驶抵中国,由李鸿章分别命名为"定远"和"镇远"。这两艘铁甲船系姊妹舰,每艘吨位(7千余吨)、马力(6千匹)、航速(14.5节)、装备(大小炮20余门,鱼雷发射管3具、舰载鱼雷艇两艘)完全相同,唯一的差别是"定远"水线下全系钢面铁甲,"镇远"水线下则参用铁甲,"因当时外洋钢价陡涨,故为此变通之计。"这两艘铁甲船是北洋海军中吨位最大、火力最强的舰只。当然,就马力、航速来说,这两艘铁甲船在同时代军舰中还不能算作是最先进的。李鸿章曾亲自大沽"登舟复勘",乘坐"定远""并督同'镇远'、'济远'各船,展轮出洋,试验速率。是日北风甚劲,海涛汹涌,船行平稳如常,略无颠簸。"往返大沽、旅顺一次,核计水程,"与原订合同里数不甚差谬。而三船经过印度洋面,风浪险恶,轮轴屡经挫损,尚能照常迅驶,则其机器之精坚可知。"因而他得意地声称:"中国自创办师船以来,实唯此为攻坚御敌之利器。"①

在80年代,李鸿章除了购买铁甲船外,还分别从英德购进巡洋舰"济远"、"经远"、"来远"、"靖远"、"超勇"、"扬威"和鱼雷艇"福龙"、"左一"、"左二"、"左三"、"右一"、"右二"、"右三"等。

李鸿章在向英德买船的同时,将闽沪两厂制造的一些轮船调至北洋,编入北洋海军,计有巡洋舰"平远"、"广甲",鱼雷巡洋舰"广乙"、"广丙",练船"康济"、"威远"、"海镜",以及通报、运输船各两只。当福州船政局制造的"平远"号巡洋舰驶抵大沽后,李鸿章亲自前往查验,称赞该船不但"钢甲、锅炉等项均系新式,洵属精坚合用",而且"制价实较节省"。当然,他并未忽视该船的缺点,指出该船"吃水过深,行驶稍缓",需要改进。他援引丁日昌的话说:"初次试造铁甲兵舰有此规模,已属难得,若遽绳以万全无弊,是阻其要好之心,人才何由奋兴,制造何由精进?"②这表明李鸿章并没有排斥中国自造轮船之意。他承认当时中国的造船技术落后于西方国家,鼓励福州船政

---

① 《光绪十一年十月十八日直隶总督李鸿章奏》,《洋务运动》(三),第7、8页。
② 李鸿章:《查验平远兵船折》,《李文忠公全书》,奏稿,卷68,第12页。

局迎头赶上。

要创建近代化海军，除了船舰之外，还必须有基地，即屯泊船舰的港口、检修船舰的船坞，以及相应的炮台。李鸿章指出："西国无不于海外另立口岸为水师根本，有炮台、陆军依护，其船坞、学堂、煤粮、军械均于是屯储焉。"①港口是海军进退战守的依托，船坞是检修船舰之所。从 1880 年起，李鸿章先在大沽建造船坞，继而把精力集中到旅顺口和威海卫海军基地的建设上。当时西方国家选择海军基地的条件是：水深不冻，往来无间；山列屏障，以避飓风；路连腹地，便运粮粮；土无厚淤，可濬鸥澳；口接大洋，以勤操作；地出海中，控制要害。李鸿章认为"北洋海滨欲觅如此地势，甚不易得。胶州澳形势甚阔，但僻在山东之南，嫌其太远。大连湾口门过宽，难于布置。唯威海卫、旅顺口两处较宜，与以上六层相合"，进可以战，退可以守，"而为保守畿疆计，尤宜先从旅顺下手。"因而，李鸿章决定在旅顺口"濬澳筑坞"。1890 年旅顺船坞竣工，"其规模宏阔，实为中国坞澳之冠。""船坞既为水师根本，自不得不设炮台卫护"。旅顺口修建了口西、口东海岸炮台、陆路炮台；为了巩固旅顺后路，并兼防金州，还修建了大连湾炮台。在威海卫岸上要隘建台置炮，水面建筑铁码头，各炮台"相为犄角，锁钥极谨严"。从此，威海卫获得"东海屏藩"的美誉。时人赋诗赞颂威海卫的海防工程说：

> 意匠经营世无敌，人工巧极堪夺天。
> 有此已足固吾圉，况是众志如城坚。

当然，这首诗不无溢美之嫌。作者只看到了威海卫台坚炮利海防巩固的一面，却忽略了威海卫后路空虚而无保障的一面。更有甚者，当时中国"沿海沿江各炮台，向为陆军所管辖"，由于畛域攸分，海陆军难于协同作战，极易被敌人各个击破。尽管如此，经过李鸿章的苦心营建，旅顺口和威海卫相继成为北洋海军基地，两地遥遥对峙，实为渤海之锁钥，天津之门户。

"水师为海防急务，人才为水师根本"。李鸿章认为要建立近代化海军，船舰、基地等物资条件固然重要，但"有器尤须有人"，"用人最是急务，储才尤

---

① 《光绪十一年七月初二日直隶总督李鸿章奏》，《洋务运动》(二)，第 567 页。

为远图"。因此,他一手抓器,一手抓人。鉴于新式船舰需要"文武兼资,素习风涛驾驭轮船操法者",而"中国驾驶兵轮船学堂,创自福建船政",所以北洋船舰"所需管驾、大副、二副、管理轮机炮位人员,皆借才于闽省",致使福建船政学堂学生成了北洋海军的中坚。福建船政学堂学生几乎囊括了北洋海军中所有铁甲船、巡洋舰管带的位置,著名的有"定远"管带刘步蟾,"镇远"管带林泰曾,"致远"管带邓世昌,"靖远"管带叶祖珪,"经远"管带林永升,"济远"管带方伯谦,"来远"管带邱宝仁,"超勇"管带黄建勋,"扬威"管带林履中,"平远"管带李和,"广乙"管带林国祥,"广丙"管带程璧光等。李鸿章重用福建船政学堂学生,遭到种种非议。英国琅威理指责说:"兵船管驾不应专用闽人"。黎兆民攻击"闽学生如词林,哂其不类才武也。"[1]薛福成一面为之辩白:"海军人才必由学堂造就,闽厂开学堂最早,故不得不就中择用";一面又承认海军人才"不应专取之一隅耳"[2]。李鸿章在写给黎兆民的复信中,分析了福建船政学堂学生的优缺点,指出了对他们所应抱的态度:"闽厂学生大都文秀有余,威武不足,诚如来示,似庶常馆中人,不似武备院中人,然带船学问,究较他处为优,在因材器使,随事陶成而已。"[3]当然,李鸿章绝不是只顾"借才"而不"育才"的人。他致函黎兆民说:"此间逐渐购置新船,管驾头目暂取资于闽厂,既虑人才有限,而水手等亦募南人,尤恐人地不习,故拟仿设水师练船学堂为造就之基。"[4]他随后相继在天津、威海卫创办了水师、武备、鱼雷等学堂,特派练船训练"素习风涛"的丁壮,并不断选送学生出国留学,这些留学生学成归国时,"南北洋争先留用,得之唯恐或后"[5]。

北洋海军除了培育、选任国人外,还雇用了一批洋员担任技术指导工作。这既是由于"铁舰为西国专门名家之学,其机件之繁重,理法之精深,行阵之变化,中国弁兵人等向难一蹴而几";又是因为"外侮日迫,亟图借材异国,迅速集事,殆有不得已之苦衷"。北洋海军向英德购置船舰,也主要从英德两国聘用技术人员。当时英德两国都汲汲于向清政府推荐海军顾问和教习,"因

① 薛福成:《出使英法意比四国日记》,卷6,第8页。
② 薛福成:《出使英法意比四国日记》,卷6,第8页。
③ 李鸿章:《复黎兆民廉访》,《李文忠公全书》,朋僚函稿,卷19,第40页。
④ 李鸿章:《复黎兆民廉访》,《李文忠公全书》,朋僚函稿,卷19,第19页。
⑤ 池仲祐:《海军大事记》,《洋务运动》(八),第483页。

为这两国都期待用这种方式得到对中国政策有一个更大的影响,和——作为军火买卖的主要竞争者——获得军舰和大炮等等的订货"。70、80 年代之交,英国驻华公使威妥玛致函英国外交部说:清政府所进行的"军事改革,只能交由一个外国来担任",如果这个外国不是我们,那我们的利益就要受到极大的损害①。正是基于这样的考虑,1879 年赫德便向总理衙门呈递《试办海防章程》,建议由他总司南北海防,添购快船、蚊船,分驻大连湾、南关两处,由南北洋各派监司大员与他所选洋将会同督操。总理衙门"意在必行",函商南北洋大臣。沈葆桢"以中外人员共事不易,且以赫德揽权为虑"。李鸿章复信总理衙门说:《试办海防章程》"大致尚属周详","派西人为总海防司等名目,举船以听其所为",乃是"急求制胜"的一个"不得已之办法",对赫德"似不能不稍假以权"。赫德揽权的野心,总理衙门"意在必行"和李鸿章"不欲显与立异"的表示,遭到爱国文武幕吏的反对和非议。薛福成特地上书李鸿章,明确指出"赫德不宜总司海防",要求他向总理衙门剀切陈言。李鸿章既得是书,"踌躇旬日,始撮举书中要语函达总理衙门"。他说:

> 赫总税司前议,此间文武幕吏多不以为然,谓其既有利权,又执兵权,钧署及南北洋必为所牵制。倘赫德能躬赴海滨专司防务,另派总税司以代其任,尚无不可;而赫德素非知兵,彼亦不愿。若延西人教练兵船,应由总署函告出使大臣咨访西国宿将,择其专门名家能听调度者用之,较有实济。若初讲自强,仅倚一赫德,恐为东西洋人所轻视。此亦不为无见。②

他认为对赫德所拟章程"尚须斟酌改定,以免太阿倒持之患"③。由于沈葆桢等的反对和李鸿章态度的改变,促使总理衙门"以专司练兵开去总税务司一缺之说告赫德,赫德果不愿行,遂罢此议。"④

赫德在亲自控制中国海军的阴谋受挫之后,便于 1880 年向李鸿章建议全

---

① 《一八八○年一月二十七日威妥玛报告》,季南:《1880—1885 年英国在华的外交》,第215 页。
② 李鸿章:《论海防》,《李文忠公全书》,译署函稿,卷 10,第 5 页。
③ 李鸿章:《论海防》,《李文忠公全书》,译署函稿,卷 10,第 5 页。
④ 薛福成:《上李伯相论赫德不宜总司海防书》,《庸盦内外编》,海外文编,卷 2,第 31 页。

部聘用英国军官,担任新式海军的教习。李鸿章并未屈从赫德的无理要求,对赫德觊觎北洋海军权力的野心也进行过一定程度的抵制。他为北洋海军共聘任过六任总教习,英德并用,其中第一任葛雷森、第二、四任琅威理、第六任马格禄是英国人,第三任式百龄、第五任汉纳根则系德国人。琅威理经赫德推荐两次任职,长达4、5年。赫德一开始就为琅威理力争"调派弁勇之权",李鸿章表示"既倚为前事之师,自应略予通融"。1884年中法战争爆发,琅威理被英国召回,德国的式百龄接替了他的职位。中法战争结束后,清政府成立海军衙门,赫德急电英国外交部,建议再派琅威理来华任职。他说:"法国人、德国人和美国人现在都想谋取(中国海军)领导,但我仍将中国海军保持在英国人手中。海军衙门的成立是一进步,中国急需琅威理来。烜赫的前程已经展开,机不可失,时不再来,务遣其来华。"1886年琅威理再度出任北洋海军总教习。1890年北洋海军驶至香港,提督丁汝昌因事离舰,刘步蟾撤提督旗而代之以总兵旗。琅威理时"挂副将衔,每以副提督自居",则质问道:"提督离职,有我副职在,何为而撤提督旗?"刘步蟾答以"水师惯例如此"。琅威理不服,"以电就质北洋,北洋复电以刘为是。"琅威理愤而辞职,英国政府竟出面干预,命令英国海军学校驱逐中国留学生,作为对清政府的报复。英国专栏作家干得利就此事评论说:"中国的一些军官相信自己能够管理自己的舰队,便发动了一次阴谋,迫使琅威理辞去指挥之职。前此,他的支配权最多只及于船舶运用术及炮术而已,至于行政则由中国人掌握最高权。"干得利戴着有色眼镜看待事物,公然为心怀叵测的琅威理鸣冤叫屈。其实,中国军官并没有搞什么"阴谋",而是抵制了琅威理篡夺"行政最高权"的阴谋活动。

李鸿章在北洋海军中"兼用西人",固然出于实际技术工作的需要,但也不无政治上的考虑。1885年李鸿章分别自英、德两国订购4艘巡洋舰,即"致远"、"靖远"和"经远"、"来远"。俾斯麦认为李鸿章向英国订购船舰,"无非是为了得到英国在政治上的同情"。1887年李鸿章派琅威理、邓世昌等赴英、德接受新船,德国驻华公使巴兰德要挟李鸿章允许"由一队德国的官兵来执行"将德国制造的"经远"、"来远"两船送往中国的任务。李鸿章表示赞同,决定"德船添雇德人,英船添用英人。"他认为这样办理,"既资便利,亦昭平允。"1894年中日战争爆发后,李鸿章相继聘请汉纳根、马格禄充任北洋海军总教习。汉纳根是一个普鲁士将军的儿子,德国陆军退役少尉,精于建筑炮台之术。马格禄系出身于"颇有声望之家门"的英国拖船船长,"已过中年,且以沉湎于酒著名"。汉纳根、马格禄均非海军军官,对于海上作战茫然无知。泰莱评论说:"以陆军人员而使任海军之职,不独本国之提督为然,即所聘之客卿亦如此,于以证当时之办理兵事者之混乱无章,宜其一战而败也。"①以马格禄"而当斯任,实为至残酷、至愚蠢之事;对于丁提督,此事尤为残酷。"②李鸿章所以兼用英德人接收新船、并任命英德两个外行充任北洋海军总教习,说穿了,无非是为了博得英德在政治上的同情。

北洋海军雇用的洋员,少数具有政治野心,企图攫取海军的控制权。除了琅威理之外,英人泰莱也是一个典型人物。泰莱于1894年进入北洋海军担任"定远"副管驾后,就时刻梦想成为"操实权之作战将官"。他"尝倡议购置智利巡洋快船,交其本人指挥。"刘步蟾闻之,"从中梗阻"。此后泰莱"又欲谋总教习一职",亦受阻于刘步蟾。刘"力陈泰莱之为人,野心难羁,终将偾事,汝昌韪之。"③不过,像泰莱一类人物终究是少数,多数洋员则是抱着赚钱的目的而投身于北洋海军的。李鸿章对洋员采取高薪政策,有的炮手月薪3百两,为中国炮手的18倍。有的总教习月薪高达7百多两。李鸿章出价虽高,但仍难于餍足洋员的贪欲。1885年由德国"雇定员役"包送"定远"、"镇远"和"济远"3舰到津,"人数既多,账目缪辖,刁难索需,缠绕累月"。经李鸿章"商令德国驻津领事贝勒珰赴船认真弹压,秉公调停,始得帖然无事。"李鸿章特地奏准赏给贝勒珰三等第一宝星,"以昭激劝"。李鸿章用重金聘用的洋员,有的纯属东郭之流,滥竽充数,"纵酒任性,至于诳赖;及遣撤,且大费力。"有的则熟悉业务,恪尽职守,对北洋海军的建设作出了贡献。如曾被聘为威海鱼雷营教习的德国军官哈孙克赖乏,课导认真,"实于海防军政有裨"。有的像帮办"定远"总管轮德人阿璧成、"致远"管理机务英人余锡尔等那样,在后来的战争中还曾同中国的爱国将士并肩战斗,负伤甚至献出了生命。

按照《北洋海军章程》规定,每届3年钦派大臣会同校阅一次海军。1891年北洋海军成军3年,海军衙门奏派李鸿章与山东巡抚张曜会校。5月23日李鸿章率水陆营务处直隶臬司周馥、津海关道刘汝翼等,从大沽乘轮出发,先

---

① 《泰莱中日甲午海战见闻记》,《中日战争》(六),第76、52页。
② 《泰莱中日甲午海战见闻记》,《中日战争》(六),第76、52页。
③ 李锡亭:《清末海军见闻录》,戚其章:《北洋舰队》附录五,第230页。

后到达旅顺、大连、威海卫、胶州、烟台等地,除校阅北洋海军袭营阵法、施放鱼雷、演习打靶外,还视察了各地炮台、船坞、鱼雷、水雷学堂以及各口陆军情况。6月9日回到天津,往返经过18天,周历海道3千余里。

3年之后,即1894年海军衙门又奏派李鸿章与帮办定安第二次校阅海军。李鸿章特地邀请了英、法、俄、日等国人士参观。濮兰德在《李鸿章传》中说:

> 李鸿章每三年检阅一次海防,其最后一次带着胜利进军的神气。他的毕生事业摆开在一切人面前,让大家欣赏:他的要塞和学校,铁路和船坞,船和炮,都粉饰油漆得焕然一新。礼炮齐鸣,龙旗招展,向他的来和去致敬。……这是李鸿章的威望的极盛时,但是乌云已经渐渐地集到天空,要使他的声望的阳光永远掩盖起来了。回想到他成功地展览了他的出品,在欢呼与感激声中回来的时候,人们不能不奇怪,这个老年人是自欺到何种程度,竟然自满于这虚幻的伟大工程。①

其实,李鸿章对于北洋海军的状况,既有意张大军威,又难免忧心忡忡。他一面吹嘘水陆各营技艺纯熟,行阵整齐,各口炮台船坞等等亦一律坚固,"此后京师东面临海,北至辽沈,南至青齐,二千余里间,一气联络,形势完固,已无可捣之隙";一面对于"添置船艇、慎固陆防、推广学堂"三事虽然"频年设法布置,稍有成效可睹;终以限于财力,未能扩充"而"时深悚惧"。他最为担忧的是,"限于财力",不能增添、更新船炮,无法与外国抗衡。他上奏说:

> 西洋各国以舟师纵横海上。船式日异月新。臣鸿章此次在烟台、大连湾亲诣英、法、俄各铁舰详加察看,规制均极精坚,而英尤胜。即日本蕞尔小邦,犹能节省经费,岁添巨舰。中国自十四年北洋海军开办以后,迄今未添一船,仅能就现有大小二十余艘,勤加训练,窃虑后难为继。②

---

① 濮兰德:《李鸿章传》,第227—228页。
② 《光绪二十年四月二十五日直隶总督李鸿章等奏》,《洋务运动》(三),第183页。

他在给驻日公使汪凤藻的复信中指出：

> 东洋蕞尔小邦而能岁增铁舰，闻所制造专与华局比较，我铁舰行十五海里，彼则行十六海里。定镇大炮口径三十零半生特，彼松岛等四舰则配三十四生特大炮并快放炮，处处俱胜我一筹。现在英订购之头等铁甲船，又是何项新式。盖以全国之力专注于海军，故能如此，其国未可量也。①

正是基于这种认识，李鸿章发出了北洋只有半支海军的感叹："北洋全系海面，海军规模虽云粗具，而就现有船舰而论，拟之西国全军之式，亦仅可云半支。若论扩充，密察目前情形，恐亦非十年内所能办到。"②由于"目前兵船尚少"，所以"全恃陆军以为根本"③。他看到在中外海军力量对比中，北洋海军处于十分不利的地位，尤其是船炮数量少、舰龄"老化"、火力不强等弱点显得十分突出。他把海军经费支绌归咎于户部作梗。1891年正当李鸿章在检阅海军途中，户部尚书翁同龢奏请南北洋购置外洋枪炮、船只、机器暂停两年，所省价银，解部充饷。李鸿章复奏表示：方蒙激励之恩，忽有汰除之令，惧非重海防、兴士气之至意。然以饷力绌，仍遵旨照议暂停。李鸿章致函云贵总督王文韶，愤激之情跃然纸上。他说：

> 正在筹办胶州澳，已见部中裁勇及停购船械之议，适与诏书整顿海军之意相违。宋人有言："枢密方议增兵，三司已云节饷。"军国大事，岂真如此各行其事而不相谋？④

李鸿章的心腹周馥也断言"部臣惜费，局外造谣"，严重地影响了海军的建设，因而"益知时事难为矣"。他有一段记载，颇值得注意。

> 一日，余告（李）相国曰："北洋用海军费已千余万，只购此数舰，军费

---

① 李鸿章：《复钦差日本大臣汪芝房》，《李文忠公尺牍》，第25册。
② 李鸿章：《复两江制台刘岘庄》，《李文忠公尺牍》，第23册。
③ 同上书，第20页。
④ 李鸿章：《复云贵制台王夔石》，《李文忠公尺牍》，第19册。

不能再添,照外国海军例不成一队也。倘一旦有事安能与之敌,朝官皆书生出身,少见多怪,若请扩充海军,必谓劳费无功,迨至势穷力绌,必归过北洋。彼时有口难诉,不如趁此闲时,痛陈海军宜扩充,经费不可省,时事不可料,各国交谊不可恃,请饬部枢通筹速办。言之而行,此乃国家大计幸事也。万一不行,我亦可站地步。"……相国曰:"此大政须朝廷决行,我力止于此,今奏上必交部议,仍不能行,奈何?"余复力言之,相国嗟叹而已①。

事实上,海军经费支绌,关键并不在于户部作梗,而是由于慈禧太后挪用海军经费修筑颐和园的缘故。这种"以昆明换渤海,万寿山换滦阳"②的活动,罪魁固然是慈禧,而主其谋者则是奕谡和李鸿章。早在同治末年即 1874 年奕谡就倡议"重修圆明园",以示"皇上孝养皇太后纯笃之意"。及至其子登上皇帝宝座,而他自己又"总理海军事务"之后,为了争取慈禧早日归政于光绪,他就公然支持慈禧挪用海军经费修建废园的罪恶行径。1887 年光绪亲政,慈禧训政。翌年光绪下谕,宣布将清漪园改名颐和园,开工修建,"以备慈舆临幸",并决定慈禧六旬大庆之年,效法乾隆故事在颐和园为太后祝寿。其实,在这道上谕公布之前,颐和园的部分工程,如排云殿等,即已动工或建成。因园工浩大,费巨难筹,奕谡便秉承慈禧意旨,与李鸿章等密谋挪用海军经费以资营造。李鸿章除了赞助奕谡腾挪海军衙门开办经费、海军常年经费、海防捐、关东铁路筑路费等活动外,还亲自出面劝导各省督抚为"万寿山集款"。两广、两江、湖北、四川、江西等省督抚争相响应,总共筹集所谓"海军巨款"260 万两。这次督抚集款名为"购舰设防",实则陆续解津发存生息,所得息银专归颐和园工程用使。1890 年 1 月李鸿章致函湖北巡抚奎斌说:

万寿工程,二月朔日诏书,本有不动正款之语,前此叠承郎教,当以外省并无闲款可提,不得已而有正杂并动之请。深知此事义无可止,但求于实事有裨。……昨由海署寄到奏底,大意以正款备海防,闲杂款工作为

---

① 《周悫慎公自订年谱》,卷上,第 29 页。
② 《翁文恭公日记》,光绪十二年十月二十四日。

言。既不与前奉明谕相违,提用各款并可奏明。但不碍京协各饷,亦不虑部中饶舌。……此次各省集款,遂至二百六十万之多,实非初意所及。海军创办伊始,局面艰窘,得此巨款储备,亦足昭示四远,不至过形空虚。故以海防为名,立义亦自正大。圣慈勤劳宵旰,垂三十年。慈当归政颐养之初,豫为大庆称觞之地,中外臣子仰承圣上孝敬至意,各尽微忱,书之史官,本无疑议。①

时人胡思敬在论及"阳借海军为名,实用以给园工"的问题时,尖锐地指出:此举"在内醇亲王奕谭主之,在外李鸿章主之,罔非献媚宫闱,以为固宠求容之地。"②正是在奕谭、李鸿章的支持下,慈禧移筑颐和园的海军经费,多达2000万两以上。段祺瑞在追怀李鸿章的诗中甚至写道:"已筹三千万,意为添艨艟,不图柄政者,偏作园林供。"③

北洋海军的致命弱点,还在于选将不当。李鸿章"任人唯亲",常常以亲属、淮籍及淮系为用人之资。丁汝昌系安徽庐江人,久随李鸿章转战南北,统带铭营,在镇压太平军和捻军的战争中"迭著战功"。李鸿章认为"水上人才甚少,各船管驾由学堂出来者,于西国船学操法,固已略知门径,而战阵实际概未阅历,必得经大敌者相与探讨砥砺,以期日起有功,缓急可恃"④。在他看来,丁汝昌既是淮系,又"经大敌",远非学生出身而"战阵实际概未阅历"的刘步蟾、林泰曾等可比,因而统率全军之任只能落到丁汝昌的肩上。其实,丁汝昌虽然有陆战经验,但对海战却茫无所知,福建御史安维峻抨击他"性情浮华,毫无韬略,虽为海军统帅,而平日宿娼聚赌,并不在营中居住。且一登兵轮,即患头晕之疾,左右翼总兵林泰曾、刘步蟾轻其为人,不服调度"⑤。由于李鸿章选将不当,致使军中派系畛域很深。时人姚锡光说:"军官多闽人……提督丁汝昌本陆将,且淮人,孤寄群闽人之上,遂为闽党所制,威令不行。"⑥

---

① 《李文忠公尺牍》,第9册。
② 胡思敬:《国闻备乘》,卷2,第3页。
③ 转引自罗尔纲:《清海军经费移筑颐和园考》,《大陆杂志》,第4卷,第10期。
④ 李鸿章:《奏留丁汝昌片》,《李文忠公全书》奏稿,卷35,第24页。
⑤ 《安维峻奏请谕丁汝昌来京声明其贻误军机之罪并严饬李鸿章此后认真举劾不得瞻徇片》,《光绪朝中日交涉史料》,卷18,第17页。
⑥ 姚锡光:《东方兵事纪略》,《中日战争》(一),第63页。

《北洋海军章程》"赏罚各有条例,而将官多不遵行。"李鸿章阅操,"亦示宽大,谓此武夫,难拘绳墨,陆军将士多昔日偏裨,水师多新进少年,其肯励志图功者不多。"①因此,军纪废弛,"自左右翼总兵以下,争挈眷陆居,军士去船以嬉。每北洋封冻,海军岁例巡南洋,率淫赌于香港、上海"②。有些舰只不务正业,平时不但不进行操练,反而忙于从事商业运输。这"使欧洲人很吃惊,认为这是很不寻常的。"③"定远"、"镇远"舰上的士兵常在舰炮上张晒衣裤,为此外国人评论说:"以此类巨舰纪律尚如此,其海军实不足畏"④。李鸿章创办海军,"用人以私,行政以贿,官中府中相习成风"⑤。濮兰德指出:"在他周围的一切,在他的船的甲板上,在他的一切衙门机关里,有的都是他自己委派的许多无赖汉,他们只是忙着把钱装到荷包里,出卖了国家的安全。"⑥北洋海军成了李鸿章"为他家属和亲信谋利的奶牛"⑦。对于北洋海军的腐烂情状,"识者早忧之"⑧,可是李鸿章却视而不见,采取放任态度。

兴 学 育 才

李鸿章在把洋务运动推进到"富强相因"阶段的同时,积极地倡导改革科举、兴学育才。1874年海防议起,截至1875年3月,在呈送内阁的54件筹议海防的折片、清单中,只有李鸿章、沈葆桢、周盛波、薛福成、丁日昌等人的奏折直接或间接地涉及变通科举之制问题。李鸿章的《筹议海防折》,不仅呈递的时间早于其他4折,而且在抨击小楷试帖的弊端、变通考试功令的措施方面,也是其他4折所望尘莫及的。李鸿章断言"用人最是急务,储才尤为远图"。他明确指出列强"以兵胁我,殆无虚岁",而中国却缺少"练达兵略精通洋法"

---

① 《周悫慎公自订年谱》,卷上,第27页。
② 姚锡光:《东方兵事纪略》,《中日战争》(一),第63页。
③ 《英国蓝皮书》,罗林森:《中国为发展海军而奋斗》,第144页。
④ 庄练:《中国近代史上的关键人物》,第39页。
⑤ 洪弃文:《中东战纪》,第3页。
⑥ 濮兰德:《李鸿章传》,第227—228、220页。
⑦ 濮兰德:《李鸿章传》,第227—228、220页。
⑧ 姚锡光:《东方兵事纪略》,《中日战争》(一),第63页。

之人,究其原因,就在于朝廷坚持以章句取士而堵塞了士大夫趋向西学的门径。他说:

> 军务肃清以后,文武两途,仍舍章句弓马末由进身,而以章句弓马施于洋务,隔膜太甚,……而所用非所学,人才何由而出?……现在京师既设同文馆,江省亦选幼童出洋学习,似已辟西学门径,而士大夫趋向犹未尽属者何哉?以用人进取之途全不在此故也。

他恳请"朝廷力开风气,破拘挛之故习,求制胜之实济",以支撑"天下危局"。他一面认为"科目即不能骤变,时文即不能遽废,而小楷试帖,太蹈虚饰,甚非作养人才之道",理应弃之;一面建议对"考试功令稍加变通,另开洋务进取一格,以资造就"①。凡有海防省份,均应设立"洋学局",择通晓时务大员主持其事。"分为格致、测算、舆图、火炮、机器、兵法、炮法、化学、电器学数门,此皆有切于民生日用军器制作之原"。"如有志趣思议,于各种略通一二者,选收入局,延西人之博学而精者为之师友,按照所学浅深,酌给薪水,俾得研究精明,再试以事,或分派船厂炮局,或充补防营员弁,如有成效,分别文武,照军务保举章程,奏奖升阶,授以滨海沿江实缺,与正途出身无异。若始勤终怠,立予罢斥。"②由此可见,李鸿章既要求在"科目"中废弃"小楷试帖",又建议变通考试功令,"另开洋务进取一格",通过"洋学局"培养掌握西方近代自然科学和工程技术的人才,使其"与正途出身无异"。李鸿章的这种主张,显系借鉴了前此诸人设计的有关改革八股取士的种种方案,把他在1864年提出的"专设一科取士"的思想进一步充实与具体化的结果。比之沈葆桢的请设特科,薛福成的请仿效汉武帝诏举茂才导等之意另设一科,丁日昌请围绕图学、算学、化学、电气、兵器、机器、工务、船务、政务"九目"培养"有用之才"等主张,虽然立意相似,但深度和广度却略胜一筹。至于周盛波的"创立洋务进取一格"之请,从内容到文字几乎照抄李折,更无新意可言。李鸿章乘筹议海防之机,重提变通科举之制问题,是颇具匠心的。他后来追忆此事之缘起说:"近

---

① 《洋务运动》(一),第42、52、53页。
② 《洋务运动》(一),第53页。

人条陈变通考试,亦多术矣,皆被部驳,吾始发其端以待当路之猛省而自择"①。但可惜事与愿违,不仅"当路"并未"猛省而自择",而且招来"腐儒"们的一片咒骂声。李鸿章说:"其时文相目笑存之,廷臣会议皆不置可否,王孝凤、于莲舫独痛诋之。"②所谓文相即大学士文祥"目笑存之",廷臣会议时"礼亲王世铎复奏,及醇亲王折内均未论及"。王孝凤即王家璧,于莲舫指于凌辰,他们相继上疏,痛诋李鸿章。他们拼命地为八股取士唱赞歌,说"以章句取士,正崇重尧舜周孔之道,欲人诵经史,明大义,以敦君臣父子之伦。人若不明大义,虽机警多智,可以富国强兵,或恐不利社稷。"他们坚持"以章句取仕",正是为了培养有利于大清"社稷"的封建卫道士。他们还竭力反对"尽趋洋学",在他们看来,不仅所谓电学、算学、化学、技艺学等"洋学"不足以御敌;而且"学洋学即不能不以洋学之精否为人才之用舍",改变传统的封建取仕标准,培养出一些"以礼义廉耻为无用,以洋学为难能"的所谓"无耻之人",危害清朝封建统治。因而他们攻击李鸿章"直欲不用夷变夏不止",并"伏乞圣明裁断,慎重科目以养明大义之人才,毋令金壬之徒巧为尝试,斯为国家之福。"这场形诸于章奏的公开论争,最后经总理衙门奕䜣等出面调解而平息。奕䜣等既说李鸿章"请开洋学""原与科目并行不悖,并非如王家璧等所称以洋学变科目";又声称"洋学特科,尚非仓猝所能举行",而应优先解决遣使问题,"将来出使各国之人,著有成效,中外臣工皆知其有益于国家,则于设学、设科之举必且众论交孚,不至再有异议矣。"③

这场争论不仅形诸于章奏,而且笔之于函牍。作为门生、部属的刘秉璋曾致函李鸿章提出责难,而李鸿章则"托于诤臣诤友之义",复信"聊布腹心",进行驳论。李、刘之争,主要集中在如何看待时文、试帖、小楷和要不要学习"洋学"的问题上。

刘秉璋以避免"招人非议"和"制科代有伟人"为由,竭力维护时文、试帖、小楷。李鸿章批驳说:"招人非议,是专就人一面看,当论是非,不论毁誉也。试帖小楷,丝毫无与于时务,此所已知者也。""至称制科代有伟人",曾国藩、

① 李鸿章:《复刘仲良中丞》,《李文忠公全书》,朋僚函稿,卷15,第4—5页。
② 李鸿章:《复郭筠仙星使》,《李文忠公全书》,朋僚函稿,卷17,第12—13页。
③ 《光绪元年四月二十六日总理各国事务衙门奕䜣等奏折附单》,《洋务运动》(一),第151—152页。

李鸿章"皆科目得之","此论前数年早已辟过,尚记忆否?"即使有几十个曾、李,"洋务亦断办不好,此微明自照,不敢强饰,正误于当日之时文小楷也。"

刘秉璋还以"圣道"贬"技艺",主张"用夏变夷",反对设立所谓"用夷变夏"的"洋学局"。李鸿章严正回答:"又谓算学比于天文,生为六艺之一,圣人未尝不讲究。兄却未见圣人留下几件好算数器艺来。又谓格致测算无非欲其用诸制造,然天地万物万事皆有制造之法之意,何可藐视。又谓统名之洋学局疑于用夷变夏,名不正则言不顺,是必华学即可制夷即可敌夷。若尚不足以制敌,则取彼之长益我之短,择善而从,又何嫌乎?姑不必以赵武灵王胡服为比,即须综核名实,洋学实有逾于华学者,何妨开此一途?且夷人已入内地,驻京师,公尚断断于夷夏之防,则必真有攘夷之本领,然后不为用夷之下策,请问公有何术乎?"

刘秉璋最后危言耸听地说:改功令,学洋学,"言之而行则误国,不行则损望"。李鸿章坚定地表示:"此言若行,可延宗社数百年,不行则后有王者必来取法,无所误亦无所损,危言过虑,非所敢承。"①当然,他并不知道"必来取法"的"王者",会是即将登上政治舞台的封建阶级的反对力量——资产阶级。

从70年代末期开始,随着历史车轮的滚动,李鸿章对科举改革问题的认识也逐渐有所提高。这主要表现在:

第一,李鸿章从指斥小楷试帖进而抨击科举制度。

1874年李鸿章还仅仅指斥小楷试帖,要求扩充洋学,而尚未抨击科举制度本身。因此,翁同龢在日记中把《筹议海防折》里"用人"一项归结为"诋小楷试帖,又请设洋学局"②,是不无道理的。但是,同光之交关于变通科举之制的论争,却把李鸿章的科举改革思想推向前进。1878年2月他在致郭嵩焘的信中断言晚清"人才风气之固结不解",已经达到"积重难返"的程度,究其根源,就在于上自朝廷下至士子无不崇尚"科目、时文、小楷"的恶果。他把批判的锋芒首次指向"时文"、"小楷"赖以生存的"科目",揭示了以八股取士的科举制度的弊端和朝廷倡导、士子迷恋"科目、时文、小楷"的危害。这些见解明显地超越了同时代洋务官僚头面人物的认识水平。

---

① 李鸿章:《复刘仲良中丞》,《李文忠公全书》,朋僚函稿,卷15,第4—5页。
② 《翁文恭公日记》,光绪元年二月二十五日。

　　还是这一年,李鸿章在为重刻明朝洨滨蔡先生遗书所写的序言中,特地借题发挥,抨击晚明科举之制,以古讽今。拿他自己的话说,就是"论晚明积习之弊,以志余慨焉。"他写道:

　　　　明自正德、嘉靖以后,人才虽未衰,然或不能究其用,或不尽衷于道,盖其时科第重而朋党兴,居风气中而能卓然不惑者寡矣。……明太祖以四子书文取士,其始风气浑朴,往往根抵经史,涵泳道味,且用人之途半由荐举,故凡巨儒硕彦多出为时用。中叶以降,制艺试士既久,陈篇旧句盗袭相仍,于是格律变而益精,风尚穷而益变,向之所谓根抵经史、涵泳道味者转较迂而不切,末由适中度程其高下清浊之矩,有司意为去取,如风之潆然于长空而不可执也。是时科第既益重,豪傻之士槁项没齿冀得,当于一试幸而得之,英光锐气耗减略尽,奚暇他求。故论者谓有明一代无学问者,非无学问也,举业累之也。然而朝野上下,习于见闻,风气所趋,牢不可破。苟非由甲科进者,仕宦不逾常调,计典不入上考,暨其极敝,知有师生之谊而不计国事,知有门户之党伐而不论是非,虽其雅负时望犹蹈此失,况汶汶于科第之中者乎? 其或巍然不倚,守正摅忠,匡救百一,势孤援弱,亦终不安其位以去。晚世国事日棘,乃拔一二异才于举业之外,犹必群力倾排,务俾颠沛而后已。此其末流所锢,日即沦胥,虽圣人其能振救之哉。虽然其所托为孔孟传道之书,则其说甚纯无瑕,其初立法取明理达意而止,视夫专崇末技炫巧斗妍而无实义者,犹为质胜于文,然偏重之弊已若此矣。①

　　在这里,李鸿章虽然名曰"论晚明积习之弊",但其真意却在于影射清末偏重科第造成"无学问"、"人才衰"和"朋党兴"等严重后果,为改革现实的科举制度寻找历史的根据。正像曾纪泽所说的那样:"抉摘晚明科第朋党之弊,不遗余力,此文殆有为而言之。"②

　　第二,开始把"变科目"与"易官制"联系起来。

---

① 李鸿章:《重锲洨滨遗书序》,《李文忠公遗集》,卷2,第16—18页。
② 薛福成:《庸盒文外编》,卷2,第47—48页。

60、70 年代,李鸿章提出"变法"口号,主张遵循儒家传统治略,内修政事,并采用西法,举办洋务。到了 80 年代末期,李鸿章便把"易官制"提到"变法度"的首位,并基于改革腐朽的官僚体制的需要而力图推进科举改革。当时八股取士制度支撑着腐朽的官僚体制,那些跻身显贵、不谙世事、醉心利禄之徒,大都出之于科甲正途。因此,改革八股取士制度,造就"学兼汉宋,道贯中西"的人才,借以改变官僚队伍的成分,就成为改革腐朽的官僚体制的必要条件和重要组成部分。不过,李鸿章的认识和实践是脱节的。甲午战后,他曾反思说:"论者咸知时文试帖之无用,又不敢倡言废科举,辄欲调停其间,于是艺科算学之说,迭见条陈"①。其实,他自己何尝不是如此呢!他既不敢倡言废科举,更不敢奏请易官制,只好一面设法支持有关开艺科、课西学之请,一面在力所能及的范围内扩充洋学。

自 70 年代末期以后,李鸿章支持开艺科、课西学之请,主要有两次。

一次是支持罗应旒。1879 年贵州候补道罗应旒上疏建议在不改变科举制度的前提下,另辟途径,造就精通实学和西学的人才。他认为选举之法"舍词章外无另设专科之理",主张"改京师太学及直省书院为经世书院,令举贡、生员有心经世之学者以充学生","尽弃其时文、诗赋之学",而"视其才之相近者"令研究各科实学和西学,"学有成者,由掌院与督抚视其才之大小保奏录用。"②清廷诏令李鸿章、沈葆桢"妥议具奏"。沈葆桢在复奏中,既断言"经世书院之名至美也,而收效则纤"③;又赞美时文,主张存时文去诗赋。李鸿章的态度略有不同,他明确表示"罗应旒之条议,如兼课西学以资实用,鼓励巧工以新制造,……均可节取而酌行之。将来遇有此等事件,应由臣等随时请旨核办。"④

一次是支持潘衍桐、谭宗浚。1884 年正当中法战争激烈进行之际,国子监司业潘衍桐呈递《奏请开艺学科折》,认为"求才不若储才",指出当时中国急需"边才","夫边才莫要于知兵,而知兵莫先于制器。"他建议另开一艺学科,"凡精工制造、通知算学、熟悉舆图者,均准与考",并对那些经过实际锻炼

① 李鸿章:《复院幕陈雨樵》,《李文忠公尺牍》,第 29 册。
② 《光绪五年六月初五日贵州候补道罗应旒奏折》,《洋务运动》(一),第 172—175 页。
③ 《光绪五年九月二十日两江总督沈葆桢奏折》,《洋务运动》(一),第 181—182 页。
④ 《光绪五年十一月二十六日直隶总督李鸿章奏折》,《洋务运动》(一),第 205 页。

著有成效的艺学科乡会试中试举人、进士,分别等第量予官职,"如此乃足得异才而收实用"。潘氏批驳了所谓"中国文物之邦,不宜以外洋为法"、"用洋人之长技以敌洋人,必于事无济"等谬说,断言只有学习"外洋",开设艺科,才能使"真才可望奋兴,而边务亦资得力矣。"①潘氏关于开设艺科之请,犹如投石击水,使自同光之际论争以后一度趋于沉寂的政坛又掀起新的波澜。潘折上后,清廷诏令大学士、六部、九卿会同总理各国事务衙门妥议具奏。于是御史方汝绍、翰林院侍读王邦玺、御史唐椿森等纷纷应诏陈言,时任军机大臣的大学士左宗棠也特地写了《艺学说帖》。据翁同龢日记透露,他于1884年7月22日在内阁大堂就看到涉及艺科问题的奏折四份,其中潘衍桐折"请开艺学科",王邦玺折"专驳潘折,以为于人心风俗大害",方汝绍折"暗驳潘,而以宜讲实学吏治将才边防等",左相说帖则认为"艺学当兴,开科不必,或令学政试取算学等"②。据李慈铭从邸报抄录的上谕说:唐椿森"奏曲艺不宜设科"③。由此可见,对于潘氏开艺科之请,议复者们有的"专驳",有的"暗驳",有的倡言"兴艺学"而反对"开艺科",几乎没有一个知音和公开赞助者。最后经内阁会议奏驳,清廷下谕说:

> 兹据会议具奏,国家造就人才,不拘一格,设科取士,原为遴选实学起见,既讲求艺学亦未尝不可,兼收并取,正不必别立科目,致涉纷歧。嗣后如有精于西法之人,在京著各大臣保送同文馆考试,在外著各该督抚收入机器局当差,其无机器局省份,分别咨送南北洋大臣核其学术技艺,切实保荐,庶于因时制宜之中,仍不失实事求是之意。潘衍桐、方汝绍所请,均著毋庸置议。④

潘氏关于"开艺学一科以储人才"的主张,虽然遭到守旧势力的批驳,但却博得持有相似见解的李鸿章的赞赏和支持。本来潘折曾请敕下总理各国事务衙门和南北洋大臣"妥议复奏",但是清廷却只令朝臣议复,并没有征询南

---

① 《岭学报》,第2册,光绪二十四年正月。
② 《翁文恭公日记》,光绪十年六月朔。
③ 李慈铭:《越缦堂日记》,第42册,光绪十年六月十一日。
④ 同上书。

北洋大臣意见。所以李鸿章只能在私下发表自己的看法。李鸿章致函吴汝纶说：

> 俗人谈西学，惊为河汉，不知其精微独到处，往往合于经训及周秦诸子所著书。……同文馆初设，中外哗然。近人艺科一疏，朝士争指为异端。时学之锢人如此其深也。①

李鸿章在写给洪钧的信中还透露出两则重要消息：

> 谭叔裕为人草奏请开艺科，遂为巨公所恶，求免京察而不得，以历练已深、屡陪中赞之编修，竟出之云南矣。崔惠人召见，蒙谕以翰林习小楷试帖为无用。圣明英武，承于慈闱，此真转移好机会，惜惠人未能畅对也。②

谭叔裕名宗浚，广东南海人，与潘衍桐有同乡之谊，潘氏请开艺科一"疏草于编修谭宗浚"。谭氏因此而遭致守旧势力的忌恨，时隔一年，就被贬为云南粮储道。崔惠人名国因，翰林院侍讲，1889 年因出使美国而被光绪召见。李鸿章既为谭宗浚的不幸遭遇而愤愤不平，又为崔国因的怯懦失机而抚膺叹息。

自 70 年代末期以后，李鸿章除了支持有关开艺科、课西学之请外，还在力所能及的范围内设法实行自己早年提出而被清廷否决的另开洋务进取一格、设立洋学局即洋学格致书馆的主张，拿他自己的话来说，就是"我辈只有尽所能为其（按指朝廷）所不能为者"。

李鸿章赞赏西方的教育制度，认为西方"学堂造就人才之道，条理精严，迥非中士所及"。他看到西方"兵船将弁，必由水师学堂，陆营将弁，必由武备书院造就而出，故韬略皆所素裕，性习使然。"他断言"我非尽敌之长，不能致敌之命，故居今日而言武备，当以其人之道，还治其人；若仅凭血气之勇，粗疏

---

① 李鸿章：《复莲池书院山长吴挚甫》，《李文忠公尺牍》，第 12 册。
② 李鸿章：《复钦差德俄奥和国大臣洪文卿》，《李文忠公尺牍》，第 12 册。

之才,以与强敌从事,终恐难操胜算。"①他基于培养新式军官、建设北洋海陆军的需要,分别于1880、1885年奏准效法西方,建立天津水师学堂和武备学堂。天津水师学堂学习中学、西学、文事、武事,天津武备学堂学习天文、地舆、格致、测绘、算化、炮台营垒新法,并操习马队、步队及行军布阵分合攻守诸式,仍兼习经史以充根底。这两个学堂为北洋海陆军培养了一批"文理通畅,博涉西学"②的将佐。此外,李鸿章还效法西方相继设立了威海水师学堂、旅顺鱼雷学堂、天津电报学堂、天津西医学堂等。时人云:晚清"开图绘之馆,设练习之船,创水陆师之堂,肇于福建,大于北洋,流衍于各省。"③当时李鸿章建立的各类学堂,同其他省份创办的学堂比较,不仅在数量和类别方面占有优势;而且其中许多还具有开创和示范意义。如张之洞创办广东水陆师学堂,即是"仿照天津(水师、武备)两堂学业,一手操成。"李鸿章对此颇为得意,说什么"粤堂有成,鄙人亦与有荣幸。"④

李鸿章在办学实践中,发现清廷任官重科甲正途而直接影响着学堂学生的来源和质量。他说:"除学堂、练船外,实无可造就将才之处。唯朝廷似不甚重其事,部臣复以寻常劳绩苟之,世家有志上进者皆不肯就学。"⑤他为此而忧心忡忡,不得不趋就现实,力图通过为学堂人员争取"与正途并重"或"由科甲进身"而扭转这种不利局面。

1885年清廷决定"以大治水师为主"。李鸿章应诏陈言,指出编练水师必须"选将取才",建议对学堂人员"定以登进之阶,令学成者与正途并重,严以考核之法,俾贪惰者立予罢斥"⑥。

1887年清廷决定对"求才之格""量为推广"。李鸿章随即上疏,为学堂人员力争"由科甲进身"。是年,御史陈琇莹奏请将明习算学人员量予科甲出身。奕䜣等人认为"试士之例未可轻易变更,而求才之格似可量为推广",建议各省学政于岁科试时,准生监报考算学,除正场仍试以四书、经文、诗策外,

---

① 李鸿章:《创设武备学堂折》,《李文忠公全书》,奏稿,卷53,第43页。
② 余思诒:《楼船日记》,上册。
③ 《光绪二十二年湖北何通判熙年上张香帅言武备学堂事宜书》,《时务报》,第27册。
④ 李鸿章:《复总办广东水陆师学堂分省补用道吴薇隐》,《李文忠公尺牍》,第10册。
⑤ 《光绪十一年七月初二日直隶总督李鸿章奏》,《洋务运动》(二),第565—566页。
⑥ 《光绪十一年七月初二日直隶总督李鸿章奏》,《洋务运动》(二),第565—566页。

其经古一场另出算学题目,考生果能通晓算法,即报送总理衙门复勘注册,遇乡试之年,考生亲赴总理衙门,"试以格物、测算及机器制造、水陆军法、船炮水雷或公法条约、各国史事诸题",择其明通者录送顺天乡试。如人数在 20 名以上,于乡试卷面统加"算学"字样,与通场士子一起考试,不另出算学题目。试卷比照大省官卷之例,每 20 名于额外取中 1 名,"文理清通即为合试"。但卷数虽多,中试人数不得超过 3 名,"以示限制"。至于会试,则因向无另编字号之例,所以凡算学中试的举人,"仍归大号,与各该省士子合试,凭文取中。"在他们看来,"如此则搜求绝艺之中,仍不改科举得人之法,似亦鼓励人才之一道"①。奕譞等人提出的方针办法,得到慈禧的批准。李鸿章企图援例为天津水师武备学生及教习人员争取科甲正途出身,特地上疏说:

> 查学堂之设,虽为造就将才起见,要皆以算学入手,兼习经史,其中亦有文理清通而志切观光者,倘异日得由科甲进身,则文武兼资,未始不可为御侮干城之选。……合无仰恳天恩府准于乡试之年,除各省士子兼通算学者,由本省学臣考试咨送外,所有天津水师武备学生及教习人员,届时就近由臣处遴选文理清通者,开单咨送总理衙门,听候考试录送,一体乡试,以资鼓励而广登进。若幸而获隽,仍归学堂及水师陆军调用,俾收实效。②

李氏此议,奉旨允准。所以 1888 年天津水师武备学堂教习及学生得以同上海广方言馆肄业生、同文馆学生一起参加了顺天乡试。这次乡试,是中国历史上首次实行西学和中学同考,把八股取士的藩篱冲破了一个缺口。

综上所述,可以看出,洋务运动时期,进行科举改革乃是时代的需要,历史的必然。由于早期维新志士和某些洋务官僚的倡导,科举改革思想已经成为一股社会思潮。这股社会思潮的主要内容,是要求变通考试功令,兴办洋学,把西方近代自然科学和工程技术引进科举。李鸿章的科举改革思想是这股社会思潮的有机组成部分,接近早期维新志士,而稍高于其他洋务官僚头面人

① 《光绪十三年四月二十八日醇亲王奕譞等奏》,《洋务运动》(二),第 209—210 页。
② 李鸿章:《学堂人员请一体乡试片》,《李文忠公全书》,奏稿,卷 60,第 19 页。

物。李鸿章同冯桂芬、郑观应、王韬等早期维新志士关系密切,冯、郑、王等侧重于言论,李鸿章则侧重于实施,前者往往向后者提供建议,后者往往有选择地实施前者的主张。这正是李鸿章的科举改革思想超过同僚的主要原因之一。

洋务运动时期的科举改革思潮,冲击了传统的科举制度和教育制度,促进了学堂的涌现和西学的渗入科举,从而成为戊戌维新时期废除八股、改试策论和兴办大中小学堂的前奏曲。戊戌维新时期的维新志士、帝党和洋务官僚正是在批判继承洋务运动时期科举改革思潮的基础上,把科举改革推向前进的。他们从各自的阅历出发,对洋务运动时期改革科举,造就人才问题进行了历史的反思,得出了几乎相同的结论。他们认为,几十年来,从中央到地方相继设立的同文馆、实学馆、广方言馆、水师武备学堂、自强学堂等,"皆合中外学术相与讲习"①,但"糜费不少而得人不多"②。究其主要原因,一是"诸学皆徒习西学、西语、西文,而于治国之道,富国之原,一切要书,多未肄及。"③二是"科举之制不改,就学乏才"④,"因朝廷所以号召人才者,在于科目,天下豪杰所注重者,仍不外乎制艺试帖楷法之属,而于西学,不过视作别途,虽其所造已深,学有成就,亦第等诸保举议叙之流,不得厕身于正途之列,操术疏斯收效寡也。"⑤三是全国学堂和学生太少,"即使在馆学徒一人有一人之用,尚于治天下之才万不足一"⑥。为了改变这种状况,"弃章句小儒之习,求经济匡世之才",他们特地设计出种种方案。李鸿章由于总结了以往自身的经验教训,并受到欧美"善教发为善政"的启示,因而确信在科举改革问题上不能搞折衷调和,必须废科举、兴学堂才能使"风气变而人才立"。不过,李鸿章虽然在思想认识上有了突破性进展,但却不敢将其公开提出并付诸实践,"亦不过托之空

① 《光绪二十二年五月初二日李端棻请推广学校折》,《光绪朝东华录》(四),总 3791—3792 页。
② 《光绪二十二年九月二十五日盛宣怀奏》,《光绪朝东华录》(四),总 3880—3881 页。
③ 《光绪二十二年九月二十五日盛宣怀奏》,《光绪朝东华录》(四),总 3880—3881 页。
④ 梁启超:《学校总论》,《饮冰室全集》文集之一,第 19—20 页。
⑤ 胡燏棻:《变法自强疏》,《戊戌变法》(二),第 278—279 页。
⑥ 《光绪二十二年五月初二日李端棻请推广学校折》,《光绪朝东华录》(四),总 3791—3792 页。

言而已"①。

李鸿章为了造就掌握科学文化知识的洋务人才，不仅在国内推进科举改革、兴建新式学堂；而且力排众议，派人出国留学。当然，首倡派人出国留学的，并非李鸿章，而是一生致力于"西学东渐"的容闳。早在 1868 年他就向江苏巡抚丁日昌提议由政府选派优秀青年，出国留学，以为国家储蓄人才。时隔两年，容闳再次恳请丁日昌向曾国藩提出同样建议。曾国藩"深韪其言"，立即与李鸿章往返函商，并指派翰林出身的陈兰彬与容闳一起草拟实施方案。李鸿章击节叹赏，认为派人出洋留学，是培育人才、力图自强之举。是年 8 月，由曾国藩立稿、李鸿章会衔上疏清廷，申述选派"聪颖子弟"赴欧美各国学习技艺的必要和可能，并酌拟章程 12 条，"恭呈御览"。他们指出："凡西人游学他国得有长技者，归即延入书院，分科传授，精益求精，其于军政、船政，直视为身心性命之学。今中国欲仿效其意，而精通其法，当此风气既开，似宜亟选聪颖子弟，携往外国肄业，实力讲求，以仰副我皇上徐图自强之至意。"他们认为派人出国留学，主要难题是选材和筹饷。为了解决选材问题，"拟派员在沪设局，访选沿海各省聪颖幼童，每年以三十名为率，四年计一百二十名，分年搭船赴洋，在外国肄习十五年后，按年分起挨次回华。"通计费用，首尾 20 年，需银 120 万两，请饬下江海关于洋税项下，按年指拨，勿使缺乏②。1872 年 2 月曾、李再次恭折会陈，请饬派陈兰彬、容闳为正副委员，"常以驻扎美国经理一切事宜"，并建议"挑选幼童，不分满汉子弟，俱以十二岁至二十岁为率"，幼童出洋后，"肄习西学，仍兼讲中学"，"示以尊君亲上之义，庶不至囿于异学"③。5月总理各国事务奕䜣等奉旨议复，表示支持曾、李倡议，但主张选派 12 岁至16 岁的幼童出洋留学。

计划的提出本非易事，而计划的实施就更加艰难。1872 年 3 月曾国藩撒手人寰，李鸿章独力支撑。在 1872—1875 年间，经过容闳等人的奔走呼号，不仅 120 名幼童终于分批横渡大洋到达美国，开始潜心攻读，而且在美国哈德福特城购地盖楼，建起留学事务所。然而，正当留美学生"终日饱吸自由空气"，

---

① 李鸿章：《复院幕陈雨樵》，《李文忠公尺牍》，第 29 册。
② 《曾文正公全集》，奏稿，卷 4，第 945 页。
③ 李鸿章：《幼童出洋肄业事宜折》，《李文忠公全书》，奏稿，卷 19，第 7—10 页。

学识随着年龄而俱长的时候,厄运却悄悄地向他们逼来。具有顽固守旧思想的官僚士大夫,对于挑选幼童出洋留学这样的"古来未有之事",极尽攻击和破坏之能事。首先发难的是陈兰彬。这位虽有洋务思想但封建意识根深蒂固的翰林,与容闳共事"时有龃龉",并"与学生常生冲突"。他与容闳分歧的实质,是把留学生培养成什么样人才的问题。容闳主张全面学习西方,偏重西学,支持学生接受西方文明和习俗。陈兰彬则坚持"中体西用"的方针,企图引导学生掌握西方科学技术而不超越封建专制主义轨道,反对学生"言行举止受美人之同化而渐改其故态"。1875 年清政府任命陈、容为驻美正副公使,相继改派区谔良、容增祥、吴子登为留学生监督。吴、区与陈兰彬串通一气,攻击容闳纵容学生,任其放荡淫佚;诬蔑学生适异忘本,"他日纵能学成回国,非特无益于国家,亦且有害于社会",要求从速解散留学事务所,撤回留美学生。当年支持选派幼童赴美留学的奕䜣,由于听信谗言,担心留美学生沾染洋习,危害大清社稷,也倾向陈、吴等,主张撤还。面对"议者纷纷"的局面,李鸿章虽因"相隔数万里,局务利弊究难悉其底蕴",但仍然试图顶住压力,设法挽救濒临绝境的留学事业。他确信容闳"偏重西学,致幼童中学荒疏",曾经写信"诫勉,不啻至再至三"①;同时饬令吴子登"设法整顿,以一事权,庶他日该童等学成回华,尚有可以驱遣之处,无负出洋学习初意也。"②他还多次指示陈、吴会同容闳"妥筹应留应撤或半留半裁之法"。但是陈、吴却我行我素,拒不执行。容闳也因缺乏官场经验,没有写信给李鸿章说明留学真相并提出处理意见,致使李鸿章发出"无从捉摸"的慨叹。1881 年 3 月内外交迫的李鸿章致函奕䜣等说:"平心察之,学生大半粤产,早岁出洋,其沾染洋习或所难免,子登绳之过严,致滋龃龉,遂以为悉数可撤,未免近于固执"。他还转述美国前总统格兰德和驻华公使安吉立关于留美学生"颇有长进,半途中辍殊属可惜,且于美国颜面有损"的来信内容,并表示"今无端全撤",美国政府"必滋疑骇",影响两国关系,而且"十年以来用费已数十万,一旦付之东流,亦非政体"。他认为不宜全撤,倘若决意裁撤,可以考虑"半撤半留之法","既不尽弃

---

① 《李文忠公全书》,译署函稿,卷 12,第 7—9 页。
② 《李文忠公全书》,朋僚函稿,卷 19,第 21 页。

前功,虚縻帑项,亦可出之以渐,免贻口实。"所谓"半撤半留之法",就是"将已入大书院者留美卒业,其余或选聪颖端悫可成材者酌留若干,此外逐渐撤回。"当然,"孰撤孰留",非由陈、容、吴等"就近察办不可"。李鸿章恳请奕䜣等致函陈、容,"属其和衷商榷,会同子登经理"。奕䜣等拒绝采纳李鸿章的建议,以留美学生"见异思迁"、洋化甚深为由,奏准全部撤回。除因中途辍学和在美病故的26人外,剩下的94名留美学生,分三批"凄然回国"。李鸿章的心情当然不会平静。几年以后,当容闳出使任满,去美返国,循例入都,路过天津时,李鸿章忽然质问容闳:"汝何亦任学生归国乎?"

容闳听后,觉得莫名其妙,便答道:"此乃由公使陈兰彬奏上谕而行,鄙意以为总督及陈兰彬与吴子登,皆赞成此举也。予纵欲挽回此事,亦何能为役?且违抗谕旨,则人且目为叛逆,捕而戮之。"

李鸿章摇着头说:"否,予当日亦甚愿学生勿归,仍留美以求学,故颇属望于汝,谓汝当能阻止学生勿使归也。"

容闳争辩道:"当日此举,总督既未有反对之表示,身居四万五千里外,安能遥度总督心事?设总督能以一函示予,令勿解散,自当谨遵意旨,惜当日未奉此训示耳。"

李鸿章"怒形于色",愤愤地说:"予已知此事之戎首为谁矣。"①

第一次选派幼童赴美留学,虽然半途而废,但却具有重大意义。它打击了当时弥漫全国的顽固守旧的风气,促进了西学在中国的传播,开创了中国近代选派留学生的先河。

李鸿章除了选派幼童赴美留学外,还相继选派了一些官弁和学生赴欧洲分别学习"陆军技艺"、制造与驾驶轮船技术、水师兵法以及矿学、化学、交涉公法等。他对清廷说:从此中国"风气渐开,虽未必人人能成,亦可拔十得五,实于海防自强之基,不无裨益。"②留欧生由于目的明确、基础扎实、年龄合适、规定严格,所以成绩较好,贡献也较大。

①　容闳:《西学东渐记》,第145页。
②　《李文忠公全书》,奏稿,卷28,第20—22页。

"舍本而图末"

时光犹如滚滚长江,青山遮不住,毕竟东流去。当历史跨进 1894 年,正值李鸿章为自己的洋务新政而沾沾自喜的时候,有一位 28 岁的青年竟贸然上书批评李鸿章的洋务新政为"舍本图末"之举,引起了不小的震动。这位青年就是孙中山。

孙中山,名文,号日新,改号逸仙,后化名中山樵。孙中山踏上人生旅途之日,正是中国沦为半殖民地半封建社会之时。他"生而贫,既不能学八股以博科名,又无力纳粟以登仕版"①。他虽然"幼读儒书,十二岁毕经业"②,受过传统文化的熏陶,但从 13 岁起直到 26 岁,他却主要置身于夏威夷、香港等资本主义社会,接受着系统的西方资本主义教育,从而看到西方资本主义和中国封建制度的强烈反差,痛感祖国的衰微和同胞的苦难,于是乎产生了"改良祖国,拯救同群"③的愿望。他认为要想"改良祖国,拯救同群",就必须"步武泰西,参行新法"④。所谓"步武泰西,参行新法",就是打开封闭的国门,勇敢地走向世界,学习西方,引进西学,按照西方资本主义国家模式改造中国。这里所说的西学,系指西方资产阶级文化而言,它是由外在物质、中间理论和制度、内部心态三个层面构成的有机体。当中西两种异质文化接触时,首先容易互相发现的,是外在的物质层面;习之既久,渐可认识中间的理论和制度层面;最后方能体味各自的核心即心态层面。"西学东渐"在近代中国就表现为西方资产阶级文化三个层面的依次展开,甲午战前,中国社会状况决定了中国所引进的西学,主要还局限于西方资产阶级文化的物质层面。孙中山学习西方、引进西学的思想,不能不打上时代的烙印。孙中山鉴于"中国睡梦之深,至于此极,以维新之机苟非发之自上,殆无可望",因而"欲以和平之手段、渐进之法

---

① 孙中山:《致郑藻如书》,《孙中山全集》,第 1 卷,第 1 页。
② 孙中山:《复翟理斯函》,《孙中山全集》,第 1 卷,第 47 页。
③ 孙中山:《在广州岭南学堂的演说》,《孙中山全集》,第 2 卷,第 359 页。
④ 孙中山:《上李鸿章书》,《孙中山全集》,第 1 卷,第 15 页。

请愿于朝廷","冀九重之或一垂听,政府之或一奋起",而"倡行新政"①。于是他决定"求知于当道",上书李鸿章,希望"有以玉成其志"。他上书请愿所以选定李鸿章,并非是偶然的,而是由下列因素决定的:李鸿章是"中兴大臣"、"三朝元老",时任直隶总督兼北洋大臣,"坐镇北洋,遥执朝政,凡内政外交,枢府常倚为主,在汉臣中权势为最巨";李鸿章是洋务派的首脑和旗帜,"在当时算为识时务之大员",被孙中山视为"通达治体,力图自强者";李鸿章是孙中山肄业的香港西医书院的赞助人,提倡学习西方科学技术,1892年孙中山既在毕业典礼上聆听了教务长康德黎盛赞李鸿章"信仰科学"、为"中国俾斯麦"的演说,又经香港总督和驻京英国公使推荐,获得李鸿章的赏识,李鸿章曾准予孙中山赴京候缺,暂给月俸50元,授予"钦命五品军牌",此事虽因两广总督衙门刁难而未果,但却不能不影响孙中山对李鸿章的观感。正是基于这些因素,1894年孙中山才有上书李鸿章、企图依靠这位晚清元辅重臣在全国"倡行新政"进行某种自上而下的社会改革之举。

孙中山上书李鸿章一事,得到郑观应的鼎力赞助。郑观应既是一位著名的早期维新派,又是一位李鸿章洋务事业的参与者。他与孙中山"有同邑之谊",孙中山对之礼敬有加,在香港求学期间,即与之订交,曾在通讯中与之"研讨改革时政意见"。孙中山将草拟的上李鸿章书稿呈送郑观应教正,郑观应对之认真地增删润色并大力推敲。因而孙中山的《上李鸿章书》有着明显的郑氏思想痕迹。只要将孙中山的《上李鸿章书》和郑观应的代表作《盛世危言》做一比较,就不难看出,不论行文抑或立论,前者无一不与后者有着师承关系,前者的基本论点实际上是从后者征引和推衍而来的。

郑观应不仅为孙中山增删润色《上李鸿章书》,而且写信请托作为李鸿章的洋务总管和"左右臂"的盛宣怀将孙中山推荐给李鸿章。郑观应在写给盛宣怀的信中,首先称赞孙中山"其志不可谓不高,其说亦颇切近,而非狂士之大言欺世者比。"然后说:

兹欲北游津门,上书傅相,一白其胸中之素蕴。弟特敢以尺函为介,

---

① 孙中山:《伦敦蒙难记》,《孙中山全集》,第1卷,第51、50页。

俾叩谒台端,尚祈进而教之,则同深纫佩矣。①

孙中山也"久仰"盛宣怀"德望,欲求一见"②,企图通过盛宣怀实现晋见、上书李鸿章的愿望。

孙中山的《上李鸿章书》③,集中地反映了孙中山早年的改革思想。

首先,孙中山赞赏洋务派的洋务实践。他深刻地指出:"昔日国家每举一事,非格于成例,辄阻于群议","此中国之极大病源"。洋务派敢于冲破"成例"的束缚和"群议"的阻挠,倡导洋务运动,"励精图治"、"勤求政理",加之由于中法战败的震动,"士大夫多喜谈洋务矣,而拘迁自囿之辈亦颇欲驰外域之观,此风气之革变,亦强弱之转机"。洋务运动是以"仿效西法"为手段,以"安内攘外"、"富国强兵"为目的的运动。"育才则有同文、方言各馆,水师、武备诸学堂;裕财源则辟煤金之矿,立纺织制造之局;兴商务则招商轮船、开步铁路,已先后辉映";"快舰、飞车、电邮、火械,昔日西人之所恃以凌我者,我今亦已有之"。他表示自己由于看到"国家奋筹富强之术,月异日新,不途遗力,骎骎乎将与欧洲并驾矣",因而"逖听欢呼,闻风鼓舞。"

其次,孙中山建议拓展洋务派的洋务领域。孙中山认为欧洲立国自有本末,由于本末兼赅,方始走上富强之路。洋务运动"仿效西法",虽然取得显著成就,但终因"舍本图末","徒袭人之皮毛,而未顾己之命脉"④,所以"犹不能与欧洲颉颃"。他明确指出:

> 窃尝深维欧洲富强之本,不尽在船坚炮利、垒固兵强,而在于人能尽其才,地能尽其利,物能尽其用,货能畅其流——此四事者,富强之大经,治国之大本也。我国家欲恢扩宏图,勤求远略,仿行西法,以筹自强,而不急于此者,徒维坚船利炮之是务,是舍本而图末也。

孙中山并不否认"坚船利炮、垒固兵强"对实现国家富强的重要性,他所

---

① 《辛亥革命史丛刊》,第1辑,中华书局1980年版。
② 《魏恒致盛宣怀函》,《辛亥革命史丛刊》,第1辑。
③ 《孙中山全集》,第1卷。
④ 孙中山:《拟创立农学会书》,《孙中山全集》,第1卷,第25页。

批评的不是洋务派"练兵制械"、"坚船利炮"本身,而是洋务派"舍本图末"的行径:"沾沾焉以练兵制械为自强计"①,"徒维坚船利炮之是务",而不急于"举此四大纲,而举国并行之"。

被孙中山誉为"富强之大经,治国之大本"的四大改革纲领,并没有涉及西方资产阶级文化的理论和制度层面,而仍旧在西方资产阶级文化的物质层面上盘旋。

所谓"人能尽其才",就是要"教养有道,鼓励有方,任使得法"。即要在国中遍设学校,教以科学知识;建立奖励制度,倡导"翻陈出新";"用人也,务取所长而久其职"。在孙中山看来,"教养有道,则天无枉生之才;鼓励以方,则野无郁抑之士;任使得法,则朝无倖进之徒。斯三者不失其序,则人能尽其才矣;人既尽其才,则百事俱举;百事举矣,则富强不足谋也。"

所谓"地能尽其利",就是要"农政有官,农务有学,耕耨有器"。即要在农村特设专官,兴利除弊;建立农政学堂,发展农业科学;讲求农业机器,提高农业劳动生产率。在孙中山看来,"农政有官则百姓劝〔勤〕,农务有学则树畜精,耕耨有器则人力省,此三者,我国所当仿行以收其地利者也。"

所谓"物能尽其用",就是要"穷理日精,机器日巧,不作无益以害有益"。即要研究应用自然科学,兴物利民;推广改进机器,善取善用宝藏财物;节惜物力,以固国本而裕民生。在孙中山看来,"穷理日精则物用呈,机器日巧则成物多,不作无益则物力节,是亦开财源节财流之一大端也。"

所谓"货能畅其流",就是要"关卡之无阻难,保商之有善法,多轮船铁道之载运"。即要裁卡轻税,体恤商情;设法保商,防止货物不流财源不聚;发展轮船铁路运输事业,"畅我货流,便我商运"。在孙中山看来,"无关卡之阻难,则商贾愿出于市;有保商之善法,则殷富亦乐于贸迁;多轮船铁路之载运,则货物之盘费轻。如此,而货有不畅其流者乎?货流既畅,则财源自足矣。筹富国者,当以商务收其效也。"

孙中山认为在上述四大改革纲领中,"虽首在陶冶人才,而举国并兴学校非十年无以致其功,时势之危恐不能少须。"他鉴于"国以民为本,民以食为天,不足食何以养民?不养民胡以立国?是在先养而后教,此农政之兴尤为今

---

① 孙中山:《拟创立农学会书》,《孙中山全集》,第 1 卷,第 25 页。

日之急务也。"中国既然是一个农业国家,要想解决广大人民吃饭问题,除了振兴农政则别无他途。因此,孙中山把兴农摆在首位,无疑是正确的。他批评洋务派忽视农政,指出"我国家自欲行西法以来,唯农政一事未闻仿效,派往外洋肄业学生亦未闻有入农政学堂者,而所聘西儒亦未见有一农学之师,此亦筹富强之一憾事也。"

孙中山提出的四大改革纲领的实质,是主张以西方资本主义国家为楷模,改革教育制度以西学培养人才;采用先进科学技术和资本主义经营管理方法以发展工农业生产和交通运输事业;培育资本主义市场以发展商品经济,从而使中国走上独立富强的资本主义道路,"驾欧洲而上之"。值得注意的是,这个改革纲领没有涉及改革封建专制制度及其经济基础封建土地制度问题,而只限于提倡一种不必消除旧有统治阶级的主要基础的变更,即是同保存这些基础相容的变更。依靠旧有统治阶级实行不触动其主要基础的社会改革,只能属于改良主义的范畴。

孙中山提出四大改革纲领,意在拓展洋务领域、推进洋务运动,而绝非反对洋务运动、否定前此洋务派实行的"一切新政"。他把前此"一切新政"和现时"四大之纲"看做是一脉相承的。前此"一切新政"是现时"四大之纲"的前提,而现时"四大之纲"则是前此"一切新政"的继续。他认为"近年以来,一切新政次第施行,虽所谓四大之纲不能齐举,然而为之以渐,其发轫于斯乎?"

孙中山早年改革思想,比之于李鸿章的洋务观,只是内容有所拓展,论述更加条理化而已,并没有蕴含着质的超越。按照常理,盛宣怀、李鸿章是不会将其视之为异端邪说而加以排斥的。再考虑到郑观应、盛宣怀、李鸿章三者之间的密切关系,盛宣怀实难拒绝郑观应的请托,李鸿章也难以拒绝盛宣怀的推荐。因此,孙中山经过盛宣怀的介绍晋见并上书李鸿章本应是情理之中的事了。然而揆诸史实,孙中山并未如愿以偿,当面向李鸿章"陈说大计"。李鸿章没有接见孙中山,似乎另有苦衷。孙中山到达天津时,正值中日战争一触即发之际,受命处理中日争端的李鸿章,被谋和、备战等工作弄得焦头烂额,实在无暇顾及其他。据陈少白忆述,孙中山的上书,"李鸿章是否看过,就不得而知了。不过后来李鸿章说:'打完仗了以后再见吧'。"[1]这种说法,似乎接近

---

① 《兴中会革命史要》,《辛亥革命》(一),第28页。

于事实。

孙、李无缘相会,对晚清政局不无影响。对李鸿章来说,使他与一位兼通中西、雄怀大志的青年志士和一次拓展洋务领域、推进洋务运动的机遇失之交臂。对孙中山而言,由于李鸿章没有"玉成其志"和鉴于清廷的倒行逆施,使之"抚然长叹,知和平之法无可复施。然望治之心愈坚,要求之念愈切,积渐而知和平之手段不得不稍易以强迫"①,于是组织兴中会,决心使用武力,推翻清廷,创立民国,并于1895年发动广州起义,从而成为民主革命的先行者。

---

① 孙中山:《伦敦蒙难记》,《孙中山全集》,第1卷,第50、52页。

六　早期"和戎"外交

议结天津教案

19 世纪最后 30 年间,是世界资本主义向帝国主义转化的过渡时期。在此期间,世界资本主义"开始了夺取殖民地的大高潮,分割世界领土的斗争达到了极其尖锐的程度。"①当时远东地区特别是中国成为世界资本主义国家激烈争夺的重要场所,在这个地区进行角逐的,除了原有的英、俄、美、法四国之外,又有两个后起的资本主义国家崭露头角:一个是通过 1868 年明治维新建立了地主资产阶级联合专政,迅速走上对外侵略扩张道路的日本;一个是在 70 年代初击败法国,完成日耳曼各邦统一,拥有较强的军事和经济实力的德国。新老资本主义国家采取军事的、政治的、经济的和文化的手段,加紧侵略中国。

面对列强的侵略,中国外交权力重心趋向双元化,逐渐形成了北京总理衙门和天津北洋大臣并存的局面。坐镇天津的直隶总督、北洋大臣李鸿章成了清政府的首席外交顾问和主要外交代表,参与外交的决策和执行。

李鸿章就任直隶总督后,首先遇到的外交难题,是议结天津教案。

鸦片战争以后,西方的基督教以列强的大炮为前导,以不平等条约为护符,在中国获得广泛传播,以致出现"教堂几遍天下,传教洋人相望于道"的景象。西方基督教会在中国的活动,不仅在于传播基督教,而且渗入了侵略的性质,成为与中国传统社会和文化迥然而异的特殊力量,既与一般民众又与自视为社会领袖和精英的封建官绅分庭抗礼,从而激发了交织着中西文化冲突和

---

① 《列宁选集》,第 2 卷,第 798 页。

侵略反侵略双重内涵的反洋教斗争。1870年6月天津望海楼天主教育婴堂因传染病有数十名幼童死亡,同时天津不断发生幼童被迷拐事件,而拐犯的供词大都牵涉到望海楼教堂。天津绅民无比义愤,自动聚集到望海楼教堂门前表示抗议。法国领事丰大业竟持枪逼三口通商大臣崇厚镇压示威群众,并向天津知县刘杰开枪,击中其随从高升。群众忍无可忍,当场殴毙丰大业及其随从西蒙,并救出育婴堂的幼童,放火烧毁望海楼教堂、法国仁慈堂、美国布道堂、英国讲经堂等多处,打死洋人、洋教士20人。这就是震惊中外的"火烧望海楼事件",或称"天津教案"。事后,法国联合美、英、俄、德、比、西等国向清政府提出抗议,各国军舰麇集天津和烟台进行武力恫吓,胁迫清政府镇压绅民的反洋教斗争。曾国藩决心"弹压士民,以慰各国之意",拟将天津知府张光藻、天津知县刘杰革职交部治罪,并力主"拿犯"、"赔银",特派崇厚前往法国"道歉"。曾国藩的举措,受到时论的谴责,有的甚至给他加上卖国贼的徽号。当津案行将议结之时,清廷派李鸿章为直隶总督,取曾氏而代之,这次人事调动,实际上起到了诿过于人、转移视线的作用。

早在60年代,李鸿章就对西方基督教和中国频繁发生的教案提出了自己的看法。西方基督教是一种具有特定文化内涵和系统理论的世界观,长久以来,"耶稣之道"一直稳居西方文化核心的地位,其中既有非科学的宗教神学,又蕴涵着某些平等精神。李鸿章对作为文化观念形态的基督教缺乏深入研究,不仅无力运用理性思维批判其宗教神学,而且也无法挣脱封建观念羁绊,理解和接受其平等精神。他坚定地维护以"孔子之道"为核心的中国文化的正统地位,把从西方传入的基督教视为"异端邪说",前者高尚优秀,后者则"较释老尤卑陋。"[1]由此可见,倡导引进"洋学"的李鸿章公然把西方基督教排斥在"洋学"之外,诚如洋人所说:李鸿章"在接受西方知识的同时拒绝西方宗教"[2]。

李鸿章虽然立意拒绝西方宗教,但却无法回避西方宗教在中国传播及其教会势力在中国为非作歹的严酷现实。他目睹外国教会势力的侵略活动及其危害性,深感忧虑不安。他说:

---

① 《筹办夷务始末》(同治朝),卷55,第16页。
② [美]费正清编:《剑桥中国晚清史》,上卷,第617页。

最可虑者,教士专于引诱无赖穷民,贫者利其资,弱者利其势,犯法者利其逭逃,往往怂恿教主与地方官相抗。因习教而纵奸徒,固为地方之隐患;因传教而招党类,尤藏异日之祸根。①

对于绅民"毁堂阻教之案",他既持否定态度,认为不是长远之计,又从中看出"民心士气之尚可恃,而邪教不能以惑众。"②他认为外国在华传教已为中外条约所规定,不能不加以遵守,外国教会势力"纵奸徒"、"招党类"、干预地方政务等行径,也不能不加以防范,因而他主张对外国教会势力应该采取"明为保护,密为防闲"③的方略,实行"治本"和"治标"二策。所谓"治本"就是"督抚大吏,慎选牧令,以教养为亟,实行保甲以别淑慝,崇礼明儒以资劝化,多设善堂以赒困乏"。所谓"治标"即是"坚守旧约章程,教士不得丝毫干预地方公事,教民与常人争讼,照例由地方官讯办,绅民欺凌习教人,地方官秉公从速办结,内地无教堂旧基,不得私买立堂。"④"治本"意在防止民众入教,"治标"则意在依法治理教务,最终达到所谓"不禁之禁"⑤的目的。

天津教案发生后,李鸿章对其起因、对策等问题发表过不少议论。他在推行"和戎"外交中,往往依据所谓"理"和"势"而决定其应变方略。"理"指"是非曲直","势"指"力量强弱"。他明知洋人论势不论理,但在与洋人较量中却偏偏把"论理"放在首位。他在对待天津教案问题上,也正是从剖析其"是非曲直"入手的。他摒弃了中国传统反洋教思想中一些愚昧偏见和盲目仇外情绪,指出所谓教堂"迷拐幼孩、挖眼、剖心等说",并无"确证","全系谣传",而导致天津教案的真正原因,则在于崇厚平日谄媚洋人,"遇事不能持平",致使"洋风太炽,绅民含愤已久",触机一发,遂不可制。丰大业"枪击官长",罪固不容赦,但"其人已死无从责问",加之绅民殴毙洋人、洋教士20人,因而"彼直我诎,彼是我非"⑥。由于"我诎彼直,不论势之强弱,总以议和为是"⑦,何

---

① 《筹办夷务始末》(同治朝),卷55,第16页。
② 《筹办夷务始末》(同治朝),卷55,第16页。
③ 《筹办夷务始末》(同治朝),卷55,第16页。
④ 《筹办夷务始末》(同治朝),卷55,第16页。
⑤ 《筹办夷务始末》(同治朝),卷50,第35页。
⑥ 李鸿章:《复曾相》,《李文忠公全书》,朋僚函稿,卷10,第10页。
⑦ 李鸿章:《复丁乐山观察》,《李文忠公全书》,朋僚函稿,卷10,第15页。

况敌强我弱,实难决胜于疆场之上。他讥讽那些"哗然欲战"的人们不识时务,称赞曾国藩"坚持和议"的做法"老成谋国"。他力主"不开衅端",和平了结。他认为要坚持和议,就不能不以"拿犯"、"赔银"为归宿。当然,赔银须有限度,更不允许"夺据地方"。他深知屈辱的"和允"只能暂时化解战争阴霾,并非求得长治久安的御侮良策,只有争取和平环境,变法自强,"强兵经武",才是根本要途。他之所以"坚持和议",目的就在于将"此案敷衍过去,果为自强之策"①。他在总结天津教案的基础上,进而提出以"柔远"方略应对外国教会势力的主张。"柔远"一词出自《尚书·尧典》,意指安抚远人或远方邦国。李鸿章赋予"柔远"一词以时代内涵。他说:

> "柔远"二字须看得通透,《书》所云"燮友柔克"、"高明柔克"者,非事事将顺之谓柔也。绕指柔中,自有百炼刚在。②

李鸿章通过重新诠释《尚书·洪范》中"燮友柔克"和"高明柔克"两句成语,强调"非事事将顺之谓柔",实则柔中有刚,阐明"柔远"方略的要义在于以刚柔相济的手段应对外国教会势力,借以防患祛灾。李鸿章的这种"柔远"方略,是对他前此提出的"明为保护,密为防闲"方略的继承和发展,两者各有侧重,相互为用。

9月7日李鸿章经过长途跋涉,从陕西来到保定。他于9日致函曾国藩,支持"拿犯",但又深恐因之而受到时论的谴责,于是不惜玩弄"痞子手段",公然表示要等待其师将教案"凶犯"议罪正法后再赴津接任,以免"初政即犯众恶"。曾国藩无奈,只得在9月18日上奏分别定拟一疏,建议正法15人,军流4人,徒罪17人。20日李鸿章到达天津,30日接篆受事。当时正值法国在普法战争中遭到惨败,拿破仑三世在色当被俘;巴黎爆发了革命,推翻第二帝国,宣布共和,成立国防政府;普军进围巴黎;因而法国态度转软,法国公使罗淑亚与李鸿章往来会晤,"词气极为和婉"。李鸿章虽然获悉法国在普法战争中惨败,但却无意利用这一有利时机,逼迫法国让步。他对来访的英国使馆翻译雅

① 李鸿章:《复丁雨生中丞》,《李文忠公全书》,朋僚函稿,卷10,第22页。
② 李鸿章:《复马穀山制军》,《李文忠公全书》,朋僚函稿,卷10,第14页。

妥玛表示："津民闹此大案,正在日夜缉讯,足见中国厚待相好之意,断不乘人之危而挤之"。他请雅妥玛将此情此意转致英国公使威妥玛,请其"从旁劝解息事,以免中外猜疑。"①正因为这样,天津教案在李鸿章接办不久,就基本上按照曾国藩所拟定的方案正式议结,其主要内容是:张光藻、刘杰革职,发往黑龙江效力;判处所谓"凶犯"20 名死刑,25 名充军流放;赔偿及抚恤银 497 千余两;派崇厚为特使,前往法国"道歉",并表示中国愿与法国"实心和好"。李鸿章供认:"津案缉凶、赔堂事事办到,法国即无布路斯(普鲁士)战败之事,似亦惬心。"②他公然把这种"弹压士民"、"议恤赔偿"以博取法国侵略者"惬心"的卖国行径吹嘘成"存国体而弭后患"的"持平"之举。

从"联日"到"联俄拒日"

天津教案尚未了结,日本问题又被提上议事日程。李鸿章对日政策,有一个从"联日"到"联俄拒日"的演变过程。不论"联日"抑或"联俄拒日",都是以"以夷制夷"为主旨的,而这类"以夷制夷",实际上是中国传统的合纵连横理论和西方的均势思想结合的产物。

日本是中国的近邻,1871 年中日立约,揭开了近代两国关系的序幕。日本自 1868 年明治维新以后,逐步地走上了资本主义发展道路。"日本资本主义在一登场的时候,就扮演了帝国主义的角色。"③日本政府扬言要"开拓万里波涛,布国威于四方",并制定了征服中国、统治亚洲、争霸世界的所谓"大陆政策",开始把侵略触角伸进神州大地。

1870 年 7 月日本政府决定遣使来华议约,从而导致了中日双方有关立约的交涉。9 月日本政府代表、外务权大丞柳原前光一行到达天津。柳原一面会见三口通商大臣成林,陈述订约通商意愿,面呈外务卿致总理衙门的公函和日方草拟的约稿;一面设法诱使李鸿章出面斡旋。10 月 2 日,柳原拜访李鸿章,声称中日两国正在遭受西方列强的欺凌,有着相似的命运,"实有迅速同

①　李鸿章:《论天津教案》,《李文忠公全书》,译署函稿,卷 1,第 3 页。
②　李鸿章:《复庞宝生总宪》,《李文忠公全书》,朋僚函稿,卷 10,第 25 页。
③　守屋典郎:《日本资本主义发展史》,第 23 页。

心协力的必要"①。当时虽然日本根本无意联合中国抗拒西方列强,但是柳原所抛出的中日"同心协力"的诱饵,却使李鸿章"大为动心",以致萌发了"联日"的念头。李鸿章在接见柳原的第二天,就致函总理衙门,通报柳原谈话内容,并指出"日本距苏浙仅三日程,精通中华文字,其兵甲较东岛各国差强,正可联为外援,勿使西人倚为外府"②。总理衙门起初以"大信不约"之意,准许日本通商,而不准其立约;后因受到李鸿章的影响,并担心日本倘若请求英、法居间介绍,"不允则饶舌不休,允之则反为示弱",因而再次照会柳原,允许日本于明年特派使臣来华,"会议章程,明定条约,以垂久远而固邦交"③。柳原见计得售,即雀跃就道,经由上海归国。

当然,在清朝统治层中,看法并非一致。安徽巡抚英翰以日本吁请通商,恐贻后患,殷殷以杜绝为请。总理衙门觉得英翰言之有理,12月清廷特地将英折寄发疆臣,征询意见。1871年1月李鸿章先后致函总署和上疏清廷,力陈中日立约通商之必要。他把日本过去无力侵华视为"安心向化",把日本现今企图效法列强勒索中国说成"情理所有之事"。他认为日本自从与西方列强定约通商以后,大量购买机器、军舰,仿造枪炮、铁路,派人出国学习科学技术,"其志固欲自强以御侮,究之距中国近而西国远,笼络之或为我用,拒绝之则必为我仇",因而应在日本"纳款"之时,"推诚相待,俯允立约,以示羁縻"。将来中日两国"情谊日密,耦俱无猜",倘若中西关系一旦有变,日本就"不致为彼族勾结,且可联东方形势。"李鸿章以为只要允许日本立约通商,就既能防止日本侵犯中国本土和邻邦,又能联合日本形成东方防线,以抵御西方的侵扰。当然,这只不过是李鸿章昧于日本和国际大势而产生的幻想。李鸿章在复奏的第二天,就写信给曾国藩,向他通报总署动向,并将自己与总署"来往信稿钞呈,以备采择"。曾国藩"采择"李氏意见,上疏陈言。清廷赞赏曾、李看法,指示李鸿章事先作好与日本代表谈判的准备。李鸿章也认为日本是中国近邻,"既议通商,稍有不慎,易滋后患"④,因而督饬江苏桌司应宝时、天津海关道陈钦详细研究日本与西方列强订立的条约,总结中国与西方列强交涉

① 东亚同文会编:《对华回忆录》,第29页。
② 李鸿章:《论天津教案》,《李文忠公全书》,译署函稿,卷1,第3页。
③ 《筹办夷务始末》(同治朝),卷78,第24页。
④ 李鸿章:《条列五事》,《李文忠公全书》,译署函稿,卷1,第13页。

的教训,以"务于防弊之中,仍寓两便之道"为准则,另拟两国修好条规、通商章程。

1871 年 7 月,日本政府代表、大藏卿伊达宗诚同清政府代表李鸿章在天津开始中日立约谈判。当时双方分歧很大,而争论的焦点则是应否援照中国同西方列强所订条约的成例,允许日本在中国内地通商和享受片面最惠国待遇问题。日方认为中国既然允许西方列强内地通商和利益均沾,那么对日本就"只可画一,不可特异开例,自破条规"①。清方则表示:日本与中国相距较近,中国"不能有来无往",中日立约断不能与"西约"尽同。清方拒不允许日本内地通商和利益均沾,"原为渐次挽回各国条约张本",为修改同西方列强签订的不平等条约准备条件,因而用意不为不深。李鸿章先让应宝时与伊达副手柳原前光反复辩难,继而亲自会见伊达,"面加剖断","以绝其观望之心"。伊达"翘然自负",盛气凌人。李鸿章本来就有虚骄之气和轻日心态,伊达的蛮横无礼,使他极为反感,他乘伊达"措语罅漏",抓住把柄,声色俱厉地进行反驳。当时日本尽管野心勃勃,但毕竟羽毛未丰,缺乏足够的实力迫使清政府就范。经过多次谈判,双方终于在 9 月 13 日签订了中日《修好条规》和《通商章程》。这个条规和章程同前此清政府与西方列强历次签订的不平等条约相比,是较为合理的,反映了清政府同日本修好的真诚愿望和中日双方对等的地位。条规和章程没有写入最惠国条款;规定双边享有领事裁判权;互相承认协定关税;两国商民准在对方指定的通商口岸贸易,但不得进入内地;两国商货进入对方口岸,均照对方海关税则定税。尤其值得注意的是,条规还列入下面条款:一曰中日两国对各自"所属邦土"即"属国"和"内地本土",应"以礼相待,不可稍有侵越";二曰中日两国应"互相关照","若他国偶有不合,及轻藐之事,一经知照,须彼此相助,或从中善为调处";中日两国"政事应听己国自主,彼此均不得代谋干预,强调开办"。一、三两款为前此条约所未有而是由李鸿章"创列"的,意在"防其侵越属疆、干预政事";第二款系采自中美天津条约,"非创见",目的在于"以东制西"。李鸿章满以为凭借这一纸条规就会把日本的手脚束缚起来,"将来设有事变,该国虽未必遽为我用,而以此约章牵制,不致增一劲敌,且不失兵家用间之意。"但是,严酷的现实很快就粉

---

① 《筹办夷务始末》(同治朝),卷 82,第 1 页。

碎了李鸿章的迷梦。

日本政府对条约内容表示不满，并于订约的第二年派遣柳原来华要求修约，特别是要求取消两国遇事调处条款和清政府在日本口岸对本国商民的领事裁判权。李鸿章认为日本"狡黠可恶"，决意"坚守前议，不稍松劲"，始则拒绝接见，继而面加驳斥，并复照日本外务省，表示"两国初次定约，最要守信，不能旋允旋改"。日本政府鉴于李鸿章态度坚决，成约不可再改，便于1873年2月派外务卿副岛种臣来华，"想在批准交换修好条规而外，更解决台湾问题"①，即窥探清方虚实，寻找借口，以便武力侵占中国领土台湾。4月30日，李鸿章与副岛种臣正式交换了中日《修好条规》和《通商章程》批准书。次日，副岛专程拜访李鸿章，李鸿章对副岛也优礼相加，双方"畅谈半晌"。副岛痛言领事裁判权有害于国家主权，宣称已派岩仓"赴西洋更议"，但"能否议改，尚不可知"。李鸿章对日本的作法深表赞赏，"极力怂恿"，并希望日本一旦改约成功，务请"随时照录新约知会"，以便效法日本修改中国的不平等条约。

在中日议约过程中，李鸿章虽然力图设法防止日本"侵越属疆"，但对日本觊觎中国领土台湾的野心却缺乏应有的警惕。副岛派柳原前光到总署质问中朝关系和台湾高山族人误杀琉球遇难船民之事。总署毛昶熙正言声明：台湾是中国领土，琉球是中国藩属，"属土之人相杀，裁决固在于我"。"杀人者皆属生番，故且置之化外，未便穷治。"居心叵测的柳原则表示："生番害人，贵国舍而不治，是以我邦将查办岛人。"②虽然总署将上述问答情况通报给了李鸿章，但是李鸿章在接见路经天津回国的副岛等人时，却未提及此事，折之以理，反而听信闽人游击吴世忠关于高山族"趫捷强狠"，英、美"屡发兵船往剿失利"，"日本力更不逮，断无能为"等语，认为所言似属有理③。及至1874年日本"违约称兵"，入侵台湾，李鸿章才如梦初醒，发觉受骗上当，但为时已晚矣。

1874年4月日本政府设立台湾事务局，以大隈重信为长官，在长崎设立侵台军事基地，以陆军中将西乡从道为台湾事务都督，负责指挥军事，发兵

---

① 东亚同文会编：《对华回忆录》，第33页。
② 王芸生：《六十年来中国与日本》，第6卷，第59页。
③ 李鸿章：《论日本与台湾朝鲜秘鲁交涉》，《李文忠公全书》，译署函稿，卷1，第48—49页。

3000余名图谋从台湾南端下手侵占台湾东部。美国从人员、船只上支持日本,企图利用日本军阀的刺刀,实现侵略台湾的野心。5月日军在台湾琅㟧登陆。清政府获悉后,一面向日本提出抗议,一面派沈葆桢为"钦差办理台湾等处海防兼理各国事务大臣",令其"带领轮船兵弁,以巡阅为名",前往台湾"预筹部署"。李鸿章认为台湾全境(包括"生番"住地)均属中国领土,明确表示反对日军入侵,主张通过交涉与备防逼使日军撤退。他向清廷提出应当采取的两项对策,即第一要求美国遵照"万国公法"撤回援日人员,严禁商船帮助日本运兵;第二要调派得力陆军数千,即用轮船载往凤山、琅㟧附近一带择要屯扎,如果日军擅自登岸,"一面理谕情遣,一面整队以待"使敌人无隙可乘。李鸿章在得知沈葆桢出防台湾的任命后,致函祝贺,并表示日本"既兴师登岸,其办法亦不外谕以情理,示以兵威二语"。所谓"示以兵威",实际上是企图以战备求和局,并非主张用兵力驱逐日寇。因此,他一面奏调驻防徐州的淮系提督唐定奎所部铭军枪队6500人由轮船分批航海赴台,"稍壮声援",并令津沪各机器局先尽现存炮械军火陆续解济;一面致函沈葆桢"劝其只自扎营操练,勿遽开仗启衅,并密饬唐提督到台后进队不可孟浪,西乡苟稍知止足,断无以兵驱逐之理。"

　　日本在侵略台湾的问题上,交替使用两手策略,一面用武力进攻,一面进行外交诡诈。由于当地人民的抗击和沈葆桢的防御部署,羽毛未丰、实力有限的日本很快就发现依靠武力是难以实现其夺取台湾的野心的。7月日本驻华公使柳原前光到达天津,与李鸿章会谈。李鸿章"深知若辈伎俩,又恨其行径诡变,不得不嘻笑怒骂,厉声诘责"①。他指斥日本"一面发兵到我境内,一面叫人来通好,口说和好之话,不做和好之事"。他还担心日本翻译郑永宁"传话不清",特地取案上纸笔大书曰:"此事如春秋所谓侵之袭之者是也,非和好换约之国所应为,及早挽回,尚可全交"②。9月,日本政府特使大久保利通路经天津,寓居美国领事馆。美国副领事对李鸿章说:看大久保的意思,"不给兵费必不退兵,且将决裂,扰乱中国各口"③。柳原、大久保相继到达北京,先后同总理衙门大臣举行谈判,他们一口咬定台湾番地非中国管辖,既不认错,

---

① 李鸿章:《述柳原辩难》,《李文忠公全书》,译署函稿,卷2,第35—36页。
② 李鸿章:《述柳原辩难》,《李文忠公全书》,译署函稿,卷2,第36页。
③ 李鸿章:《述美国副领事毕德格面议节略》,《李文忠公全书》,译署函稿,卷2,第430页。

也不退兵,而"其注意实在占地,贴费二端"①。李鸿章建议总署采取以下措施解决日本侵台问题:(一)开门通商。他认为如果把台湾开为商埠,使各国利益均沾,就可以利用各个列强互相钳制的均势,去扼制日本的侵略阴谋。(二)"以抚恤代兵费"。他认为用"犒赏"士兵、"抚恤"难民以换取日本退兵,虽然"稍损国体,渐长寇志",但却能够收复失地,防止战争,以节省的资金筹备海防,此实乃"忍小忿而图远略"的作法。(三)列强"公评"。他认为日本代表如果坚持己见,双方难以取得共识,"似可与商明请令各国公评,作一转笔。"他寄希望于法、美、英等国公使出面调停,"仗义执言"。总理衙门大臣文祥唯恐冲突扩大,赞成李鸿章的意见,趋于妥协,于 10 月 31 日与日本政府代表大久保利通签订《北京专约》,规定日军撤出台湾;清政府给银五十万两,承认台湾居民"曾将日本国属民等妄为加害",日军侵台"原为保民义举"。

经过日本侵台事件,使李鸿章认识到日本"伺我虚实,诚为中国永远大患"②,昔日的"联东方形势"、"以东制西"的幻想,彻底破灭了。及至 70 年代末 80 年代初,中俄关系因伊犁问题而日趋紧张,日本阴谋利用这一时机,吞并琉球和攫取在华侵略特权,从而促使李鸿章产生"联俄制日"的想法,与那些主张"联日拒俄"的军政大吏相对立。

1871 年俄国乘阿古柏侵扰新疆,出兵占领新疆伊犁。1878 年左宗棠督军肃清阿古柏势力,收回伊犁成为解除西北边疆危机、保全领土的一个关键。是年 12 月底,清政府特派的全权大臣崇厚到达圣彼得堡,并于翌年 1 月开始与俄国代表进行收回伊犁的谈判。崇厚对伊犁地区形势、俄国情况均茫然无知,完全听任俄国方面的摆布。他只顾名义上收回伊犁,而不管实际上有什么重大损失。10 月 2 日他与俄国代表在克里米亚半岛上的里瓦几亚签订了《交收伊犁条约》和《陆路通商章程》。崇厚订约消息传来,舆论大哗。总理衙门认为偿费尚不过多,"通商则事多缭辖,分界则弊难枚举"。王公大臣、言官疆吏,强烈不满,纷纷要求诛崇厚,毁新约。1880 年 1 月清廷将崇厚革职拿问,交刑部治罪,随之定为斩监候。2 月清廷声明拒绝承认崇厚所议条约,并任命驻英公使曾纪泽兼任驻俄公使,准备与俄国再度举行谈判。曾纪泽(字劼刚,

---

① 李鸿章:《论台事归宿》,《李文忠公全书》,译署函稿,卷 2,第 42 页。
② 李鸿章:《筹办铁甲兼请遣使片》,《李文忠公全书》,奏稿,卷 24,第 26 页。

曾国藩长子)由通西学而入洋务,1878年接替郭嵩焘出使英法,是一位有才干和爱国思想的外交家。清廷希望借助曾纪泽,挽回崇约给中国造成的损失。然而俄国却陈兵边境,指责中国诛吏背约,有违国际公法,有辱俄国体面,气势汹汹,中俄战火一触即发。

就在这种情况下,日本加紧了吞并琉球和侵略中国的步伐。1879年4月日本正式宣布废除琉球国,把它改为冲绳县。1880年3月日本向清政府提出解决琉球问题的方案,其要点是:日本愿把琉球群岛最南部的宫古列岛及八重山列岛划归中国,中国应当承认琉球的其余部分归入日本版图;清政府应同意修改1871年的中日条规和通商章程,取消其中关于禁止日商深入中国内地的规定,并给予日本在中国享受片面最惠国的待遇。清廷陷于顾此失彼、腹背受敌的窘境,深恐俄日联合,"日为俄用",企图对日妥协,"联日拒俄"。清廷对待俄国的态度则日趋强硬,饬令曾纪泽争取收回伊犁全境,挽回崇厚所放弃的边界和通商等方面的权利,否则就暂不收回伊犁,不批准里瓦几亚条约,中俄关系仍维持订约以前的状况。李鸿章担心"俄与日南北交讧,益难处置"。他权衡敌情国势,主张采取中国传统的"远交近攻"的策略,"联俄拒日"。他认为当时日本弱小,俄国强大。中日两国比较,"强弱之势,曲直之理,贫富众寡之形,皆在我而不在彼",加之日本"畏俄如虎,诡谲嗜利",绝不能帮助中国抗拒俄国,并且终将成为中国心腹之患。而俄国则不然,中国从黑龙江到新疆,与俄国接壤约万余里,"彼有铁路以调兵,则旬月可以云集,中国行师绝塞,非经岁不能到防,彼有电报以通信,则瞬息可以传命,中国递文边界,非三数月不能往还。"因此,要巩固边防、海防,抗御俄国侵略,就必须"加募数百营劲旅",并"训练水师,增购船炮",只有这样才能使"战守俱有把握",而要做到这一点,每年没有"巨饷数千万金"是无法想象的。目前与其联络弱小的日本以对抗强大的俄国,莫如联络强大的俄国共同压制弱小的日本,易操胜券。正是基于这种考虑,李鸿章倾向"联俄拒日"。他虽然承认崇厚订立的条约"有大损于中国,群情愤怒,固无足怪"①,但却断言崇厚出使,"系奉旨给与全权便宜行事之谕,不可谓无立约定议之权,若先允后翻,其曲在我。"自古交邻,用兵之道,"先论曲直",曲在我则"侮必自招","师必不壮","我既失伊犁,而复居不

---

① 薛福成:《代李伯相复徐观察书》,《庸盦文别集》,卷4,第131页。

直之名,为各国所讪笑,则所失更多",俄国必将乘机胁迫中国"分界修约",并进而发动战争,用武力胁迫中国做出更大的让步。因而,他建议清廷"勿为浮言所摇惑",宽免崇厚,暂依崇约,和平了结中俄争端。

李鸿章主张"姑让于俄,以取偿于日本"。当时日本公使宍户玑频繁地出入总署,"催结球案,牵涉改约"。李鸿章认为这是"乘俄事未定,图占便宜"。然而,总署却既忧外患,又受到舆论界"联日拒俄"说的影响,遂与宍户玑达成初步协议,仅割琉球南岛,而更改旧约,许以利益均沾及内地运货各事。李鸿章既看到这个协议使中国"吃亏较巨",又深知日本"断不肯助我拒俄",于是据实陈奏,主张等到俄约定后,"决计翻改前约"。由于李鸿章等人的反对和中俄谈判逐渐露出了转机,清廷终于决定废除中日间的初步协议。1881年初,日本驻华公使宍户玑愤愤地离华回国,企图迫使清廷改变态度。李鸿章看出宍户玑出都返国,"初意本在要挟,旋闻中俄修好,即已夺气,未敢显启衅端。"他表示倘若日本胆敢"藐视中国",中国就不妨采用孙子伐魏救韩之策,"撤防俄之劲旅,分军三道,载以轮舶,直趋长崎、横滨、神户三口","制其死命,或封琉球,或重议约章,皆唯我所欲为矣。"如果日本徘徊审顾,不敢挑起衅端,中国当"蓄锐扬威,待时而动,一面整理水师,购办船械,声威既壮,敌胆自寒。"①

随着时间的流逝,日本逐渐巩固了自己在琉球的统治地位,中日间关于琉球的争论,不了了之。而中俄之间,则于1882年2月由曾纪泽与俄国签订了《中俄伊犁条约》和《陆路通商章程》,挽回了崇约给中国造成的部分损失。

中秘和中英交涉

正如前面所论及的,在对外交涉中,李鸿章往往依据所谓"理"和"势"而决定其应变方略。这种情况,在他主持的中秘订约谈判和由马嘉理案而引起的中英交涉中表现得尤为明显。

秘鲁是掳掠、虐待华工的主要国家之一。

---

① 薛福成:《代李伯相复张观察书》,《庸盦文别集》,卷5,第177页。

从 19 世纪中叶起,随着西方资本主义的侵入和中国沦为半殖民地半封建深渊,葡、荷、西、英、美、法等西方殖民强盗,在各自政府或明或暗的支持下,从中国沿海口岸掠卖华工到南美洲、大洋洲和太平洋各岛,充当资本家开发各地资源的奴隶。华工出国情况因时因地而异,有所谓"猪仔贩运"、"苦力贸易"、"赊单苦力"和"合法化招工"之别。"猪仔贩运"是掠卖债奴。"苦力贸易"是掠卖契约工。"赊单苦力"名曰"自由移民",实则为猪仔贩运的翻版。"合法招工"实际是掳掠合法化。

华工乘坐"苦力船"漂洋过海,远适他乡。"苦力船"被称为"海上浮动地狱"。华工在"苦力船"中"成为十足的囚犯",稍有怨言,即"惨遭毒刑,甚至枪杀",死亡率极高。及至抵达目的地,华工又被投入另一座人间地狱,受到残酷压榨和野蛮迫害,成为"隐蔽的苦力奴隶制"的牺牲品。华工的一切基本人权均被剥夺,集中住在监狱式的收容所或寮棚,内设各种刑具,门禁森严。每天在工头监督下工作,劳动长达 11 至 16 小时,甚至 20 小时。稍有懈怠,即遭鞭笞,并给带上脚镣干活。晚上睡觉用特制木器锁脚,以防逃跑。好容易熬到期满,雇主不给满工执照(证明是自由人),强迫续期,否则送官罚作无钱官工,同罪犯一样。西方记者供认,"华工较之黑奴又下等矣。"[1]由于受尽难堪的折磨和非人的待遇,在秘华工"十人有九人死于非命"。

西方殖民强盗掳掠、虐待华工的行径,遭到华工的反对和中外主持正义的人们的谴责,也引起了清朝统治阶级的关注。1866 年总理衙门同英、法公使商定有约国在华招工章程 22 条,赞成劳务输出,但反对拐骗、虐待华工,规定严禁"别有招致之法","有人胆敢私行骗往,勉强胁从,即照刑部奏定新章,立予正法。"正因为有此规定,英、法两国政府均拒绝批准。1869、1871 年总理衙门先后接到由美国公使转来的秘鲁华工诉苦求援禀文,认为"此等工人生长中华,佣工外国,惨遭凌虐,生死含冤","殊堪悯恻",请求美国驻秘鲁大使"体察实情,设法援手,俾愿留者不致再遭凌虐,愿归者得以及早还乡"[2]。1873 年总理衙门得知秘鲁代表葛尔西耶在英、法公使的支持下来华商定通商条约的信息后,致函李鸿章,说秘鲁凌虐华工,应令其将华人全行送回中国,并声明

---

① 陈翰笙:《华工出国史料汇编》序言,第 1 辑,第 1 册,第 13—14 页。

② 《华工出国史料汇编》,第 1 辑,第 3 册,第 966 页。

不准招工,才能商议立约问题;嘱咐李鸿章于葛尔西耶抵津后,"与之逐层辩论,斟酌办理"。

早在 60 年代,李鸿章就开始关心海外华侨,并惩办过拐骗华工出洋的人贩子。1870 年他建议清廷在中日立约后应"派大员长驻该国京师,或委员近驻长崎,兼充各港领事"①,以资联络邦交,保护华侨。1872 年当他得知秘鲁轮船"玛耶西"号拐运、虐待华工途经日本被扣的消息后,立即表示秘鲁"为无约之国",胆敢拐骗、虐待华工,"不胜发指",建议清廷派员赴日会审,"彻底根究,以儆效尤而保民命"②。1873 年 10 月秘鲁代表葛尔西耶抵津之前,李鸿章经过反复筹思,拟定了谈判方针。他认为秘使"来意无非为招工起见,若不招工自不立约。"但是秘鲁、葡萄牙等国贩运猪仔,危害极大,无约则无从追究,有约则或可"明设防闲"。如若准其议约,就必须利用这个机会,"严定招工章程,以除民害。"他预料秘鲁公使必定"纠缠",各国公使必将"代为说项",谈判不会一蹴而就。他向总理衙门表示,要"恪承指示,内外一意坚拒","据理斥驳",决不"稍涉游移"③。

10 月 24 日李鸿章开始与葛尔西耶会谈,双方争论的焦点,是秘鲁虐待华工和中秘议约问题。葛尔西耶矢口否认秘鲁虐待华工,说什么报纸"传闻失实,编造谣言,万不可信",而秘鲁新总统"极其仁厚公道,立有保护华工章程"。李鸿章针对葛尔西耶的狡辩,痛斥秘鲁为"无教化,无礼义"之国,向来不与中国通商,而专心"拐骗华人出洋",不仅引起中国人民的强烈愤慨,而且也为西方各国所共知。他先后出示揭露秘鲁拐骗、虐待华工罪行的秘鲁华工诉苦求援禀文、威斯敏斯德所著《华工出洋论》和东洋华商所刻《夜半钟声》,以确凿的证据,批驳秘鲁"保护华工"的谎言,并坚定地表示,秘鲁"素未立约,已拐去十万余人之多,今唯全数送回方可与商公事。"葛尔西耶一面矢口否认凌虐华工,一面攻击各国"猜疑谗毁",要求中国派人前往查办。李鸿章鉴于葛尔西耶的这种态度,便向总署建议:接受葛尔西耶的要求,派人前往秘鲁调查华工状况;与葛尔西耶先订保护华工章程,暂不作为条约,等查明秘鲁华工情况后,再定可否立约。李鸿章的建议得到总署的赞许,但却遭到葛尔西耶的

① 李鸿章:《议日本换约》,《李文忠公全书》,译署函稿,卷 1,第 10 页。
② 《华工出国史料汇编》,第 1 辑、第 1 册,第 976 页。
③ 《李文忠公全书》,译署函稿,卷 1,第 51、52 页。

断然拒绝。葛尔西耶声称："无论如何,章程当立在条约之内,未便另订章程",若准立约,即与妥商,否则就先回国。"词甚决绝"。李鸿章不为所动,双方相持不下。英国公使威妥玛亲至天津,力劝李鸿章不可任令葛尔西耶回国,"致难转圜",并怂恿与之立约。李鸿章深知威妥玛是受葛尔西耶之托,答复说:"总署早经照会贵大臣及美、法各使,均共闻知,今秘鲁既不遵办,非我所能作主。"①威妥玛碰了钉子,回到北京,就邀请葛尔西耶进京,以便设法求助其他列强,对总理衙门施加压力。12月中旬葛尔西耶由津赴京,李鸿章对他说:"封河后政务殷繁,我须照例回省,亦不能在此接应,若有公事只可明春回津,彼此商办。"②这样,中秘会谈第一阶段就宣告结束。

葛尔西耶进京后,威妥玛向总理衙门"声请",并令汉文翻译梅辉立至保定李鸿章处"说项"。李鸿章看出威妥玛"似两面要好,实为秘鲁主谋",虽经总理衙门"婉言拒绝,来春恐仍有晓渎,秘使方肯出京。"③果然不出所料,1874年5月葛尔西耶在梅辉立陪同下,又回到天津,重新同李鸿章举行会谈。葛尔西耶"狡执异常",梅辉立"名为从中调停,实则偏助一面。"李鸿章顶住压力,与葛尔西耶"逐层辩论",双方终于议定《会议查办华工专条》草案,并开始谈判通商条约问题。葛尔西耶坚持和约必须同"西国一律",提出51条约稿。李鸿章拒之,另拟20条。葛尔西耶不以为然,改拟16条。李鸿章与之"逐条逐句参稽辩难"。葛尔西耶反对载入"前拟查办华工若不如法条款即作罢论一条",要求按照各国和约通例,"声明批准互换"。李鸿章则表示"若将第十六条一体均沾一款删去,我亦可将作为罢论一条删去"。葛尔西耶声称"此条为西国各约最要之款,何可轻视。"④双方争执不下,葛尔西耶"拂衣而去,意甚决绝。"这时总理衙门在英、美、法等各国公使的压力下,趋向妥协。李鸿章既感到孤掌难鸣,又觉得海疆多事,既然秘鲁已经同意订立查办资遣华工专条,还是不与之决裂为好,因而密遣亲信委员策动美、法领事出面调处,终于在6月26日与葛尔西耶签订了《中秘查办华工专条》和《中秘友好通商条约》。查办华工专条规定:中国派员前往秘鲁查办华工状况;华工在秘鲁享受寄寓该国

① 李鸿章:《论威使劝解并拟章四条》,《李文忠公全书》,译署函稿,卷1,第8—9页。
② 李鸿章:《述与葛使辩论各节》,《李文忠公全书》,译署函稿,卷1,第12页。
③ 李鸿章:《条议三事》,《李文忠公全书》,译署函稿,卷1,第15页。
④ 李鸿章:《述秘约定议》,《李文忠公全书》,译署函稿,卷1,第31页。

外国侨民一切利益；华工受雇主虐待，可向地方官员及至高等法院控告；秘鲁政府负有保护华工和督促雇主履行同华工签订的合同的责任，合同期满应出资遣送华工回国。通商条约规定：中秘两国互派使节；两国居民在对方国内享有同等利益和权利；两国人民可以自愿往来居住，但"别有招致之法，均非所准"；"不准在澳门及各口岸勉强诱骗中国人，运载出洋，违者其人严惩，船只罚办"，李鸿章向总署表功说："为此一条反复争论，字字较量，几乎舌敝唇焦，乃得大书特书于册。"葛尔西耶认为各约无此严厉，秘鲁"吃亏不少"。英、美、法各国领事也"啧啧称善"。嗣后中国只要能够按照条约严禁，不仅秘鲁不敢违抗，就是"各国招工之举，亦得援引辩证，冀稍敛戢"①。当然，李鸿章也作了一些妥协让步，同意保留一体均沾条款，并在查办华工专条中，"添叙批准互交等语"。

1875年7月秘鲁派遣特使艾勒莫尔来华换约。李鸿章由于事前派遣容闳前往秘鲁秘密调查，得知中秘条约签订后，秘鲁迫害华工依然如故，非常气愤，特向艾勒莫尔提出保护华工的换约附加条件："或加订条款，或添用照会，再将前次议定和约一并互换"②。经将近一个月的反复辩难，终于迫使艾勒莫尔通过照会的形式，保证秘鲁"实力保护"华工，不容稍受委曲情事，并同中国使臣"实力会商华工事宜，以期为华工尽除一切弊端"。就在艾勒莫尔交出照会的同一天，即8月7日，中秘条约在天津正式互换。

历时约两年的中秘订约谈判和互换，表明李鸿章坚持原则，据理与争，为防止西方殖民强盗掳掠、虐待华工作出了力所能及的努力。李鸿章所以这样作，并不是偶然的。首先是为了"保民命"、维护清朝的统治。正如他自己所说的：保护华工，"拯其危急"，可以使"海外华民，皆知朝廷于绝岛穷荒，尚不忍一夫所失，忠义之心，不禁油然而动，有俾大局，诚非浅鲜。"③其次是基于"理"、"势"的考虑。李鸿章认为秘鲁"向系无约之国，照章应不准装载华人出口，其私行装载者无非拐骗贩卖，实中国百姓所共恨，亦万国公法所不许。"④拐卖华工如此，虐待华工何尝不是这样，中国"词直理顺，不患无以应之"。秘鲁虽为民主之国，但"多沿西班牙旧俗，上下欺蒙，以营私为急务，规模狭小，

---

① 《李文忠公全书》，译署函稿，卷1，第31—33页。
② 李鸿章：《论秘鲁换约》，《李文忠公全书》，译署函稿，卷3，第20页。
③ 《华工出国史料汇编》，第1辑，第3册，第1077页。
④ 李鸿章：《复秘鲁葛使》，《李文忠公全书》，译署函稿，卷2，第5页。

百务废弛。"①在李鸿章心目中，秘鲁是一个没有"教化"的小国，"国贫势弱"，远隔重洋，不可能对中国构成军事威胁。既然中国较之于秘鲁，我直彼诎，我强彼弱，那么，李鸿章在谈判中敢于冒着决裂的风险，就不难理解了。在中秘条约互换之后，李鸿章深知靠一纸条文并不能禁绝秘鲁拐骗、虐待华工的悲剧重演，因而建议清廷："迅派正使、副使前往秘鲁，按照条约等件，凡遇可以为华工保护除弊之处，随时商同该国妥立章程"，以期使处于水深火热之中的十数万华人，"将死而得生，免危而复安"。清廷深以为然，决定派陈兰彬为出使美、西、秘国大臣，容闳帮办一切事宜。不过直到1878年初，在清廷简派公使已将近3年的时候，陈兰彬才磨磨蹭蹭地出洋赴任。

就在中秘换约前半年，因马嘉理案而引发了持续一年半的中英交涉。如果说在中秘订约谈判和换约中，李鸿章的特点是执意抗争的话，那么在中英交涉中，李鸿章就以"委曲求全"而著称了。

马嘉理案是英国想借开辟滇缅商路而侵入云南的结果。1873年云南回民起事失败后，英国在印度和缅甸的殖民当局倡议组织"探路队"，从曼德勒北上勘查滇缅陆路"各个商业路线"。1874年英国在印度和缅甸的殖民当局组成以陆军上校柏郎为首的"探路队"前往中国云南，并要求英国驻华公使威妥玛派一名通晓汉语、熟悉中国情况的官员赶到缅甸陪伴"探路队"进入中国。7月英国驻华使馆向总理衙门索取"三、四名官员"从缅甸进入云南"游历"的护照。时值日本侵台，总理衙门不敢开罪英国，答应了英国使馆的要求。英国公使威妥玛选派马嘉理为翻译前往缅甸迎接英国"探路队"，马嘉理于1875年1月到达缅甸的八莫，2月初陪伴"探路队"从八莫启程向中国边境进发，全队连同护送的兵士近200人，引起中国边境居民的极大疑虑。2月21日马嘉理在中国边境蛮允地方被杀，柏郎等受阻返回八莫。这就是马嘉理案。

马嘉理案本来是英国入侵云南引起的，但是大力推行对外侵略政策的英国保守党狄斯累利政府，决定借题发挥，阴谋利用这一事件对中国进行讹诈，以攫取更大的侵华权益。3月19日威妥玛向总理衙门提出6条要求：中国和英印政府派员调查滇案，英印政府另派"探路队"入滇，偿款15万两和中英商定办法优待外国公使，免除厘金和解决悬案。其中前3条和滇案有关，后3条与滇案风

---

① 《华工出国史料汇编》，第1辑，第3册，第1043页。

马牛不相及。这6条要求构成了英国当时借口滇案而实行讹诈的基础。

清廷得知马嘉理被杀后，十分诧异，急忙指令云贵总督岑毓英迅速查办，随后又陆续派湖广总督李瀚章和前总理衙门大臣薛焕前往云南究办。但对英方的6条无理要求，开始则表示断然拒绝。威妥玛鉴于一时尚无强力手段迫使清廷就范和列强并不同意英国超出滇案以外的其他要求，所以改变策略，企图首先解决前3条要求。威妥玛以撤使、绝交、用兵相威胁，清廷步步退让，原则上接受了英方的前3条要求。4月初威妥玛离京赴沪，拟向本国政府进献贯彻侵华要求的方略，并与柏郎会商，以便扩大事态。8月初威妥玛由沪返京路经天津，主动找李鸿章商办，企图借助李鸿章迫使清廷屈服。清廷也指令李鸿章"设法密探，窥其著意之处，迎机开导"，倘若威妥玛"有所筹商"，就由李鸿章与丁日昌"相机而行，力顾大局，俾免决裂"。

对于马嘉理案的处理，李鸿章始终主张"委曲求全"，和平了结，避免战争。究其原因，仍不外乎基于"理"与"势"的考虑。首先，他认为马嘉理案"其曲在我"。早在4月间他就得知柏郎带兵入滇之事，认为英国公使威妥玛事先既对总理衙门"隐约其词"，又未商明云贵总督，因而断言这"不独有违条约，亦显悖万国公法"。但是，到了8月间，他就改变了腔调，说"中外交涉，先论事理之曲直，此案其曲在我，百喙何辞？威使气焰如此张大，断非敷衍徇饰所能了事。"这里所说的"曲"，主要是指杀死马嘉理而言。但是话又说回来，马嘉理若不陪伴柏郎带兵侵入云南，又怎么会无缘无故的变成刀下鬼呢！其次，他认为中英两国虽然贫富强弱悬殊，但是"揆度彼此情形，皆有不值启衅之势。"从英国来说，英国是海军强国，分布各埠的军舰数十艘原可立即调动出击，但"劳师袭远，所费不赀"，并且有碍商务，其他列强也将乘机"而议其后"，所以英国"不愿启衅"。从中国来说，中国海岸线太长，"备多力分"，海军装备也"瞠乎其后"，加之外战必将引发内乱，"内地匪徒""闻风思逞，实恐剿不胜剿，防不胜防"，所以中国也"不愿启衅"。"既属两无所利，所以和好一说，最为稳着。"他深知要和平了结，中国必须在权益方面对英国作出某些让步，因此对总理衙门说："语云：'毒蛇螫手，壮夫断腕'，不断腕则毒螫不能消也。"①所谓"断腕消毒"，就是在"不大碍国体"的前提下，对英国侵略者的无

①　李鸿章：《论滇案不宜决裂》，《李文忠公全书》，译署函稿，卷3，第46页。

理要求"酌量允行",以防中英"绝交动兵"。

8月3日威妥玛在李鸿章面前,大肆诋毁总理衙门,说中国"今不改变一切,终恐不能自立",而"改变一切,要紧尤在用人,非先换总署几个人不可"。李鸿章对威妥玛"狂妄无理之言",表示"殊堪骇异",当即"严词辨驳,并晓以国政非尔等所能干预"。随后威妥玛向李鸿章提出7条要求,其中包括:在通商口岸撤去厘卡;内地多开商埠;优待公使;派"一二品实任大员"亲往英国对滇案表示歉意;朝廷应降旨责问岑毓英等对滇案失察;遣使与责问岑毓英等谕旨须明发并在《京报》上公布;在这些谕旨中,凡遇"英国"二字,必须抬写。这些要求,首先着眼于扩大英国在华的实际利益;而为了达到这个目的,威妥玛才竭力设法打击清统治者的威信和封建体制。李鸿章认为威妥玛"诡谲多端",担心和局破裂,建议总署在这7条当中,酌允一二,使威妥玛"得有转场"。清廷再次退让,决定派兵部侍郎郭嵩焘赴英致歉;答应责问岑毓英失职,但不公开发钞;对于优待公使及通商等问题,则留待威妥玛回京后再议。威妥玛见清廷没有满足他的全部要求,十分不满,于8月底前往烟台,与英国驻华海军司令赖德会商武力要挟问题,随即在9月间回到北京,继续与总理衙门谈判。威妥玛步步进逼,总理衙门步步退让。威妥玛公然要求将岑毓英及各官各犯提京审讯,并追问优待公使及整顿税厘两事的切实办法。总理衙门准备在增开口岸及整顿商务等方面设法屈从英国要求,但断然拒绝将岑毓英等提交审讯。1876年6月威妥玛总括英国的要求,列为8条,以此作为免将岑毓英等提京的交换条件。这8条的要求是:(一)总理衙门应奏述滇案的发生及钦差大臣查办的经过,奏折内须说明英使何以不能接受那种查办的结论,出奏前,折稿须经英使阅看。(二)上项奏折及相应的谕旨须列入告示,张贴全国,以两年为期,英国官员及得随时要求由中国官员陪同赴各地察看张贴情形。(三)中国内地如发生涉及英人生命财产的案件,英国得派员观审。(四)清廷要谕令云南当局派员协同英国官员调查云南省边界贸易情形并商订贸易章程。(五)英国得派领事驻扎大理或云南其他地点察看贸易情形,以五年为期,在重庆亦同。(六)华商、洋商均可请领税票(半税单),中国须在沿海、沿江、沿湖多开口岸,如辽宁大孤山、岳州、宜昌、安庆、芜湖、南昌、温州、北海、水东(广东电白)等;中国如同意这些要求,英国愿商议调整鸦片入口税;中国如同意"口界"免厘,英国还允许通过国际协定准许中国增税。(七)以上六条定明后,中国使臣应前往英国,国书内须声明对马嘉理案表示惋惜,国书须先经英使阅看。(八)偿款应包括马嘉理家属的抚恤、柏郎等损失的赔款、印度派兵护送柏郎等及英国调遣兵船等费,其总数听英国政府决定。在随后的谈判中,威妥玛提出了赔款22万两(不包括兵船调遣费)的数字。威妥玛提出的8条要求实际上是多年来英国企图扩大侵华权益的一个总结,所谓解决马嘉理案只不过是一个借口而已。总理衙门对于威妥玛的无理要求,既感到中国损失太大,不甘心于接受;又害怕谈判破裂,不敢于拒绝;于是,请求赫德出面调停。威妥玛十分骄横,只要总理衙门提出修改意见,他就以将岑毓英等云南官员提京审讯相要挟,并提出要慈禧召见英使,亲自表示歉意。总理衙门不允,威妥玛就第三次出京赴沪,以示决裂,并通过赫德指名要李鸿章作为清政府全权大臣去烟台与他谈判。7月28日清廷答应派李鸿章去烟台与威妥玛会谈。李鸿章在接到特旨任命之后,心情是极其复杂的。他深感进退两难,写信给沈葆桢说:"彼族以便宜行事求朝廷,弟岂敢以便宜行事应付彼族,稍不如愿,恐兵端随其后,若使其如愿,天下之恶皆归焉"①。他担心遭到国人责难,更害怕惹恼洋人动武。他特地向总理衙门倾吐苦衷,乞求支持:"今既奉旨专派,虽蹈汤火,岂敢固辞,将来筹办有未周到,不求局外原谅,不顾事后讥弹,幸同舟共济者尚能谅其苦衷耳。"正当李鸿章料理启程之际,天津城厢内外,"遍贴告白",绅民集会并派代表到总督衙门攀留,"声称若即启行,必卧路攀辕,否则即与洋人滋闹,情势汹汹"。李鸿章"目击舆情如此,不敢不稍作迟回"。并派许钤身等带领绅耆数人赶赴烟台,面见威妥玛,"邀请来津会议",结果碰了壁。加之美国公使西华也劝说李鸿章赴烟"愈早愈妙,早完一日,则少费一日周张"。因而,李鸿章于8月17日从天津展轮东驶,第二天到达烟台,并于8月21日与威妥玛开始谈判。

早在7月间,由于在土耳其问题上发生国际危机,英国军事力量首先必须服从这一形势的需要,所以英国外交大臣德比训令威妥玛从速解决云南问题。加之威妥玛因超出滇案以外的其他要求和不容他国干预其事的态度,已使英国在外交上处于孤立地位。当时俄、美、法、德、奥匈帝国和西班牙等国驻华公使先后以避暑为名,云集烟台,密切注视中英谈判的动向,力图防止由英国单

---

① 李鸿章:《复沈幼丹制军》,《李文忠公全书》,朋僚函稿,卷16,第18页。

独处理与各国利益有关的问题。在这种情势下,威妥玛企图在 6 月提出的 8 条要求的基础上尽早和平了结。李鸿章因"内顾中原则创痍未复,外顾各国则战守难凭",所以抱着"不得不隐忍以图息事"的态度,力求避免战争,妥协了事。中英谈判一开始,威妥玛就把议题归结为滇案本身、优待公使和通商税务三个部分。为了迫使李鸿章作出让步,威妥玛坚持要求将岑毓英等提京审讯,说有确凿证据说明岑毓英为滇案的主使者。威妥玛表示:此事"若不允行,他事无可商办。"李鸿章事前受到严令,不得允许将岑毓英等提京审讯,因而要威妥玛拿出岑毓英"指使文札信据,或的确可靠见证",如经"查验果系毫无虚伪,亦可据以请旨定夺。"但是,威妥玛却以翻译需时,迟迟不交。李鸿章鉴于威妥玛"口气甚紧",致使"各件均无头绪,焦虑莫名",因而决定"联络各使以间其党援,而讽令公论。"他故意装作镇静、悠闲的样子,先后应邀参观德国、英国军舰,并设宴招待英、德、美、法、日、奥七国公使和英国两位海军司令,"仿照西例",饮酒交谈,"兼欲激射英事,群情欢洽","公论颇不以提京为是"。这使威妥玛感到如不尽快达成协议,对英国未必有利,因而在散席后,"独留絮语,似稍活动。"在随后的谈判中,李鸿章"就势转圜",提出另议其他办法作为不将岑毓英等提京的交换条件,这正中威妥玛下怀。威妥玛立即表示同意提出全部条款,但声明:"此番所要各条,滇案、优待、通商三事均当包括在内,中堂必须全然答应,此案即可算为完结,不必再说提京一层"①。9 月 5 日威妥玛将其要求以书面形式交给李鸿章,其中除滇案、优待、通商三事外,又有要求入西藏等地"探访路程"的专条。李鸿章虽然在"口界"免厘和增开口岸两个问题上有所争辩,但基本上同意了威妥玛的全部要求。9 月 13 日中英烟台条约和入藏探路专条正式签字。

这次中英交涉,本来是因马嘉理案而引发的。《烟台条约》规定中国偿银 20 万两给英国、派员赴英表示"惋惜滇案"等了结滇案办法,在条约中只占次要地位,而主要内容则是:(一)自 1877 年起以五年为限,英国得派员到云南"大理府或他处相宜地方一区驻寓,察看通商情形"。(二)清政府谕令云南督抚选派妥干大员会同英国官员商订"滇省边界与缅甸地方来往通商章程"。(三)英国使馆派员从北京出发,遍历甘肃、青海一带地方,或经四川等处入

---

① 《李文忠公全书》,译署函稿,卷 6,第 18 页。

藏,以抵印度,或由印度来藏,探访路程,总理衙门应"察酌情形",发给护照,或令驻藏大臣派员照料。(四)"凡遇内地各省地方或通商口岸,有关系英人命案盗件",英国使馆可"派员前往该处观审";中国各口中英两国臣民间的诉讼案件,应由被告所属国官员按其本国法律承审,原告所属国官员可往观审,"倘观审之员以为办理未妥,可以逐细辩论"。(五)增设宜昌、芜湖、温州、北海为商埠,大通、安庆、湖口、武穴、陆溪口、沙市为轮船停泊码头,上下客商货物皆用民船装卸;重庆"可由英国派员驻寓查看川省英商事宜",但轮船未能上驶以前,该地暂不得作为通商口岸。(六)各口租界内洋货(鸦片除外)免收厘金;未划定租界的各口应划定租界;洋货运入内地,不论中外商人都只纳子口税一次,全免各项内地税。这些规定扩大了英国在华的通商特权,进一步破坏了中国的司法权,并为英国向中国云南、西藏扩张侵略势力提供了有利条件。9 月 17 日清政府批准了《烟台条约》。不久郭嵩焘奉命赴英道歉,随后留驻英国,中国派遣公使常驻外国从此开始。李鸿章对于签订《烟台条约》之举,不以为耻,反而为荣,得意地声称:"自英国威使与总署理论滇案,夏间悻悻出都,鄙人奉命驰赴烟台,妥为商办,迭经设法牢笼,据约力争,仍就总署所允八条原议,略加删改,迅将全案议结,案内凶犯罪名,悉予宽免"。① 有人批评"添开口岸,滇蜀驻员",使"通商之患,将无底止。"李鸿章辩解说:"不知中土门户早经洞开,即添数口,利害各半,总署已允,该使尚未肯结案,幸将前请觐见及王公往来、土货准华洋商人领单免厘各节,概行抹去,于国体饷源尚无甚窒碍。从此妥为驾驭,二十年内或不至生事耳。"所谓"二十年内或不至生事"云云,只不过是痴人说梦而已,《烟台条约》签订不到 10 年,就发生了法国侵略中国的战争。

在中法和战的旋涡中

李鸿章在"二十年内或不至生事"的迷梦被法国炮火粉碎以后,就情不自禁地卷进了中法和战的旋涡。

---

① 薛福成:《代李伯相复梁立主事书》,《庸盦文别集》,卷 2,第 79—80 页。

中法战争是由于法国资产阶级推行殖民扩张政策,侵略越南,并以越南为基地进而侵略中国引起的。中国和越南有着悠久的政治、经济、文化联系。清朝封建统治者与越南封建统治者之间存在着一种封建的宗主与藩属关系。清朝皇帝要越南国王接受"册封",并定期派人到京"朝贡",而清政府则对越南负有保护的责任。这种关系属于东方封贡体系,同西方殖民体系有着本质的区别。清政府竭力保持中越宗藩关系,既不为政治统治,又不为经济掠夺,而主要是着眼于军事国防,维护西南边疆的安定。及至到外国资本主义侵入,中越两国人民都面临着遭受殖民者奴役的命运和反对殖民者的共同任务。清朝统治者在越南方面要求给予援助的情势下,也不能不有所行动。早在60年代,法国就用武力胁迫越南阮氏王朝签订《西贡条约》,将南圻变为殖民地。1873年法国派安邺率军侵犯河内地区,留驻在中越边境的中国农民武装黑旗军及其领导人刘永福响应越南政府的号召,驰援河内,大破法军,阵斩安邺。但是,第二年越南阮氏王朝却在法国的讹诈下,与之签订《越法和平同盟条约》,承认法国在越南中部和北部的"保护权"。1880年以后,法国积极筹划武力夺取越南北部,并把侵略矛头直指中国西南边疆。面对法国的咄咄进逼,清朝统治者不得不把越南和中国西南边疆的局势问题提上议事日程。

最早关心中法和战问题的是驻英、法公使曾纪泽。1881年他在与法国频频交涉的同时,建议清政府尽快筹商,明定方针大计。总理衙门首先与李鸿章商讨,李鸿章提出:采取军事措施,添派兵船随同运米的招商局轮船前往越南红江游弋,"藉壮声威";通过外交途径作越南方面的工作,"派明干得力之员,往越严密侦探现在情形,晤其国王大臣等,将通商自强各事宜,随机开导"。他认为这样"或可稍纾彼患,即可藉固我圉"①。随后总理衙门上疏陈言,清廷决定战备、和议双管齐下,"以理谕之,以势遏之","二者交相为用"。

1882年4月,李威利率领法军攻陷河内,越南形势日趋严峻。在清朝统治层中,积极备战的主张逐渐占了上风。5月30日清廷饬令滇粤陆军出防域外,广东兵轮克期出洋,福建兵轮亦调得力者前往,"毋仅作闭关自守之计"。正在这时,李鸿章因其母去世,回籍奔丧。直隶总督一职由淮系要员张树声署理,而中法外交之争则主要由曾纪泽负责处理。曾纪泽采取较为强硬的态度,

---

① 中国近代史资料丛刊《中法战争》(以下简称《中法战争》),第5册,第88页。

针对法国对越南侵略的不断升级而接连提出抗议,强调中国与越南间传统的宗藩关系,力主维持中越权益。法国则坚持越事与中国无关,以不予理睬的冷漠方式相对抗。这样,中法交涉陷入僵局。

9月李鸿章奉命回到天津,署理北洋大臣,随即谋求与法国驻华公使宝海会谈。11月24日双方正式开始谈判。这样,外交的主战线就从巴黎转至天津。在谈判当中,宝海一面老调重弹:法国与越南签订条约,意在行船通商,并非侵吞越南土地,用兵则是为了"靖匪党",而中国遣兵深入越境是破坏和局,制造衅端;一面提出以中国撤兵为和谈的先决条件,进行欺骗和讹诈。李鸿章倾向妥协,建议清廷不要错过机会,"速致滇粤疆吏转饬将领按兵界上,勿得深入,致成不了之局"①。12月28日宝海与李鸿章的代表马建忠会商协议条款,据称"相互辩论三时之久,稿经七八易而成"。条文要点是:倘中国将云南、广西之兵自现在屯扎之地退出,法国即声明它"毫无侵占土地之意"和"毫无贬削越南之谋";准许外国商人溯红河到中越边界从事对云南的贸易,并在保胜设口岸,驱除"盗贼"(主要是指刘永福黑旗军);在红河中间某地划界,南北分别归法中两国保护。李鸿章公然把这种妥协让步的协议,看成是自己折冲樽俎之功。

李、宝协议原意是要为中法双方的进一步谈判奠定基础。1883年1月总理衙门对协议表示了基本肯定的态度,但到2月却因法国内阁发生变动而出现波折。被公认为"狂热的殖民主义者"的茹费理再度出任内阁总理,一贯蔑视中国而主张对华强硬的沙梅拉库担任外长。他们不满意前任政府对越事政策的"迂缓",采取了更为激进的侵略方针,断然否决李、宝协议,并撤销了宝海驻华公使的职务。这使得李鸿章骤然陷入被动的地位,朝野责言繁兴。曾纪泽攻击李鸿章为宝海所骗。而有的外国评论家却说"宝海受了李鸿章的欺骗"。其实,李、宝都没有从根本上违背各自政府的意志。法方之所以否定协议,主要是因为它以议和来掩盖阶段性军事准备的目的已经基本达到,而条款又未能满足其侵略餍欲,当然这也同新旧内阁对外政策的激缓有直接关系。

法国内阁改组,李、宝协议告废之后,空气骤然紧张。法国向越南增派战船和军队。法军在加强对越军进攻、占领南定等地的同时,蓄意向中国挑衅,

---

① 《中法越南交涉档》,第1册,第533页。

阻止和扣押招商局的运米船只,加紧进攻刘永福的黑旗军。这使李鸿章十分恼怒,当宝海再度见到他时,"这位总督像拳师那样紧紧握着双拳"说:法国如不承认中国的宗主权,"事情似乎只有这样办"①,表示要以武力一决雌雄。清廷的态度一时也有所改变,谕令有关大员实力讲求战备,"不可稍涉疏懈","以杜诡谋,而维大局"。5月清廷以法越事急,旨命请假回籍葬母的李鸿章秉金革毋避之古训,迅速前往广东督办越南事宜,所有广东、广西、云南防军均归节制。这一方面反映了清廷对李鸿章的倚重,也许真的觉得只有他这位"威望素著,通达事变"的人物方堪此任;另一方面也正如李鸿章自己所察觉到的,"这次任命是他仇敌企图毁掉他的阴谋"。

面对此情此势,李鸿章非常气愤,报怨这是"以珠弹雀","枢府调度如此轻率,令人寒心"。他拒赴前敌,复奏公然提出不去广东、暂住上海的方略。清廷无奈,只好照允,并于6月6日命他仍回北洋大臣署任。6月8日他致函总理衙门,强调各省海防兵单饷匮,水师又未练成,未可与欧洲强国轻言战事,警告"勿惑浮议,激成祸端,致误全局"②。6月16日他又上《法越事端交涉重大遵旨妥筹全局折》,并附《滇粤防务宜责成疆臣并请简员驰往法国交涉片》,系统地表述了他的避战求和的观点。他承认法国侵略越南对于中国有着严重的危害,说"越如为法所并,凡我属国,咸有戒心,而滇粤三省先失屏蔽","边患固无已时"。他认为法国并越之念甚坚,不会甘心释手,而"我以虚声吓之,彼未必即相震慑"。但是,对于客观形势的正确分析,并没有使之得出应该抗战的结论和下定抗战的决心。他声称"我以重兵临之,则内地益形空虚","兵连祸结,防不胜防";法国海军强盛,中国海军难以御敌;中国兵弱饷乏,久战终必不支;兵端一开,中国既添近忧,又贻后患;越南悖妄,毋须顾之。李鸿章避战求和的主张,遭到清流派健将的批驳。张佩纶、陈宝琛、张之洞等在李鸿藻的支持下,纷纷要求清廷对法采取强硬政策。他们打着"天子守在四夷"的旗号,主张援越抗法,以固藩篱而卫门户。在他们看来,虽然中法军事力量对比悬殊,但只要海陆军有机配合,扬长避短,并非不可与法国决一胜负,只要坚持持久战,法国必将知难而退。他们指出,列强恣意侵凌,民族危机日益严重,

① 高第:《中国同西方各国的关系》,转引自季南:《英国对华外交》,第93页。
② 李鸿章:《论海防兵单未可轻言战事》,《中法战争》,第4册,第45页。

并非导源于抗战,而正是由于因循、偷安"几冀和局"造成的结果。

李鸿章在避战求和思想的支配下,从抵沪暂驻到回任北洋后的数月中,主要与法国特使、驻日公使脱利古进行会谈,谋求和平了结中法争端。

在上海,自6月6日至7月1日不到一个月的时间里双方会谈五次,另外还间有函件往来。当时法国政府企图迫使清政府完全就范,不但承认它在越南的既得侵略权益,而且承认它所谋求的在北圻的侵略地位。脱利古既然受命于此,又因原来就是法国政府"主战派手中的一个柔顺的工具",所以与李鸿章一开始接触就表现得十分骄蹇、强硬,声称"此非辩论之时,目下情形,只论力,不论理",中国若不满足法国的要求,"法国断不稍退让,即与中国失和亦所不恤"。有时,李鸿章稍事辩驳,他即忿然作色,拂衣而出。李鸿章则以相当的耐心和柔韧应对。开始交涉的主要胶着点在于:脱利古强调,法国对越用兵,是为了维护1874年《越法和平同盟条约》所"应得之权利名分",与中国无涉,中国不论明助或暗助越南,即为与法国失和。李鸿章表示,中国并不打算与法国失和,没有也无意明助或暗助越南,但是申明越南为中国属国,对法越1874年条约,中国"未尝明认"。他并致电曾纪泽以统一口径。曾纪泽认为,李之"驳甲戌约","申言尤妙"①,亦着力坚持之。在脱利古看来,李鸿章"系统地抗拒了他","而且做出了一种最傲慢的态度",他认为清方的策略是使法国麻烦、厌倦和疲竭,激起法国国内舆论反对内阁。但脱利古认定,中国的武力准备"虚而不实",主张法国应立即对越南宣战,"给顺化方面以重大的打击",从而压迫清政府改变态度。然而脱利古在谈判中却改换策略,"忽变前此凶悍情状,似欲和衷婉商",企图施展阴柔的伎俩,诱骗清政府承认《越法和平同盟条约》,认可法国对越南的既得侵略权益,放弃过问越事的权利,允许法国染指云南。李鸿章当即表示"各节与中国意见未合",不能接受,要"中国日后不能干预越事,断做不到"②。李鸿章看出与脱利古的会谈在短时间里难有突破性进展,便于7月5日离沪赴津。脱利古向其政府报告说:"李躲避了,……他的离去可以看作是在中国进行的谈判的破裂"。但"北京朝廷不愿断交,它更小心不向我们宣战"。正是抓住清政府的这一弱点,脱利古主张与

---

① 《曾候来电》,《李鸿章全集》(一),电稿一,第41页。
② 《法国脱使来晤问答节略》,《中法战争》,第4册,第58页。

中国断交,采取"刚勇"、"强力"的行动,说这样做,"那些只与强者协商的中国人,必将首先向我们让步","我们必将看到中国的匪帮在我们面前退却"。法国政府没有与中国断交,但却派军直逼越南都城顺化,并于 8 月 25 日强迫越南政府签订《顺化条约》,使越南完全沦为法国的殖民地。

9 月 18 日脱利古与李鸿章在天津恢复会谈。脱利古表面上"词气甚和",但实际上变本加厉地进行讹诈,提出所谓三条办法:保护在越之中国商民;剿除北圻土匪;另订中法边界。据脱利古的解释,"保护在越之中国商民"是基于越南地方现在全归法国保护而言;所要剿除的"土匪",系指刘永福的黑旗军;所谓"另订中法边界",是指在法国保护全越的前提下,"拟将广西、云南边界再放宽些"。李鸿章认为这些问题"不能商量",明确表示:"越南为中国属国,北圻土匪实由中国剿平。今法国恃强称兵,而曰此事与中国无干,中国岂能甘心? 在法国之意,不认越为中国属国,不欲中国与闻越事,并疑中国驻兵越境即为暗助黑旗。在中国之意,则认定越为属国,必应设法保护,驻兵越境,乃中国应有之权,并可自护边界,且亦不自今日为始。两国各执一见,愈说愈远"①。

李鸿章还希求通过划界将法国势力限制在北圻以南的地方。他提出,以河内为界,南北分别由法国和中国"保护",即大致以北纬 21° 分界。其实,法国并不是真正要与中国分界保护越南,而是企图以"低廉的价码",换取清政府对它控制整个越南的承诺。对李鸿章的方案,脱利古当即拒绝,提出"由滇粤原有边界约拓开十五里为新界",也就是只留出与中国滇粤接壤的宽十五里一线地带,其余的越南领土全部归属法国。这显然是谈判桌前"漫天要价"的惯技,李鸿章指责说:"此语与中国命意相距太远,亦与法国外部之语不符"②。李鸿章坚持原议,"舌敝唇焦"地争执,脱利古"坚执不允"。这样,谈判一直没有结果。李、脱天津谈判期间,法国已任命巴德诺为驻华公使,令脱利古返回日本。10 月 28 日脱利古离华东渡,李、脱谈判便以破裂而告终。李、脱谈判的破裂,固然在于法方条件过苛,要挟过甚,但也表明李鸿章并非毫无原则地一味妥协退让,他甚至产生过"此后但备与法人动兵"的念头。

---

① 李鸿章:《与法使德理固问答节略》,《中法战争》,第 4 册,第 76 页。
② 《中法战争》,第 4 册,第 89 页。

在李、脱谈判的同时，曾纪泽则在巴黎与法国外部直接交涉，就结果来看，曾氏的交涉也同样陷于失败。李鸿章本来不愿让曾纪泽在对法交涉中与之平分秋色，当他在上海与脱利古会谈之初，就曾建议清廷特简"洞达时务之大臣驰往法国"，以取代曾纪泽，被清廷拒绝。曾纪泽也在极力争夺对法交涉全权而排斥李鸿章。当李、脱上海谈判中断的时候，曾氏乘机向法国方面强调："李鸿章实际上并未负有任何正式的使命"，法国政府"只可真正地与总理衙门或有谈判必要的全权的我商议"①。他在与法国外部会谈中，放弃了否认法国在越南的一切侵略特权的主张，明确提出中法分界"保护"越南的建议。这时，他虽然坚持认为"越南久列藩封"，中国对越南有"上邦之权"，但同李鸿章一样，这只不过是"以虚求实"的外交辞令而已，他甚至向新闻界宣称，只要法国公开承认中越间名义上的宗藩关系，那么法越间前订条约"中国似皆可准"。他还否认刘永福黑旗军与中国有任何联系，只是不情愿听任法国"驱逐"而已，这与李鸿章的口径也无二致。稍后，他向法国提出关于解决越事的6条办法，主张将法国侵略势力限制在南圻，维护传统的中越宗藩关系，中国有权过问越事，允许各国通商红河，开放山西对岸的屯鹤关为通商口岸等。李鸿章对曾纪泽的主张，大致是持赞同态度的。

由此可见，这个时期在有关越事的实际主张上，李、曾二人是大同小异的，二人的主要差异不在于实质性问题，而在于表面态度的刚柔上。曾纪泽好示"刚严"，显"豪气"，谈判桌前，他常以声色俱厉回敬对方的蛮横无理，动辄诉诸新闻手段揭露对方，不惮于"不见礼于敌庭"，在交涉中多次出现僵局。而李鸿章则显得"阴柔"、"圆滑"，有时故作忍让之态。曾纪泽尝责言：越案"每下愈况，始终误于三字，曰'柔'，曰'忍'，曰'让'"，并说："吾华早示刚严，则法人必不敢轻于举发"②。如系就问题的实质而言，这种见解不无道理，但从李、脱谈判时期曾、李二人的举措看，其"柔"、"忍"、"让"与"刚严"的区别似乎主要不是实际主张的歧异，而是表面态度的不同。

1883年12月中旬，以法军进攻驻越南山西的清军为标志，中法战争正式爆发。清廷在主战舆论的推动下，公开表明武力抗敌的态度。但驻扎山西的

---

① 《法国外交文牍》，《中法战争》，第7册，第170页。
② 曾纪泽：《伦敦复左中堂》，《曾惠敏公遗集》，文集，卷5，第8页。

清军统帅、云南新任巡抚唐炯却"弃军而逃","率行回省",黑旗军也因寡不敌众而撤退。法军在 12 月 16 日占领山西城,致使清朝统治层中的某些人仓皇失措,甚或有撤防之议。然而这时李鸿章却"慷慨激昂"地发出主战的呼声。12 月 17 日即法军占领山西的次日,李鸿章上《遵旨妥筹边计折》说:

> ……臣唯中外交涉,每举一事,动关全局,是以谋画之始,断不可轻于言战,而挫败之后,又不宜轻于言和。刘永福以新集之军隔河而守山西,本是危道;杀伤相当,弃城走险,疆域胜负,彼此何常?此意未足介意。即敌或径犯北宁,三面受兵,势颇难守。然我兵终无遽罢之理……岂可望风震慑,仓卒撤防,使法窥我内怯,要挟多端,增环海各国狎侮之渐哉?
>
> 夫南宋以后,士大夫不甚知兵,无事则矜愤言战,一败则诓懦言和,浮议喧嚣,终至覆灭。若汉、唐以前,则英君智将,和无定形,战无定势。卒之虚憍务名者恒败,而坚忍多略者恒胜:足以知致敌之奇,终在镇定。伏愿朝廷决计坚持,增军缮备,内外上下,力肩危局,以济艰难,不以一隅之失撤重防,不以一将之疏挠定见,不以一前一却定疆吏之功罪,不以一胜一败卜庙算之是非,与敌久持以待机会,斯则筹边致胜之要道矣。①

纵观李鸿章此番言论,其中对士大夫"无事则矜愤言战,一败则诓懦言和"的指责,显系针对曾经攻讦过他的某些主战论者而发的,虽然挟杂私人成见,但也不失为切中时弊、合情合理之言。他对战局的分析和预测,应当说是符合实际、颇有见地的。"决计坚持,增军缮备"的主张尤为切要之见,难能可贵。而四个"不以……"之论,在对清廷的委婉批评箴劝之中,显示出从全局出发考虑和处理问题的见识。这些,都是应当肯定的。

值得注意的是,李鸿章此时的表态,不仅是由于谈判破裂、战局已开的形势激发了他的对外抗争性所使然,而且与清流派的活动有着密切关系。中法交涉以来,清流健将对李鸿章有打有拉,既时有责言,抨击他"怯敌"、"过于谦和";又设法联络,力图对他施加政治影响。1883 年 12 月张佩纶进入总理衙门任职,他因"全力主战",被有的外国人视为"骄矜无知和中国式爱国主

---

① 《中法战争》,第 5 册,第 257—258 页。

义——'中国人的中国'主义——的产物"①。张佩纶自告奋勇赴津游说李鸿章，"鼓舞其气"。慈禧认为张氏"奋勇能办事"，批准了他的请求。张氏于12月5日抵津，逗留五日，李鸿章的《遵旨妥筹边计折》正是此后所上。李鸿章致函李鸿藻说："日前幼樵来晤，询悉硕画荩勤，忠诚塞塞，钦跂莫名……洵如尊旨，只有增军备缮，一意坚持"②。由此可见，李鸿章此折正是迎合了李鸿藻之意。张佩纶的天津之行，当是清流派精心谋划、布置的一次重要活动。正因为如此，李鸿章主战的余音未息，清流派便紧锣密鼓地出场配合。已出任山西巡抚的张之洞呼喊尤力。他于1884年1月初上《法衅已成敬陈战守事宜折》，强调须"决战计"，说"事已至此，羁縻无益"，主张在越南与法军一战。由于李鸿章和清流派的一度合拍，使得主战舆论更占了上风，以致于以"转圜"为言的翁同龢，尽管"仍力言之，然无和者"③。

当然，尽管这时李鸿章与清流派表面上你唱我和，异口同声，但李鸿章的主战表态并不见得言由其衷，颇有委蛇保荣的意味。中法交涉以来，李鸿章处于"谤议喧腾"之中，就在他上《遵旨妥筹边计折》前夕，更有人对他激言弹劾，说他"岁费国家百万金，而每有震惊，一味议和"，"张夷声势，恫吓朝廷，以掩其贪生畏死，牟利营私之计"，"坐拥重兵，挟淮军以揽权"，要求立予罢斥④。舆论可畏，而清流派则在相当程度上左右着舆论，慈禧对他们仍旧放纵和利用，派系斗争复杂，政局叵测。李鸿章自然不会贸然拒绝清流派的联络，招其劲矢，故作出亲而近之、迎而合之的姿态。对于其他门户，他也因事制宜，巧于应酬。

李鸿章的圆滑并不是多余的。当时清朝统治层中确实构成一种特别复杂的多边关系网络，慈禧就是主宰这个网络中枢的蜘蛛。她的心机和下一步行动，即使李鸿章这样的权臣们似乎也无法捉摸。他们似乎在沉闷的氛围里预感到一场暴风骤雨即将降临，而对他们是凶是吉、是祸是福着实叵测。1884年4月他们所预感的风云果真到来了。慈禧对军机处和总理衙门进行了大改组，以奕譞集团取代了奕䜣集团，并给清流派当头一棒，从而一改"当国者益

---

① 《中国海关与中法战争》，第146页。
② 李鸿章：《致李兰孙中堂》，《李文忠公全书》，朋僚函稿，卷20，第50页。
③ 《翁文恭公日记》，光绪九年十一月二十五日。
④ 秦钟简：《请罢斥李鸿章片》，《中法战争》，第5册，第250—252页。

厌"的"言路纷嚣"的状况,"风气为之一变"。在这种情况下,李鸿章便很快收敛了他那主战的面孔,又返回到避战求和的老路上去,充当了与法国代表福禄诺谈判的牵线人和全权代表。

福禄诺是法国海军舰长,被赫德称作"聪明、诡谲、富有野心的'玩火者'式的人物"。此人在中国多年,且曾久居天津,认识了李鸿章。1884年3月下旬福禄诺和当时任粤海关税务司的德璀琳晤谈,随后德璀琳便亲自赴津将福禄诺的密函交给李鸿章。福禄诺玩弄恫吓手法,企图胁迫李鸿章就范,声称:法国"拟调兵船入华,将夺据一大口岸为质,若早讲解,可电请其国止兵"①。李鸿章果真被吓倒,致函总署说:"若此时与议,似兵费可免,边界可商,若待彼深入,或更用兵船攻掠沿海地方,恐并此亦办不到,与其兵连祸结,日久不解,待至中国饷源匮绝,兵心、民心摇动,或更生他变,似不若随机因应,早图收束之有裨全局矣"②。这时在巴黎与法国政府直接交涉的曾纪泽,因其外交举措使得法国大感恼怒,特别是他在致德报函中,公开将中国军队在越南山西的败绩,与普法战争中法皇被掳、法军覆没的色当一役相对比,使得法国朝野一致认为这是对法国的最大侮辱,掀起了驱曾的喧嚣。福禄诺在给李鸿章的密函中,就把曾纪泽调离法国作为议和的先决条件之一。这正合李鸿章的心意,李便顺水推舟地怂恿清廷撤销曾纪泽驻法公使的职务,任命驻德公使李凤苞暂代。此后曾纪泽虽然以出使英、俄大臣的身份,仍然对中法和战之局有所献议,但毕竟是局外旁言了。这时清廷已决心与法言和,谕令李鸿章"为保全和局起见","通盘筹划,酌定办理之法",但"不别贻后患"、"不稍失国体"。其实,既然妥协议和,又怎能不贻后患、不失国体呢?清廷此举,无非是既要求和苟安,又要推卸罪责。李鸿章看透清廷险恶用心,为了避免充当任人宰割的替罪羊,也玩弄手法以应付清廷,说自己"身任疆事,分应备兵御侮,不敢专主议和",即使"竭诚筹办",但"今日事势至此,恐不能如前岁与宝海所订三条之妥"③,他要求清廷钦派大臣前来"统筹斯事",并对"何者可行,何者难允,先具大略规模",使其有所遵循。清廷无奈,只得提出4项限定性条件:"越南世修职贡,为我藩属"不变;杜绝人滇通商;黑旗军不能任法国驱除;不付赔款。

---

① 李鸿章:《寄译署》,《李鸿章全集》(一),电稿一,第117页。
② 《李鸿章寄总理各国事务衙门函》,《中法战争》,第5册,第306页。
③ 《署直隶总督李鸿章奏遵旨复陈法越事宜折》,《中法战争》,第5册,第324页。

同时,清廷谕令廷臣集议,致使战和之争又起。5月4日御前大臣和硕博多勒噶台亲王伯彦纳谟祜领衔上《预筹和局折》,联名的各类官员竟多达158名,其中包括原清流健将陈宝琛、黄体芳、吴大澂,以及湘系要员左宗棠、曾纪泽等人,他们主张议和"收束"。而持有异议另折具奏的只有31人,其中除了张佩纶为总理衙门大臣外,其余多是科道言官类毫无实权的人物,如孔宪毅、邓承修、吴峋、刘恩溥等人,他们虽然主张"力筹战守",但又表白不敢一味以"和议为非",只恐"李鸿章为彼族所误","和与不和当以敌情兵力为定"。清廷支持前者,压制主战派,因而李鸿章与福禄诺的议和进行得非常快捷,从5月6日开始会谈,到5月11日就签订了《中法会议简明条款》,亦称《李福协定》,凡5款,主要内容:中国承认法国与越南订立的条约;法国不索赔款,中国同意在中越边境开埠通商;中国军队自北越撤回边界。

李鸿章将这样一个和约,夸耀为自己交涉的成功,说福禄诺原议仅3款,是他与之"再四推敲,酌改数次,始能办到如此地步,实已舌敝唇焦"①。清廷也认为条约于"国体无伤,事可允行"。其实,这是一个大伤国体的屈辱条约。赫德评论说:"这条约是我所见到的最奇特的文件,露在表面上的完全不是真的,真正的意义却在表面上一点也找不到!它念上去倒像一个李鸿章对法所得胜利的公告,而不是中国失败的记录。它容许法国在越南为所欲为,比法国国会的方案还有驰骋的余地。我认为它给了法国一张在越南的空白支票,而且是法国'保护'中国的第一步"②。这绝非危言耸听,而是破的之论,它满足了当时法国侵吞全越、窥向中国的贪欲。茹费理"曷胜欣喜"地赞扬李鸿章说:"我快乐地体验到了这位政治家是用和我们自己相同的观点去考虑两国的利益的"③。他称誉李鸿章"为国名臣,深于阅历",李鸿章对此则表示"欣悦之至"。

条约如此屈辱,恐怕连主和派中的许多人都始料不及,这给了主战派反击的把柄。主战派对李鸿章群起而攻之。在签约的第二天,孔宪毅、邓承修等20余人就联名上奏,指斥李鸿章"视弃地犹弁髦,谓'中国所争在体制,不在区区一越南',实为舛谬",声称如遵此约实为下策,主张以继续交涉来"迁延时

---

① 《李鸿章致总理衙门函》,《中法战争》,第5册,第351页。
② 《中国海关与中法战争》,第150页。
③ 《法国黄皮书》,《中法战争》,第7册,第216页。

日",让有关疆吏将帅统筹战备,俟"防备已周","以战则克,以和则固",赢得主动,否则,即使"竟与约和",也要以红河为界划分保护区,不可全弃越南①。接着御史47人会同翰林院弹劾李鸿章。主战舆论不容置若罔闻,清廷只得作出几分主战的姿态。6月18日清廷谕令左宗棠复入军机,这是一项对战和之局颇有影响的人事安排。次日,李鸿章即致电潘鼎新:"左相进京,正议主战,内意游移。"②清廷还指示有关疆吏将帅,"仍当视以必战之势","认真布置,力筹备御",驻越各军仍在原处待命。但是法国却迫不及待地要接管越南北部的清军防地。6月23日法军向谅山前进,谅山清军代表向法军解释尚未接到清政府的撤防命令。法军在观音桥(北黎)打死清军代表,炮击清军阵地。清军被迫还击,打退法军,这就是所谓"北黎事件",交涉风波再起。

"北黎事件"发生后,法方便敏感地注意到李鸿章"显出惊慌的样子,恐怕这是在北京得到胜利的反对派的成绩,而李已不再是事态的主持人"③。这是事实。因为李鸿章签订和约成了众矢之的,处境难堪;加之李鸿章在谈判中确有如清廷所申斥的"办理含混"之处,为法国制造衅端进行讹诈提供了借口,从而使之更加被动。清廷一度将李鸿章撑出中法交涉事局之外。

法国一手挑起了北黎军事冲突,反诬中国破坏李福条约,大肆讹诈,要求中国"火速"撤军并于京报声明,至少赔偿兵费2亿5千万法郎,提供履行李福条约的担保。7月12日法国驻华代办谢满禄将上述要求以最后通牒的形式向总理衙门提出,限期照办,否则法国便"自取押款,并自取赔款"。法国远东舰队司令孤拔将军舰调往福州和基隆,意在武装占领这两个沿海口岸并在此征收关税作为"担保"。面对法国的军事部署和外交讹诈,清廷倾向妥协,决定遵守李福条约,撤退保胜、谅山各处防营,并诏命曾国荃为全权大臣,陈宝琛为会办,去上海与法国公使巴德诺谈判。曾国荃身为两江总督兼南洋大臣,又是主战派人物,但在会谈中却表现得颇为软弱和笨拙。他自己也承认"舌战实非所长"。李鸿章窥其穷蹙,乘机怂恿他勿以廷旨为限,"当相机为之","无论曲直,求恩赏数十万以恤伤亡将士,似尚无伤国体"④。曾国荃竟听从此

---

①　《中法战争》,第5册,第364、367页。

②　李鸿章:《寄潘抚》,《李鸿章全集》(一),电稿一,第142页。

③　《法国黄皮书》,《中法战争》,第7册,第218页。

④　李鸿章:《寄江督曾》,《李鸿章全集》(一),电稿一,第180页。

议,擅自答应给法方"抚恤"银50万两(合350万法郎)。巴德诺以为数太少斥为"笑柄",清廷闻讯后严旨申饬曾国荃等人。法国则一面坚持勒索赔款,一面诉诸武力。8月上旬,法舰进攻基隆,形势危急。清廷乞求列强调停,但"英、德与法仇,不肯过问,美滑无力",难以奏效。李鸿章乘机怂恿清廷接受赔款议和条件,说不然"战后亦必赔偿,为数更巨"。慈禧六神无主,竟召奕谟哭诉:"不愿再经咸丰故事,但亦不愿大清江山由我而失,由我示弱。"奕谟曰:"可以打。"慈禧说:"打就打到底。"慈禧又召见御前大臣、军机、总署、六部九卿和翰詹科道集议,说"和亦后悔,不和亦后悔。和就示弱,不和会割地赔款而且损伤不少,或许引起内乱而且亦赔不起。"许久无人发言,左宗棠起立说:"中国不能永远屈服于洋人,与其赔款,不如拿赔款作战费。"慈禧遂命罢朝,含泪以左为是①。在这种情况下,外界认为"李鸿章地位甚为危险"。其实,手握军权的李鸿章在统治层中仍不失为举足轻重、安危系之的人物,身陷僵局的曾国荃、陈宝琛等致电总理衙门,乞请李鸿章出来收拾局面,认为"转圜"之事,"非李不能了"②。李鸿章仍然力主避战求和。8月23日他致电总理衙门大臣张荫桓,要他在枢廷活动,"设法回天"。不料就在当天,法国舰队在马江突袭福建水师,炮轰船厂。8月26日清廷下诏对法宣战。

清廷宣战以后,李鸿章虽然迫于形势,在某些特定场合,有过"中国别无办法,唯有用兵","万不再请说和"(指不再请外国调停)之类的话,并且也不得不作一些军事布置以搪塞清廷的指令,但实际上是抱着消极抗战、积极求和的态度,他甚至拿马江之败来作为他坚持避战求和正确的根据。但当时清廷的抗战态度似乎是坚决的。9月3日慈禧以有人奏劾张荫桓私函上海道接洽赔款问题,将张荫桓等6名总理衙门大臣革职。李鸿章与清廷的态度之所以大相径庭,主要原因在于,清廷所考虑和争取的是维护王朝的体面,而统治层中的主要舆论,社会各界高涨的抗战热情,都支持了这种心理需要。但李鸿章所着眼的却是敌我力量对比。他深知与法国的坚船利炮相比,中国兵单饷匮,而北洋海军又处于初创阶段,劣不敌优。而法国方面,在进行战争压迫的同时,也没有放弃诱和的尝试。10月初正当法军对台湾和北越发动猛烈进攻、

---

① 转引自窦宗一:《李鸿章年(日)谱》,第163—164页。

② 《陈会办致译署》,《李鸿章全集》(一),电稿一,第225页。

中国军民顽强抵抗之际,李鸿章却与法国领事林椿密谋和议,德璀琳也积极插手调停活动。当时伺机排斥李鸿章、德璀琳,力图包揽对法交涉的赫德认为,"李鸿章和德璀琳的声望和信用已受到威胁,他们所企求的是使天津条约毫无保留地被接受,这使茹费理和福禄诺很高兴,引导法国以为李是他们的盟友,但另一方面这使中国不愿意谈判,或提出困难的条件来对付"。他看出清廷的心态是:"要和平,但不肯'丢脸'要和平。不幸的是这里所认为'丢脸'的,倒并不是丧失事物的实质,而是丢掉他的虚名。"①基于这种认识,赫德提出一个既维护法国侵略权益、又照顾清廷"体面"的折衷方案。清廷表示接受,但法国却于1885年1月7日予以拒绝。就在这一天,赫德指令金登干去巴黎,表面上是去同法国政府直接商谈1884年10月在台湾被法军扣留的中国海关供应船"飞虎号"的释放问题,实际上是开辟与茹费理直接联系的渠道,以包揽中法议和。赫德这次的确成功了,他告诉金登干:"我把事情全抓在我手里,并尽量保守秘密,连李鸿章都不知道实情,而且没法碰到它","连总理衙门方面我也不敢把每一件事都告诉他们"②。尽管李鸿章并不情愿被排斥于局外,企图插手干预,但因没有得到清廷的支持而落空。在和议基本达成,《中法停战条件》签字的前夕,赫德致函金登干说:"李鸿章在这三个星期内特别不老实,虽然皇帝命令他与伊藤博文伯爵(日本为朝鲜事件派来的特使)谈判,并且要他撇开法国问题,但是他却多管闲事——他并没有接到叫他这样做的命令。衙门——特别是新王爷——在我们直接去找茹费理以后,坚决地支持了我……我盼望我们是接近结束了。"③清廷所以支持赫德主办与法议和,而排斥李鸿章干预其事,一则是对李鸿章在中法交涉中的表现不满和失望;二则中日关于朝鲜问题交涉确需有人主办;三则似乎是接受以往"厨子太多打翻了汤"的教训,企图专用赫德这样一个有着特殊身份的人物,以便借助英国政府调停,促使和议成功。清廷之所以急于议和,一则因为战局渐渐向有利于法国方面转化,法军在中越陆路战场取得明显优势,占领谅山并一度攻陷镇南关,法军又加紧在中国沿海进行骚扰,而中国财政拮据,军需不支,不得不屡借外债;二则因为日本利用朝鲜开化党人发动甲申政变,插手朝鲜问题,与

---

① 《中国海关与中法战争》,第176—178页。
② 《中国海关与中法战争》,第183—184页。
③ 《中国海关与中法战争》,第184页。

法国的侵华战争遥为呼应,增加了对中国的压力。法国政府这时也想乘胜讲和,以保证自己在和议中的有利地位。

但是就在基本达成巴黎和议的时候,1885 年 3 月下旬,中国军队连续取得镇南关——谅山大捷和临洮大捷,战局大变,中国军队掌握了战场上的主动权。法国由于军事失败引起政治危机,茹费理内阁倒台。可是就在这种有利形势下,金登干却得到清廷认可,与法方代表于 4 月 4 日在巴黎签订了《中法停战条件》,大旨为:双方遵守《中法会议简明条款》;双方停战,法国解除对台湾的封锁;双方派代表在天津或北京议订条约细目和撤兵日期。中国在军事胜利的形势下仍然作出如此巨大的妥协让步,甚至连法国当局都惊呼"简直不能想象"。停战协定签字后,清廷立即下令北越驻军分期撤退回国。前线爱国将士"拔剑斫地,恨恨连声"[1]。而清廷却以所谓"乘胜即收"来替自己对外妥协辩护,压制前线爱国将士的抗敌愿望。

按照《中法停战条件》的规定,双方要议定正式和约。法国新政府任命巴德诺为全权代表,清廷则派李鸿章为"全权大臣"。但事实上,有关中法正式条约的谈判主要是在巴黎而不是在天津进行的,主要谈判者是金登干(在赫德指使下)和法国外交部政务司副司长戈可当,而不是李鸿章与巴德诺。具体的程序是:法国把自己所拟定的条约草案交给金登干,金登干电告赫德,赫德递交总理衙门;清廷就这个条约草案提出自己的修正意见(其间曾征求李鸿章的意见),经赫德交给金登干在巴黎与法国谈判,每当双方就某几款取得协议后,才由中法政府把这几款分别交给李鸿章和巴德诺,由他们就细节和约文加以核对。所以,他们在天津的工作基本上只是"督同中外翻译官,详确考究,讲解文义"而已。李鸿章自己也明确说过:"款议始终由内主持,专倚二赤(指赫德),虽予全权,不过奉文画诺"[2]。所谓"由内主持",系指由慈禧决策。正如赫德所说的:"在这次谈判中,每一项提议都是事先经过太后亲自主持考虑和批准,她很勇敢,力排反对之议,主张和平,且在谅山胜利群议主战之时,仍愿忠实履行谈判已取得的协议。"[3]条约草案是由法国方面拟出的,清廷认为"无甚为难",基本上可以接受,所争议的主要是在关系自己所谓"威望体

---

① 胡传剑:《盾墨留芳》,《中法战争》,第 2 册,第 602 页。

② 《李中堂来电》,《中法战争》,第 4 册,第 498 页。

③ 《中国海关与中法战争》,第 130 页。

面"的虚文上,如翁同龢所说,"不过皮毛耳"。这样,李鸿章在长达一个多月的谈判中,也就囿于清廷既定的框框之中,很少接触实质性问题。6月9日李鸿章和巴德诺在正式和约即《中法会订越南条约》(亦称《中法新约》、《李巴条约》)上签字。该约的主要内容是:越南境内听任法国"自行弭乱安抚",中国"不派兵前赴北圻",不干预法越间已定和将定之条约,从而使法国取得了对越南的"保护权";中越边界地区向法国开放通商,指定保胜以上、谅山以北两处为通商处所,法国在此享有和其他通商各口相同的权利,所运货物进出云南、广西边界纳税"照现在通行税则较减",从而使法国取得了在我国西南通商的特权;日后中国修筑铁路,自向法国业此之人商办,从而使法国夺得在中国修筑铁路的特权。而中国所得到的,只不过是"至中越往来""必不致有碍中国威望体面"的虚文。这个条约的签订,标志着中法战争以"法国不胜而胜,中国不败而败"的局面告终。

七 "一生事业扫地无余"

"能柔朝鲜而不能折日本"

清流健将张佩纶对李鸿章说:"能柔朝鲜而不能折日本,非盟主也。"[1]李鸿章在朝鲜和日本问题上所扮演的正是这类角色。

朝鲜是一个较小的国家,但战略地位却极重要。朝鲜由于封建制度和李氏王朝的统治,长期陷于贫困和衰弱的状态中。中朝国境毗连,两国人民自古以来建立了深厚友谊,但清朝封建统治者却对朝鲜维持着中国和越南那样的宗主藩属关系。19 世纪 70 年代后,随着世界资本主义向帝国主义过渡,列强竞相插足朝鲜,朝鲜成为列强争夺中国的矛盾的焦点之一。时人指出:"各国之图中国者,无不图先占朝鲜。彼以为朝鲜得,而中国之左臂断,进可以制东三省而摇我根本,退可以屯兵积聚观时而动,而中国在其股掌之上。"[2]日本利用同朝鲜地理上的邻接,和其他列强远隔的便利条件,成为侵犯朝鲜的急先锋。早在谈判和签订《中日修好条规》期间,李鸿章就发现日本觊觎朝鲜的野心,并相应地采取了一些预防措施。他坚持在条规中列上"所属邦土不可侵越"条款,"隐为朝鲜等国预留地步";并多次告诫日本对朝鲜应"释衅修好"。1873 年来华换约的日本外务卿副岛种臣以朝贺同治皇帝"大婚亲政"为由,进京呈递国书,特派柳原询问总署大臣毛昶熙:"朝鲜诸凡政令是否由该国自主? 中国向不过问?"毛昶熙等答复说:"中国对于朝鲜,虽与册封及正朔,然其内治与和战,皆朝鲜自主,与中国无关。"[3]狡猾的柳原默不置辩。副岛返国

---

① 张佩纶:《致李肃毅师相》,《涧于集》,书牍二,第 7 页。
② 中国近代史资料丛刊:《中日战争》(一),第 585 页。
③ 《筹办夷务始末》(同治朝),卷 93,第 27 页。

路经天津,李鸿章劝日本接受丰臣秀吉征韩失败的教训,对朝鲜应"释衅修好","若用武强逼断无能相和好之理"。副岛假意表示:"君言诚是,鄙意亦只欲如此办理"①。李鸿章所以这样做,是因为他看到日本对朝鲜抱有侵略野心和中朝关系的极端重要性。他致函总署说:"日本觊觎朝鲜历有年所,朝鲜为我东土屏蔽"。日本陆军比海军强,距朝鲜又最近,日本侵犯江浙,"尚是沿海肢体大患",倘若侵略朝鲜,"则为辽京根本之忧,前订规条以所属邦土不可侵越等语,实欲预杜此意"②。然而,规条和告诫都无法改变日本资本主义的侵略本性。副岛一经回国,就主张对朝鲜发动侵略战争。

1875 年日本即蓄意制造了江华岛事件,作为"诱导朝鲜开化,使朝鲜屈服,并予吞并"的借口③。是年 9 月间,日本军舰"云扬"号擅自驶入朝鲜江华岛附近测量海口。朝鲜海防军向日本军舰发炮警告,日舰竟然攻毁炮台,并派兵登陆,攻城残民。事件发生后,日本政府一面派黑田清隆和井上馨率领舰队来到江华岛,以追究"责任"为名,胁迫朝鲜订约通商;一面又派外务少辅森有礼使华,因为日本深知中朝之间存在着宗主藩属关系,中国是日本侵略朝鲜的重大障碍。1876 年 1 月森有礼到达北京,与总理衙门奕訢等进行洽谈。当时双方争论的焦点是中朝宗主藩属关系问题。森有礼断言朝鲜之为中国属国,"徒空名耳",否认中日修好条规适用于朝鲜事务,企图"在与朝鲜直接交涉之际,杜绝中国方面的干涉"。奕訢则表示"朝鲜为中国所属之邦,与中国所属之土有异,而其合于修好条规'两国所属邦土不可稍有侵越'之言者则一。"④坐镇津、保的李鸿章,密切地注视着中日会谈,总理衙门也不时地"抄示往复议论朝鲜节略"。李鸿章认为日本对于朝鲜,以议和为名,实则备战,而朝鲜并"不愿议和,诚恐衅端已兆"⑤。他既看到朝鲜"不足以敌日本",中日修好条规无法束缚日本手脚,日本侵占朝鲜使中国"有唇亡齿寒之忧",又不愿效法明朝李如松抗日援朝故事。他建议采取"息事宁人之计",劝诱朝鲜忍辱负重,允许日本"通商往来",以期"暂弭兵衅",并使中国避免卷入纠纷。1 月 24

---

① 《李文忠公全书》,译署函稿,卷 1,第 49 页。
② 李鸿章:《论日本与台湾、朝鲜、秘鲁交涉》,《李文忠公全书》,译署函稿,卷 11,第 49 页。
③ 大久保利通:《朝鲜意见书》,《大久保利通文书》。
④ 《复日本国照会》,《清光绪朝中日交涉史料》,卷 1,第 6 页。
⑤ 李鸿章:《复沈幼丹制军》,《李文忠公全书》,朋僚函稿,卷 15,第 36 页。

日李鸿章在保定会见了森有礼。森有礼专程拜访李鸿章,是想"复申各说",通过李鸿章影响总理衙门,打破谈判僵局。李鸿章接见并宴请了森有礼。森有礼絮聒不休,声称"国家举事,只看谁强,不必尽依著条约。"李鸿章针锋相对,指出"恃强违约,万国公法所不许。"森有礼坚持强权的逻辑,而李鸿章却迷信"万国公法",殊不知"万国公法"并不能制止侵略者"恃强违约"。森有礼还否认朝鲜为中国"属国",李鸿章驳斥说:朝鲜"奉正朔,如何不是属国?"他俩关于朝鲜是否中国"属国"的争论,其实质是西方殖民观念与东方封贡观念冲突的反映,是日本企图排挤清朝势力、打开侵略朝鲜的通路和清朝方面为维护宗藩关系、防止日本侵略朝鲜的斗争。森有礼在"酒酣面热"时,曾说"取了高丽有何益处?"李鸿章乘机对他晓以利害,并挥笔疾书"徒伤和气,毫无利益"八个字送给他。森有礼再三央求李鸿章转商总理衙门,设法劝说朝鲜接待日本使臣。事后,李鸿章果然不负所托,向总理衙门详细地报告了与森有礼会谈的情况,并建议"将奏请礼部转行朝鲜一节作为收场,以示格外和好,藉答来意,而略缓其逞强黩武之心,更于大局有益。"①由此可见,李鸿章对于朝鲜,既抱住所谓宗主权不放,又对日本侵略采取"息事宁人之计",其结果势必引进日本侵略势力,损害清朝的既得利益。朝鲜鉴于日本的武力威逼和清朝"息事宁人"的态度,于2月26日被迫与日本签订《江华条约》,其中载明"朝鲜国为自主之邦,保有与日本平等之权。"当时日本承认朝鲜为"自主之邦",并非真正维护朝鲜独立主权,而是企图否定中朝的宗藩关系,开拓侵略朝鲜的道路。清朝统治者基于传统观念,以为只要朝鲜承认中国为宗主国,第三国承认与否无关大局,因而既未向日本抗议,又未诘问朝鲜。殊不知如果与第三国引起外交问题,那么第三国是否承认中朝宗藩关系,就会直接影响事态的发展了。此后,日本借口朝鲜为"自主之邦",遇事与朝鲜直接谈判,竭力排除中国的干涉,处心积虑地把侵略的触角伸进朝鲜。

血写的事实使李鸿章逐渐认识到日本侵略朝鲜,势必引起列强在朝鲜的角逐,"俄人亦将隐启雄图,英、美、法、德诸国复群起而议其后",这不仅为"朝鲜之大患",而且也是"中国之隐忧"。面对日本和欧美列强的侵略,朝鲜势孤力单,本非其敌,中国将往助而力有未逮,将坐视而势有不能。从朝鲜和中国

---

① 《李文忠公全书》,译署函稿,卷4,第33—38页。

的安全考虑，李鸿章推行了所谓"牵制政策"。

倡议在朝鲜推行"牵制政策"的是丁日昌。他在1879年说：

> 朝鲜不得已而与日本立约，不如统与泰西各国立约，日本有吞噬朝鲜之心，泰西无灭绝人国之例，将来两国启衅，有约之国皆得起而议其非，日本不致无所忌惮。若泰西仍求与朝鲜通商，似可密劝勉从所请，并劝朝鲜派员分往有约之国聘问不绝。①

总理衙门同意丁日昌的建议，主张劝导朝鲜与英、美等国立约通商，借以牵制日本，让李鸿章照丁日昌所陈作为己意转致朝鲜李裕元。李裕元系朝鲜国王李熙的叔父，久任元辅，主持大政，晓畅时务，当时虽已退休，但声势犹存。他曾致书李鸿章"道其仰慕"之情，李鸿章复书"略及外交之意"。此时若由李鸿章出面写信给他"藉为开导，尚非无因而至"②。

李鸿章称赞丁日昌所言"为朝鲜计，实为中国计。"他遵旨致函李裕元，发挥丁氏建议，请求将其呈报朝鲜国王察核，"广集廷臣，深思远虑，密议可否。"③李鸿章写给李裕元的信，虽是由薛福成起草的，但却如实地反映了他对远东形势的看法和所拟推行的外交政策。

首先，他认为"日本行为乖谬，居心叵测"，亟宜设法防范。日本自明治维新以来，"恃其诈力，以鲸吞蚕食为谋"，对于邻邦朝鲜和中国，"难保将来不伺隙以逞"，"中国兵力饷力十倍日本，自忖可以制之"，而朝鲜"固不可无以备之"。

其次，他认为朝鲜应该在军事和外交两个方面采取应变措施。在军事方面，应该"密修武备，筹饷练兵，慎固封守。"在外交方面，应"恪守条约"，不要给人以可乘之机。同时"似宜用以毒攻毒以敌制敌之策"，乘机相继与欧美各国立约，借以牵制日本。前者是加强国防建设，后者是讲求"交接远人之道"。李鸿章认为，这是保卫朝鲜的必要措施。

李鸿章说："西人恃其精锐，地球诸国无不往来"，是"自然之气运，非人力所能禁遏。"他朦胧地意识到资本主义列强征服世界的活动，是难以抗拒的，

---

① 《清光绪朝中日交涉史料》，卷1，第32页。
② 《清光绪朝中日交涉史料》，卷1，第32页。
③ 《清季外交史料》卷16，第14—17页。

唯有因势利导,才能防患于未然。他既看到日本勾结英、法、美或俄国侵略朝鲜,使朝鲜"势成孤注"的可怕前景;又看到欧美各国同日本争夺朝鲜的现实,企图劝导朝鲜与英、美、法立约通商,"不但牵制日本,并可杜俄人之窥伺",进而迫使俄国讲和通好。显然,这是一种均势思想,企图在列强之间"互相钳制而莫敢发"的条件下苟延残喘。李鸿章的均势思想,同他对欧美资本主义列强的本质缺乏认识有关。在他看来,"泰西通例,向不得无故夺灭人国,盖各国互相通商,而公法行乎其间"。英、美、德、法距朝鲜数万里,"本无他求,其志不过通商耳,保护过境船只耳"。他轻信了西方资产阶级的所谓"通例"和"公法",错误地以为英、美、法不会"无故夺灭人国",无意把朝鲜变为自己的殖民地,而只是想"通商"、"保护过境船只"。因而,朝鲜只要与英、美、法立约通商,就能使之以为我用。日本畏服欧美列强,以朝鲜之力制日本,肯定不行,以允许欧美列强通商制日本,则绰乎有余。他还劝导朝鲜应随时派人到有约之国,"通聘问,联情谊","倘遇一国有侵占无礼之事,尽可约集有约各国,公议其非,鸣鼓而攻,庶日本不致悍然无忌。"其实,无论是立约通商,抑或是"通聘问"、"联情谊",都不会改变欧美资本主义列强的侵略本性,不能指望借此获得它们的支持而排除日、俄侵略势力。

生活在封闭社会里,遵循传统治略的李裕元复信表示:朝鲜本意"不欲与他国来往,牵于众议,不敢主持。"但"拟仿古外国入学之例",咨请礼部拣选明干人员赴天津,"学习练兵制器之法。"①李鸿章认为朝鲜与西人通商一节,"实系谋国要图,与练兵制器相辅而行",不可或缺,因而"仍拟不惮苦口,善为开导,冀其或有转机"。

1880—1881 年间,美国派遣薛斐尔出使朝鲜,企图以日本为媒介与朝鲜立约通商。俄国陈兵于黑龙江、海参崴等处,如"不得志于中国,必将逞威于朝鲜"。英国驻华公使威妥玛胁迫总署劝说朝鲜"急与各国通商"。面对如此严峻的形势,朝鲜君相"幡然变计,有联络外邦之意",但因统治阶层中"议论纷歧,尚难遽决"。清政府为了加紧推行牵制政策,也改变属藩"公牍往来职之礼部"的旧制,决定"遇有关系洋务紧要之件",由北洋大臣和驻日公使与朝鲜"通递文函,相机开导"。李鸿章受命之后,面临着如何处理朝鲜与他国立

---

① 《清光绪朝中日交涉史料》,卷2,第7页。

约通商的问题。驻日公使何如璋从维护宗藩关系出发,主张中国应派人前往代为主持,或请旨饬令朝鲜与他国订约,并于条约内声明:"奉中国政府命愿与某国结约"。① 李鸿章认为这种主张,虽然不无道理,但却窒碍难行。他致函总署说:(一)朝鲜国王并未请旨酌夺,"若遽由我奏明饬令与他国结约",朝鲜"未必尽听吾言",各国也必将"唯我是问"。(二)从前朝鲜与日本立约,中国并未派员前往主持,条约内亦无奉中国政府字样。"今与西国结约,谓必奉我政府之命,即朝鲜肯遵,西国未必肯受",况且"我与西约",是在西国胁逼之下签订的,"各款多违万国通例,正思逐渐挽回。"朝鲜"于无事时结约,亟应设法救弊",如果中国派员参与议约,"西人必援华约"以为准绳,显然对朝鲜不利。(三)何如璋顾虑"听朝鲜自行结约,他国皆认其自主,而中国之属邦忽去其名",固然不无道理,"但使朝鲜能联络外交以自固藩篱",则我国奉、吉、东、直"皆得屏蔽之益,其恭顺我朝礼节,似不至因与西国结约遂即变更。中国诚能练兵防海,日图自强,不独朝鲜弱小未敢貌视,即欧西大国亦未尝不敬而畏之。若不图自强之策,终恐不能自立,亦何在乎属邦之从违。"显然,李鸿章的见识确实比何如璋高出一筹。他视中国的自强自立更重于属邦之从违,认为"遣员前往代为主持"或"饬令朝鲜与他国结约",不如"密为维持保护"更为适宜。

李鸿章主张朝鲜应先与美国立约。他认为美国"最为公平顺善","无贪人土地之欲",又"好排难解纷","联美"有利于朝鲜。他邀请朝、美代表来津"面议其大略",再赴朝鲜。所谓朝、美立约谈判,实际上成了中、美关于朝鲜问题的谈判。李鸿章督同马建忠、周馥代拟了朝鲜与美国通商章程草稿,而美使薛斐尔则提出了以《江华条约》为蓝本的约稿。双方分歧的焦点是中朝宗藩关系问题。中方代拟约稿规定"朝鲜为中国属邦,而内政外交事宜向来均得自主。今兹立约后,大朝鲜国君主大美国伯里玺天德俱平行相待,两国人民永敦和好,若他国偶有不公及轻侮之事,必彼此援护,或从中善为调处,俾获永保安全。"②非常明显,前半段是要美国承认中、朝宗藩关系,后半段是要美国"援护"朝鲜抵制日、俄侵略。而美方约稿同中方代拟约稿比较,所差甚远,对

---

① 李鸿章:《论维持朝鲜》,《李文忠公全书》,译署函稿,卷11,第42页。
② 李鸿章:《代拟朝美订约十款》,《李文忠公全书》,译署函稿,卷13,第10页。

于中国属邦,"均未提及。"李鸿章致函总署说:如果同意美方约稿,"将来各国效尤,久之将不知朝鲜为我属土,后患甚长;而万国公法凡附庸小国不得自主者,又未便与各大邦立约,是左右均有为难"。因而他既向薛斐尔表示"约内必须提明中国属邦,政治仍得自主字样,意在不黏不脱";又与朝鲜使臣金允植等议及此事,他们"翕服无异词"。然而薛斐尔却坚决反对在条约内写明"朝鲜系中国属邦"字样,并表示自己的任务是"专立通商条约,殊无议立援护条约之权。"李鸿章与薛斐尔晤商4、5次,辩论20余日,因未取得一致意见,谈判移至朝鲜举行。李鸿章奏派马建忠前往朝鲜会办,并派丁汝昌酌带兵船偕同薛斐尔东驶,以壮声势而杜要挟。马建忠、薛斐尔抵达朝鲜后,即与朝鲜代表会谈。经过反复辩难,中朝不再坚持将"朝鲜系中国属邦"字样列入条约之内,而美方则同意在条约之外由朝鲜国王"另备照会一通,声明为中国属邦"。马建忠认为这样"在我既存藩服之名,在彼亦无碍平行之体",美方在"约先既许声明,似即与认明朝鲜为我属邦无异"。其实,这纯属自欺欺人之谈,因为朝鲜国王于约外声明对于美国并无任何约束力,而换来的却是赋予美国以侵略特权的《朝美条约》。这个条约,是美国强加给朝鲜的一个不平等条约。美国攫取了在朝鲜不受限制的经商、领事裁判权、最惠国待遇、公使驻京等特权。这个条约不仅威胁朝鲜的独立和生存,而且也严重地打击了中国。

《朝美条约》是在李鸿章的斡旋下签订的,他本想借此恢复中国在《江华条约》之后动摇了的在朝鲜的地位,希望美国承认朝鲜是中国的属邦,然而结果却事与愿违,中国得到的只是对于美国并无任何约束力的朝鲜国王关于朝鲜为中国属邦的声明。《朝美条约》为欧洲列强开辟了入侵朝鲜的道路。继美国之后,英、德两国相继与朝鲜签订了以《朝美条约》为蓝本的条约。朝鲜国王也照例在约外先行声明朝鲜为中国属邦。李鸿章认为"既有照会另行声明,载在盟府,日后各国设相侵凌,或朝鲜有背叛之处,中国尽可执义责言,不至竟成法越覆辙。"①

李鸿章推行牵制政策,本想联络美、英等国牵制日、俄,借以保卫朝鲜,巩固中国东北边疆,但结果却把朝鲜推向东西方资本主义国家共同侵略的半殖民地的深渊,从而使中国东北直接暴露在列强的刀锋之下。

---

① 李鸿章:《论朝鲜新约附有照会》,《李文忠公全书》,译署函稿,卷15,第20页。

　　日本侵略势力在朝鲜的膨胀和朝鲜统治阶级的祸国殃民政策,激起了朝鲜人民的愤怒反抗,加剧了朝鲜统治阶级内部的争权斗争。1882 年 7 月京城侍卫部队联合城市贫民发动起义,袭击日本公使馆,杀死几个日本官员,并闯入王宫,闵妃化装出逃。国王父亲大院君李昰应乘机入宫,自称国太公,出掌政权。史称壬午兵变。壬午兵变发生后,日本采取以武力为后盾的谈判方式,加紧侵略朝鲜。日本派出一支舰队赴朝,企图胁迫朝鲜政府答应"惩凶"、赔款、增开商埠、使馆驻兵、割让土地等无理要求。时值李鸿章丁母忧,以张树声署理北洋大臣直隶总督。张树声闻讯后,一面派遣丁汝昌、马建忠率军舰 3 艘赴朝,一面调拨招商局轮船运送广东水师提督吴长庆所部庆军 6 营东渡,以便镇压朝鲜"兵变",维护中朝宗藩关系,防制日本乘机扩张侵略势力。李鸿章虽然在籍守制,但仍关注朝鲜政局。他断言朝鲜军民围使馆杀伤数人、阻挠公使各节,都是违和约,背公法的,给予日本以"口实",日本出兵朝鲜"虽似恫吓,实有兴师问罪之意"。他像张树声一样,站在反对日本侵略者及其走狗的朝鲜人民的对立面,企图以朝鲜起义者的头颅来维护受清廷册封的朝鲜国王的统治,防止日本乘机发动侵略战争。清廷深感局势严重,急令李鸿章迅速返津商定朝鲜内乱。8 月 25 日李鸿章自合肥启程,于 9 月 5 日抵达天津。在此期间,吴长庆等诱执李昰应解送天津,并逮捕、杀害所谓"乱党"多人。日本胁迫朝鲜签订了《济物浦条约》。李鸿章抵津后,认为"朝鲜事大致就绪",于是便着手处理善后事宜。

　　李鸿章认为吴长庆等诱执李昰应、捕治"乱党","深合机宜",日、朝《济物浦条约》"尚属无甚流弊",只是赔款偏多,然而中国"未便从旁代为翻案"。他为朝鲜"国势粗定"和日、朝之间"暂弭衅端"而称快。他主张日军未撤之先,吴长庆所部庆军 6 营应暂留朝鲜弹压坐镇。他断定朝鲜壬午兵变"发于乱军,而成于昰应",主张将李昰应幽禁于保定,永远不准返回本国,"以弭该国祸乱之端"①。清廷批准了李鸿章的建议。

　　壬午兵变和《济物浦条约》,在中国引起了强烈反响。某些清流派健将,力主以兵威慑服日本和加紧控制朝鲜,因而在清朝统治阶层中爆发了一场关

---

　　① 《北洋通商大臣李鸿章等复奏会询朝鲜乱首情形折》,《清光绪朝中日交涉史料》,卷 4,第 4、5 页。

于对日、朝政策的论争。

1882 年 9—10 月间,邓承修、张佩纶相继上疏,建议乘镇压壬午兵变胜利之机,对日采取攻势政策。9 月 13 日给事中邓承修在《朝鲜乱党已平请乘机完结球案折》中认为日本自明治维新以来,"几有雄长亚洲之意",然而日本地小国弱民贫,远不如"中国之大"和"中国之富且强",它之所以敢于侵凌中国及其属邦,是因为中国"畏事"、"重发难端"。中国成功镇压朝鲜"壬午兵变",证明中国的力量强大于日本。中国应"乘此声威","特派知兵之大臣驻扎烟台,相机调度,不必明与言战,但厚集南北洋战舰,示将东渡",并命令驻扎朝鲜的吴长庆水陆各军,"暂缓撤回,以为犄角。""布置既定",然后责问日本"擅灭琉球,肆行要挟之罪",不仅日本有所畏惧"而不敢发",使"球案易于转圜",而且对"泰西各国"也具有震慑作用。清廷认为邓承修所奏"不为无见",谕令李鸿章、张树声"酌度情形,妥筹具奏"。9 月 27 日李鸿章、张树声合词奏复,指出"自古两国相持,或乘借胜势,专以虚声相恫吓,或隐修实政,转恐密议之彰闻。务虚者,声扬而实不副,终有自绌之时;务实者,实至而声自远,必有可期之效。"他们借用历史经验,批评邓承修"务虚"而不"务实",主张"乘借胜势,专以虚声相恫喝",其结果决不是敌败我胜,而必将以"自绌"告终。在他们看来,要慑服日本,必须"务实",先图自强,而扩充海军乃为最急之务。因为"跨海远征之举,莫切于水师,而整练水师之要,莫先于战舰"。他们比较了中日海军实力,认为"万一中东有事,胜负之数,尚难逆料"。要想"制服日本,则于南北洋兵船整齐训练之法,联合布置之方,尤必宜豫为之计也。"他们还把烟台与天津两地做了比较,断言特派知兵大臣驻烟台远不如驻津更为有利。总之,他们认为"欲图自强之实事,当以添备战舰为要,不以移驻烟台为亟。中国战舰足用,统驭得人,则日本自服,球案亦易结矣。"就在李、张合词复奏的同一天,翰林院侍读张佩纶又上了《奏请密定东征之策以靖藩服折》。他认为当今中国面临的敌人,"东洋""更逼于西洋"。日本国势"贫寡倾危",本非中国敌手,所以敢于"侮慢上国,蚕食藩封者,恃海为险,谓我必不能战也。"他虽然说"未敢谓遽伐日本",但却主张"密定东征之策","南北洋大臣当简练水师,广造战船,以厚其势。台湾为日本要冲,山东为天津门户,两省疆吏宜治精兵,蓄斗舰,以与南北洋犄角,并请简任知兵之臣,以辅其谋"。然后"分军巡海以疑之,关闭绝市以困之,召使归国以穷之",及至日本"虚竭"之时,"大举乘之,可一战定也。"他虽然正确地指出"日本非求助西洋,不能与中国相竞",但却天真地认为"中西立约在先,信义已洽,联远交以便近攻",揣度西洋各国不会支持日本,"我有力而彼无援,破之必矣。"他警告说:"失此不图",以后"即一蕞尔日本,已足为中国巨患,何论西洋哉!"清廷赞赏张佩纶的见解,给予"所奏颇为切要"的好评,谕令李鸿章"通盘筹划迅速复奏"。10 月 3 日李鸿章遂遵旨复奏,重申了"自强要图,宜先练水师,再图东征"的主张。首先,他认为不应轻视日本。日本自变法以来,"步趋西法,虽仅得形似,而所有船炮,略足与我相敌,若必跨海数千里与角胜负,制其死命,臣未敢确有把握。"其次,他认为不应低估西洋各国支持日本的危险性。日本不断遣使欧美,"其意在树交植党",而西洋各国也"乐其倾心亲附",加之日本"洋债既多,设有危急",西洋各国"为自保财利起见,或且隐助而护持之。"再次,他主张中国应"精修武备,力图自强",但须"修其实而隐其声"。在他看来,"天下事但论理势,今论理则我直彼曲,论势则我大彼小,中国若果精修武备,力图自强,彼西洋各国方有所惮而不敢发,而况在日本?所虑者,彼若豫知我有东征之计,君臣上下戮力齐心,联络西人,讲求军政,广借洋债,多购船炮,与我争一旦之命,究非上策,夫未有谋人之具,而先露谋人之形者,兵家所忌,此臣前奏所以有修其实而隐其声之说。"总之,他的结论是:"东征之事不必有,东征之志不可无,中国添练水师,实不容一日稍缓。"[①]李鸿章和邓承修、张佩纶在对日本的认识和所应采取的政策上,存在着相似之处和根本性的分歧。他们都预见到日本侵略者将成为中国的"巨患",试图谋求驭外固圉之道;不同的是对于中日力量对比的估计以及由此而产生的对日政策的差异。邓承修和张佩纶断言中国比日本既富且强,小小的扶桑三岛不堪一击,因而主张以兵威慑服日本,或"示将东渡",或乘机东征。李鸿章则不然,他并不相信中国实力超过日本,深感跨海远征难操胜券,因而主张充实海军,力图自强。

就在争论对日政策的前后,清朝统治层也探讨了对朝政策问题。

1882 年张謇写出了《朝鲜善后六策》。张謇(字季直,号啬庵,江苏南通人)1868 年中秀才,1876 年入庆军统领吴长庆幕,1882 年随吴赴朝,协助"理画前敌军事",显示出在紧急事变中镇静应对和勤苦办事的良好素质。他在

---

① 《清光绪朝中日交涉史料》,卷 4,第 1—2、12—13、13—15、16—17 页。

《朝鲜善后六策》中,既表现出对于中国民族危机日趋严重的深沉忧虑,又流露出浓厚的封建"上国"的错误情思。他建议对朝鲜援汉设玄菟、乐浪郡例,废为郡县;援周例,置监国;或置重兵,守海口,而改革其内政,或令自改,而为练新军,联东三省为一气。据张謇说,当时中国朝野和朝鲜上下对于《朝鲜善后六策》议论纷纷,莫衷一是,或是之,或非之。作为北洋大臣的李鸿章,不仅拒绝接受,而且"悍然斥之"。是年 10 月张佩纶又奏陈朝鲜善后六事,主张"理商政",简派大员为朝鲜通商大臣,理其外交,预其内政;"预兵权",选派教习、代购洋枪,为之简练诸军;"救倭约"、"购师船"、"防奉天"、"争永兴"①。清廷谕令李鸿章悉心筹度,妥议具奏。11 月 15 日李鸿章遵旨复奏。他对张佩纶的建议,除"理商政"、"争永兴"两条有较大保留外,其他诸条均无原则性分歧。他认为"简派大员为朝鲜通商大臣,理其外交,并预其内政,职似监国",必将引起严重的外交问题。就朝鲜而言,朝鲜"国内政治,中国向不过问,一旦阴掣其权",必将引起朝鲜君臣的抵制,"若其阳奉阴违,或被他人挑唆生隙,朝鲜将何以处之?"就列强而言,"向来敕使有一定体制,通商大臣当与该国王平行办事,分际既难妥洽,以后各国与朝鲜交涉事件,必唯中国是问,窃恐朝廷与总署不胜其烦矣。"更有甚者,日本与朝鲜所立条约,"竟认朝鲜为自主之国",而朝鲜与美英德所订之约"始申明中国属邦字样","倘钦派大臣驻扎该国,理其外交之政,必将日本及美英各约划一办理,殊非易事;若不划一,亦非政体,此目前之难也。"关于"争永兴"的问题,张氏认为侵略朝鲜的除日本外,还有俄国,"防倭不防俄,非十全之策"。俄国欲得朝鲜永兴湾为海军基地,"应饬李鸿章会同吴大澂密计妥筹,力争要害。"李鸿章则断言俄国"本意非即欲进据永兴者,永兴接近元山通商口岸,将来各国贸易互通,俄人力难独图占夺。"至于吴大澂,因正在督办宁古塔等处防务,远离永兴湾千余里之遥,其"兵力饷力,断难兼营","似只可从缓筹议"②。

李鸿章虽然不赞成派遣职似"监国"的通商大臣,公开干涉朝鲜的内政外交,但却主张在别的名义之下加强对朝鲜的援助和控制。1882 年 10 月李鸿章与朝鲜代表赵宁夏等议定中朝水陆贸易章程 8 款,就是典型的事例之一。

---

① 《清光绪朝中日交涉史料》,卷4,第28—29页。
② 《清光绪朝中日交涉史料》,卷4,第31—34页。

李鸿章拟定这个章程的指导思想是:"务期彼此两有利益,而仍不悖属国交涉之体统。"他从对抗日、美和加强中、朝关系出发,在章程中规定:"朝鲜久列藩封","此次所订水陆贸易章程,系中国优待属邦之意,不在各与国一体均霑之列";中国在朝鲜享有领事裁判权;中国兵船可以在朝鲜沿海游弋并驶泊各处港口。这些都是第一次在条约上得到明白确认。当然,这个章程也不无"彼此两有利益"之处,如中朝互派商务委员"照料本国商民";两国商船听其驶入彼此通商口岸交易,照章纳税;准两国商民入内地采办土货等等。中朝水陆贸易章程既加强了中国对朝鲜的控制,又促进了中、朝贸易的发展。朝鲜国王致函李鸿章说:"所订章程八条,悉属公允,喜出望外,并于章程之首声明中国优待属邦,不在各与国均霑之列等语,俾小邦感奋自强,用答我大朝怀柔之至意,此诚数百年来未有之特典。"①此外,李鸿章还通过吴长庆转送从天津军械所调拨的新式军械,并派庆军营务处袁世凯主持朝鲜新建亲军左右两营的训练事宜。朝鲜国王认为此举使朝鲜"无兵而有兵,无械而有械,用为保邦制治之本"②。李鸿章还应朝鲜国王之请,代聘前驻津德国领事穆麟德前往襄助海防商务,并选派马建常伴往联络商办。翌年6月根据中朝水陆贸易章程,李鸿章奏派道员陈树棠充任驻朝商务委员。

"壬午兵变"后,日本政府加紧针对中国的扩军备战,并在朝鲜培植亲日势力。中日两国在朝鲜的抗争,促进了朝鲜封建统治集团的分化。以闵泳翊、金允植为首的保守派,掌握朝鲜政府实权,主张维持旧秩序和与清政府的传统关系。以金玉均、林泳孝等为首的开化派,针对朝鲜落后的实际,要求进行自上而下的改革,以便使朝鲜"独立"、"开化"。保守、开化两派依靠中日两国势力从事政权的角逐。1884年(甲申年)日本阴谋利用中法交战之机,排斥中国,夺取朝鲜,策动开化派发动政变。12月4日金玉均等按照与日本驻朝鲜公使竹添进一密订的计划,制造事端,劫持国王,召日军入卫,并矫诏杀害保守派大臣。6日开化派组成亲日政府,宣布"废止朝贡虚礼"。史称"甲申事变"。一时人心汹汹,声称"将入宫尽杀倭奴"③。保守派大臣金允植等亲至

---

① 《清光绪朝中日交涉史料》,卷4,第43页。

② 《朝鲜国王咨谢贸易章程公允并验收拨给之枪炮来文》,《清光绪朝中日交涉史料》,卷4,第44页。

③ 《清光绪朝中日交涉史料》,卷6,第16—17页。

清军驻地,"匍匐辕门,抚告哀衷",请求援助。时吴长庆已奉李鸿章之命,率庆军3营撤回辽宁驻扎,留驻汉城的庆军3营,由记名提督吴兆有统带,袁世凯受命为总理营务处,会办朝鲜事务。吴、袁一面联衔上书李鸿章,要求派兵援护;一面随机应变,率兵攻入王宫,击败日军和开化党,救回被劫持到宫外的国王,恢复保守派政权。日本驻朝公使竹添自焚使馆,狼狈回国,金玉均等也亡命日本。

直到12月10日李鸿章才通过丁汝昌得知"甲申事变"的消息,"殊为骇诧"。他一面电令驻日公使黎庶昌"速探,设法劝息";一面电告总理衙门,认为"日谋叵测,明系乘中、法有事,寻衅图朝,恐祸更烈于越南"①,主张南北洋派舰驶往朝鲜,进行弹压,并派大员驰往查办。12月16日清廷决定"目前办法,总以定乱为主,切勿与日人生衅",遂派吴大澂"乘轮督队迅往,确查酌办"。当时日本政府中,出现了和战之争。文多主和,武多主战。日本内阁考虑到日本军事力量尚非清军之敌,所以决定暂时维持和局,加紧扩军备战,再图大举。1885年2月日本派伊藤博文为全权大使、陆军中将西乡从道为副使前来中国谈判。其时中法战争尚未结束,一时谣诼纷纷,多以为日本会乘机要挟,提出苛刻要求。新任驻日公使徐承祖电告李鸿章:伊藤等"来华议事,闻要求数端,唯欲我惩在朝武弁并中日撤兵二事为极要。"②前者意在将罪责转嫁给中国,后者企图清除日本侵朝的障碍。清廷任命李鸿章为全权大臣,与伊藤等"在津商议事务,毋庸令其来京"。4月3日中日谈判开始在天津举行,中心议题是惩办在朝武弁和中日撤军问题。伊藤始则要求中国单独撤军,继而表示中国如肯撤军日军也可商撤。李鸿章起初答以"中国留兵在朝并非多事,似与日本无涉"③,接着主张中日同时撤军,但又企图取得日本承认中国对朝鲜的派兵权。他对伊藤说:

> 我有一大议论,预为言明,我知贵国现无侵占朝鲜之意,嗣后若日本有此事,中国必派兵争战;若中国有侵占朝鲜之事,日本亦可派兵争战;若他国有侵占朝鲜之事,中日两国皆当派兵救护。缘朝鲜关系我两国紧要

---

① 李鸿章:《急寄译署》,《李鸿章全集》(一),电稿一,第345页。
② 李鸿章:《急寄译署》,《李鸿章全集》(一),电稿一,第427页。
③ 李鸿章:《与日使伊藤问答节略》,《李文忠公全书》,译署函稿,卷16,第18—19、37页。

藩篱,不得不加顾虑,目前无事,姑议撤兵耳。

李鸿章本欲保留中国的派兵权,但却无意中承认了日本享有同等的派兵权。伊藤喜出望外,立即声明:"与我意相同"。

此后,李鸿章虽然力主中国有保护朝鲜的义务和单独派兵援助朝鲜的权利,但却遭到伊藤的坚决反对和引起伊藤关于两国共同派兵权的反要求。李鸿章无奈,便向清廷请示。清廷表示:

撤兵可允,永不派兵不可允。万不得已或于第二条内无干句下添叙"两国遇有朝鲜重大事变,各可派兵,互相知照"等语,尚属可行。①

伊藤在谈判中,还根据竹添掩饰自己罪行的报告和所谓日本被难商民的口供,提出惩处清军统将和偿恤难民的要求。李鸿章则凭借袁世凯、陈树棠的报告、吴大澂的调查和朝鲜国王的咨文,指明竹添应负全责,议处统将、偿恤难民之事,"一非情理,一无证据",坚不允从,唯答以个人名义,"行文戒饬","俾得转场完案"。

4月18日李鸿章与伊藤签订中日《天津条约》,主要内容是:四个月内,中日军队均自朝鲜撤回;中日两国均勿派员在朝鲜练兵;朝鲜若有重大变乱事件,彼此出兵先行文知照,事定即撤回。这个条约虽然暂时解决了"甲申事变"所遗留的中日之间的问题,但却由于日本获得与中国同样的向朝鲜的派兵权,这就无异于把朝鲜置于中日"共同保护"之下,以致成为甲午战争的伏机。可悲的是,李鸿章并没有看到这一点,反而沾沾自喜。他对清廷说:

今既有先互知照之约,若将来日本用兵,我得随时为备,即西国侵夺朝鲜土地,我亦可会商派兵,互相援助,此皆无碍中国字小之体,而有益于朝鲜大局者也。②

---

① 李鸿章:《述日使定议》,《李文忠公全书》,译署函稿,卷17,第1页。
② 李鸿章:《日本议立专条折》,《李文忠公全书》,奏稿,卷53,第25页。

当然,经过谈判,李鸿章对伊藤有所认识,并进而指出防日之必要。他致函总理衙门说:

> 该使久历欧美各洲,极力摹仿,实有治国之才,专注意于通商、睦邻、富民、强兵诸政,不欲轻言战事,并吞小邦,大约十年内外,日本富强必有可观,此中土之远患,而非目前之近忧,尚祈当轴诸公及早留意是幸。①

后来中日关系的演变,证明李鸿章不幸而言中了。

"甲申事变"后十年间,日本和欧美列强对朝鲜的争夺日趋复杂和激烈。沙俄积极推行东进南下政策,英国竭力维护在远东的优势地位,双方争霸朝鲜但又无力攫为己有,都希望朝鲜暂时成为亚洲东北角的缓冲地带,以防止落入对方魔掌,因而谁也不急于否认中朝之间的"宗藩关系"。其间虽有两次《俄朝密约》的宣传和英军占领巨文岛事件,但未等掀起恶浪就被平息下去。英国想借日本之力箝制俄国,纵容日本向朝鲜伸展侵略势力。俄国则有意同中国拉关系,以与英日抗衡,使李鸿章产生了"联俄制日"的幻想。他对奕譞说:"韩虽可虑,有俄在旁,日断不遽生心。我当一意联络俄人,使不占韩地,则日亦必缩手。"②的确,当时对朝鲜侵略野心最大的依然是日本。"甲申事变"后,日本"武力派"跃跃欲试,主张尽快与中国一战,夺取朝鲜。但是"文治派"则鉴于形势不利而反对"速战",认为应积蓄力量,"速节冗费,多建铁路,赶添海军",几年后,"看中国情形再行办理"。倘若立即和中国开战,不仅经费困难,而且"俄人势必乘机占取朝地,彼时朝未取得,饷已化去,俄反增地。……日本与俄更近,东方更无日宁静矣。"正是基于这种考虑,日本一面在国内专心扩充经济和军事实力;一面采取比较隐蔽的渐进的方式,扩展在朝鲜的侵略势力。(一)与美国合作侵朝。当时日本因无法插足朝鲜政权,便通过美国影响朝鲜的内政外交。而清政府对美国的侵略本性也缺乏认识,错误地认为"美国人向无占据他国土地兵权之意,性气和平",从而为美国施展侵略阴谋提供了有利条件。美国亲日派德尼、墨贤理分别出任朝鲜外务署协办、海关总

---

① 李鸿章:《密陈伊藤有治国之才》,《李文忠公全书》,译署函稿,卷17,第8—9页。
② 《李文忠公全书》,海军函稿,卷2,第14—15页。

税务司等要职,在朝鲜推行"对日政府最有利的政策",教唆朝鲜政府"结洋独立",就是有力的证明。(二)扩张在朝鲜的经济势力。日本在朝鲜架设电线,独占朝鲜运输事业,并在朝鲜的商业竞争中保持着优势。(三)怂恿清政府在朝采取积极政策,企图利用清政府抵制俄国南下。1885年7月日本驻华公使榎木武扬面见李鸿章递交了日本外务卿井上馨所拟《朝鲜办法八条》:(一)"李中堂与井上伯爵密议朝鲜外务主意办法,既定之后,由李中堂饬令朝鲜照办,务使其办理。"(二)朝鲜国王不得与内监商议国政,应将内监与闻国政之权除去,一切国事均不准内监干预。国王当与其照例委任之大臣商议。(三)朝鲜大臣中必择其最为忠荩者讬以国政,国王如有擢用重臣,无论如何必先与李中堂相商,中堂再与井上伯爵斟酌。金宏集、金允植、鱼允中诸人皆可讬以国事者也。(四)国事之最要者,如外部、户部、兵部事务,均应委讬以上所举之忠荩重臣办理。(五)应择美国之有才者一人,令朝鲜政府重用以代穆麟德。(六)中国驻扎汉城之坐探国政大员,急宜遴派才干较长于现在驻扎之员。(七)中国委派之坐探国政大员并荐与朝鲜替代穆麟德之美国人,必奉有中堂详细训条,俾晓日后办事主意。其赴朝时,可令其顺途过日往见井上伯爵。(八)中国坐探国政之大员,必与日本署理公使情谊敦笃,遇有要事互相商酌办理。综观上述内容,可以看出井上意欲中日共同干预朝鲜内政外交,并排除亲俄的穆麟德,而代之以亲日的美国人。李鸿章在与榎木谈话时,表示"此事关系重大",既称赞井上"持论甚正",又反对日本插手朝鲜事务,认为"中国于属邦用人行政向不与闻,日本系朝鲜与国,亦不应参与朝鲜外交内政,若欲中国变通归制,代为主持一切,借保中日藩篱,用意非不甚善,两国无不同心,必须密商总署酌夺可否,请旨办理。"之后,他在向总理衙门汇报时剖露心迹说:

　　窃查井上八条,如朝鲜国王不得与内监商议国政,择大臣忠荩者如金宏集、金允植、鱼允中等皆可讬以国事,中国驻朝大员遇有要事,与日本驻使互商酌办各节尚中肯綮。唯诸要政均请由鸿章遥制,既惧无此权力,若朝王不能遵办,亦断难使其事事办到。况朝鲜外务,如与井上密议,相距皆远,何从面筹办法。至用人既由中国商定,又与井上斟酌,未免越界揽权,事多窒碍。顾其主意,似欲护持朝鲜勿被俄人吞并,洵与中日两国大局有裨。鸿章暂未峻拒,俾之别生趋向。①

经过两个月沉思,李鸿章终于看清日本企图利用中国在朝鲜"揽权干预,并争雄长"的险恶用心,因而向榎木明确表示:"井上所陈均系正论,但日系友邦,华为上国,名分不同,朝人无须请教日本,我更未便预商井上也。"②

显然,李鸿章反对日本干预朝鲜内政外交,符合中朝两国共同利益。但是李鸿章试图坚持中朝"藩属关系",由所谓"上国"单独推行井上建议,"变通旧制","主持一切",却给中朝两国带来了严重后果。

"甲申事变"后,清廷内外就对朝政策问题议论纷纷。1884年袁世凯向李鸿章建议:"莫如趁此(朝鲜)民心尚知感服中朝,即特派大员,设立监国,统率重兵,内治外交均代为理,则此机不可失也。"后来清廷有人附和袁世凯,主张废朝王设监国。但是,李鸿章却不以为然。他认为实行这种改变中朝传统关系,用类似西方殖民体系的办法对待朝鲜的主张,必将导致列强的干涉和中朝关系的恶化。他致函奕譞说:

> 若遽派员监国,无论韩君臣观望反侧,操纵轻重之间,难得妥洽,日人必先决裂,阴嗾各国联合阻挠,恐有进退维谷之时。……目下时局艰难,须先自治而后治人。……似只有练兵储饷,见症治症,未便轻举妄动,以致一发难收。③

在此期间,还有人鼓吹朝鲜中立。首倡此议的,是德国驻朝鲜署使。1885年初德国驻朝署使建议"照泰西成法,而清、俄、日互相立约,永保朝鲜,设或异日他国攻伐,不得借道于朝鲜国。"李鸿章看到这个建议后,怀疑德国署使"与日人通谋",蛊惑朝鲜而加以拒绝。1886年中国驻俄公使刘端芬致书李鸿章说:

---

① 李鸿章:《论朝鲜国政》,《李文忠公全书》,译署函稿,卷17,第27—28页。
② 李鸿章:《议驳徐孙麒条陈并派袁世凯驻朝鲜》,《李文忠公全书》,译署函稿,卷17,第58页。
③ 《李文忠公全书》,海军函稿,卷2,第14—15页。

朝鲜素称恭顺，国家仅存此藩属，毗连我东三省，关系甚重，而该藩奸党久怀贰心，饮鸩自甘，已成难治之症。中国能收其全国改为行省，最为上策；其次则邀同英美俄诸国，共同保护，不准他人侵占寸土，则朝鲜已可幸存，不然恐衅生仓猝，为他们人攘夺，后患更不可言。

李鸿章不敢"收其全国改为行省"，认为"联络英俄保护朝鲜，可称老谋深算"。他将"此意转达总署请示，据复称：政府之意谓朝鲜为我藩属，求邻国保护，不合体例"。他表示"失此机会，殊为可惜。"①

既然不能使朝鲜中立化或在朝鲜设立监国，清廷和李鸿章便采取加强控制朝鲜内政外交的干涉政策，以期巩固中朝"宗藩关系"，抗拒列强的侵扰。清廷根据李鸿章的建议，把"壬午兵变"后软禁在保定的闵妃集团的政敌大院君送回朝鲜，企图利用大院君钳制朝鲜宫廷；并任命袁世凯为"驻扎朝鲜总理交涉通商事宜"，代替原驻朝商务委员陈树棠。李鸿章推崇袁世凯"才识开展，明敏忠亮"②，堪任斯职，并特意在其头衔上增加"交涉"两字，"略示预闻外交之意"。他还致函朝鲜国王，吹嘘袁世凯在朝有"扶危定倾"之功，暗嘱以后遇有"内治外交紧要事宜"，应"随时开诚布公，与之商榷，必于大局有裨。"③

1885 年 11 月袁世凯走马上任，在汉城成立公署，其随员有唐绍仪、刘永庆等 20 余人。袁世凯行险侥幸，崇尚权术，骄横专断，处处以"上国"办事大臣自居，积极干涉朝鲜内政外交，竭力维护和加强中朝"宗藩关系"。李鸿章虽然看出袁世凯年少"不甚耐事，措词过为危激"，不完全赞同他的举措，但是面对列强的诡谲阴谋和竞相争夺，又不得不倚之为左右手。袁世凯在朝鲜推行积极的干涉政策，既有助于加强中国在朝鲜的地位，阻滞列强在朝鲜扩张侵略势力；又不可避免地促进朝鲜政府的离心倾向，刺伤朝鲜的民族感情。但是，直到 1893—1894 年间，袁世凯仍然执迷不悟，不仅错误地估计了朝鲜政局，把朝鲜国王的假意敷衍，误认为是"情甚殷洽"，断言"倘能久定此见，东方

---

① 姚锡光：《东方兵事纪略》，衅始篇，第 14—15 页。
② 《李文忠公全书》，译署函稿，卷 17，第 58 页。
③ 《李文忠公全书》，译署函稿，卷 18，第 5 页。

事可望渐顺"①;而且低估了日本的侵略意图,说什么"详审在韩日人情形及近日韩日往来各节并日国时势,应不至遽有兵端。"李鸿章由于轻信了袁世凯对朝鲜政局和日本动向的错误判断,以致未能及时调整对朝政策,并放松了对日本发动侵略战争的警惕。

避 战 主 和

1894 年即阴历甲午年,在李鸿章的政治生涯中,是一个带有灾难性的年头。日本利用朝鲜问题,把缺乏警觉的李鸿章拖进预设的战争陷阱。

甲午战争并不是偶发事件,而是日本资本主义发展的必然结果。当时日本大体上确立了以军事工业和轻工业为主体的经济基础,并完成了针对中国的扩军备战计划;国内阶级矛盾日益尖锐,政潮迭起,局势不稳。为了维持自身的统治地位和满足地主资产阶级对外扩张的需要,伊藤博文内阁走上了发动侵华战争的道路。

正当日本加紧准备侵华战争的时候,清朝统治层却正在忙于内部权力之争。1889 年光绪年届 19,并已完婚,按照清朝惯例业经成人,慈禧觉得不便继续"训政",只得宣布"撤帝归政",由光绪"亲政"。所谓"亲政"和"训政"的不同处,只是光绪先看奏折,然后再请慈禧懿旨。由于慈禧肆意干涉用人行政大权,与光绪接近的朝臣未免愤愤不平,光绪也不甘心于傀儡地位,于是在光绪周围逐渐形成一个并无正式组织形式的小集团,与集合在慈禧周围的庞大官僚集团隐然相对。时人称前者为"帝党",后者为"后党"。帝党的核心人物是翁同龢(字声甫,号叔平,晚号松禅,江苏常熟人。咸丰状元)。翁氏先后为同治、光绪师傅,历任刑、工、户部尚书和军机大臣,是一个"尊王攘夷"论者。帝党的主要成员是光绪的近臣和翁同龢的故旧门生,如珍妃、瑾妃的胞兄礼部侍郎志锐、珍妃的师傅侍讲学士文廷式,以及经筵讲席官李文田、侍读学士陆宝忠;翁同龢的至好吏部侍郎汪鸣銮,门生张謇,还有被称为"后清流"的编修黄绍箕、丁立钧、国子监祭酒盛昱、刑部主事沈曾植等。帝党除翁同龢在政府中

---

① 李鸿章:《寄译署》,《李鸿章全集》(二),电稿二,第 526 页。

有相当权势外,其余无拳无勇,多是词馆清显,台谏要角,议论风生,没有实权。帝后两党都是封建统治集团,双方矛盾的焦点是争夺最高统治权。当然,帝后两党在内政外交政策方面也有革新与守旧、抗争与妥协的差异。后党以利禄笼络李鸿章,企图借助淮系集团的军事、政治、经济实力,巩固既得权势。李鸿章虽然赞许帝党革新内政的主张,但是既不满于帝党在"抵御外侮"中"一意主战"的态度,又鉴于后党掌握着清廷实权、主宰着自己宦海浮沉的现实,因而倾向后党。帝党因无军队作支柱,积极笼络湘系集团,而刘坤一等湘系首领基于同淮系集团争夺权势的需要,在政治上接近帝党。

1894 年是慈禧六旬大寿之年。慈禧一心举办盛大庆典,借以满足个人虚荣心和扩大后党权势。从年初开始,慈禧就指派首席军机大臣世铎等"总办万寿庆典",广征献纳,肆意挥霍,准备在生日那天,在颐和园接受百官朝贺,然后回宫。自颐和园到西华门,沿路搭建龙棚、龙楼、经棚、戏台、牌楼、亭座及点设其他景物,"以昭敬慎,而壮观瞻"。她还"殊恩特沛",用加官晋爵的办法,笼络亲贵和文武大臣,封奕劻为庆亲王,赐李鸿章三眼花翎,以下赏赐有加。慈禧的举措,理所当然地引起帝党的不满。及至日本入侵朝鲜之后,帝后党争就因外交问题而日趋复杂和激化。

1894 年 4 月朝鲜爆发了东学党领导的以"除暴安良"、"逐灭洋倭"为宗旨的农民起义,朝鲜封建统治岌岌可危。朝鲜政府一面派兵镇压义军,一面向清政府求援。东学党起义的消息传到日本后,日本政府认为这是发动侵略战争的绝好机会,于是决定出兵朝鲜,并向清政府表示"何不速代韩戡(乱)","我政府必无他意",竭力怂恿清政府出兵朝鲜。身负军事外交重任的李鸿章既担心东学党起义危及朝鲜封建统治和中朝宗藩关系,又害怕引起列强干涉而不敢贸然派兵赴朝帮助朝鲜政府镇压东学党起义。及至 6 月初,李鸿章听信了袁世凯所谓日本"志在商民,似无他意"的错误判断,一改往日的慎重态度,决意"遣兵代剿"。他令丁汝昌派海军济远、扬威两舰赴仁川、汉城护商,并调直隶提督叶志超率同太原镇总兵聂士成,选派淮练 1500 名分坐招商轮船赴朝。同时将出兵情况通知日本政府,并郑重声明,一旦朝鲜局势安定,立即撤军。李鸿章出兵朝鲜,得到光绪的认可。光绪指示李鸿章:

此次朝鲜乱匪聚党甚众,中朝派兵助剿,地势敌情,均非素习,必须谋出万全，务操必胜之势，不可意存轻视，稍涉疏虞。派出兵练千五百名，是否足敷剿办，如须厚集兵力，即著酌量添调，刻期续发，以期一鼓荡平，用慰绥靖藩服至意。①

这道谕旨不仅肯定了李鸿章"遣兵代剿"的决策，而且有意"厚集兵力"，以期早日扑灭东学党起义烈火，维护朝鲜封建统治和中朝宗藩关系。光绪和李鸿章的"遣兵代剿"，既粗暴地干涉了朝鲜的内政，又给日本挑动战争以口实。

日本政府见其阴谋得逞，立即派驻朝公使大鸟圭介率领"护卫队"800人直趋汉城。接着大队日军在大岛义昌统率下，陆续拥到朝鲜。到6月13日止，在仁川登陆的日军已达8000人。日军基于吞并朝鲜、侵略中国的需要，尽占险要之地，铁舰扼守仁川，陆军进占汉城。清政府出兵朝鲜"原为属国定乱"，人数既少，又"专剿内地土匪"，并没有进驻汉城和通商各口，致使中日抗争之始，日本就"著著占先"，中国则"面面受制"。

日本出兵朝鲜，引起清政府的强烈反响。李鸿章和总署采取同一步调，分别与日本驻京公使和驻津领事反复交涉，强调中国按照保护属邦旧例，派兵"戡定内乱"，日本不必特派重兵，更不宜进入朝鲜内地，以免别滋事端。然而，日本断然拒绝中国方面的要求。

清政府在阻止日本出兵朝鲜失败以后，面对中日两国在朝鲜的军事对峙局面，为了避免发生军事冲突，建议中日两国军队同时撤出朝鲜。日本政府为了侵占朝鲜，破坏中日关系，向清政府提出中日两国共同监督朝鲜改革内政的方案。李鸿章经与总署磋商，电令驻日公使汪凤藻批驳日本的无理要求。汪凤藻建议采取变通办法，"拟答四条：一，倭认韩为中属；二，华允倭会剿；三，乱定照约撤兵；四，中倭皆不干预韩政，唯劝韩自行清厘"。对于这种"以认属替会剿"的方案，李鸿章复电拒绝。他认为日本绝不会承认朝鲜为中国属国，"徒说无益"。东学党之乱，即将平定，"实无庸多兵会剿"。在他看来，唯有劝导朝鲜"以后自行整顿内治，彼此皆不干预，尚是正论"②。6月21日汪凤藻遵命照会日本政府。第二天，日本政府就向汪凤藻表示："设与贵政府所见相

① 《清光绪朝中日交涉史料》，卷13，第25页。
② 《北洋大臣来电》，《清光绪朝中日交涉史料》，卷13，第19—20页。

违,我断不能撤现驻朝鲜之兵。"①

清政府为了促使日本自朝鲜撤军,还从以下两个方面作了一些努力。

李鸿章和总署认为,日本是以朝鲜"不办贼""借口助兵"的,要使日本撤军,中朝就必须切实镇压东学党起义。他们指示袁世凯"不必促倭退兵,唯在催韩剿匪",并饬令叶志超、聂士成"相机助剿"。在他们看来,只要能将东学党起义镇压下去,"俾外人共见,彼时约倭同撤,当较顺手。"②这是由于他们轻信了日本关于"俟贼全平再撤"的谎言,尚未识破日本的侵略阴谋,因而作出此时日本"不敢遽谋吞韩"的错误判断的结果。

李鸿章和总署还天真地以为劝导朝鲜改革内政,是消除"倭衅"的"釜底抽薪"之计。他立即指示袁世凯:"无论倭肯撤兵与否,韩必自将内政整理,除贪、奖廉、恤民、察吏,庶旁人无可借口,务随时切劝。"③

清政府处理朝鲜问题,主要着眼于反对日本侵略,维护中朝两国主权,同时也有保持中朝宗藩关系的意图。清政府为出兵朝鲜事给日本的照会中有"保护属邦"字样。日本政府一面力图在军事上取得先发制人的优势,一面胁迫清政府修改照会中"属邦"二字。李鸿章致电汪凤藻说:"我朝保护属邦旧例,前事历历可证,天下各国皆知,日本即不认朝鲜为中属,而我行我法,未便自乱其例,固不问日之认否,碍难酌改。"④李鸿章将此意电告总署,得到总署的坚决支持。日本政府见此计不成,便打着"维护朝鲜独立"的旗号,胁迫朝鲜否认中朝宗藩关系。朝鲜政府内部亲日势力迅速抬头。6月28日日本驻朝公使大鸟照会朝鲜政府,质问朝鲜"是否独立自主的国家",限期答复。李鸿章闻讯后,指示袁世凯:日本胁迫朝鲜"不认华属,断不可从",务必劝说朝鲜国王坚持定见,如果朝鲜国王屈服于日本的压力,"竟认非华属,擅立文据",中国定将"兴师问罪"。李鸿章的本意,是企图"以此胁韩,勿令轻许。"⑤当时日本政府抓住这个历史遗留下来的宗藩关系问题,竭力破坏中朝关系,挑动侵华战争。清政府本应顺乎历史潮流,主动废止中朝宗藩关系,积极援助朝

① 《北洋大臣来电》,《清光绪朝中日交涉史料》,卷13,第22页。
② 《发北洋大臣电》,《清光绪朝中日交涉史料》,卷13,第21页。
③ 《北洋大臣来电》,《清光绪朝中日交涉史料》,卷13,第25—26页。
④ 《北洋大臣来电》,《清光绪朝中日交涉史料》,卷13,第10页。
⑤ 《北洋大臣来电》,《清光绪朝中日交涉史料》,卷13,第28页。

鲜独立自强,在平等互利的基础上结成中朝两国的反侵略联盟。怎奈清朝封建统治者不识时务,抱残守缺,以致失掉朝鲜的友谊,使日本得以售其奸。

当时清朝统治层虽然都主张"遣兵代剿"、中日共同撤军和保持中朝宗藩关系,但是在通过什么途径避免中日战争、争取和平的问题上却存在着明显的分歧。帝党主张一面备战,一面和商,主要依靠自己的力量制止日本的侵略;后党和李鸿章则倾向于和商,"以夷制夷",对备战有一个从消极到积极的转变过程。

李鸿章虽然早在6月14日就宣称入朝清军"此时防日较重于防匪"①,把防御日本侵略提到首位;但对备战却采取消极态度,而"一意主和"。他认为敌强我弱,"越国进剿,毫无把握"。据了解内幕的刘声木说:李鸿章"久知淮军暮气甚深,海军又属新练,厌战主和,原属不得已之苦衷"②。慈禧担心中日开战延误自己做寿和削弱后党权势,支持李鸿章的主张。6月中旬,汪凤藻、袁世凯皆请"厚集兵力",遭到李鸿章的拒绝。6月22日总署电询李鸿章:"倭如添兵不已,我应否多拨以助声势,望审筹酌办。"③第二天,李鸿章复电说:我若增兵,日本亦必添调,那将如何收场呢!"今但备而未发,续看事势再定。"④但是,光绪却认为,"据现在情形看去,口舌争辩,已属无济于事"。日本已派大军进入汉城,倘若对朝鲜"胁议已成,权归于彼,再图挽救,更落后著。"他指示李鸿章就"如何及时措置"问题,"妥筹办法,迅速具奏。"⑤6月30日李鸿章遵旨复奏,一面表示日本遽以重兵胁韩,"倘至无可收场,必须预筹战备";一面又说"北洋铁快各舰堪备海战者只八艘,余船尽供运练之用","海上交锋恐非胜算",陆军兵力不厚,"若令出境援朝击倭,势非大举不办,一经抽调,则处处空虚,转为敌所乘,有妨大局。"⑥光绪看后,非常气愤和不安,7月2日再次降旨,指示李鸿章对"外援内防,自宜先事豫筹",并责问说:"究竟海军所练之兵各有若干?此外北洋分扎沿海防军若干?及直隶绿营兵丁可备战守者若

---

① 李鸿章:《复译署》,《李鸿章全集》(二),电稿二,第1702页。
② 刘声木:《苌楚斋五笔》,卷10,第14页。
③ 《发北洋大臣电》,《清光绪朝中日交涉史料》,卷13,第20页。
④ 《北洋大臣来电》,《清光绪朝中日交涉史料》,卷13,第21页。
⑤ 《军机处寄北洋大臣李鸿章上谕》,《清光绪朝中日交涉史料》,卷13,第25页。
⑥ 《光绪二十年五月二十七日李鸿章折》,中国第一历史档案馆藏。

干?"7月4日李鸿章复奏说现有海陆军"守"尚有余而"攻"则不足,如若"出境援剿",就必须"备饷征兵"。光绪无奈,便于 7 月 11 日决定给李鸿章拨款 300 万两,令其"将战守一切事宜,随时妥为筹备,以期缓急足恃。"①

光绪指示李鸿章妥筹战守事宜,李鸿章就提出如何处理在朝清军问题。当时驻军牙山的叶志超向李鸿章提出派军增援、撤军回国、"守此不动"等上中下三策,请求裁夺。李鸿章斟酌再三,电告总署说:"钧署现正与倭商,未便遽添大军,致生疑沮,上策似须缓办。其中策与袁道同见,前钧电有或撤或移之说,鸿初虑示弱,唯所称军士露处受病实情,可否照办请速核示。"②李鸿章虽因受张佩纶"先班师示弱以骄敌"思想影响而倾向中策,但却不愿明言,因而特地电请总署核示。过了两天,光绪下谕,指出撤军"殊属非计",而"大举致讨,即在指顾。著李鸿章体察情形,如牙山地势不宜,即传谕叶志超,先择进退两便之地,扼要移扎,以期迅赴戎机,毋致延误。"③

就在李鸿章有意撤回驻朝清军的同时,御史张仲炘上疏,抨击李鸿章"观望迁延",请"一意决战,以弭后患"。值得注意的是,光绪既批驳了李鸿章撤军的想法,又否定了张仲炘"一意决战"的主张,仍然坚持一面备战、一面和商的方针。7 月 12 日光绪下谕说:

> 倭人以重兵突至朝鲜,肆其挟制;现复愿与中国商议,以共保朝鲜为词,似尚有所顾忌。如果无碍中朝体制,无损朝鲜权力,原不妨量予通融,以全大局。然倭情叵测,议之成否,尚难逆料,若待事至决裂而后议战议守,势已无及,不可不先事筹备。著李鸿章预为筹划,水陆各军如何分进,粮饷军火如何转运,沿海要口如何防守,一切事宜,熟筹调度,谋定后动,方可迅赴戎机。④

7 月 14 日以后,中日关系急骤恶化,战争大有一触即发之势。当时英俄调停毫无成效;日本驻华公使向总署呈送第二次绝交书,指责清政府要求日本

① 《军机处寄总理海军事务衙门等上谕》,《清光绪朝中日交涉史料》,卷 14,第 18 页。
② 《北洋大臣来电》,《清光绪朝中日交涉史料》,卷 14,第 20 页。
③ 《军机处电寄李鸿章谕旨》,《清光绪朝中日交涉史料》,卷 14,第 27 页。
④ 《军机处寄北洋大臣李鸿章上谕》,《清光绪朝中日交涉史料》,卷 14,第 22 页。

撤兵是"有意滋事",声明"嗣后因此有不测之变,我政府不任其责。"面对如此严峻局势,光绪和李鸿章的态度发生了明显的变化。

光绪过去倾向于实力备战以为和地,现在则转而"一力主战"。7月14日光绪决意进兵,下谕说:日本以重兵胁制朝鲜,"和议恐不足恃,亟应速筹战备,以杜狡谋。""著李鸿章速为筹备,先派一军由陆路前往边境驻扎,以待进发。""水路叶志超一军,兵力尚单,须有继进之军,以资接应。"7月16日翁同龢日记载:"是日,军机见起,上意一力主战,并传懿旨亦主战,不准借洋债。"就在这一天,翁同龢、李鸿藻奉派参与军机大臣和总理衙门大臣会议朝鲜事。7月17日翁同龢日记载:"上至书房,臣入奏昨日事,大致添兵仍准讲解。上曰:'撤兵可讲,不撤不讲。'又曰:'皇太后谕不准有示弱语。'"慈禧虽然不愿开衅生事,但却认定日本是个"小国",堂堂中华岂能容忍"小国"凌辱,因而在一定时期"主战"是可以理解的。所以时人说"西后藐日而轻战"。7月18日翁同龢等上《复陈会议朝鲜之事折》,主张采取"不战而屈人之术",即一面"速筹战事","派大兵前往与之相持";一面"稍留余地","如倭人果有悔祸之意,情愿就商,但使无碍大局,仍可予以转圜。"对此,光绪"意似尚合"。可见,光绪虽然倾向"主战",但并未关闭"和商"大门。

与此同时,李鸿章由于日本的咄咄进逼和清廷的屡屡切责,也开始从"重外交轻军事",转而积极备战了。7月14日俄国驻华公使喀西尼致电俄国外交大臣说:

> (李)中堂告我称:因鉴于日本军队正在继续不断开往朝鲜,他对日本和平诚意并无多大信心。因此,中国不得不开始做战争积极准备,从现在起,认为战争已在所难免。①

7月16日李鸿章遵旨派卫汝贵、马玉昆、左宝贵率军入朝,进驻平壤。7月20日李鸿章拟雇英商高升号等船,运兵赴援叶志超。

上述事实说明,到了7月中旬以后,光绪和李鸿章的意见渐趋一致。正像盛宣怀7月23日给张之洞的电报中所说的:"上主战,派翁、李会议,内外臣尚

---

① 《驻北京公使致外交大臣电》,《红档杂志有关中国交涉史料选译》,第40页。

合拍。"①

除了做军事上的准备外,李鸿章还企图利用列强之间的矛盾,"以夷制夷","始则假俄人为钳制,继则恃英人为调停"②。他只看到列强之间的争夺,却无视它们在对外扩张中的勾结,因而对列强抱着不切实际的幻想。光绪虽然并非拒绝"以夷制夷",但却对英、俄调停怀有戒心。

6月20日李鸿章电告总署,说已经向欧格讷、喀西尼提出请英、俄两国劝告日本从朝鲜撤兵。因为"倭忌英不若畏俄,有此夹攻,或易就范。"③正因为他发现日本"畏俄"甚于"忌英",所以就把主要希望寄托在俄国的调停上。他既给予俄国以调停的"优先权",又承认"俄国具有与中日两国共同解决朝鲜内部组织问题的权利。"俄国当时希望维持远东现状,并鉴于李鸿章给予自己"莫大利益",因而决定调停中日争端,以便从中渔利。6月25日李鸿章对总署说:俄皇已通过驻日俄使"勒令"日本政府"与中国商同撤兵,俟撤后再会议善后办法。"如果日本拒绝遵办,"电告俄廷,恐须用压服之法。"④李鸿章深信俄国将能"压服"日本,军机大臣们也"喜压服说"⑤。然而,光绪却怀疑俄国"另有觊觎别谋",警告李鸿章"勿致堕其术中"。李鸿章不以为然,声称俄国"似尚无他觊觎"。

其实,俄国并不愿用强力干涉朝鲜问题,担心援助中国会把日本驱向英国怀抱。7月9日喀西尼派人通知李鸿章:俄国只能以友谊力劝日本撤兵,未便用武力强制,至于朝鲜内政应改革与否,俄国不便与闻。这使李鸿章深感失望。然而,7月22日俄国驻华使馆参赞会见李鸿章时却又声称:"看倭人现在情形,劝息势须动兵"。李鸿章信以为真,说"贵国如派兵船,我海军提督亦可派往会办。"他电告总署:"似俄真动公愤,未必欲收渔人之利。"⑥第二天,光绪就令总署批驳李鸿章:

---

① 盛档《甲午中日战争》(上),第20页。
② 《清光绪朝中日交涉史料》,卷14,第21页。
③ 《清光绪朝中日交涉史料》,卷13,第19页。
④ 《清光绪朝中日交涉史料》,卷13,第24页。
⑤ 《张侍郎来电》,《李鸿章全集》(二),电稿二,第739页。
⑥ 《北洋大臣来电》,《清光绪朝中日交涉史料》,卷15,第10页。

俄以倭不听劝，意在动兵，其力固足制倭，然谓非欲渔利，其谁信之？此时俄若派兵驱倭，我固未能阻止，但不可倚以为助，致事后别生枝节。我军会办一节，殊未妥协，宜再酌电复。①

7月24日李鸿章复电总署，表示"钧电云云，自毋庸议。"②

李鸿章在请求俄国调停的同时，还企图利用英国同日、俄两国的矛盾，争取英国的支持。当时英国远东政策主要着眼于防俄，力图防止俄、日联合。7月2日李鸿章在会见英国驻天津领事时，乞求英国速派海军司令带领舰队径赴横滨，与驻日英使同赴日本外交部，"责其以重兵压韩无礼，扰乱东方商务，与英大有关系，勒令撤兵，再议善后。"他鼓动说：日本必定遵办，而英国与中日两国"交情尤显"。"此好机会，勿任俄著先鞭。"③李鸿章的这种想法，欧格讷"似不以为可"，"未电本国"④，并遭到光绪的斥责：

李鸿章此议非但示弱于人，仍贻后患，殊属非计，著毋庸议。嗣后该大臣与洋人谈论，务宜格外审慎；设轻率发端，致误事机，定唯该大臣是问。⑤

光绪反对"借兵伐倭"，但并非拒绝外国调停。7月18日枢译大臣认为"刻下各国皆愿调停，而英人尤为著力，盖英最忌俄，恐中倭开衅，俄将从中取利也。我若遽行拒绝，恐英将暗助倭人，资以船械，势焰益张。"⑥光绪赞同此议，"交军机写寄北洋"⑦。总署与欧格讷曾多次会商朝鲜问题，就是光绪同意外国调停的具体表现。

依赖英俄调处，使日本获得了派遣大军进占朝鲜要隘的时间，延滞了清军备战的步伐。盛宣怀说："初因俄、英两国出头调处，劝彼撤兵，故劝我不可添

---

① 《发北洋大臣电》，《清光绪朝中日交涉史料》，卷15，第15页。
② 《北洋大臣来电》，《清光绪朝中日交涉史料》，卷15，第18页。
③ 《北洋大臣来电》，《清光绪朝中日交涉史料》，卷13，第30、31页。
④ 《北洋大臣来电》，《清光绪朝中日交涉史料》，卷13，第30、31页。
⑤ 《军机处寄李鸿章谕旨》，《清光绪朝中日交涉史料》，卷14，第3页。
⑥ 《户部尚书翁同龢等复陈会议朝鲜之事折》，《清光绪朝中日交涉史料》，卷14，第40页。
⑦ 《翁文恭公日记》，光绪二十年六月十六日。

兵,迟回审顾,职此之由。"①赫德供认:"外交把中国骗苦了,因为依赖调停,未派军队入朝鲜,使日本一起手就占了便宜。"②

消 极 防 御

正当李鸿章和清廷设法和平解决中日争端之际,日本政府决心不惜采取一切手段,发动侵略中国的战争。7月25日日本海军在朝鲜丰岛对中国海军进行突然袭击,挑起战端。7月27日军机处上奏光绪,建议撤使、布告各国和对日宣战。与此同时,总署电询李鸿章关于撤使、布告各国的意见。第二天,李鸿章复电总署:

> 倭先开战,自应布告各国,俾众皆知衅非自我开,似宜将此案先后详细情节据实声叙。钧署拟稿必臻周妥,内属国一节,朝鲜与各国立约时,均声明在先,各国虽未明认,实已默许,可否于文内轻笔带叙,斯我先派兵非无名,后来各国调停议结亦暗伏其根。汪使应撤回,倭驻京使及各口领事应讽令自去。倭土货多赖华销,应檄行各关暂停日本通商。③

总署采纳李鸿章的建议,于7月30日照会各国公使,声明日本"悖理违法首先开衅","公论难容"。8月1日光绪颁布宣战上谕。

从中日战争总体上看,日本采取战略进攻态势,清政府则处于战略防御地位。同日本政府精心策划、主动进攻相反,清政府是被迫应战,事前缺乏充分准备,事后也没有制定合乎实际的战略计划。不过,既然日本业已挑起战争,清政府就不能不采取实际作战措施以应变。丰岛海战之后,清政府逐渐地建立起以京畿、奉天、平壤前线为重点的三位一体的战略防御体系。这个战略防御体系反映了清朝统治层的共同的战略思想。

① 《盛宣怀致叶志超函》,盛档《甲午中日战争》(下),第56页。
② 《中国海关与中日战争》,第59、50—51、83—84页。
③ 《北洋大臣来电》,《清光绪朝中日交涉史料》,卷15,第31页。

平壤是朝鲜旧京,"实为朝鲜全境之中权,乃图朝鲜必争之地。"①奉天是清廷陵寝宫阙所在,京畿的东部屏障,因而被视为"根本重地"。京畿是清朝的统治中心,日军的战略根本所指。因此,清政府从战争一开始就集中精力加强京畿、奉天和平壤的防线。这种防御体系,重在陆路,而忽视了与之休戚相关的争夺黄海、渤海制海权问题。当平壤、黄海大战之后,面对着"水陆两军新有挫失"、风传日军"图犯北京"、"谋袭沈阳"的严酷现实,李鸿章上疏说:"就目前事势而论,唯有严防渤海以固京畿之藩篱,力保沈阳以顾东省之根本,然后厚集兵力,再图大举,以为规复朝鲜之地。"②李鸿章提出的战略防御计划,符合清廷的意愿,立即得到光绪的批准。此后,清政府基本上是依循这个战略计划来指导防务的,即使日本把军锋指向辽东和山东半岛、力图摧毁北洋海军基地、动摇渤海两翼钳形屏障之后,清政府也没有相应的变动防御重点,仍然坚持重沈阳、京畿而轻视辽东、山东半岛的做法,致使清军兵力部署出现了反常现象:敌锋未及的沈阳、京畿地区大军云集,游移于战场之外,而敌人主攻的地区兵力严重不足,寡不敌众。实践证明,这种战略计划是错误的。正确的做法,应以辽东和山东两个半岛为战略重点,控制渤海,拱卫沈阳和京畿。

清朝统治层虽然在战略思想上并无二致,但是在战略防御中究竟应该采取什么方针的问题上却存在着明显的分歧。光绪倾向于积极防御,而李鸿章则坚持消极防御。光绪和李鸿章关于防御方针之争,主要表现在对北路援军和北洋舰队的指导上。

关于北路援军的进止,光绪在发布宣战上谕的第二天,就命令李鸿章"迅速电催,星夜前进,直抵汉城,与叶志超合力夹击,以期迅奏肤功"。第三天又指示李鸿章"加电迅催","一俟诸军齐到,即可合力驱逐倭寇,以解汉城之围。"③光绪的意图是北路援军应取攻势,直趋汉城,与叶志超军合力夹击日寇。当时在朝日寇兵力尚单,加之朝鲜官民的支持,清军南北夹击,扭转战局是可能的。但是李鸿章却不以为然,他知道朝鲜是个半岛,担心日本利用海军优势,截断北路援军后路。8月5日他致电卫汝贵说:"日兵船赴大同江,意在

---

① 姚锡光:《陈进兵朝鲜大略情形说帖》,《中日战争》(五),第 234 页。
② 《直隶总督李鸿章奏军事紧急情形折》,《清光绪朝中日交涉史料》,卷 20,第 25—26 页。
③ 《发北洋大臣电》,《清光绪朝中日交涉史料》,卷 16,第 6 页。

截我后路。汝等队初到,必须先据形胜,坚扎营垒,勿为所乘;确探前路敌情,俟全队到齐,再相机进止。但平壤要地,宜会商何军留守,方可前进。"①8月11日卫汝贵等提出"先定守局,再图进取,稳扎稳打,庶进退裕如"的方针,李鸿章据以电告总署,并作了"查布置情形,尚属周密"的评语。8月16日光绪指示李鸿章"电饬各统将,筹商妥协,迅速进兵;一面并将布置后路情形复奏。"②第二天,李鸿章请总署代奏:"目前只能坚扎平壤,扼据形胜,俟各营到齐,后路布妥,始可相机进取。"光绪认为这是一种"株守以待"的方针,势必造成"坐失事机"的恶果,因而接连严令李鸿章命平壤前敌各军迅图进剿,先发制人。然而,李鸿章却坚持己见,拒不遵旨。8月25日光绪根据李鸿章的提议,任命败军之将叶志超总统平壤各军,"命其督率诸军,相机进剿。"叶志超始则提出"必俟兵齐,秋收后始能协力前进";继而声称"陆军劳费万端,必有四万余人,厚集兵力,分布前敌后路,庶可无虞。"③李鸿章对前者褒以"自系老成之见",对后者则未置可否。光绪览奏,"殊深疑闷",特于9月4日严令李鸿章对"所有分布进剿机宜","妥筹具奏","不得以兵未全到,束手以待敌人之攻",并警告他"慎毋稍涉大意,致有疏虞,自干咎戾也。懔之!慎之!"④就这样,一个要"先发制人",一个坚持"株守以待",争论不休。光绪"屡促进剿,而李鸿章总以兵力不敷为言",致使日本得以乘机加紧备战,"密为布置,修治台垒,造置铁路,守御益固,攻取益难。"⑤李鸿章坚持"株守以待"的消极防御方针,使清军失掉了主动出击的有利时机,导致平壤战役的失败。连盛宣怀也不得不承认:平壤"病在不能先攻其未备。"

关于北洋舰队的作战方针,光绪与李鸿章的分歧,也集中在积极还是消极防御上。

丰岛海战之后,李鸿章一面电告清廷有关战况,一面命令丁汝昌"统带铁快各船,驰赴朝鲜洋面,相机迎击。"在不到二十天时间里,丁汝昌曾奉命三次赴朝鲜洋面梭巡。8月3日光绪质问李鸿章:"前据电称,丁汝昌寻倭船不遇,

---

① 《寄平壤盛军卫统领》,《李文忠公全书》,电稿,卷16,第40页。
② 《军机处电寄李鸿章谕旨》,《清光绪朝中日交涉史料》,卷16,第39页。
③ 《北洋大臣来电》,《清光绪朝中日交涉史料》,卷19,第9页。
④ 《军机处寄北洋大臣李鸿章上谕》,《清光绪朝中日交涉史料》,卷19,第13页。
⑤ 《清光绪朝中日交涉史料》,卷19,第25页。

折回威海卫,布置防务。威海避处东境,并非敌锋所指,究竟有何措置? 抑借此为藏身之固?"并令李鸿章察看丁汝昌"有无畏葸纵寇情事"①。李鸿章一面为丁汝昌辩解,诉说"西人佥谓我军只八舰为可用,北洋千里,全资屏蔽,实未敢轻于一掷";一面电示丁汝昌:"参折甚多,谕旨极严,汝当振刷精神,训励将士,放胆出力。"8月13日李鸿章鉴于日本海军"乘虚往来威海、旅顺肆扰,各处告警",并有赴山海关、秦皇岛截夺铁路之谣,因而责令丁汝昌:"此正海军将士拼命出头之日,务即跟踪,尽力剿洗,肃清洋面为要,不可偷懒畏葸干咎。"②然而,一纸电令,并未能改变丁氏的"偷懒畏葸"。当时光绪"屡催设法接济"牙山叶志超军。据说光绪"深怒海军不能救援叶军,诘责庆邸,掷碎茶碗,谓丁汝昌不能战,糜费许多饷何益?"③由于丁汝昌"气馁","海军胆怯","水路无从接济",叶志超军面临覆没的危险。于是,李鸿章电令叶志超向东边汉江上游水浅处觅间道北移。

当时日本海军声东击西,经常窜到威海、旅顺等处"施放空炮,旋即远飏"。8月23日光绪判断日舰"难保不乘我之懈,再来猛扑",于是指示丁汝昌将北洋舰队的防御重点从朝鲜洋面转移到威海、烟台、旅顺和大连湾等处,扼守"北洋要隘,大沽门户"。光绪的主张同李鸿章的想法颇为相似。8月29日李鸿章上书光绪,建议采取"保船制敌之方"。他认为中国"今日海军力量,以之攻人则不足,以之自守尚有余。"中国"快船不敌"日本,倘与日本"驰逐大洋,胜负实未可知,万一挫失,即赶紧设法添购,亦不济急"。他主张中国海军不必与日本海军"拼击","但令游弋渤海内外,作猛虎在山之势",日本"尚畏我铁舰,不敢轻与争锋。"这样不仅北洋门户"恃以无虞",而且威海与朝鲜仁川一水相望,日本因担心中国海军东渡袭其陆军后路,就不敢让其海军舰队全部驶离仁川进犯中国各口。8月31日光绪肯定了李鸿章的"严防威旅门户,为保船制敌之计",认为"该大臣密筹海军彼此情势,战守得失,详晰复奏,自系实在情形"。

光绪与李鸿章的一致之处,是放弃争夺黄海制海权,严防威旅门户,保船制敌。这就既使援朝陆军陷于孤立,又把战火引进北洋沿岸,显然是一大失

---

① 《发北洋大臣电》,《清光绪朝中日交涉史料》,卷16,第7页。
② 盛宣怀档案资料选辑之三《甲午中日战争》(上),第81页。
③ 盛宣怀档案资料选辑之三《甲午中日战争》(下),第120页。

策。英国人格伦指出:"中国于开战之初,已不以海军争夺制海权,徒造屈服失败之因,自身承诺将战地置于中国沿岸,岂不怪哉!"①

光绪与李鸿章之间的分歧,则在于是否"相机迎击,以期力挫敌锋"。黄海战后,由于李鸿章处处迁就丁汝昌,致使这种分歧更加突出。9月29日光绪根据赫德的"倭兵三队来华,头队指黄海"的消息,谕令李鸿章:"威、旅及内海各口防务十分紧急,海军修补之船须赶紧准备护口迎敌"②。10月2—13日间,李鸿章多次指示丁汝昌:率定、镇等舰"出巡威湾旅一带"。10月17日丁汝昌虽然率舰出巡,但却从旅顺驰向威海,一呆就是十天。在此期间,日舰护送陆军在辽东半岛花园口登陆。李鸿章获悉后,立即电令丁汝昌酌带数船驰往旅湾游弋。丁汝昌重施故技,从威海径直驶入旅顺,泊锚不动。当日军进逼金州,旅防万分危急之时,光绪电令丁汝昌率舰前往皮子窝设法雕剿,断其后路接济。然而,丁汝昌拒不应命,并逃离旅顺,返回威海。李鸿章既声称断日军后路接济,"力固不能";又对丁汝昌率舰"仓皇出走"避匿威海之举不予深究。11月9日李鸿章电令丁汝昌带舰来津"面商往旅拼战、渡兵、运粮械接济"问题。丁汝昌遵命赴津,与李鸿章、汉纳根面商。12日李鸿章报告总署说:"丁汝昌拟即率六舰由津赴口外巡徼,遇敌即击,相撞即攻。"但"若令护送运船,适以资敌",在这一点上,与汉纳根的意见相同。当天,丁汝昌率舰"赴旅顺口探巡",不过只在旅顺口外待了几个小时,就匆匆退入威海,坐视旅顺陷落而不救。旅顺失守,威海吃紧,李鸿章断定"湾旅敌船必来窥扑",便于11月27日电令丁汝昌有警时"应率船出傍台炮线内合击,不得出大洋浪战,致有损失。"③光绪的看法略有不同。他深知"海军战舰数已无多,岂可稍有疏失?若遇敌船逼近,株守口内,转致进退不得自由",因而要李鸿章设法调度,相机迎击,以免坐困。李鸿章当即责令丁汝昌妥筹电复。1895年1月16日丁汝昌指出:若"水师力强,无难远近迎剿。今则战舰无多,唯有依辅炮台,以收夹击之效。"李鸿章认为丁汝昌"所拟水陆相依办法,似尚周到",请总署代奏。光绪经过慎重考虑,在21—23日三天之内连下三谕,既批准李氏之议,说海军战舰必须设法保全,"前据李鸿章电奏,预筹水陆相依之法,尚属详

---

① 《海事》,卷5,第12期,第12页。

② 《军机处电寄李鸿章谕旨》,《清光绪朝中日交涉史料》,卷21,第3页。

③ 李鸿章:《寄威海丁提督戴道刘镇张镇》,《李鸿章全集》(三),电稿三,第219页。

悉",又反对坐守待敌,要求李氏迅速筹办"应如何相机合力出击之处"。

李鸿章遵旨电示丁汝昌:"若水师至力不能支时,不如出海拼战,即战不胜,或能留铁舰等退往烟台。"[1]但是,丁汝昌却认为:"海军如败,万无退烟之理,唯有船没人尽而已。旨屡催出口决战,唯出则陆军将士心寒,大局更难设想。"1月24日李鸿章答复说:"汝既定见,只有相机妥办。廷旨及岘帅均望保全铁舰,能设法保全尤妙。"由此可见,光绪希望"保全铁舰",并"屡催出口决战"。李鸿章虽然不无赞许之意,但当丁汝昌坚主"避战保舰"时,却又往往采取迁就态度。2月3日光绪说:"年内丁汝昌等电,所筹大股来扑,起锚出港,东西分布,合力抵御等语,皆以尽力迎战为保船之计;若株守口内,待彼水陆合攻,必致全船赍敌而后已,后患何堪设想? 著李鸿章督饬海军将士,力筹保全海舰之法。"[2]光绪的看法无疑是正确的,迎战才能保船;株守待敌,只能是死路一条。2月17日李鸿章电令丁汝昌"带船乘黑夜冲出,向南往吴淞,但可保铁舰,余船或损或沉,不至赍盗。正合上意,必不至干咎。"[3]然而,丁汝昌却坚持己见,伏匿威海,拒不迎战,终于导致威海陷落,北洋舰队"船没人尽"的悲惨结局。

光绪和李鸿章在防御方针问题上所以出现分歧,原因之一是双方对敌我力量的估计有所不同。

中日战争爆发之初,中国通赫德曾指出:"现在中国除了千分之一的极少数人以外,其余九百九十九人都相信大中国可以打败小日本。"[4]这种说法虽然不够精确,但却大体上反映了中国人的心理状态。1894年7月4日言有章致函盛宣怀说:"北洋讲求武备近三十年,以中视西,或未可轻敌,以剿倭奴足操胜算也。"[5]这类轻敌的思想,普遍存在于清朝统治集团之中。在他们看来,日本是个"蕞尔小邦",岂是堂堂"天朝上国"的对手? 吴汝纶感慨地说:"中国积弱不能振,专以虚骄之气应敌。……及至事起,自应审量彼己,不得轻于一

① 李鸿章:《寄刘公岛丁提督》,《李鸿章全集》(三),电稿三,第369页。
② 《军机处电寄李鸿章李秉衡谕旨》,《清光绪朝中日交涉史料》,卷30,第42页。
③ 李鸿章:《寄烟台刘道》,《李文忠公全集》,电稿,卷20,第12页。
④ 《中国海关与中日战争》,第50—51页。
⑤ 盛档《甲午中日战争》(下),第22页。

发。而中外以和为耻,不度德量力,攘臂言战。"①这里所说的"不度德量力,攘臂言战"者,主要指光绪和翁同龢等帝党成员,当然也包括那拉氏在内。因为作为"天朝上国"的统治者,那拉氏起初并未把日本放在眼里,光绪对日宣战,没有她的同意是难以想象的。旅顺沦陷以后,她对刘坤一说:"至日本构衅,由李鸿章初不慎重,致此决裂。然彼小国,原非意料所及。"②

李鸿章的看法有所不同。他深知日本蓄谋侵略中国已非一日,鉴于敌强我弱,"审度彼此利钝","因而不敢掉以轻心"③。他既意识到以北洋之力决胜疆场实无把握,又徒呼奈何地奉诏对日宣战,以致深深陷入矛盾之中而不能自拔。作为中国军队的总指挥,他坚持消极防御方针,希望能够赢得战争的胜利。当牙山叶志超讳败为胜时,他竟然信以为真,流露出喜悦的心情:"叶军大捷于牙山,斩首两千余名,乘胜进扎,开距汉城仅七十余里。已催北路各军剋日前进,并饬海军舰齐往迎击,南北合势,水陆并力,以冀及早驱除"。"此时之胜倭或易,他日之保韩实难耳。"④然而,平壤溃败,旅顺陷落,粉碎了他的幻想,使他忧心忡忡。当时有人说李鸿章对"淮军之败,并无戚容"。吴如纶为之辩解说:"某闻平壤之败,李相痛哭流涕,彻夜不寐;此范肯堂所亲见,某亲询之者。及旅顺失守,愤不欲生,未闻其无戚容也。"⑤吴汝纶的说法是可信的,因为李鸿章深知淮军和北洋海军的胜败,同他的宦海沉浮与政治前途息息相关。他不愿淮军溃败,更不愿自己惨淡经营的北洋海军毁于一旦。他本来就对战胜日本缺乏信心,平壤、黄海两次战役的失败,直接促使他从"主战"转向了"主和"。

随着战事的节节失利,清朝统治层里的明争暗斗日趋激烈。光绪示意帝党朝臣奏请停止为慈禧祝寿,将庆典款项移充军费。慈禧异常恼火,向御前诸臣公然宣称"今日令吾不欢者,吾将令他终身不欢。"她把满腔怨愤倾泻在光绪身上,将珍、瑾二妃降为贵人,并撤销满汉书房。帝党决意削弱后党,设法迫使慈禧重新起用闲置十年的恭亲王奕䜣,擢升翁同龢、李鸿藻为军机大臣。然

---

① 吴汝纶:《与河南南阳府太守濮青士》,《桐城吴先生全书》,尺牍,卷1,第115页。
② 刘侃:《北征纪略》,《犊鼻水房小稿》,卷8,第1页。
③ 《直隶总督李鸿章奏军事紧急情形折》,《清光绪朝中日交涉史料》,卷20,第25页。
④ 李鸿章:《复翰林擅玑》,《李文忠公尺牍》,第28册。
⑤ 吴汝纶:《答陈右铭》,《桐城吴先生全书》,尺牍,卷1,第115页。

而事与愿违,奕䜣因"年已老,又叠经废置",锐气尽消,因循苟且,并没有成为帝党的帮手,反而支持了后党的求和活动。翁同龢、李鸿藻虽然跻身枢府,但却无力改变后党把持"权而要"的军机处的局面。帝党在要求起用奕䜣、提拔翁、李的同时,竭力"摧折"为后党所倚重的李鸿章。他们深知要想增强权势,坚持抗战,就必须更易将帅,夺取军权。"将不易,帅不易,何论其他?"①

1894年8月,志锐、文廷式等先后上疏弹劾李鸿章衰病昏庸,贻误大局,请求另行简派重臣至津督师。军机处以为不可,驳之曰:"环顾盈庭","无人可代此任者。所奏毋庸置议。"9月翁同龢、李鸿藻利用平壤之败,主张对李鸿章一要"严议",二要"拔三眼花翎,褫黄马褂"。光绪虽然将所谓"严议"束之高阁,但却给予李鸿章以"拔去三眼花翎,褫去黄马褂"的处分。这是帝党对李鸿章的一次小小打击,也是后党为了缓和民愤而勉强吞下的一个苦果。李鸿章获谴后,上疏抗辩,声称平壤之败,系由众寡不敌,器械相悬,"并非战阵之不力"。他抱怨说:"以北洋一隅之力,搏倭人全国之师",岂能决胜疆场。他还委婉地批评了弥漫于统治层中的轻敌和速胜思想,恳请光绪"主持大计,不存轻敌之心",多筹巨饷,多练精兵,内外同心,南北合势,进行持久战。10月,丁立钧、张謇等分别上疏"请罪李鸿章"。张謇抨击李鸿章"非特败战,并且败和",恳请"另简重臣,以战定和"。张謇此折"当日流沫传诵",据说李鸿章看后,还击节赞之为"笔意矫健"。

同年10月末洋将汉纳根向总理衙门提出"制倭"三策,建议清政府练兵、购船。光绪认为汉纳根所议,"颇多中肯","实为救时之策",因而一面向廷臣表示"必须交汉纳根练兵十万,不准有人拦阻",一面责成胡燏棻会同汉纳根"悉心筹划",共同办理,企图借机建立一支由帝党掌握的武装力量,以便取代李鸿章控制的军队。后党中坚荣禄则持反对态度,认为"中国财赋"已属赫德,"今再将兵柄付之汉纳根,则中国已暗送他人,实失天下之望。"②李鸿章心腹盛宣怀看出光绪、汉纳根的意图和淮军"当之辄靡"的现实,认为"练兵之策不可疑迟,练兵之权不可旁移",建议李鸿章"慨然自任""用洋将、练新队"事宜,在他看来,"倘再迟疑不决,翻然改练大支劲兵,战不能转败为胜,和不能

---

① 《翁松禅致张啬庵手书》,第9—10页。
② 《中日战争》(四),第576页。

挟兵自重,且和以后亦不能保存威望于华夏。"①李鸿章虽然赞赏盛宣怀的看法,但却同光绪一样,在中日激战的环境中,是无法把"用洋将练新队"的理想变为现实的。

时人吴汝纶看出"中国士夫""唾骂"李鸿章,系"由政府扬其焰,而后进之士闻声和之。"②这里所说的"政府",显然是指光绪、翁同龢等而言。李鸿章对于来自"政府"和"士夫"的攻击,深恶而痛绝。11月他借洋人之口,进行全面反驳。他的顾问、美国人毕德格在美国休假期满返回中国途经日本时,曾与日本外务省官员谈论中日战事。李鸿章特地把他们谈话"节略"呈报清廷。据"节略"记载:

> 日本官员:"中国皇上以及枢府是否仍以李中堂为可靠,信任无疑?"
>
> 毕德格:"李中堂勋业冠绝,近今平日复极忠诚恭顺,虽有震主之功,不改忠君之志。故朝廷倚畀极隆,频颁异数,现方督师,此岂非皇上信任不疑之据!"
>
> 日本官员:"李中堂督师无功,朝廷积渐生疑,一切恩赏势必尽行夺回。"
>
> 毕德格:"李中堂唯有尽其力之所能为而已。中国素不以与外国战争为事,其兵皆散布各省,由各督抚主政,兵部堂官并无调度会合之权。兵散则力分,故不能与外国争锋。日本改用西法,陆军、海军皆归部臣节制,故能通力合作,积健为雄。此中东之所以异也。言官见东胜而中负,乃任情诬调,归咎于李中堂一人,此等言官以捕风捉影之谈,冀动朝廷之听,而思自坏其长城,其害中国较之敌人而更甚,殊为可哀之至。试问朝廷不用李中堂,更有何人足与东洋抗手乎?"
>
> 日本官员:"中国如罢斥李中堂,我等军务更易成功矣。"③

所谓"有震主之功,不改忠君之志",言官"任情诬调""自坏其长城","朝廷不

---

① 盛宣怀档案资料选辑之三《甲午中日战争》(下),第369—371页。
② 吴汝纶:《答潘黎阁》,《桐城吴先生全书》,尺牍,卷1,第148页。
③ 《李鸿章全集》(三),电稿三,第175—176页。

用李中堂,更有何人足与东洋抗手"云云,都是李鸿章所欲言而未敢吐露者,既反映了他的心声,又增加了对清廷的压力。他甚至不惜借助日本官员之口警告清廷:"中国如罢斥李中堂,我等军务更易成功矣。"

当然,帝党并没有被压服,反而倡议募湘勇以制淮军,选派爵势相当的亲信大员为钦差大臣以分李鸿章之权。12 月,光绪特授湘系首领、两江总督刘坤一为钦差大臣,节制关内外各军,专办战事。文廷式奏请饬令刘坤一驻扎天津,"整饬军务","以制偃塞之疆臣","以驭骄惰之将领"①。翌年 1 月,光绪任命王文韶为帮办北洋事务大臣。但是,后来事实证明,湘军犹如淮军,刘坤一、王文韶也并非是安邦定国之才。文廷式失望地说:"刘坤一驻山海关,一日伪言倭兵至,坤一惧而三徙,其怯谬如此。举国望湘军若岁,至是乃知其不足恃。"②

帝党不仅直接攻击李鸿章,而且还把矛头对准李鸿章的两个亲信,即北洋海军提督丁汝昌和"东方赘婿"张佩纶。帝党指责丁汝昌"畏缩贻误",企图以徐建寅代替丁汝昌,夺取北洋海军的控制权。李鸿章"始终出死力"庇护丁汝昌,说"海军人才无出其右","从古立大功者类皆谤书盈箧"③。帝党虽然没能搞掉丁汝昌,但却把张佩纶"驱令"回籍。张佩纶因马江战败,夺职遣戍三载。1888 年戍满释回,李鸿章把爱女菊耦许配给他为妻。当时菊耦甫逾二十,而佩纶已满四旬,且系三娶。李鸿章颇为得意,声称"老年得此,深惬素怀"。李鸿章择婿佩纶,因"深悉其立身之本末",意在用其长才,并借其疏通李鸿藻。佩纶以"北学大师"、清流"四谏"之一而"作东方赘婿",颇受时人讥评。梁鼎芬有诗云:"赍斋学书未学战,战败逍遥走洞房"。"见者皆为之失笑"④。佩纶就婚李氏后,住在北洋节署,一面"安神闺房,陶情诗酒";一面干预督署公事,群相侧目。张佩纶被"驱令回籍"后,李鸿章黯然神伤,并上"辨疏",强调张佩纶"虽经获咎,无人议其品行之亏者,且从前曾备词臣,屡贡谠论,其操守清廉、品诣耿介为圣母所深知,亦海内所共悉",所谓"干预公事屡招物议"云云,率系风闻无据之词,恳请"逾格慈施","念其安分守己,并不干

---

① 《侍读学士文廷式奏请饬令刘坤一驻扎天津整饬军务片》,《中日战争》(三),第 305 页。
② 文廷式:《闻尘偶记》,《近代史资料》,1981 年第 1 期。
③ 《褚成博奏请严诘李鸿章洋将温汝德神术何在片》,《中日战争》(三),第 399 页。
④ 刘声木:《苌楚斋续笔》,卷 1,第 5 页。

预公事,准令照常居住"。光绪断然拒绝:"张佩纶获咎甚重,李鸿章何得再为剖辩?仍令回籍,不准在该督署中居住。"①张佩纶被迫出署,翌年偕眷南下江宁,隐居驯鸥园。

帝党采取的种种措施,目的都在于倒李,削弱后党权势。敏锐的吴汝纶,洞若观火,暗中对密友说:"朝中不信李相,颇有意摧折之,幸太后尚倚重耳。然军事棘手,君臣之间亦在危疑。"②用"危疑"来形容光绪与李鸿章的关系,说明统治层中矛盾的复杂而又微妙。当然,光绪"摧折"李鸿章,没有慈禧的默许是不可能的。慈禧不同于光绪之处,就在于她对李鸿章"倚重"大于"摧折"。据翁同龢日记载,有一次慈禧接见军机大臣,谈到中日战事,"斥李相贻误,而深虑淮军难驭,以为暂不可动。"世铎、李鸿藻"颇赞此论"。慈禧还愤愤地表示:"言者杂遝,事定当将此辈整顿。"③慈禧既深虑淮军难驭,而不敢罢斥李鸿章,又痛恨言官喧嚣,决意在中日战后加以整顿。这表明在民族存亡的紧急关头,清朝统治集团不是绸缪团结御侮,而是加紧争权竞势。正如时人所说的:"目前政府仍是人各一心,大权争揽,竟无一知兵者。从前主战之说,始于翁(同龢)。而战既如此,和又虑其难成。(慈禧)太后责备翁,翁亦甚不安也。合肥(李鸿章)赖有太后维持。"④

"暂屈以求伸"

在清政府被迫抗击日本侵略之后,帝后两党和李鸿章等仍然抱有程度不同、内容各异的"以夷制夷"的念头。8月1日清政府甫经宣战,盛宣怀就对俄国驻华公使随员表示:"吾国并(李)中堂之意,均欲与贵国合而为一,将日兵逐出"⑤。8月13日李鸿章致电总署,鼓吹"联俄制日",说俄国"似有动兵逐倭之意"。8月16日翁同龢上疏抗争,"力言俄不能拒,亦不可联,总以我兵能

---

① 张佩纶:《涧于日记》,光绪二十年八月十七日、九月初三日、九月十一日。
② 吴汝纶:《与诒甫》,《桐城吴先生全书》,尺牍,卷1,第109页。
③ 《翁文恭公日记》,光绪二十年十一月初二日。
④ 盛宣怀档案资料选辑之三《甲午中日战争》(下),第339页。
⑤ 盛宣怀档案资料选辑之三《甲午中日战争》(下),第108页。

胜倭为主,勿盼外援而疏本务。"①由于当时中国正处在抗日高潮时期,战争胜负尚未定局,中俄联盟之议遂被搁置起来。及至平壤、黄海战败之后,帝党继续主战,后党和李鸿章转而主和。慈禧旧事重提,意在与俄结盟,拟派翁同龢赴津与李鸿章会商。翁氏既反对联俄又"不敢以和局为举世唾骂",叩头请辞天津之行。慈禧改以"责李鸿章何以贻误至此"名义,仍派翁氏前往。9月30日翁氏轻装至津,"乘小轿入督署",会见李鸿章。他首先传达慈禧、光绪对李鸿章"慰勉"之意,然后就严厉谴责他贻误、败衄情况。李鸿章"惶恐引咎",并辩解说:"缓不济急,寡不敌众,此八字无可辞。"翁同龢质问:"陪都重地,陵寝所在,设有震惊,奈何?李鸿章答复说:"奉天兵实不足恃,又鞭长莫及,此事真无把握。"翁同龢又询问"北洋兵舰"如何? 李鸿章非常生气,"怒目相视,半晌无一语",慢慢掉头说:"师傅总理度支,平时请款辄驳诘,临事而问兵舰,兵舰果可恃乎?"翁同龢辩曰:"计臣以撙节为尽职,事诚急,何不复请?"李鸿章愤愤地说:"政府疑我跋扈,台谏参我贪婪,我再哓哓不已,今日尚有李鸿章乎?"翁同龢"语塞"。正当他们在督署会晤之时,接到一道廷寄:"闻喀使西尼三四日到津,李某如与晤面,可将详细情形告翁某,回京复奏。"李鸿章告诉翁同龢:喀西尼派参赞前来声称:中国若能派一专使赴俄与商,"则中俄之交固,必出为讲说。"翁同龢担心"俄连而英起,奈何?"李鸿章断言:"无虑也,必能保俄不占东三省。"10月4日,翁同龢回京复命,并向慈禧、光绪表示:"喀事恐不足恃,以后由北洋奏办,臣不与闻。"②就在这一天,奕䜣、奕劻密函李鸿章,说"刻下战守均不可恃",令其与喀西尼密议,"妥筹善策"。10月12日,喀西尼由烟台至津,与李鸿章会谈中日战事。李鸿章怂恿俄国出头干涉,喀西尼表示俄国将"暂守局外之例"。是时李鸿章"亲俄疏英",因而对前此来访的英使欧格讷较为冷淡。欧格讷说:英国外交部"以中日战事未便持久,两有损伤,嘱相机解劝。"他询问李鸿章如何办法。李鸿章告以事已至此,只有一意主战。欧格讷说:"恐无把握,不如早日议和。"并问:"当如何和法?"李鸿章答曰:"唯先劝两国停战,再议朝鲜善后事宜。"欧格讷认为"此又如从前先令撤兵再议朝鲜办法,事必无成。今要讲和,非允赔兵费不可。"李鸿章表示:"与其赔兵

---

① 《翁文恭公日记》,光绪二十年七月十六日。
② 《翁文恭公日记》,光绪二十年九月初二、六日。

费,不如留此费用兵,断难依允。”①

与李鸿章“亲俄疏英”相反,帝党却走上幻想借助英、德以抗御日本的道路。10月7日由文廷式领衔、联合翰林院38人奏请“密连英德以御倭人”。他们认为“此时倭人得志,势将不利于英;法人与其兵谋,德国亦所深忌”,建议特派亲信重臣与英、德协商,“资其兵费,使伐倭人。”他们强调指出:“闻英、德使臣皆已微示其意,湖广总督张之洞亦经密与商谋,大约不过二千万金上下,便可遵办。……与其议和而用为赔费,何如战胜而出以犒师?”他们批评李鸿章联俄之举,说:“北洋又待俄使言和,前已为其所误,今将更受欺蒙。”对此,光绪十分重视,让奕䜣征询赫德意见,赫德则持否定态度,以“不能”答之。光绪遂下谕召张之洞来京陛见,打算与他商讨密联英德事宜。然而,英德却无意援助中国,致使帝党大失所望。10月13日,欧格讷到总署会晤奕䜣,提议由各国保护朝鲜,中国赔偿日本兵费,并蛮横要求即日定议。第二天,总署大臣就欧格讷的建议展开了辩论,并请示了慈禧。据翁同龢日记载,慈禧、奕䜣赞成在欧格讷提议的基础上议和,翁同龢、李鸿藻则痛恨欧格讷“要挟催逼”,并因“天意已定”屈辱求和而“求死不得”,仰天长叹。但是,日本却因图谋在武力夺取辽东半岛之后议和而拒绝了英国的调停。10月底11月初,由于日寇铁蹄蹂躏辽东半岛,威逼奉天“根本重地”,迫使光绪倾向妥协,从此帝党同后党、李鸿章之间的分歧,已经不是“和”与“战”的问题,而是“和”的代价大小、时间早晚的问题。

11月9日奕䜣特派张荫桓、景星携带密函前往天津,与李鸿章商议救急之方。密函云:

> 阁下数月以来,独任其难,九重业已深悉。此时应如何设法以期了结之处,阁下受恩深重,义无旁贷,且系奉旨归我等数人办理,必可合力维持,望妥速筹办,盼甚。②

这封密函表明慈禧、光绪既“深悉”李鸿章“筹办日事”的苦衷,又企图依

---

① 《李文忠公全书》,译署函稿,卷20,第54—55页。
② 《恭邸等密函》,《李鸿章全集》(三),电稿(三),第155—156页。

仗李鸿章"了结"中日争端。李鸿章心领神会,表示"但有所见,何敢稍存引避之私。"他认为"敌有不愿局外居间之说,各国心志亦未齐",眼下日方志得气盈,若遽由我特派大员往商,转虑为彼所轻,因而拟派德国人德璀琳前往,"既易得彼中情伪,又无形迹之疑。"这种"遣谍通达伊藤"的做法,"较联衡说合为捷,仍与署办并行不悖。"慈禧、光绪准其所请,翁同龢也未加阻拦,并对德璀琳所携带的李鸿章致伊藤书稿和照会做了肯定评价:"致伊藤书稿,词稍激昂,尚无大疵;照会伊藤一件,无疵。"①11 月 26 日德璀琳到达神户,当时日本政府并无议和之意,指责德璀琳不合交战国使者资格,拒绝接待,并要清政府派出具有位高资深的全权代表进行谈判。慈禧、光绪在征得李鸿章同意后,特派张荫桓、邵有濂为议和代表,拟赴广岛议和。正当妥协空气笼罩着清廷的时候,12 月 28 日御史安维峻挺身而出,上疏抗争,"请杀李鸿章,劾枢无状",指斥派张、邵之举"非议和也,直纳款耳,不但误国,而且卖国",并假托市井之言,把矛头直指慈禧:"谓和议出自皇太后,太监李莲英实左右之。""皇太后既归政皇上,若仍遇事牵制,将何以上对祖宗,下对天下臣民?"安维峻大胆敢言,触怒慈禧和李鸿章自不待言,就连光绪也大为震惊,深恐为慈禧所不容,"饬拿交刑部问罪"。翁同龢"从容论说,以为究系言官,且亦称市井之言不足信",应予从轻发落。于是光绪明发上谕,以"肆口妄言,毫无忌弹"的罪名,将安维峻革职,发往军台效力赎罪。1895 年 1 月张、邵按原订计划出使日本,但伊藤却指责张、邵全权不足,拒绝谈判;并公然指名要奕䜣或李鸿章充任全权代表。

1895 年 2 月 10 日光绪召见军机大臣翁同龢等,"问诸臣,时事如此,战和皆无可恃,言及宗社,声泪并发。"②11 日,光绪再次召集军机议事,决定派李鸿章为全权大臣乞和。12 日慈禧召见重臣,论及美国驻华公使田贝转来东京之信说:"所指自是李某,即著伊去,一切开复,即令来京请训。"奕䜣对曰:光绪不让李鸿章来京,"如此恐与早间所奉谕旨不符。"慈禧怒形于色,冷言道:"我自面商;既请旨,我可作一半主张也。"③13 日,光绪谕令李鸿章"作为头等全权大臣,与日本商定和约","著星速来京请训,切勿刻迟。"清廷所以选派李

① 《翁文恭公日记》,光绪二十年十月二十六日。
② 《翁文恭公日记》,光绪二十一年正月十六日。
③ 《翁文恭公日记》,光绪二十一年正月十八日。

鸿章赴日议和,是因为在他们看来,"倭焰鸱张,畿疆危逼,只此权宜一策,但可解纷纾急,亟谋两害从轻",而李鸿章身兼将相、厌战主和并为日本所"器重",全权代表匪异人任。于是赏还翎顶、黄马褂,开复革留处分。吴汝纶说:"此时言和,直乞降耳,乃欲以口舌争胜,岂可得哉。"①"乞降"本来是一项屈辱而又危险的使命,正如赫德所说的:李鸿章东渡"签立和约,是沉重而不得人心的任务,不但为全国人所咒骂,也许还要受政府的公开谴责。"②据田贝说,李鸿章"不愿意去日本,他很害怕遭到暗杀"。田贝"曾严肃地和他辩论",以所谓"荣誉"和"为国家效劳"等堂而皇之的理由来"引诱""他同意担任这个危险的工作。"③李鸿章向张荫桓透露:"各使怂恿兄去,致被新命,茫无所措,拟进京商办"④。

2月17日威海陷落,北洋舰队覆灭。日本鉴于"国内的海陆军备""几成空虚"和继续推进可能遭致列强干涉,便一面陈兵辽东和山东两半岛,摆出准备进攻北京的架势;一面决定重开谈判,经由田贝照会清廷,要求中国确认朝鲜独立、赔款、割地、重订中日通商条约,另派具有商议这些内容权力的使臣,否则日本决不停战。就在这种形势下,李鸿章来到北京,与惊慌失措的清廷商讨对日议和方针。他认为"敌欲甚奢,注意尤在割地"。对清廷来说,这究竟不是能够轻易咽下去的苦果。2月22、23日李鸿章连日参加召对,并与奕䜣、奕劻和枢臣会议,商讨的内容不是应否议和,而是割地问题。光绪"令坚拒",李鸿章、翁同龢反对割地,幻想借助英、俄。孙毓汶、徐用仪主张割地议和。翁同龢记其事说:2月22日光绪召见李鸿章和枢臣,谈及"议约事"。奕䜣传旨,"亦未尝及前事,唯责成妥办而已。"李鸿章声称:"割地之说不敢担承,假如占地索银,亦殊难措,户部恐无此款。"翁同龢表示:"但得办到不割地,则多偿当努力。"孙毓汶、徐用仪认为"不应割地,便不能开办。"光绪询问海防情况,李鸿章答曰"实无把握,不敢粉饰。"召对之后,李鸿章、奕劻和军机大臣到传心殿议事。李鸿章声称:"割地不可行,议不成则归耳。"语甚坚决,而孙、徐则"怵以危语,意在撮合"。当时"群公默默",翁同龢坚持定见,说"偿胜于割"。

① 《桐城吴先生全书》,尺牍,卷1,第115页。
② 《中国海关与中日战争》,第83—84页。
③ 《中日战争》(七),第491页。
④ 李鸿章:《寄上海张使》,《李鸿章全集》(三),电稿三,第439页。

李鸿章主张借助英俄拒绝日本的割地要求。孙、徐"以为办不到",而翁却"力赞之"。

李鸿章认为割让土地给日本,"北则碍俄,南则碍英法",利益攸关,英、法、俄等国有可能进行干涉。因而,他一面先后访问美、俄、法、英、德等国驻华公使,请其"电知本国";一面电令中国驻英、俄公使"速赴外部密商托"。然而,事与愿违,李鸿章争取外援的活动,结果毫无成效。他对张荫桓说:"连日为土地事,与各使商论,皆谓非此不能结局。"他哀叹:"借助仍难著实,不肯用重力,恐无济。"①他鉴于英、俄"无切实相助语",和"中国不割让给日本一块土地,就没有签订和约的可能",所以转而主张割地求和。据翁同龢日记载:2月25日李鸿章面奏,"略及割地",奕䜣"亦发其凡",翁同龢"却未敢雷同,同人亦寂寂也。"光绪深知割地事体重大,必须禀商慈禧决定。第二天,当光绪将李鸿章、奕䜣的意见报告给慈禧之后,不料"李鸿章所奏,恭邸所陈,大拂慈圣之意"。慈禧玩弄权术,推卸责任,对光绪说:"任汝为之,毋以启予也。"②28日光绪要奕䜣等奏请慈禧"定使臣之权"。慈禧令太监传言:"一切遵上旨可也。"3月2日,光绪迫于事势,给予李鸿章以"商让土地之权"。李鸿章"闻命之余,曷胜悚惧。"他上疏预筹赴日议和情形说:日本重在割地,事机紧迫,非此不能开议。拟就形势方域,斟酌轻重,力与辩争。此外所求,非止一端,并当相机迎拒。3月3日光绪发布上谕,肯定了李鸿章的行动方针,令其"权衡于利害之轻重,情势之缓急,统筹全局,即与定议条约,以纾宵旰之忧,而慰中外之望"③。同时枢臣奕劻等公奏慈禧说:日本重在割地,"若驳斥不允,则都城之危,即在指顾。以今日情势而论,宗社为重,边徼为轻,利害相悬,无烦数计。"④由此可见,清廷在自身统治与民族利益发生矛盾时,不惜出卖民族主权以维护其反动统治。所谓"宗社为重,边徼为轻",正是这种思想的反映。3月4日李鸿章单独请训,发下全权敕书。翌日萧然出都。

3月19日,李鸿章带领李经方和美国顾问科士达等到达马关。第二天便在马关春帆楼与日本全权代表伊藤博文、陆奥宗光开始谈判。谈判反映战场

---

① 李鸿章:《复张侍郎》,《李鸿章全集》(三),电稿三,第455页。
② 《翁文恭公日记》,光绪二十一年二月初二日、二月初四日。
③ 《李文忠公全书》,奏稿,卷19,第49页。
④ 《军机处王大臣庆邸公奏》,《李鸿章全集》(三),电稿三,第460—461页。

上的形势。伊藤、陆奥摆出战胜者的骄横姿态,采取军事要挟和外交讹诈的两手策略,力图从中国攫取最大权益以满足其贪欲。李鸿章鉴于"战绌而后言和,且值都城危急,事机万紧,更非寻常交际可比"①,因而便委曲哀求,步步退让。李鸿章深知擅自允许日本的侵略要求,必将给自己带来杀身之祸。因此,他对谈判中涉及的重大问题,无不随时电奏,候旨遵行。

在第一次会议上,李鸿章发表了长篇谈话,从陆奥的记载中,可以看出他主要讲了三个问题。第一,他赞扬日本"近年来改革事业的成就","称颂伊藤总理的施政得宜,并叹息中国之改革尚未奏效,是由于自己才略不足"。第二,他断言中日战争,使"中国侥幸得以从长夜之迷梦中觉醒,此实为日本促成中国发奋图强,帮助其将来之进步,可谓得益非常巨大。"第三,他主张"中日同盟",说什么"中日两国为东亚两大帝国,日本有不弱于欧洲各国之学术知识,中国有天然不竭之富源,如两国将来能相互合作,则对抗欧洲列强亦非至难之事。"陆奥认为李鸿章所以发此议论,"不外讽示迅速完成媾和的必要。他所谈论的虽然只是今日东方政界人士的老生常谈,但是他如此高谈阔论,其目的是想借此引起我国的同情,间用冷嘲热骂以掩盖战败者的屈辱地位,尽管他是狡猾,却也令人可受,可以说到底不愧为中国当代的一个人物。"②李鸿章的这段议论,固然不乏外交词令,但是晓以两国唇齿相依之大义,主张两国"应力维亚洲大局,永结和好",却无疑是真知灼见、语重心长。然而,骄横的伊藤、陆奥听不进任何忠告,一心要把日本的富强建立在中国贫弱的基础之上,妄图称霸亚洲,征服世界。

李鸿章要求在两国议和期间,双方陆海军一律停战。日本提出日军占领大沽、天津、山海关三处地方、天津至山海关铁路交日军管理以及停战期间军费由中国负担等苛刻条件,作为允许停战的前提。李鸿章要求停战,是为了防止日军进攻京畿;而伊藤如此凌逼,意在迫使中国放弃停战之想,保持对清廷的军事压力。李鸿章致电总署,指出日本"要挟过甚,碍难允行"。光绪获悉后,令奕劻等与各国公使面商,而各使"均以先索和议条款为要";同时表示停战期内中国可"支补"日本军费,其余条款"万难允许"。3月24日,李鸿章被

---

① 李鸿章:《复新疆巡抚陶子方》,《李文忠公尺牍》,第29册。
② 陆奥宗光:《蹇蹇录》,第131—132页。

迫搁置停战之议,而索取媾和条款。伊藤答应以第二天面交。李鸿章从会场返回寓所途中,遭到日本浪人小山丰太郎的枪击,左颊中弹,血流不止,"登时晕绝"。经医生检查,子弹嵌入颊骨,取之难保无虞,决定留弹合口。一个外国使节被所在国人暗杀,实在是一件极端野蛮和丑恶的事。消息传开,日本"举国震悚",世界舆论也为之哗然。陆奥供认:

> 我观察内外人心所向,认为如不乘此时机采取善后措施,即有发生不测之危机,亦难预料。内外形势,已至不许继续交战的时机。若李鸿章以负伤为借口,中途归国,对日本国民的行为痛加非难,巧诱欧美各国,要求它们再度居中周旋,至少不难博得欧洲二、三强国的同情。而在此时,如一度引出欧洲列强的干涉,我国对中国的要求亦将陷于不得不大为让步的地步。①

正是基于这种认识,天皇降旨表示要严惩凶手,并特派御医前往诊治。伊藤、陆奥亲临榻前慰问,并自动宣布除台湾、澎湖地区外立即停战,企图借此稳住清廷,避免列强干涉。可悲的是,李鸿章虽然看出自己受伤后日本"上下礼谊周至,不过敷衍外面",但他本人和清廷却都没有利用这次事件压制日本争取外援的想法和行动,仍然把索取媾和条款放在首位。清廷天真地以为日本"似尚有抱歉之意"。李鸿章面伤稍苏,即照会伊藤等,声称明日之会不能躬亲,拟令李经方代往晤索议和条款。当得到陆奥关于停战的通知后,"绷带外面仅露一眼"的李鸿章,"露出十分高兴的神情"。一场风波,就这样化险为夷了。

4月1日,伊藤提出日本的媾和条款,要求清政府承认朝鲜"独立自主",割让奉天南部、台湾、澎湖列岛;赔偿日本军费银3万万两;缔结新的通商行船条约;开放北京等7处为通商口岸;日本臣民得在中国设厂从事各种制造,并得输入机器等等。李鸿章随即电告总署,"请先核明代奏";同时与科士达密商,拟定答复"说帖","以赔费太多,让地太广,通商新章与西国订约不符,委

---

① 陆奥宗光:《蹇蹇录》,第137—138页。

婉开导驳斥,累数千言"①,于4月5日送交伊藤、陆奥。陆奥阅后也不得不承认这份说帖"笔意精到,仔细周详,将其所欲言者尽情地说了出来,不失为一篇好文章"。伊藤与陆奥商定,不同中国讲道理,只要中国谈事实,这正是"胜于力而屈于理"的办法。4月6日,伊藤发出照会,胁迫李鸿章对日方媾和条款作出明确答复,"勿再延缓"。李鸿章电告总署:日本"嫌(说帖)未说明所欲允之意,注意仍在让地、赔款两条实在着落。若欲和议速成,赔费恐须过一万万,让地恐不止台澎。但鸿断不敢擅允,唯求集思广益,指示遵行。"②

当时清朝统治层对日方媾和条款,看法不一。光绪"意在速成",奕䜣、孙毓汶等断言"战字不能再提",主张割台保奉。翁同龢"力陈台不可弃","恐从此失天下人心",与世铎、奕劻"语不洽"。双方各执一词,光绪难以作出抉择,便于4月7日电示李鸿章,说"南北两地,朝廷视为并重,非至万不得已,极尽驳论而不能得,何忍轻言割弃。"责令李鸿章"直抒己见","不得退避不言",并"先将让地应以一处为断,赔费应以万万为断,与之竭力申说"③。4月8日,慈禧声称:奉天、台澎"两地皆不可弃,即撤使再战亦不恤也。"④当然,慈禧此举,只不过是故作姿态而已,她并没有"撤使再战"的决心。就在这一天,李鸿章遵旨复陈,主张割让奉天安东、宽甸、凤凰、岫岩四厅州县及澎湖列岛,赔银一万万两。4月9日李鸿章根据这一设想,拟定和约修正案,交给日方。第二天,伊藤面交对中国修正案的复文,要求赔款2万万两,割让辽东半岛、台湾、澎湖,并蛮横地声称:日本条款"已让至尽头",中国"但有允不允两句话而已"。他既不准置辩,又肆意恫吓:"若不幸此次谈判破裂,则我一声令下,将有六七十艘运输船,搭乘增援之大军,舳舻相接,陆续开往战地。这样北京之危,实不堪设想。"李鸿章忍辱负重,哀声乞怜,而伊藤、陆奥却"乘胜贪横,悍然不顾"。李鸿章深知日本"实非情理能喻",急电总署表示:"鸿力竭计穷,恳速请旨定夺。"4月12日,光绪指示李鸿章再与伊藤"磋磨",争取减少赔款,"允其割台之半","牛庄营口在所必争","倘事至无可再商,应由该大臣一面

---

① 李鸿章:《复译署》,《李鸿章全集》(三),电稿三,第480页。
② 李鸿章:《寄译署》,《李鸿章全集》(三),电稿三,第482—483页。
③ 《译署来电》,《李鸿章全集》(三),电稿三,第485页。
④ 《翁文恭公日记》,光绪二十一年三月十四日。

电闻,一面即与定约。"①4 月 13 日,李鸿章连复三电,一面进行威吓,说日本已派兵赴大连湾,"若议不合,必至决裂",进攻京畿;一面断言"割台之半与之,亦必不允","实恐难望转圜",日本"愈逼愈紧,无可再商,应否即照伊藤前所改订条款定约,免误大局。"4 月 14 日光绪无奈,指示李鸿章:"原冀争得一分有一分之益,如竟无可商改,即遵前旨与之定约。"②

清廷和李鸿章是被迫与日本定约的。李鸿章以为日本有意"急攻京畿,以图要挟,故限期成议。"答应日本要求,"则京师可保,否则不堪设想。"在清廷和李鸿章看来,"京师则宗社攸关",要想保住京师,维持大清统治,就只得忍辱负重,出卖民族利益,屈膝求和。他们曾经试图争取英、俄、法等国出面干涉,压服日本。然而,事与愿违。盛宣怀电告李鸿章说:"此间分询各使,均云并无出力相助之议。"③外援无著,又无劲旅保卫京畿,除了在卖国条约上签字,就别无他途了。当然,他们并不甘心,还幻想借助列强的干涉来修改这个不平等条约。4 月 14 日李鸿章致电盛宣怀道出了这种复杂心情:"伊藤两次哀的美敦书,云无可商。现约明日会晤即定,欲保京城,不得不尔,以后看各国办法。"④

4 月 17 日,李鸿章与伊藤在《马关条约》上签字。《马关条约》正约共 11 款,其主要内容是:中国承认朝鲜"为完全无缺之独立自主";中国将辽东半岛、台湾全岛及所有附属各岛屿、澎湖列岛割让给日本;赔偿日本军费库平银 2 万万两,分 8 次交清;中国开放沙市、重庆、苏州、杭州为商埠,日船可以沿内河驶入以上各口;日本臣民可以在中国通商口岸设厂制造工业品,并得免征一切杂税。双方议定 5 月 8 日在烟台互换批准书。4 月 18 日,李鸿章自马关启程返国。船抵大沽,派人星夜进京,给总署呈送约本。李鸿章至津,称病不出。4 月 20 日,他奏报谈判经过,一面为自己开脱罪责,说什么"适当事机棘手之际,力争于骄悍不屈之廷,既不免毁伤残年之遗体,复不能稍戢强敌之贪心";一面劝导清廷发奋图强,认为"敌焰方张,得我巨款及沿海富庶之区,如虎傅翼,后患将不可知","深盼皇上振励于上,内外臣工齐心协力,及早变法求才,

---

① 《译署来电》,《李鸿章全集》(三),电稿三,第 494、498 页。
② 《译署来电》,《李鸿章全集》(三),电稿三,第 498 页。
③ 《津海关盛道来电》,《李鸿章全集》(三),电稿三,第 498 页。
④ 李鸿章:《复津海关盛道》,《李鸿章全集》(三),电稿(三),第 496 页。

自强克敌,天下甚幸。"①

　　马关条约的签订,在全国上下引起强烈反响。各阶层人民悲愤交集,声讨日本侵略罪行,抨击清廷和李鸿章的卖国行径。康有为在北京发动公车上书,要求在拒和、迁都、练兵、与日本决一死战的基础上,进行资产阶级性质的改革,使中国走上独立富强的道路。在清朝统治层中,内而宗室王公、部院、谏垣,外而直省督抚、前敌将领,"莫不交章谏阻",追究致败之由、误国之责,把一腔怨愤几乎都倾洒在李鸿章身上,形成了"国人皆曰可杀,万口一词"的局势。他们既不敢正视腐朽的封建制度是万恶之源,又不敢抨击真正的罪魁祸首慈禧一伙。他们对李鸿章的口诛笔伐,虽然有时意气多于冷静的分析,难于对其作出全面的切合实际的估价,但却反映了朝野上下的思想动向,表现了人们对战败乞和的愤慨和国运垂危的关注。

　　鉴于马关条约的流弊无穷和全国的抗议浪潮,清廷对和战问题,举棋不定。光绪以"和约事徘徊不能决,天颜憔悴"。翁同龢不赞成"毁约再战",但"力陈批准宜缓",企图借助俄、德、法迫使日本放弃台湾和辽东半岛。许多军机大臣对此表示怀疑,认为"不足恃"。翁同龢、李鸿藻"力斥之",并在光绪面前"亦切陈之"。光绪欣赏此议,特派总署大臣往见俄、德、法驻华公使,并电饬驻俄、法等国公使与所在国外交部密商。

　　4月25日,光绪"命枢臣偕庆邸请见皇太后面陈和战事",内监传懿旨:"今日偶感冒,不能见,一切请皇帝旨办理。"②第二天,军机见时,传懿旨说:"和战重大,两者皆有弊,不能断,令枢臣妥商一策以闻。"③27日,光绪亲自向慈禧"敷陈西迁之议",慈禧"微笑摇首",断然拒绝:"可不必。""和战之局汝主之,此则我主之。"④30日,光绪命翁、李、孙等到患病的奕䜣家里会商,"令定和战之议"。孙毓汶"以所拟宣示稿就正"。奕䜣"以为是宣示者,俟批准后告群臣之词也,大意已偏在和字。"⑤

① 《钦差大臣李鸿章奏中日会议和约已成折》,《清光绪朝中日交涉史料》,卷38,第18—19页。
② 《翁文恭公日记》,光绪二十一年四月初一日、初二日。
③ 《翁文恭公日记》,光绪二十一年四月初一日、初二日。
④ 易顺鼎:《盾墨拾余》,《中日战争》(四),第126—127页。
⑤ 《翁文恭公日记》,光绪二十一年四月初六日。

　　李鸿章主张按期批准互换马关条约，反对"毁约再战"。他一面电催总署："若互换衍期，则责言及兵争又至，望慎筹之"①；一面授意盛宣怀致函王文韶、翁同龢，鼓吹"暂屈以求伸"②。清廷指示李鸿章就割台、赔款问题电商伊藤"通融更改"，李鸿章断然拒绝，说自己作为马关条约的签订者，不能"改议电商"，"以一口说两样话，徒为外人訾笑。"③这里既有恫吓，又有推诿，而意在迫使清廷按时批准换约。

　　由于李鸿章不知光绪"是否批准条约，至觉惶恐。"于是委派科士达赴京，"为这个条约申辩并催促批准。"科士达离津之前，在一个秘密会议上，李鸿章向他详细解释军机处每一位的个性及其政治的环境。4月30日科士达会见军机大臣。他后来回忆说："会议的目的是要使军机大臣深知皇帝批准和约之必要。我强调之点是：条约已不是李鸿章的条约而是皇帝的条约了，因为在签字前每一个字都电达北京，皇帝根据军机处的意见，才授权签字。假若他拒绝批准的话，那在文明世界之前，他将失掉了体面，对于皇帝的不体面，军机大臣是应负责的。"④

　　面对着主和派和科士达胁迫的光绪，本想争取俄、德、法的援助和刘坤一、王文韶的支持，但结果却成了泡影。俄、德、法劝告清廷批准和约；刘坤一、王文韶复奏说事关大局安危，应请军机大臣等通盘筹议，请旨定夺，连口头主战的腔调都改变了；而高高在上的慈禧又一再推脱卖国罪责。在这种情况下，光绪便于5月2日"幡然有批准之谕"。当然，光绪是和着泪水吞下这个苦果的。翁同龢"战栗哽咽，承旨而退。书斋入侍，君臣相顾挥泪。"他哀叹："此何景象耶？"⑤5月8日清政府代表伍廷芳与日本代表伊东美久治在烟台互换批准书。同年11月8日由于俄德法的联合干涉，李鸿章与日本驻华公使林董在北京签订中日《辽南条约》，中国以银3千万两，赎回辽东半岛。

　　马关条约导源于中国封建制度的腐朽和清朝统治集团的卖国。光绪和李鸿章作为清朝统治集团的重要成员，投降主义的决策者，是决不能逃脱卖国罪

---

① 李鸿章：《复译署》，《李鸿章全集》（三），电稿三，第507页。
② 盛档《甲午中日战争》（下），第436—438页。
③ 李鸿章：《复译署》，《李鸿章全集》（三），电稿三，第509页。
④ 《科士达外交回忆录》，《中日战争》（七），第479、480—481页。
⑤ 《翁文恭公日记》，光绪二十一年四月初八日。

责的。当然,光绪不等于李鸿章。光绪对外的抗争性大于妥协性,李鸿章对外的妥协性大于抗争性。李鸿章是投降主义的决策者,又是执行者。他的女婿张佩纶承认:对于李鸿章来说,"若和战之迹,则亦无从回护,虽身存而名已丧,无如之何。"①他致函乃丈,说马关条约"关系国之存亡、公之忠奸、家之祸福",责备李鸿章拒绝"骨肉肺腑之言":"公主战而蒉谋不从,公主和而蒉谏不纳",致使自己"将终其身为天下诛然之一人耳!"②他担心李鸿章会受到严厉惩罚,特地致函李鸿藻"求曲保全之",说"能使此老无不测之祸,是在仁人一言。"③

7月29日,李鸿章抵京。第二天"与枢臣同起召见。"光绪"先慰问受伤愈否",话锋一转,就诘责说:"身为重臣,两万万之款从何筹措;台湾一省送予外人,失民心,伤国体。""词甚凌厉",李鸿章"亦引咎唯唯"④。经过甲午战争,使李鸿章赖以支撑其权威的北洋海陆军溃灭殆尽,加之主和辱国,群议指摘,帝党官僚乘机要求将他密召入都,勿复假以事权,后党要员荣禄也指责他"误国","甘为小人"。据时人说,甲午前,慈禧对李鸿章敬信。甲午后,慈禧信任奕劻和荣禄。正因为这样,李鸿章入觐之后,便被留在北京,奉旨入阁办事,从而失去了直隶总督、北洋大臣的宝座。李鸿章哀叹:正当自己在仕途上"一路扶摇"之际,"乃无端发生中日交涉,至一生事业,扫地无余,如欧阳公所言'半生名节,被后生辈描画都尽',环境所迫,无可如何。"⑤

---

① 张佩纶:《致李兰孙师相》,《涧于集》书牍6,第10页。
② 张佩纶:《致李肃毅师岳相》,《涧于集》书牍6,第5页。
③ 张佩纶:《致李兰孙师相》,《涧于集》书牍6,第10页。
④ 《翁文恭公日记》,光绪二十一年六月初九日。
⑤ 吴永:《庚子西狩丛谈》,卷4,第107页。

八 "山重水复疑无路"

投 闲 京 师

"生归困谗,威脱权劫",这是李鸿章从日本议和归来后政治遭遇的真实写照。

李鸿章曾说自己"少年科第,壮年戎马,中年封疆,晚年洋务,一路扶摇"。但甲午战争却使他从权力顶峰上滚落下来,奉旨入阁办事。所谓入阁办事,就是仅仅保留文华殿大学士头衔,以全勋臣脸面。正像伦敦《特报》所评论的那样:"和议既定,入阁办事,非尊之也;问之疾视中堂者,声势正复赫奕,借此以夺其柄,所谓飞鸟尽而良弓藏也。"①李鸿章在北京没有房产,只得借住在贤良寺。位于东安门外冰盏胡同的贤良寺,是由雍正时怡贤亲王舍宅改建而成,建筑宏壮,层甍云构,地极幽敞,炉烟尽静,闲院飞花,不仅环境优雅,而且近邻禁城,封疆大吏入觐者,多在此下榻。李鸿章"终岁偰居贤良寺",既不能预闻朝政,又时受政敌攻击,他的门生故吏,也纷纷叛离。他为了保证自身安全和伺机东山再起,采取了"韬光养晦"的策略。他很少外出访亲拜友,也不喜欢接待来访客人,"因而门户亦甚冷落"。从"坐镇北洋,遥执朝政",一变而被投闲置散,犹如从云端跌落地表,他的心情怎么能够平静呢? 他感受到世态炎凉,忧谗畏讥,苦闷无聊。

李鸿章即使身处逆境,也仍然注意"养生之术",保持在军营中养成的生活习惯。每天6、7点钟起床,少许吃些早点后,就开始批阅公文,办理公务,公余则随意看书和练字。他常常翻阅《资治通鉴》和《庄子》,前者意在从历代治

---

① 蔡尔康、林乐知:《李鸿章历聘欧美记》,第19页。

乱兴亡中取得借鉴,后者企图从道家经典中追求"天地与我并生,万物与我为一"的主观精神境界,以期安时处顺,逍遥自得,从失势的苦闷中解脱出来。他曾从曾国藩学习书法,推崇东晋书法家王羲之妍美流便的书法,此间每天临摹唐僧怀仁《集王书圣教序》碑帖,临过之后,细看默思,力求神似。午间饭量颇大,无非山珍海味之类。饭后还要喝一碗稠粥,饮一杯清鸡汁,过一会儿再饮一盅以人参、黄芩等药物配制的铁水,然后就脱去长衫,短衣负手,在廊下散步。除非遇到严寒冰雪,从不穿长衣。散步时从走廊的这一端走到那一端,往返数十次,并令一个仆人在一旁记数,当仆人大声禀报"够矣!"时,就掀帘而入,坐在皮椅上,再饮一盅铁酒,闭目养神,一个仆人给他按摩两腿,很久才慢慢睁开眼睛,对守候在一边的幕僚和仆人说:"请诸君自便,予将就息矣,然且勿去。"随即上床午睡1、2小时。当仆人通报"中堂已起"之后,幕僚连忙入室,同他说古道今。晚餐食量较少,饭后让幕僚自便,"稍稍看书作信,随即就寝"。这种生活规律,"凡历数十百日,皆无一更变"。

　　当时在清朝统治层中疾视李鸿章的,主要是帝党官僚,时翁同龢"当国,尤百计齮龁之"。翁、李矛盾,不仅涉及政见之争,而且还含有私怨成分。1862年翁氏哥哥翁同书在安徽巡抚任内被曾国藩上疏严劾,受到远戍新疆的惩处,据说曾氏上疏,是由李鸿章立稿的,出语惊人,无懈可击。翁同龢怀恨在心,他以帝师之尊而为枢府大员,借机压制李鸿章,因而李鸿章"怨之颇切"。翁氏虽然位尊权重,但却一直未能入阁拜相。因当时无缺可补,他便产生了觊觎李鸿章缺位的想法。袁世凯投其所好,甘愿为翁氏火中取栗。袁世凯是个"小人",起初追随李鸿章往上爬,及至李鸿章失势,就立即改换门庭,竭力攀援李鸿藻、翁同龢、荣禄等达官显贵,以为进身之阶。一天,袁世凯登门拜访李鸿章,稍作寒暄之后,就开门见山地说:

　　　　中堂再造元勋,功高汗马。而现在朝廷待遇,如此凉薄,以首辅空名,随班朝请,迹同旅寄,殊未免过于不合。不如暂时告归,养望林下,俟朝廷一旦有事,闻鼓鼙而思将帅,不能不倚重老臣。届时羽檄征驰,安车就道,方足见老成声价耳。

李鸿章越听越生气,未等袁世凯把话讲完,就大声喝止,痛加训斥说:

慰廷，尔乃来为翁叔平作说客耶？他汲汲要想得协办，我开了缺，以次推升，腾出一个协办，他即可安然顶补。你告诉他，教他休想！旁人要是开缺，他得了协办，那是不干我事。他想补我的缺，万万不能！武侯言"鞠躬尽瘁，死而后已"，这两句话我也还配说。我一息尚存，决不无故告退，决不奏请开缺。臣子对君上，宁有何种计较？何为合与不合？此等巧语，休在我前卖弄，我不受尔愚也。①

袁世凯碰了钉子，"只得俯首谢过，诺诺而退"。袁世凯走后，李鸿章还余怒未消，特向亲信幕僚倾吐心声：

袁世凯，尔不知耶？这真是小人！他巴结翁叔平，来为他作说客，说得天花乱坠，要我乞休开缺，为叔平作成一个协办大学士。我偏不告退，教他想死！我老师的"挺经"，正用得着，我是要传他衣钵的。我决计与他挺着，看他们如何摆布？我当面训斥他，免得再啰唆。我混了数十年，何事不曾经验，乃受彼等捉弄耶？

翁同龢有意把李鸿章赶出北京，以便"作成一个协办大学士"，但结果以失败而告终。李鸿章所以未被"放归田里"，主观上得益于曾国藩的"秘传心法"——"挺经"，绝不奏请开缺休致；客观上则凭借于权势者们的支持，慈禧、奕诉"眷念鸿章旧劳，始终欲保全之。"②

李鸿章虽被投闲置散，但每盱衡时势，既为自己洋务事业的破产而抚膺叹息，又因无法挽救清廷的危亡而忧心忡忡。他对自己"一生事业"进行了反思，似乎有意借鉴历史经验探寻出路。他曾经发出过这样的慨叹："功计于预定而上不行，过出于难言而人不谅，此中苦况，将向何处宣说？"他环顾左右，终于选定吴永作为宣说的对象。吴永（字渔川，浙江吴兴人）是曾国藩孙女婿，时在李幕，被李鸿章"以通家子弟相待"，"晨夕左右，几逾一载"。李鸿章经常与吴永枯坐庭院，"随意谈论"。他说：

---

① 吴永：《庚子西狩丛谈》，卷4，第114页。
② 金天羽：《安徽通志稿》，李鸿章传。

我办了一辈子的事,练兵也,海军也,都是纸糊的老虎,何尝能实在放手办理? 不过勉强涂饰,虚有其表,不揭破犹可敷衍一时。如一间破屋,由裱糊匠东补西贴,居然成一净室,虽明知为纸片糊裱,然究竟决不定里面是何等材料,即有小小风雨,打成几个窟窿,随时补葺,亦可支吾对付。乃必欲爽手扯破,又未预备何种修葺材料,何种改造方式,自然真相破露,不可收拾,但裱糊匠又何术能负其责?

原来被引以为自豪的北洋海陆军,在甲午战争中一触即溃的严酷现实,使李鸿章清醒地认识到自己所办之事,"练兵也,海军也,都是纸糊的老虎","虚有其表",外强中干。这种不幸结局,导源于"内外牵掣",不能"放手办理"。他形象地把清王朝比作"破屋",自己比作"裱糊匠",宣称"裱糊匠"只会"修葺"而不能"改造""破屋",及至"破屋""真相破露,不可收拾",怎好不从"破屋"本身寻找原因,反而归咎于"裱糊匠"呢!

李鸿章对那些"遇事弹纠,放言高论"的"言官",深恶痛绝,每当说及,即"以足顿地,若犹有余怒者。"他认为"言官制度,最是坏事",明朝之亡,就亡于言官。言官都是"少年新进",不通世故,也"不考究事实得失,国家利害,但随便寻个题目,信口开河,畅发一篇议论,借此以出露头角,而国家大事,已为之阻挠不少。"现在办事,举步维艰,动辄得咎,大臣本不敢轻言建树,但责任所在,又不能坐以待毙,常常苦心孤诣,想出"一条线路,稍有几分希望,千盘百折,甫将集事",言官以为有机可乘,就群起而攻之。"朝廷以言路所在,又不能不示加容纳,往往半途中梗,势必至于一事不办而后已。大臣皆安位取容,苟求无事,国家前途,宁复有进步之可冀?"

李鸿章抨击"言官"并不是偶然的,他与其他同僚相比,被"言官""弹纠"的最多、最厉害,有的甚至欲置之死地而后快。他认为自己所倡导的"和戎"与"变法"之所以难于奏效,"言官"的阻挠破坏是一个重要因素。"言官"问题,关键不在于个人,而在于制度。当然他全盘否定"言官制度",意气多于冷静分析,不肯反躬自省,而一味诿过于人。"言官"虽有"摭拾浮词"、"肆口妄言"、"党同伐异"、"受人请托"等等弊端,但也不乏深切时政从实直陈者,对纠正失谬颇有裨益。

李鸿章还极力推崇曾国藩,"启口必称'我老师',敬佩殆如神圣"。他说:

"我老师文正公,那真是大人先生。现在这些大人先生,简直都是秕糠,我一扫而空之。""别人都晓得我前半部的功名事业是老师提挈的,似乎讲到洋务,老师还不如我内行。不知我办一辈子外交,没有闹出乱子,都是我老师一言指示之力。"他称赞乃师"秘传心法""挺经",为"精通造化、守身用世的宝诀。"他推崇曾国藩,意在证明自己是曾氏的"门长生",继承了乃师的衣钵,借以提高自己的身价,封住反对者之口。然而,当与乃师"文章学问"相比时,他又深感自惭形秽。他说:

> 我老师道德功业,固不待言,即文章学问,亦自卓绝一世,然读书写字,至老不倦。我却愧一分传授不得,自悔盛年不学,全恃一股虚矫之气,任意胡弄,其实没有根底。现在真实学问,已用功不进,只好看看《通鉴》,稍知古人成败之迹,与自己平生行事,互相印证,借以镜其得失,亦尚觉得有点意趣。①

这些言语既表达了阅历之后的深刻内省,又表达了莫可言状的沉重惆怅。

当然,李鸿章对曾国藩在推崇之余也有所批评。他认为曾国藩"晚年求退为无益之请",公开为恋栈苟安、争权夺势的思想行径辩解。他说:"今人多讳言'热中'二字,予独不然。即予目前,便是非常热中。仕则慕君,士人以身许国,上致下泽,事业经济,皆非得君不可。予今不得于君,安能不热中耶?"②这表明李鸿章并不甘心久居散地,热中于争取清廷的信任,东山再起,重游宦海。正如时人所说的:"李鸿章叠经参劾之后,入居清近之任,不思引退,常恨失权,图度数月"。③ 1896 年 2 月陷于穷途末路的李鸿章接受了出访欧美的重任,新的使命使之萌发了绝路逢生之感,他欣喜地说:

> 某当辞华赴俄之日,自知前半生行事,于此已作一大结束。……所谓"山穷水尽疑无路,柳暗花明又一村"者,诚为某今日咏矣。④

---

① 吴永:《庚子西狩丛谈》,卷 4,第 110—111 页。
② 吴永:《庚子西狩丛谈》,卷 4,第 112 页。
③ 李宗侗:《光绪中俄密约之交涉与签订》,《传记文学》,第 36 卷,第 5 期。
④ 蔡尔康、林乐知:《李鸿章历聘欧美记》,第 178 页。

"老来失计亲豺虎"

李鸿章出访欧美,是由当时国际国内形势决定的。

甲午战争改变了战前相对稳定的远东形势,加剧了列强对中国的争夺。日本一跃而成为新的军事强国,挤进了帝国主义行列;俄国侵略野心迅速膨胀,积极向远东扩张势力,日俄矛盾日益尖锐。英、日在共同对俄的基础上,逐渐靠拢。由于甲午战争彻底暴露了清政府的无能和中国的积弱,战后帝国主义列强争先恐后地猛扑过来,出现了几个大国激烈争夺中国的局面。中国的民族危机空前严重,亡国大祸迫在眉睫。

早在 1895 年 4 月俄国外交大臣罗拔诺夫在给沙皇的条陈中就明确提出俄国在远东所追求的目的"可能是双重的:我们要在太平洋上获得一个不冻港,为便利西伯利亚铁道的建筑起见,我们必须兼并满洲的若干部分。"日本通过《马关条约》割占中国的辽东半岛,妨碍了俄国在中国东北的扩张野心。于是俄国便联合法、德迫使日本放弃辽东半岛。俄、法、德三国干涉还辽之后,无不"居功求报",除了竞相承揽对华政治货款之外,法国迫使清政府签订中法界约、商约,侵占云南边境上的孟乌、乌得等地划归法属越南,并攫得许多通商、开矿和修筑铁路的特权。德国迫使清政府签订了汉口、天津租界条约,在中国沿海沿江取得了侵略据点,并向清政府提出租借海港以为"储煤屯船"之用。俄国则要挟清政府允许"借地修路"。90 年代初,俄国开始修筑横贯欧亚两大洲、西起莫斯科、东达符拉迪沃斯托克(海参崴)的西伯利亚大铁路,企图借此在远东取得比其他欧洲国家更大的优势,控制太平洋水域的一切国际商业活动。1894 年西伯利亚铁路修到外贝加尔地区,关于铁路走向问题,沙皇批准了财政大臣维特提出的横穿中国东北的方案,因为这不仅可以缩短路程,节省经费,加快进度;而且便于对中国和远东地区进行军事、政治、经济扩张。方案既定,便开始设法实施。1895 年 6、7 月间俄国未经清政府同意,擅自派员赴中国东北勘测路线。11 月,维特向中国驻俄大使许景澄提出"俄人集立一公司,承造此路,与中国订立合同"的主张,企图以所谓中俄合办、"无碍主国事权"为幌子,诱骗清政府上钩。不久俄国外交部电令其驻华公使喀西尼与总理衙门商办"公司之议"。维特还奏准拨出"一笔适当的款子",供驻华公使用以贿赂"清帝亲信近臣"。但后来俄国考虑到北京众目睽睽,不利于秘密谈判,又恰值沙皇尼古拉二世将要举行加冕典礼,于是便选定彼得堡作为谈判地点。沙皇尼古拉二世加冕礼定于1896年5月举行,各国均派特使致贺,清政府拟派布政使王之春前往。俄国驻华公使喀西尼闻讯提出抗议说:"皇帝加冕,俄国最重之礼也。故从事斯役者,必国中最著名之人,有声誉于列国者方可。王之春人微言轻,不足当此责。可胜任者,独李中堂(鸿章)耳。"1月24日光绪与翁同龢商讨此事。2月10日奉懿旨,改派李鸿章为专使。

清廷改派李鸿章为"钦差头等出使大臣"赴俄祝贺,不只是屈从于俄国之请,而且是基于"联俄制日"的战略考虑。经过甲午战争,日、中两国朝着相反的方向发展,一个崛起,一个沉沦,正在崛起的日本对日益沉沦的中国构成了严重的威胁。旧恨新仇,使中国上下产生了强烈的仇日情绪。与咄咄逼人的日本不同,俄国却干涉还辽于前,承借巨款于后,矫情干誉,阴怀忮求。清朝统治者被表面现象所迷惑,感德望援,纷纷以"联俄制日"为言。两江总督刘坤一认为"各国之患犹缓,唯日本之患为急",俄国同日本存在利害冲突,中国应因势利导,与俄国"深相结纳,互为声援"。湖广总督张之洞认为与俄国立约结盟,是中国"今日救急要策",他建议与俄国"订立密约,凡关系俄国之商务界务,酌与通融。"是时,疆吏呼之于下,廷臣应之于上。奕䜣"主倚俄",翁同龢也视联俄结援为必然。1896年2月16日翁同龢走访李鸿章,商谈密结外援事。面对国内出现的"仇日、联俄"的气氛,素主亲俄的慈禧特派最早倡议"联俄制日"的李鸿章出使俄国,就成为顺理成章的事了。

李鸿章奉命使俄,本来颇为"得意",但表面上却又故作姿态,以年老体弱、路程遥远、"傥陨越于礼仪,殊有伤于国体"为借口,竭力恳辞。清廷自然不准,降旨慰勉。李鸿章装模作样,立即拜命,上疏谢恩:

> 跪聆之下,感激涕零。……谨案礼记,大夫七十有适四方之事,孔疏即指远聘异国而言。今合五洲强大之区,俨同七国纵横之局,为从来未有,实交际所宜隆。况俄国本通聘最早之邦,而加冕又异俗至崇之礼,但有益于交邻之道,何敢惮夫越国之行!臣唯有勉竭愚诚,敷宣德意,期永敦于和好,冀仰答于恩知。一息尚存,万程当赴,阻重深于山海,未改叱驭

邛坂之心,梦咫尺于阙廷,犹存生入玉关之望。①

这篇奏疏系由于式枚代笔、经李鸿章审定的,骈四俪六,洋洋洒洒。据说"发交宫门抄后,曾传遍九城,万人争诵。"通观这篇奏疏内涵,有两个要点。其一,分析了国际形势和所应采取的对策,认为当今世界列强角逐纷争,犹如战国七雄并立,合纵连横之局,中国应审时度势,重视并搞好外交工作。其二,表示要效法儒家所推崇的大夫七十远聘异国的精神,一息尚存,就不辞艰险,完成使俄重任。清廷赞赏李鸿章的见解和态度,进而给他增补两项任务,即访问德、法、英、美等国,亲递国书,以固邦交;并与各国外交部商讨增加进口关税,以挽回利权。

特使出国,理应有一批办事随员。在选择随员问题上,李鸿章同李鸿藻等发生冲突,矛盾焦点集中在李经方身上。李鸿章有意携带李经方,李鸿藻等却不以为然。清廷根据李鸿藻的建议,特派李经述随侍前往,以免李鸿章携带李经方。翰林院编修丁立钧、翰林院侍读张百熙相继上书,抨击李经方,弹劾李鸿章。他们攻击李经方"与英倭阴相结纳",在马关谈判中"逞私煽毒",攻击李鸿章"误国辜恩"、"素善英倭"、意欲破坏"联俄"这个所谓"审固邦交安定国本第一至计",主张选派所谓"廉明强毅顾全大局之员为之参赞",以"消弭祸患于隐微之中"。李鸿章非常不满,亲自找到李鸿藻"置辩不已",并上疏力争,说李经方幼习英文,后曾出使英日,熟悉外国情形,要求"准令随行",以便照料途程,酬应宾客。至于"马关之役,势处万难,所有办理各事,皆臣相机酌夺,请旨遵行,实非李经方所能为力,局外不察,横腾谤议"。清廷既然要借重李鸿章,就不能不俯允其请,加派李经方随行。李鸿章得意洋洋,说什么"万里遐征,两儿并侍,亦差可慰老怀。"

2月28日慈禧召见李鸿章,两天后李鸿章请训陛辞,3月3日离京南下,3月14日抵沪。当时,英、法、德诸国纷纷邀请李鸿章首先前往访问,以便渔利。李鸿章也曾有过经由法、德转赴俄国的打算。但是,俄国担心李鸿章首先出访法、德,有损于中俄交涉,便由喀西尼出面,与李鸿章商定路程:乘法船从上海出发,穿越红海和苏伊士运河,在埃及塞得港换乘俄船,由地中海进入黑海,到

---

① 《李文忠公全书》,奏稿,卷77,第53页。

达俄国港口城市敖德萨,然后乘车前往莫斯科。3月28日,李鸿章带领随员李经方、李经述、于式枚、罗丰禄、柯乐德(俄)、德璀琳(德)、穆意索(法)、赫政(英)、杜维德(美)等45人,乘法国邮船"爱纳斯脱西蒙"号,从上海放洋,开始了周游列国之行。当时李鸿章虽已年逾古稀,但身体硬朗,精神矍铄,举止文雅而威严,显示出独特的东方贵族气派。一个与李鸿章不期而遇的外国人发表观感说:

> 他像是来自另一个世界的身材奇高、容貌仁慈的异乡人。他的蓝色长袍光彩夺目,步伐和举止端庄,向他看的每个人投以感激优雅的微笑。从容貌来看,这一代或上一代人都会认为李鸿章难以接近,这不是因为他给你巨大成就或人格力量的深刻印象,而是他的神采给人以威严的感觉,具有某种半神、半人、自信、超然,然而又文雅和对苦苦挣扎的芸芸众生的优越感。①

李鸿章在上海临行前,曾对来访的黄遵宪说:"联络西洋,牵制东洋,是此行要策。"这既反映了李鸿章的心声,又道出了清廷的意图。不求自立,而欲"以夷制夷",其结果必将为"夷"所制。沙皇根据维特的建议,对李鸿章来访做了精心安排,特派乌赫托姆斯基公爵专程到塞得港迎候,陪同李鸿章一行,于4月27日抵达敖德萨。李鸿章电告总理衙门说:"顷抵敖德萨,俄水陆提督暨地方文武接待甚恭。"俄皇令外部电催,"趁此暇日,先赴彼得堡递国书接见。"沙皇让李鸿章先赴彼得堡,而不径往莫斯科,是为了在举行加冕典礼之前着手进行谈判,"因为在加冕礼期间举行谈判就很困难了。到那时,每天都会有各式各样的庆典。"4月30日李鸿章乘坐专列快车抵达彼得堡,住进巨商巴劳辅的豪华私邸,从饮食到室内陈设,"无一非中国物",巴劳辅"起居言语,又无一不似中国人"。李鸿章"顾而乐之,几忘身在异乡。"沙皇指派维特同李鸿章谈判。当时有人告诫维特说:"同中国官员谈判首先就是不要着急,因为一着急他们就会以为是风度不好,什么事都要干得从容不迫,一切都要遵从各

---

① 濮兰德:《李鸿章传》,第5页。

种中国礼仪。"①维特终于把李鸿章推进了预设的陷阱。

5月3日,维特向李鸿章提出"借地修路"问题。他在回忆录中写道:

> 我同李鸿章开始谈判的内容是:……我们宣布了保持中国完整性的原则,我们将坚持下去。……但是,为了我们能够坚持我们所宣布的原则,首先必须使我们在一旦有事的时候真正能给中国以帮助。但如果没有铁路,我们就无法援助。因为我们全部军事力量现在都配置在俄国欧洲部分,并且将一直驻扎在那里。……可见,要使我们能支持中国的完整性,首先需要铁路,需要一条通往符拉迪沃斯托克的捷径。为此它得要通过蒙古和满洲北部;此外,这条铁路在经济方面也是必需的,因为它能提高沿路我们俄国地区的生产力,也能提高沿线中国地区的生产力。此外,这条铁路大概也不会招致日本方面的任何怨恨……因为这条铁路从实质上说,将把日本同整个西欧联结起来。②

维特把"借地修路"同俄国"支持中国的完整性"联系起来,无非是企图以俄国"支持中国的完整性"的承诺为钓饵,来诱骗清政府对"借地修路"这种侵害中国主权的要求的让步。他说:"本欲借路速成,借纾倭患,今中国虽认自办,但素习颟顸,恐十年无成。"③俄国可代荐公司承办铁路事宜。对于维特的要求和解释,李鸿章提出了"种种异议",指出:"代荐公司实俄代办,于华权利有碍,各国必多效尤。"④维特在与李鸿章的初步谈判中虽然碰了钉子,但却从李鸿章的谈话中了解到,如果他看到沙皇想修这条铁路的话,是会同意的。因此,维特建议沙皇接见李鸿章。5月4日李鸿章在皇村行宫拜会沙皇,"面呈国书、宝星,并读颂词"。5月7日,沙皇再次秘密接见李鸿章,"令带经方传话,不使他人闻知。"沙皇把李鸿章引至便殿,赐坐畅谈,说:

> 我国地广人稀,断不侵占人尺寸地。中俄交情,近加亲密。东省接

---

① 《俄国末代沙皇尼古拉二世——维特伯爵的回忆》,第40页。
② 《俄国末代沙皇尼古拉二世——维特伯爵的回忆》,第41页。
③ 李鸿章:《寄译署》,《李鸿章全集》(三),电稿三,第643、644页。
④ 李鸿章:《寄译署》,《李鸿章全集》(三),电稿三,第643、644页。

路,实为将来调兵捷速,中国有事亦便帮助,非仅利俄。华自办恐力不足,或令在沪俄华银行承办,妥立章程,由华节制,定无流弊,各国多有此事例,劝请酌办。将来倭、英难保不再生事,俄可出力援助。①

李鸿章在会谈后电告总理衙门,认为沙皇的主张比维特"前议和厚"。所谓"和厚"云云,无非是指沙皇承诺"不侵占人尺寸地"、东省接路"由华节制"、援助中国对抗英、日而言。李鸿章相信了沙皇的承诺,在他的心目中,作为国主,一言九鼎,怎么会骗人呢!从5月8日开始,俄国外交大臣罗拔诺夫和维特一起,继续与李鸿章谈判。李鸿章将谈判情况随时电告总理衙门请代奏,总理衙门内部多由翁同龢、张荫桓经办,会商奕䜣、奕劻等,请旨电示李鸿章。罗拔诺夫和维特秉承沙皇意旨,企图以签订"华有事俄助"的密约来换取"东省接路权"。李鸿章倾向妥协,主张以出让路权为代价来换取"华有事俄助"的密约。5月9日他致电总理衙门说:"我自办接路,实恐无力,又难中止,两事相因,应否先订援助,后议公司,请代奏。"②5月14日总理衙门电示李鸿章说:

> 奉旨:"俄君厚意可感,此后邦交益固,著李鸿章代达申谢。至接路,我欲自办,一则兴中国商务,一则杜他人援请,非所疑也。用俄公司、雇俄工匠、购俄材料,皆可行,著将此意与外部商酌。另三条著酌办,如有端倪,电闻候旨。钦此。"另密约三条,一、如有兵事,俄与中国彼此援助;一、松花、混同两江彼此行船;一、中国令资本五百万附入华俄银行。③

显而易见,清廷的意图,是"自办接路"和签订互助条约,以期保护路权和争取外援。当李鸿章遵旨向罗拔诺夫转达清廷"自办接路"和所拟密约三条后,罗拔诺夫断然表示"铁路无成,另约即无庸议"。罗拔诺夫和维特步步进逼,李鸿章和清廷节节退让。早在总理衙门电示李鸿章的前一天,罗拔诺夫就提出了中俄御敌互助援助条约六款,即:"第一,日本国或与日本同盟之国如

---

① 李鸿章:《寄译署》,《李鸿章全集》(三),电稿三,第643、644页。
② 李鸿章:《寄译署》,《李鸿章全集》(三),电稿三,第645页。
③ 《译署来电》,《李鸿章全集》(三),电稿三,第648页。

侵夺俄国属地、或中国土地、或朝鲜土地,即牵碍此约,立即照约办理。如有此事,两国约明,应将所有水陆各军届时所能调遣者尽行派出,互助援助。至军火、粮食亦尽力互相接济。第二,中俄两国既经协力御敌,非由两国公商,一国不能独自与敌议立和约。第三,当开战时,如遇紧要之事,中国所有口岸均准俄国兵船驶入,如有所需,地方官应尽力帮助。第四,今为将来转运俄兵御敌并接济军火、粮食,以期捷速起见,议于黑龙江、吉林边地,接造铁路以达海参崴。唯此项让造铁路之事,不得借端侵占中国土地,亦不得有碍大清国大皇帝应有权利,其事可由中俄公司经理,其条款由两国妥善商订。第五,无论和时战时,俄国均可用上款所开之铁路运兵、运粮、运军械。第六,此约应由第四款所让之事举行之日算起照办,以十年为限。"①

李鸿章一面将俄方约稿电达清廷,一面与罗拔诺夫、维特谈判约稿各款。他们之间的谈判,是从彼得堡开始在莫斯科结束的。李鸿章于5月18日到达莫斯科,随后参加沙皇尼古拉二世加冕典礼,应邀"入宫庆贺","居各国专使首班,颇蒙温语",并被授予宝星"头等第二,大小两枚,皆钻石密嵌"。沙皇对于李鸿章的接待,既优礼有加,极尽笼络之能事,又不事张扬,以免引起外国的猜忌。维特说:在《政府公报》上,关于李鸿章的消息最少,"根本没有提到他在彼得堡受接待的事,也没有提到他在莫斯科受接待以及他在加冕典礼后受到接见的情况。"5月19日李鸿章将与罗拔诺夫、维特会谈情况电告总理衙门说:"罗谓第一删去'或与日本同盟之国',免人猜疑,以下改'如侵占俄国亚洲东方属地';第四'起见'句下改'中国国家议允于满洲黑龙江、吉林地方接造铁路以达海参崴,此路由中国国家准交俄华银行承造经理。至此项合同条款,由中国国家与华俄银行妥善商订';第六改'此约由第四款合同批准举行之日算起照办,以十五年为限,届期六个月以前,两国再行商办'。其余均不肯再改"。李鸿章表示"如奉旨准行,祈电示'全权'字样,以便画押。"②清廷举棋不定,直到5月21日才"排发""电旨"说:"所拟约稿,均已阅悉。唯末两条皆可省去,著李鸿章转达俄廷,即将四条定立密约。倘中国西南水陆有事,俄国如何援助之处,亦应于约内叙明,以期周密。"③显然,清廷既决定与俄结盟,并

---

① 李鸿章:《寄译署》,《李鸿章全集》(三),电稿三,第666—667页。
② 李鸿章:《复译署》,《李鸿章全集》(三),电稿三,第649页。
③ 《译署来电》,《李鸿章全集》(三),电稿三,第650页。

准其"借地修路",又有意限制俄国在平时利用该路运兵、运粮、运军火,并割断"借地修路"与签订密约之间的联系。李鸿章遵旨面商罗拔诺夫和维特,要求"省去"约稿"末两条"。罗拔诺夫和维特表示:"五款尚可商改,六款通篇结穴,一字不能改动,否则此约作罢论。"五款改拟"俄国于第一款御敌时,可用第四款所开之铁路运兵、运粮、运军械;平常无事,俄国亦可在此铁路运过路之兵粮;除因转运暂停外,不得借他故停留。"第一款所"言'中国土地'系包括西南在内,日本有事,可商办援助;若英、法启衅,俄不便明帮,牵动欧亚大局,应勿添叙。"①李鸿章认为事已至此,无法再争,致电总理衙门,说:"时促事烦,求及早请旨,电复遵办。"翁同龢、张荫桓同奕䜣、奕劻、李鸿藻、荣禄等"会商联俄事","将所有密电录稿公阅,遂议照办。即定议,乃拟旨一通。"28日请旨允准,29日翁同龢亲至张荫桓处拍发电旨,既批准在条约上"画押",又要对"约内字句"做些改动。6月3日李鸿章与罗拔诺夫、维特代表两国政府在《御敌互相援助条约》俗称《中俄密约》上签字。维特在回忆录中叙述了当时发生的一个戏剧性情节:由罗拔诺夫起草的《中俄密约》第一款,本来规定中俄军事同盟要对付"日本国或与日本同盟之国"。维特认为这会使俄国承担不必要的风险,招致许多欧洲国家的反对。他向沙皇建议删去"或与日本同盟之国"这几个字,沙皇表示赞成,并令罗拔诺夫照办。及至签字那一天,当双方代表已经在桌旁就坐之后,维特突然发现正式文本上这几个字并没有删去,大吃一惊,于是立刻将主持仪式的罗拔诺夫叫到一旁,小声告诉他这件事。罗拔诺夫猛击一下前额,说:"唉,真糟糕,我忘对秘书讲了,忘记要他们把这款改写成初稿那个样子。"不过,他终究是一位外交老手,具有随机应变的本领。他看了看表,已经十二点一刻了,他拍了几下巴掌,有几个人进来,他便说:"我们现在进餐!"接着他就对李鸿章和在场的其他人说:"现在已经过十二点了,让我们先进餐,否则菜就不好吃了,我们吃完后再签字。"当大家去进餐时,他特地留下两位秘书,将条约文本做了必要的改正,这样一来,餐后摆在桌子上的已经不是刚才那两份条约文本,而是有一款已做改动的文本了。可悲的是,李鸿章中了维特和罗拔诺夫串演的江湖骗子式的"掉包计"而丝毫没有察觉,立即在"改动的文本"上签了字。《中俄密约》共6款,主要内容是:日本

---

① 李鸿章:《寄译署》,《李鸿章全集》(三),电稿三,第651页。

如侵犯俄国远东或中国、朝鲜领土时，中俄两国共同出兵并互相接济粮食、军火；战争期间，中国所有口岸均应对俄国军舰开放；中国允许俄国在黑龙江、吉林两省修筑铁路直达海参崴。这个条约是俄国精心策划的侵略阴谋和清政府推行"联俄制日"政策的产物，它使俄国在中俄共同防敌的幌子下，不仅骗取了在中国东北建筑过境铁路的特权，而且为其海陆军侵入中国领土开了方便之门。

据说在中俄谈判中，李鸿章步步退让并在密约上签字，同维特用重金贿赂有关。俄国外交部前副司长沃尔夫男爵在他未发表的回忆录中说："李鸿章带着这个签了字的条约和袋子里的两百万卢布返回北京。在东方，良心是有它的价钱的。"[1]罗曼诺夫在1928年出版的《俄国在满洲》一书中，说维特答应"如果建筑铁路一事顺利成功，将付给他李鸿章三百万卢布。"在中俄密约签字后的第二天，俄国财政部办公厅主任罗曼诺夫与华俄道胜银行董事长乌赫托姆斯基、总办罗启泰签署了一份《议定书》，决定拨出3百万卢布作为"抵偿与中东铁路租让权有关的费用的特别基金"，俗称"李鸿章基金"。维特奏明沙皇后，在《议定书》上写了"同意"二字。罗曼诺夫指出："议定书看来是在与俄国政府签订政治条约的第二天匆匆拟就的，以便至少能让李鸿章对于所承诺的款项已正式确定拨出感到放心，虽然在议定书中没有讲到向他李鸿章的付款问题，但李鸿章根据议定书第四款的意思可以相信，'拨款'将立即由银行'作为修建费用'记入正在筹建的中东铁路公司的账上。可是，议定书在给李鸿章过目后立即被财政部收藏起来。"[2]《议定书》原件尚存，真实性毋庸置疑，但其中并"没有讲到向李鸿章的付款问题"。同时，当事人维特也矢口否认有向李鸿章行贿之事。

中俄密约签订后，双方秘而不宣。维特供认："这一条约之所以保密，是因为条约授权俄国通过蒙古和满洲修筑铁路，而这一权利直接来自俄国在不幸的中日战争后给予中国的道义援助。这一条约之所以保密，还由于它在同时也是一项对付潜在敌人日本的防御同盟条约，目的在于避免日本侵华事件重演。"[3]清廷也电示李鸿章：呈览约本，要须缜密，"防传播生衅。"李鸿章一

---

① 菲利浦·约瑟夫：《列强对华外交》，第148页。
② 罗曼诺夫：《俄国在满洲》，第106—107页。
③ 《俄国末代沙皇尼古拉二世——维特伯爵的回忆》，第59页。

面特派随员塔克什讷携带约本专程送回北京;一面对外极力掩饰,在莫斯科时就对前来探询的英使"以谣言辞之",并对一位法国人表白说:"至于华之与俄,实无密约;唯交谊之固,则诚如胶似漆耳。"但是,世上没有不透风的墙,当喀西尼就密约中有关"借地修路"诸事与总理衙门磋商细节时,消息终于逐渐泄漏,引起外人揣测和国人注意。上海《字林西报》伪造了一份《中俄和约》12条,称为"喀西尼条约"。山东巡抚李秉衡、河南巡抚刘树棠上疏反对,指出该约"无非彼享其利,我罹其害","恐合纵之师,不旋踵而即至"。当然,李鸿章对俄国的扩张野心,也并非是没有警惕的。在签订《中俄密约》之后,李鸿章曾多次告诫过维特。维特记其事说:

> 我当时同李鸿章相处已经很熟了,他曾不止一次地对我说,他作为俄国的朋友,劝俄国千万不要离开将来连接西伯利亚大铁路同符拉迪沃斯托克的铁路线南下,因为如果我们南下,就可能掀起政治风潮,使中国人感到意外,而中国人根本不了解欧洲人,他们把每个白种人在某种程度上都看成是不怀好意的,如果我们走这步棋,那么无论对俄国还是对中国都可能招致意外的恶果。

维特声称李鸿章对他"讲这些话其实根本用不着",因为他"过去和现在都是和平思想最虔诚的信奉者。"他之所以要"提起李鸿章的这一恳切忠告是为了要表明:李鸿章是中国的一位出类拔萃的国务活动家,从我们欧洲的观点看,他没有受过什么教育,也并不文明;但从中国的观点看,从中国文明的角度看,他是受过高等教育的,是有高度文明的。"李鸿章可能相信了维特的骗人鬼话,殊不知俄国君臣的惯用伎俩就是以漂亮的言辞掩盖卑鄙的行动。李鸿章真心"联俄",但"联"的竟是一个背信弃义的国家,开门揖盗,引虎自卫,无怪乎连对他颇为同情的黄遵宪,也要埋怨他"老来失计亲豺虎。"

在访俄期间,李鸿章不仅跌进俄国预设的陷阱,而且表露出许多有损国威的封建恶习。

李鸿章抵达彼得堡后,先到财政部大厦拜会维特。他们坐在豪华的客厅里,品茗寒暄。维特问李鸿章吸不吸烟?"这时李鸿章发出了一声牡马嘶叫似的声音,立即有两名中国人从邻室里快步出来,一个人端着水烟袋,另一个拿着烟丝,然后就是吸烟的仪式:李鸿章端坐不动,只是用嘴吸烟喷烟,而点烟袋,拿烟袋,往他嘴里送烟嘴,抽烟嘴,这些完全由旁边的中国人十分虔敬地来做。"

更使维特惊愕的是,李鸿章竟然以傲慢轻侮的态度对待俄国的一位贵宾。有一次,维特正在李鸿章那里,忽然有人来报告说:参加沙皇加冕典礼的布哈拉国元首艾米尔前来拜会。李鸿章立即十分严肃地在安乐椅上正襟危坐,直到艾米尔走进客厅,他才站起来略走几步表示欢迎。艾米尔"显然感到李鸿章摆的架子冒犯了他。因此,他首先向李鸿章示意:他是沙皇的重臣,他亲自来访李鸿章只是出于对中国皇帝的尊重。"言外之意,他的来访同李鸿章个人完全无关。他向中国皇帝、皇太后致意,对李鸿章却不置一词。李鸿章心知其意,心中盘算着应付办法。他们只谈宗教,不及其他。李鸿章声称"中国人一向信奉早由孔夫子定下来的信仰原则",艾米尔则表示:"他是穆斯林,遵循穆罕默德制定的教规"。艾米尔告辞时,李鸿章前倨后恭,居然一直把他送到马车旁。"这时,李鸿章的形象已显得比布哈拉艾米尔这位显贵卑微得多了。"正在一旁的维特暗自称奇,以为艾米尔这位显要人物的态度折服了目高于顶的李鸿章。不料,正当车伕挥鞭待行时,李鸿章猝不及防地喊住马车,对着艾米尔口出不逊,公然把伊斯兰教创始人穆罕默德诬蔑为被中国撵走的"苦役犯"。"这一招来得十分突然,如此狂妄的行为显然把布哈拉艾米尔弄得十分难堪。"维特恍然大悟,断定"这是李鸿章对布哈拉艾米尔对他那种不可一世的威风的报复。"李鸿章对于这种违背外交准则、愚昧无知、妄自尊大的行径,不以为耻,反而为荣,抛下相顾失色的观众,得意洋洋地回到自己的房子里去。

李鸿章还在维特面前,把腐朽当作神奇加以炫耀。按照传统惯例,为了庆祝沙皇加冕,在莫斯科霍登广场举行了人民游乐会,参加的群众人山人海。由于组织不好,造成混乱,挤死压伤达两千人左右。这就是"霍登惨案"。李鸿章作为贵宾应邀登上观礼台,他问维特:"是否准备把这一不幸事件的全部详情禀奏皇上?"维特作了肯定回答,李鸿章摇摇头,对维特说:

> 唉,你们这些当大臣的没有经验。譬如我任直隶总督时,我们那里发生了鼠疫,死了数万人,然而我在向皇帝写奏章时,一直都称我们这里太平无事。当有人问我,你们那里有没有什么疾病? 我回答说,没有任何疾

病,老百姓健康状况良好。

说完这句话后,李鸿章故意停顿了一会儿,然后反问维特:"您说,我干吗要告诉皇上说我们那里死了人,使他苦恼呢? 要是我担任你们皇上的官员,当然我要把一切都瞒着他,何必使可怜的皇帝苦恼?"李鸿章俨然以长者的口吻向维特"传经送宝",吹嘘中国封建官场欺上瞒下的丑恶习气,遭到维特的鄙视和讥讽。维特在回忆录中写道:"在这次谈话以后我想:我们毕竟走在中国前头了。"

游历欧美"顿扩灵明"

一位法国人在莫斯科问李鸿章:访问欧洲的目的是什么? 李鸿章答复说:一是祝贺俄国沙皇加冕;二是"博考诸国政治之道,他日重回华海,改弦而更张之。"李鸿章过去对"西洋政教规模"虽已"略闻梗概",但只限于"耳食","究竟耳闻不如目见",他想"借此周历一番,看看各国现象,可作一重底谱。"因此,他在俄国逗留期间,既同其君臣交游,又考察其社会,曾特地赶到下诺夫戈罗德参观博览会。据维特说:李鸿章"在博览会上参观了几天","对一切都感到好奇,陈列机器设备那部分使他特别感到惊奇。"

6月13日李鸿章一行乘坐火车从俄国到达德国访问,下榻于柏林豪华的凯撒大旅馆,"凡口之于味,目之于色,耳之于声,莫不投其所好。"甚至连李鸿章常吸之雪茄烟,常听之画眉鸟,也"陈于几而悬于笼",其余就可想而知了。寝室墙壁上,高悬照片镜框,左边是李鸿章,右边是俾斯麦。6月14日李鸿章驱车到柏林皇宫晋见德皇威廉二世,呈递国书,并致颂词,对德国干涉还辽、帮助中国训练军队、购械铸船表示感谢。他对德国给予自己的"逾于常格"的款待,有些受宠若惊,说"即此一端,已见中德之友谊,实较诸此外有约各国,更形洽比矣。"他本想强调"中德友谊",但因语意谄媚,遭到外国报纸讥评:李鸿章"甫自俄来,后此复将往法,而独向德皇作此语,未免失辞。"①第三天,李鸿

---

① 蔡尔康、林乐知:《李鸿章历聘欧美记》,第60—61页。

章应德皇之邀,到行宫参加国宴,"居各国亲王、太子首座,独致殷勤。"随后,德皇请李鸿章到教场检阅御林军。李鸿章看着装备精良、训练有素、阵法纯熟的御林军,联想起业已溃败的淮军,难免产生望尘莫及之感,不觉失声长叹,对德皇说:"苟使臣有此军十营,于愿足矣,况更多多益善,尚何幺麼小丑之足为华患哉!"德皇点头称是,并乘机进言:"中国亟须仿照练兵,以图自强,我深愿帮助。武备学堂为练将根基,尤望加意。"事后李鸿章电告总理衙门说:德皇"好武似俄主,勤劳过之,此德、俄所以称雄也。"

李鸿章"连日体察",只感到德国君臣商民接待优厚,却不知在这种"优厚"接待背后,隐藏着巨大的贪欲和阴谋。德国外交大臣马沙尔和李鸿章进行过"两次政治性的长谈,每次都达数小时",谈话内容涉及中德的"全部邦交,如怎样根据最近东亚发生的事情来调整邦交的问题。"概括说来,主要谈了以下几点。

干涉还辽问题。李鸿章重申中国感谢德国干涉还辽,并表示了保持和加强"两国间友好关系的愿望"。当然,李鸿章的"感激不是完全无边的",他指责德国"一开始就对日本远较对中国为同情",时至今日德国"还存有这种偏袒的心理",而且"中国为退还辽东所支出三千万两的赔款是德国提出的要求。"

马沙尔多方辩解,说"德国在中日战争开始的消极,主要应归咎于英国先采取一个绝对漠视的政策",并声称"如果德国不参加干涉,日本决不会在辽东问题上让步。"他还竭力否认德国"左袒日本"并首先要求中国支出 3 千万两"赎辽费"。

增加进口关税问题。李鸿章将赫德拟议的"照镑价加税办法节略"交给马沙尔,并"详切开导"说:3 千万两的"赎辽费"加上 2 亿两的赔款,"对中国实在是一个不堪忍受的负担","如果列强不许中国增加关税,中国必定在财政上破产。到现在为止,中国对一切国家只征收最低的税率——即从价百分之五。但这方面的条约诺言是三十多年前在刺刀威吓下从中国勒索而来的。再者,按当时的汇兑率,一金镑合银三两,而现在已接近银六两。既然因银价的下降,当时规定的税则的金价实际上已降低一半,现在中国要求按照银价的下落以提高税率,也就是说,税率加倍,是完全合理的。"

确定和调整关税税则,本属一个国家的主权。但是 1842、1844 年英、美先后用刺刀逼迫中国签订的《南京条约》和《望厦条约》,却剥夺了中国的关税自主权,使外国侵略者取得了协定关税的特权。1858 年英、法又分别用刺刀逼迫中国签订《通商章程善后条约:海关税则》,规定一般进出口货物,海关一律按时价值百抽五,照银计征。当时世界各国纷纷建立关税壁垒,对进口货物征收重税,以保护本国经济,但是中国海关税率却被列强压到世界最低水平,并且不得自行调整,加之银价跌落,使中国蒙受巨大损失。李鸿章代表清政府提出修订关税税则,按英镑而不照白银计征的问题,确实是"完全合理的。"

马沙尔虽然"不得不承认中国海关收入三十年来按照金价已大大地降落",但又狡辩说:"银价的低落对德国出口商是个严重的损失","如果中国政府真正需要我们作一个如关税加倍这样的重要的让步,那末接着的问题就是中国将为此提供些什么。"①他向李鸿章"很坦白地并无保留地"提出了德国所急于得到的一切。他宣称:"德国欲开扩商务,恐商情不顺,议院驳阻,但两国交谊关切,如中朝准我推广制造,代办沪宁铁路,照日本成式,派德将练兵,必可商办。"在这里,他公然把胁迫清政府让与这些权益作为就增加关税问题进行谈判的先决条件。李鸿章表示:"他本人没有职权与任何一个国家签订协定;他的任务主要是'展开问题'"。

让与军港问题。德国参加干涉还辽的主要目的,在于"向中国要求土地作为适当的补偿"。早在 1895 年 12 月德国驻华公使绅珂就奉命向总理衙门正式提出让与一个军港的要求,马沙尔还亲自出马同中国驻德公使许景澄商讨了这个问题,但因遭到清政府的婉言拒绝而没有达到目的。这次马沙尔又旧话重提,他向李鸿章反复强调德国只有获得一个军港,才能在东亚推行"维持东亚均势及中国完整"的政策。他进而威胁说:"中国政府自己必须认清,如果拒绝这样的要求,因而迫使德国完全以它自己的利益作为它行为的准绳,中国是否能改善其地位?"马沙尔供认,李鸿章"非常激动地驳斥这句话,因为他在其最后几个字眼中找出我们也许在东亚有追求一个敌对中国政策的威胁。"李鸿章担心"如果德国得到这样一个军港,其他国家将提出同样的要求。"但是,他认为"对中国来说,出让这样一个基地的坏处,不如保持与德国

---

① 《外交大臣马沙尔男爵的记录》,《德国外交文件有关中国交涉史料选译》卷 1,第 112 页。

友好的好处来得大。"不过,他希望知道德国"是否将更积极地支援中国?"马沙尔作了肯定的答复,并提出了以租借方式获得军港的设想。李鸿章觉得在这个基础上双方可能取得谅解,并表示"将尽一切力量使这个谅解能达成"。

马沙尔与李鸿章的会谈表明,德国借口还辽有功,打着维护中国完整的旗号,妄图从中国攫取军港和其他特权,增强争霸远东的地位和能力。作为清政府代表的李鸿章,虽然不无抗争之意,但终因国势衰微而趋向妥协。他深知在列强推行"强权即公理"的国际环境里,"国权随国势为转移,非公法所能钤制"。

李鸿章不仅同外交大臣马沙尔会谈,而且还于 6 月 27 日专程赶到汉堡附近拜访了前首相俾斯麦。俾斯麦于 1862 年任普鲁士首相兼外交大臣,极力维护容克地主和大资产阶级利益,实行强权统治,主张通过王朝战争的道路统一德国,故有"铁血宰相"之称。1871 年德意志帝国成立后,兼任帝国宰相,对内镇压工人运动,对外推行"大陆政策"。1890 年因与威廉二世意见不合,被迫辞职。李鸿章倾慕俾斯麦,俾斯麦也深知李鸿章其人,"彼此闻声相思,一见如旧识。"俾斯麦设家宴招待李鸿章,"主宾入座,共道国政。"外国记者详细报道了李鸿章与俾斯麦的谈话情况。

李:我专程前来拜访殿下,有一事想"乞垂清诲"。

俾:什么问题?

李:"欲中国之复兴,请问何道之善?"

俾:辱承阁下明问,"惜敝国去贵国较远,贵国之政平时又未尝留意,甚愧无从悬断。"

李:"请问何以胜政府?"

俾:"为人臣子,总不能与政府相争。故各国大臣,遇政府有与龃龉之处,非俯首以从命,即直言以纳诲耳。"

李:"然则为政府言,请问何以图治?"

俾:"以练兵为立国之基,舍此别无长策。"

李:"中国非无人之为患,特无教习亦无兵法之为患。""唯异日回华,必将仿照贵国军制,以练新兵。且需聘教习之武弁,仍唯贵国是赖。"

李鸿章还得意地告诉俾斯麦:有人恭维自己是"东方俾斯麦"。俾斯麦听后风趣地说:法国人不会认为"东方俾斯麦"是恭维语。他还表示自己难望得到"欧洲李鸿章"的称号。李鸿章与俾斯麦会晤,纯属礼节性活动,没有什么政治含义。是时俾斯麦不居政地,无柄无权,而他所说的"治国之道",也是尽人皆知的老生常谈。

李鸿章在访德期间,受到德国商界的青睐,他曾是德国军火器械的大主顾,德国商界幻想通过他进一步开拓中国市场。因而,商会宴请,工厂参观,"款待之殷,若有情难自已者",李鸿章"一一受之,亦甚兴高采烈"。不过,李鸿章并没有"订购器械之权",无法满足德国商界的贪欲,所以只得表示:"今幸亲见制造之美,回华而后,必将备细言之,凡有所需,必求诸德。"言外之意,是叮嘱德国商界"毋空费而叹失望"。但是,直到李鸿章离开德国以后,德国商界才如梦初醒。

7月4日李鸿章一行离开德国,转往荷兰。第二天到达荷兰首都海牙,受到热情欢迎。当天晚上,李鸿章应邀出席荷兰政府为他举行的宴会和歌舞晚会,他品尝着西方风味佳肴,欣赏着"珠喉玉貌,并世无双"的歌舞,飘然欲仙,即席赋诗,表达喜悦和感激之情。诗云:

> 出入承明四十年,忽来海外地行仙。
> 华筵盛会娱丝竹,千岁灯花喜报传。[①]

7月8日,李鸿章一行离开荷兰到达比利时首都布鲁塞尔。第二天,晋见比利时国王利奥波尔德二世。李鸿章"执礼甚恭",利奥波尔德也热情接待。据说李鸿章同利奥波尔德二世曾就卢汉铁路的修筑问题进行了商谈。当时列强正在争夺卢汉铁路利权,俄国支持法、比承修。

李鸿章在布鲁塞尔参观了"枪炮各厂,美不胜收"。当看到"克革烈枪炮公司"的最新产品时,"喜其犀利神速,罕有伦比,因而赞叹不绝口。"他还到埃诺省观看了军事演习。

7月13日,李鸿章一行从比利时到达法国巴黎,恰值法国国庆前夕。第二天,李鸿章前往爱丽舍宫晋见法国总统富尔,呈递国书,感谢干涉还辽之举,希望中法"永以为好","互庆升平,同跻隆盛。"当天下午,李鸿章应邀观看了

---

① 《李文忠公遗集》,卷6,第22页。

法军为国庆而举行的军事表演。晚上,他由一位懂得汉语的法国部长陪同,泛舟塞纳河上,观赏国庆烟花。

李鸿章在巴黎期间,曾与俄国代表罗启泰、法国外交部长汉诺多,分别就东省铁路和"照镑收税"问题,举行了会谈。

东省铁路合同谈判事宜,表面上由中国驻俄公使许景澄和华俄银行总办罗启泰负责,实际上由李鸿章和维特暗中操纵。维特派罗启泰专程到巴黎会见李鸿章,表示俄国拟先派员前往黑龙江、吉林地方"勘路测量,求发给护照,并电总署转致吉黑将军副都统就近派员在交界接护,会商一切。"李鸿章满口应允,立即电请总理衙门照办。罗启泰还与李鸿章商谈了东省铁路轨幅问题。当时总理衙门主张轨幅按中轨敷设,罗启泰秉承维特意旨,坚持要求与俄同轨。李鸿章担心路轨争执危及密约,倾向妥协,遭到总理衙门的驳斥。但不久清廷屈服,允许与俄国同轨(五俄尺)。9月8日《合办东省铁路公司合同章程》正式定议画押。

李鸿章遵照清廷的指示,与法国外交部长汉诺多就"照镑收税"事进行了磋商。汉诺多假惺惺地表示"照镑价法愿遵",但随即提出两项先决条件:"必须各国皆允,越南陆路不改,请由驻京使公议";允许"法员襄助"福州船政局,划定"一处未定"的中越边界。李鸿章批评汉诺多"迹近要挟,颇碍交情"。总理衙门闻讯徒呼奈何。

李鸿章还先后参观了报社、学校、博物院和工厂、矿山等,"意甚欣然"。

他在参观巴黎银行时,曾与该行总办进行过颇为有趣的谈话:

李:"本国今欲多借巨款,但不欲与国政有关。假使径向大银行商订,即如贵行也者,其愿从之否?"

总办:"即以敝行言,实属甚愿,且息亦甚廉。"

李:"然则今日即可谈定乎?"

总办:"此则有所未便。盖银行通例,必须议有规条,先告众人也。"

李:"我国借银之后,倘不能如期交付,或竟无可弥补,不知贵国将发兵船代索国债乎?"

总办:"寻常贸易中人,岂能遽请皇家发兵讨债。"

李:"中国借银,必索重质,今汝多以重金委俄国,其亦有所质乎?"

总办:"俄国声名,颇觉信而可恃,故无质也。"

李:"然则不信我欤?"

总办:"非敢然也,亦非仆疑中国之有借无还也。特银非出自敝行,苟无可信之事以为质,则发售股票之际,法人不能全信,则奈何? 且开账而借不足数,又奈何?"①

这次谈话,真真假假,如实地反映出李鸿章急于为清政府借贷巨款和不满外国银行歧视、勒索的心情。

8月2日,李鸿章一行乘专轮从法浮海至英,开始了对英国的访问。在英国期间,李鸿章晋见了维多利亚女皇,恭递国书,祝"愿两国之交,永敦辑睦",拜访了前首相格莱斯顿;并同英国首相兼外交大臣索尔兹伯里就"照镑加税"问题举行了会谈。李鸿章和清廷认为"各国商务,英为领袖",只要英国答应"照镑加税",其他各国就没有拒绝之理。索尔兹伯里始则主张应等"修约届期再议",继而表示"我必尽力,但须确询香港、上海商会众议"。据英国报纸透露,索尔兹伯里企图利用"照镑加税"问题从中国"还索酬报",扩大在华侵略特权;李鸿章心知其意,准备"权轻重而量长短,可许则许",但双方均不愿明言。

李鸿章虽然与索尔兹伯里的会谈没有取得什么突破,但在英国的游览却获益良多。

来自东方专制帝国的李鸿章,特意访问了作为西方民主制度象征的议院。他先到英国下议院,坐在特设的座位上,旁听议员讨论国事,可惜当天参加会议的议员很少,"无甚可观"。随后,他来到上议院,观看了院中特设的"君主御座",并同议员"略谈片刻"。

素志"伟武以经文"的李鸿章,在朴茨茅斯军港参观了英国海军舰队。英国每年举行一次海军大检阅,居安思危,常备不懈。李鸿章抵英之日,检阅已经结束,各舰陆续散归防次。然而停泊在朴茨茅斯军港的,尚有47艘,"分列两行,如山之立。"李鸿章乘坐御舟,驶入舰队,绕过两周,直向朴茨茅斯进发。李鸿章惊叹:各舰"行列整肃,军容雄盛"。他恍然如在"梦中",怎么会有这样多的"大铁甲船",同时停泊在一个军港呢? 他感慨万端,说什么"余在北洋,

---

① 蔡尔康、林乐知:《李鸿章历聘欧美记》,第84页。

竭尽心思,糜尽财力,俨然自成一军。由今思之,岂直小巫见大巫之比哉?"①

李鸿章还先后参观了造船厂、枪炮厂、钢铁厂、电报局、银行等,英国先进的科学技术和机械化生产,使之感叹不已,说"天下不可端倪之物,尽在英伦!"李鸿章侧重考察英国"物质文明",某些英人非议他未免逐末而忘本。当然,这并不等于说,李鸿章对英国政教熟视无睹。他曾欣喜地表示:对于欧洲政教,自己过去只是"心领而未由目击",这次"则见所见而去,尤胜于闻所闻而来。"他从英国等欧洲各国的现实中引申出了一个重要结论:"生今之世,善教发为善政,其明效大验,有若是哉!"

李鸿章的访问,受到英国工商界的关注和欢迎。伦敦汇丰银行在水晶宫举行盛大招待会,出席作陪者多达3百人,耗资6千英镑(合银3万余两)。伦敦商业总局召开千人欢迎大会,伦敦中国会、电报公司盛筵款待。英国大亨们慷慨解囊,意在借助李鸿章开拓中国市场。他们希望李鸿章返国后,"重为京师内外诸大臣之领袖",继续执行妥协退让、"通商兴国"的政策,为英国在华活动"解羁释缚"。李鸿章被他们的虚情假意所蒙骗,误以为他们"竭诚尽敬,出人意表,令人永远不忘",并一再表示与他们"实具同心",异时返国,甚愿力促其成。这里所说的"同心",具有特定的内涵。首先,他渴望"回华之日,再握大权"。在他看来,这并非"妄敢贪也,远适异国,顿扩灵明,以一人之所知,补一国之所缺,分在则然,责无旁贷也。"其次,他主张中英友好合作,用一条"同心宝带",把"极东之国"与"极西富教并兴之国"联结起来,运用英国的科学技术开发中国的物质资源,既使"两国各享美利","更可推广之于万国万民"。再次,他主张学习西法,整顿朝纲,但中国之"效西法,如寒极而春至,必须迁延忍耐,逐渐加温",不能操之过激。

8月22日,李鸿章离英赴美,横渡大西洋,于28日抵达纽约。正在海滨度假的美国总统克利夫兰,特地赶来,并于29日接见了李鸿章,"慰问周至"。美国国务卿还同李鸿章就"照镑加税"问题举行了会谈,表示"各国如允,美无不从"。9月3日李鸿章会见美国信奉基督各教会领袖,就美国来华传教士的活动和"孔子之道与耶稣之道"的异同等问题交换了意见。美国教会领袖大肆宣扬来华传教士在宗教、慈善事业和文化方面对中国的所谓"功德",力图

---

① 蔡尔康、林乐知:《李鸿章历聘欧美记》,第191页。

把侵略说成"友谊",并感谢清廷和李鸿章保护在华的美国教会和传教士。李鸿章一面"谦逊不遑",一面为美国来华传教士唱赞歌,说他们没有刺探情报、干涉内政、侵犯官权之事,反而作了许多兴办学校和医院、募捐赈灾、倡导禁烟等公益事业。美国教会领袖听了之后,"无不畅然意满"。李鸿章还对美国教会领袖谈起的所谓"大道"问题,表示了自己的看法。他说:

> 若以大道言之,本大臣恒谓基督之福音,实近于吾儒之圣道。唯儒教谓"己所不欲,勿施于人",基督教则谓"己之所欲,必施诸人",用意似颇相反。要其旨归之所在,纵有异同出入,一任他人之评论,本大臣唯主二教相近一语而已。

美国教会领袖认为李鸿章的看法,"特专就人事立论,自尔莫不相同。然人与人相接,仅人之一伦耳。基督之教,括天、人、物三大伦,广远高深,天下实无其匹。"他们把"孔子之道"比做"车轮",说什么"人知车轮之能转,而不知其何以转。耶稣之道犹御者也。御者转其车轮,行乎万里。耶稣传其教法,遍乎五洲。欧美之兴,基于此矣。"①其实,李鸿章和美国教会领袖由于历史的和阶级的局限,都不能科学的评价分别以"孔子之道"和"耶稣之道"为核心的中西文化,是完全可以理解的。问题在于美国教会领袖公然扬西抑中,把"耶稣之道"说成是凌驾于一切文化之上的主宰,无疑是美国资产阶级对外扩张心理的反映,而李鸿章所提出的"二教相近"的主张,却明显的表现了中华民族兼容并蓄的豁达胸怀。

李鸿章在美期间,还参观了费城的独立厅、自由钟、华盛顿的美国国会及其图书馆。9月5日李鸿章离开华盛顿前往英属加拿大,在美加交界处,参观了著名景观尼亚加拉大瀑布。抵加后,李鸿章从多伦多转往西海岸的温哥华,于9月14日搭乘美国太平洋轮船公司航船,横渡太平洋,踏上了归途。他因"马关议约之恨,誓终身不履日地",途经日本横滨,拒不登岸,改乘招商局"广利"号轮船返国,10月3日到达天津。李鸿章此次出游,从3月28日离沪至10月3日返津,历时190天,行程9万里,遍访欧美五大强国,在有清一代历

---

① 桃溪渔隐等:《傅相游历各国日记》,卷上,第208页。

史上实属罕见。他陈述返国时的心情说:"忽从西海,重复东华,去日几何,辄有东坡还朝如梦中之慨!"

李鸿章出访欧美,有得有失。失之于外交。他肩负的外交重任,一是签订"中俄密约",二是商讨"照镑收税"。后者被拒,前者贻害无穷。可悲的是,李鸿章引虎自卫而不悟,回国后反而沾沾自喜地对黄遵宪说:"二十年无事,总可得也。"他天真地以为一纸密约,给国家争得了"二十年无事"的"天下太平"。但是,残酷的现实,很快就粉碎了李鸿章的幻梦。《中俄密约》签订年余,德、俄即狼狈为奸,先后强租胶州湾和旅顺、大连,其他列强也竞相宰割中国领土。与中国订立密约的俄国率先伸出魔掌,使清廷迷惑不解,而李鸿章却开始有所省悟。李鸿章在写给驻美公使伍廷芳的信中,反映了他的内心深处的微妙变化:

> 德约甫成,俄事又起,群雄环伺,正无了期,当局者真有朽索六马之惧。美邦政教人情,诚如尊恉。论者皆云宜结为援。中国所需,自应取材于此。至于根本至计,尤在变法自强。彼既不肯为我祸,亦岂肯为我福。子舆氏有言:祸福无不自己求之者,恃人终难久也。①

李鸿章出访欧美,除了外交方面的失计外,在思想方面却颇有所获,这主要表现在他对欧美"立国政教"的认识,从过去的"耳食"经过亲自考察而有了实感,并进而与中国国情进行了比较研究。他在写给吴汝纶的信中说:

> 至其立国政教,近人纂述中,郭(嵩焘)、曾(纪泽)、薛(福成)三日记所言,颇得涯略。此行辙迹所经,视数君为广,而时日则促,然详谘博考,已觉所见过于所闻。其扼要处,实在上下一心,故能齐力合作,无事不举,积富为强。中国则政杂言庞,而生财之法又不逮远甚。②

在这里,李鸿章首次承认不只是经济方面,就是政教方面,欧美资本主义

---

① 李鸿章:《复钦差出使美国大臣伍秩庸》,《李文忠公尺牍》,第31册。
② 《李文忠公尺牍》,第30册。

也优于中国封建主义,从而超越了他在甲午战前的认识水平。不过,他的目光就此停滞下来,而未能进一步透视欧美"上下一心"的根源在于民主政治。他既厌恶中国"政杂言庞",羡慕欧美"上下一心";又不敢效法欧美民主政治,改专制为立宪,"然苟不改政体,何由而能上下一心?"①这表明他的思想仍未突破洋务派的藩篱,而达到维新派的高度。虽然如此,对他思想的这种前进,却不可忽视。正因为他的思想有所前进,亲眼看到中国远远落后于欧美的现实,所以"每于纵观之际,时深内顾之忧。"他不仅认识到变法的紧迫性:"若不亟图变法,广开利源,则束手待毙矣。"而且从欧美和日本的实践中看到了中国变法的胜利曙光:"此行遍历诸大邦,亲睹富强之实效,中国地大物博,果能上下一心,破除积习,力图振作,亦何事不可为? 日本变法以来,不过二十稔耳。"②正因为有了这种新的认识,所以在入都复命,晋见光绪和慈禧时,就"沥陈各国强盛,中国贫弱,须亟设法。"光绪让他与奕䜣商办,他"自陈衰病,不堪任事"。光绪温谕慰勉,"谓无退理"③。

"维新之同志"

李鸿章本想借助出访欧美之机,"再握大权",还督直隶,重温"坐镇北洋,遥执朝政"的旧梦。欧美列强也热切地希望清廷对李鸿章能够"优加信任,重畀大权",使之东山再起。然而,事与愿违,李鸿章归国之后,于10月24日奉命在总理衙门大臣上行走。总理衙门大臣分为三类,即总理各国事务亲王、郡王、贝勒;总理衙门大臣,以军机大臣兼任;总理衙门大臣上行走,由内阁、各部院满汉堂官内特简。李鸿章属于第三类,没有什么实权,"听其为伴食之宰相"而已。

清廷就在任命李鸿章在总理衙门大臣上行走的同一天,又以李鸿章擅入圆明园游览,"殊于体制不合,著交部议处"。10月21日出访欧美归来的李鸿章,曾便道径游圆明园,凭吊废园遗址。殊不知当时慈禧、光绪正在主持修复

---

① 孙宝瑄:《忘山庐日记》,上,第488页。
② 李鸿章:《复河南抚台刘景韩》,《李文忠公尺牍》,第30册。
③ 李鸿章:《寄南京李宫保张学士庐州李经方》,《李鸿章全集》(三),电稿三,第676页。

圆明园的工作,每隔数日必亲临督视,所以该园已非废园而成为禁地了。李鸿章万里远归,未暇详询,出于好奇,贸然入游,法无可恕,情有可原,部议革职,"得旨加恩改为罚俸一年,不准抵销"。

李鸿章既为"伴食宰相",又以私游圆明园之细故,"奉旨诃责,不为元老留体面",因而深知政敌耿耿于怀,"忌者犹不能相忘",不能掉以轻心,应该采取"韬晦"之计。李鸿章的亲信吴汝纶也劝他"宜少从韬晦",遇事"虚与委蛇",以免受到"语穿心兵,含沙射影者"的伤害。

正当李鸿章继续"韬光养晦"之际,列强通过政治性贷款、攘夺路矿特权、强占领土并在特定地区建立势力范围等手段,把中国拖到了被瓜分的边缘。负责对外交涉的总理衙门,事实上扮演了半推半就的出卖国家主权的角色。李鸿章作为总理衙门的一员,参与了诸如政治性贷款、租借土地等重大问题的外交谈判,并会同翁同龢等先后与德、俄、英三国签订了胶澳、旅大、九龙租借条约。据维特供认,中俄能够签订《旅大租地条约》,同俄国贿赂李鸿章50万卢布、张荫桓25万卢布有关。当然,总署大臣包括李鸿章在内,对列强的侵凌,无不忿然作色,对清朝的前途,更是忧心忡忡。翁同龢感叹说:"衡量时局,诸臣皆挥涕,是何气象,负罪深矣!"李鸿章除了跟着"挥涕"之外,还深感在"强权即公理"的时代,因贫弱而徒恃笔舌之争,无补于时艰,断言中国"本可不贫不弱,唯在亟图变计而已"[①]。

就在李鸿章不断呼吁"变法自强"之际,在神州大地上奋然兴起了资产阶级维新运动。1895—1898年间的维新运动,是帝党和维新派站在一个极端,后党和守旧派站在另一个极端,围绕着权力再分配和进行资产阶级性质的改革问题而展开的殊死搏斗。对于这场维新运动,李鸿章明里观望持重,暗中多有同情。"变法自强"是李鸿章的素志。帝党虽然抨击过李鸿章的洋务活动,但其首脑光绪皇帝所宣布的变法宗旨——"以圣贤义理之学,植其根本,又须博采西学之切于时务者,实力讲求"[②]——却未脱离洋务派"中体西用"的窠臼。维新派虽然平时提倡民权超越了李鸿章的思想水平,但一经接近清朝中枢政权,就立即把调门改换成洋务派所能接受的程度。正像梁启超所说的:康

---

① 李鸿章:《复钦差出使俄国大臣杨子通》,《李文忠公尺牍》,第31册。
② 《上谕》,《戊戌变法》(四),第238页。

有为最先提倡民权,"然其言实施政策,则注重君权。"①不论是光绪的"中体西用",抑或是康有为的"尊君权",都是同李鸿章的主张一致或相近的。李鸿章和维新派的"变法自强",尽管其阶级内容各不相同,但却由于双方都主张仿行西法势必触动封建体制而遭到来自同一方向的阻力,即封建顽固势力的反对。封建顽固势力代表中国最落后的最反动的生产关系,竭力维护封建中国的"野蛮的、闭关自守的、与文明世界隔绝的状态",反对任何变革,因而成为李鸿章和维新派各自事业前进的绊脚石和他们竞相口诛笔伐的对象。李鸿章与维新派在思想上的某些分歧,似乎被他们与共同的政敌封建顽固势力的尖锐冲突推到了次要地位。不仅如此,李鸿章与维新派的关系有着历史的渊源。在洋务派的头面人物中,李鸿章与早期维新派的关系最为密切,双方建立过较为良好的合作关系。凡此种种,使李鸿章对帝党和维新派的"变法自强"活动,感到欣慰,并表示支持。但是,富于阅历的李鸿章也没有忽视"变法自强"吉凶难卜的严酷现实,因为帝后不睦,新旧水火,支持维新的光绪徒具皇帝虚名,而大权则掌握在以慈禧为首的守旧派手中。他对李提摩太说:"现在政权,在守旧派手中,所以稍明新学的官僚,得格外小心,不敢倡言新法,即便有新主张新政见,也作不成什么事功。"长期浮沉宦海的经验,使李鸿章深感"变法自强"的艰难和卷入帝后、新旧之争的危险,因而"格外小心",彷徨瞻顾,默不敢言。

1895 年 8 月在康有为的鼓动下,由帝党官僚文廷式出面,在北京组织强学会,推动维新变法。李鸿章对强学会"讲中国自强之学",表示赞赏,不仅默许强学会将会址设在自己倡建的安徽会馆内,而且"自愿捐金二千入会"。11 月康有为在上海成立强学会,并出版《强学报》,李鸿章又捐金 1 千。当然,李鸿章对强学会也是有所不满的。首先,北京强学会在陈炽的倡议下,把李鸿章拒之于门外。陈炽此举,显然是由于李鸿章在甲午战争中主和误国,"虽身存而名已丧"的结果。李鸿章因公开遭到排斥而深感屈辱和恼怒,所以曾与闻北京强学会事的吴樵说他"已含怒矣"。其次,强学会主要是由帝党、维新派和张之洞系洋务派组成的,"主之者内有常熟(按指翁同龢),外有南皮(按指张之洞),名士会者千计"。李鸿章感到自己的政敌、甲午战争中主战的帝党

---

① 《康有为传》,《戊戌变法》(四),第 34 页。

和张之洞系洋务派在强学会中处于主导地位，"相与讲求中外掌故"，免不了要谈到甲午战争失败的教训和自己的责任，对自己显然是弊多利少的。不过，李鸿章对强学会的不满，并未导致破坏强学会的行动。但守旧派却因强学会由北京发展到上海声势愈大，而憎恨不已。1896 年 1 月御史杨崇伊上奏弹劾强学会，要求严禁。慈禧借此强迫光绪下令封闭强学会，查禁《中外纪闻》。上海强学会和"强学报"也随即被张之洞封禁。据吴樵说："杨崇伊者，揣政府之意，迎合李、孙，欲借此以兴大狱，遽以聚党入奏。朝旨并不交查，遽封禁。"①由此可见，尽管杨崇伊是李鸿章之子李经方的儿女亲家，但是参劾强学会之举，却纯属杨崇伊的个人行为，与李鸿章毫无关系。这正是吴樵只说杨"揣"政府即慈禧之意，"迎合"李鸿章、孙家鼐，而不写政府和李、孙"授意"杨的原因所在。其实，杨崇伊所"迎合"的，可能只是李鸿章对强学会的一些不满情绪；而杨崇伊参劾强学会的目的，则是为了反对"变法自强"。他给强学会罗织的"罪状"是："植党营私"；"专门贩卖西学书籍，并抄录各馆新闻报，刊印《中外纪闻》，按户销售"；"借口公费，函索外省大员，以毁誉为要挟"。考虑到李鸿章倡导"变法自强"和自愿捐金加入强学会的实际，在杨崇伊所列举的三条"罪状"中，能够"迎合"李鸿章的恐怕只有"植党营私"一条了。

　　一波未平，一波又起。杨崇伊在搞垮强学会之后，又于 3 月底上疏抨弹文廷式。前者虽与李鸿章无关，但后者却出于他的授意。李鸿章此举并非为了反对维新变法，而是甲午战争中和战之争的继续。李鸿章打击的对象，是在甲午战争期间弹劾过他"主和误国"的帝党官僚，首先是文廷式。作为帝党中坚的文廷式，"主眷日隆，名震中外"。朝鲜事起，攘臂言战，不仅上疏抨击李鸿章"昏庸骄蹇，丧心误国"，"请旨罢斥"；而且集同志于松筠庵联衔奏阻和议。战后又"拟成奏稿七篇，置枕箱中，其语颇有侵合肥者。"不料所拟奏稿竟然落入合肥之手。李鸿章既被弹劾于前，又险遭奏参于后，新仇旧恨，耿耿于怀，必欲报复而后快。李鸿章指使杨崇伊"访查台馆弹劾东事之人，开一清单"，然后亲自送给慈禧，"请禁勿用"，第一就是文廷式。杨崇伊随即写成弹劾文廷式的奏章，特地请李鸿章斧正。李鸿章在出访欧美临行前扬言："若辈与我过不去，我归，看他们尚做得成官否？"他到天津后，又对人说："劾我诸人，皆不

---

　　①　《致汪康年书》，《汪康年师友手札》（一），第 472 页。

安矣!"李鸿章出京不久,杨崇伊就上疏抨弹文廷式,要求立予罢斥。慈禧勒令光绪将文廷式"革职永不叙用,并驱逐回籍"。慈禧罢斥文廷式,矛头是对准光绪的。因为文某竭力效忠光绪,慈禧"必去之心,已跃然愈急"。李鸿章及其亲信因串通后党倒文的成功而欣喜若狂。沈能虎、盛宣怀立即由沪电港,向出使欧美路经那里的李鸿章报捷。李鸿章亲拟复电,令将"以后新闻","随时电告"。可见李鸿章虽身去异国他乡,但心却依然留在政潮起伏的北京。

李鸿章从欧美返国年余,列强就在中国掀起了夺取沿海港口和划分势力范围的狂潮。迫在眉睫的瓜分大祸,促进了维新运动的发展。康有为奔走呼号。给事中高燮曾奏诸光绪召见康有为。翁同龢也密荐康有为,"请皇上举国以听"。光绪根据奕䜣的建议,让总理衙门先传问康有为。1898年1月24日总署大臣翁同龢、李鸿章、荣禄、廖寿恒、张荫桓在总署西花厅约见康有为,"以客礼相待",询问有关变法事宜。荣禄说:"祖宗之法不能变。"康有为答以"因时制宜,诚非得已。"廖寿恒问:"宜如何变法?"康有为说:"宜变法律,官制为先。"李鸿章追问:"然则六部尽撤,则例尽弃乎?"康有为答曰:"今为列国并立之时,非复一统之世,今之法律官制,皆一统之法,弱亡中国,皆此物也,诚宜尽撤,即一时不能尽去,亦当斟酌改定,新政乃可推行。"在这次谈话中,李鸿章只是提出一个疑问,并没有明确表示自己的看法。光绪得知会谈情况后,赞赏康有为,急欲变法,令康有为条陈所见并呈递所著《日本变政记》。

6月11日光绪颁布明定国是上谕,把维新运动推向高潮。6月16日光绪召见康有为,命在总理衙门章京上行走。据康有为说:

> 时合肥谢恩同下,面色大变,对我叹惜,谓荣禄既在上前面劾我,又告刚毅上欲赏官勿予,当予微差以抑之。上问枢臣以位置吾时,廖仲山将欲言请赏五品卿,而刚毅班在前,请令在总理衙门章京上行走,盖欲以辱屈我也。①

曹孟其在《说林》中也记载了一件有趣的事:

---

① 《康南海自编年谱》,《戊戌变法》,第4册,第147页。

荣相既被命为直隶总督谒帝请训,适康有为奉旨召见,因问何辞奏对,有为曰:"杀二品以上阻挠新法大臣一二人,则新法行矣。"荣相唯唯,循序伏舞,因问皇上视康有为何如人?帝叹息以为能也。已而荣相赴颐和园谒皇太后,时李文忠放居贤良祠,谢皇太后赏食物,同被叫入。荣相奏康有为乱法非制,皇上如过听,必害大事奈何?又顾文忠,谓鸿章多历事故,宜为皇太后言之。文忠即叩头,称皇太后圣明。……荣相即退出。康君告人,荣禄老辣,我非其敌也。①

荣禄对于康有为,既与刚毅合谋压抑于前,又想串通李鸿章陷害于后。李鸿章不仅把荣禄两次阴谋密告康有为,使之认识到"荣禄老辣"的本质;而且没有与荣禄沆瀣一气,只是以叩头"称皇太后圣明"来搪塞荣禄的威逼。李鸿章的同情显然是在康有为一边。

在百日维新期间,李鸿章没有公开单独地上疏表示政见、臧否人物,但在与朋僚密谈和通信当中,或随同总署和内阁集体议复事件时,对戊戌维新及其弃旧图新的措施,大都表示过自己的看法。他在分别写给驻俄公使杨儒、署湖南藩台陈伯平的信中,欣慰地说:"朝廷有意更新","薄海争传新政",为了使中国从贫弱而致富强,"唯在亟图变计而已"。他对戊戌维新虽持赞赏态度,但并未或极少直接参与实际活动。

李鸿章支持"整军经武"。当时光绪把练兵作为"大政",颇得洋务派的共鸣。据时人记载,"新法初兴,承积弱之后,诸大臣皆属意武备"②。李鸿章也认为"整军经武为国家根本至计"③。"国家能经武整军,斯克免敌国外患。是故武备也者,太平之枢纽也。"④他在德国访问期间,曾对俾斯麦表示:"异日回华,必将仿照贵国军制,以练新兵。"⑤他作为淮系集团的首领特别关心重振淮军的问题,他致函聂士成说:"贵部裁定三十营,现已并募成军,饷制仍旧淮章,教习参用西法,从此勤加训练,可期日底精强,足为留防大枝劲旅。"甲午

① 《甲寅周刊》,第34号,第26页。
② 《戊戌履霜录》卷1,《戊戌变法》(一),第358页。
③ 《复宋宫保》,《李文忠公尺牍》,第31册。
④ 《李鸿章历聘欧美记》,第140、68页。
⑤ 《李鸿章历聘欧美记》,第140、68页。

战争使"淮部声威亏损已甚,犹幸台麾奋起,望实兼隆,重振旌旗,是所属望。"①

李鸿章支持振兴农工商业。当时光绪主张"训农通商",振兴农工商业。李鸿章深以为然,直到1899年他还致函李兰舟重申此意:"农工商各政,原属当务之急,富民之计,此为本根,振兴之权必操自上,设学堂以培植人才,开会馆以齐一条理,皆激励裁成之所系,不能视为缓图。"②他特别注意开采矿藏问题。他写信给有关人士,表示支持当时某些"中外条陈"的意见,认为"目前致富之策,自以开矿为先"。他指出:"近日条陈此事者至伙,各省复奏皆以利害参半为说",其实只要弃土法而用西法开采,肯定是"有利无害"的。他复函晋抚说:"不用西法则难期速效,不借洋款则难集巨资。日前大疏所陈,皆洞见一垣之论。"③他鉴于四川总督鹿传霖力阻宋育仁"挟洋师机器"回籍开矿而感慨系之:"使中国多明矿学之人,何至如此!"④似乎可以说,在李鸿章振兴农工商业的思想里,所谓"权操自上"、"用西法"、"借洋款"云云,并未超越洋务派的传统主张,而唯独在抨击守旧派阻碍民间投资方面才具有某些新意。李鸿章认识到鼓励私人投资新式工商业的重要性,决意对民族资本开放绿灯。

李鸿章支持废八股、兴学堂。早在1896年李鸿章就曾对其亲信表露过心迹说:

> 承示取士之法,亟应变通,想见深观时局,默数人才,蒿目惊心,同声感喟。古者用人先有教养而后选举,泰西人才无不出于学堂。今自殿廷以至郡县之试,旁及书院之课,皆就其已成之业而进退高下之,则有举而无教矣。论者或知时文试帖之无用,又不敢倡言废科举,辄欲调停其间,于是艺科算学之说,叠见条陈,或阁置不行,或暂行辄止,盖事无两胜,此优则彼绌,数百年积重之势,非偶然更置一二所能转移。今唯有尽罢各省提学之官,辍春秋两试,裁并天下之书院,悉改为学堂,分门分年以课其

---

① 《复直隶提台聂功亭》,《李文忠公尺牍》,第29册。
② 李鸿章:《复李兰舟》,《李文忠公尺牍》,第32册。
③ 《复山西抚台胡籥生》,《李文忠公尺牍》,第31册。
④ 《复陕甘制台陶子方》,《李文忠公尺牍》,第29册。

功,学成即授以官,而暂停他途之入仕者,庶二十年间,风气变而人才出。①

这显然是一种反对折中调和,要求废科举、兴学堂的合理主张,可惜李鸿章却不敢公开提出并付诸实施,"亦不过托之空言耳。"②把"空言"内容部分尚非全部变成现实的,还是戊戌变法。经过维新派的斗争,光绪终于下令废除八股,改试策论。据李鸿章的侄婿孙宝谊追述:"合肥在都,逢人辄语云:'康有为吾不如也,废制义事,吾欲为数十年而不能,彼竟能之,吾深深愧焉。'故都人多目为康党。"③

在废除八股的同时,光绪又饬京师和各省一律举办学堂。深知"善教发为善政"的李鸿章支持各省举办学堂,尤其重视京师大学堂。他曾劝孙家鼐请康有为出任总教习④,并推荐丁韪良充西学总教习。"后丁氏语人,戊戌举办各种新政,唯设立大学堂一事,李鸿章认为最关重要,赞助甚力。"⑤直到1899年李鸿章还在私人通信中继续称颂光绪此举,抨击守旧派的破坏。他说:

> 今日急务,莫先储才,培植人才必以学堂为根本,风气之开,自贵近始。去年迭奉明诏,饬各省一律举办学堂,又议选择近支王公出洋游历,即是此意,一时守旧诸人诽然指为异端。今京师仅存一堂,犹屡被排挤,至不得已兼课时文,以求少合于流俗。此时若更有创建,不独膏粱纨绔之习未必认真响学,且恐为群谤之丛。人才之兴,自关气数,即如日本伊藤诸人,当时以遁避在外,学成而归,运会所趋,殆非人力所能摧挽也。⑥

在这封写于戊戌政变之后的私函里,李鸿章赞赏维新,斥责守旧,惋惜新

① 《复院幕陈雨樵》,《李文忠公尺牍》,第29册。
② 《复院幕陈雨樵》,《李文忠公尺牍》,第29册。
③ 《日益斋日记》,《梁任公年谱长编》(台湾版),上册,第100—101页。
④ 《康南海自编年谱》,《戊戌变法》(四),第151页。
⑤ 姚崧龄:《影响我国维新的几个外国人》,第31页。
⑥ 《复办海参崴商务交涉事即补县正堂李兰舟》,《李文忠公尺牍》,第32册。

式学堂被扼杀于摇篮之中,坚信守旧派最终无法压制人才的成长。

李鸿章对于裁并官职和添设制度局的态度,则多少反映了他对改革政治体制的看法。因为裁并官职和添设制度局虽然并未触动君主专制政体,但却是变君主专制为君主立宪政体奠基铺路之举。

百日维新期间,光绪下令裁撤詹事府、通政司、光禄寺等闲散衙门,而"所有各衙门一切事宜,当并归内阁六部分办,著大学士、六部尚书侍郎即行分别妥速筹议"具奏。诏书既下,礼兵刑工各部观望吏户二部,而管理吏部大臣徐桐、户部尚书敬信却持反对态度。李鸿章则遵旨会同其他内阁大学士上了一折一片。他们既承议"裁并官职,诚为今日当务之急";又以防止"冒昧从事,致滋贻误"为由,力主采取"庶名虽改而实犹存"的方针。他们根据典要,以詹事府并入翰林院,通政司并入内阁,太仆并兵部,大理并刑部,光禄、鸿胪并礼部;并建议将"所有裁汰之应升应转各员,应由吏部查明,照例题奏,听候禄用。其各项属员,亦由吏部酌量分别补用,以免向隅。"①光绪从之,下诏准行。这类改革尽管如此温和,但是仍然遭到守旧派的坚决抵制。陈夔龙说:"戊戌政变,首在裁官,京师闲散衙门被裁者,不下十余处,连带关系因之失业者将及万人,朝野震骇,颇有民不聊生之戚。"②

"开制度局而变法律"③,是康有为变法的政治纲领。康有为认为要变法就必须于宫中开制度局总其纲,下设十二局分其事,各省分道设民政局,妙选通才督办。他企图通过添设制度局和民政局,使维新派及其盟友参加中央和地方政权。守旧派也十分敏感,认为"窥其隐谋,意在夺枢府之权归制度局;夺六部之权归十二分局;夺督抚将军之权归各道民政局;如是则天子孤立于上,内外盘踞,皆康党私人,祸将不忍言矣。"④因此,设立制度局问题一经提出,就引起"京朝震动,外省悚惊,谣谤不可听闻"。慈禧和光绪对此都十分重视,成为帝后两党斗争的焦点。军机大臣和总署大臣在复奏中,用偷梁换柱的所谓"变通办法",否定了设立制度局的主张。当时军机处领班大臣是礼亲王世铎,总理衙门总领大臣是庆亲王奕劻,总理衙门和军机处对于制度局问题的

① 《大学士李鸿章等折》,《戊戌变法档案史料》,第175页。
② 陈夔龙:《梦蕉亭杂记》,《戊戌变法》,第1册,第485页。
③ 《杰士上书汇录》,卷1。
④ 胡思敬:《戊戌履霜录》,《戊戌变法》,第1册,第385页。

复奏,是由奕劻和世铎分别领衔的,主要反映了他们两人及其后台慈禧的意图。但是,他们的复奏是军机大臣和总理衙门大臣会议的结果,而李鸿章时为总理衙门大臣,理应参与讨论,目前尚未发现李鸿章缺席或同世铎、奕劻发生争执的记载。李鸿章在自己的奏疏里或与朋僚交谈和通信中,也均未涉及此事。这似乎表明李鸿章在设立制度局的问题上,由于深知事关帝后、新旧的权力再分配,尖锐复杂,动辄得咎,因而彷徨瞻顾,沉默不语。

李鸿章长期混迹官场,老成持重。当康有为向光绪称颂来华活动的伊藤博文"为亚洲异才,请厚饩之,留备顾问"时,伊藤却在私下对李鸿章说:"治弱国如修坏室,一任三五喜事之徒,运以重椎,绾以巨索,邪许一声,压其至矣。"李鸿章深以为然,说"侯言良是"①。李鸿章与伊藤的唱和,证明他们一致认为维新派缺乏阅历,操之过蹙,失于急激,后果堪虑。后来,李鸿章就更明确地把维新派的失败,归咎于"变法太急,用人不当"。

李鸿章在慈禧准备并发动政变时,既"未预机要",又设法关照"新党"。听说直隶八股士人阴谋刺杀康有为,李鸿章的亲信幕僚于式枚就劝康有为"养壮士,住深室,简出游以避之"。康有为奉命出京,李鸿章"则遣人慰行"。慈禧训政,首先发难的是杨崇伊。杨虽系李鸿章的亲家,但他此举却并非出于李之授意。9月21日,慈禧宣布重新训政,幽禁光绪,下令捉拿康有为。事前康有为秘密离京,乘英国船逃往香港,梁启超到日本公使馆避难,后在日本人掩护下径赴日本。9月28日慈禧下令杀害康广仁、杨深秀、谭嗣同、林旭、杨锐、刘光第,史称"戊戌六君子"。在此前后,慈禧废除了光绪在"百日维新"期间所颁布的多数上谕,一些革新措施,停止执行。裁撤的旧衙门,全部恢复。维新机构除京师大学堂外,全部废止。政变发生后,张元济去见李鸿章说:"现在太后和皇上意见不合,你是国家重臣,应该出来调和调和才是。"李鸿章叹口气说:"你们小孩子懂得什么?"李鸿章既未参予慈禧幽禁光绪的活动,又没有同情并设法救援光绪的言行,所以,其侄婿孙宝瑄说他"朝纲纷变,身居事外"。事后,他向慈禧表示:"废立之事,臣不与闻",公开剖白自己与宫廷权力之争渺不相涉。但是,当慈禧镇压维新志士时,李鸿章却"言捕新党之谬",并在暗中设法回护一些"新党"人士。如张元济因参与戊戌变法而被革职,李

———————————

① 胡思敬:《戊戌履霜录》,《戊戌变法》,第1册,第383页。

鸿章既派于式枚慰问于前,又通过盛宣怀安排工作于后。他对康有为、梁启超更是"另眼相看"。9月24日李鸿章宴请伊藤博文及其随员大岗育造,酒行三巡,论及康有为事。

李:"康有为一人恐逃往贵国,倘果有其事,贵侯必能执获送回敝国惩办。"

伊藤:"唯唯否否不然,康之所犯如系无关政务,或可遵照贵爵相所谕。若干涉国政,照万国公法不能如是办理,当亦贵爵相所深知。"

大岗:"请问康有为究犯何罪?"

李:"论其罪状,无非煽惑人心,致于众怒。"

大岗:"据仆愚见与其将康有为搜拿惩办,不如加以培植以为振兴中国地步,近日中国创行新法,大都出自贵爵相之手,乃历久未睹成效何哉?以无左右襄理之人耳。"

李:"诚然。"

大岗:"近日康有为所为之事,无非扩充贵爵相未竟之功,故愚意不若令卒其业之为善。"

李:"洵如君言,康有为日后可大有作为,唯据目下观之,了无异能耳。"①

这段对话表明,李鸿章对于康有为,与其说是执意要求引渡惩办,勿宁说是寄予着希望,期待其日后完成自己"未竟之功"。慈禧诬蔑康有为是"乱臣贼子之尤",而李鸿章却只用"煽惑人心,致于众怒"8个字来形容康有为的所谓"罪状"。慈禧声称对康有为必须"极刑惩治",而李鸿章却赞同大岗关于"培植"康有为"以为振兴中国地步"的建议。在李鸿章看来,眼下康有为还是个"书院经生",缺少阅历,"了无异能";此番逃亡在外,如能认真研究西学,历练才干,将来在中国的政治生活中是会"大有作为"的。李鸿章的此情此意,在他对梁启超的态度上表现得更为鲜明。1900年梁启超在《上粤督李傅相书》中说:

去国以来,曾承伊藤侯及天津日本领事郑君、东亚同文会井深君,三次面述我公慰问之言,并教以研精西学,历练才干,以待他日效力国事,不

---

① 《李傅相与日本伊藤侯问答》,《戊戌变法》,第3册,第448页。

必因现时境遇,遽灰初心等语。私心感激,诚不可任。公以赫赫重臣,薄海具仰,乃不避嫌疑,不忘故旧,于万里投荒一生九死之人,猥加存问,至再至三,非必有私爱于启超也,毋亦发于爱才之盛心,以为孺子可教,而如此国运,如此人才,不欲其弃置于域外以没世耶。①

李鸿章对康、梁既寄予厚望,又在慈禧面前故作贬词。他对慈禧说:康、梁辈"皆书院经生,市井讼师之流,不足畏也。"慈禧问:"何外人庇之,与予为难?"李答曰:"外人不达华情,误以其国土拟之,故容其驻足,然终当悉厥行藏,屏之且恐不及。"李鸿章的左右逢源,未尝不可看作是老官僚的一种保存自己、掩护康梁的策略。1900年李鸿章督粤路经上海时,曾与其侄婿孙宝谊进行过一次有趣的谈话。

李:"奉懿旨捕康梁。如获此二人,功甚大,过于平发捻矣,吾当进爵。"说完哈哈大笑,随即问道:你是不是"康党"?

孙:"是康党。"

李:"不畏捕否?"

孙:"不畏,中堂擒康党,先执余可也。"

李:"吾安能执汝,吾亦康党也。濒陛辞时,有人劾余为康党。"

李鸿章随即对孙宝谊讲述了召对时的情景。

慈禧拿着弹章对李鸿章说:"有人诔尔为康党。"李鸿章镇静地回答:"臣实是康党。废立之事,臣不与闻。六部诚可废,若旧法能富强,中国之强久矣,何待今日? 主张变法者即指为康党,臣无可逃,实是康党。"慈禧听后,默然不语②。

李鸿章不仅回护了一些"新党"人士,而且还为其政敌张荫桓说情。张荫桓不属于维新派,而是光绪的宠臣,"蒙眷最隆",虽不入枢府,而"权在军机王大臣以上。"张亲英,李亲俄。9月7日李鸿章突然被免除总署大臣职务。据说这是英、俄争霸中国的结果。英使窦纳乐为了对抗俄、法、比集团控制卢汉铁路,要索津镇等五条铁路的承租权。英国调遣海军军舰停泊大沽,对清廷进

---

① 梁启超:《饮冰室文集》,卷43,第20—21页。

② 孙宝谊:《日益斋日记》,《梁任公年谱长编》(台湾版),上册,第100—101页。

行军事要挟。慈禧"闻有英师,大惧,即日逐李鸿章出总署",答应窦纳乐的要求,"英人始敛兵退"。李鸿章被逐出总署,本来是出自慈禧的决策,但李鸿章却以为是张荫桓"从中作祟",对他恨之入骨。慈禧发动政变后,下令逮捕了张荫桓。李鸿章得知张氏被捕的消息后,就幸灾乐祸地说:"不料张樵野(侍郎号)也有今日!我月前出总署,几遭不测,闻系彼从中作祟,此人若不遭严谴,是无天理。"李、张矛盾是外交政策和权力之争,与维新运动无关。李鸿章对张荫桓的垮台,虽然感到由衷的高兴,但并未落井下石,反而通过荣禄向慈禧建议把张荫桓从死刑改为流刑。当然,这并非出于李鸿章的恻隐之心,而是由于英、日公使对他施加压力的结果。

戊戌政变后,作为维新派首领的康有为、梁启超就对李鸿章在维新运动中的表现作出了公允的评价。梁启超在《清代学术概论》中说:"甲午丧师,举国震动,年少气盛之士,疾首扼腕言'维新变法',而疆吏若李鸿章、张之洞辈,亦稍稍和之。"所谓"稍稍和之"云云,用词贴切,符合实际。康有为致函李鸿章说:"昔者与公绸缪恩谊,助吾革政,虎率以听,荣禄相攻,则入室告,八月出走,则遣人慰行,固感公相与之厚情,更深知公维新之同志"①。李鸿章的这种态度,有利于维新,而不利于守旧,是值得称道的。帝党和维新派把斗争锋芒主要指向外国侵略者和封建顽固势力,企图改革某些封建上层建筑,以挽救民族危机和发展资本主义,这是顺乎历史潮流之举,趋向改善的一个步骤或阶段。他们对洋务派李鸿章既因存在分歧而有所批评,又因在变法和某些具体政策上相似或一致而企望其"转旋逆流"。这种两面态度,植根于当时中国社会历史条件的土壤里,反映了帝党和维新派的阶级本质和维新运动的特点。

① 康有为:《上粤督李鸿章书》,《康有为政论集》,上册,第430页。

九 "秋风宝剑孤臣泪"

回 光 返 照

"未预机要","杜门却扫",这是李鸿章对自己退出总署、仕途受挫之后政治境况的扼要概括,蕴含着无限沧桑、凄凉、哀怨的情思。李鸿章茫然若失,11月13日忽奉慈禧懿旨为勘河大臣,会同东河总督任道镕、山东巡抚丁汝梅履勘山东黄河工程。

黄河自1855年铜瓦厢改道以后,屡有溃溢,地处最下游的山东,灾害尤甚。每当黄河决口之时,"水高数十丈,壁立而行,瞬息千里","田庐漂没","浮尸蔽水",凄惨景象,触目惊心。究其原因,主要由于政治腐败,河工各员贪污盗窃,偷工减料,不肯认真治理。1898年山东黄河决口,寿张、郓城、历城、济阳、东阿、东平、肥城、长清等县受灾甚重,村庄多被淹没。通过流血政变重新训政的慈禧,为了收买民心,稳定大局,装出一副关怀民间疾苦、慎重河防的姿态,特地下谕著军机处会同各部大臣、都察院等妥商善策,并派重臣李鸿章前往山东,履勘情形,统筹全局,拟定切实办法。慈禧此举,同政敌排斥李鸿章也不无关系。吴汝纶看出了其中奥秘,他对李鸿章幼子经迈说:"内意视河事为重大政事,有非我师莫属者,洒湛澹灾,在此一举。""师相秉节行河,亦似有忌者出之于外。"①让一位年近八旬的老翁,在"时艰款绌"的条件下,冒着"风雪天寒",勘察"积弊已深"之河工,清廷虽然堂而皇之地说什么"倚重",实则却怀有"挫辱"之意。李鸿章有鉴于此,具疏力辞,召对时又复面陈。他强调河工"积弊已深,即使设法筹办,实恐无甚把握",加之"年将八十,精力颓

---

① 《桐城吴先生全书》,尺牍,卷2,第45页。

衰"，难胜艰巨。但是，清廷不允，李鸿章只好"秉节行河"，借以表现自己老当益壮的心力和超众轶群的才干。11月30日，李鸿章出京赴鲁，12月11日抵达济南。随员中有比利时水利工程师卢法尔，李鸿章采纳他的建议，以黄河下游受病太深，"决定采取西法，以测绘全河形势为先，以算学为本，研究河由何处而生，水由何处而减，而探寻所以根治之法"①。除派员赴上下游逐段测绘之外，李鸿章还亲率卢法尔和周馥，会同任道镕，赴海口一带履勘。1899年3月21日李鸿章与任道镕根据实地勘查，详细研究了古今治河之法，折中众说，联衔上《勘筹山东黄河会议大治办法折》，陈述了履勘情况和治理意见，提出大治即根治办法10条。他深知黄河大治需时较长、用费甚巨，难于落实，因而续奏《筹议山东黄河救急治标办法》，提出先培修堤岸、购地迁民、疏通海口等应急治标措施，并代陈卢法尔所拟救急和治本之策。他认为卢法尔"拟议大办，甚有条理，但款巨时久"，因而"奏陈以俟采择"。纵观李鸿章履勘河工的经过和筹议情况，应当说是比较认真、务实的，从他出京视事到返京复命，历时4个月，驰驱两千余里，不避劳苦，潜心筹划，拿出了远近兼顾、标本兼治的通盘方案。这与那些浑浑噩噩、唯难是避、敷衍塞责、甚至以河工为利薮、置灾民死活于不顾者相比，显然是略胜一筹的。4月1日李鸿章陛见复命，"仰蒙垂询河事及洋务甚详"。廷议决定"先用救急办法，刻日筹款兴工"，至于"大治"则拟分年筹办，并请简派熟悉河工大员督办。李鸿章向荣禄推荐周馥为河督，为人所阻未果。廷议治标之款，也因户部拮据而难以支付。既缺少熟悉河工大员督办，又不能如期加拨河工经费，因而所谓治标云云，就势必流于空谈。李鸿章忧心忡忡，深怕"水旱之警"会激起人民造反，动摇清朝统治。

查河事竣之后，有将近8个月的时光，李鸿章"养闲京国"，郁郁寡欢。9月，其兄瀚章病逝，倍感悲凉。他对友人说："忽闻家兄之丧，天伦之哀，况在晚暮，深秋警节，弥益伤怀。"②11月23日清廷派李鸿章为商务大臣，前往通商各埠考察商务。新的任命，虽然使他能够摆脱"养闲"、"伴食"的处境，但终因无实可务、徒有空名而使之惆怅不已。清廷起用李鸿章，虽然名曰"考察商务"，但实际上却是企图借助李氏之手压制反对慈禧政变的力量。赞助变法

---

① 《桐城吴先生全书》，尺牍，卷2，第45页。
② 李鸿章：《复调署浙江长兴县正堂赵燧多》，《李文忠公尺牍》，第32册。

的光绪被幽禁,推动维新的志士被逐杀,业已在众多的海内外人士中激发了对慈禧的憎恨、对光绪和维新志士的同情。然而,控制着中央政权的慈禧和顽固派,却得意忘形,继续倒行逆施,一心搞掉光绪,以便巩固自己的统治地位,免受"归政"的威胁。起初打算采取"谋害法",宣称"帝病重",英国驻华公使向清廷提出警告,并派法国医生入宫验看。逃亡海外的康有为、梁启超等组织保皇会,创办清议报,揭发慈禧丑恶,歌颂光绪"圣德",鼓动南洋、美洲、日本等处华侨纷纷发电"请皇帝圣安",要求慈禧归政。面对这种局势,清廷"特命李鸿章前往各埠,宣布太后德意,及两宫和好,劝侨民勿听党人煽惑"①。12 月19 日李鸿章尚未成行,就被清廷改任署理两广总督。

李鸿章署理粤督,是他积极争取外放和清朝统治层权力再分配的结果。李鸿章不甘寂寞,幻想重温"坐镇北洋,遥执朝政"的美梦。戊戌政变不久,杨崇伊就上疏建议"宣召北洋大臣荣禄来京,以资保护",派李鸿章"前往暂行署理",说李鸿章"究竟曾任北洋,各将领皆其旧部,紧要之际,似乎呼应较灵。且李鸿章公忠自矢"②。杨崇伊为李鸿章谋求直隶总督、北洋大臣的桂冠,反映了他的亲家李鸿章的心声。但是,慈禧却另有打算,她命荣禄在军机大臣上行走,授裕禄为直隶总督,北洋各军仍归荣禄节制,以裕禄帮办。李鸿章在幻想破灭之后,便屡求"贵幸倾天下"的荣禄为之说项。荣禄与李鸿章,虽然不无分歧和矛盾,但是共同的政治倾向和相互援引则是他们之间关系的主流。当时慈禧因谋害光绪计划受阻,决定改取废立法,命荣禄从速办理。荣禄走访李鸿章,"深谈晚餐,屏退左右",传达了慈禧废黜光绪的旨意,表示"天位当易,唯亡命者肆意鼓吹,恐友邦为所惑,凤知公娴习外情,烦一探其向背。"荣禄请李鸿章探询外国动向,李鸿章就乘机索取粤督桂冠。他说:"此系内政,先询人,失国体,如必欲询,当授我以两广总督",届时外宾必来祝贺,即可顺便探询。荣禄点头称是,并得到慈禧的赞赏,"乃命督两广"。外国驻华使节果然前来祝贺,李鸿章向他们提出废立问题,他们表示:"理无干涉,唯国书系致光绪帝,今易帝位,是否继续承认,尚须请示本国"③。外国公使暗示反对废立之意,荣禄和李鸿章也因担心废立引起外国干涉和疆臣声讨而持异议。荣

① 黄鸿寿:《清史记事本末》,卷 66,第 6 页。
② 《掌广西道监察御史杨崇伊折》,《戊戌变法档案史料》,第 466—467 页。
③ 章华:《语林》,《戊戌变法》,第 4 册,第 321—322 页。

禄提出"立大阿哥,徐篡大统"的方案,得到慈禧的赞赏和认可。

当然,慈禧派李鸿章督粤,既从属于清廷内部的权力之争,又基于扑灭保皇党反抗怒火的需要。慈禧鉴于以康有为为首的保皇党在海外华商中活动,"气势日甚",深感不安。她认为海外华商大多籍隶广东,因而特派李鸿章督粤,设法进行镇压。移督两广,对于李鸿章来说,则为他在年近八旬的风烛残年里,回光返照般地重新焕发"政治青春",提供了重要契机。所以,李鸿章由衷庆幸,只经过短短 10 几天的准备,就于 1900 年 1 月怀着"一息尚存,不敢不勉"的壮心,"着三眼花翎,精神饱满,极其喜悦"地登舟南下,当月抵穗,20 日正式接篆视事。

饱尝了失势之苦的李鸿章,更加感到"权"的重要性。他决心把两广经营成自己的巩固基地,因而缉捕"匪盗"(即所谓"刮地皮"),绥靖"治安",以建立稳定的统治秩序,就成为当务之急。时任广东南海县令的皖籍人士裴景福有一段生动的记载,从中可以看出李鸿章对此事的重视。1892 年冬,裴氏调任广东,路经天津,刚刚坐定,李鸿章就傲慢不恭地大声说:"汝欲刮广东地皮耶?"裴氏没有思想准备,感到愕然。1900 年裴氏以南海县令的身份晋见粤督李鸿章,双方进行了有趣的谈话:

> 李问:"汝再任首邑,政将奚先?"
> 裴氏一本正经地答道:"先刮南海地皮。"
> 李问:"十年尚不忘此语耶?"
> 裴氏答曰:"公之命,公之戒也,敢忘?"
> 李笑着说:"地皮须刮得净。"

这次裴氏理解了李鸿章的用意。他说:"吾乡呼匪人为地皮,南海多匪,公首重捕匪,故作是语。"[①]

李鸿章到任不久,便奏准恢复就地正法旧章以治"盗匪",实行严厉的镇压措施。4 月 1 日英国"长沙"号小商轮在西江(香山石歧河地方)被劫掠。港英当局在擅自派遣兵轮前往之后,才通告李鸿章并要求派员"会剿"。李鸿

---

① 裴景福:《河海昆仑录》,卷 3,第 225 页。

章闻讯后,立即派副将王得胜带兵轮赶赴出事地点,会同地方官兵缉捕人犯,就地处死 3 人,并饬缉捕"余匪"。5、6 月间,广西南宁府属永淳、横州和浔州府属武宣等地会党竖旗起义,李鸿章严饬地方官员和有关防营紧急"剿办",并派遣广西提督苏元春亲自督率,他随时过问情况,坐镇指挥。由于及时部署和严厉镇压,有效地扼制了会党起义的发展。李鸿章还积极购置军火,计划编练 2 万 5 千人的劲旅,以备"平乱"之用。由此可见,李鸿章所谓"地皮须刮得净"的严酷性了。

拒绝"两广独立"

如何处理与资产阶级保皇党和革命党的关系,是李鸿章督粤期间所面临的一个重大课题。它的复杂和困难程度,远远超过了对付所谓"匪盗"。如果说,李鸿章对一般"匪盗"采取赤裸裸的严酷手段,那么,他对资产阶级保皇党和革命党所持的态度就要慎重得多,表现出相当强的策略性。大体说来,李鸿章在就任粤督后的头 3 个多月里,以筹办保皇党问题为中心政务。当时顽固派和保皇派之间的矛盾日益激化。清廷在任命李鸿章署理粤督的第 2 天,谕令各省督抚严密缉拿康有为、梁启超以"明正典刑";及至李鸿章接篆视事后 6 天,又下诏以端王载漪之子溥儁为大阿哥,史称"己亥建储"。这是顽固派为消灭保皇党、废黜其"圣主"光绪所采取的重要步骤。保皇党人深感时局艰危,急谋对策。梁启超明确指出:"圣主之危,甚于累卵,吾辈之责,急于星火。"①他同康有为密议函商,决定推进"武装勤王"计划。他力主先夺广东,建立政府,争取外援,"抚绥内政",然后挥师北指,"去救皇上"。梁启超坚持取粤,势必同粤督李鸿章发生冲突。梁启超一面致函李鸿章,感谢他在戊戌政变后对自己的"殷勤垂爱",劝他不要迫害保皇党人,为慈禧作荆卿;一面写信给同党表示"肥贼刘豚在粤颇增我辈之阻力,宜设法图之。"②"肥贼"指李鸿章,"刘豚"指刘学询(字问刍,又号耦耕),有土豪之称。1899 年夏秋刘学询

---

① 《梁启超年谱长编》,第 2 册,第 202 页。
② 《梁启超年谱长编》,第 2 册,第 206 页。

经清廷钦派赴日,明为考察商务,实则前去谋刺康、梁。后入李鸿章幕府,成为其机要幕僚。梁启超说:"刘豚为肥贼军师,必竭全力以谋我。恐其必生多术,以暗算我辈。"因此必欲诛之而后快。自称"康党"而又"奉懿旨捕康、梁"的李鸿章,既不敢违抗拿办康、梁的懿旨,又不愿与康、梁彻底决裂,于是历史呈现出复杂的情景。李鸿章一面"奉职而行",逮捕保皇党人罗赞新等3人家属,并请英国外交部电饬新加坡、香港总督及驻华各口领事查拿拘禁保皇党人,力图防止保皇党人以港澳为基地,在广东掀起"武装勤王"风潮;一面"曲为保全",预留地步。早在2月11日清廷就命令李鸿章铲平康、梁在广东本籍祖坟,"以儆凶邪"。但是,李鸿章迟迟不动。3月26日总署责问李鸿章:"平毁康逆坟墓一事,如何办理,迅速电复。"李鸿章当即复电总署说:"新党"在香港订做"勇衣"、"战裙","名为新党勤王,实欲袭城起事",联系的"会目甚众",筹集的"会银甚巨"。"唯虑激则生变,平毁康坟似宜稍缓筹办。"慈禧对李鸿章的态度颇为不满,常驻北京的李经述等闻讯后立即通报其父,说"内意甚忌'新党勤王'四字","深以缓平坟一语为不然"。事实确系如此,慈禧怒斥李鸿章"语殊失当",警告说"倘或瞻顾徬徨,反张逆焰,唯当李鸿章是问"。李鸿章无奈,只得平毁康有为祖坟。不仅如此,李鸿章还暗中与康、梁书信往来。他在接到梁启超信后,曾请他的侄婿孙宝谊代复一书。李鸿章还特地"使人问讯"康有为。凡此种种,博得了康有为一分为二的评价:"公向来既无仇新党之心,而今日乃有显仇保皇之事,在名义则不正,在时势则非宜"①;并终于软化了梁启超的强硬态度。4月12日,梁启超致函康有为说:"得省城不必戕肥贼,但以之为傀儡最妙。"至于刘学询,他们还是坚持除治,不稍宽恕,认定"豚子不宰,我辈终无着手之地",此事"与吾党绝大关系,虽多费亦当行之"。刘学询和李鸿章的地位与用处毕竟大不相同。并且,就个人恩怨而言,康、梁与刘学询势不两立,因为刘学询一直自告奋勇充当谋杀康、梁的凶手,而康、梁与李鸿章之间关系的紧张与缓和,则主要取决于政治的需要。梁启超虽然对李鸿章的态度有所软化,但是却并未放弃"武装勤王"的计划。而李鸿章最为担心的正是保皇党以香港为基地,联合"内匪""武装勤王",袭击省城起事,从而破坏两广的稳定,危害自己的前程。他的这种恐惧心情,屡屡反映在他的电

---

① 康有为:《上粤督李鸿章书》,《康有为政论集》,上册,第429页。

稿中。他把"多方禁遏"所谓"康逆党勾串内匪作乱"①作为中心议题,加大围剿保皇党的力度,从而逐渐放松了对兴中会的注意力。对此孙中山似乎有所觉察,他说:"清政府在康有为公开致力于种种运动或采取恐吓政府的手段之际,对他的党派抱有严重警惕,并因而对我们党派的注意逐渐放松,这在某种程度上正是我党的幸事。"②

李鸿章与以孙中山为首的兴中会的关系,颇为微妙,甚至富有戏剧性。这主要表现在关于"两广独立"的筹议上。

所谓孙李合作搞"两广独立",是在义和团掀起反帝狂飚和八国联军闯进国门、资本帝国主义推行分裂剥削中国的政策、清朝统治营垒发生破裂的形势下,由香港华人上层、广东绅商和香港殖民当局所策动的。

香港华人上层和广东绅商非常担心北方动乱扩展到两广和香港地区,危害自身的政治、经济利益,因而把稳定社会秩序的希望寄托在李鸿章身上。据《中国旬报》记载,当清廷"特召粤督李鸿章入都,粤省绅商纷纷禀留,而其禀稿措词命意各有不同,尤以西关文澜书院绅士公禀为最得体。"禀稿写道:

> 禀为爱戴情殷,恳思暂缓北上以顺舆情而维大局事。窃粤者盗风素炽,民困日深,外侮内讧,祸机隐伏。幸值中堂莅粤,整顿庶务,地方赖以绥靖,太平景象,绅等方拭目俟之。忽闻拳党倡乱,傅相奉诏入都,君父之命,诚无敢阻。唯据外间传闻,近畿地方多被蹂躏,道路梗塞,音信难通,中堂此行恐难遽达,与其停留中道而无补时艰,何如稍缓行期而徐商进止。与其单骑见敌,徒有空拳孤掌之忧,何如保守完区,徐图靖难勤王之计。在宪台公忠体国,固欲不俟驾而行。而绅等愚见以为,臣节所在,本闻命而不可违,而全局攸关,亦虑定而后可动。况使莛一启,粤省盗患更恐复张,此时情势,不又跋前顾后耶?可否吁恳仁恩,俯顺群情,暂缓北行。如蒙俯允,绅等无任馨香祝祷之至。③

---

① 李鸿章:《寄柏林吕使》,《李鸿章全集》(三),电稿三,第920页。
② 孙中山:《离横滨前的谈话》,《孙中山全集》,第1卷,第188—189页。
③ 《中国旬报》,第16期,1990年7月11日。

这份禀稿真实地反映了广东绅商企图挽留并依靠李鸿章"保守完区"、防止"外侮内讧"、维护"太平景象"的殷切心情。据詹森在《日本人与孙逸仙》一书中说，广东绅商提供现款2500万两，作为发动挽留李鸿章的经费。《士蔑西报》报道广州商人甚至威胁说要躺在李鸿章的车轮前而不让他走。李鸿章也一再声称"粤民遮道攀留"①。作为英国殖民地的香港华人上层，既依托广东腹地，又在香港拥有巨大财富，认为李鸿章一旦北上，"粤省盗患更恐复张"，危害广东，波及香港，因而与广东绅商怀有同样心情。何启和刘学询策动孙李合作搞"两广独立"的活动，正是香港华人上层和广东绅商这种愿望的反映。

何启是香港华人上层的代表。何启祖籍广东南海，出生于香港，其父何福堂为伦敦传道会著名牧师，又投资成巨富。何启早年就读于香港皇仁书院，后留学英国，取得医科学位和大律师的资格，在英国留学期间，娶英国女士雅丽氏为妻。1882年回香港，被委任为太平绅士，1890年港督称赞他是香港"最受尊敬的华人领袖"②，推荐他为香港立法局华人议员。在香港除政府官员外，具有最高政治及社会地位的是立法局和行政局议员。当时立法局只有一名华人议员，行政局议席非英人莫属。何启不仅在香港具有"华人领袖"的政治、社会地位，同香港历任总督、特别是卜力总督"甚为相得"，而且同民主革命先行者孙中山有着特殊关系。1887年何启用亡妻遗产创办了雅丽氏医院和香港西医书院，同年孙中山进入香港西医书院求学，当时何启为该院教授，遂与孙中山相识，有"师生之谊"。何启从1887年开始与胡礼垣合作发表抨击清朝统治、宣传社会改革思想，认为国家"长治久安"的根本之策，在于"行选举以同好恶，设议院以布公平"。何启的言论，对孙中山早期思想影响极大。1895年何启曾经参与孙中山广州起义密谋，负责起草对外宣言和交涉事宜。值得注意的是，何启对李鸿章也不无好感。1889年何启创办的西医书院推举时为直隶总督兼北洋大臣的李鸿章为该院的赞助人，李鸿章欣然接受，特地致书该院掌院表示感谢，并对医学教育提出了一些独到见解，期望"其能使西方科学之利益，沾惠于中国医学之实用"。1892年在该院第一届毕业典礼

① 李鸿章：《寄东抚袁》，《李鸿章全集》（三），电稿三，第945页。
② 英国殖民部档案，129/244卷，转引自《孙中山和他的时代》，中册，第908页。

上,教务长康德黎发表演说,盛赞李鸿章:

> 各位亦知,李鸿章者,中国之俾斯麦也,伊对本院极爱护。……各位
> 勿谓贵国之当局不信仰科学,彼极有权威之李鸿章氏,对于本院院务,曾
> 复书述其意见,谓希望化学与解剖学,成为吾人欲为训练之一特别部门等
> 语,彼不似流俗之只说"惠我奇方",而欲以启牖运动,使成为赫胥黎或邓
> 德尔,彼谓"先予吾人以科学,则一切可随之而至"。①

　　这里所谓李鸿章"信仰科学",为"中国之俾斯麦"云云,不只是康德黎个
人的看法,也可以说反映了该院创办人兼教授何启的见解。正因为何启是香
港"华人领袖",并同香港总督卜力、民主革命先行者孙中山和两广总督李鸿
章有着特殊的关系,所以他才有可能反映香港华人上层的意愿,依靠港督卜
力、策动孙中山与李鸿章合作搞"两广独立"。冯自由记述说:庚子五月,何启
"以时势紧急,瓜分之祸,濒于眉睫,粤省如不亟谋自保,决不足以图存。因和
中国日报社长陈少白献策,主张革命党与粤督李鸿章合作救国,首先运动李鸿
章向满清政府及各国宣告两广自主,而总理率兴中会员佐之。其进行方法,则
先由中国维新党人联名致书香港总督卜力求其协助中国根本改造,以维世界
和平。再由卜力根据书中理由,转商鸿章,建议广东自主方案,并介绍兴中会
首领孙某与之合作。鸿章如赞成此策,即由渠电邀总理回国同组新政府"②。
陈少白述说:庚子五月,何启"私下与我商量,使我们借重香港总督之力,劝李
鸿章独立,他愿意代说香港总督转劝李鸿章。"③冯、陈的记述虽然有些出入,
但有一点却是相同的,即何启是借重香港总督之力、策动孙、李合作搞"两广
独立"的倡议者。

　　刘学询是广东绅商的代表。刘学询为"粤之香山人,少登甲榜归广州为
大绅,交结权要,势倾一时,有土豪之称。"作为"广州大绅,中过进士,并且大
富"的刘学询,"颇为当道倚重"。早在甲午前后,刘学询就受到两广总督李瀚
章、广东巡抚刚毅的赏识和庇护。1899 年时任军机大臣的刚毅称誉刘学询为

---

①　转引自《李鸿章传记资料》(三),天一出版社出版。
②　《孙总理庚子运动广东独立始末》,《革命逸史》,第 4 集,第 88—89 页。
③　《兴中会革命史要》,《辛亥革命》(一),第 65 页。

"中国三人才"之一,并推荐他赴日考察。刘学询返国不久,就与商务大臣李鸿章频繁交往。12月19日在李鸿章受命署理两广总督之日,清廷下谕将刘学询交李鸿章"差遣委用"。按清制凡奉特旨交"差遣委用"的人,地方督抚均须另眼相待,因为他们与朝廷声息相通,迥非寻常僚属可比;再加上需要借助这位"广东大绅"稳定广东统治秩序,所以李鸿章非常器重刘学询,将其视为自己的心腹幕僚。刘学询不仅"颇为当道倚重",而且同民主革命先行者孙中山有着密切关系。孙中山因刘学询与自己"有同邑之谊",并"蓄志非常",所以早在甲午前后,就与之往还,邀请他列名发起"农学会",并参与乙未起义密谋。1899年刘学询访日期间,曾与孙中山多次秘密会见,表示"若政治革命,可以协力,种族革命,恐其事甚难。"①正是由于上述诸多因素,使得刘学询既能掌握广东绅商的心态,又能成为沟通李鸿章与孙中山的桥梁。陈少白记述说,何启与他在密商"借重香港总督之力,劝李鸿章独立"之后,就使人约请"李鸿章幕下的要人"刘学询、曾广铨,"他们甚以为然,答应相助"②。冯自由记述说:"先是何启、陈少白已由香港卜力斡旋,劝李鸿章乘机宣布独立。李幕中有刘学询、曾广铨二人亦极力从旁怂恿"③。

香港总督卜力在7月2日从休假地返回香港之后,确曾"有意充当李、孙之间诚实的掮客"④。当然这并非是为了支持中国"革新运动",而是出于英国自身利益的考虑。首先,卜力和香港的英国人担心李鸿章一旦应召北上,两广那些"与义和团同属一类的会党"和孙中山领导的兴中会就有"可能利用这个不受羁绊的机会"发动起义,而"卜力和这个通口岸的发言人认为,北方的排外运动是由暴力行动引起的,因此任何暴力行动,即使它是反对清政权的,都是对西方生命财产的威胁"⑤。所以防止"南方发生暴乱"、保障香港和两广地区"西方人的生命财产安全",就成为卜力策动孙、李合作搞"两广独立"所追求的一个重要目标。其次,卜力和香港的英国人深知香港是英国侵略中国的桥头堡,两广是香港的腹地,长江流域是英国势力范围。面对迅速扩大的

---

① 《国父年谱》,上册,第109页。
② 《兴中会革命史要》,《辛亥革命》(一),第66—67页。
③ 《刘学询与革命党之关系》,《革命逸史》,初集,第77—78页。
④ [美]史扶邻:《孙中山与中国革命的起源》,第174页。
⑤ [美]史扶邻:《孙中山与中国革命的起源》,第173、181页。

北方动乱并得到"反满起义预计将于'两周内'在湖南和南方爆发"的信息后，卜力便向英国政府建议"英国应该准备照料它在长江和西江流域的权益"。在他看来，"如果赞同孙中山和李总督缔结一项盟约，对于英国的利益将是最好不过的"①，因为当时局势"系由清国分割两广成立独立国的好机会"，经过自己策动的由孙、李合作搞出的所谓"独立"的两广，势必置于英国的控制之下。所以孙中山判断"香港总督之说系扩大英属邻土利益范围至两广之计略"②。英国政府有鉴于此，欣然赞同卜力的建议，但强调只有孙中山得到李鸿章的同意而回来的时候，方准撤销对他的驱逐令；同时电示驻广州领事萨允格说："我们认为，在目前的情况下，李鸿章留在广州比他前往北京将更有效地促进维护秩序的目的。"③

对于香港华人上层、广东绅商和香港殖民当局所策动的"两广独立"，孙中山采取了积极的态度。

"两广独立"即据有两广以为根本，是孙中山自从踏上民主革命道路以后所执意坚持的战略思想。在孙中山看来，两广的地缘环境，利于"聚人"、"接济"和"进取"，适合作为武装革命"发轫之处"，两广一旦得手，便以之为根本，治军北上，长江南北及黄河南北诸豪杰必齐起响应，"成恢复之大功，立文明之政体"。庚子年间，面对北方的风云变幻，孙中山认为"机不可失"，一面准备发动惠州起义，一面宣称"考虑始终采取温和的手段和方法"达到既定目标。何启、陈少白关于"借重香港总督之力，劝李鸿章独立"的提议，正中孙中山的下怀，所以孙中山接到陈少白的通报后，"大喜，立复电少白赞成"④。在孙中山看来，由于义和团风暴和八国联军入侵的冲击，清朝统治营垒必将发生破裂，李鸿章作为汉族大员、总督远离京畿的两广，有可能独树一帜；加之"清朝虽颓，犹俨然一大帝国，北地虽糜烂，而南部尚金汤无缺"⑤，相比之下，兴中会则"万事草创，人才、兵械多形不足"⑥，敌强我弱之势显得十分突出；因而孙

① ［美］史扶邻：《孙中山与中国革命的起源》，第175页。
② 日本外务省档案，明治33年7月25日兵库县知事报，兵发秘第410号，转引自《孙中山年谱长编》，第1卷，第222—223页。
③ 《索尔兹伯理侯爵致萨允格领事电》，《英国蓝皮书有关义和团资料选译》，第130页。
④ 冯自由：《中华民国开国前革命史》，第1册，第59页。
⑤ 孙中山：《致犬养毅函》，《孙中山全集》，第1卷，第200页。
⑥ 孙中山：《致菅原传函》，《孙中山全集》，第1卷，第201页。

中山认识到为了实现据有两广以为根本的战略思想,有必要并有可能联合包括李鸿章在内的各种社会力量,共同奋斗。他说:

> 在中国的政治改革派的力量中,尽管分成多派,但我相信今天由于历史的进展和一些感情因素,照理不致争执不休,而可设法将各派很好地联成一体。作为众望所归的领袖,当推容闳,他曾任驻美公使,在国内也颇孚人望。此外,对国内的李鸿章等总督以及康有为一派也应重视,暗中联络,这样可使政治改革方案得以渐次施行。①

这里所谓"历史的进展和一些感情因素",显然是指义和团风暴、八国联军入侵、清朝统治营垒破裂和满汉民族矛盾等等;所谓中国的"政治改革派",既指革命派和改良派,又包括清廷派驻东南的某些汉族封疆大吏。孙中山认为在中国政局激烈动荡的时刻,包括李鸿章在内的各派力量有可能联成一体,推进中国的政治改革。香港总督卜力"有意充当李、孙之间诚实的掮客",更使孙中山对李鸿章的幻想有增无已。孙中山为了争取李鸿章通过和平途径实现"两广独立",曾从流亡地三次冒险返国活动。

和孙中山不同,李鸿章并没有什么"两广独立"的念头,有的只是设法"罗致"孙中山以为我用。李鸿章"罗致"孙中山的活动是从 1899 年冬开始,1900 年春夏达到高潮的。

1899 年 11 月 24 日清廷任命李鸿章为商务大臣,前往各埠考察商务,"设法捕逆",镇压康有为及其领导的保皇党。李鸿章本来是同情康有为、梁启超及其领导的维新运动的,但因时迁势易,现在既"管商务又奉密旨,不能漠视"。他特地奏明将"设法捕逆"之事,"仍交"刘学询等"妥办"。既然说是"仍交""妥办",那就无疑表明在此之前刘学询等业已承担了"捕逆"的重任。可能是由于这位与孙中山"有同邑之谊"的刘学询的献策,李鸿章才决定"罗致"孙中山来对付康有为的。李鸿章鉴于康有为尊皇复辟严重威胁慈禧的宝座而为慈禧所不容,孙中山虽然倡导反满革命但因众寡势弱对清王朝尚未构成直接威胁而不大为慈禧所重视;孙中山熟悉"圣贤六经之旨,国家治乱之

---

① 孙中山:《与横滨某君的谈话》,《孙中山全集》,第 1 卷,第 198 页。

源,生民根本之计","于今之所谓西学者概已有所涉猎",是一位有改革进取精神的青年;因而认为"罗致"孙中山既能得到慈禧的允准,有利于推进中国的改革和振兴;又能离间孙、康两派,以孙制康,消弭革命和镇压保皇党。因此,李鸿章与刘学询等往返电商,急迫之情跃然纸上。11月27日李鸿章《致上海虎城》电中说:"孙已到否? 康已离港否? 究在何处? 望查明随时电知两广密捕是确。"28日刘学询复电:"孙函约尚未得复。康仍在港。英捕忌厘家,饬广密捕。沪上各报已播传,恐打草惊蛇,蹈上年李盛铎覆辙。并恐碍孙办法。询现拟得到回音,即先赴粤,可否请奏饬粤暂缓,俟询到商妥再办。"29日李鸿章致电刘学询:"孙未复,或尚迟疑。粤早奉电旨,难再饬缓。拟赴粤,有何办法?"30日刘学询致电李鸿章:"法用诱用掳,活上毙次。上瞒港官串巡捕,如劫盗行径,与国事无涉。询已有港、澳可用之人,逆不远扬,相机必得。候孙来商截南洋之路,防逆闻此次诏捕外窜。"当日李鸿章即复电刘学询:"用诱用掳,能生获尤妙。瞒港官串巡捕,除此祸根,有俾国事,兄勉为之。逆闻诏捕,乃意中事,难保不外窜。欲请赴粤面陈,恐来不及。孙无来信,何也。"[1]上述电报表明:李鸿章是通过刘学询函约孙中山的;李、刘企图"候孙来商截南洋之路",防止康有为离港"外窜";李、刘议定对付康有为"法用诱用掳,活上毙次","瞒港官串巡捕",收买港澳"可用之人","相机"下手;四、孙中山既未复信,也未前来,因而李鸿章第一次"罗致"孙中山的活动,就以失败而告终。

但是,李鸿章并没有因此而死心,到了1900年春夏,再次展开了"罗致"孙中山的活动。这是前一次"罗致"孙中山活动的直接继续。据冯自由记述:庚子夏,刘学询"闻港督向鸿章洽商广东自主事,遂向鸿章自告奋勇,谓渠与孙某认识有年,如傅相有意罗致,渠可设法使即来粤听命等语。鸿章颔之。学询遂即贻书总理,谓傅相因北方拳乱,欲以粤省独立,思得足下之助,请速来粤协同进行。"[2]揆诸史实,冯自由的说法可谓真假参半。李鸿章确实是通过刘学询函约孙中山的,目的在于"罗致"孙中山"来粤听命"。但是,诸如刘学询在港督策动"广东自主"之后向李鸿章进言、李鸿章"欲以粤省独立"云云,却是虚妄的。因为港督卜力于4—6月间在外地休假,直到7月2日才回到香

---

① 《李鸿章全集》(三),电稿三,第870—871页。
② 《孙总理庚子运动广东独立始末》,《革命逸史》第4集,第92页。

港;当时北方义和团尚未大批涌入北京,清廷尚未决定招抚义和团,列强尚未大举武装入侵,这种局势绝不能导致李鸿章倾向"粤省独立"。其实,李鸿章所以有意"罗致"孙中山"来粤听命",有着复杂的社会背景和政治考虑。据内田良平回忆说:义和团兴起后,"两广总督李鸿章对维护广东的治安深感危惧,他生怕孙中山、康有为率军乘战乱之际,相互提携共同举事。他事先对孙中山采取了怀柔手段,以免与康有为一致行为。为此让驻东京的公使向孙转达李的意图:'值此国家危难之际,愿与孙氏会晤,共计匡救天下之策,务请来粤一行。'随后又派遣特使前往。孙中山答称:'拟先派代表赴广东,然后可以考虑亲自返粤的问题。'特使返回广东复命后,拍来一封电报说正在等候代表启程来粤。于是,我和宫崎寅藏、清藤幸七郎三人便作为孙的代理人前往广东。"宫崎等人在广州与刘学询会谈,提出两项要求:"对孙中山所定的罪名应予特赦,并保障他的生命安全";"希给予贷款十万两"。刘学询说:"贵方的意见将马上回禀总督。至于贷款十万两的事,学询可以办理,明天即可在香港面交五万两,其余部分容后送上。"李鸿章答复说:"关于对孙中山的生命保障我不仅要向三位日本人士保证,而且要奏请西太后予以特赦。"①内田良平是陪同孙中山离日返港并参加与刘学询会谈的日本友人,他虽然在个别细节的忆述上难免有所疏漏,但对亲身经历的事实所作的忆述应当说有较大的可信性。证之以有关史料,李鸿章确实唯恐孙中山和康有为乘北方战乱之机,联手合作共同举事,进攻广州,因而与刘学询合谋,对孙中山采取"怀柔手段",企图"罗致"孙中山"来粤听命",以便对付保皇党和消弭革命威胁,稳定两广政局。正因为邀请孙中山来粤是一种"怀柔手段",所以李鸿章在答复宫崎等人的要求时,就明确表示"关于对孙中山的生命保障我不仅要向三位日本人士保证,而且要奏请西太后予以特赦",希望孙中山"早日前来共策进行"。当时在香港海面乘船等待消息的孙中山却为一种怀疑、戒备与希望交织的复合心态所萦绕。当谈判结束宫崎等人乘军舰返回进入香港港口时,孙中山的坐船"已经启碇,正向西贡开去",宫崎等"挥帽呼叫也没有人回应"。这显然是为了防止突然变故而有意避离,除此而外似乎没有更合适的解释。但是他对谈判仍然抱有幻想,他在到达西贡之后立即致电刘学询探问谈判情况,并致函在香港的

---

① 《中国革命》,《近代史资料》,总 66 号。

同志布置"分头办事",即继续准备武装起义和策动李鸿章"两广独立"。

然而,从 6 月中旬至 7 月中旬,全国的政局和李鸿章的处境却发生了重大变化。6 月中旬,八国联军直趋北京,义和团和部分清军奋起抵抗。清政府内部对内主"抚"对外主"战"的顽固派,压倒对内主"剿"对外主"和"的洋务派,慈禧倾向顽固派,并于 6 月 21 日对外宣战。慈禧和顽固派既想借助对外战争之名来躲过义和团锋芒的打击,利用义和团攻打使馆区,强迫各国公使同意废黜光绪,另立溥儁,"大事既成,……虽割地以赎前衍,亦所不恤"①;又想在对外战争的幌子下,利用帝国主义的屠刀残杀义和团,把造反群众推入血泊之中。作为洋务派要角、拥有地方实力、距离北京较远的两江总督刘坤一、湖广总督张之洞等,在英国的策划下,经过盛宣怀的穿针引线,与列强实行所谓"东南互保",竭力镇压群众反帝斗争。时势的演变一下子把李鸿章推到举足轻重的地位。李鸿章"首倡不奉诏之议",拒绝对外宣战,并致电支持东南互保,表示自己"在粤当力任保护疆土"。但是清廷却先让他迅速来京,后又根据荣禄建议调他为直隶总督、议和全权大臣,与清廷政策牴牾的诸多督抚、将帅和官绅鼓噪什么消弭"内乱外衅"非李莫属。7 月 12 日,李鸿章宣称即将遵旨北上。香港总督卜力和英国首相兼外交大臣索尔兹伯里都通过英国驻广州领事劝告李鸿章重新考虑北上的决定,认为"李鸿章留在广州,对和平事业最为相宜。"李鸿章客气地拒绝了这个劝告,并询问路过香港时能否得到港督接见。卜力起初有意强行扣留李鸿章,但因英国政府制止而作罢。卜力随即决定在李鸿章过港时作最后一次挽留。7 月 17 日李鸿章乘招商局"安平"轮离穗北上,经香港时,在盛大的仪仗队和礼炮 17 响欢迎声中登陆,拜会香港总督及各国驻港领事。而在此前一天,孙中山已返抵香港海面。香港警署通知孙中山:因对他的 5 年驱逐令尚未期满,不准登岸。但港督表示,如果李鸿章答应了"两广独立",即可允许孙中山上岸并同李会谈。孙中山虽然推断李鸿章"既无主义上的信念,又甚缺乏洞察大局的见识,并且年已老迈,对功名事业早已看透,所以总督的劝止多数不能为李所接受";但是侥幸心理却又驱使他抱有某些幻想,误以为"这是旱天一朵乌云","不能不预先考虑万一的可能

---

① 恽毓鼎:《崇陵传信录》,中国近代史资料丛刊《义和团》第 1 册,第 50 页。

性。"①因此,孙中山一面等候着卜力与李鸿章会晤消息的到来,一面在船上召开紧急会议,部署惠州起义事宜。

卜力与李鸿章会见,首先谈到广东问题。卜力对李鸿章决定离粤北上表示遗憾。李鸿章回答说,他不能违抗皇帝的意旨,并且坚持说这个命令是由慈禧和光绪签署。卜力敦促他改变主意,"以保证维持南方的和平与安宁"。李鸿章婉言拒绝,并"转守为攻",宣称广东和平的主要危险来自香港,力劝卜力禁止颠覆分子利用香港作为基地。

李鸿章对广东问题没有多大兴趣,他感兴趣的是猜测在对中国未来的统治者的选择问题上英国的意向如何。他特别问道:"英国希望谁当皇帝?"卜力回答说,如果光绪皇帝对以他的名义所做的事情没有责任,那么,英国对他"在一定条件下"继续进行统治是不会反对的。李鸿章认为,如果只有德国公使被义和团杀害,列强就无权决定谁来当皇帝,倘若所有的公使都被杀害,列强就可以合法地进行干预,并宣布"我们要立一个皇帝"。他问道,假如发生这种情况,"列强将会选择谁?"他推测列强将选择"一个汉族人"。卜力回答说,列强"大概会征询他们所能找到的中国最强有力的人的意见,看怎样做最好。"英国殖民部据此推断李鸿章"不是不乐意当皇帝"。其实,李鸿章这番议论的本意,并非觊觎皇帝宝座,而是乞求英国不要抛弃慈禧,所以他接着就明确表示:不管慈禧有什么过错,她"无疑是中国最有能力的统治者"②。当李鸿章拒绝卜力挽留之后,陈少白仍不甘心,登上李鸿章坐轮,企图请随行的刘学询再次进言。刘氏无可奈何地表示:李鸿章"意志坚决,无法劝阻。"③凡此种种,充分说明,李鸿章根本无意搞什么"两广独立","卷进南方的分离主义的冒险中去。"④

当然,这并不是说李鸿章彻底抛弃了"罗致"孙中山的想法。8月末孙中山专程从日本回到上海,会晤刘学询,并由刘氏陪同往见李鸿章,力图劝说李

---

① 宫崎滔天:《三十三年之梦》,第214页。

② 有关李鸿章与卜力会谈情况,依据[美]史扶邻:《孙中山与中国革命的起源》,第178—179页。

③ 《刘学询与革命党之关系》,《革命逸史》,初集,第78页。

④ [美]史扶邻:《孙中山与中国革命的起源》,第179页。

鸿章回心转意。但李鸿章却对孙中山说："明年余当到北洋,届时方可回国任事。"①时为直隶总督、北洋大臣和议和全权大臣的李鸿章,深知自己的当务之急是进京议和,明年才能回到直隶总督、北洋大臣任所天津,届时希望孙中山"回国任事"。这显然不是筹议"两广独立",而是"罗致"孙中山来津听命。

李鸿章意在"罗致"孙中山为清政府效力,而孙中山争取李鸿章则是企图搞"两广独立成立共和国"。宗旨对立,导致孙、李合作终成泡影。李鸿章面对风云变幻的政局,仍然忠于清廷而无意搞什么"两广独立",是由许多主客观因素决定的。

(一)李鸿章出身于崇尚宋学的官僚地主家庭,自幼受到严格的封建传统教育,从而成为纲常名教的信徒。在他的头脑里,忠君观念根深蒂固,他认为君臣之位不能僭越,疆吏不可"窥测朝廷之迹"②。

(二)李鸿章与清廷互相依存,荣辱与共。李鸿章需要依靠清朝皇权维护地主阶级的统治,清廷也需要依靠李鸿章"安内攘外",维护大清王朝的稳定。李鸿章凭借清廷爬上权力顶峰,清廷则把李鸿章誉为华夏栋梁,声称"无鸿章,无清朝"③。

(三)李鸿章虽然因为"政府悖谬"④、各国"兴师动众"、大局"危在旦夕"⑤而深感忧虑,但仍断定"联军不足亡中国",清朝犹如"百足之虫死而不僵"⑥。

(四)李鸿章懂得军队的重要性和有军则有权的道理,认为"兵乃立国之要端,欲舍此另图其大者、远者,亦断不得一行其志。"⑦他既清楚过去支撑自己权威的北洋海陆军早已在甲午战争中溃灭殆尽,现在自己身边没有一支强有力的亲信部队;又清楚孙中山众寡势弱,无法提供足以成为"两广独立"后

① 《国父年谱》,上册,台北1985年版增订本,第145页"注"。
② 《李文忠公尺牍》,第28册。
③ 《翁文恭公日记》,卷33,第58页。
④ 李鸿章:《复江督刘》,《李鸿章全集》(三),电稿三,第972页。
⑤ 李鸿章:《复闽督许》,《李鸿章全集》(三),电稿三,第946页。
⑥ 裴景福:《河海昆仑录》,卷3,第225—227页。
⑦ 李鸿章:《复郭筠仙星使》,《李文忠公全书》,朋僚函稿,卷17,第12页。

盾的军事实力。

（五）李鸿章特别关心并设法探听英、法、德、俄、日本等国"政府注意所在"①。他发现香港总督卜力策动"两广独立"，而英国外相索尔兹伯理却声称"英政府注意专在平匪保全英民性命、产业，绝无乘机强令中国变易政体、家法之意。"②这种矛盾现象，使李鸿章感到困惑。其他列强究竟对中国抱有何种意图，李鸿章也感到茫然。不了解英国和其他列强的"注意所在"，没有得到英国和其他列强的切实保证，李鸿章是绝不敢轻举妄动的。

在民族屈辱中升迁

6月15日清廷命李鸿章"迅速来京"，两广总督著广东巡抚德寿兼署。18日李鸿章接到"电传谕旨"后，"宣布立刻遵旨北上"。但是，事实上李鸿章并没有"立刻"动身，他公然置朝命于不顾，徘徊观望，整整拖了一个月才启程北上。

当时慈禧倚重以端王载漪、军机大臣刚毅为代表的顽固派，把持朝政，推行"联拳灭洋"的方针。奕劻、荣禄等"枝梧其间"，试图扭转朝局，"然亦无济于事"。对于此情此景，李鸿章深恶痛绝。他既看出"群小把持，慈意回护，必酿大变"；又深感势单力孤无法挽救而徒呼"奈何"。清廷催他"迅速来京"，但却"未言何事"，没有给予任何职权。他鉴于"政府悖谬"和自己无兵无权的现实，意识到自己倘若贸然前往，不仅难于改变朝局，而且有身首异处的危险。为了争取慈禧，打击顽固派，李鸿章上下其手。对上，他连续五次电奏，冒死恳请"先定国是，再议办法。"所谓"定国是"，就是要求慈禧和顽固派改变"联拳灭洋"的方针，"先清内匪，再退外兵"。他一再强调"非清内匪，事无转机"，只有坚决镇压义和团，保住使馆和洋人，才能"徐图挽回，否则大局不堪设想。"在下，他扣押清廷对外宣战谕旨，支持两江总督刘坤一、湖广总督张之洞与驻上海各国领事订约，实行所谓"东南互保"。当时李、刘、张三大帅鼎足而立，

---

① 李鸿章：《寄英法德俄日本五使》，《李鸿章全集》（三），电稿三，第938页。
② 李鸿章：《寄东抚袁》，《李鸿章全集》（三），电稿三，第947页。

"联络一气",构成南国的轴心,李鸿章在其中处于关键地位,故有"微鸿章,东南且乱"之说。不过,李鸿章本人并没有因涉身"东南互保"而转移北顾的目标。即使是刘坤一、张之洞、盛宣怀等,也都无意让李鸿章胶着于"东南互保"的棋局上。他们认为李鸿章应该做清朝全盘棋局上的一只大车,盛宣怀就曾建议李鸿章"仍遵前旨,迅速起程"进京,"以清君侧、护两宫为要义"。

李鸿章还深知列强的态度,直接关系着自身安全、使命成败。因此,他在接到北上诏命后,就致电驻英、法、德、俄、日五国公使,请他们探询各国政府"注意所在"和对"先靖内乱,再议善后"的态度。不久,各国就相继作出反应。日本支持李鸿章"入觐"及其"先清内匪再退外兵"的方针。德国怀疑李鸿章能否北上,并表示"停兵难遽议"。英国希望李鸿章对"即日北上"和"坐镇两粤"问题进行"细酌",并表示英国"注意专在平匪保全英民性命、产业,绝无乘机强令中国变易政体、家法之意"。俄国声称"仍一意保全中国",并电令驻华俄使策动慈禧召李鸿章"回京定乱"。驻俄公使杨儒被这些花言巧语所蒙骗,正式建议李鸿章"联俄"。李鸿章深以为然,立即与俄国"密商了事之法",企图依靠俄国控制事态,打开外交局面。

7月12日李鸿章一改"稍缓启程,以待后命"的态度,决定先到上海,再酌进止。他的这一抉择,是基于下列因素作出的。

这时慈禧开始倾向列强谋求妥协。6月29日清廷通知各驻外使臣继续留任,"遇有交涉事件,仍照常办理,不得稍涉观望",并向所在国政府"切实声明":中国不会依靠"乱民以与各国开衅",现仍严饬带兵官照前保护使馆,对"乱民"将"设法相机自行惩办"①。7月3日清廷直接向俄、英、日三国发出国书乞怜求和,再次把战争的责任全部推到义和团头上。在致俄国国书中,说什么中俄两国订有密约,中国为时势所迫,"不得不唯贵国是赖",万望从中"排难解纷",进行调和。在致英、日国书中,恳请它们捐弃小嫌,共维全局。清廷给驻外使臣电旨和致俄、英、日国书,李鸿章是在7月11、12日先后获悉的,清廷的表态正中他的下怀。慈禧和李鸿章在保护使馆、镇压义和团、投降帝国主义的问题上,渐趋一致。

这时慈禧开始把乞和的希望寄托在李鸿章身上。6月29日清廷在答复

---

① 《军机处寄出使俄国大臣杨儒等电旨》,《义和团档案史料》,上册,第202—203页。

李鸿章等反对"宣战"的上谕中，既表露出歉悔之意，又令督抚"各保疆土"，但未催李鸿章北上。因此，李鸿章说："现奉廷寄，暂不北行"。但是，时隔5天，清廷就以"事机紧迫"为由，令李鸿章"懔遵前旨，迅速来京，毋稍刻延"①。这道谕旨，是在清廷向俄、英、日三国发出国书求和的同一天下达的，这绝非巧合，而是慈禧试图依靠李鸿章向列强乞和的结果。清廷的国书和上谕，李鸿章是在7月12日几乎同时看到的，这使他认识到"旨催赴京"，意在"和"字。7月16日即在启程的前一天，李鸿章得知调任直隶总督兼北洋大臣的消息，数年来东山再起、重返北洋的图谋和宏愿即可实现，个人往日的显赫和荣耀又可复归，因而欣喜和自负之情，溢于言表，公然对其下属吹嘘说："舍我其谁也。"

李鸿章在离粤之前，曾接见裴景福等纵论时势，颇有深思熟虑、先见预卜之慨。7月17日李鸿章即将从广州出发，将军、巡抚以下送至天字码头日近亭。李鸿章登上"安平"轮，"待潮未行"，请裴景福入见。时值盛夏，天气炎热，李鸿章"衣蓝绨短衫，著鲁风履"，倚在小藤榻上。他对裴氏说："广东斗大城中，缓急可恃者几人？尔能任事，取信于民，为地方弭患，督抚不若州县也。能遏内乱，何至招外侮，勉之！"裴氏问大局安危，他答曰："百足之虫死而不僵，我朝厚德，人心未失，京师难作，虽根本动摇，幸袁慰庭揯拄山东，香涛、岘庄向有定识，必能联络，保全上海，不至一蹶不振。"裴氏问："公看京师何如？"他说："论各国兵力，危急当在八九月之交，但聂贡亭已阵亡，马、宋诸军零落，牵制必不得力。日本调兵最速，英国助之，恐七八月已不保矣。"讲到这里，李鸿章"含泪以杖触地"说："内乱如何得止？"默然良久，裴氏问："论各国公法，敌兵即入京，亦不能无礼于我。"他说："然，但恐无人主持，先自动摇。"裴氏问："公何不将此意陈奏？"他说："我到沪后当具折，恐亦无济。"裴氏起身告辞，李鸿章问左右，"潮至否？"并挽留裴氏说："不忙。"他自饮牛奶，而以荷兰水待客。裴氏问："万一都城不守，公入京如何办法？"他说："必有三大问题，剿拳匪以示威，纠首祸以泄忿，先以此要我而后索兵费赔款，势所必至也。"裴氏问："兵费赔款大约数目？"他答曰："我不能预料，唯有极力磋磨，展缓年分，尚不知作得到否？我能活几年，当一日和尚撞一日钟，钟不鸣了，和尚亦死了。"他边说边流泪，裴氏也悲伤不已。裴氏问："国难即解，公将奚先？"他皱

① 《上海转保定来电》，《李鸿章全集》（三），电稿三，第1004页。

着眉头说:"事定后中外局面又一变,我国唯有专心财政,偿款不清无以为国,若求治太急,反以自困。中国地大物博,岁入尚不及泰西大国之半,将来理财须另筹办法。"他继续说道:"联军不足亡中国,可忧者恐在难平之后。"裴氏曰:"公忧及此,天下之福也。窃有一言为公陈之,中国之弱弱于人,非弱于法也。人有得失,法无新旧,果得其人,因时损益,法虽旧亦新也,不得其人,虽博采古今,组织中外,适以滋弊。"李鸿章听了裴氏这套传统的人治论后,笑而讥之曰:"八股旧也,策论为新,策论得也,八股为失,我与尔皆八股匠,故说旧话。"这一番妙语,逗得哄堂大笑。裴氏说:"君子当国,不震己之强,不侮人之弱,亦不怯己之弱,畏人之强,唯求一己以应天下,守至常以待至变而已。"李鸿章叹息不已,说什么"国运所关,实有天命,后事殊难逆料也。"事后,裴氏评论说:"公生平坚忍倔强,虽处甲午乙未之变,从容镇定,未尝以郁闷之色示人,及庚子难作,每深谈时事,便泪含于眶,气之衰痛之剧也。"①

从裴、李问答中可以看出李鸿章对时局的观感和个人的心境,概括言之,有以下几个要点:(一)"内乱"招致"外侮","攘外"必先"安内",镇压义和团实属当务之急。(二)北京必将陷落,但"联军不足亡中国"。(三)列强注意所在将是"剿拳匪"、"纠首祸"和"索兵费赔款"等"三大问题"。(四)"难平之后"清朝"国运""殊难逆料"。(五)他个人"气衰痛剧","当一日和尚撞一日钟"。

李鸿章清醒地意识到此番北上,等待自己的绝不会是烟花美景,泰和晏安,而必将是满目疮痍,重重险阻。他虽然不乏气魄,但毕竟没有昔日武侯"鞠躬尽瘁,死而后已"的那般公忠。他于 7 月 21 日抵沪,便借口健康原因,停留下来,说"连日盛暑驰驱,感冒腹泻,衰年羸躯,眠食俱废"。尔后更言:"元气大伤,夜不成寐,两腿软弱,竟难寸步",要求慈禧赏假 20 日。实际上他的身体状况绝非如此之坏,而是另有图谋。

首先,是为自身安全计。时值义和团运动高潮阶段,义和团和部分清军正以血肉之躯英勇抗击八国联军的进攻。义和团坚持"灭洋"斗争,仇恨与"洋人"来往密切的"二毛子",扬言要"杀一龙二虎三百羊"。李鸿章被认定为二虎之一,置于拟杀之列。李鸿章到沪的第二天,就接到李经述自德州发来的电

---

① 裴景福:《河海昆仑录》,卷 3,第 225—227 页;卷 2,第 145—146 页。

报:天津失守,直督裕禄逃走,"溃勇、拳匪沿途抢劫,难民如蚁,津亡京何能支,大事去矣。伏望留身卫国,万勿冒险北上"①。8月2日李鸿章通过袁世凯得知清廷处斩主和派许景澄、袁昶和倚重主战派李秉衡的消息,并接到李经述报告朝局、劝勿赴召的急电:载漪、董福成辈"党拳煽乱",慈禧"力不能制",围城西幸势所必然,"切勿轻身赴召,自蹈危机"②。李鸿章百感交集,哀嚎"成何世界!"表示暂缓北上,"虽严谴不顾也"。他直言不讳的密奏:"每读诏书,则国是未定,认贼作子,则人心未安。而臣客寄江南,手无一兵一旅,即使奔命赴阙,道途险阻,徒为乱臣贼子作菹醢之资,是以小作盘桓"③。担心受到义和团和政敌惩处之情,跃然纸上。

其次,是为胁迫清廷就范。当时慈禧虽然倾向依靠李鸿章谋求对外妥协,但因遭到义和团的反对和顽固派的掣肘而不敢放手进行,以致"送使不实,剿匪不办"。遥望朝局,李鸿章心急如焚。他鉴于"内意无定"的现实,执意缓行。他抵沪不久,就接到张之洞所拟致上海各国领事电稿,其中说"康党"散布谣言,离间"两宫","诬谤"慈禧,"沪上华洋各报为之传播";慈禧"素多善政,尤重邦交,岂有祖匪之理";请严禁在中外报纸上"谤毁"慈禧。张之洞拟请李鸿章会衔发出,李鸿章婉言拒绝。李鸿章不但勇于在朋僚之间表明这种态度,而且敢于直言要求慈禧"效法禹汤,先下罪己之诏"。当然,李鸿章对慈禧并没有丧失信赖之心。当时荷兰公使克罗伯由京抵沪,告知各国公使拟让慈禧归政光绪。李鸿章表示反对,说"太后训政两朝,削平大难,臣民爱戴,此次拳匪发难,只恐祸起腋肘,不得已徐图挽救"④。他既为慈禧开脱,又与张之洞等共商对策。在维护慈禧统治地位这一点上,他们并无分歧。李鸿章无非是要敦促慈禧彻底转变态度,为议和铺平道路。8月2日李鸿章具折"密陈安危大计",强调中外众寡、强弱悬殊,中国不能以卵击石,孤注一掷,应"立简重臣,先清内匪,善遣驻使,速送彼军"。当时慈禧依违叵测,一面派遣主战甚力的勤王将领李秉衡出京督师,抗拒八国联军进犯;一面任命李鸿章为全权大臣,与各国议和。刘坤一闻讯致电李鸿章说:"恭贺全权大喜,旋乾转坤,熙天

① 《李经述德州来电》,《李鸿章全集》(三),电稿三,第1033页。
② 《李经述来电》,《李鸿章全集》(三),电稿三,第1062页。
③ 《义和团运动史料丛编》,第1辑,第18页。
④ 盛宣怀:《愚斋存稿》,卷40,电报十七,第26页。

浴日,唯公是赖。"①李鸿章却显得比较冷静,知道朝局不变,所谓全权大臣,只能徒具空名,因而继续向清廷施加压力,要求切实作到"送使"出京和"剿匪"两层,否则"断非区区绵力所能胜任"。

再次,是为了疏通外交渠道。李鸿章抵沪后,正值八国联军大举进攻,外交局势愈益险恶的时候。8月4日八国联军从天津出发分两路沿运河两岸向北进犯,于15日攻占北京。当时慈禧和光绪出逃。7月底8月初,俄国出动大军侵入东北。列强在占领北京、直隶和整个东三省之后,彼此之间猜忌倾轧、明争暗斗日益激烈。在华势力最强的英、俄两国和野心勃勃的德国,准备瓜分中国。俄国拉拢李鸿章,要派军舰护送他由沪赴津。英国反对李鸿章全权代表资格。德国特派陆军元帅瓦德西率领大军来华,为他争得八国联军总司令宝座,并拒绝承认李鸿章全权代表资格。美国重申"门户开放"原则,主张维持清政府原有统治秩序。面对这种局势,李鸿章通过各种途径,乞求各国停战议和。他的这种努力,隐含着一个明显的意图,就是争取各国维护清朝统治和承认自己作为清朝全权代表的资格。但是,各国都基于自身利益,"设词推延",没有答应"各派全权议事"。

8月底和9月上半月,中外形势发生了重要变化。慈禧在逃亡途中迫不及待地采取了一系列措施。

8月20日以光绪名义发布"罪己诏"。

8月24日准全权大臣李鸿章"便宜行事",命其"将应办事宜,迅速办理",表示朝廷"不为遥制"。

8月27日授奕劻"便宜行事"全权,令"即日驰回京城","与各国使臣商议事件"。

8月31日添派刘坤一、张之洞为议和大臣,"随时函电会商"。

9月7日正式发布"剿匪"谕旨,诬蔑义和团"实为肇祸之由",声称"今欲拔本塞源,非痛加剿除不可"。

9月8日电旨说"罪在朕躬,悔何可及",令李鸿章"即日进京,会商各使,迅速开议",此行"不特安危系之,抑且存亡系之,旋乾转坤,匪异人任。"②

---

① 《江督刘来电》,《李鸿章全集》(三),电稿三,第1071页。

② 《军机处寄全权大臣李鸿章等电旨》,《义和团档案史料》,上册,第566页。

与此同时,各国政府对清王朝的态度也渐趋接近。8月30日赫德电询海关驻伦敦办事处税务司金登干:"欧洲的意见如何,维持清室还是瓜分大清帝国?什么是必不可少的条件?"9月13日金登干复电说:"关于您8月30日电所提问题,各国显然仍拟支持满清皇朝,不主张瓜分。英国舆论主张维持光绪皇帝,给慈禧太后以个人安全,但反对英国政府承认她。至于俄国等则倾向于支持她。必要的条件包括惩办祸首、赔款、保证今后对各国友好等等。"①

鉴于上述情况,李鸿章认为北上时机业已成熟,因而于9月15日从沪启程北上。他原拟"借乘俄舰赴津",但考虑到"天津进口须有各国保护接待,乃可畅行无阻。借乘俄舰易启猜疑",因而改乘招商局"安平"轮,由一艘俄国军舰护送赴津。

9月18日李鸿章乘"安平"轮抵达塘沽,在一群俄国军官的欢迎和保护下登岸。各国官兵对俄国军官"为什么对中国人如此尊重感到奇怪。"一个站在码头上的德国中尉因为俄国军官"穿上礼服欢迎这么个人物,非常粗鲁地表示莫名其妙。"李鸿章在会晤俄国陆海军司令时,既对俄国从北京部分撤军表示感谢,又力劝俄军暂缓进攻沈阳。19日李鸿章在俄军护送下到达天津。在他的住所担任门岗的"俄国卫队建立了很严格的制度,出入必须有出入证,以防止闲杂人接近他。"李鸿章一方面情愿地接受俄国的"特殊礼遇",另一方面又欲盖弥彰地洗刷"亲俄派"的嫌疑。他在会见天津海关税务司、英人杜德维时,询问赫德为什么没有遵照皇上的谕旨,"安排用军舰从上海接他到大沽",而他本人已接到这样的谕旨。他表白说,如果赫德遵旨照办,"那么他也就不会由俄国军舰护送,因而引起他是亲俄派的流言了。"李鸿章还会见了德员德璀琳,德璀琳提醒他,瓦德西在谈判中将是一个主要人物。不久,瓦德西抵达天津,李鸿章急不可待地谋求与之会晤,但瓦德西却遵照德国政府指令,"对李氏之请求,每拒绝之。"借口"只管战事,不管交涉"。德国新任驻华公使穆默虽然在上海曾与李鸿章"来往两次",但到津后,却拒绝与李鸿章晤谈。德国的目的显然在于拖延停战议和进程,为瓦德西"用武"创造条件。

李鸿章在津暂住期间,还做了三件事。

_____

① 《中国海关与义和团运动》,第9、11页。

一是力促清廷进一步采取为停战议和铺路的措施。9月20日他以转达刘坤一、张之洞、王之春、袁世凯、盛宣怀关于争取早日议和建议的形式,电请清廷:感谢俄国允许从北京部分撤军,并请俄国劝说德国;趁德军尚未全到,优恤被杀的德国公使克林德;早商停战;早下"诚心悔过"谕旨。9月24日他电促清廷"议处"首祸诸臣,并将"端王逐出军机"。9月25日清廷降旨,允其所请,将"纵庇拳匪,启衅友邦"的诸王大臣庄亲王载勋、端郡王载漪等"分别轻重加以惩处";赐祭克林德;并向俄、德、日致送国书,希望"尽捐嫌隙","早定和议"。

二是遵旨在津接任直隶总督。10月1日李鸿章遵旨在津"恭设香案,望阙叩头",接受了由护督廷雍派人送到的钦差大臣及直隶总督关防、盐政印信。这位年垂八旬、饱经沧桑的大吏,在曾坐镇25年而又调离数载的督署重接大印,自然会感慨万千。据说,李鸿章到天津后,目睹自己苦心经营多年的这一名城重镇残破不堪的景象,联想到"国破家亡"的艰险局势,不觉痛哭一场。

三是奏请饬令荣禄改赴行在。荣禄向清廷推荐李鸿章出任直隶总督、议和全权大臣,而李鸿章则建议清廷加派荣禄为议和大臣。但是北京沦陷后逃往保定的荣禄,却以"忝领师干,实难兼顾"为由,力辞不就。李鸿章经过深思熟虑,也不再坚持原议,反而奏请饬令荣禄改赴行在。李鸿章所以改变态度,一是由于他从副总税务司裴式楷、日本驻华公使内田康哉得知各国公使因武卫中军参与围攻使馆事而怪罪荣禄,"不肯接待";再则考虑到在中枢须有一位能够影响慈禧、牵制顽固派的实权人物,以便协调内外,促成和议。慈禧对荣禄也"倾心以待",希望他能随侍左右,襄赞策划。10月6日清廷命荣禄速赴行在,"入值办事"。李鸿章闻讯,深感欣慰,特地致函荣禄,表示祝贺。荣禄"领袖枢垣"后,与两位全权大臣李鸿章、奕劻"往复函商,以定和议"。俞樾说:人知奕劻、李鸿章之"楷柱于外",不知由荣禄之"斡旋于内也"。

10月5日李鸿章由俄军护送,自天津乘船北上,于11日到达北京,寓居贤良寺。这里曾是他甲午战后失势、投闲寓居之所,想不到而今又神使鬼差地接纳了重返北洋、负有关乎民族命运、国家荣辱、历史进程的重要使命的他。此时此刻,李鸿章又会是怎样一种感情和心境呢?

<h1 style="text-align:center">"结与国之欢心"</h1>

李鸿章此次进京,首先映入眼帘的,是八国联军劫后惨景:"都中蹂躏不堪,除宫殿外,无一免者。"八国联军不仅把"一座昔日充满着辉煌的金漆房舍的北京城",夷为"只是一片罗列着萧条残物的荒野",而且在北京城内划分区域,分段占领,进行直接的军事殖民统治,各国只承认奕劻和李鸿章两位全权大臣住处为中国地方,其余地方均视为"外国辖境"。其实,即使作为中国全权大臣的奕劻和李鸿章何尝逃脱了外国的武力控制呢!奕劻住宅有日本兵持枪守护,李所下榻的贤良寺门口有俄国兵守护。无怪乎外国人说奕劻"如一囚徒",李鸿章"实际上是受到礼遇的俘虏"。

在中国两位全权大臣之中,虽说奕劻以亲王之尊而列名于前,但实际主事的却是李鸿章。据"相随入京"的张翼揭发:"和局大事,两全权并未妥商也。"李鸿章"大权独揽,左右无人","所带随员及续调之员,均系旧部,不过进退唯诺,一味尊崇"。奕劻则因"资望"不足,"尤恐两全权办事未能和衷",受到慈禧责难和"外国窃笑",所以"事事尽让"。而李鸿章竟然"居之不疑,甚至电奏照会竟有先发行而后知会者,一切独断独行"①。奕劻向李鸿章表示:"我公系国家柱石,实为当今不可少之人。凡事均须借重,本爵拱听指挥耳!"因此,"每当聚议时,一切辩驳均由李鸿章陈词,凡事皆力争上游,而所奏行在折电,概出鸿章之手。"②以慈禧为首的清廷则恃奕劻、李鸿章"为泰山,望电报如饥渴。"慈禧生怕被抛弃,急于求得列强谅解。她供认:"我一日不见京电,便觉无措。然每一见电,喜少惊多,实令胆怯。"③

李鸿章抵京之后,就拜访各国公使,请求尽早议和,当即遭到拒绝。在他们看来,中国"既已一败涂地至此,尚欲议和耶?唯有懔遵各国所示而已!"各国交相使用政治和军事压迫手段,力图迫使清廷就范。

---

① 《张翼札》,《荣禄存札》,第48、49页。

② 吉田良太郎、八咏楼主人:《西巡回銮始末记》,卷3,中国内乱外患历史丛书,第34册,第215页。

③ 柴萼:《庚辛纪事》,《义和团》,第1册,第328页。

八国联军统帅瓦德西于 10 月 17 日到达北京,公然住进中南海仪鸾殿。他本着"对待中国人切勿让步,切勿表露忙态"的所谓"根本原则",在将近一个月的时间里,拒绝会见奕劻和李鸿章,反而常在各国驻华使节中活动,唆使他们对华采取强硬态度,并派兵四出攻掠。由于瓦德西坚持武力扩张政策,致使南至正定,北至张家口,东至山海关,均在联军势力圈内,联军所到之处,焚杀淫掠,无所不为,在保定杀害直隶布政使廷雍等高级官员,并在各地与清军狼狈为奸,残酷镇压义和团。

就在瓦德西指挥八国联军四出攻掠的同时,各国外交人员也在进行紧急政治磋商,力图找到一个能够为大家共同接受的侵华方案。10 月 4 日法国政府提出备忘录,主张以惩凶、赔款、在北京驻扎军队、平毁大沽炮台、禁止输入武器、占领大沽到北京铁路线上两三处地方等六项要求作为开始议和的基础。10 月 16 日英、德达成协议,主张"维持中国领土不使变更",中国江河、沿海各口岸对各国的贸易和其他正当经济活动"自由开放,毫无差别"①。这个协定与美国"门户开放"政策相似,得到大多数列强的赞同。这样,列强对华政策终于协调一致:形式上保持"中国的领土和行政完整",继续维护以慈禧为首的清政府,作为他们统治中国的工具。基于这项原则,各国公使就与中国议和大纲问题进行了"甚为秘密"的商讨。他们阴谋自行商定议和大纲,然后强迫清政府接受。

在联军四出攻掠、各国公使"秘商"议和大纲期间,清廷坐立不安,一再电令奕劻、李鸿章尽快与各国公使"开议并商停战",阻止联军前进,"免误大局"。奕劻、李鸿章秉承慈禧意旨虽然力图"保安大局",但却深感"洋情叵测,棘手万分",难以如愿。10 月 15 日奕劻、李鸿章特请赫德"酌拟照会底稿",表明中国"仍愿与各国和好本意,并附专约五款",以之作为议和"纲领",其要点是"撤兵停战"。这份照会经过审定送交各国公使,并希望商订日期开始议和。不料各国公使竟然诬蔑"这些建议是狂妄的",拒绝考虑,因而"未能克期商办"。

奕劻、李鸿章处于清廷与列强之间,感到左右为难,于是权衡轻重,一面向列强苦苦哀求,一面对清廷危词恫吓,而其着力点则在于迫使清廷"委曲求全"。

---

① 《德国外交文件有关中国交涉史料选译》,第 2 卷,第 232 页。

李鸿章首先遵旨争取停战议和,防止联军进犯山西。他请求各国公使说情劝阻"联军勿庸西去",并急于谋求与统率联军的瓦德西直接会晤。直至11月15日瓦德西才接见李鸿章、奕劻。在谈话中,李鸿章、奕劻要求尽快开始谈判。瓦德西声称"和议之事,可望于短期之内实现",并"明白宣言"联军将在直隶过冬,要求清军撤出直隶,因为直隶为他的"占领区域"。如果清军撤出,他就"将停止一切敌视行动"。11月20日瓦德西进行回访,当面交给李鸿章一份联军占领区域图,李鸿章认为联军占领区域"过于宽广",而瓦德西则断然表示"不能再将其缩小"。第二天,李鸿章电告盛宣怀:"昨与德瓦帅面定图界,联军不过沧州、河间、正定以南,界外我军随处可扎"①。其实联军占领区域并非局限于南方,还包括北方"自长城山海关以至于张家口西面之山西省边境"广大范围。瓦德西对德皇说:此间"未曾发生巨大战事",究其原因,"系由华人有意避免战争"。而在"有意避免战争"的"华人"中,处于决策地位的是李鸿章,他认为"如与联军抗拒,徒增国家之害",因此密令直隶清军不准"接战",而要"优礼劳军,吏迎兵撤,示以无他"②。

李鸿章不仅主张"优礼"联军,而且胁迫清廷以惩办"祸首"来阻止联军西犯和争取开始谈判。清廷指示李鸿章和奕劻就惩办"祸首"问题提出意见,候旨定夺。李鸿章和奕劻经过再三斟酌,复奏建议惩办"祸首"加重"至圈禁发遣为止"。不料各国公使要求将庄亲王载勋、怡亲王溥静、贝勒载濂、载滢、端郡王载漪、辅国公载澜、都察院左都御史英年、协办大学士吏部尚书刚毅、刑部尚书赵舒翘、甘肃提督董福祥、山西巡抚毓贤一律正法。李鸿章、奕劻一面与各国公使交换意见,一面电请杨儒等驻外公使"婉商外部",争取"迅速开议,并于祸首稍从轻减"。但结果毫无所得。清廷有鉴于此,特于11月13日发布谕旨,宣布对"肇祸诸臣"严加惩处,借"以服天下之心,而释友邦之憾";端郡王载漪著革去爵职,与已革庄亲王载勋均暂交宗人府圈禁,俟军务平定后,再发往盛京永远圈禁;溥静、载滢、载濂、载澜、英年、刚毅、赵舒翘等也分别受到圈禁、降调、闭门思过、充当苦差等不同程度的惩治。"唯董福祥碍难骤撤兵柄,遽予处分"。荣禄致电李鸿章一面倾述清廷的良苦用心,说什么"虽未诛

---

① 李鸿章:《寄盛京堂》,《李文忠公全书》,电稿,卷28,第52页。
② 《义和团档案史料》,下册,第731页。

戮一人,而被禁被遣者永无释期,与死何异? 似可平友邦之愤怼,启款议之端倪","平情而论,两宫为天下忍辱,亦云至矣";一面为自己表功,说清廷此举,是他"婉切上陈"的结果。李鸿章非常反感,认为是自己的"苦口忠言"打动了清廷,而荣禄却"颇自居功,圆媚可卑"。

各国公使对清廷此次惩办"祸首",既无一人正法,又未涉及董福祥,颇为不满,联合发出照会,坚持要求处死载勋等,并惩办毓贤、董福祥,否则"和议断难望成"。奕劻、李鸿章将各国公使照会内容电告清廷,并特别强调了两个事实:(一)"目下情形日紧",联军已派兵"看守"西陵,"又分兵往东陵、张家口,实在力难劝阻",英、德海军司令到过南京,"不知意之所在";(二)维特对驻俄公使杨儒透露:"议若不成,各国有开春截秦运道,或另立政府之谋"。慈禧和荣禄阅读来电,震惊不已,深感"事机紧迫"。清廷于 11 月 22 日电询李鸿章、奕劻各国所开条款内容,"有无万不能行之事",并表示"大局攸关,款议可成不可败",由全权大臣相机审势,力图补救,朝廷不为遥制。11 月 25 日电谕李鸿章、奕劻除坚持"懿亲不加重刑"外,同意将毓贤"置之重典"。12 月 3 日发布上谕,将董福祥"革职留任",令"克日驰回甘肃,扼要设防,以观后效。"荣禄随即致电李鸿章、奕劻,解释所以未能严惩董福祥的原因:"陕甘军民附之者太众,势不得不暂为羁縻,徐图安置。"

除了惩办"祸首"问题之外,还有个"两宫回銮"问题。当时各国均以"两宫回銮"作为议和的先决条件,名曰请"速回銮驾,自秉大权,和商一切",而实际上却是企图用武力挟制慈禧和光绪,胁迫清廷彻底投降。慈禧深恐受制,联军不撤,决不回京。李鸿章明知慈禧、光绪不会答应马上回銮,但却屈服于列强压力,只得密奏,反复陈请"速定回銮日期,宣示中外",并表示"敢保必无侵犯"。慈禧责备李鸿章等未能"共谅"其"不得已之苦衷",表示决无"甘就偏安,轻弃京师之理",唯现在"洋兵在京分段据守","若遽回銮,试问是何景象?"只要"一有成议,自当即日降旨,定期回銮。"

这样,无论惩办"祸首",抑或"两宫回銮"问题,就均已陷入僵局。然而由于俄国决定监理东北三省,引起英、美、日等国极大不安;加之李鸿章突然病倒,而各国已就议和大纲达成协议,因此,各国急于议定和约,安定大局,于是不再坚持议和先决条件。但是认为奕劻、李鸿章"前奉全权电旨不合式,不能开议",必须有"用宝敕书,以昭慎重"。奕劻、李鸿章考虑到北京与西安相距遥远，从西安颁发"用宝敕书"颇费周章，于是奏准"权宜酌办，由京恭禄谕旨，在大内请用御宝，临时给阅，免其借词延宕开议日期"。12月24日奕劻前往西班牙使馆会见德、英、法、美、意、奥、俄、日、西班牙、比利时、荷兰等11国公使，互换全权证书后，各国公使将《议和大纲》交给奕劻，要求"把它送交皇帝，并努力获得对它的迅速答复。"李鸿章因患感冒，未曾出席。《议和大纲》共12款，其要点是：克林德被害一事，由中国钦派亲王赴德谢罪，并在遇害之所，树立铭志之碑；严惩祸首，戕害陵虐外人之城镇停止科考5年；因杉山彬被害，中国必须用优荣之典以谢日本国政府；中国须在各国人民坟茔曾遭汙渎发掘之处，建立碣碑；军火及制造军火的各种器料，不准运入中国；公平赔补外国人身家财产损失；各国驻兵护卫使馆，并划定使馆区；削平大沽等炮台；由京师至海边酌定数处，各国留兵驻守；永远禁止军民人等加入仇视各国各会；修改通商行船各约；改革总理衙门和各国公使觐见礼节。奕劻、李鸿章将《议和大纲》立即电告清廷，并强调"条款末段"威胁"若非将各款允从，足适各国之意"，定不退兵。"词意决绝，不容辩论"。"宗社陵寝均在他人掌握，稍一置词，即将决裂，存亡之机，间不容发"，恳请慈禧和光绪"迅速乾断，电示遵行"。奕劻、李鸿章唯恐慈禧不允，又电请荣禄等军机大臣"权利害轻重，径请施行"。

荣禄既看出《议和大纲》的严重危害——"将来中国财力兵力恐为彼族占尽，中国成一不能行动之大痨病鬼而后已，奈何！"；又深知奕劻、李鸿章的艰难处境——"可怜奕、李，名为全权，与各国开议，其实彼族均自行商定"，然后"交给条款照会而已，无所谓互议也。"①不过，荣禄虽然看出列强侵夺中国财力兵力的阴谋和中国变成"大痨病鬼"的悲惨前景，但却坚持从狭隘的阶级利益出发，为了所谓"宗社"即清朝封建统治，不惜出卖民族主权，原则上接受《议和大纲》，而只从其中检出几条，要求商酌。慈禧看到没有把她列为"祸首"，大喜过望，声称"敬念宗庙社稷，关系至重，不得不委曲求全"。12月27日清廷电复奕劻、李鸿章，宣布"所有十二条大纲，应即照允。唯其中利害轻重，详细节目，著照昨日荣禄等电信各节，设法婉商磋磨，尚冀稍资补救。"②

《议和大纲》虽经清廷批准，但议和却迟迟没有什么进展。奕劻、李鸿章

① 荣禄：《致奎俊札》，《荣禄存札》，第409页。
② 《军机处寄全权大臣奕劻李鸿章电旨》，《义和团档案史料》，下册，第853—854页。

把这种局面归咎于张之洞。奕劻致函荣禄说:"仰荷两宫圣明",批准《议和大纲》,"实中外臣民之庆",嗣因张之洞"忽发高论,各使哗然,又添许多波折"①。怨愤之情,跃然纸上。所谓张之洞"忽发高论",是指他提出了修改《议和大纲》某些细目和暂缓回銮、建立行都的意见,从而引起了一场风波。张之洞对《议和大纲》的态度是"大纲固不能改,细目必当切商,能补救一分,庶少一分之患。"他提议:删去前言中"遵奉内廷谕旨"一句;减少使馆卫队人数,划定津沽沿途驻军界限;确定禁止输入军火的年限,允许进口制造军火的机器物料;同意通过加关税、通邮政、行印花税等办法筹款;修改通商行船章程不得有碍中国商民生计;平毁大沽炮台只应是暂时性的,一俟中国平定安稳仍准复设等。张之洞在力主修改《议和大纲》细目的同时,鉴于《议和大纲》规定外国驻军津沽和削平大沽炮台,致使"中国京师门户之防全撤,不容自卫,朝廷永远危险"的严峻局势,为了防止列强武力挟制"两宫",奏请"暂缓回銮",并与各国"婉商"选择长江上游滨江之处作为"暂时行都,使馆俱获安稳,俟京津驻兵议有妥章后再行回京"。张之洞要求修改《议和大纲》细目和力主"暂缓回銮",都是基于其忠君思想,从维护清朝统治出发的,有利于抵制列强的侵凌、保持中国的某些"自主之权"。然而关于在长江上游滨江之处建立行都的主张,却与此不同。这个主张首倡于英将西摩,其意在把清廷置于英国势力范围和英国控制之下。张之洞之所以热衷于此,是因为所谓长江上游滨江之处,系指湖广总督管辖的武汉至荆州一带,行都在自己辖境,有利于提高自己的政治地位,取代直隶总督而成为疆臣之首。张之洞的"高论",深得清廷的赞许。清廷饬令奕劻、李鸿章"参酌办理",并随时电商刘坤一、张之洞。张之洞的"高论"和清廷的游移,立即引起列强的警觉。1901年1月3日各国公使会议决定:"要求中国全权大臣签署一份正式议定书,其中引述各国使节提出的照会及中国全权大臣被授权接受该照会的条款;同时,还对各使馆提供一份12月27日的上谕,每份上谕均盖有御宝。"当各国公使接到这些文件后,"将确定与中国全权大臣举行会议的日期。"②列强胁迫奕劻、李鸿章签署"正式议定书"。然而,清廷却电示奕劻、李鸿章"切勿草率画押",张之洞也来电反对

---

① 《奕劻札》,《荣禄存札》,第7页。
② 《英国蓝皮书有关义和团运动资料选译》,第401页。

"遵行画押"。奕劻、李鸿章屈服于列强的压力,竭力批驳张之洞。他们既通过盛宣怀"力劝"张之洞"勿轻电奏";又多次电奏,声称张之洞所言"尚未尽实",而"暂时行都使馆"之议,"犹属谬论偏见,銮舆固不能随便游幸,各使尤不能听我调度","不料张督在外多年,稍有阅历,仍是二十年前在京书生之习,盖局外论事易也。"张之洞颇为恼火,反唇相讥,说"合肥谓鄙人为书生习气,诚然,但书生习气似较胜于中堂习气。"奕劻、李鸿章不仅攻击张之洞,而且危词恫吓清廷,说什么倘若不准画押,各国"必谓朝廷无信,全权无权,不但不能商催撤兵,并不能止其进兵,关系利害太大",近来瓦德西正在"厚集粮械,左顾右盼,分兵四出,若再有耽延,必即别出诡谋,臣等何敢当此重咎。"他们进而公然表示:下次与各国公使会晤,"只有遵旨办理",刘、张等"相距太远,情形未能周知,若随时电商,恐误事机。"①1月10日清廷无奈,勉强照允,1月15日奕劻、李鸿章遵旨签署承认《议和大纲》的"议定书",并于第二天将这份议定书连同"用宝谕旨"、"条款说帖"一并备文送交各国公使。

所谓"条款说帖",就是商讨《议和大纲》细目的备忘录。据李鸿章说:这份"条款说帖"是他们"参酌各说"拟定的,"于详细声明之中,隐喻设法补救之意。"英国驻华公使萨道义把这份"条款说帖"称之为备忘录,并将其要点电告英国外交大臣兰士教,从中不难窥见李鸿章的思想轨迹。

萨道义说:备忘录要求列强停战撤军,并对《议和大纲》进行修改。"关于第二款,中国全权大臣将上奏朝廷,要求加重惩罚。他们说:对适合停止考试的那些城市的数目,必须进行周密的调查。关于第五款,他们请求确定禁止武器入口的年限,并且指出:除非使中国军队能够得到适当的武器,便很难维护秩序。他们要求说:根据总理衙门不时提出的申请,可允许购买制造军火所不可缺少的那种物资,以供中国政府之用。关于第六款,他们请求考虑是否应给予一段很长的偿付时间,否则便减少我们所要求的赔款总额。列强十分了解中国每年的收支情况,目前的赔款对中国的其他债务又增加了一笔很大的负担。因此,我们冒昧地表示希望诸邻国将一致同意采纳中国可能提出的各项措施,因为拟订这些措施的目的是为了增加岁入——例如:提高采矿税、增加海关税率、采用印花税、实行普遍的邮政制度,这些措施中的每一个项目都已

---

① 李鸿章:《寄西安行在军机处》,《李文忠公全书》,电稿,卷30,第24—25页。

在其他国家通行。关于处理使馆卫队问题的第七款,他们请求制定管理这些卫队的规章制度,并且确定卫队人数。他们还请求说明使馆区的范围,现在位于使馆区内的公共机构仍旧保持不动。关于第八款和第九款,他们请求列强在它们相互之间,对将予占领的军事据点及保持北京至沿海之间的联系畅通等问题达成一项协议。他们要求把该协议的结果通知他们。'中国政府为了保证对外国人提供保护,将继续采取一切防范措施,而且决不使外国人有理由担心沿海至首都之间的交通将被切断。经过一年左右的时间并查看事情的详细情况之后,如果列强认为中国人提供的保护已证明确实有效,它们可能考虑撤出各国占领军的问题。'关于第十款,该备忘录认为最近的骚乱是由于基督徒和非基督徒之间缺乏和睦所引起的。它极力主张,制定一项政策以保证这两类人之间的相互和睦,这将具有好处的。它表示希望列强将按照这个意思起草一项专门的条款。关于第十一款所规定的对贸易或其他事项进行修改的问题,他们表示愿意对任何有助于双方利益的事项进行谈判。对第十二款中所规定的礼仪问题,中国全权大臣辩论说:'对礼仪的任何修改'应'等待时机到来时,经过相互讨论之后'作出安排。他们没有谈到关于改组总理衙门的问题。关于该照会的最后一段话,他们要求列强考虑完全撤退驻扎在北京、保定府及通州等地的部队,并确定撤退的日期。他们又说:'各国政府还应把北京、保定府、天津及其他各地的城墙、皇宫附近地方、栈房、谷仓及公共机构交还给他们。'"①

如果把"条款说帖"同历次电旨、内外臣工条陈对比研究,就不难发现李鸿章、奕劻对《议和大纲》的态度,和清廷以及荣禄、张之洞所坚持的"大纲固不能改,细目必当切商"的原则是一致的,李鸿章、奕劻基本上接受清廷和荣禄、张之洞对《议和大纲》细目所提出的修改意见,只是对下列问题持有异议:惩办"祸首",清廷和荣禄主张从轻,李鸿章、奕劻坚持从严;削平大沽炮台,荣禄希望撤去炮位、兵丁,而仍留空炮台,李鸿章、奕劻赞成平毁,认为"门户之防,本不可靠,……似仍以自强为善为要";"遵奉内廷谕旨"一语,清廷和张之洞力主删去,李鸿章、奕劻认为"各使围困日久,但借此空文泄愤,当面并未挑

---

① 《英国蓝皮书有关义和团运动资料选译》,第405、403—404页。

过,我若于字句间求之,未免自生枝节。"①

清廷在批准《议和大纲》之后,要求列强早日撤军,而列强则扬言"惩祸、赔偿两事不妥,必不撤兵。"因而"惩祸"和"赔偿"就成为中外各方争论的焦点。同炮制《议和大纲》一样,关于"惩祸"和"赔偿"问题,列强也是先由自己商定,然后再通过奕劻、李鸿章胁迫清廷照办。

英国公使萨道义供认,列强所以坚持严惩"祸首","部分是报复性的,部分是作为今后的一种保证,因为它警告其他的人避免类似的过错。"②所谓"警告其他的人",首先是警告慈禧一伙,使其震慑于列强的淫威之下,甘心充当驯服工具。奕劻、李鸿章深知"如此重案,若不戮一人,无以持情法之平",因而于1月3日建议清廷赐载勋自尽,将载漪"发往新疆监禁,永不释回",董福祥"先予严处,罪名留为后图",英年、载澜革职遣戍,赵舒翘革职,毓贤正法,刚毅"追夺官职",李秉衡"撤销恤典","以上各节,拟请先行明降谕旨",以便在会谈时"据以宣示"。清廷犹豫不决,1月27日密谕奕劻、李鸿章,表示对董福祥"断无从轻之理",但因他掌握着军队,在陕甘两省汉回兵民中有一定威望,"若办理稍涉操切","深恐一时哄动,骤成巨祸","现拟发谕旨,只含而不露,至革职为止",以后如何严惩,再作定夺。令将此意转告各国公使,以消除其疑虑。2月3日奕劻、李鸿章与各国公使在英国公使馆举行会谈,讨论惩办"祸首"问题。李鸿章、奕劻要求坚持"分别重轻,尽法严惩"和"懿亲不加重刑"的两项原则,遭到各国公使的拒绝。德国公使穆默指出"1861年皇帝的一位近亲被判处了死刑"。奕劻答复说:"那个亲王是一名叛逆,而且是叛乱的教唆犯,因此他应当受到比端王更严重的惩罚"。奕劻、李鸿章还把他们在1月3日奏报清廷的关于惩处载勋等人建议方案正式提了出来,"希望各国使节不坚持较中国全权大臣现在所建议的更为严厉的刑罚"。会谈三小时,各国公使"强词夺理,毫不为动"。2月8日各国公使两次照会奕劻、李鸿章,一面要求严惩"祸首":载勋赐令自尽,载漪、载澜应定斩监候,董福祥先夺军权、日后严惩,其余列名诸人一概斩决;一面要求为"惨罹大辟"的徐用仪、许景澄、袁昶、联元、立山等5人"开复原官,以示昭雪抵偿之意"。在列强的要挟

---

① 李鸿章:《寄西安行在军机处》,《李文忠公全书》,电稿,卷30,第23页。
② 《英国蓝皮书有关义和团运动资料选译》,第425页。

下,清廷于 2 月 13、14 日连发上谕,宣布加重惩办"祸首",照奕劻、李鸿章所请,载勋赐自尽,载漪、载澜新疆监禁,毓贤正法,董福祥革职缓办,唯英年、赵舒翘加恩定斩监候,启秀、徐承煜先革职查明实据再予重惩,并开复徐用仪等 5 人原官;强调"固邦交,保疆土",厚颜无耻地表示将"量中华之物力,结与国之欢心",充当帝国主义的奴才。但是,各国公使对于惩办"祸首"的"上谕"仍甚不满,瓦德西扬言将调兵出京攻击。这使李鸿章"陷于十分惊恐之状"。2 月 17 日李鸿章、奕劻危词电奏,声称"看此情景,现存诸人,非照前次照会所索办法,断难止其西行","姑息数人,坐令宗社危亡,殊为不值。"第二天,清廷鉴于列强"要挟甚迫",不得不曲徇所请,电谕奕劻、李鸿章,表示"现存诸人,即照前次(各国)照会办理,实因宗社民生为重,当可止兵,不至再生枝节。"并定于 21 日降旨,24 日惩办。唯要求将启秀、徐承煜"索回自行正法","已死诸人不再追究"。清廷此举,使各国公使"完全满意"。瓦德西供认:扬言调兵出京攻击的目的在于"压迫威吓"清廷,并为这次军事讹诈的成功而颇感欣慰,说什么"此次事件经过之速"证明,"凡与华人谈判,若欲得到胜利,必须具有威力,而且示以行使该项威力毫无顾忌之决心方可。"

惩办"祸首"问题基本确定以后,赔款便成了中心议题。列强都想乘机榨取中国人民的脂膏,大发横财,其中以在华商业利益较少的俄、德、法为尤甚,而在华拥有较多经济利益的英、美、日则一面进行勒索,一面又主张将赔款保持在一定限度之内,以免过分削弱中国市场的购买力,损害自身在华的贸易和经济利益。他们基于各自利益的考虑,围绕赔款总额、赔偿办法、提高关税税率等问题,进行了钩心斗角的争斗。与此同时,清朝统治层中也发生了激烈争吵。4 月 19 日张之洞电告清廷和全权大臣:据驻英、美、日公使探报,赔款总数约需五万万两,商议减少恐怕不易,"唯盼分年免利,作保不刻,则中国尚有生机"。奕劻、李鸿章对"免利"之说,不以为然,复电叫板:"偿款免利,此间万做不到,公或可设法。"就在 4 月 19 日这一天,法、德、英、日公使在德国使馆约见清方襄办和议的徐寿明、那桐、周馥,讨论赔偿抵款,提出赔款总数为 4 亿 5千万两,加利摊还,约岁偿 3 千万,30 年还清,并询问盐课、常税、漕折、土药和开办印花税、房捐等事。直到 5 月 2 日奕劻、李鸿章才将这一重要信息通报清廷,并请"敕下户部及各督抚力顾大局,通盘彻筹,以解倒悬之急。"清廷认为赔款"数巨期迫,不免棘手",要求"减少银数,宽展年限",主张"将各海关半税一项全行作抵"，以免"牵涉钱漕、盐课、常税、厘金，致侵我自有权利"。但是户部却鉴于"各海关洋税历经借抵各项洋款无余"的现实，断言"不得已只好将盐课、盐厘、漕析、漕项及各关常税全数备抵"。奕劻、李鸿章也声言海关洋税"早已抵去，现欲再抵赔款，断办不到"。如果"盐漕常税，一概不准牵涉，此外更无款可筹"。张之洞则支持清廷的意见，断言倘若允许"以盐课、盐厘、漕折、常税作抵"，势必造成"财用枯竭，兵哗盗起，中国将自乱矣"的结局。他认为此时必须"另筹新款，以应新债，一面筹款，一面令全权与各国切商减数展期之法。"刘坤一主张以"切商各使减数展期摊还"为"要义"，等到"赔数年限定后，先以海关药厘及加税指抵"，如果加税尚难仓猝作为抵款，就改用"漕折漕项常税尚无大碍"，但"盐课厘则断不可抵"。清廷赞赏张之洞，刘坤一的见解，于5月10日电示李鸿章："现议偿款，以减数、宽期、加税为要著"。就在这一天，奕劻、李鸿章电告军机处，说昨天接到各国公使照会，通报赔款共索银四万万五千万两上下，"请声明承认此数，并指明如何拟筹理财办法，清还欠款。"他们认为"赔款以速定为妙。"听说各国公使"已拟定息银照加一倍，共须九万万两，为数甚大，另筹理财新法，断难济急。"他们主张"以盐课厘每年银一千万、常税三百万、厘金二百万，共一千五百万两，分三十年还清，不提加息"，并"将洋商货税酌加三分之一"，至于减少赔款数额问题，准备"竭力商酌，肯允与否，实无把握。"他们表示："尊处如以为然，拟即照复商办"。奕劻、李鸿章所拟办法，受到张之洞、刘坤一的猛烈抨击。张之洞表示"不胜骇异"，"全权似有成见，所拟实非所计。"刘坤一认为"全权办法，殊难索解。"他们指出："全权所拟办法，于减数展期二节，均未办到"；"本息分两次说，有何益处！"；税厘尽人人手，"现款已尽，加税无多，中国如何能支，如何能存！"；加税一事，为何限定"以三分之一与商？"，并且未提商议"按镑加征之法"。张之洞还支持袁世凯提出的通过加抽人丁税筹措新款，以应新债的主张。清廷基本赞同张、刘两人的看法，饬令奕劻、李鸿章暂缓照复各国公使，应"先议减数，力与磋磨，仍须留索加息银地步"，倘若三十年之限不能展宽，即"请加镑价，酌量加税，及印花税房捐等项继续筹办。"至于"盐务抵偿既多窒碍，请先将漕折、常税、土药、厘金等款指抵，如不足数再于盐务内拨款补足较妥。"加抽人丁税亦是筹款之一法。但是言教谆谆，听者藐藐。奕劻、李鸿章顽固地坚持己见，既未经清廷同意，擅自于5月11日将日前拍给军机处电报中所拟办法照会各国公使,又频繁致电军机处,危言恫吓,说什么"若游移不允,至秋后撤兵,须多赔一百余兆,而回銮更难定期,关系甚重。至加税作抵一层,现在万办不到。"胁迫清廷"勿为浮言所惑","立赐宸断核准"。5月28日清廷妥协,电谕奕劻、李鸿章:"各国偿款四百五十兆,四厘息,应准照办。"①至此赔款数目和利息终于确定,唯有赔款期限、抵押问题仍然意见纷纭。各国公使先后主张以三十年或四十四年为期,以盐课厘金土货税作抵。张之洞、刘坤一建议分为三十六年,以食盐加价或漕折作为每年增付赔款之抵押。李鸿章则力主以四十年为期,以新关进款和盐课等作抵。清廷权衡利弊,采纳了李鸿章的意见。

李鸿章在与列强议和的同时,还与俄国就东北问题进行了单独会谈。

俄军侵占东北后,俄国本想一举兼并而使之变为"黄俄罗斯"。但是,由于受到东北人民的坚决抵抗和害怕引起英、日等国的强烈反对,迫使俄国决定在形式上暂时保留清朝地方政权,实际上则由俄国实行军事占领,作为公开兼并的第一步。1900年11月8日旅大地区俄国军事长官阿历克谢耶夫胁迫盛京将军增祺的代表、已革道员周冕草签《奉天交地暂且章程》九条,其主要内容是:俄兵驻扎盛京及其他各地;华兵"一律撤散,收缴军械";俄国派员驻盛京,预闻要公;中国驻扎巡捕马、步各队,人数多寡另行酌定。这个章程"明显破坏了中华帝国的'独立'和中国中央政府的主权"②。11月30日阿历克谢耶夫以此系"暂且章程",以后尚可"再行商议酌定"为由,诱骗增祺签字。《奉天交地暂且章程》签订后,俄国外交、财政、陆军三大臣炮制了《俄国政府监理满洲之原则》,它除了包括《暂且章程》的主要内容外,还规定东三省铁路的经营和铁路设置的护路队,由财政大臣监督统辖等等。这个"监理原则"经沙皇尼古拉二世批准后,俄国政府就积极诱骗清政府进行所谓撤军交地谈判,企图弄到一张正式文据,以便使其非法侵占东北的行径披上合法的外衣。俄国政府担心在北京会商难以保密,极易受到其他列强的干预,因而要求清政府任命驻俄公使杨儒为全权大臣,在彼得堡举行谈判。俄国驻华公使格尔思唆使李鸿章上书,劝诱清廷就范。李鸿章致电军机处,援引从前曾派曾纪泽赴俄商办"交收伊犁一案",强调既有先例而"今东三省关系更为重要,此事应由俄外、

---

① 《军机处致全权大臣奕劻李鸿章电旨》,《义和团档案史料》,下册,第1159页。
② 罗曼诺夫:《俄国在满洲》,第233页。

户、兵三部主持,自宜在俄商定为妥。"杨儒"洞悉时势,其各部推诚联络,情形最熟",是与俄国谈判的最佳人选,请"授以全权大臣重任"。1901 年 1 月 2 日清廷在不知道《奉天交地暂且章程》的情况下,接受俄国的要求,任命杨儒为全权代表,并令杨儒在谈判中随时同奕劻、李鸿章商议。

1901 年 1 月 3 日伦敦《泰晤士报》披露了《暂且章程》,引起各方强烈反响。杨儒认为此事"流弊无穷","东省不失为失"。清廷饬令杨儒"废暂约,立正约。"英、日因俄国吞并东北于己不利,一面向俄国提出质询,一面警告清廷切勿屈就。日本公使小村寿太郎威胁李鸿章说:俄国将东北"名虽交还,实同占据。""若东省阴为俄有,英必占长江,德必据山东,日本亦不得不起而争利。"李鸿章深感不妙,立即电告杨儒:"尊处与户、外部开议时,不妨据此舐之,或可发其阴谋"①。俄国因在外交上陷入困境,不得不搁置《暂且章程》,同意"商谈正约"。

2 月 16 日俄国正式提出书面约稿 12 条,其要点是:俄国允许将东北全行交还中国,吏治一切照旧;俄驻军东北,直至"地方平靖"及清政府履行条约之日为止;中国"于路工未竣及开行以前",不在东北驻军,只设马步巡捕,人数与俄方商定;中国"将军大员办事不合邦交,经俄声诉,即予革职";"中国北境水陆师,不用他国人训练";中俄边界的满洲、蒙古及新疆塔尔巴哈台、伊犁、喀什噶尔、叶尔羌、和阗、于阗等处"矿路及他项利益,非俄允许,不得让与他国或他国人,非俄允许,中国不得自行造路,除牛庄外,不准将地租与他国";从中东铁路干线或支线造一条铁路直通北京以及由中国与中东铁路公司商定铁路损失"以他项利益作抵"等②。这个约稿比之《暂且章程》,对中国的危害程度要严重得多。它不仅要攫取中国东北的"兵权、利权、派官之权",而且阴谋将蒙古、新疆以及整个中国北方划为其势力范围。

俄国约稿透露后,中外哗然。日、英、美等国公使先后会晤李鸿章,代表各自政府表示严重关切,声称"公约未定以前,中国不得与他国立约,若让某国土地、财政之权,另立约章,恐他国效尤"。张之洞、刘坤一联衔电奏,指出倘若与俄立约,势必导致"各国群起而争,中国断难自全,反复筹计,与其坐以待

---

① 李鸿章:《寄彼得堡杨使》,《李文忠公全书》,电稿,卷 30,第 35 页。
② 杨儒:《中俄会商交收东三省电报汇钞》,第 27—28 页。

亡,孰若坚与相持,一国要挟与各国要挟,轻重悬殊",因而务请力拒俄约,与各国从长密议。慑于中外反对声浪,清廷电谕奕劻、李鸿章"统筹全局,悉心擘画","既不可激俄廷之怒,亦不可动各国之愤"①。而俄国则把胁迫清廷迅速订约的希望寄托在李鸿章身上,一面通过驻华公使格尔思恐吓李鸿章,声称"中国如听各国谗言,不愿立约,则东三省必永为俄有";一面由华俄道胜银行经理璞科第向李鸿章行贿,声称如果李鸿章促成签约,事后"给他或他受命的某人50万卢布,以示感激"②。李鸿章亲俄,"与俄独密"③,倾向妥协。他既为俄国辩解,说什么俄国"尚无夺我壤地、财政之意",又危言恫吓清廷,声称倘若拒绝立约,俄国对东北的"暂据将成久据",当务之急,在于"熟筹利害,相机因应"④。

俄国为了诱使清廷就范,改换手法,以退为进,对原来的约稿做了一些改动,删去"中国北境水陆师不用他国人训练";将满蒙新疆矿路及其他利益不得让与他国,改为满洲全境矿路及一切工商利益不得让与他国;造铁路通往北京改为通往直隶、满洲交界的长城等,于3月13日由俄国外交大臣拉姆斯道夫作为最后约稿交给杨儒,限定14天内签字,不得更改一字,逾期交还东北一事即作罢论。俄国一面胁迫杨儒签字,一面恫吓李鸿章,格尔思声称外交部训令"逾期不画押,东省永远不还,以后遇事俄亦不能助华"。俄国的蛮横行径,加剧了列强之间的矛盾,激化了清朝统治集团内部的争吵。日本敦促清廷"坚持断勿轻允,如允此约,恐别国亦效尤,以致瓜分之祸"。英国敦促清廷与德、日、美磋商,"候复再画押"。李鸿章认为"刺目处均删除,照允无患"。他企图借助俄国,抵制其他列强,因而主张曲徇其请,签字订约。他的这种态度,甚至受到另一位全权大臣奕劻的非议。奕劻致函荣禄说:

> 唯东三省关系中外大局,前经两次详细缄达,计邀青览。合肥极盼东约早成,以为他事可以迎刃而解。殊不知各国环伺,已有责言,若竟草草画押,必致纷纷效尤。合肥更事之久,谋国之忠,弟夙所钦佩,独中俄定约

---

① 《光绪朝东华录》(八),第4611页。
② 罗曼诺夫:《俄国在满洲》,第260页。
③ 《张翼札》,《荣禄存札》,第48页。
④ 李鸿章:《寄西安行在军机处》,《李文忠公全书》,电稿,卷33,第1页。

一事,不免过有成见。即以近日电奏而论,大都于会衔发电后抄稿送来,弟亦无从置词。其前后电陈不无矛盾,谅在朝廷洞鉴。……唯此事画押与否,关系中国安危,亦何敢随声附和,徇一国而触各国之怒。①

张之洞反对尤烈。他提出急救东北三策:请各国代恳俄国展限画押;将东三省全境对外开放,借各国商力以拒俄;允许各国为中国训练军队,借抵俄路入关。他的主张得到刘坤一、盛宣怀的支持,他们三人联衔电奏,请求对外开放东三省,企图借各国通商互相钳制莫敢先发的均势来维持清朝在东三省的统治。盛宣怀还基于"公义私情"致电李鸿章恳切劝告说:"列邦以恶名加于俄,中外复以庇俄之名加于中堂,后世论者谁能曲谅乎?"②

清廷左右为难,深知"俄约逾限,东省不还,各国效尤;一画押,各国群争,亦难瓦全",因而万分焦虑。3月20日清廷一面饬令盛宣怀转商英国政府,联络美、德、日等国出面干预,迫使俄国延长画押期限;一面向俄国沙皇致送国书,哀求将约稿中有关公约所未涉及的内容删去,并表示一经接到"照允回电,即当饬令杨儒画押。"但是,清廷的努力并未取得预期的成效,俄国断然拒绝展限改约,而英、美、德、日等国既力劝清廷拒签俄约,又无效法三国干涉还辽之意。清廷无计可施,便于3月23日电示奕劻、李鸿章竟然说什么是否在俄约上画押,"唯有请全权定计,朝廷实不能遥断也。"③奕劻、李鸿章据此电告杨儒:"内意已松","即酌量画押,勿误。"④杨儒则坚持"未奉画押之旨,不敢擅专",拒绝签字⑤。3月24日清廷迫于国内外压力,决定拒签俄约,认为"不遽画押,仅只激怒于俄,画则群起效尤分据,其祸尤速",电令杨儒转告俄国除非"展限改妥,无碍公约,不敢遽行画押";同时指示奕劻、李鸿章通知北京各国公使,中国"不敢遽允俄约画押,请先议公约"⑥。俄国阴谋受挫,维特致电李鸿章,声称"从此应绝交,任俄所为,并谕格使以后再议公约,只可凶刚,勿

---

① 《奕劻札》,《荣禄存札》,第12页。
② 《盛宗丞来电》,《李文忠公全书》,电稿,卷33,第12页。
③ 《盛宗丞转西安来电》,《李文忠公全书》,电稿,第34,第5—6页。
④ 《寄彼得堡杨使》,《李文忠公全书》,电稿,卷34,第4页。
⑤ 《盛宗丞转彼得堡杨使来电》,《李文忠公全书》,卷34,第12页。
⑥ 《盛宗丞转西安来电》,《李文忠公全书》,电稿,卷34,第16页。

谓作梗"。面对清廷拒签俄约和俄国威胁恫吓,李鸿章"竟至举止改常",一连数日郁郁寡欢①。他不满清廷决策,担心俄国报复,特于 3 月 31 日致电吴赫托姆斯基诉说苦衷,乞求谅解:"各国多方恐吓,中外大臣多信其言,我虽屡奏催,孤掌难鸣,望密劝大皇帝宽宏大度,仍守不占中国土地原议,俟公约定后,再行画押。"②4 月 6 日俄国政府发表声明,宣布交收东三省的谈判暂停,等清政府稳定后再继续举行。由于拒签俄约并没有引起大祸,致使"举止改常"的李鸿章"心始释然"③。

中俄关于交收东三省的谈判停顿三个多月,7 月初清廷接受刘坤一的建议,饬令奕劻、李鸿章照会北京领袖公使,以公议迫使俄国撤军。李鸿章在给清廷的复电中,乘机发泄对刘坤一、张之洞以前阻签俄约的不满情绪,声称"江鄂督为日本所愚,力阻画押,今忽为商撤俄队之说,甚非情理。"刘坤一、张之洞看到"江鄂督为日本所愚"字样,十分恼火,联衔会奏申辩,指责李鸿章,"偏执己见","全权大臣为俄人所愚",坚请以公议促俄撤军。清廷认为李鸿章与刘、张之间"彼此积疑,负气争论",有害"国事",因而降谕调停:"平心而论,李鸿章身处其难,原多委曲,然时有不受商量之失;刘坤一、张之洞虑事固深,而发言太易,亦未免责人无已。"希望他们"捐除意见",和衷共济。清廷虽然力图调和李与刘、张的意气之争,但在政见上却支持刘、张的主张,指示李鸿章与俄使商定前约,并请各国公议,允许各国在东三省通商,企图借各国通商互相钳制莫敢先发的均势来维持清朝在东三省的统治。李鸿章坚持己见,赞成与俄国重开谈判,但却拒绝各国公议之说。当时,正值英、日筹议建立反俄同盟,日本国内反俄情绪日益高涨,日本陆军积极备战。俄国由于尚未做好反日作战准备,倾向对日妥协,从东北部分撤军。8 月 11 日格尔思派员会见李鸿章,提出商订交还东三省的三项先决条件,即俄国有议论东三省之权,画押之先不使他国预知,不听他国指使。俄国的目的在于阻止英、日等国的干预,迫使清廷接受原约。李鸿章表示"此须请旨遵行",并要求"酌量删改"原约。清廷认为俄国的三项先决条件,"实有难行",指示李鸿章"与俄使婉切商办"改约,"唯必须不夺我兵权及地方自主之权方为妥协"。李鸿章不以为然,复

---

① 《张翼札》,《荣禄存札》,第 48 页。
② 李鸿章:《复彼得堡吴克托》,《李文忠公全书》,电稿,卷 34,第 29 页。
③ 《张翼扎》,《荣禄存札》,第 48 页。

电声称"不夺我兵权及地方自主之权,议约时自当力争",但"倘照来谕婉切商办,恐至百年亦不能妥定约章,东省将永远不还矣。""事体关系重大","实无法与商"①。

就在中俄谈判陷于停顿之际,公约谈判已近尾声。8月23日奕劻、李鸿章奏称日本公使小村寿太郎转达美国公使柔克义之意,"和议总结条款,各使俱已签字,断乎不能更改","如画押能速",京城洋兵于画押后五日内可全撤,直隶洋兵除留护畅道数处外,十日左右亦可撤尽。"如画押迟延,则蓄谋之国有所借口,伊等实愧莫能助"。他们请求"立准画押,以保大局。否则恐别生枝节,一国悔议,各国效尤,后患何堪设想。"8月27日清廷电谕奕劻、李鸿章:"公约业已定议",即行"画押"②。9月7日奕劻、李鸿章代表清政府正式签订《最后议定书》,即《辛丑条约》。这个条约除正约外还有19个附件,主要内容为:中国赔款银4亿5千万两,分39年还清,年息4厘,本息折合共达9亿8千多万两,以海关税、常关税和盐税作抵押;将东交民巷划为使馆区,界内由各国驻兵管理,禁止中国人居住;拆毁大沽炮台及有碍京师至海通道的各炮台,外国军队驻扎北京和从北京至山海关沿线的12处要地用卡;惩办祸首诸臣;永远禁止中国人成立或参加"与诸国仇视"的各种组织,违旨处死,各省官员对辖境内发生的"伤害诸国人民"的事件,必须立刻镇压,否则即行革职,永不叙用;外国人"遇害被虐"各城镇停止文武科考5年;按照外国的意愿修改通商行船条约;改总理衙门为外务部,班列六部之前。

《辛丑条约》是帝国主义列强套在中国人民身上的一副极为沉重的枷锁,也是清政府给自己立下的一纸卖身契。它既在实际上加强了帝国主义对中国的统治,又在形式上保持了清政府的权位,从而标志着中国最终确立了半殖民地统治秩序。李鸿章作为清政府议和全权大臣,是签订这一丧权辱国条约的决策者之一和主要执行人,对于中国的沉沦负有不可推卸的罪责,并因此而博得列强和清廷的青睐。9月22日李鸿章上《和议会同画押折》,总结议和订约,其中有一段画龙点睛的话:

---

① 李鸿章:《寄西安行在军机处》,《李文忠公全书》,电稿,卷40,第5页。
② 《军机处致全权大臣奕劻李鸿章电信》,《义和团档案史料》,下册,第1298页。

臣等伏查近数十年内,每有一次构衅,必多一次吃亏。上年事变之来尤为仓猝,创深痛钜,薄海惊心。今议和已成,大局少定,仍望朝廷坚持定见,外修和好,内图富强,或可渐有转机,譬诸多病之人,善自医调,犹恐或伤元气,若再好勇斗狠,必有性命之忧矣。①

李鸿章以衰年而膺艰巨,忧郁积劳,时病时愈,几以为常。9 月 5 日又伤风感冒,"鼻塞声重,精神困倦。"9 月 7 日不遵医嘱,力疾前往西班牙公使馆,在《辛丑条约》上签字,返回寓所后,"寒热间作,痰咳不支,饮食不进,益觉委顿难堪。"清廷闻讯,赞许李鸿章"力疾从公"、"忠爱性成","著赏假二十日,安心调理,期早就痊"。李鸿章经过两旬静养,"诸病痊愈",虽然身体软弱,"尚可力疾从公",因而于 10 月 3 日奏报销假。李鸿章病情一经好转,就立即与俄国恢复谈判。俄国为了避免列强干涉,玩弄花招,要求在中俄两国政府间订立撤军条款,在中国政府与华俄道胜银行间订立"私方"协定,将东三省路矿及其他利益全部让归华俄道胜银行。10 月 10 日华俄道胜银行驻北京代表波兹德涅耶夫向李鸿章提出银行协定草案,坚持先订银行协定,然后再订撤军条约。李鸿章看了这个银行协定草案后,"大发雷霆",宣称:"协定把满洲全境交给银行支配",这"无疑会引起别国人的抗议","他从来不敢对这种协定承担责任","他只能就矿产资源的租让权进行谈判"②。10 月 14 日维特因不满李鸿章的所谓"口是心非的行动方式",特地电告波兹德涅耶夫:如果李鸿章不老老实实地"在最近数日"签订协定,就"分文不给他"③。10 月 30 日李鸿章到俄国使馆议事,俄使对之竭尽恫吓胁迫之能事,归后"呕血碗许",从此病情恶化,经西医诊断,系"胃家小血管挣破",即胃出血。11 月 6 日清廷发布谕旨,说李鸿章"为国宣劳,忧勤致疾,著赏假十日,安心调理,以期早日就痊,俟大局全定,荣膺懋赏,有厚望焉。"不料李鸿章一病不起,未及"荣膺懋赏",就于 11 月 7 日离开了人世。遗折有云:

> 伏念臣受知最早,荣恩最深,每念时局艰危,不敢自称衰痛;唯冀稍延

---

① 《李文忠公全书》,奏稿,卷 80,第 69 页。

② 罗曼诺夫:《俄国在满洲》,第 277 页。

③ 罗曼诺夫:《俄国在满洲》,第 282 页。

余息,重睹中兴,赍志以终,殁身难瞑。现值京师初复,銮辂未归。和议新成,东事尚棘,根本至计,处处可虞。窃念多难兴邦,殷忧启圣。伏读迭次谕旨,举行新政,力图自强。庆亲王等皆臣久经共事之人,此次复同更患难,定能一心勰力,翼赞谟谋,臣在九泉,庶无遗憾。①

据李鸿章弥留之际在场的周馥忆述:"公临终时,两目炯炯不瞑。余抚之曰:'未了事,我辈可了,请公放心去。'目乃瞑,犹流涕,口动欲语,公伤也!"②故周氏在感怀李鸿章诗中有"临终犹忆泪珠悬"句。据说,李鸿章死前惓念危局,还老泪纵横地吟成一诗:"劳劳车马未离鞍,临事方知一死难。三百年来伤国步,八千里外吊民残。秋风宝剑孤臣泪,落日旌旗大将坛。海外尘氛犹未息,请君莫作等闲看。"③忧思惶恐,悲凉凄怆,令人感叹!

李鸿章病危和逝世之时,慈禧正在回銮道经河南的途中。据随驾的吴永记述,慈禧在得到李鸿章病危的奏报后,"甚为厪念","为之流涕",说什么"大局未定,倘有不测,这如此重荷,更有何人分担。"次日,传来李鸿章逝世的消息,慈禧"震悼失次"。随扈人员,"无不拥顾错愕,如梁倾栋折,骤失倚恃者。"吴永感慨系之,评论说:"至此等关键,乃始知大臣元老为国家安危之分量。"④李鸿章之死,在当时朝野引起强烈震动是可想而知的。无论如何,他是一个与晚清王朝的脉搏和命运息息相关了几十年的风云人物,又刚刚完成了一项被统治者视为"玄黄再造之功"的特殊使命,而宣明要"量中华之物力,结与国之欢心"的清廷,方驾起"新政"的马车,仍然需要李鸿章这位谙于"外须和戎,内须变法"之道的洋务大师执鞭作驭。但就在这个时候,李鸿章无可挽回地死去了,在苟延残喘的清王朝的祭坛上,留下了莫大的遗憾和优渥的褒扬。清廷特旨予谥文忠,追赠太傅,晋封一等侯爵,入祀贤良祠,原籍及"立功"省建立专祠,并将生平战功政绩,宣付国史馆立传,伊子李经述承袭一等侯爵。随后又批准在京师建立专祠,列入祀典,由地方官春秋致祭。这是有清一代汉族官僚向所未有的恩典殊荣,李鸿章却因在庚子议和中竭力维护慈禧地位而在身

---

① 五彦威辑,王亮编:《西巡大事记》,卷11,第12页。
② 《周悫慎公自订年谱》,卷下,第3页。
③ 高拜石:《南湖录忆》,第332页。
④ 吴永:《庚子西狩丛谈》,卷4,第105—106页。

后获得之。1903 年李鸿章被安葬于合肥东乡大兴集夏小影。这位在风云变幻的政治舞台上活跃了长达半个世纪之久的所谓"中兴元老"，就这样永远地离开了人间，消逝在历史的长河中。梁启超在获悉李鸿章死讯后，怀着敬其才、惜其识、悲其遇的复杂心情，撰成一挽联云：

太息斯人去，萧条徐泗空，莽莽长淮，起陆龙蛇安在也？
回首山河非，只有夕阳好，哀哀浩劫，归辽神鹤竟何之。①

李鸿章当政期间，曾经通过各种途径聚集了一笔可观的财富。梁启超说："世人竞传李鸿章富甲天下，此其事殆不足信，大约数百万金之产业，意中事也。"②其实，这也是揣测之辞，并无可靠证据。1904 年 4 月李鸿章直系子孙在分家时，曾订有一份遗产分配"合同"。美国学者福尔索姆在李经迈的儿子李国超处见到过这份"合同"，并征得主人的同意，将其收入自己的专著中。现从英文迻译如下：

合　　同

（一）庄田 12 块、坟田 1 块、堰堤 1 道，安徽桐城县城内产业 4 处，另加省城安庆房地产 14 处，均留作李鸿章发妻周氏祠堂开销之用。由经方经管。

（二）合肥县撮城庄田 1 处，留作祭祀葬于该处之李鸿章两妾及经方发妻开销之用。由经方经管。

（三）合肥县庄田两处，为经述之祭田（他葬在其中 1 处），由经述之子国杰经管。

（四）合肥县田产两处，庄田 3 处，坟地 1 处，留与经迈为其殁后之祭田及墓地，由经迈本人经管。

（五）李鸿章在合肥县、巢县、六安州、霍山县之其余田产及其在庐州

---

① 《饮冰室文集》，卷 40，第 62 页。
② 《饮冰室文集》，卷 40，第 66 页。

府、巢县、柘皋村、六安州及霍山县之房产，均为李鸿章祭田及恒产。上述田产房产永不分割、抵押或出售，其岁入用于祭祀和维修庐州府城祠堂之外，所余部分用于扩置房地产。由国杰经管。

（六）合同签订之日起10年后，若李鸿章祭田及恒产岁入逾2万担，除上述开销外，所有盈余部分由三位继承人平分，本规定永不变更。

（七）合肥县东乡李文安之墓地及祭田继续保留，不得分割、抵押或出售。

（八）上海一价值4万5千两白银之中西合璧式房产出售，其中2万两用于上海李氏祠堂之开销，其余2万5千两用于在上海外国租界买地建屋，该幢房屋应为三位继承人之公有居处，归三人共同拥有、共同管理。

（九）江苏扬州府一当铺之收入用于省城江宁李鸿章祠堂之开销。

（十）分别位于江宁（南京）、扬州之两处房产出售，卖房所得用于扩建上海之公有居处。

（十一）根据李鸿章生前指示，江宁学馆分与国杰作宅邸，扬州一处房产分与经迈作宅邸。①

这份分家"合同"，不包括金银财宝等动产，只涉及分布在安徽和江苏两省的土地、房屋和1处当铺等不动产，加之没有注明这些不动产的规模、价值，因而无法估计李鸿章遗产的总值。不过，从这份"合同"也可以看出，李鸿章虽然称不上"富甲天下"，但无疑是一位"相当富有的人"。

---

① ［美］K.E.福尔索姆著、刘悦斌等译：《朋友·客人·同事：晚清的幕府制度》，第99—100页。

十 "横看成岭侧成峰"

"青史凭谁论是非"

李鸿章及其生活的时代,早已成为历史的陈迹。"青史凭谁论是非?"李鸿章是一位非常复杂而又众说纷纭的历史人物,扮演角色与时俱新,所言所行斑驳陆离,犹如一座层峦叠嶂的高山,"横看成岭侧成峰,远近高低各不同。"评判李鸿章的功过是非和历史定位,应该"以公平之心,远大之眼光","防止情绪支配自己",从当时的社会历史条件出发,以考订精翔的历史事实为依据,多层次多角度地考察其一生全部活动在历史上所起的作用及其作用之大小,是促进生产力的发展和社会的进步,还是束缚生产力的发展和阻碍社会的前进? 既不要溢美,又不要贬损,溢美违背历史真实,因义愤而贬损不能推进科学;"勿爱其长而因护其短,勿恨其过而没其功","为万世存正论","彰善瘅恶",以其"善""示后",以其"恶""诫世"。

过渡时代过渡性人物

李鸿章"少年科第,壮年戎马,中年封疆,晚年洋务,一路扶摇",在晚清政坛上纵横驰骋半个多世纪。梁启超评价李鸿章"是为时势所造之英雄,非造时势之英雄"。李鸿章虽然难以承载"英雄"桂冠,但为"时务所造"和影响"时务"进程却是不争的事实。李鸿章活跃于政治舞台之日,正值晚清社会从传统向近代、从独立国向半殖民地演化的过渡时代。李鸿章适逢其会,成为"崛起于新旧两界线之中心的过渡时代"的过渡性人物。时代造就了李鸿章,而李鸿章也以自己的言行在绚丽多彩的时代画卷上深深地打上了个人的印记。

李鸿章人生旅途，跨越道、咸、同、光四朝，出将入相，"坐镇北洋，遥执朝政"，涉及晚清几乎所有重大历史事件。他身为清朝"柱石重臣"，植根于封建主义而又倾向资本主义，忠实于传统营垒而又颇具改革精神，所言所行，往往新旧纷呈，中西杂糅，内则"开拓"与"因循"、外则抗争与妥协并存，因而有些顺乎时代潮流，有些阻挡历史车轮。

用农民鲜血染红顶子

李鸿章以儒生起家军旅，凭借编练淮军镇压太平天国、"削平大难"而"早膺疆寄，晋赞纶扉"。太平天国运动是"四海变秋气"的封建衰世的农民群众，企图用火和剑来变革现存的压在他们头上的清朝统治秩序，把"通天下皆一式"的地上天国在现世、在中国建立起来。尽管他们所憧憬的"通天下皆一式"的地上天国实际上只能给他们套上一副带有光环的封建枷锁，但他们反对"鹰鹯遍野、豺狼噬人"、内则残民以逞、外则丧权辱国的清朝统治，无疑是顺乎时代潮流的正义之举。李鸿章维护腐朽的清朝统治，镇压太平天国，用农民鲜血染红顶子，自然是逆时代潮流而动，罪不可赦，但为此而引进西方先进的军事装备、养兵练兵之法和以机器生产为特征的军火工业，却揭开了洋务运动的序幕。

推动中国社会从传统向近代转轨

李鸿章堪称洋务运动的首脑和旗帜。洋务运动是时代的产物，是对外国殖民侵略和世界近代化浪潮冲击所做出的积极回应，是中西文化撞击和交融的初步结果。与同时代的洋务官员相比，李鸿章不仅对中外形势和中国出路的远见卓识无出其右者，而且采用西法、举办洋务新政数量之多、成效之大也无人能望其项背。他清醒地认识到中国处于"数千年未有之变局"，遇到"数千年未有之强敌",大清帝国"厝火积薪,可危实甚","识时务者当知所变计耳",绝不应昏睡于"天朝上国"的迷梦而抱残守阙,不思振作,必须向西方学习,举办洋务新政,以求清朝统治的"自强"、"自立"。他面对"人君""以守法为心传"、"人臣"则"以守法取容悦"、朝野上下"以守法为兢兢,即败亡灭绝而不悔"的现实,斥守旧而不避"人君",为"自强"而力倡变法,主张以儒家伦常名教为原本,辅之以西方富强之术。他力主把"修明前圣制度"和学习"外人所长"结合起来。所谓"修明前圣制度",就是"变法度必先易官制",改善封建政治制度。所谓学习"外人所长",就是引进属于西方"物质文明"的军事装备、机器生产和科学技术,企图借用西方资本主义甲胄以保护清朝封建主义的躯体。排除仿效西方"政治文明"的资产阶级民主制度,热衷于引进西方"物质文明",虽然不可能使中国摆脱传统的农业社会,实现资本主义近代化,但却导致封建体制的破裂和资本主义的萌生,从而使中国社会在从传统向近代转轨的路途上迈出了第一步。

促进中国向半殖民地沉沦

李鸿章曾长期跻身于晚清"外交第一冲要",时人称之谓"一生功过在和戎"。外交的成败,取决于综合国力的强弱和外交政策的正误。当时李鸿章面临着"如日中天"的资本主义列强肆意侵凌"将萎之华"的封建中国的严酷现实,中国这个"世界上最古老国家的腐朽的半文明制度",几乎落后于列强"文明制度"整整一个历史时代。就综合国力即军事、经济和政治组织力而言,中国远逊于列强,因而清王朝的声威一遇到列强的枪炮就扫地以尽,"天朝帝国万世长存的迷信受到了致命的打击。"李鸿章有鉴于此,明确指出:中外实力相距悬殊,列强之"军械强于我,技艺精于我",中国无法决胜于疆场,"即暂胜必终败",因而对列强不可轻言战争,而应以"羁縻"之策谋求"中外相安"之局。所谓"羁縻",就是用儒家的道德规范即孔子"忠信笃敬"四字方针进行"笼络"。在应对列强侵凌时,始则坚守既定的不平等条约,以理折之,进行与虎谋皮式的道德说教,并实施以中国传统的合纵连横理论和西方的均势思想相结合为特征的"以夷制夷"之策;继而不惜在权益上做出某种限度的让步,以期"驯服其性",实现"守疆土保和局"的目标。当然"羁縻"既不是予取予求,任人宰割,又必须以实力为基础。"和局"离不开战备,"明是和局而必阴为战备,庶和可速成而持久。"因为列强"论势不论理",推行强权政治,中国要想"以笔舌胜之",犹如痴人说梦,中国只有不断增强自卫的实力以相抗衡,才能使列强"阴怀疑惧而不敢遽而发难",否则平日必为外人所轻,临事只有拱手听命。李鸿章所以主张"羁縻"之策,目的之一就是想争取并利用和平环境"借法自强",预修战备,以期"确有可以自立之机,然后以战则胜,以守则固,以和则久。"李鸿章推行"和戎"外交,有得有失,而失大于得。他指挥过"以北洋一隅之力搏倭人全国之师"而以失败告终的甲午战争。他亲手与外国签订了一系列条约,其中除了《中日修好条规》、《中秘友好通商条约》等少数平等条约外,其他诸如《马关条约》、《中俄密约》、《辛丑条约》等等均为丧权辱国条约。这些丧权辱国条约标志着中国从独立国向半殖民地沉沦的历史进程。中国对外战争的失败和丧权辱国条约的签订,归根到底,源于社会制度的落后和清朝统治的腐朽。当然,李鸿章也绝难辞其咎。他是以慈禧为首的统治集团的重要成员,丧权辱国外交决策的参与制定者和主要执行人。尽管慈禧是"乾纲独断"者,而他又是迫于国势衰微、列强压力、怀着悲愤、屈辱心情不得已而为之的,但并不能因此而减轻其罪责。

腐朽王朝的忠臣

李鸿章是清王朝的忠臣。他出身于崇尚宋学的官僚地主家庭,自幼受到严格的封建传统教育,从而成长为纲常名教的信徒。在他的心目中,忠君观念根深蒂固,他认为君臣之位不能僭越,疆吏不可"窥测朝廷之迹"。他与清廷互相依存,荣辱与共。他需要依靠清朝皇权维护地主阶级的统治,清廷也需要依靠他"安内攘外",维护清王朝的稳定。他凭借清廷爬上权力顶峰,清廷则把他誉为华夏栋梁,声称"无鸿章,无清朝"。他的悲剧在于既看出清朝统治风雨飘摇,犹如"蔽絮塞漏舟,朽木支广厦,稍一倾覆,遂不可支";又在自己"实力足可除清廷自立有余"时,仍"勤勤恳恳服侍皇室,决不另有他途"。他镇压太平天国、倡导洋务新政、推行"和戎"外交,无一不是为了拯救面临沉没的"漏舟"和倾覆的"广厦"。他形象地把清王朝比为"破屋",自己比作"裱糊匠",宣称"裱糊匠"只会"修葺"而不能改造"破屋",及至"破屋""真相破露,不可收拾","裱糊匠""又何术能负其责?"他为"无力回天"而深长叹息,瞻望前景而茫然若失。

独特的性格风范

李鸿章具有独特的性格风范,而他的性格风范则是其文化素质、心理条件和社会烙印的综合反映。

一曰"拼命作官"。曾国藩戏言李鸿章"拼命作官"。李鸿章"拼命作官"意在争权竞势和扶危定倾。因而他"自壮至老,未尝一日言退";他精通"宦术","好结内援","献媚宫围","固宠求荣";他勇于任事,"不避劳苦,不畏谤言","屈心抑志,忍尤攘诟,以济时艰。"

二曰"不学无术"。梁启超批评李鸿章"不学无术"。李鸿章曾自诩"生平不解空言高论,只知以实心办实事"。不尚空谈,埋头实干,固然是其所长,无可厚非,但是缺乏"真实学问"为根底的"以实心办实事",负重者难以致远,是绝不会收到"旋乾转坤"的实效的。他直到晚年对此才有所省悟。他与曾国藩相比,自惭形秽。他说:

> 我老师道德功业,固不待言,即文章学问,亦自卓绝一世;然读书写字,至老不倦。我却愧一分传受不得,自悔盛年不学,全恃一股虚矫之气,任意胡为,其实没有根底。现在真实学问,已用功不进,只好看看《通鉴》,稍知古人成败之迹,与自己生平行事,互相印证,借以镜其得失,亦尚觉得有点意趣。[1]

三曰"恃才傲物"。弱冠时心高气盛的李鸿章,入仕后"甫四十即封疆,未五旬即宰辅"。随着地位的飙升和权势的膨胀,心态畸变,飘然欲仙。他吹嘘

---

[1]　吴永:《庚子西狩丛谈》,卷4,第111页。

支持大清"天下"者,"舍我其谁"。对同僚倨傲不恭,对部属动辄训斥,对洋人"尤轻悔之"。曾国藩看出李鸿章"近颇傲,非吉兆",特密札劝诫:

> 阁下向与敌以下交接,颇近傲慢,一居高位,则宜时时检点,与外国人相交际,尤宜和顺,不可误认简傲为风骨,风骨者,内足自立,外无所求之谓,非傲慢之谓也。①

但是言者谆谆,听者藐藐,李鸿章依然故我,"自信自大","喜嘲谑,忌者日众"。

四曰"好以利禄驱众"。被时人誉为识时务之大员的李鸿章,虽然出身儒生,但却在"西学"和"变局"的影响下,产生了疏离儒学的倾向。他推崇西方"技艺",非议"孔子不会打洋枪,今不足贵也";注重"治国平天下",漠视"以修身为本";注重事功,漠视为人;张扬功利主义,否定儒家义利观。他直露地说:

> 天下熙熙攘攘,皆为利耳,我无利于人,谁肯助我? 董子"正其谊不谋其利"语,立论太高。②

功利既是李鸿章搏击宦海的动力,又是他驱策部众的工具。他遴选部众"着重于经世致用。凡有谋略而干练,必受到赏识擢拔,文章道德,尚在其次。"③李鸿章以功利为纽带汇成庞大群体,影响了中国历史进程,受到了"好以利禄驱众,志节之士,多不乐为用,缓急莫恃,卒致败误"的责难。

---

① 黄濬:《花随人圣盦摭忆》,第486页。
② 周馥:《负暄闲语》,卷上,第42页。
③ 王尔敏:《淮军志》,第331页。

附　录

李鸿章家世简表

表　一

殿华　字瑞庭，号庆庵（1764—1845）。
　　　妻周氏（1763—1826）。

文昱 字煦和，号晴岚 （1786—1841） 妻葛氏 （1788—1871）	**章民** 字秉旃，吴蒸生 （1809—1861） 妻项氏	经典 经棠 经粹
	章慎 字勉旃，号敬庵 （1813—1879） 妻李氏，侧室陈氏	经熔 经铸 经炼 女三人
	章启 又名承祖 字运旃，号少岚 （1826—1867） 妻项氏	经纬 经济 经祂 经藩（出继） 女一人
	女三人	
文瑜 字鼎和，号芸农 （1793—1854） 妻夏氏 （1791—1847）	**鹤章** 又名章培，字巩旃， 号植之，云卿 （1825—1897） 元配司氏 继配吴氏 侧室王氏、李氏	经笙 经簧 祖荫 经范 经简 照煦 经洁 女七人

411

章锦 ——— 经常
又名承志，字绮㫋， —— 可权
号紫峰 —— 经武
（1831—1895） —— 经维
妻王氏，继配程氏 —— 经法
侧室夏氏 —— 经袭
—— 经政
女一人 —— 女五人

文球 ——— 章蕃 —— 经泽
字鸣和，号桂堂、 又名鹏章，字荫㫋， —— 经桂
玉峰。（1797—1827） 号采臣（1818—1858） —— 经谟
元配储氏（1798—1821） 妻史氏 —— 经传
继配完氏（1799—1867） —— 女一人
女二人

文安 ——— 瀚章 ——————（见表二）
又名文玕，字式和， 鸿章 ——————（见表三）
号玉川、玉泉， 鹤章 ——————（见表四）
别号愚荃（1802—1858） 蕴章 ——————（见表五）
妻李门李氏 凤章 ——————（见表六）
（1800—1882） 昭庆 ——————（见表七）
女二人 —— 女二人

表　二

瀚章　又名章锐,字敏斿,号筱荃、小泉,晚号钝叟(1821—1899)。

　　　元配王氏(1820—1869)

　　　继配罗氏(1836—1872)

　　　侧室孙氏、丁氏、伍氏

```
—— 经畬 ——          —— 国成
字伯雄，号新吾
（1858—1948）
妻薛氏（1857—1908）    —— 女一人

—— 经楚 ——          —— 国式·字玉如（1888—1956）
字仲衡，号佑三，          妻何氏
（1867—1913）        —— 国武
妻薛氏                 字威如（1891—1944）
（1863—1913）         妻张氏（1889—1950）
                     —— 女二人：国奎
                              国华

—— 经滇 ——          —— 国炽
字叔云，号希逊、           字孟昌、昌伯（1897—1927）
赤阑。（1875—1920）      元配刘氏，继配薛氏。
元配蒯氏                —— 国斌
（1874—1893）         —— 国珹（出继胞叔经淮）
继配朱氏、叶氏            —— 女六人

—— 经湘 ——          —— 国溶
字季于（1878—1966）     —— 女四人
妻薛氏（1877—1932）
```

```
┌──── 经沅  字芷香（1880—1934）
│
│    妻吴氏（1879—1898）
│
├──── 经澧  字汇东（1881—1922）
│
│    妻陈氏
│
├──── 经沣 ──────┬──── 国光
│    原名经江，字问岷，  │
│    号听香（1881—1934）│
│    元配吴氏（1879—1917）│
│    继配诸氏（1895—1986）└──── 女二人：国泰
│                            国邠
│
├──── 经湖 ──────────── 国威
│    字凯卿（1883—1906）  字吉如、康伯（1906—  ）
│    妻黄氏（1881—1922）  妻朱氏
│
├──── 经淮 ──────────── 国城
│    原名经泚，字禹生      号任仲
│    （1885—1904）
│    妻潘氏
│
├──── 经粤 ──────────── 国轼
│    原名经广，字益堂（1894—1952）
│    妻朱氏（1894—1930）
│
├──── 经淦
│    字申甫（1899—1920）
│
└──── 女十人
```

表　三

鸿章　又名章铜,字子黻、渐甫,号少荃,晚号仪叟(1823—1901)。

元配周氏(1821—1861)。

继配赵氏(1838—1892)。

侧室莫氏(1854—1913)。

```
——— 经毓
——— 经方 ——————————— 国焘
字伯行，号端甫            字子厚，号意康
（1855—　）嗣子。            （1889—　）
元配刘氏（1855—1873）      妻张氏，侧室赵氏，
继配张氏                  ——— 国熙
侧室何氏、傅氏、陈氏        ——— 国烋字子嘉，号祥徵（1910—　）
                        ——— 女五人

——— 经述 ——————————— 国杰
字仲彭，号澹园            字伟侯，号元直
（1864—1902）            （1881—1938）
妻朱氏                    元配张氏，继配杨氏
（1863—1925）            ——— 国燕
                        字翼侯，号子骏
                        （1885—1917）
                        妻张氏，侧室周氏
                        ——— 国煦
                        字明侯（1886—1918）
                        妻李氏
                        ——— 国熊
                        字渭侯，号渭渔
                        （1888—　）
                        妻张氏
                        侧室钱氏
                        ——— 国照
                        ——— 女一人
```

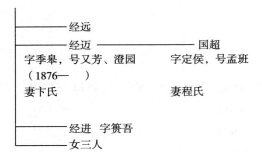

表　四

鹤章　又名章锬,字仙俦,号继泉、季荃,别号浮槎山人(1825—1880)。

元配李氏(1823—1854)

继配周氏(1837—1888)

侧室石氏(1836—1903)

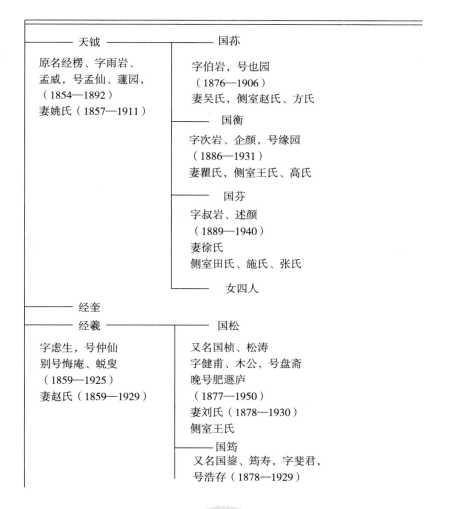

天钺
原名经楞、字雨岩、
孟威，号孟仙、蘧园，
(1854—1892)
妻姚氏（1857—1911）

国荪
字伯岩，号也园
(1876—1906)
妻吴氏，侧室赵氏、方氏

国衡
字次岩、企颜，号缘园
(1886—1931)
妻瞿氏，侧室王氏、高氏

国芬
字叔岩、述颜
(1889—1940)
妻徐氏
侧室田氏、施氏、张氏

女四人

经奎

经羲
字虑生，号仲仙
别号悔庵、蜕叟
(1859—1925)
妻赵氏（1859—1929）

国松
又名国桢、松涛
字健甫、木公，号盘斋
晚号肥遯庐
(1877—1950)
妻刘氏（1878—1930）
侧室王氏

国筠
又名国鋆、筠寿，字斐君，
号浩存（1878—1929）

```
├──────── 经馥 ────────┬──────── 国芝
│                      │
  原名经郚、字环卿        字瑞九，号滋园
  号幼仙（1861—1902）    （1897—    ）
  妻曾氏（1860—1889）    妻盛氏
  侧室陈氏（1877—1921）  ├──────── 女二人
├──────── 女三人
```

表 五

蕴章　又名章钧,字秉旃、和甫,号抚泉、和荃(1829—1886)。
　　　　元配程氏(1827—1849),
　　　　继配宁氏(1835—1894)。

- 经世
  - 字伟卿,号丹崖
  - (1851—1891)
  - 妻王氏(1849—1912)
    - 国棻
    - 国模
      - 字方儒,号筱崖、吟梅
      - (1884—　)妻彭氏
    - 国楷
      - 字荣青,号少崖、餐霞
      - (1886—　)妻陈氏
    - 女五人

- 经邦
  - 字达夫,号巽之,
  - 别号冰谷
  - (1852—1910)
  - 妻吴氏(1850—1937)
    - 国棣
      - 字伯唐、号鄂楼,
      - 别号浮隐(1879—1941)
      - 妻余氏(1877—1927)
    - 国柱
    - 国樑
    - 靖国
      - 原名国权,字仲衡,
      - 号可亭(1887—1924)
      - 妻吴氏
    - 女八人

- 经钰
  - 原名经适,字连之,
  - 号庚余,别号逸农
  - (1867—1922)
  - 元配吴氏(1865—1897)
  - 继配薛氏(1872—1938)
    - 国璚
      - 原名国槐,
      - 字伯琦,号漱苏,别号瘦生
      - (1888—1958)
      - 妻吴氏(1887—1964)
    - 国枢
      - 字仲潘,号问松(1900—1925)

419

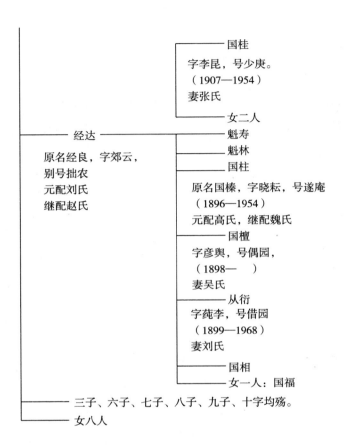

经达
原名经良，字郊云，
别号拙农
元配刘氏
继配赵氏

国桂
字李昆，号少庚。
（1907—1954）
妻张氏

女二人

魁寿
魁林
国柱
原名国榛，字晓耘，号遂庵
（1896—1954）
元配高氏，继配魏氏

国檀
字彦舆，号偶园，
（1898—　　）
妻吴氏

从衍
字莼李，号借园
（1899—1968）
妻刘氏

国相

女一人：国福

三子、六子、七子、八子、九子、十字均殇。

女八人

表 六

凤章 又名章铨,字桂山,号稚荃(1833—1890)。

元配戴氏(1835—1867)。

继配邓氏。

侧室洪氏、孙氏、王氏。

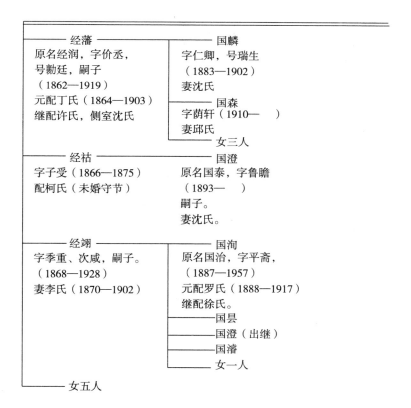

表　七

昭庆　又名章昭、章钊,字子明,一字眉叔,号幼荃(1835—1873)。

　　妻　　　　郭氏(1834—1891)

```
┌──── 经方（出继胞伯鸿章）
│
├──── 经榘 ──────────────┬──── 国栋
│     字仲洁（1860—1934）  │     字子干、号薇番
│     妻郭氏（1861—1894）  │     （1878—1913）
│     侧室王氏             │     妻张氏（1878—1958）
│                         │
│                         └──── 女二人
│
├──── 经叙 ──────────────┬──── 国澂
│     字叔伦（1867—1909）  │     字雨初（1894—　　）
│     妻许氏（1865—1892）  │     妻唐氏
│     侧室曾氏、夏氏、丁氏  ├──── 国源
│                         │     字仰尼（1895—1974）
│                         │     妻段氏（1891—1918）
│                         │     继配陈氏（1900—1964）
│                         ├──── 国济
│                         │     字渡普（1900—1969）
│                         │     妻周氏
│                         ├──── 国洸
│                         ├──── 国沆
│                         │     字海清（1904—1935）
│                         │     妻王氏（1905—1976）
│                         ├──── 国涟
│                         └──── 女一人：国珍
│
├──── 经翊（出继胞伯凤章）
│
└──── 女四人
```

说明:李氏先世无谱。自清嘉庆年间(1809年),首次纂修《李氏宗谱》,始议定字辈十六字,即"文章经国,家道永昌,福寿承恩,勋荣世守"。至同治年间(1872年),四次续修宗谱时,又继增十六字,即"祖德积厚,克绍辉光,宗绪延长,同敦孝友"。《李鸿章家世简表》自鸿章祖父殿华公始,排至国字辈止。主要以《合肥李氏宗谱》1925年第五次纂修本为基础,通过近几年走访亲友,加以补充,修订而成。不确之处,请知者补正(李永力1990年5月)。

如何为李鸿章立传

在写完《中国近代史新编》之后，我的研究重点就逐渐转移到李鸿章方面。研究李鸿章，起初是为了研究太平天国的需要。我发表的有关李鸿章的第一篇文章，就是《李鸿章与太平天国》，从此一发而不可收。当然，这同人民出版社约我写一本李鸿章传有着密切关系。

能不能为李鸿章立传？这是我首先碰到的问题。过去有一种说法：只应给"正面人物"立传，不能给"反面人物"树碑立传。我认为这种说法把本来极其复杂的历史问题简单化和绝对化了。事实上，并非所有"正面人物"都能立传，也并非任何"反面人物"都不应立传。

这里牵涉到立传的目的和标准问题。立传的目的，不在于立传本身，而在于"古为今用"。人物传记是一种具有独特社会效益的"教科书"。"正面人物""其善可以示后"，"反面人物""其恶可以诫世"①，"彰善瘅恶"有助于推进社会主义精神文明建设。当然，这并非意味着应为所有正反面人物立传，其实有必要为之立传的，只应是那些以自己的言行在绚丽多彩的历史画卷上留下了个人印记的人，他（她）们是特定时代"精英"，加速或延缓了特定时代车轮的前进。在为这些人物立传时，似应坚持以"正面人物"和名人为主的方向，防止把"反面人物"和普通人物摆在主导地位。因为"正面人物"比之"反面人物"、名人比之普通人物的事迹，其魅力和教育意义都要大得多。

李鸿章生前死后，人们始终对之褒贬不一，毁誉参半。有的给他戴上"东方俾斯麦"、地主阶级改革派的桂冠，有的则斥之曰："李二先生是汉奸"、"乱世之奸雄"。人们对李鸿章的评价尽管如此不同，但有一点却是众口一词的：李鸿章是晚清的重臣，19世纪后半叶名满中外的人物，他在政治舞台上活动

---

① 刘知几:《史通·人物篇》。

了半个多世纪,其中有一半时间"坐镇北洋,遥执朝政,凡内政外交,枢府常倚为主,在汉臣中权势为最巨"①。因此,为他立传,就既可了解他本人的思想、性格和生平事迹,又可透视晚清的政局和社会的演变趋势。

把《李鸿章传》写成哪个类型的传记,这是我碰到的第二个问题。我认为人物传记大致分为文学传记和历史传记两种类型,学术专著和通俗读物两个层次。文学传记犹如人物画像,历史传记犹如人物照片,它们都以人物为原型,不同的是前者可以进行艺术加工,而后者则必须忠实于原型。通俗读物肩负着普及的使命,学术专著负担着提高的重任。两种类型和两个层次的人物传记,都为社会所必需,都有其存在的价值。需要特别指出的是,作为学术专著层次的历史传记,要求做到科学内容和优美形式的统一。所谓优美形式,是指结构新颖,文笔流畅,把传主的形象和神韵写得栩栩如生。所谓科学内容,是指如实的、多层次多角度的反映传主的思想、性格和生平事迹,在吸收前人研究成果的基础上,有所发现,有所创新。

我个人是研究历史的,既没有诗人的激情,又没有小说家的技巧,因而只能勉强地撰写历史传记,没有条件撰写文学传记。我希望把《李鸿章传》写成学术专著,不是通俗读物。这是由于两个因素促成的。一是建国几十年以来,大陆还没有出版过一部学术专著层次的李鸿章传,只有 50 年代问世的两本通俗读物《卖国贼李鸿章》。台湾和国外学者写了几部李鸿章传,其中有的虽属学术专著层次,但往往存在着客观主义偏颇。以马列主义为指导,以翔实的史料为依据,撰写一部学术专著层次的李鸿章传,实乃填缺补白的需要。二是作为学术专著层次的李鸿章传倘若写得成功,其流传的时间定会久些,学术的贡献定会大些,有助于推进李鸿章和中国近代历史的研究。当然,要写出一部学术专著层次的李鸿章传,并非一件轻而易举的事。李鸿章是个过渡社会产生的过渡性人物,思想复杂,角色多样,要准确地把握和公正地评价是十分困难的。为了解决这个难题,保证传记质量,我采取了两步走的做法,首先对传主活动的各个横断面进行了专题研究。相继发表了《李鸿章与太平天国》、《李鸿章洋务总纲略论》、《李鸿章与民用企业》、《李鸿章筹建北洋海军述略》、《李鸿章科举改革思想刍议》、《载湉、李鸿章与中日甲午战争》、《李鸿章与维

---

① 刘体智:《异辞录》,卷 2。

新运动》、《孙中山劝李鸿章革命说质疑》等论文,在横断面专题研究的基础上,进而对传主的一生进行了纵向考察,并逐步完成了全书的写作任务。全书包括"读书但愿登科第"、"以儒生而起家军旅"、"'自强'与'剿捻'"、"富强相因"、"早期'和戎'外交"、"一生事业扫地无余"、"山穷水尽疑无路"、"秋风宝剑孤臣泪"等八个部分,共计31万余字。正因为这样,全书的写作,历经八载,风风雨雨,甘苦备尝。

如何处理作者情绪与历史真实的关系,这是我碰到的第三个问题。我认为真实性是历史传记的灵魂。所谓真实性,就是按照历史本来面貌来描述传主的"形"和"神"即生平事迹和思想、性格。传记作者"要有力量防止情绪支配自己",避免戴着有色眼镜,依据自己的好恶,来剪裁历史,评价人物,而应该实事求是,力争使自己的主观认识符合客观历史真实。我个人体会到,为李鸿章这样言行复杂而又众说纷纭的人物作传,"防止情绪支配自己",坚持实事求是地论述其人其事,具有特殊的意义。有关李鸿章的资料虽然比较丰富,但很多却蒙上了一层迷雾。因而拨开迷雾,钩稽索隐,是一件十分繁重的任务。在这方面,我着重做了三项工作。一是把被歪曲了的事实改正过来,比如有关李鸿章在俄国接受贿赂、李鸿章镇压维新运动、李鸿章与孙中山合作搞两广独立等问题。二是把被埋没了的事实挖掘出来,比如有关李鸿章主张"变法度必先易官制"和改革科举制度等问题。三是把被删改了的李氏文稿原貌恢复过来,比如在《李文忠公全书》中有关沙皇接见李鸿章详情的密电被删掉和"董兵不剿匪而攻使署"的电文被篡改为"匪攻使署"等问题。

搜集和鉴别有关李鸿章的资料固非易事,但对有关李鸿章的资料进行逻辑推理就更加困难重重。在这方面难度最大的,一是对李鸿章的精神面貌、内心世界的探索,一是对李鸿章是非功过的评价。如果一部传记只讲传主生平事迹,而不深入传主的内心世界,反映传主的精神面貌,那就和一本年谱长编没有什么两样,只能见其"形",而不能窥其"神"。李鸿章是一位精神面貌、内心世界非常复杂的人,加之他不像乃师曾国藩那样存有大量能够真实地反映心理动态的日记和家书,从而增加了探索的难度。李鸿章的思想脉搏,不能凭借传记作者的丰富想象力,任意编造,而只能依据传主的奏稿、诗文、信函和谈话,结合特定的时代环境、事件和人际关系,去进行合乎逻辑的推理。比如李鸿章"少年科第,壮年戎马,中年封疆,晚年洋务,一路扶摇"时的心情,就是这样推导出来的。至于李鸿章的是非功过,不能因为他是"反面人物",就夸大其过错或把他描绘成一无是处,而应从历史事实出发,进行具体的全面的评价,是即是,非即非,是功就应肯定,是过就该批判。李鸿章干过许多束缚生产力的勾当,如镇压农民起义、对外妥协和出卖主权等。这是他一生中的主流。但是毋庸讳言,他也做过一些有利于生产力发展的事情。如倡导洋务新政、同情维新运动、对外保持某种抗争性等。有人把洋务运动说成"帝国主义和封建势力互相勾结的产物",断定李鸿章是绞杀维新运动的刽子手,否认李鸿章对外具有抗争性,但是,经过深入研究,我发现这些论断并不符合历史事实。

如何处理人物、阶级和社会的关系,这是我碰到的第四个问题。我认为在阶级社会里,社会历史条件制约着阶级和个人的活动;而个人的活动则归结为阶级的活动,这些阶级的斗争决定着社会的发展。因此,历史传记就既要在特定的社会历史条件下,在特定的阶级关系中,描写传主的思想、性格和生平事迹,又要通过传主的思想、性格和生平事迹透视特定的阶级关系的变动,反映特定的社会历史的变迁。按照这条思路,我在写李鸿章传稿时,遇到两个问题:一、李鸿章与某些重大历史事件的关系;二、李鸿章与封建统治阶级的关系。

李鸿章生活在 19 世纪后半叶,其间经历了太平天国、洋务运动、中法战争、中日战争、戊戌变法、义和团运动和八国联军入侵等重大历史事件。李鸿章同这些重大历史事件结下不解之缘。写李鸿章传时,既不能离开这些重大历史事件而孤立地叙述其个人活动,又不能将其个人活动淹没在重大历史事件的叙述之中。犹如一幕话剧,重大历史事件是演出舞台,传主则是演员群体中的主角,主角始终处于舞台的中心位置。写李鸿章传,重点不在于叙述这些重大历史事件的来龙去脉,而应该是叙述李鸿章在这些重大历史事件中的表现。

李鸿章隶属于清朝封建统治阶级,清朝封建统治阶级的根本利益最终制约着李鸿章的活动。李鸿章与清朝封建统治阶级在阶级立场和政治观点方面基本上是一致的,他们之间纵然在一些重大的内政外交问题上存在着某些分歧,但那也只不过是属于支流而已。然而,过去人们却往往离开特定的阶级关系而孤立地论述李鸿章其人其事,过多地追究他个人的历史责任。事实上,在处理某些重大的内政外交问题时,李鸿章往往扮演着决策参与者和决策执行者的角色,如果这些决策是正确的,那么其功绩势必记在包括李鸿章在内的整个清朝封建统治阶级的账上。如果这些决策是错误的,那么其罪责无疑也应由包括李鸿章在内的清朝封建统治阶级来承担,既不能把功绩完全划归李鸿章,又不能把罪责完全推给李鸿章,应该实事求是的、恰如其分地评价李鸿章的是非功过。

《李鸿章传》终于在 1991 年由人民出版社正式出版发行。在学术著作出版陷于低谷的时候,《李鸿章传》竟能多次印刷,印数多达 2.8 万册,实属难能可贵。《李鸿章传》是中国大陆出版的第一部有关清末重臣李鸿章生平的学术著作,因而受到史学界的重视。人民出版社和河北师范学院联合召开了"《李鸿章传》与历史传记写作座谈会",来自京、津、晋、冀的学者赞誉《李鸿章传》"选题有识见,大陆第一本"、"实事求是,不偏不倚"、"史料丰富,选材精当"、"寓论于叙,细腻生动"。《光明日报》记者马宝珠同志还专程采访了我,并将采访记录以《如何为复杂的人物立传——苑书义教授谈〈李鸿章传〉》为题,刊登在 1992 年 5 月 31 日出版的《光明日报》"史学·史家近闻录"上。

后　记

韶光易逝,思之悚然。这部传记是在专题研究的基础上写成的,历经八载,风风雨雨,甘苦备尝。当然,个人能力有限,集体智慧无穷。在写作过程中,既汲取了国内外研究的最新成果,又得到了国内外许多师友的热情帮助。董丛林同志起草了"督师剿捻"和"在中法和战的漩涡中"两节,刘岳斌代译了部分英文史料,他们还会同鲍日新同志担负起誊清的重任。徐永志同志协助查找了一些资料。传主四弟后裔李永力同志提供了珍贵的传主照片和李氏家世简表。合肥市政协周海平同志提供了近年发现的《合肥李氏宗谱》。凡此种种,才使这部书稿免于夭折而得以问世。师友们的深情厚谊,令人感奋不已。但限于个人水平,缺点或错误在所难免,恳切期望继续得到批评指教。

苑　书　义

1990 年 5 月于

石门明月斋

429

再 版 后 记

"闲云潭影日悠悠,物换星移几度秋。"拙著付梓以来,承蒙人民出版社和读者朋友厚爱,已经印刷精装本和平装本 2.8 万册。2004 年借出版修订本版之机,在保持全书整体结构和基本观点的基础上,改正了某些纰漏,增补了笔者和学界的一些最新研究成果,并将笔者 1994 年发表的《如何为李鸿章立传》一文,作为附录收入其中,意欲说明笔者在为李鸿章立传时的所思所想。凡此种种,不知当否,尚祈方家指教。

龚自珍诗云:"落红不是无情物,化做春泥更护花。"正是先哲的这种落红护花的精神,激励着笔者强忍病痛,精心修订。现在有幸再次修订重印,没有人民出版社领导的关爱和乔还田等诸位朋友的鼎力支持是难以想象的。在此衷心地表示深切谢意。

苑 书 义

2015 年中秋节于

石门明月斋

责任编辑:于宏雷
封面设计:肖　辉

图书在版编目(CIP)数据

李鸿章传/苑书义 著. -北京:人民出版社,2016.2(2019.3 重印)
ISBN 978-7-01-014798-7

Ⅰ.①李…　Ⅱ.①苑…　Ⅲ.①李鸿章(1823～1901)-传记　Ⅳ.①K827＝52

中国版本图书馆 CIP 数据核字(2015)第 085270 号

李鸿章传

LIHONGZHANG ZHUAN

苑书义　著

人民出版社 出版发行
(100706　北京市东城区隆福寺街 99 号)

北京汇林印务有限公司印刷　新华书店经销

2016 年 2 月第 2 版　2019 年 3 月北京第 2 次印刷
开本:710 毫米×1000 毫米 1/16　字数:445 千字　印张:27.25

ISBN 978-7-01-014798-7　定价:78.00 元

邮购地址 100706　北京市东城区隆福寺街 99 号
人民东方图书销售中心　电话 (010)65250042　65289539